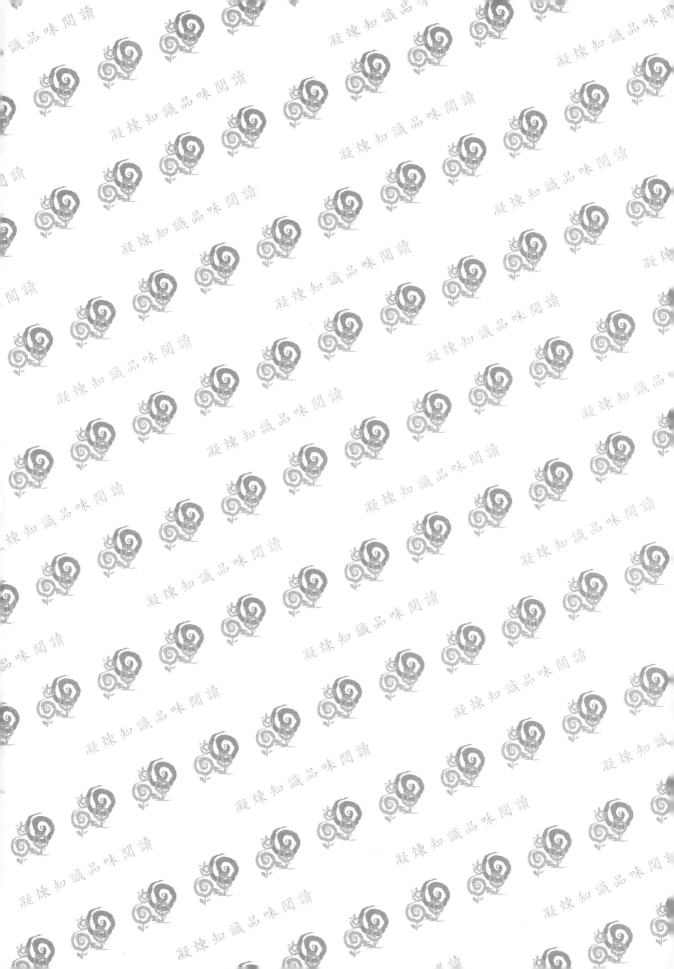

研究&方法

# 多層次模型(HLM)及重複測量
## ——使用STaTa

張紹勳 著

五南圖書出版公司 印行

# 自 序

　　純粹概念性的理論顯然在實際問題的解釋與應用上是有限的。而缺乏理論基礎的統計分析則無法提供一個「因果關係」的說明。同樣，其說服力也是有限的，或甚至可能是錯誤的。加上組織與管理研究的資料多涉及階層特性，因此多層次模型是當代組織與管理領域的重要研究典範之一。因而興起多層次模型（HLM）來彌補單層次迴歸的不足。迄今，多層次與層級線性模型廣泛應用到管理、教育、人管、醫藥健康等領域。

　　人並非孤立的個體，而是整個社會中的一員，例如，學生層次的資料巢套於高一層的分析單位（如班級或學校）之內，在同一個高階分析單位下的個體會因為相似的特質，抑或受到共享的環境脈絡所影響，造成個人層次資料間具有相依的性質，亦即存在著組內觀察資料不獨立的現象。由此可知，個體的行為或反應不僅會受到自身特性的影響，也會受到其所處的環境脈絡所影響。因此巢狀（nested）資料分析之多層次模型就此流行起來。

　　科學是一門累積的學習課程，統計又是科學之實證基礎，加上電腦統計計算能力日新月益。進而像 STaTa 這種龐大功能之統計軟體的誕生，STaTa 功能及便利性都遠超越 R、MLWin、Mplus、SPSS、SAS、AMOS 及 Eviews 等軟體。STaTa 優秀統計功能是地表最強的軟體。STaTa 已可處理：(1) 橫斷面研究設計、縱貫面研究設計、縱橫面 (pandel-data) 研究設計。(2) 單一迴歸方程式、迴歸聯立方程式。(3) 網站提供龐大線上求助、外掛指令（*.ado）來滿足各行各業的個別需求。(4) 單變量、多變量時間序列亦可處理。(5) 多層次 vs. 單層次迴歸之統計分析……等都有最新處理方法，光是多層次線性混合模型就有 15 種以上類型可供選擇。

　　STaTa 同時提供眾多（內建 vs. 外掛）指令，幾乎坊間教科書能看到的統計分析，都可解決。此外，STaTa 為了減低電腦使用者對程式設計的憂慮，它亦提供 Menu 表單之對應視窗，讓像 SPSS、SAS、HLM 那樣能輕鬆操作 Menu，來進行統計分析。況且，STaTa 有能力處理像 big-data 這類巨大資料庫。

　　有鑑於 STaTa 分析功能龐大，故作者將撰寫一系列 STaTa 書籍，包括：
　　多層次模型（共 15 種多層次模型之類型可選擇）、社會科學、生物醫學、

財金等領域，其統計係採用統計學、運籌學、經濟、數學等領域之定量方法。社會科學及自然科學二大領域中各個學科，它們有許多共通之研究設計及統計分析法，都與作者在五南出版 STaTa 一系列書名有關，包括：

一、《STaTa 與高等統計分析的應用》一書，該書內容包括：描述性統計、樣本數的評估、變異數分析、相關、迴歸建模及診斷、重複測量……。

二、《STaTa 在結構方程模型及試題反應理論的應用》一書，該書內容包括：路徑分析、結構方程模型、測量工具的信效度分析、因素分析……。

三、《STaTa 在生物醫學統計分析》一書，該書內容包括：類別資料分析(無母數統計)、logistic 迴歸、存活分析、流行病學、配對與非配對病例對照研究資料、盛行率、發生率、相對危險率比、勝出比（Odds Ratio）的計算、篩檢工具與 ROC 曲線、工具變數（2SLS）……Cox 比例危險模型、Kaplan-Meier 存活模型、脆弱性之 Cox 模型、參數存活分析有六種模型、加速失敗時間模型、panel-data 存活模型、多層次存活模型……。

四、《Meta 分析實作：使用 Excel 與 CMA 程式》一書，該書內容包括：統合分析（meta-analysis）、勝出比（Odds Ratio）、風險比、4 種有名效果量（ES）公式之單位變換等。

五、《Panel-data 迴歸模型：STaTa 在廣義時間序列的應用》一書，該書內容包括：多層次模型、GEE、工具變數（2SLS）、動態模型……。

六、《總體經濟與財務金融：STaTa 時間序列分析》一書，該書內容包括：誤差異質性、動態模型、序列相關、時間序列分析、VAR、共整合……等。

七、《多層次模型（HLM）及重複測量：使用 STaTa》一書，該書內容包括：線性多層次模型、vs. 離散型多層次模型、計數型多層次模型、存活分析之多層次模型、非線性多層次模型……。

八、《模糊多準則評估法及統計》一書，該書內容包括：AHP、ANP、TOPSIS、Fuzzy 理論、Fuzzy AHP……等理論與實作。

九、《邏輯斯迴歸及離散選擇模型：應用 STaTa 統計》一書，該書內容包括：邏輯斯迴歸、vs. 多元邏輯斯迴歸、配對資料的條件 Logistic 迴歸分析、Multinomial Logistic Regression、特定方案 Rank-ordered logistic 迴歸、零膨脹 ordered probit regression 迴歸、配對資料的條件邏輯斯迴歸、特定方案 conditional logit model、離散選擇模型、多層次邏輯斯迴歸……。

十、《有限混合模型 (FMM):STaTa 分析以 EM algorithm 做潛在分類再迴歸分析》一書，該書內容包括：FMM：線性迴歸、FMM：次序迴歸、FMM：Logit 迴歸、FMM：多項 Logit 迴歸、FMM：零膨脹迴歸、FMM：參數型存活迴歸……等理論與實作。

本書目標在提供對多層次分析有興趣的學生、學者、教師與研究人員的指導工具書。本書亦提供範例資料檔與統計程式操作方式。這些基礎理論與範例有助於我們瞭解多層次分析。要深入瞭解這本書必須要有基本的多元迴歸方程式的知識。本書提供 STaTa 範例，針對多層次迴歸分析主要模型的操作程序，並強調這些統計軟體所產生的報表解釋，諸如結果變數為連續變數或者類別變數的兩層與三層模型、輔助性統計 ( 如迴歸係數信賴區間、組內相關係數等 )、檢視模型假設等。

此外，研究者如何選擇正確的統計方法，包括適當的估計與檢定方法、與統計概念等，都是實證研究中很重要的內涵，這也是本書撰寫的目的之一。為了讓研究者能正確且精準使用 panel 迴歸，本書結合「理論、方法、統計」，期望對產學界有拋磚引玉的效果。

最後，特感謝全傑科技公司（http://www.softhome.com.tw），提供 STaTa 軟體，晚學才有機會撰寫 STaTa 一系列書，以嘉惠學習者。

張紹勳 敬上

# Contents

## Chapter 02　多層次分析法：HLM　91

# Contents

## Chapter 03 單層 vs. 雙層次模型：無交互作用項就無須中心化  269

# Contents

---

**Chapter 04**

## 多層次模型之方程式解說：有 (Z×X) 交互作用項就須中心化    431

# Contents

# Contents

## Chapter 10 非線性：多層次混合效果模型 (menl 指令 ) 901

# Contents

Chapter

# 01

STaTa 是地表最強統計，
適合各產官學研

# 1-1 統計分析

統計學是在資料分析的基礎上，研究如何測定、蒐集、整理、歸納和分析反映資料，以便給出正確訊息的科學。這一門學科自 17 世紀中葉產生並逐步發展起來，它廣泛地應用在各門學科，從自然科學、社會科學到人文學科，甚至被用於工商業及政府的情報決策。隨著巨量資料 (Big data) 時代來臨，統計的面貌也逐漸改變，與資訊、計算等領域密切結合，是資料科學 (Data science) 中的重要主軸之一。

由於 STaTa 可讀入的資料庫已達無限大，非常適合聚合後 Big data 之統計分析。此外，普羅大眾所有關聯式資料庫 (Oracle, MySQL, Microsoft SQL Server, PostgreSQL and IBM DB2)、分析軟體 (R、SPSS、SAS、其他 Relationsl Data-Base)，亦可順利將其格式轉成 STaTa 資料檔來精準分析。

譬如自一組資料中，可以摘要並且描述這份資料的集中和離散情形，這個用法稱為描述統計學。另外，觀察者以資料的形態，建立出一個用以解釋其隨機性和不確定性的數學模型，以之來推論研究中的步驟及母體，這種用法被稱為推論統計學。這兩種用法都可以被稱為應用統計學。數理統計學則是討論背後的理論基礎的學科。

統計學的數學基礎建立在 17 世紀 Blaise-Pascal 和 Pierre-de-Fermat 發展的機率論上。機率論從研究機率得來。最小平方法由 Johann-Karl-Friedrich-Gauß 於 1794 年第一次得出。現代電腦可以進行更大尺度的統計運算，生成了許多無法用人工計算的新公式。

統計學是在面對不確定的情況下，提供人們能做出聰明決策的科學方法。其過程包括資料的蒐集、整理、呈現結果、解釋與分析。透過此一過程，並可進而根據分析的結果加以推論，從而可以獲得合理的研判與有效的結論。

## 1-1-1 認識統計

統計是數學的一個分支，它處理、蒐集、分析、解釋、展示和組織數據。將統計數據應用於科學、生物醫學、財金、工業或社會問題等。統計源始於人口統計或統計模型之建模過程。統計處理數據來自多方面，包括在調查法、分析法和實驗法、觀察法的數據蒐集及規劃 ( 研究設計 )。

## 一、統計學的觀念

爲了將統計學應用於科學、生物醫學、財金、工業或社會問題上，我們由研究母群體開始。這可能是一個國家的人民，石頭中的水晶，或者是某家特定工廠所生產的商品。一個母群體甚至可能由許多次同樣的觀察程序所組成。由這種資料蒐集所組成的母群體，長期的我們稱它叫時間序列；短期的叫重複測量 ( 第 2 章 )。

爲了實際的理由，我們選擇研究母群體的子集代替研究母群體的每一筆資料，這個子集稱做樣本。以某種經驗設計實驗所蒐集的樣本叫做資料。資料是統計分析的對象，並且被用做兩種相關的用途：描述統計和推論統計。

### 1. 描述統計 (descriptive statistics)

資料的蒐集、整理、呈現、解釋與分析等步驟，以數值、表格、圖形來描述資料概況的方法。在現實生活中，常會遇到一堆數據資料，要如何運用簡單易懂的方式描述出來，以便大家瞭解，這就是描述性統計。

### 2. 推論統計 (inferential statistics)

旨在檢定研究假設。利用樣本資料分析的結果對母體資料的某些特性，做合理的估計與推測。

推論統計指用概率形式來決斷數據之間是否存在某種關係及用樣本統計值來推測總體特徵的一種重要的統計方法。推論統計包括總體參數估計和假設檢定，最常用的方法有 Z 檢定 ( 非常態迴歸係數之顯著性檢定 )、t 檢定 (OLS 迴歸係數之顯著性檢定 )、卡方檢定 ( 類別資料列聯表 ) 等。推論統計主要工作如下：

1. **估計 (estimation)**：利用一組由母體所取之隨機樣本資料的資訊，來推估母體之未知參數。常見有 (1)「點估計量」：由樣本資料計算的統計量，使用來估計母體參數。(2)「區間估計」：某區間會涵蓋母體參數的可能性。(3)「信賴區間 (confidence interval)」：在特定機率下，估計母體參數可能落在的數值範圍。此特定的機率值可以稱爲信賴水準。

2. **假設檢定 (testing of hypothesis)**：研究者對現象 ( 參數 ) 提出主觀的研究假設，再利用樣本特徵的資訊 ( 抽樣數據 ) 來對研究假設進行檢定，以做管理的正確決策。

通盤來說，假設檢定都可分解成下列五個步驟：

(1) 設定 $H_0$：針對母體設定之基本假設。對立假設 $H_1$：針對題意欲測試之方向設定之假設。

(2) 利用樣本數據來算出檢定統計量 (test statistics)。

(3) 給定顯著水準 α( 通常 Type I error 設為 0.05)。α 係指檢定顯著 ( 差異 / 關聯 ) 性之機率值。

(4) 找出「拒絕區」( 可查統計書之附錄表 ) 或計算 p-value( 本書 STaTa,CMA, RevMan 軟體會自動算出 p)。

所謂「p 值」是指在「虛無假設 $H_0$ 為眞」的情況下，得到「≥ 此一觀察結果之統計檢定的機率」。例如，假定檢定結果得 Z = 2.08，電腦報表顯示 p = 0.0367，表示得到 Z 值≥ 2.08 的機率只有 0.0367，故拒絕 $H_0$，或是說此項檢定達到 0.05 顯著水準。

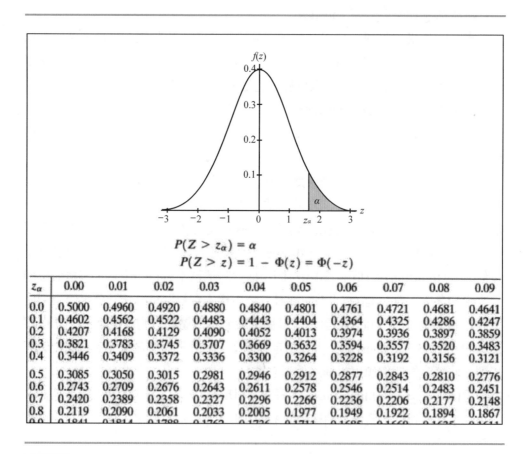

$$P(Z > z_\alpha) = \alpha$$
$$P(Z > z) = 1 - \Phi(z) = \Phi(-z)$$

| $z_\alpha$ | 0.00 | 0.01 | 0.02 | 0.03 | 0.04 | 0.05 | 0.06 | 0.07 | 0.08 | 0.09 |
|---|---|---|---|---|---|---|---|---|---|---|
| 0.0 | 0.5000 | 0.4960 | 0.4920 | 0.4880 | 0.4840 | 0.4801 | 0.4761 | 0.4721 | 0.4681 | 0.4641 |
| 0.1 | 0.4602 | 0.4562 | 0.4522 | 0.4483 | 0.4443 | 0.4404 | 0.4364 | 0.4325 | 0.4286 | 0.4247 |
| 0.2 | 0.4207 | 0.4168 | 0.4129 | 0.4090 | 0.4052 | 0.4013 | 0.3974 | 0.3936 | 0.3897 | 0.3859 |
| 0.3 | 0.3821 | 0.3783 | 0.3745 | 0.3707 | 0.3669 | 0.3632 | 0.3594 | 0.3557 | 0.3520 | 0.3483 |
| 0.4 | 0.3446 | 0.3409 | 0.3372 | 0.3336 | 0.3300 | 0.3264 | 0.3228 | 0.3192 | 0.3156 | 0.3121 |
| 0.5 | 0.3085 | 0.3050 | 0.3015 | 0.2981 | 0.2946 | 0.2912 | 0.2877 | 0.2843 | 0.2810 | 0.2776 |
| 0.6 | 0.2743 | 0.2709 | 0.2676 | 0.2643 | 0.2611 | 0.2578 | 0.2546 | 0.2514 | 0.2483 | 0.2451 |
| 0.7 | 0.2420 | 0.2389 | 0.2358 | 0.2327 | 0.2296 | 0.2266 | 0.2236 | 0.2206 | 0.2177 | 0.2148 |
| 0.8 | 0.2119 | 0.2090 | 0.2061 | 0.2033 | 0.2005 | 0.1977 | 0.1949 | 0.1922 | 0.1894 | 0.1867 |
| 0.9 | 0.1841 | 0.1814 | 0.1788 | 0.1762 | 0.1736 | 0.1711 | 0.1685 | 0.1660 | 0.1635 | 0.1611 |

圖 1-1 z 分布

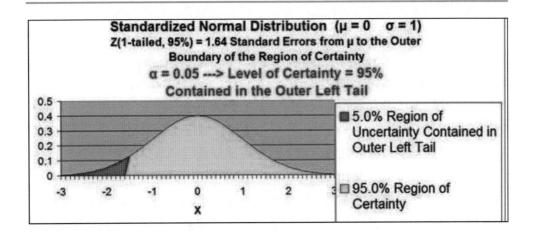

**圖 1-2** 單尾 z 分布 ($\alpha = 0.05$，$z = 1.64$)

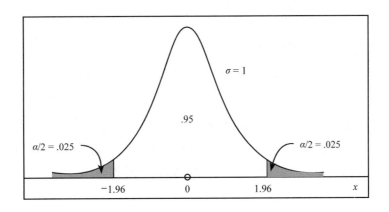

**圖 1-3** 雙尾 z 檢定 ($\alpha/2 = 0.025$，$z = 1.96$)

註：一般電腦統計之報表，t 檢定是以此「$z = 1.96$」為假設檢定之臨界點

(5) 作決策：通常，檢定統計量大於查表 ( 如卡方表、t 表、F 表、迴歸摘要表……) 或 p-value$<\alpha$，則表示「達顯著」，反之則表示「未達顯著」。

(6) 根據題意下結論。

Pearson 相關分析 (r 值 ) 的觀念特別值得被拿出來討論。對於資料集合的統計分析可能顯示兩個變數 ( 母群體中的兩種性質 ) 傾向於一起變動，好像它們是相連的一樣。舉例來說，對於人收入和死亡年齡的研究期刊可能會發現窮人

比起富人平均來說傾向擁有較短的生命。這兩個變數被稱做相關的。但是實際上，我們不能直接推論這兩個變數中有因果關係 ( 邏輯謬誤 )。此外，多元 ( 線性 vs. 非線性、單層 vs. 多層 ) 迴歸，自變數們之多元共線性診斷，也要借用 Pearson 相關分析 (r 值 ) 的觀念。

任何統計方法是有效的，只有當這個系統或是所討論的母群體滿足方法論的基本假定 (assumption)。誤用統計學可能會導致描述面或是推論面嚴重的錯誤，這個錯誤可能會影響社會政策，醫療實踐以及橋樑或是核能發電計畫結構的可靠性。

即使統計學被正確的應用，結果對於不是專家的人來說可能會難以陳述。一些統計科學的結果對於大眾而言相當費解。舉例來說，統計資料中顯著的改變可能是由樣本的隨機變量所導致，但是這個顯著性對大眾而言可能難以理解。另外，某些統計學分析 ( 尤其當涉及機率論時 ) 得出的結論可能非常違悖一般人的直覺，如 Monty-Hall 問題。人們 ( 甚至包括一些科學家 ) 往往需要統計的技巧 ( 或懷疑 ) 才能理解其正確性。

## 二、統計延伸出來的學科

有些科學廣泛的應用統計的方法使得他們擁有各自的統計術語，這些學科包括：

1. 農業科學：狹義上專指農藝學 (Agronomy) 是研究與農作物生產相關領域的科學，包括作物生長發育規律及其與外界環境條件的關係、病蟲害防治、土壤與營養、種植制度、遺傳育種等領域。廣義的農學則涵蓋農業相關的各類科學領域。

狹義農學主要研究兩大類作物的生產：直接為人類提供糧食的作物和為飼養牲畜用的飼料作物。但一些分支學科也研究水果和經濟作物的生產。

2. 生物醫學統計，請見作者的著作。

3. 環境與生態統計學：自然資源統計學、環境統計學、生態平衡統計學。

4. 商務統計。

5. 資料採礦 ( 應用統計學以及圖形，從資料中獲取知識 )。

6. 經濟統計學：總體經濟統計學、個體經濟統計學、管理統計學。

7. 電機統計。

8. 統計物理學。

9. 人口統計。

10. 心理統計學：心理統計學是統計學方法在心理學以及教育學測量領域的應用統計學分支。它的目的是測量人的能力、知識、態度、性格特徵等，並且發展相應的工具。

　　心理統計學是心理學研究的有效工具之一。心理學發展的歷史證明，科學心理學離不開科學實驗或調查，而心理實驗或調查又必然要面臨處理數字資料的問題。例如：怎樣蒐集資料才能使數字最有意義、最能反映所研究的課題；採用什麼方法整理和分析所得數據，才能最大限度地顯現這些數據所反映的信息，從而對實驗或調查結果作出科學的解釋；怎樣才能從所得局部結果推論到總體，作出一般規律性的科學結論等等。要解決這些問題就必須依靠科學的統計方法。

　　心理統計學與教育統計學、生物統計學、醫學統計學等相似，都是數理統計學在某一學科的具體應用。數理統計學提供了許多處理數字資料的一般方法，心理統計學則針對心理學的特點，研究如何應用這些方法去解決心理實驗法、觀察法或調查法中的數據問題，兩者既有密切聯繫又不等同。隨著心理學的發展，必然會有更多的數理統計方法被引進心理統計學中，這樣也會促進心理統計學的發展。

11. 教育統計學。

12. 社會統計：文化與體育統計學、衛生統計學、司法統計學、社會福利與社會保障統計學。

13. 生活質量統計學。

14. 文獻統計分析。

15. 化學與程序分析 ( 所有有關化學的資料分析與化工科學 )。

16. 運動統計學，特別是棒球以及曲棍球。

17. 國際統計學：國際標準分類統計學、國際核算體系與方法論體系、國際比較統計學。

　　統計對於商業以及工業是一個基本的關鍵。他被用來瞭解與測量系統變異性，程序控制，對資料作出結論，並且完成資料取向的決策。在這些領域統計扮演了一個重要的角色。

## 1-1-2 統計與「實驗法、觀察法」之對應關係

統計學 ( 統計決策流程 ) 是一門針對具有不確定性 (uncertainty) 的問題，透過一套動態過程 (dynamic process) 將與問題攸關但雜亂無章的原始資料 (raw data) 轉換成攸關且有條理的資訊 (information)，以協助研究者做出有效決策制定 (effective decision making) 的一種科學性方法。

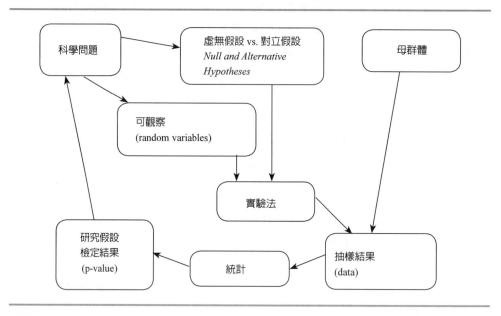

圖 1-4 統計之概念圖

### 一、統計與實驗設計功能之對應關係

統計分析是指蒐集、整理、表現、分析及解釋資料，並藉科學的方法，進而由分析的結果，加以推論，而獲得合理且有效的結論，並做出適切決策的一門學科。

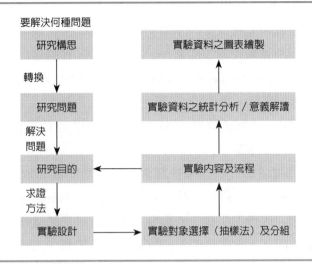

**圖 1-5** 實驗設計的功能與統計的對應關係

　　常見，一般人對各類實驗型式與統計如何連結的困擾，包括：

1. 所操作的實驗型式與實驗設計是否相配？
2. 操作的實驗設計與統計方法分析是否相配？
3. 統計分析結果與結論是否相配？

## 二、實驗法與觀察性研究

　　統計研究中的共同目標是分析因果關係，具體來講就是從預估數據變化中得出結論，或是研究自變量與因變量之間的關係。因果統計研究主要有兩種：實驗研究和觀察研究。在兩種研究中，自變量改變對因變量所造成的影響可以被觀測到。兩種實驗間的不同在於實驗時如何進行的。兩種實驗都很厲害。實驗研究包括將系統尺度進行研究、操縱系統、使用更多的尺度進行同樣的實驗來確定操作是否改變了尺度的值。與之相對的是觀察研究，觀察研究不包括實驗性操作。在此，數據被收集，預估數據與回覆數據間的相關係數被研究。

## (一) 實驗法

　　實驗法統計的基本步驟如下：

1. 設立研究計畫，包括找到代表研究項目的數據，使用如下信息：根據處理效應進行初步預估，備用假說，預估實驗變率。對實驗目標的選擇和道德上的考慮也是必不可少的。統計學家推薦實驗 ( 至少 ) 應與另一個相同標準、不同

項目的參照組進行對比，以減少偏差。

2. 試驗設計，使用區組變量來減少干擾變量的影響，將對象進行隨機處理，消除估算處理效用與實驗誤差中的偏差。在此階段，實驗參與者和統計學家填寫實驗草案，並依此指導實驗進程，對實驗數據的原始分析進行細化。

3. 根據實驗草案進行實驗、ANOVA 分析。

4. 在第二次分析中進一步解析數據，爲進一步研究提出新假設 (hypothesis)。

5. 匯報研究結果並將其存檔。

　　對人類行爲的實驗研究應該多加謹慎。像著名的霍桑效應在西方電器公司 (Western Electric) 位於伊利諾伊州的霍桑工廠 (Hawthorne Works) 進行心理學實驗，研究工作環境改變對生產率的影響。研究人員嘗試增強照明，觀察它是否有助於提高流水線工人的生產率。研究人員首先檢測了工廠的生產率，爾後改變車間的照明強度，觀察結果。結果是生產率在實驗環境下的確提升了。然而，該實驗因其流程誤差在今天飽受批評，特別是實驗缺乏參照組和雙盲。霍桑效應指僅從觀測來得出結論。該實驗中生產率的提升不是因爲照明強度的改變，而是因爲工人們發覺他們被圍觀了。

### (二) 觀察性研究法

　　觀察研究的具體例子是研究吸煙與肺癌之間的相關係數。這種研究常用調查來收集所需信息的觀測結果，並對其進行統計分析。例如，研究人員會收集吸煙 (case) 和不吸煙者 (control) 的觀察數據，進行病例—對照 (case-control) 研究，然後觀察每組中肺癌患者的數量。

## 1-2　STaTa 世上最強大的統計功能

　　本書中每章都有 STaTa analysis 範例，倘若你採用 STaTa v12 以前的版本，則可能無法讀入 CD 所附有些「*.dta」，則你可改用 STaTa v15 以後的版本。

　　STaTa 是 Statacorp 於 1985 年開發出來的統計程序，在全球範圍內被廣泛應用於企業和學術機構中。許多使用者工作在研究領域，特別是在心理學、經濟學、社會學、政治學、管理學及藥理學、流行病學領域。

　　STaTa 是一套完整整合式的統計分析軟體，提供研究人員所需的資料分析、資料管理與強大繪圖功能。它同時具有數據管理軟體、統計分析軟體、繪圖軟體、矩陣計算軟體和程式語言的特點，功能強大卻又小巧玲瓏。從 1985 到現在

不斷更新和擴充，內容日趨完善，Menu 操作視窗非常容易使用。迄今 STaTa 已在美國各大學廣爲流傳，也是地表最強統計套裝軟體。

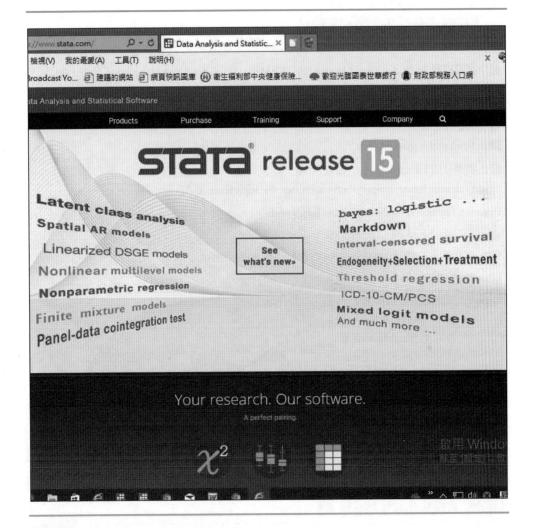

**圖 1-6** STaTa v15 新增加的統計功能

新版本 STaTa 更增加許多新功能，包含：多層次混合模型 (multilevel mixed models)、精確邏輯斯迴歸 (exact logistic regression)、多元對應分析 (multiple correspondence analysis)、Bayesian 多層次模型、潛在類別分析、Linearized DSGEs、非線性多層次混合模型、特定方案 Logit 模型、無母數迴歸、門檻迴歸…。你可在官網 (www.stata.com) 看到更多 STaTa 新版本功能。利用其 regress screenshot 快速、精確且容易使用利用點選式介面，加上直覺式語法與線上支援，使得 STaTa 相形於其他統計軟體更為容易上手。且您可以在 STaTa 出版的英文書中找到所有的分析功能。

**STaTa 各統計功能簡易說明：**

延伸迴歸模型 Extended regression models (ERMs)，There are four new commands that fit
- linear models
- linear models with interval-censored outcomes, including tobit models
- probit models
- ordered probit models

潛在類別分析 Latent class analysis (LCA)
. gsem (alcohol truant weapon theft vandalism <-), logit lclass(C 3)

Bayesian regression models using the bayes prefix
. bayes: regress y x1 x2

Convert dynamic Markdown documents to HTML with dyndoc

Linearized DSGEs

```
. dsge   (x = E(F.x) - (r - E(F.p) - z), unobserved)
         (p = {beta}*E(F.p) + {kappa}*x)
         (r = 1/{beta}*p + u)
         (F.z = {rhoz}*z, state)
         (F.u = {rhou}*u, state)
```

有限混合模型 :Finite mixture models (FMMs)：17 種迴歸

```
fmm: prefix that can be used with 17 estimators
regress   tobit   intreg   truncreg
ivregress  poisson  tpoisson  nbreg
streg   logit   ologit   mlogit
probit   oprobit  cloglog  betareg  glm
```

Spatial autoregressive models, 重點有：
Spatial lags of, Endogenous covariates , Heteroskedastic errors ,Cross-sectional data ,Panel data
Analyze spillover, Spatial weighting matrices

存活分析：Parametric survival models for interval-censored data

非線性多層次混合模型 (Nonlinear multilevel mixed-effects models)

特定方案 Logit 模型 (Alternative-specific mixed logit regression)

無母數迴歸 (Nonparametric regression)

Bayesian 多層次模型 (Bayesian multilevel models)

門檻迴歸 (Threshold regression)

Panel-data tobit models with random coefficients and intercepts

Easy import of Federal Reserve Economic Data：如
You need GDP for Venezuela, Colombia, and Peru. You launch STaTa. You choose File > Import > Federal Reserve Economic Data (FRED). You type "Venezuela Gross Domestic Product" and click on Search.

Multilevel mixed-effects interval regression：
```
. meintreg exerlo exerup age work kids walk || cid:
```

Multilevel tobit models

Panel-data 共整合檢定 (cointegration tests)

時間序列中多個斷點檢定 :Cumulative sum test for parameter stability

多組之廣義 SEM(Multiple-group generalized SEM)

分析資料具有 ICD-10-CM/PCS 碼

檢定力：
Power analysis for cluster randomized designs
Power analysis for linear regression

誤差異質性之線性模型：Heteroskedastic linear regression

具樣本選擇 Poisson 模型 (Poisson models with sample selection)

結構方程模型 (SEM)
結構方程模型 (SEM) 是一個統計學的測試和估計使用統計數據和定性的因果假設的組合因果關係的技術。結構方程模型 (SEM) 的同時允許驗證和探索性建模，這意味著它們適合於在理論測試和理論的發展。Factor analysis, path analysis and regression all represent special cases of SEM。SEM 進階分析，包括：Measurement invariance。Multiple group modelling: This is a technique allowing joint estimation of multiple models, each with different sub-groups. Applications include behavior genetics, and analysis of differences between groups (e.g., gender, cultures, test forms written in different languages, etc.)。Latent growth modeling。Hierarchical/ multilevel models; item response theory models。Mixture model (latent class) SEM。Alternative estimation and testing techniques。Robust inference。Survey sampling analyses。Multi-method multi-trait models。Structural Equation Model Trees。

## 1-2-1 單層次：連續 vs. 類別依變數迴歸之種類

作者《STaTa 與高等統計分析的應用》一書，該書內容包括：描述性統計、

樣本數的評估、變異數分析、相關、迴歸建模及診斷、重複測量……。

STaTa 單層次：連續 vs. 類別依變數之迴歸分析法，如下表。

| | | 橫斷面 (cross section) 研究 | 縱貫面研究 (longitudinal research) | |
|---|---|---|---|---|
| | | | 限定態 ( 有差分變數 ) | 不限非定態 |
| 1. 單一方程<br>式之迴歸 | 1. OLS( 最小平方法 ) 迴歸<br>2. WLS( 加權平方法 )<br>3. Probit 迴歸<br>4. Robust 迴歸 (rreg 指令 )<br>5. Prais-Winsten 迴歸<br>6. 分量 (Quantile) 迴歸<br>7. Logit 迴歸<br>8. Conditional logistic<br>9. Ordered Logit<br>10. Ordered Probit<br>11. Multinomial Logit<br>12. vZero-inflated Poisson 迴歸<br>13. negative binomial 迴歸<br>14. 截取迴歸 (censored regression)<br>15. 斷尾迴歸 (truncated regression<br>16. Errors-in-variables 迴歸<br>17. 有限資訊最大概似估計<br>法 (limited-information max<br>likelihood)<br>18. 廣義動差估計法 (generalized<br>method of moments)<br>19. 動態模型 | 1. ARMA( 若無單根 ),<br>類似 ARIMA(p,l,q)<br>2. arch/ garch 模型 | 1. ARIMA(p,l,q),<br>若有單根 , 則<br>為 ECM |
| 2. 聯立方程<br>式之迴歸 | 1. 似不相關迴歸<br>2. 兩階段 (2- stage) 迴歸<br>3. 三階段 (three-stage) 迴歸 | 1. 向量自我迴歸<br>(VAR)<br>2. Structural VAR | 向量誤差修正模<br>型 (VECM) |

STaTa 除了廣義線性迴歸 (reg 指令 ) 外，尚還有下列指令，讓你執行各種類型之歸迴。

| STaTa 指令 | 說明 |
|---|---|
| areg | an easier way to fit regressions with many dummy variables |
| arch | regression models with ARCH errors |

| STaTa 指令 | 說明 |
|---|---|
| arima | ARIMA models |
| boxcox | Box-Cox regression models |
| cnsreg | constrained linear regression |
| eivreg | errors-in-variables regression |
| etregress | linear regression with endogenous treatment effects |
| frontier | stochastic frontier models |
| gmm | generalized method of moments estimation |
| heckman | Heckman selection model |
| intreg | interval regression |
| ivregress | single-equation instrumental-variables regression |
| ivtobit | tobit regression with endogenous variables |
| newey | regression with Newey-West standard errors |
| nl | nonlinear least-squares estimation |
| nlsur | estimation of nonlinear systems of equations |
| qreg | quantile (including median) regression |
| reg3 | three-stage least-squares (3SLS) regression |
| rreg | a type of robust regression |
| gsem | generalized structural equation models |
| sem | linear structural equation models |
| sureg | seemingly unrelated regression |
| tobit | tobit regression |
| truncreg | truncated regression |
| xtabond | Arellano-Bond linear dynamic panel-data estimation |
| xtdpd | linear dynamic panel-data estimation |
| xtfrontier | panel-data stochastic frontier model |
| xtgls | panel-data GLS models |
| xthtaylor | Hausman-Taylor estimator for error-components models |
| xtintreg | panel-data interval regression models |
| xtivreg | panel-data instrumental-variables (2SLS) regression |
| xtpcse | linear regression with panel-corrected standard errors |

| STaTa 指令 | 說明 |
|---|---|
| xtreg | fixed- and random-effects linear models |
| xtregar | fixed- and random-effects linear models with an AR(1) disturbance |
| xttobit | panel-data tobit models |

STaTa「regress」之後指令 (postestimation)：

| STaTa 指令 | 說明 |
|---|---|
| estat archlm | test for ARCH effects in the residuals |
| estat bgodfrey | Breusch-Godfrey test for higher-order serial correlation |
| estat durbinalt | Durbin's alternative test for serial correlation |
| estat dwatson | Durbin-Watson d statistic to test for first-order serial correlation |
| dfbeta | DFBETA influence statistics |
| estat hettest | tests for heteroskedasticity |
| estat imtest | information matrix test |
| estat ovtest | Ramsey regression specification-error test for omitted variables |
| estat szroeter | Szroeter's rank test for heteroskedasticity |
| estat vif | variance inflation factors for the independent variables |
| estat esize | eta-squared and omega-squared effect sizes |
| 迴歸參數的檢定 (Tests of parameters) | |
| test | Wald test of linear hypotheses |
| testnl | Wald test of nonlinear hypotheses |
| lrtest | likelihood-ratio tests |
| hausman | Hausman specification test |
| suest | generalization of the Hausman test |

## 一、迴歸分析之專有名詞

迴歸分析係以數學和統計方法來確認一組變數中的系統性部分，並依此解釋過去的現象和預測未來，它將研究的變數區分爲依變數與自變數，建立依變數爲自變數之函數模型，其主要目的是用來解釋資料過去的現象及自由變數來預測依變數未來可能產生之數值。

1. 自變數 (independent variable)：由數學方程式預測的變數。

2. 依變數 (dependent variable)：又稱反應變數，據以預測依變數的值之變數。

3. 簡單線性迴歸 (simple linear regression)：僅有一自變數與一依變數，且其關係大致上可用一直線表示。

$$Y = \alpha + \beta X + U$$

其中：

$\alpha$，$\beta$ 為未知參數 ( 迴歸係數 )，需要我們去估計。

$U$ 代表不能由 $\alpha + \beta X$ 所描述的 $Y$ 行為，亦即 $Y$ 與線性模型之間的誤差。

4. 複迴歸 (multiple regression)：兩個以上自變數的迴歸。

5. 多變數迴歸 (multi-variable regression)：又稱向量迴歸 ( 如 VAR, VECM)，用多個自變數預測數個依變數，建立之聯立迴歸方程式。例如，STaTa 的 multiple equation 迴歸。

## 二、單層次：各類型迴歸之適用情境

STaTa 光是「單層次：**線性模型**」就有 26 種迴歸，還有二元迴歸、次序迴歸、類別迴歸、計數迴歸等大類別迴歸，每個大類別迴歸又細分好幾種不同的迴歸方法。STaTa 已是地表最強的統計軟體。

「單層次：**線性**模型」可參考作者《STaTa 與高等統計分析》一書的介紹。

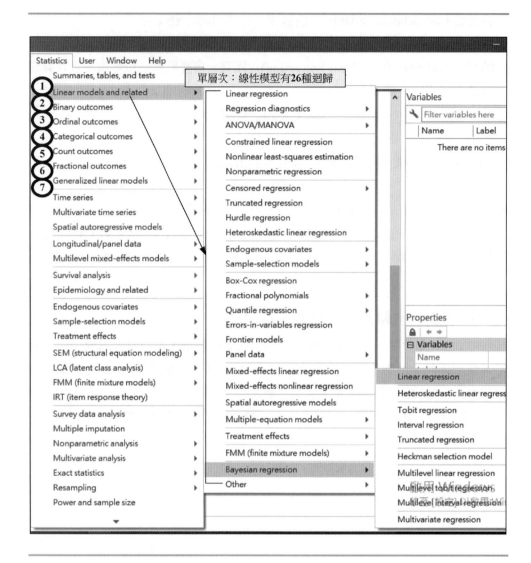

**圖 1-7** 單層次：各類型迴歸

| 自變數 (predictor) / 依變數 (outcome) | 連續變數 | 類別變數 | 連續＋類別變數 |
|---|---|---|---|
| 連續變數 | 線性迴歸<br>censored 迴歸<br>truncated 迴歸<br>Robust 迴歸<br>Quantile 迴歸<br>Constrained 迴歸<br>Errors-in-variables 迴歸 | 線性迴歸<br>censored 迴歸<br>truncated 迴歸<br>Robust 迴歸<br>Quantile 迴歸<br>Constrained 迴歸<br>Errors-in-variables 迴歸 | 線性迴歸<br>censored 迴歸<br>truncated 迴歸<br>Robust 迴歸<br>Quantile 迴歸<br>Constrained 迴歸<br>Errors-in-variables 迴歸 |
| bianry 變數 | 線性迴歸≈<br>Logistic 迴歸≈<br>probit 迴歸<br>Conditional logistic 迴歸 | 線性迴歸≈<br>Logistic 迴歸≈<br>probit 迴歸<br>Conditional logistic 迴歸 | 線性迴歸≈<br>Logistic 迴歸≈<br>probit 迴歸<br>Conditional logistic 迴歸 |
| Ordinal 變數 | Ordered Logit and Ordered Probit Analysis | Ordered Logit and Ordered Probit Analysis | Ordered Logit and Ordered Probit Analysis |
| Nominal 類別變數 | Multinomial Logit 及相關模型 | Multinomial Logit 及相關模型 | Multinomial Logit 及相關模型 |
| Count 變數：<br>Count 迴歸 | 1. Poisson 迴歸<br>2. Zero-inflated Poisson 迴歸<br>3. negative binomial 迴歸<br>4. Zero-inflated negative binomial 迴歸<br>5. Truncated negative binomial 迴歸<br>6. Truncated Poisson 迴歸<br>7. Zero-truncated Poisson 迴歸<br>8. Mixed-effects Poisson 迴歸 | 1. Poisson 迴歸<br>2. Zero-inflated Poisson 迴歸<br>3. negative binomial 迴歸<br>4. Zero-inflated negative binomial 迴歸<br>5. Truncated negative binomial 迴歸<br>6. Truncated Poisson 迴歸<br>7. Zero-truncated Poisson 迴歸<br>8. Mixed-effects Poisson 迴歸 | 1. Poisson 迴歸<br>2. Zero-inflated Poisson 迴歸<br>3. negative binomial 迴歸<br>4. Zero-inflated negative binomial 迴歸<br>5. Truncated negative binomial 迴歸<br>6. Truncated Poisson 迴歸<br>7. Zero-truncated Poisson 迴歸<br>8. Mixed-effects Poisson 迴歸 |

| 自變數 (predictor) 依變數 (outcome) | 連續變數 | 類別變數 | 連續 + 類別變數 |
|---|---|---|---|
| 多個依變數 | Multiple Equation 迴歸 seemingly unrelated 迴歸 ( 同一組自變數 ) | Multiple Equation 迴歸 seemingly unrelated 迴歸 ( 同一組自變數 ) | Multiple Equation 迴歸 seemingly unrelated 迴歸 ( 同一組自變數 ) |

註：「≈」表示迴歸係數之顯著性 z 檢定，p 值都是非常接近。

| 依變數 | STaTa 提供的模型 | Codes/ Value |
|---|---|---|
| 二元 (binary) 依變數模型 | linear probability model (LPM), probit, logit | e.g. 是與否、同意與不同意。接受貸款申請與否、購屋與否。 |
| 多項選擇模型 (multinomial choice) | multinomial probit, multinomial logit | 選擇主修經濟、財務、企管、會計或資管。 |
| 有序 (ordered) 選擇模型 | ordered probit | 依變數為非數字，但具有自然的順序。<br>e.g. 成績 A, B, C, D。<br>債券等級 AAA, AA 等。 |
| 計數資料 (count data) 模型 | Poisson 迴歸 | 依變數為非負整數。<br>e.g. 某戶子女人數。<br>　某人一年看醫生次數。 |
| 個體選擇模型 | Tobit 迴歸 | y 基本上為連續的正值，但其值為 0 的機率大於 0。<br>e.g.<br>(1) 保險額度。<br>(2) 退休基金投資於股票的額度。 |
| Heckit 模型：解釋變數 x 可以觀察到，但由於另外一些因素的影響，y 並非全部可觀察 | heckprobit 迴歸 | (1) 截取迴歸 (censored regression)：依變數超過某門檻就不存此觀測值，但自變數資訊存在。STaTa 有提供 Tobit 迴歸。<br>(2) 斷尾迴歸 (truncated regression)：自變數與依變數超過某門檻，就都不存在觀測值。STaTa 有 Truncated regression。 |

1. 以上多數的模型通常並不適合 OLS 估計法 ( 因爲「違反常態性」假定 )，可以採用非線性最小平方法 (NLS) 來估計，但 NLS 估計式常常是無效率的 (inefficient)，一般都採用最大概似估計法 (maximum likelihood estimation)。

2. 最大概似估計法在小樣本中它的性質是未知的；但是我們可以證明在大樣本裡 ( 有學者主張樣本數 500 以上 )，最大概似估計式是常態分配的、一致的，而且是最佳的。

3. 我們必須將以上的迴歸函數解釋爲機率的預測。

## 1-2-2 STaTa 多層次混合模型的迴歸種類

> 定義：混合效果
>
> 混合效果＝固定效果＋隨機效果
>
> 固定效果 (fixed effect) 是所有組中效果都相同 (which are the same in all groups)。
>
> 隨機效果 (fixed effect) 是各組之間的隨機呈現效果 ( 都不同 )(which vary across groups)。
>
> 在混合模型中，每個 levels 都很明確存在隨機和系統 ( 固定 ) 效果。

除線性多層次模型 (mixed, xtmixed 指令 ) 外，STaTa 混合模型約略可分成三大類：

類 1. Hierarchical Linear Model ( 多層次線性模型，HLM) 依變數是連續變數，STaTa 線性多層次模型之對應指令包括：(mixed、xtmixed)。

類 2. Hierarchical Generalized Linear Model ( 廣義多層次模型，HGLM) 依變數是類別型、計數型、次序型、離散型變數稱階層廣義線性模型，STaTa 線性多層次模型之對應指令包括：(menl、melogit、meprobit、mecloglog、meologit、meoprobit、mepoisson、menbreg、metobit、meintreg、meglm、mestreg、meqrlogit、meqrpoisson)。

類 3. Bayeisan 多層次迴歸 包括：(bayes: mixed、bayes: metobit、bayes: meintreg、bayes: melogit、bayes: meoprobit、bayes: mecloglog、bayes: meologit、bayes: meoprobit、bayes: mepoisson、bayes: menbreg、bayes: meglm、bayes: mestreg)。

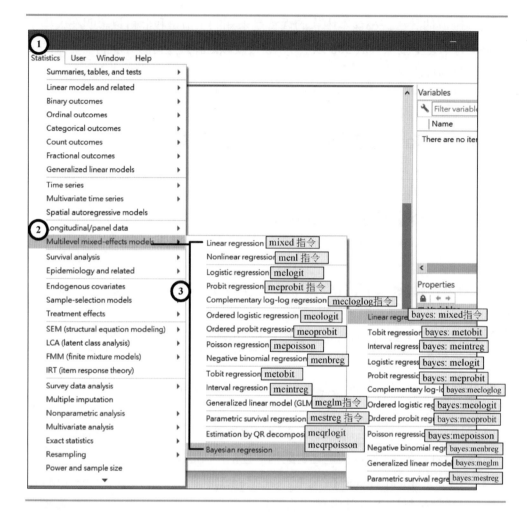

**圖 1-8** multilevel models 對應 STaTa 指令（共 15 種多層次模型之類型可選擇）

多層次混合模型之指令為：

| 指令 | 說明 |
|------|------|
| xtmixed、mixed | 多層次混合效果 *linear regression* |
| xtmelogit、melogit | 多層次混合效果 *logistic regression* |
| xtmepoisson、mepoisson | 多層次混合效果 *Poisson regression* |
| menl | *Nonlinear mixed-effects regression* |
| meprobit | 多層次混合效果 probit regression |

| 指令 | 說明 |
|------|------|
| mecloglog | 多層次混合效果 complementary log-log regression |
| meologit | 多層次混合效果 ordered logistic regression |
| meoprobit | 多層次混合效果 ordered probit regression |
| menbreg | 多層次混合效果 negative binomial regression |
| metobit | 多層次混合效果 tobit regression |
| meintreg | 多層次混合效果 interval regression |
| meglm | 多層次混合效果 generalized linear model |
| meqrlogit | 多層次混合效果 logistic regression (QR decomposition) |
| meqrpoisson | 多層次混合效果 Poisson regression (QR decomposition) |
| mestreg | *多層次參數存活模型* |
| bayes: 開頭 12 指令 | bayes: mecloglog、bayes: meglm、bayes: meintreg、bayes: melogit、bayes: menbreg、bayes: meologit、bayes: meoprobit、bayes: mepoisson、bayes: meprobit、bayes: mestreg、bayes: metobit、bayes: mixed |

1. 有網底*斜體字*的迴歸，才納入本書的範例。
2. 混合效果 = 固定效果 + 隨機效果
3. 隨機截距 / 隨機斜率屬隨機效果
4. 指令 xtmixed、mixed 專門處理多層次 mixed regression (具常態分布、連續型結果變數)。它特別受到歡迎。

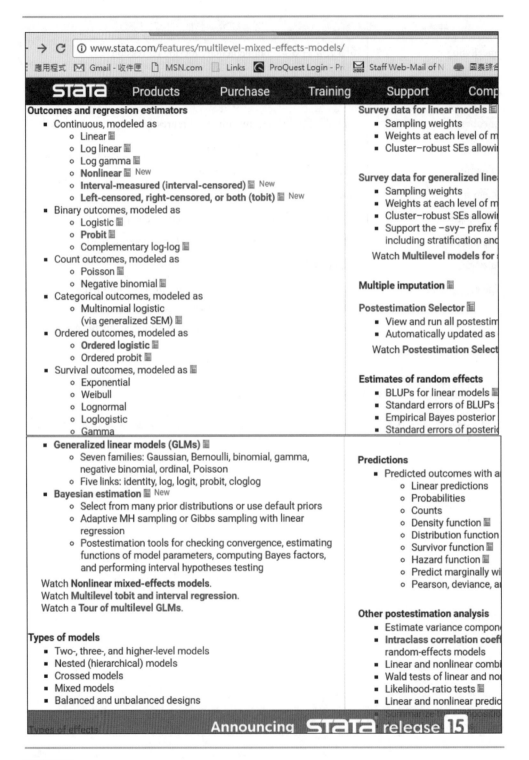

**圖 1-9** STaTa 選擇表提供之多層次迴歸模型的種類

在 STaTa 裡，其 HLM 可以分析的結果變數 (outcome varible)，包括：連續、計數、序數和名義變數，及假定一系列解釋變數 (explanatory variable) 的線性組合之間的函數關係。這個關係通過合適的「**family**()···link()」來定義，例如廣義處理「Multilevel mixed-effects generalized linear model」之 **meglm** 指令，其排列組合如下表、下圖：

| 特定的指令 | 廣義的 meglm 對應指令 | |
|---|---|---|
| **melogit** | **family**(bernoulli) | **link**(logit) |
| **meprobit** | **family**(bernoulli) | **link**(probit) |
| **mecloglog** | **family**(bernoulli) | **link**(cloglog) |
| **meologit** | **family**(ordinal) | **link**(logit) |
| **meoprobit** | **family**(ordinal) | **link**(probit) |
| **mepoisson** | **family**(poisson) | **link**(log) |
| **menbreg** | **family**(nbinomial) | **link**(log) |

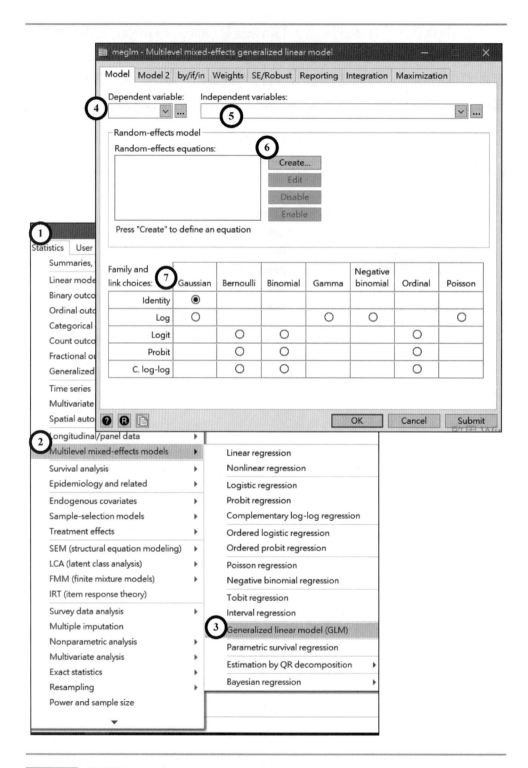

圖 1-10　**meglm** 指令七種變形之多層次模型

26

Generalized Linear Models (GLMs)

$$g(\mu) = \beta_0 + \beta_1 * X_1 + \ldots + \beta_p * X_p$$

$$( \mu = E(Y \mid X) = \text{mean})$$

| Model | Response | $g(\mu)$ | Distribution | Coef Interp |
|---|---|---|---|---|
| Linear | Continuous (ounces) | $\mu$ | Gaussian | Change in avg (Y) per unit change in X |
| Logistic | Binary (disease) | $\log\left(\frac{\mu}{(1-\mu)}\right)$ | Binomial | Log Odds Ratio |
| Loglinear | Count / Times to events | $\log(\mu)$ | Poisson | Log Relative Risk |

　　STaTa 指令共有 15 種多層次模型之建構指令，由於指令眾多，本書受限於篇幅，凡未能在本書介紹指令的範例，你都可以開啟「指令名稱 .do」來練習，例如，想查詢 meprobit、metobit 指令的用法，你就可開啟「meprobit.do」、「metobit.do」指令檔，如下圖。

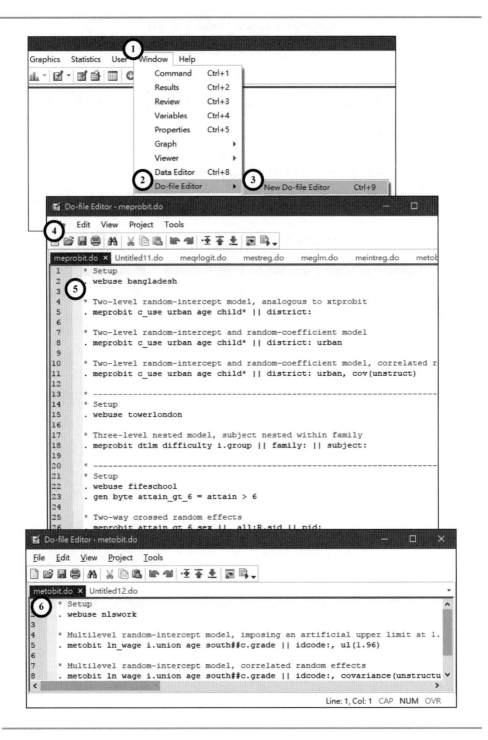

**圖 1-11** 開啓「meprobit.do」或「metobit.do」指令檔

## 1-2-3 STaTa panel-data 迴歸的種類

作者《Panel-data 迴歸模型：STaTa 在廣義時間序列的應用》一書，該書內容包括：多層次模型、GEE、工具變數 (2SLS)、動態模型……。

### 一、STaTa panel 指令之功能

| STaTa 指令 | 說明 |
|---|---|
| 1. 資料管理及探索工具 | |
| xtset | 宣告資料檔為追蹤資料 (panel-data) |
| xtdescribe | 描述 xt- 資料的模樣 (pattern) |
| xtsum | 分別計算組內 within (over time) 及組間 between (over individuals) 的變異數 |
| xttab | xt- 資料的表格 |
| xtdata | xt- 資料的快速界定搜尋 (Faster specification searches) |
| xtline | 繪 xt- 資料的線形圖 (Line plots with xt data) |
| 2. 線性 panel 迴歸估計 (estimators) | |
| xtreg | 固定效果、組間 (between)、隨機效果 (random-effects)、樣本平均 (population-averaged) 線性模型 |
| xtregar | 誤差帶 AR1 之固定效果、隨機效果模型 (Fixed- & random-effects linear models with an AR(1)disturbance) |
| xtmixed | 多層次混合效果 (Multilevel mixed-effects) 線性模型 |
| xtgls | 使用廣義最小平方法之追蹤資料模型 (panel-data models using GLS) |
| xtpcse | 帶追蹤校正標準誤之線性迴歸 (Linear regression with panel-corrected standard errors) |
| xthtaylor | 誤差成分模型之 Hausman-Taylor 估計 (Hausman-Taylor estimator for error-components models) |
| xtfrontier | 追蹤資料之隨機前緣模型 (Stochastic frontier models)：<br>隨機分析 (stochastic calculus) 是機率論的一個分支。主要內容有伊藤積分、隨機微分方程、隨機偏微積分、逆向隨機微分方程，等等。最近大量應用於金融數學。<br>隨機性模型是指含有隨機成分的模型。它與確定性模型的不同處，在於它仍可解釋以下例子：在賭場裏賭大小，如果有人認為三次連開大第四次必然開小，那麼此人所用的即是確定性模型。但是常識告訴我們第四次的結果並不一定與之前的結果相關聯。在 19 世紀科學界深深地被黑天鵝效應和卡爾·波普爾的批判理性主義所影響。所以現代自然科學都以統計與歸納法作為理論基礎。大體說統計學是適用確定性模型與隨機性模型作比較的一門學科。 |

| STaTa 指令 | 說明 |
|---|---|
| xtrc | 隨機係數迴歸 (Random-coefficients regression) |
| xtivreg 指令 | 工具變數、兩階段最小平方法之追蹤資料模型 (Instrumental variables & two-stage least squares for panel-data models) |
| 3. 單根檢定 (Unit-root tests) | |
| xtunitroot | 追蹤資料之單根檢定 (unit-root tests) |
| 4. 動態 panel-data 估計法 (estimators) | |
| xtabond | 線性動態追蹤資料之 Arellano-Bond 估計 |
| xtdpd | 線性動態追蹤資料之估計 (Linear dynamic panel-data estimation) |
| xtdpdsys | 線性動態追蹤資料之 Arellano-Bover/Blundell-Bond 估計 |
| xtabond | Arellano-Bond 之線性動態追蹤資料估計。<br><br>*STaTa 例子：二期落遲項 (two lags) 之依變數<br>. webuse abdata<br>* w 及 k 為 predetermined。w, L.w, k, L.k 及 L2.k 等落遲項都為附加的解釋變數 (additionalregressors)<br>. xtabond n l(0/1).w l(0/2).(k ys)yr1980-yr1984, lags(2) vce(robust) |
| 5. 結果截取 (Censored-outcome) 估計法 (estimators) | |
| . xttobit | 隨機效果 tobit 模型 (Random-effects tobit models) |
| . xtintreg | 隨機效果區間資料迴歸模型 (Random-effects interval-data regression models) |
| 6. 非線性：二元依變數 (Binary-outcome) 估計法 | |
| xtlogit | 固定效果、隨機效果、樣本平均 (population-averaged)logit 模型 |
| . xtmelogit | 多層次混合效果邏輯斯迴歸 (Multilevel mixed-effects logistic regression) |
| xtprobit | 隨機效果 、& 樣本平均 (population-averaged) probit 模型 |
| xtcloglog | 隨機效果 、& 樣本平均 (population-averaged) cloglog 模型 |
| 7. 非線性：次序依變數 (Ordinal-outcome) 估計法 | |
| xtologit | 隨機效果 ordered logistic 模型 |
| xtmepoisson | 多層次混合效果 (Multilevel mixed-effects) Poisson 迴歸 |
| xtoprobit | 隨機效果 ordered probit 模型 |
| 8. 非線性：計數依變數 (Count-data) 估計法 | |
| xtpoisson | 固定效果、隨機效果、樣本平均 (population-averaged) Poisson 模型 |
| xtnbreg | 固定效果、隨機效果、樣本平均 (population-averaged) 負二項模型 (negative binomial models) |

| STaTa 指令 | 說明 |
|---|---|
| 9. 廣義方程式估計法 (Generalized estimating equations estimator) | |
| xtgee | 使用 GEE 求出樣本平均 (population-averaged) 追蹤資料模型 |
| 10. 公用程式 (Utilities) | |
| quadchk | 偵測數值積分法之敏感度 (Check sensitivity of quadrature approximation) |
| 11. 多層次混合效果 (Multilevel mixed-effects) 估計法 | |
| . xtmelogit | 多層次混合效果邏輯斯迴歸 (Multilevel mixed-effects logistic regression) |
| xtmepoisson | 多層次混合效果 Poisson 迴歸 (Multilevel mixed-effects Poisson regression) |
| . xtmixed | 多層次混合效果線性迴歸 (Multilevel mixed-effects linear regression) |
| 12. 廣義估計方程式 (Generalized estimating equations, GEE) 估計法 | |
| . xtgee | 使用 GEE 分析樣本平均之追蹤資料 (population-averaged panel-data models using GEE) |

更簡單地說，STaTa 線性 panel 之**常用指令**，如下表：

| 功能 | STaTa 指令 |
|---|---|
| panel 摘要 | xtset; xtdescribe; xtsum( 最小值 , 最大值等 ); xtdata; xtline( 線形圖 ); xttab( 次數分配 ); xttran( 不同時段的遷移 ) |
| 混合資料 (Pooled)OLS | regress |
| 隨機效果 | 「xtreg···, re」;「xtregar···, re」 |
| 固定效果 | 「xtreg···, fe」;「xtregar···, fe」 |
| 隨機斜率 (Random slopes) | quadchk; xtmixed; xtrc |
| 廣義最小平方法迴歸 (Feasible Generalized Least Squares, FGLS) | 「xtgee, family(gaussian)」; xtgls; xtpcse 指令。 |
| 一階差分 (First differences): 有單根情況，才使用「D.」運算子。 | 單根動態 regress(with differenced data)。範例如下：<br><br>. use invent.dta<br>. tsset year<br>. reg D.lgdp year L.lgdp L.D.lgdp<br>. display "rho = " 1+_b[L.lgdp]<br>. reg D.lgdp L.lgdp L.D.lgdp<br>. display "rho = " 1+_b[L.lgdp] |
| 靜態工具變數 (Static IV)：內生共變 | xtivreg; xthtaylor |

| 功能 | STaTa 指令 |
|---|---|
| 動態工具變數 (Dynamic IV) | gmm |
| 隨機模型 ( 例如 ,Stochastic production or cost frontier) | xtfrontier |

1. **reg**ress 指令：線性迴歸 ( 用途包括 OLS, Logit, Probit 迴歸 )。

2. 「xtreg…,(FE,RE,PA,BE)」指令：固定效果、隨機效果、樣本平均 (population-averaged)、組間效果之線性模型。

3. 一階差分迴歸：reg 指令搭配「D.」運算子，專門處理有單根的變數之迴歸。

4. xtgls 指令：使用 GLS 來求 panel-data 線性模型，它可同時解決誤差之自我相關及變異數異質性之問題。

5. xtdpd 指令：Linear regression with panel-corrected standard errors.

6. 「xtregar…,(FE,RE)」指令：Fixed- & random-effects linear models with an AR(1) disturbance.

7. quadchk 指令：Check sensitivity of quadrature approximation.

8. xtfrontier 指令：xtfrontier fits stochastic production or cost frontier models for 追蹤資料 (panel-data). 也就是說 , xtfrontier estimates the parameters of a linear model with a *disturbance generated by specific mixture distributions*.

9. xtivreg 指令：Instrumental variables & two-stage least squares for panel-data models.

10. xthtaylor 指令：Hausman-Taylor estimator for error-components models.
    雖然 xthtaylor 及 xtivreg 都是使用工具變數來做估計，但二者的事前假定 (assumption) 是不同的：
    (1) xtivreg 假定：模型中，解釋變數的某部分變數 (a subset of the explanatory variables) 與特質誤差 (idiosyncratic error) $e_{it}$ 是有相關的。
    (2) xthtaylor 指令之 Hausman-Taylor 及 Amemiya-MaCurdy 估計法係假定：某些解釋變數與個體層次 (individual-level) 隨機效果 $u_i$ 是有相關的，但某些解釋變數卻與特質誤差 (idiosyncratic error)$e_{it}$ 是無相關的。

11. xtabond 指令：Arellano-Bond 線性動態追蹤資料之估計 (linear dynamic panel-data estimation)。

12. xtdpdsys 指令：Arellano-Bover/Blundell-Bond 線性動態追蹤資料之估計。

13. xtdpd 指令：線性動態追蹤資料之估計。

## 二、STaTa panel-data 對應之選擇表的指令

作者《Panel-data 迴歸模型：STaTa 在廣義時間序列的應用》一書，該書內容包括：多層次模型、GEE、工具變數 (2SLS)、動態模型……。

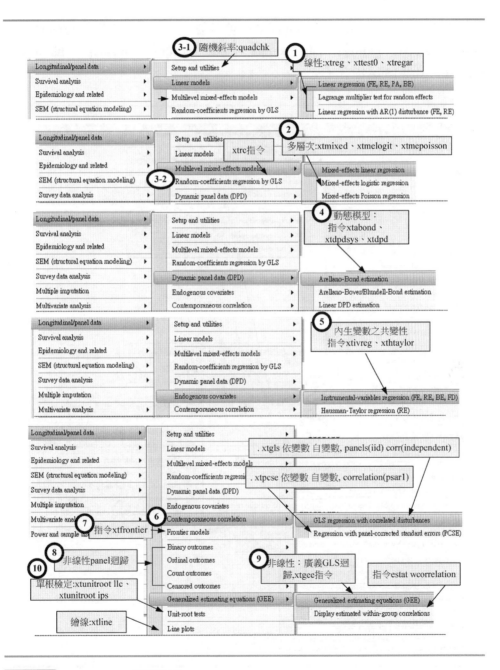

**圖 1-12** STaTa panel 對應指令

## 1-2-4 STaTa 流行病 (epidemiologists) 之選擇表對應的指令

STaTa 提供 epitab 指令 (Tables for epidemiologists)，其繪製二維／三向表格之對應指令，如下圖所示。

常見指令有：ir、es、cc、tabodds、mhodds、mcci 指令；以及 symmetry、dsdize、istdize、kapwgt、kap、kappa、brier、pksumm、pkshape、pkcross、pkequiv、pkcollapse 指令。

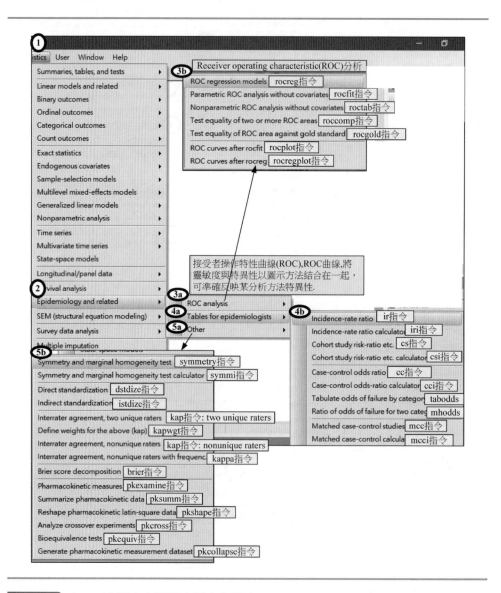

**圖 1-13** STaTa 流行病之選擇表對應的指令

## 1-2-5  STaTa 存活分析的選擇表之對應指令

作者《STaTa 在生物醫學統計分析》一書，該書內容包括：類別資料分析 ( 無母數統計 )、存活分析、流行病學、配對與非配對病例對照研究資料、盛行率、發生率、相對危險率比、勝出比 (Odds Ratio) 的計算、篩檢工具與 ROC 曲線、工具變數 (2SLS)……。

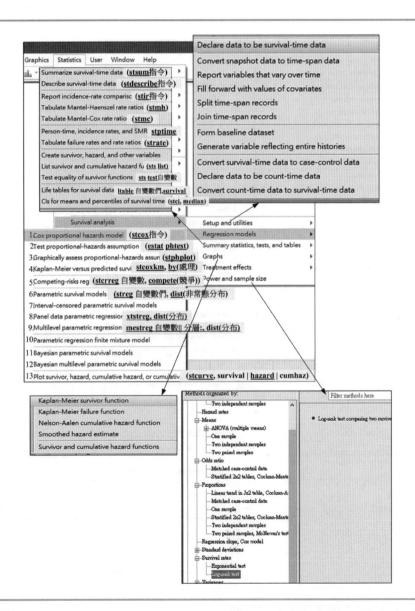

圖 1-14  STaTa 存活分析之 menu

35

　　STaTa 常見的存活分析，包括：Cox 模型 (STaTa 已用 stcox 指令取代 )、Cox 比例危險模型 (Proportional Hazards Model, PHM) (stcox、streg 指令 )、Kaplen-Meier 存活模型 (stcoxkm 指令 )、競爭風險存活模型 (stcrreg 指令 )、參數存活模型 (streg 指令 )、panel-data 存活模型 (xtstreg 指令 )、多層次存活模型 (mestreg 指令 )、調查法之 Cox 比例危險模型 ((svy:stcox, strata() 指令 )、調查法之參數存活模型 (svy:streg, dist( 離散分布 ) 指令 ) ( 如下圖 )。

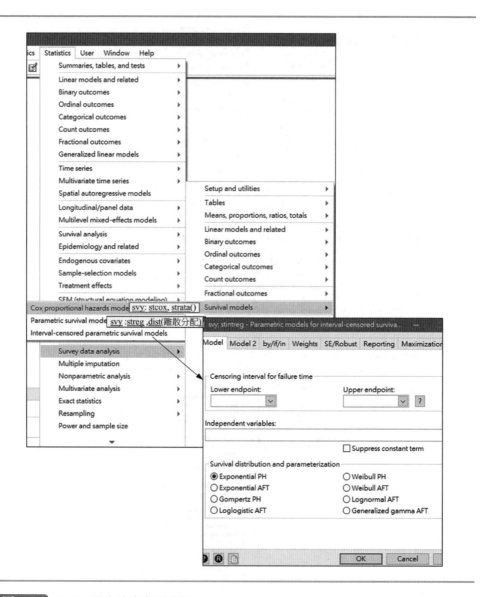

**圖 1-15**　STaTa 調查法之存活分析 menu

## 1-2-6 STaTa 縱貫面—時間序列之選擇表

作者《總體經濟與財務金融：STaTa 時間序列分析》一書，該書內容包括：誤差異質性、動態模型、序列相關、時間序列分析、VAR、共整合……等。

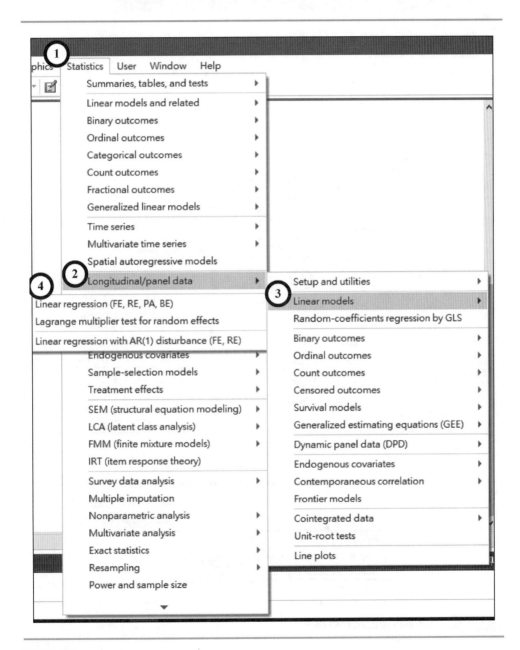

**圖 1-16** 縱貫面時間序列之選擇表

## 1-2-7 STaTa 有限混合模型 (FMM)：EM algorithm 選擇表

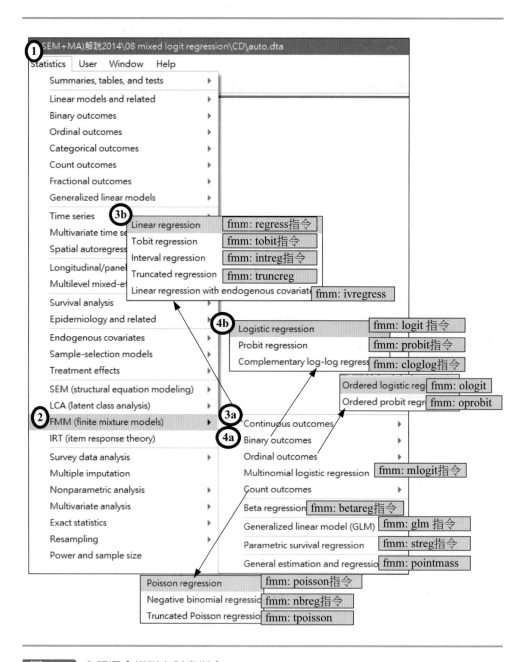

**圖 1-17** 有限混合模型之對應指令

fmm 估計法旨在「fitting finite mixture models」。

finite mixture models (FMMs) 旨在對可觀察值來分類，調整聚類 (clustering)，並對不可觀察的異質性 (unobserved heterogeneity) 進行建模。有限混合建模中，可觀察的數據被假定屬於幾個不可觀察的子母群 ( 稱爲 classes)，並且使用概率密度或迴歸模型的混合來對結果變數建模。在適配模型之後，也可以對每個觀察值之 classes 成員概率做預測。

STaTa v12 的 fmm「mix( density )」選項，結果變數可搭配的分布，有 7 種：

| 分布 (density) | 說明 |
|---|---|
| gamma | Gamma 分布 |
| lognormal | Lognormal |
| negbin1 | Negative Binomial-1 (constant dispersion) |
| negbin2 | Negative Binomial-2 (mean dispersion) |
| normal | Normal or Gaussian |
| poisson | Poisson |
| studentt | Student-t with df degrees of freedom |

STaTa v15 的「fmm: density 」選項，結果變數可搭配的分布，有下列 17 種：

| 分布 (density) | 說明 |
|---|---|
| Linear regression models | |
| fmm: regress | Linear regression |
| fmm: truncreg | Truncated regression |
| fmm: intreg | Interval regression |
| fmm: tobit | Tobit regression |
| fmm: ivregress | Instrumental-variables regression |
| Binary-response regression models | |
| fmm: logit | Logistic regression, reporting coefficients |
| fmm: probit | Probit regression |
| fmm: cloglog | Complementary log-log regression |
| Ordinal-response regression models | |
| fmm: ologit | Ordered logistic regression |
| fmm: oprobit | Ordered probit regression |

| 分布 (density) | 說明 |
|---|---|
| Categorical-response regression models | |
| fmm: mlogit | Multinomial (polytomous) logistic regression |
| Count-response regression models | |
| fmm: poisson | Poisson regression |
| fmm: nbreg | Negative binomial regression |
| fmm: tpoisson | Truncated Poisson regression |
| Generalized linear models | |
| fmm: glm | Generalized linear models |
| Fractional-response regression models | |
| fmm: betareg | Beta regression |
| Survival regression models | |
| fmm: streg | Parametric survival models |

「fmm:」可選擇 17 種分布之一，來適配你的依變數的分布。

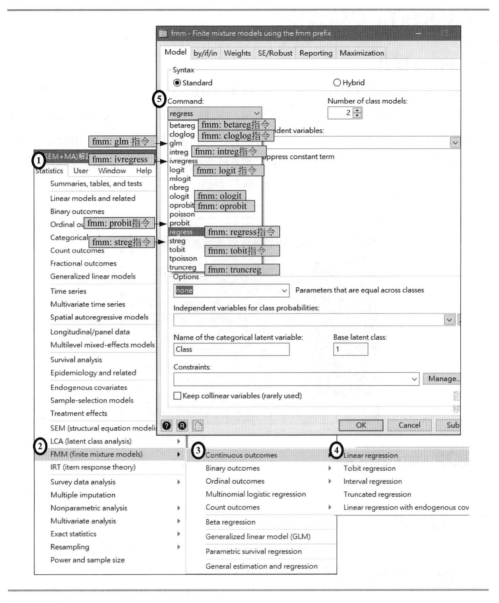

圖 1-18
有限混合模型之對應指令二

其中，高斯混合模型 (gaussian mixture model)：高斯分布，$\mu$ 為平均值 (mean)，$\sigma$ 為標準差 (standard deviation)。高斯混合模型，利用高斯模型的平均值描述特徵參數的分布位置，共變異矩陣來描述分型形狀的變化，因此高斯混合模型可以很平滑的描述聲音、影像、照片、財務報表、射擊半徑……的特徵分布。

# 1-3 STaTa 安裝設定

## 一、STaTa 安裝

STaTa 所須的記憶體容量不大，只有 4.03MB。此外，安裝也相當簡單，只要在「SETUP」上點兩下，安裝完成後再分別輸入 "Sn"、"Code" 和 "Key" 即可開始使用。但是安裝過程中有一點必須注意的是，如下圖所示，有 "Intercooled" 和 "Small" 兩個選項。一般而言，為了方便日後要設定較大的記憶體容量來處理大筆的資料，通常選擇以 "Intercooled" 進行安裝。

圖 1-19 STaTa 安裝之畫面

## 二、視窗介紹

安裝完成後，點選桌面上 STaTa 圖示或「開始 > 程式集 > STaTa」選擇表，進入 STaTa 視窗畫面如下圖所示。

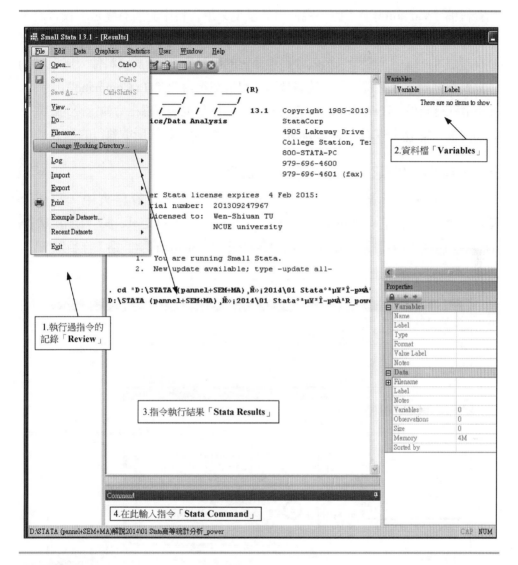

圖 1-20　進入 STaTa 之初始操作畫面

接下來，我們依序介紹四個視窗的功用：

1. 執行過指令的記錄「**Review**」：此一視窗用於記錄在開啟 STaTa 後所執行過的所有指令。因此，若欲使用重複的指令時，只要在該指令上點選兩下即可執行相同的指令；若欲使用類似的指令時，在該指令上點一下，該指令即會出現在視窗 "STaTa Command" 上，再進行修改即可。此外，STaTa 還可以將執行過的指令儲存下來，存在一個 do-file 內 (*.ado)，下次即可再執行相同的指令。

2. 資料檔「**Variables**」：此一視窗用於呈現某筆資料中的所有變數。換言之，當資料中的變數都有其名稱時，變數名稱將會出現在此一視窗中。只要資料有讀進 STaTa 中，變數名稱就會出現。它的優點是 (1) 確認資料輸入無誤；(2) 只要在某變數上點選兩下，該變數即會出現在視窗 "STaTa Command" 上。

3. 指令執行結果「**STaTa Results**」：此一視窗用於呈現並記錄指令執行後的結果。

4. 在此輸入指令「**STaTa Command**」：此一視窗用於輸入所欲執行的指令。

## 三、STaTa 安裝之後「工作目錄」設定

本書 CD 所附資料檔，你先 copy 到硬碟之任一資料夾中，再依下圖之步驟，設定好「你的工作目錄」。例如，作者自定「. cd "D:\STATA (pannel+SEM+MA) 解說 2014\04 Multilevel regression models"」為工作目錄。

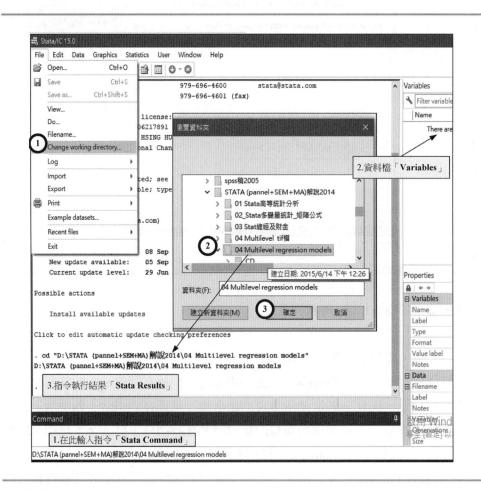

**圖 1-21** 界定 STaTa 資料檔儲存之資料夾

## 1-4 資料輸入的方法：問卷、Excel

接下來，根據資料類型或指令的不同，資料輸入的方法可分成以下 4 種：

### 一、輸入 EXCEL 資料：「Copy and paste」亦可

將 EXCEL 的資料輸入 STaTa 的方式還可細分成以下兩種：

1. 將 EXCEL 的資料輸入 STaTa 之前，必須先將資料存成 csv 檔，再利用指令 insheet 來讀資料。

範例：

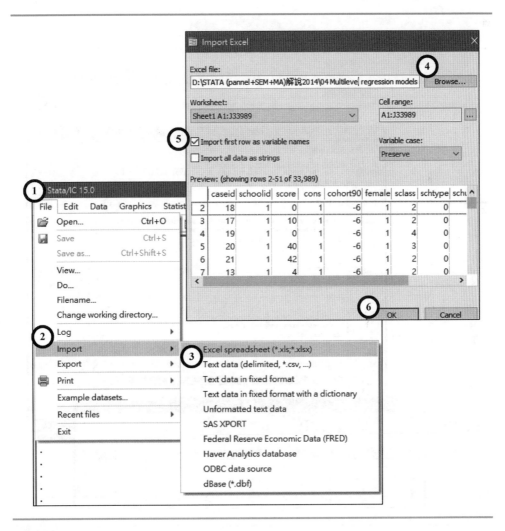

圖 1-22 「File → import」Excel、SAS、ODBC data-base、dBase

(1) 當 csv 檔的第一列無變數名稱時：請見「sample1-1.csv」

```
* 人工方式，事先用「檔案總管」，在 D 磁碟機新建「sample」資料夾
cd d:\sample
dir
memory
set memory 10m
* 這是讀取 Excel *.csv 檔最快速的方法。
 insheet using sample1-1.csv
```

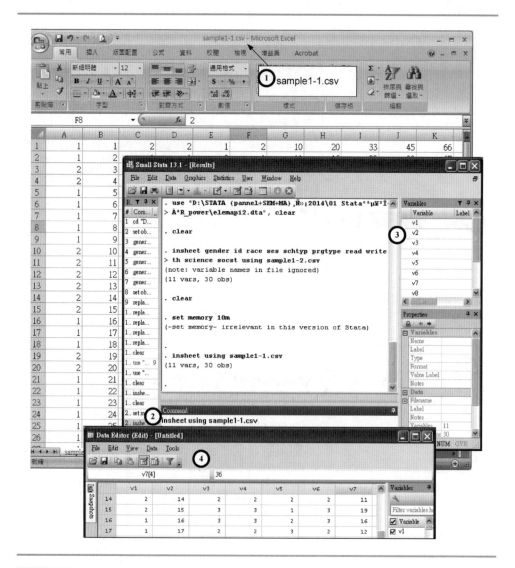

**圖 1-23** sample1-1.csv 之 Excel 資料檔

(2) 當 csv 檔的第一列有變數名稱時：請見「sample1-2.csv」

```
insheet gender id race ses schtyp prgtype read write math science socst using
sample1-2.csv
```

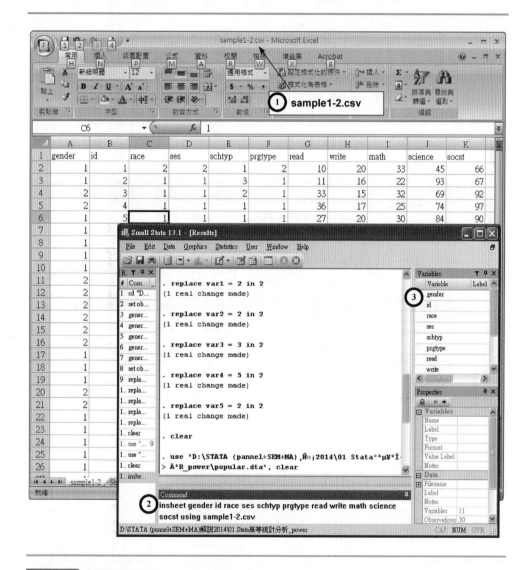

insheet gender id race ses schtyp prgtype read write math science socst using sample1-2.csv

**圖 1-24** sample1-2.csv 之 Excel 資料檔

2. Excel 欄位反白，直接 "Paste" 至 STaTa 之 Data Editor 工作表：

　　直接「反白 EXCEL 數據」再複製到 STaTa：STaTa「Window」下點選「Data

>Data Editor(Edit)」，等出現「Data Editor (Edit)」工作表，再到 "Edit" 下選取 "Paste" 即可貼上資料。

## 二、輸入 ASCII 的資料型態

依區分，將 ASCII 的資料輸入 STaTa 的方式也有以下兩種：

(1) 資料型態一：見「sample1-3.txt」

```
clear
infile gender id race ses schtyp str12 prgtype read write math science socst
using sample1-3.txt
```

Note：記住文字的設定方式 **(str#** variable name)。

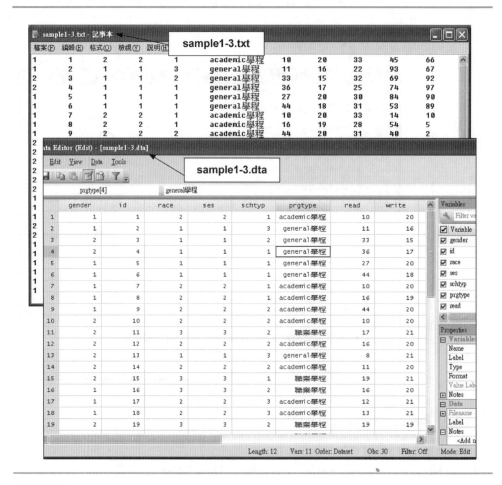

**圖 1-25** ASCII 資料格式之 sample1-3.txt「infile」轉成 dta 格式檔

48

(2) 資料型態二：請見「sample1-4.txt」

第二種的資料型態通常須要 codebook，如下表所示。

| 變數命名 | 欄位 |
|---------|------|
| id | 1-2 |
| eng | 3-4 |
| math | 5-6 |
| sex | 7 |
| micro | 8-9 |
| macro | 10-11 |

```
infix Gender 1 id 4-5 race 8 ses 11 schtyp 14 prgtype 17 read 20-21 write 24-25 math 28-29 science 32-33 socst 36-37 using sample1-4.txt
```

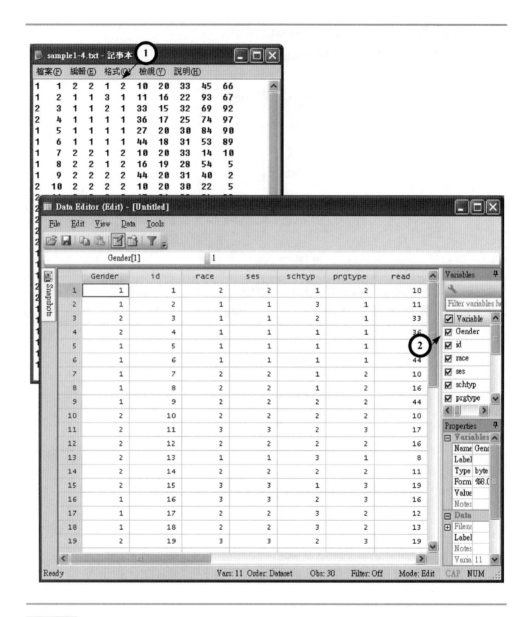

圖 1-26　sample1-4.txt 內容

## 三、利用「**input end** 指令」

方法一 Do-file editor 搭配「Input end 指令」輸入資料

將資料或是指令寫入 Do-file editor，再執行即可。例如：將下面資料複製並貼在 Do-file editor( 選取「Window」下的「Do-file editor」) 上，再選擇「tools >Execute(do)」執行即可。最後再「File > Save as」為「Input_Example.do」檔。

```
clear
cd d:\
input id female race ses str3 schtype prog read write math science socst
147 1 1 3 pub 1 47 62 53 53 61
108 0 1 2 pub 2 34 33 41 36 36
 18 0 3 2 pub 3 50 33 49 44 36
153 0 1 2 pub 3 39 31 40 39 51
 50 0 2 2 pub 2 50 59 42 53 61
 51 1 2 1 pub 2 42 36 42 31 39
102 0 1 1 pub 1 52 41 51 53 56
 57 1 1 2 pub 1 71 65 72 66 56
160 1 1 2 pub 1 55 65 55 50 61
136 0 1 2 pub 1 65 59 70 63 51
end
```

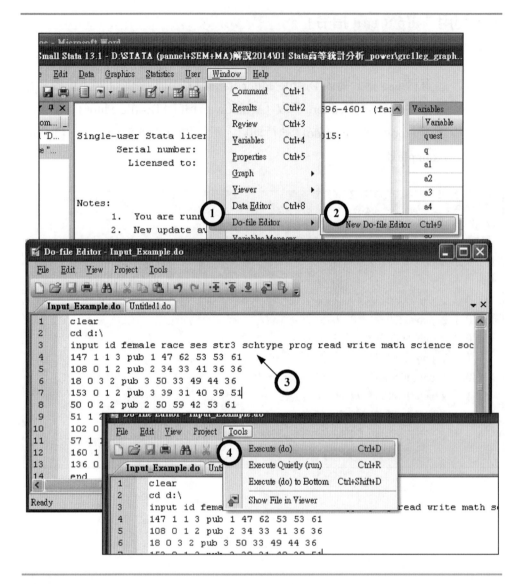

圖 1-27 編輯「Input_Example.do」檔之畫面

方法二 先在「記事本」輸入下列之資料及「Input end 指令」，再全部反白，貼至「Do-file Editor」來執行，並存到「Input_Example.do」檔，如下圖。

```
. cd "D:\STATA (pannel+SEM+MA) 解說 2014\04 Multilevel regression models"
D:\STATA (pannel+SEM+MA) 解說 2014\04 Multilevel regression models
* 先清檔
. clear all

* 直接讀入六個變數。其中，第 2 個變數為「字串長 25 字元」。
input quest str25 q       a1 a2 a3 a4 a5 a6
1 "Question 1"            0  2  37 45 12 4
1 "Benchmark Q1"          2  5  25 47 17 4
2 "Question 2"            1  37  2 40 17 3
2 "Benchmark Q2"          2  5  25 47  4 17
3 "Question 3"            1  2  40 37 17 3
3 "Benchmark Q3"          2  5  25 47 17 4
4 "Question 4"            1  2  37  17 3 40
4 "Benchmark Q4"          2  5  47 25 17 4
end

* 資料檔「grc1leg_graph.dta」存到「D:\STATA (pannel+SEM+MA) 解說 2014\04 Mul-
tilevel regression models」資料夾
save " d:\", replace
```

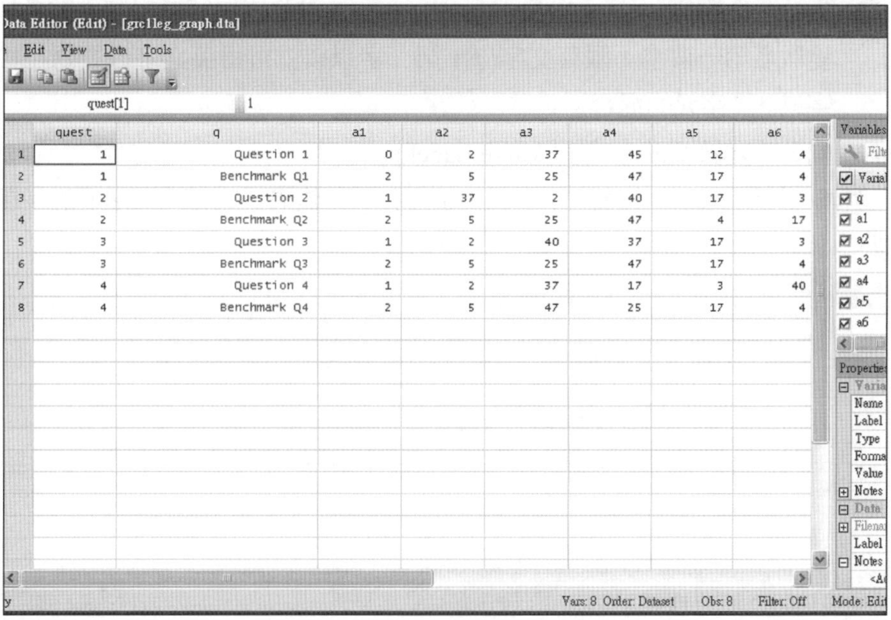


| | quest | q | a1 | a2 | a3 | a4 | a5 | a6 |
|---|---|---|---|---|---|---|---|---|
| 1 | 1 | Question 1 | 0 | 2 | 37 | 45 | 12 | 4 |
| 2 | 1 | Benchmark Q1 | 2 | 5 | 25 | 47 | 17 | 4 |
| 3 | 2 | Question 2 | 1 | 37 | 2 | 40 | 17 | 3 |
| 4 | 2 | Benchmark Q2 | 2 | 5 | 25 | 47 | 4 | 17 |
| 5 | 3 | Question 3 | 1 | 2 | 40 | 37 | 17 | 3 |
| 6 | 3 | Benchmark Q3 | 2 | 5 | 25 | 47 | 17 | 4 |
| 7 | 4 | Question 4 | 1 | 2 | 37 | 17 | 3 | 40 |
| 8 | 4 | Benchmark Q4 | 2 | 5 | 47 | 25 | 17 | 4 |

圖 1-28 用「input end」指令建資料檔 ( 存在 grc1leg_graph.dta)

## 四、編輯／開啓 STaTa 的資料格式

除了以上三種方法之外，還可以開啓之前以 STaTa 儲存的資料。

```
use grclleg_graph.dta
```

Note：webuse 指令則用在讀取網路上的資料 (**webuse** http://www. 某網址 )。
　　　sysuse 指令則用在讀取 STaTa 內附之資料檔。

最後，將資料輸入的相關指令整理成下表。

| 指令 | 說明 |
|------|------|
| . insheet | read ASCII(text) data created by a spreadsheet |
| . infile | read unformatted ASCII(text) data |
| . infix | read ASCII(text) data in fixed format |
| . input | enter data from keyboard |
| . use | load a STaTa-format dataset |

　　用 STaTa「Data Editor」視窗來新建資料檔 (*.dta)

**Step 1.** 選擇表「Data > Data Editor > Data Editor(Edit)」。

**Step 2.** 先 key in 數據，「var1、var2、…、varn」再改成你容易記的變數名稱。變數名第一個字，限英文字母，第二字以後就可用英文字母與阿拉伯數字或 "_" 字元的混合。

**Step 3.** 輸入「變數 Label」及「Value Label」。

　　例如，性別 (sex)，編號：1 = 男，0 = 女。其建構「Value Label」的步驟如下圖。

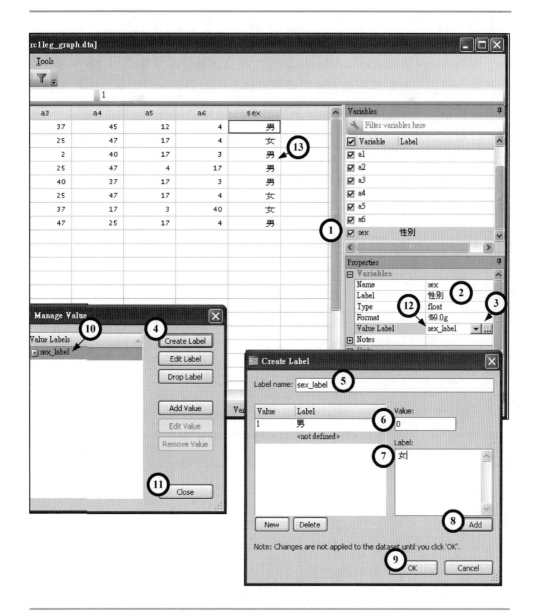

圖 1-29　性別 (sex)，1 = 男，0 = 女之建構「Value Label」畫面

```
. label define sex_label 1 "男" 0 "女"

. label values sex sex_label
```

# 1-5 SPSS 資料檔 (*.sav) 轉成 STaTa 格式

關聯式資料庫 (Relational database)，是建立在關聯模型基礎上的資料庫，藉助於集合代數等數學概念和方法來處理資料庫中的資料。現實世界中的各種實體以及實體之間的各種聯繫均用關聯模型來表示。

普羅大眾所有關聯式資料庫 (Oracle, MySQL, Microsoft SQL Server, PostgreSQL and IBM DB2)、分析軟體 (R、SPSS、SAS、Relationsl Data-Base)，你都可順利將其格式轉成 STaTa 資料檔來精準分析。首見介紹 SPSS (*.sav) 格式轉成 STaTa 資料檔。

方法 1　進入 SPSS 套裝軟體之後，「File → Save As」，再存成 STaTa 格式。如下圖所示。

圖 1-30　SPSS 之「File → Save As」，再存成 STaTa 格式

方法 2　使用 save translate 指令，SPSS 指令如下

```
. save translate outfile='C:\datahsb2.dta'
```

方法 3　使用 usespss 指令

usespss 指令語法：

```
. usespss using filename [, clear saving(filename) iff(condition) inn(condition)
memory(memsize) lowmemory(memsize)]
* 範例語法
*Load SPSS-format dataset
. desspss using "myfile.sav"
. usespss using "myfile.sav",
. usespss using "myfile.sav", clear
```

例如，STaTa 想讀入 7_1.sav 檔，其指令為：

```
* 切換資料檔之路徑
. cd "D:\STATA \04 Multilevel regression models\CD"
. search usespss
* 開啟 SPSS 7_1.sav 檔
* This command works only in 32-bit STaTa for Windows
.usespss using "7_1.sav", clear
```

# 1-6 SAS 格式轉成 STaTa

圖 1-31 「File → import 」Excel、SAS、ODBC data-base、dBase

方法1 進入 SAS 軟體

　　SAS 的 proc export 可將 SAS data file 轉成 Stata format. 如下例子：

```
libname data 'C:\data\';
libname library 'C:\Data\Formats';

proc export data = data.survey
file = "C:\data\stata\survey"
dbms = STATA
replace;
fmtlib = library;
run;
```

方法 2　STaTa 讀入 SAS XPORT (*.xpt) 檔

　　Stata 可讀入 SAS XPORT data files (*.xpt) (made with the XPORT engine using the fdause command such as in the example code below)。指令詳細說明如下圖。

```
. fdause "C:\datahsb2.xpt"
```

圖 1-32 「help fdause」查指令語法之畫面

方法 3 　使用 ado-file usesas 指令來讀入 SAS data

注意：使用 sasexe.ado 前，你應先定 SAS 執行檔 (sas.exe) 及 savastata SAS
macro file (savastata.sas) 的路徑。

usesas 指令語法：

```
* 先安裝 usesas.ado 外掛指令
. search usesas

* 再讀入 hsbdemo.sas7bdat
. usesas using "D:\data\hsbdemo.sas7bdat"
```

例如，STaTa 想讀入 SAS 檔，其指令之範例如下：

```
. findit usesas
* 切換資料檔之路徑
. cd "D:\STATA \04 Multilevel regression models\CD"
*Examples
. usesas using "mySASdata.sas7bdat"

. usesas using "c:\data\mySASdata.ssd01", check

. usesas using "mySASdata.xpt", xport

. usesas using "mySASdata.sas7bdat", formats

. usesas using "mySASdata.sd2", quotes

. usesas using "mySASdata.sas7bdat", messy

. usesas using "mySASdata.sas7bdat", keep(id--qvm203a) if(1980<year<2000)
in(1/500)

. usesas using "mySASdata.sas7bdat", describe

. usesas using "mySASdata.sas7bdat", describe nolist

* then submit the following actual invocation of usesas:
. usesas using "mySASdata.sas7bdat", clear keep(`r(sortlist)' ` =
trim(name[1])'--` = name[2047]')
```

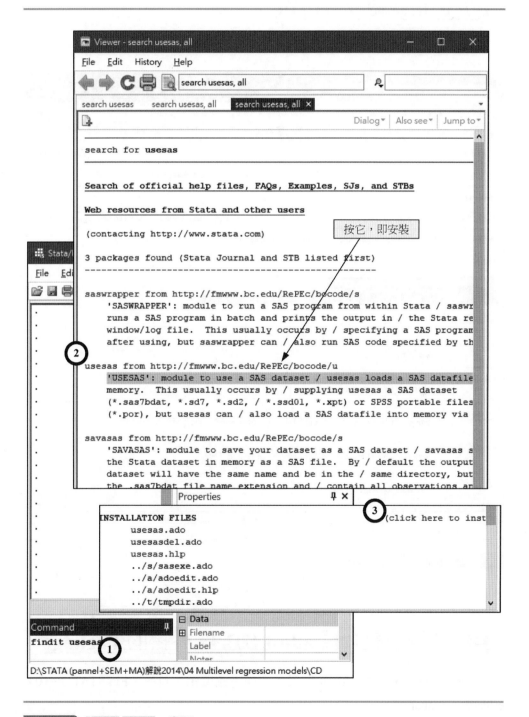

**圖 1-33** 「findit usesas」畫面

63

## 1-7 R 格式轉成 STaTa

**圖 1-34** R 格式轉成 STaTa

## 1-8 外掛的命令檔 ado：STaTa 外掛的 Package

STaTa 外掛指令 (*.ado) 非常眾多，如下圖所示，包括：FITSTAT ,sg103, effectsize, rsquare……等。

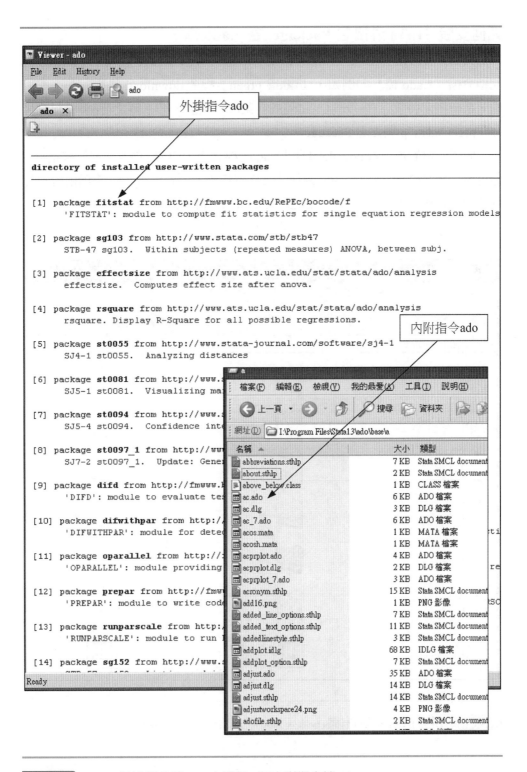

圖 1-35　STaTa 外掛指令檔 ado 之種類 ( 及內附指令檔 ado)

### 如何安裝 STaTa 外掛之 Package( 各 *.ado 檔 )

只要是 STaTa 合法版，你都可以用「findit 某某 Package」指令來 download 此指令檔「*.ado 檔」。例如，「findit prgen」指令 download 此「prgen.ado」檔，系統內定將它存在「c:\ C:\ado\plus\ 某資料夾」，即下圖之「p」資料夾係存「prgen.ado」p 開頭之 Package。

值得一提的是，若 download 此「*.ado」檔之後，STaTa 仍無法執行該指令，你可用「檔案總管」將它 copy 到你「工作資料夾」( 你可 copy 本書所附資料檔到硬碟之資料夾，例如 "c:\STaTa 範例 dta file")，再執行它。

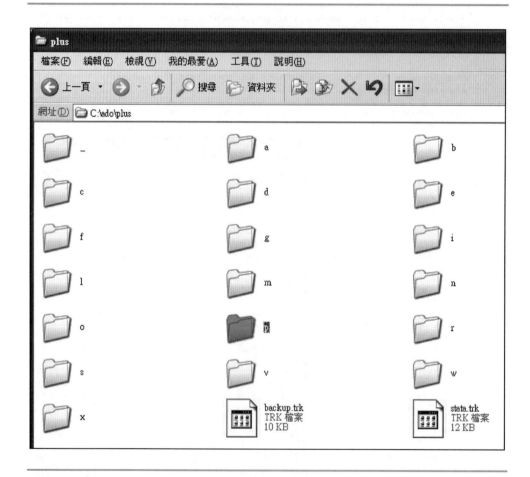

**圖 1-36** 所有 p 開頭的指令檔 (p 某某 .ado)，都會存在「p」資料夾

# 1-9 認識「多層次模型」

多層次模型 (multilevel models)，也稱「階層線性模型 (hierarchical linear models)、巢狀資料模型 (nested data models)、混合模型 (mixed models, STaTa 慣用此名詞)、隨機係數 (random coefficient)、隨機效果模型 (random-effects models)、隨機參數模型 (random parameter models) 或分裂圖設計 (split-plot designs)」。而 STaTa 慣用混合模型來稱之。

用樹形結構表示實體之間聯繫的模型叫層次模型 (hierarchical model)，階層線性模型 (hierarchical linear modeling, HLM) 在不同的領域亦有著不同的名稱。在統計學上被稱之為共變數成分模型 (covariance components models)；在社會學研究中，稱為多階層線性模型 (multilevel linear models)；在生物統計學中，稱之為混合效果模型 (mixed-effects models) 或隨機效果模型 (random-effects models)；在計量經濟的文獻中，稱之為隨機係數迴歸模型 (random coefficient regression models)。但綜合言之，相當多的文獻使用 "hierarchical linear models" 一詞，因為此一名稱能正確反映所分析之資料具有「階層結構的特性」，因此仍以 HLM 統稱之。而 STaTa 慣用混合模型來稱之。

階層線性模型為目前處理多層次資料時最佳統計方法之一，而重複測量 (repeated measurement) 之研究資料則屬多層次資料結構，欲瞭解同一群受試者在不同時間點重複測量或追蹤某項介入方案對其改善成效的影響，例如子宮切除婦女之術後初期症狀困擾，則可以採用此一統計分析模型。

迄今，套裝軟體 (STaTa、R、SAS、BMDP、SPSS……)、獨立程式 (GENMOD、HLM、MLn、VARCL 等 ) 軟體問世及強大計算能力之下，使得多層次模型變得越來越受歡迎。

Generalized Linear Models (GLMs)

$$g(\mu) = \beta_0 + \beta_1 * X_1 + \dots + \beta_p * X_p$$

$$(\mu = E(Y \mid X) = \text{mean})$$

| Model | Response | $g(\mu)$ | Distribution | Coef Interp |
|-------|----------|----------|--------------|-------------|
| Linear | Continuous (ounces) | $\mu$ | Gaussian | Change in avg (Y) per unit change in X |
| Logistic | Binary (disease) | $\log\left(\frac{\mu}{(1-\mu)}\right)$ | Binomial | Log Odds Ratio |
| Loglinear | Count / Times to events | $\log(\mu)$ | Poisson | Log Relative Risk |

　　多層次資料 (multilevel data) 是指研究樣本具有**階層性** (hierarchical) 或**巢狀／類聚** (clustered) 的特徵，使得研究者所測量到的觀察值具有特殊的相依／隸屬／配對關係，造成樣本獨立性假定的違反與統計檢定的失效。常見的例子為：

1. 家庭研究的子女夫妻**巢狀 (nested)** 在家庭之中，各家庭又**巢狀**在縣市地域之中。
2. 學生**巢狀**在班級之中，班級巢狀在學校之中。
3. 員工巢狀在部門之中，部門巢狀在組織之中。
4. 團隊成員**巢狀**在各團體中。
5. 縱貫／追蹤研究的個體**重複觀察**巢狀在個體之中。

　　當研究數據具有多層次特性時，分析單位即存在著層次上的變化，不同層次間的變數對於依變數的影響亦涉及複雜的控制與調節／干擾關係，傳統的統計分析技術 ( 例如最小平方法之迴歸、變異數分析、Logit 迴歸……) 無法處理這類問題，必須採用多層次分析技術，否則將使分析數據遭到層次關係的混淆與研究結果的誤導。

　　傳統在教育社會學、教育心理學，或社會心理學領域的研究中，常面臨依變數在測量「學生階層」(student-level) 或「個人階層」(personal-level) 的變數 ( 如：學生個人成績 )，但自變數中卻包含一些測量「學校階層」(school-level) 或「組織階層」(organization-level) ( 如：各校的所在地、學生人數 ) 的變數。此時若用傳統的迴歸分析，將導致兩難的局面：

1. 如果以**個人作為分析的單位** (disaggregation)，將使估計標準誤 (estimated standard errors) 變得過小，而使型 I 誤差 (type I error, $\alpha$) 過於膨脹，同時也無法符合迴歸殘差之同質性假定 (assumption)。
2. 如果以**組織作為分析的單位** (aggregation)，並將各組織中個人變數的**平均數**作為依變數，將導致其他以個人為單位的自變數難以納入，組織內在 (within-group) 的訊息均被捨棄，且易因組織的特性造成分析結果解釋上的偏誤。

　　許多學者提出階層線性模型 (hierarchical linear model, HLM)，旨在解決上述兩難問題，迄今 STaTa 已發展出許多 15 種以上的多層次模型。

## 一、**雙層次模型**

　　多層次模型的參數估計，在跨越多層次中是變動 ( 非固定的 )。例如教育學，研究樣本常是學生成績表現 (performance)，模型中包含：個體 (individual) 層次學生的測量 (measures) 以及學生分組的教室層次測量。這些模型也可看作

是廣義線性模型 (generalized linear model (meglm 指令 )) 的特例，甚至，多層次模型也可以擴展到非線性模型 (menl 指令 )。

---

定義：**雙層次模型**

Level I ("within") 是個體 (individuals). Level II ("between") 是群組 (group).

在實務中，所有 level 方程是同時估計。

---

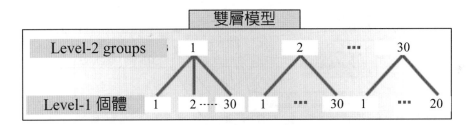

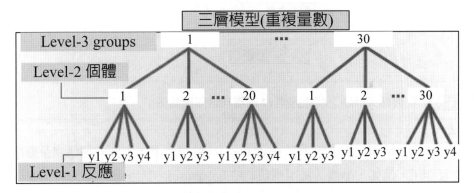

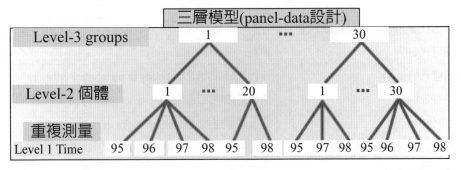

**圖 1-37** 雙層模型 vs. 參層模型

## 二、七層次模型

以生物、心理和社會歷程來看，影響個人健康之因素，由小至大的層級如下圖。

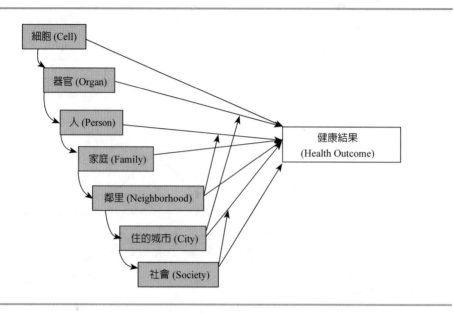

**圖 1-38** 影響個人健康之群組因素 (7 個層次之階層關係)

因此在分析病人的風險因素 (risk factors) 就須考量，上圖七個層次及層次間的交互作用。例如，酗酒／濫用酒精 (alcohol abuse)，其考慮的層次，包括：

| 7 個層次之階層關係 | 病因 |
|---|---|
| 1 細胞 (Cell) | 神經化學 Neurochemistry |
| 2 器官 (Organ) | 個人乙醇代謝能力 Ability to metabolize ethanol |
| 3 人 (Person) | 遺傳易感性成癮 Genetic susceptibility to addiction |
| 4 家庭 (Family) | 家人酗酒程度 Alcohol abuse in the home |
| 5 鄰里 (Neighborhood) | 家附近有酒吧多寡 Availability of bars |
| 6 住的城市 (City) | 近核電廠、近垃圾場嗎、近中國霾害 |
| 7 社會 (Society) | 法規禁令；組織／教會；社會規範 |

以上 7 個層次 (level)，延伸出下列可能的交互作用項：

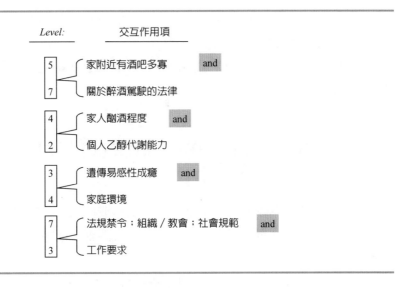

由酗酒這問題，可想出的多層次架構，如下：

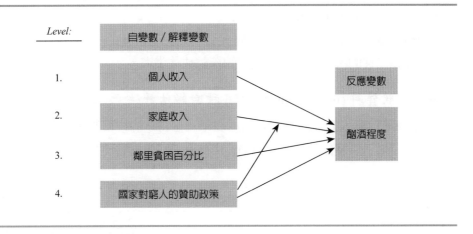

**圖 1-39** 酗酒之多層次架構

　　基本上，多層次分析技術是延伸自線性迴歸 (reg、poisson 等 10 種指令 ) 的概念，將代表各階層的多組迴歸方程式組合成混合模型 (mixed model)，再以多元迴歸原理進行參數估計，稱爲多層次線性模型 (multilevel linear modeling, MLM)。經過了諸多學者的努力探究，近年來多層次資料的分析在原理與技術上都已有非常成熟的發展。

　　迄今，在傳統的多層次模型分析方法學中，已納入潛在構念的概念 (gsem

指令 )，就是在 SEM 的架構下來處理多層次的資料，進行多層次結構方程模型 (Multilevel SEM；sem、gsem 指令 )。

有關多層次結構方程模型，請見作者《STaTa 在結構方程模型及試題反應理論的應用》一書。

# 1-10 類聚 (clustered) ／ 巢狀資料分析，STaTa 迴歸有 16 種估計法

一般的研究，在研究方法上是假設簡單隨機抽樣，建立在獨立、同質的機率分配上，如果一個單位只有一個人被抽樣來調查，則基本上我們會有一個母體的假定。

如果我們採取的是多階段或集群隨機抽樣 (cluster random sampling)，那麼是否會抽許多單位或部門、以及每個單位下好多的同仁來進行調查，此時產生兩個問題：(1) 各個單位是否很不一樣 (between groups)？(2) 相同單位的這一群人是否會很相像 (within group)？

組織現象有巢狀的本質，以致研究資料難免有群集的特性，如果分析時忽略資料非獨立性的因素，對組織現象的探討往往失準。

## 範例：巢狀資料 (nested data) 之 16 種迴歸估計法

巢狀資料 (nested data) 模型是用於表示一個特定的技術嵌套集合（也被稱為樹或層次結構）的關係數據庫。STaTa 共有 16 種迴歸估計法。

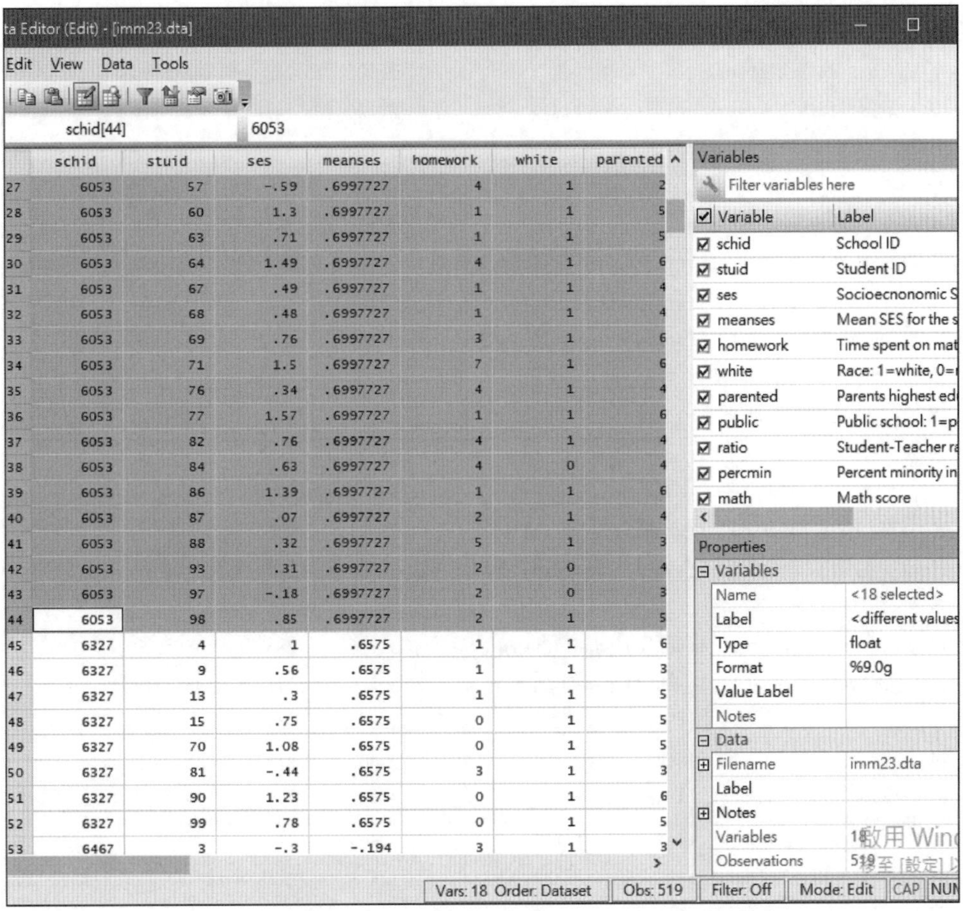

圖 1-40  「imm23.dta」資料檔內容 (15 個學校，schid 當分群變數 )

　　群集 / 類聚 (cluster) 是一群 data objects。針對 clustered data( 類聚數據 ) 的特性，STaTa 有 16 種迴歸模型可選擇，這 16 種模型都以類聚數據「imm23. dta」當樣本資料。它們均以「家庭作業→數學成績」(regress math on homework) 因果模型為研究架構。

　　以下 16 種 ( 單層 vs. 多層 ) 迴歸分析，其分析結果可歸納如下表：

| # 指令 (model) | 係數 (coef) | SE coef | $SS_{residual}$ | BIC |
|---|---|---|---|---|
| 1 regress math homework | 3.126 | .286 | 48259.9 | 3837.7 |
| 2 regress math homework, cluster(schid) | 3.126 | .543 | 48259.9 | 3837.7 |
| 3 svy: regress math homework | 3.126 | .543 | 48259.9 | ** |
| 4 areg math homework, absorb(schid) | 2.361 | .281 | 35281.8 | 3675.1 |
| 5 areg math homework, absorb(schid) cluster(schid) | 2.361 | .650 | 35281.8 | 3668.9 |
| 6 xtreg math homework, i(schid) fe | 2.361 | .281 | 35281.8 | 3675.1 |
| 7 xtreg math homework, i(schid) robust fe | 2.361 | .321 | 35281.8 | 3675.1 |
| 8 xtreg math homework, i(schid) re | 2.398 | .277 | 35510.8 | ** |
| 9 xtreg math homework, i(schid) robust re | 2.398 | .300 | 35510.8 | ** |
| 10 xtreg math homework, i(schid) corr(exc) pa | 2.383 | .259 | ?? | ** |
| 11 xtreg math homework, i(schid) corr(exc) robust pa | 2.383 | .623 | ?? | ** |
| 12 xtgls math homework, i(schid) panels(iid) | 3.126 | .286 | 48259.9 | 3837.7 |
| 13 xtgls math homework, i(schid) panels(hetero) | 3.536 | .271 | 48472.9 | 3805.8 |
| 14 xtreg math homework, i(schid) mle | 2.402 | .277 | 35283.3 | 3755.5 |
| 15 xtmixed math homework \|\| schid:, mle | 2.402 | .277 | 35546.0 | 3755.5 |
| 16 xtmixed math homework \|\| schid:, reml | 2.400 | .277 | 35525.0 | 3754.3 |

?? population averaged models do not generate residuals with predict

** BIC not avaiable for this procedure

上表中，模型適配指標：資訊準則「BIC 值愈小，表示該模型愈佳」。因此來超級比一比單層次 vs. 多層次模型誰優呢？由於單層次 OLS 模型 1 及 模型 2，BIC = 3837.7，均大於多層次 模型 15 及 模型 16 值 3755.5，故多層次模型明顯優於單層次模型。

1. 有關「regress」、「svy: regress」、「areg(linear regression with a large dummy-variable set)」OLS 範例解說，請見作者《STaTa 與高等統計分析》一書。

2. 「xtreg(Fixed-, between-, and random-effects and population-averaged linear models)」、「xtgls(Fit panel-data models by using GLS)」範例解說，請見作者《Panel-data 迴歸模型》一書。

3. 有關「xtmixed」、「mixed」範例解說，請見本書。

4. 模型選擇準則之 AIC 和 BIC：

很多參數估計問題均採用概似函數 (LR) 作為目標函數，當訓練數據足夠多時，可以不斷提高模型精度，卻提高模型複雜度為付出的代價，同時帶來一個機器學習中非常普遍的問題：過度聚合。所以，模型選擇問題在模型複雜度與模型精簡度 ( 即概似函數 ) 之間尋求最佳平衡。

學者提出許多資訊準則，來平模型複雜度的懲罰項來避免過聚合問題，此處我們介紹最常用的兩個模型選擇方法：Akaike 資訊準則 (Akaike Information Criterion，AIC) 和 Bayesian 資訊準則 (Bayesian Information Criterion，BIC)。

AIC 是衡量統計模型聚合優良性的一種標準，由日本統計學家 Akaike 在 1974 年提出，它建立在熵的概念上，提供了權衡估計模型複雜度和聚合數據優良性的標準。從一組可供選擇的模型中選擇最佳模型時，通常選擇 AIC 最小的模型。

---

定義：**AIC**、**BIC**

AIC = -2*ln(likelihood) + 2*k

BIC = -2*ln(likelihood) + ln(N)*k

其中

k = 待估參數的個數 (number of parameters estimated)

N = 樣本數 (number of observations)

---

```
. use imm23.dta, clear

*model 1 -- plain vanilla OLS */

. regress math homework

    Source |       SS       df       MS              Number of obs =     519
-------------+------------------------------          F(  1,   517) =  119.43
       Model |  11148.1461     1   11148.1461         Prob > F      =  0.0000
    Residual |  48259.9001   517   93.346035          R-squared     =  0.1877
-------------+------------------------------          Adj R-squared =  0.1861
       Total |  59408.0462   518   114.687348         Root MSE      =  9.6616


-----------------------------------------------------------------------------
        math |      Coef.   Std. Err.      t    P>|t|     [95% Conf. Interval]
-------------+---------------------------------------------------------------
```

```
homework |    3.126375    .2860801      10.93    0.000     2.564352    3.688397
   _cons |    45.56015    .7055719      64.57    0.000     44.17401    46.94629
------------------------------------------------------------------------------
. estat ic

--------------------------------------------------------------------------------
     Model |     Obs     ll(null)    ll(model)      df         AIC          BIC
-----------+--------------------------------------------------------------------
         . |     519    -1966.532     -1912.6        2      3829.201    3837.705
--------------------------------------------------------------------------------
```

* model 2 -- same as svy: regress with psu

```
. regress math homework, cluster(schid)

Linear regression                               Number of obs =       519
                                                F(  1,    22) =     33.09
                                                Prob > F      =    0.0000
                                                R-squared     =    0.1877
                                                Root MSE      =    9.6616

                           (Std. Err. adjusted for 23 clusters in schid)
--------------------------------------------------------------------------------
              |               Robust
       math   |    Coef.    Std. Err.      t     P>|t|     [95% Conf. Interval]
--------------+-----------------------------------------------------------------
   homework   |   3.126375   .5434562     5.75    0.000     1.999315    4.253434
      _cons   |   45.56015   1.428639    31.89    0.000     42.59734    48.52297
--------------------------------------------------------------------------------
. estat ic

--------------------------------------------------------------------------------
     Model |     Obs     ll(null)    ll(model)      df         AIC          BIC
-----------+--------------------------------------------------------------------
         . |     519    -1966.532     -1912.6        2      3829.201    3837.705
--------------------------------------------------------------------------------
```

. * model 3 -- same as OLS with cluster option
. svyset schid

```
       pweight: <none>
           VCE: linearized
   Single unit: missing
      Strata 1: <one>
         SU 1: schid
        FPC 1: <zero>

. svy: regress math homework
(running regress on estimation sample)
```

```
Survey: Linear regression

Number of strata    =        1          Number of obs    =      519
Number of PSUs      =       23          Population size  =      519
                                        Design df        =       22
                                        F(   1,    22)   =    33.16
                                        Prob > F         =   0.0000
                                        R-squared        =   0.1877

-------------------------------------------------------------------
            |             Linearized
     math   |    Coef.    Std. Err.      t    P>|t|   [95% Conf. Interval]
------------+------------------------------------------------------
  homework  |  3.126375   .5429314     5.76   0.000   2.000404   4.252345
     _cons  |  45.56015   1.42726     31.92   0.000   42.6002    48.52011
-------------------------------------------------------------------

. * model 4 -- same as xtreg with fe option

. areg math homework, absorb(schid)

Linear regression, absorbing indicators       Number of obs    =      519
                                               F(   1,    495)  =    70.82
                                               Prob > F         =   0.0000
                                               R-squared        =   0.4061
                                               Adj R-squared    =   0.3785
                                               Root MSE         =   8.4425

-------------------------------------------------------------------
     math   |    Coef.    Std. Err.      t    P>|t|   [95% Conf. Interval]
------------+------------------------------------------------------
  homework  |  2.360971   .2805572     8.42   0.000   1.809741   2.912201
     _cons  |  47.06884   .6656947    70.71   0.000   45.7609    48.37677
------------+------------------------------------------------------
     schid  |    F(22, 495) =     8.276   0.000        (23 categories)

. estat ic

-------------------------------------------------------------------
    Model   |    Obs    ll(null)   ll(model)    df       AIC         BIC
------------+------------------------------------------------------
        .   |    519   -1866.015  -1831.316     2     3666.633   3675.137
-------------------------------------------------------------------

. * model 5
. areg math homework, absorb(schid) cluster(schid)

Linear regression, absorbing indicators       Number of obs    =      519
                                               F(   1,    22)   =    13.18
```

```
                                    Prob > F        =    0.0015
                                    R-squared       =    0.4061
                                    Adj R-squared   =    0.3785
                                    Root MSE        =    8.4425

                    (Std. Err. adjusted for 23 clusters in schid)
-----------------------------------------------------------------------
            |              Robust
     math   |    Coef.    Std. Err.     t     P>|t|   [95% Conf. Interval]
------------+----------------------------------------------------------
  homework  |  2.360971   .6502249    3.63   0.001    1.012487   3.709455
     _cons  | 47.06884    1.281657   36.72   0.000    44.41084   49.72683
------------+----------------------------------------------------------
     schid  |  absorbed                               (23 categories)

. estat ic

-----------------------------------------------------------------------
    Model  |   Obs    ll(null)   ll(model)    df       AIC         BIC
-----------+-----------------------------------------------------------
        .  |   519   -1866.015  -1831.316      1     3664.633    3668.885
-----------------------------------------------------------------------
```

\* model 6 -- same as areg

. xtreg math homework, i(schid) fe

```
Fixed-effects (within) regression        Number of obs     =       519
Group variable: schid                    Number of groups  =        23

R-sq:  within  = 0.1252                  Obs per group: min =         5
       between = 0.1578                                 avg =      22.6
       overall = 0.1877                                 max =        67

                                         F(1,495)          =     70.82
corr(u_i, Xb)  = 0.2213                  Prob > F          =    0.0000

-----------------------------------------------------------------------
     math   |    Coef.    Std. Err.     t     P>|t|   [95% Conf. Interval]
------------+----------------------------------------------------------
  homework  |  2.360971   .2805572    8.42   0.000    1.809741   2.912201
     _cons  | 47.06884    .6656947   70.71   0.000    45.7609    48.37677
------------+----------------------------------------------------------
   sigma_u  |  5.0555127
   sigma_e  |  8.4425339
       rho  |  .26393678  (fraction of variance due to u_i)
-----------------------------------------------------------------------
F test that all u_i=0:    F(22, 495) =    8.28         Prob > F = 0.0000
```

```
. estat ic

------------------------------------------------------------------------------
     Model |    Obs    ll(null)   ll(model)     df        AIC         BIC
-----------+------------------------------------------------------------------
         . |    519    -1866.015  -1831.316      2      3666.633    3675.137
------------------------------------------------------------------------------

* model 7

. xtreg math homework, i(schid) robust fe

Fixed-effects (within) regression              Number of obs      =       519
Group variable: schid                          Number of groups   =        23

R-sq:  within  = 0.1252                         Obs per group: min =         5
       between = 0.1578                                        avg =      22.6
       overall = 0.1877                                        max =        67

                                                F(1,22)            =     13.77
corr(u_i, Xb)  = 0.2213                         Prob > F           =    0.0012

                          (Std. Err. adjusted for 23 clusters in schid)
------------------------------------------------------------------------------
           |               Robust
      math |     Coef.   Std. Err.      t    P>|t|     [95% Conf. Interval]
-----------+------------------------------------------------------------------
  homework |   2.360971   .6362399     3.71   0.001     1.04149    3.680452
     _cons |   47.06884   1.254091    37.53   0.000    44.46801    49.66966
-----------+------------------------------------------------------------------
   sigma_u |  5.0555127
   sigma_e |  8.4425339
       rho |  .26393678   (fraction of variance due to u_i)
------------------------------------------------------------------------------

. estat ic

------------------------------------------------------------------------------
     Model |    Obs    ll(null)   ll(model)     df        AIC         BIC
-----------+------------------------------------------------------------------
         . |    519    -1866.015  -1831.316      1      3664.633    3668.885
------------------------------------------------------------------------------

* model 8
. xtreg math homework, i(schid) re

Random-effects GLS regression                  Number of obs      =       519
```

```
Group variable: schid                        Number of groups    =        23

R-sq:  within  = 0.1252                       Obs per group: min =         5
       between = 0.1578                                      avg =      22.6
       overall = 0.1877                                      max =        67

                                              Wald chi2(1)       =     74.91
corr(u_i, X)   = 0 (assumed)                  Prob > chi2        =    0.0000

-------------------------------------------------------------------------------
        math |      Coef.    Std. Err.       z    P>|z|    [95% Conf. Interval]
-------------+-----------------------------------------------------------------
    homework |    2.39842    .2771195      8.65   0.000    1.855276    2.941564
       _cons |   46.36018    1.17714      39.38   0.000    44.05303    48.66733
-------------+-----------------------------------------------------------------
     sigma_u |  4.7060369
     sigma_e |  8.4425339
         rho |  .23705881   (fraction of variance due to u_i)
-------------------------------------------------------------------------------

/* model 9 */
. xtreg math homework, i(schid) robust re
. estat ic
* <結果略>


/* model 10 */
. xtreg math homework, i(schid) corr(exc) nolog pa
. estat ic
* <結果略>


/* model 11 */
. xtreg math homework, i(schid) corr(exc) robust nolog pa
. estat ic
* <結果略>


/* model 12 -- same as regular OLS */
. xtgls math homework, i(schid) panels(iid)
. estat ic
* <結果略>


/* model 13 */
. xtgls math homework, i(schid) panels(hetero)
. estat ic
* <結果略>


/* model 14 -- same as . xtmixed with mle option */
. xtreg math homework, i(schid) mle nolog
. estat ic
```

```
* <結果略>

/* model 15 -- same . xtreg with mle option */
*「|| schid:」後面無隨機斜率之變數，故本例子為隨機截距模型
. xtmixed math homework || schid:, mle nolog

Mixed-effects ML regression              Number of obs     =      519
Group variable: schid                    Number of groups  =       23

                                         Obs per group: min =        5
                                                        avg =     22.6
                                                        max =       67

                                         Wald chi2(1)      =    75.32
Log likelihood = -1865.247               Prob > chi2       =   0.0000

---------------------------------------------------------------------
        math |    Coef.   Std. Err.      z    P>|z|   [95% Conf. Interval]
-------------+-------------------------------------------------------
    homework |  2.401972  .2767745    8.68   0.000    1.859504   2.94444
       _cons |  46.34945  1.141154   40.62   0.000    44.11283  48.58607
---------------------------------------------------------------------


---------------------------------------------------------------------
 Random-effects Parameters |  Estimate  Std. Err.   [95% Conf. Interval]
---------------------------+-----------------------------------------
schid: Identity            |
              sd(_cons) |  4.497318  .7861623    3.192696  6.335042
---------------------------+-----------------------------------------
            sd(Residual) |  8.434685  .2677724    7.925855  8.976181
---------------------------------------------------------------------
LR test vs. linear regression: chibar2(01) =    94.71 Prob >= chibar2 = 0.0000

. estat ic

---------------------------------------------------------------------
    Model |    Obs   ll(null)  ll(model)    df       AIC        BIC
----------+----------------------------------------------------------
        . |    519          .  -1865.247     4   3738.494   3755.502
---------------------------------------------------------------------

* model 16 *
*「|| schid:」後面無隨機斜率之變數，故本例子為隨機截距模型
. xtmixed math homework || schid:, nolog

Mixed-effects ML regression              Number of obs     =      519
Group variable: schid                    Number of groups  =       23
```

```
                                        Obs per group: min =          5
                                                       avg =       22.6
                                                       max =         67


                                        Wald chi2(1)      =      75.32
Log likelihood =  -1865.247             Prob > chi2       =     0.0000

-----------------------------------------------------------------------
        math |     Coef.   Std. Err.      z    P>|z|    [95% Conf. Interval]
-------------+---------------------------------------------------------
    homework |  2.401972   .2767745     8.68   0.000    1.859504    2.94444
       _cons |  46.34945   1.141154    40.62   0.000    44.11283   48.58607
-----------------------------------------------------------------------


 Random-effects Parameters  |   Estimate   Std. Err.    [95% Conf. Interval]
----------------------------+------------------------------------------
schid: Identity             |
                sd(_cons)   |   4.497318   .7861623    3.192696   6.335042
----------------------------+------------------------------------------
                sd(Residual)|   8.434685   .2677724    7.925855   8.976181
-----------------------------------------------------------------------
LR test vs. linear regression: chibar2(01) =    94.71 Prob >= chibar2 = 0.0000

. estat ic

-----------------------------------------------------------------------
      Model |    Obs   ll(null)   ll(model)     df        AIC         BIC
------------+----------------------------------------------------------
          . |    519          .  -1865.247      4    3738.494    3755.502
-----------------------------------------------------------------------
```

# 1-11 大數據 (big data) 與 STaTa 資料檔之間的格式可互通

大數據，又稱巨量數據。大數據是數據集 (data sets) 的術語，其數據集非常大或複雜，傳統的數據處理應用軟體不足以處理它們。巨大的數據挑戰包括捕獲數據、數據存儲、數據分析、搜索、共享、傳輸、可視化、查詢、更新和資訊隱私。

最近，術語「大數據」傾向於使用預測分析，用戶行為分析或某些其他高級數據分析方法，這些方法從數據中提取價值，並且很少到數據集的特定大

小。毫無疑問，現在的數據量確實很大，但這並不是這個新數據生態系統最相關的特徵。數據集的分析可以發現新的相關性，例如「現貨業務的發展趨勢、預防疾病、打擊犯罪等」。故大數據適合於科學家、企業高管、醫學從業人員、金融科技 (fintech)、城市資訊學和商業資訊學。科學家們遇到的局限性 e-Science 的工作，包括氣象、基因組學、連接組學、複雜的物理模擬、生物學和環境研究。

數據集快速增長：部分原因是它們越來越多地通過廉價和眾多的資訊感應互聯網的諸如移動設備、空中 ( 遙感 )、軟體日誌、攝像機、麥克風、射頻識別 (RFID) 無線傳感器網絡。自 20 世紀 80 年代以來，世界技術人均存儲資訊量大約每四十個月翻一倍；截至 2012 年，每天生成 2.5 exabytes($2.5 \times 10^{18}$) 的數據。大企業的一個問題是確定誰應該擁有影響整個組織的大數據舉措。

關聯數據庫管理系統 (Relational database management systems) 和桌上統計數據和可視化套裝軟體 (visualization-packages) 常常因受限於資料庫格式轉檔、

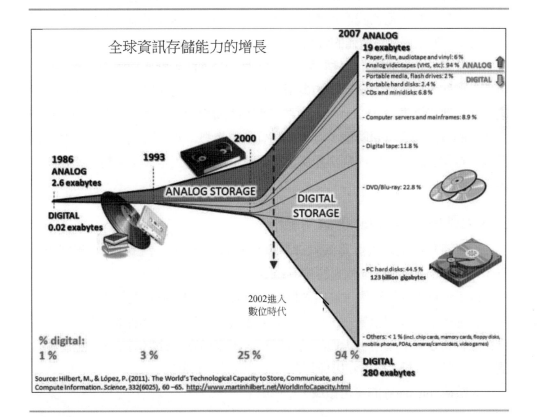

**圖 1-41** 全球資訊存儲能力的增長

統計功能及記憶體容量受限而難以處理大數據，這 3 項障礙現已在 STaTa 一一克服。這項工作可能需要「大規模並行軟體在數十台，甚至數千台服務器上運行」。「大數據」根據用戶及其工具的功能而變化，擴展功能使大數據成爲移動目標。」對於一些組織來說，首次面對數百 GB 的數據可能會引發重新考慮數據管理選項的需求，對於其他組織來說，在數據大小成爲重要考慮因素之前，可能需要幾十或幾百 TB 的數據。

## 一、大數據 (big data) 定義

大數據 (big data) 是指大量的資訊，當資料量龐大到資料庫系統無法在合理時間內進行儲存、運算、處理，分析成能解讀的資訊時，就稱爲大數據 (Big data is data that exceeds the processing capacity of conventional database systems)。

這些巨量資料中有著珍貴的訊息，像是相關性 (unknown correlation)、未顯露的模式 (hidden patterns)、市場趨勢 (market trend)，可能埋藏著前所未見的知識跟應用等著被我們挖掘發現；但由於資料量太龐大，流動速度太快，現今科技無法處理分析，促使我們不斷研發出新一代的資料儲存設備及科技，希望從大數據中萃取出那些有價值的資訊。

巨量資料 (big data)，又稱爲大數據，指的是傳統資料處理應用軟體不足以處理它們的大或複雜的資料集的術語。在總資料量相同的情況下，與個別分析獨立的小型資料集 (data set) 相比，將各個小型資料集合併後進行分析可得出許多額外的資訊和資料關聯性，可用來察覺商業趨勢、判定研究品質、避免疾病擴散、打擊犯罪或測定即時交通路況等；這樣的用途正是大型資料集盛行的原因。

## 二、大數據 (Big data) 的應用範例

巨量資料必須藉由計算機對資料進行統計、比對、分析方能得出客觀結果，這些功能都是 STaTa 軟體的強項。

巨量資料的應用範例，包括大科學、RFID、感測裝置網路、天文學、大氣學、交通運輸、基因組學、生物學、大社會資料分析、網際網路檔案處理、製作網際網路搜尋引擎索引、通訊記錄明細、軍事偵查、社群網路、通勤時間預測、醫療記錄、相片圖像和影像封存、大規模的電子商務等。

大數據 (big data) 的應用領域，舉例如下：

### 1. 巨大科學

大型強子對撞機中有 1 億 5,000 萬個感測器，每秒傳送 4,000 萬次的資料。實驗中每秒產生將近 6 億次的對撞，在過濾去除 99.999% 的撞擊資料後，得到約 100 次的有用撞擊資料。

將撞擊結果資料過濾處理後僅記錄 0.001% 的有用資料，全部四個對撞機的資料量複製前每年產生 25 拍位元組 (PB)，複製後為 200 拍位元組。

如果將所有實驗中的資料在不過濾的情況下全部記錄，資料量將會變得過度龐大且極難處理。每年資料量在複製前將會達到 1.5 億拍位元組，等於每天有近 500 艾位元組 (EB) 的資料量。這個數字代表每天實驗將產生相當於 500 垓 $(5 \times 10^{20})$。

### 2. 衛生學

國際衛生學教授漢斯·羅斯林使用「Trendalyzer」工具軟體呈現兩百多年以來全球人類的人口統計資料，跟其他資料交叉比對，例如收入、宗教、能源使用量等。

### 3. 民間部門

■亞馬遜，在 2005 年的時點，這間公司是世界上最大的以 LINUX 為基礎的三大資料庫之一。

■沃爾瑪可以在 1 小時內處理百萬以上顧客的消費處理。相當於美國議會圖書館所藏的書籍之 167 倍的情報量。

■ Facebook，處理 500 億枚的使用者相片。

■全世界商業資料的數量，統計全部的企業全體，推計每 1.2 年會倍增。

■西雅圖文德米爾不動產分析約 1 億匿名 GPS 信號，提供購入新房子的客戶從該地點使用交通工具 ( 汽車、腳踏車等 ) 至公司等地的通勤時間估計值。

■軟銀，每個月約處理 10 億件 (2014 年 3 月現在 ) 的手機 LOG 情報，並用其改善手機訊號的訊號強度。

■企業對大數據技能需求大，吸引了許多大學諸如伯克利大學開專門提供受過大數據訓練的畢業者的大學部門。矽谷紐約為主 "The Data Incubator" 公司，2012 年成立，焦點是數據科學與大數據企業培訓，提供國際大數據培訓服務。

### 4. 社會學

大資料產生的背景離不開 Facebook 等社群網路的興起，人們每天通過這種

自媒體傳播資訊或者溝通交流，由此產生的資訊被網路記錄下來，社會學家可以在這些資料的基礎上分析人類的行為模型、交往方式等。美國的涂爾幹計畫就是依據個人在社群網路上的資料分析其自殺傾向，該計畫從美軍退役士兵中揀選受試者，透過 Facebook 的行動 app 蒐集資料，並將用戶的活動資料傳送到一個醫療資料庫。蒐集完成的資料會接受人工智慧系統分析，接著利用預測程式來即時監視受測者是否出現一般認為具傷害性的行為。

### 5. 市場

巨量資料的出現提升了對資訊管理專家的需求，Software AG、甲骨文、IBM、微軟、SAP、易安信、惠普和戴爾已在多間資料管理分析專門公司上花費超過 150 億美元。在 2010 年，資料管理分析產業市值超過 1,000 億美元，並以每年將近 10% 的速度成長，是整個軟體產業成長速度的兩倍。

經濟的開發成長促進了密集資料科技的使用。全世界共有約 46 億的行動電話用戶，並有 10 至 20 億人連結網際網路。自 1990 年起至 2005 年間，全世界有超過 10 億人進入中產階級，收入的增加造成了識字率的提升，更進而帶動資訊量的成長。全世界透過電信網路交換資訊的容量在 1986 年為 281 兆億位元組 (PB)，1993 年為 471 兆億位元組，2000 年時增長為 2.2 艾位元組 (EB)，在 2007 年則為 65 艾位元組。

## 小結

統計學是在資料分析的基礎上，研究如何檢定、蒐集、整理、歸納和分析反映資料的背後意涵，以便給出正確決策訊息的科學。這一門學科自 17 世紀中葉產生並逐步發展起來，它廣泛地應用在各門學科，從自然科學、社會科學到人文學科，甚至被用於工商業及政府的情報決策。如今，隨著巨量資料 (Big data) 時代來臨，統計的面貌也逐漸改變，與資訊、計算 ( 演算法 ) 等領域密切結合，是資料科學 (Data science) 中的重要主軸之一。由於 STaTa 可讀入的資料庫已達無限大，非常適合聚合後 Big data 之統計分析。此外，普羅大眾所有關聯式資料庫 (Oracle, MySQL, Microsoft SQL Server, PostgreSQL and IBM DB2)、分析軟體 (R、SPSS、SAS、其他 Relationsl Data-Base)，亦可順利將其格式轉成 STaTa 資料檔來精準分析。值得一提的事，Stat/Transfer 可讀入的資料庫之格式 (file formats) 高達 39 種。

圖 1-42 「File → import 」 Excel、SAS、ODBC data-base、dBase

Stat/Transfer 可讀入的資料庫之格式 (file formats) 有下列 39 種：

1. 1-2-3

2. Access (Windows only)

3. ASCII - Delimited

4. ASCII- Fixed Format

5. dBASE and compatible formats

6. Data Documentation Initiative (DDI) Schemas

7. Epi Info

8. EViews

9. Excel

10. FoxPro

11. Gauss

12. Genstat

13. gretl

14. HTML Tables (write only)

15. JMP

16. LIMDEP

17. Matlab

18. Mineset

19. Minitab

20. Mplus (Write Only)

21. NLOGIT

22. ODBC

23. OpenDocument Spreadsheets

24. OSIRIS (read-only)

25. Paradox

26. Quattro Pro

27. R

28. RATS

29. SAS Data Files

30. SAS Value Labels

31. SAS CPORT (read-only)

32. SAS Transport Files

33. S-PLUS

34. SPSS Data Files

35. SPSS Portable

36. Stata

37. Statistica

38. SYSTAT

39. Triple-S

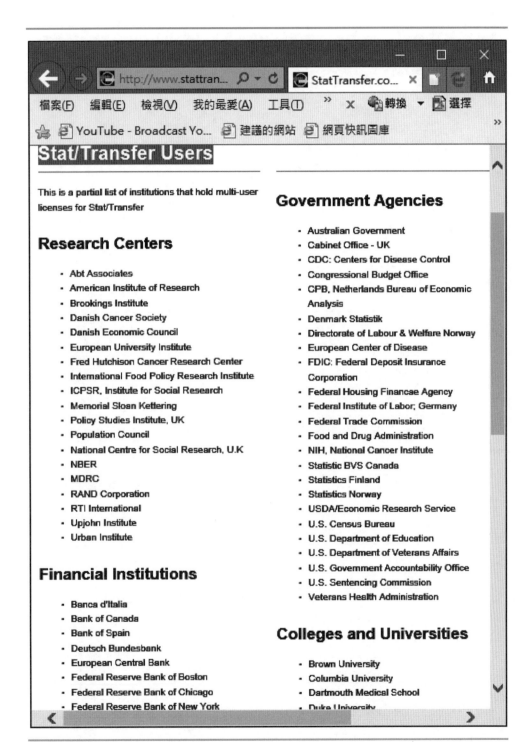

圖 1-43　Stat / Transfer 使用者清單

# 多層次分析法：HLM

## 2-1 多層次模型 ( 階層線性模型 HLM) 的興起

多層次模型 (multilevel models, MLM)，又稱：階層線性模型 (hierarchical linear models, HLM)、巢狀資料模型 (nested data models)、混合模型 (mixed models)、隨機數 (random coefficient)、隨機效果模型 (random-effects models)、隨機參數模型 (random parameter models) 或 split-plot designs。

---

定義：混合效果

　　　混合效果 = 固定效果 + 隨機效果

固定效果 (fixed effect) 是所有組中效果都相同 (which are the same in all groups)。

隨機效果 (random effect) 是各組之間的隨機呈現效果 ( 都不同 )(which vary across groups)。

在混合模型 (mixed models) 中，每個 levels 都很明確存在隨機和系統 ( 固定 ) 效果。

---

### 2-1-1 多層次模型 ( 階層線性模型 HLM) 的興起

多層次模型 (multilevel model)，又稱階層線性模型 (hierarchical linear modeling, HLM)。HLM 在生物統計領域習慣稱作線性混合模型 (linear mixed model, LMM)，在應用統計領域則常稱為多層次模型或多層次迴歸 (multilevel model / multilevel regression)，但不管如何稱呼它，其背後的原理大致是差不多的。

多層次模型常存在的疑問有二類：(1) 資料為「階層性」的性質。(2) 資料「重複測量」的研究設計。在生物醫學 / 教育等社會 / 自然科學領域中，抽樣 (smapling) 設計常常存在「階層性」，例如分層隨機抽樣法，它就使用階層 (hierarchical) 抽樣 / 集群抽樣 (cluster sampling)。分層隨機抽樣法可能以學校為抽樣的單位，檢視城鄉差距對學生學業成就的影響，此時學生是巢狀或巢狀 (nested) 在學校之下；或是組織或 5M 的行為研究也常常以不同公司的員工填答問卷資料，此時員工也是巢狀在公司之下。而這以傳統的統計方法 ( 例如複迴歸或 ANOVA) 處理這種階層性資料會存在一些問題，傳統的迴歸最重要的一個

假定 (assumption) 就是誤差 $\varepsilon$「獨立性」，亦即每個受訪者的依變數 ( 結果變數
／依變數 ) 是互相獨立的，但是同一間學校的學生的特質理論上應該會比較相
似，而來自同一公司的一群員工也應該具有比較相似的特質，此時若使用傳統
迴歸 (STaTa 指令包括 reg、heckpoisson、hetregress、intreg、ivpoisson、ivtobit、
npregress、qreg、sureg、tobit、tpoisson、truncreg、zip)，由於未能考量「群組
層次→個體層次」的調節 ( 干擾，moderator)，導致線性迴歸式可能產生錯誤的
推論效果，簡單來說即傳統的迴歸無法處理「互依性」的資料。此時使用 HLM
則可以考慮每一個總體層次單位 ( 跨國、學校、公司、鄰居 ) 之下的個體層次單
位 ( 學生、員工、住戶 ) 互為相依的事實。

---

單層次 ( 非多層次 ) 之迴歸的 STaTa 指令如下：
areg：更容易的方法來適應具有許多虛擬變數的迴歸
arch：帶 ARCH 誤差之迴歸模型
arima：ARIMA 模型
boxcox：Box-Cox 迴歸模型
cnsreg：受限線性迴歸 (constrained linear regression)
eivreg：變數含誤差之迴歸 (errors-in-variables regression)
frontier：stochastic frontier 模型
gmm：廣義動差估計法 (generalized method of moments estimation)
heckman：Heckman 選擇模型
intreg：區間迴歸 (interval regression)
ivregress：單一方式之工具變數迴歸 (single-equation instrumental-variables regression)
ivtobit：帶內生變數之設限迴歸 (tobit regression with endogenous variables)
newey：帶 Newey-West 標準誤之迴歸 (regression with Newey-West standard errors)
nl：非線性最小平方估計法 (nonlinear least-squares estimation)
nlsur：方程式的非線性系統 (estimation of nonlinear systems of equations)
qreg：成分迴歸 (quantile(including median) regression)
reg3：三階最小平方法之迴歸 (three-stage least-squares(3SLS) regression)
rreg：帶強健誤差之迴歸 (a type of robust regression)
sem：結構方程模型 (structural equation models)
sureg：似不相關迴歸 (seemingly unrelated regression)
tobit：設限迴歸 (tobit regression)( 財金、生醫界常用它 )
treatreg：處理效果模型 (treatment-effects model)
truncreg：截尾迴歸 (truncated regression)

xtabond：Arellano-Bond 線性動態 panel-data 法 (linear dynamic panel-data estimation)

xtdpd：線性動態 panel-data 法 (linear dynamic panel-data estimation)

xtfrontier：panel-data stochastic frontier 模型

xtgls：panel-data GLS 模型

xthtaylor：誤差成分之 Hausman-Taylor 法人 (estimator for error-components models)

xtintreg：panel-data interval 迴歸模型

xtivreg：panel-data instrumental-variables(2SLS) 迴歸

xtpcse：帶 panel 修正標準誤之線性迴歸 (linear regression with panel-corrected standard errors)

xtreg：固定效果／隨機效果線性模型 (fixed- and random-effects linear models)

xtregar：帶 AR(1) 干擾之固定效果／隨機效果線性模型 (fixed- and random-effects linear models with an AR(1) disturbance)

xttobit：panel-data 設限模型 (tobit models)( 財金、生醫界常用它 )

此外，MLM 仍可估計總體層次多解釋變數對於個體層次解釋變數的影響，例如，組織領導研究，如果有一家公司的組織領導非常良好，可能會正向增強員工的工作績效，但我們是如何測量一家公司的組織領導呢？通常我們會以這家公司所有員工的組織領導作總平減 (group-mean centering) 當成公司組織領導效能，因此，影響員工的工作績效的因子，除了員工個人的工作滿足 ( 個體影響 )，也有可能是這家公司的平均組織領導效能 ( 總體影響 )。

HLM 能回答的問題具有更多面向，它可同時回答「總體」與「個體」的差異是否顯著，承上例，我們已知「公司平均領導效能會正向影響員工的工作績效」，但用 HLM 我們還可知道這個「影響效果是否存在公司間的差異」，如果有則代表我們可繼續投入解釋變數來解釋這些差異；另一方面，我們也已知「員工認知的組織領導會正向影響員工的工作績效」，當然 HLM 也能估計出這個「影響效果是否存在個人之間的差異」，這即為隨機效果 (random effect)，即「不同群組 ( 組織層 ) 平均解釋變數對個人 ( 個體層 ) 解釋變數的影響強度都不一樣」。而 HLM 甚至可設定「每間公司平均組織領導所影響員工工作績效的強度都一樣」，這做法就是設定為固定效果 (fixed effect)，即「不同 ( 組織層群組 ) 平均解釋變數對病人 ( 個體層 ) 解釋變數的影響強度都一樣。」若在同一個 HLM 方程式中，同時納入隨機效果跟固定效果，這就是為什麼 HLM 又稱作混合模型 (linear mixed model) 的原因。HLM 的混合模型，常見的迴歸式如下：

$$Y_{ij} = \underbrace{\gamma_{00} + \gamma_{01}(\text{MEAN SES}_j) + \gamma_{02}(\text{SECTOR}_j) + \gamma_{10}(\text{SES}_{ij})}_{\text{Fixed Effects}}$$

$$+ \underbrace{\gamma_{11}(\text{MEAN SES}_j)(\text{SES}_{ij}) + \gamma_{12}(\text{SECTOR}_j)(\text{SES}_{ij})}_{\text{Fixed Effects}}$$

$$+ \underbrace{u_{0j} + u_{1j}(\text{SES}_{ij}) + e_{ij}}_{\text{Random Effects}}$$

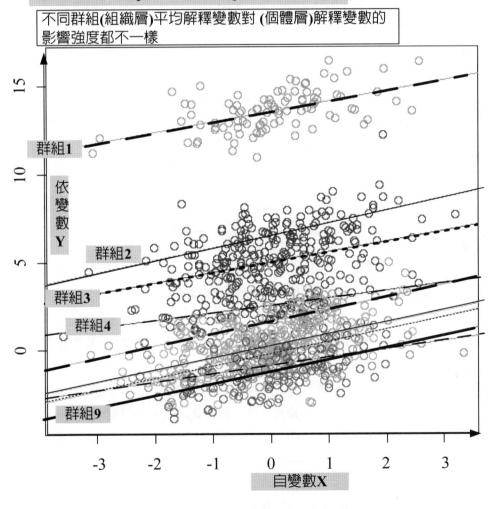

**圖 2-1** 隨機效果之示意圖（不同群組（組織層）平均解釋變數對（個體層）解釋變數的影響強度都不一樣）(slopes and intercepts as outcomes)

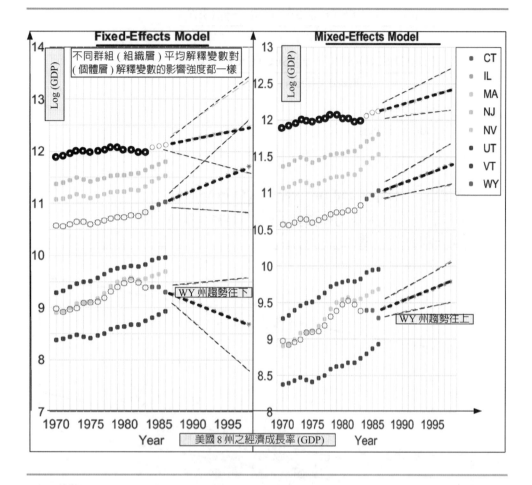

**圖 2-2** 固定效果模型 vs. 混合效果模型之差異比較圖

1. 固定效果假定：不同群組 ( 組織層 ) 平均解釋變數對 ( 個體層 )解釋變數的影響強度都一樣。

2. 混合模型是每個層次「混合效果＝固定效果＋隨機效果」。

3. 隨機效果假定：不同群組 ( 組織層 ) 平均解釋變數對 ( 個體層 ) 解釋變數的影響強度都不一樣。

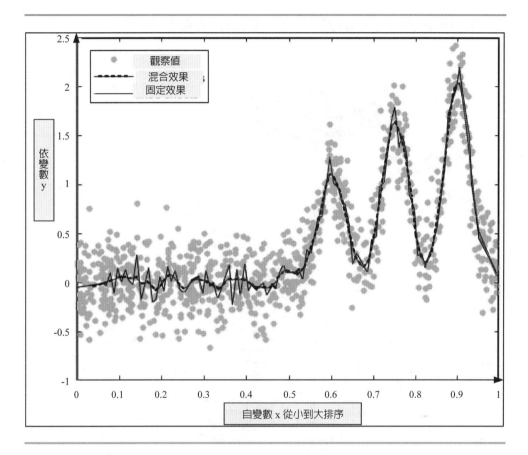

**圖 2-3** 固定效果模型 vs. 混合效果模型之差異比較圖 2

1. 固定效果振幅較大。
2. 隨機效果趨勢線較平滑。

## 2-1-2 單層次：多元迴歸分析 (OLS) 之重點整理

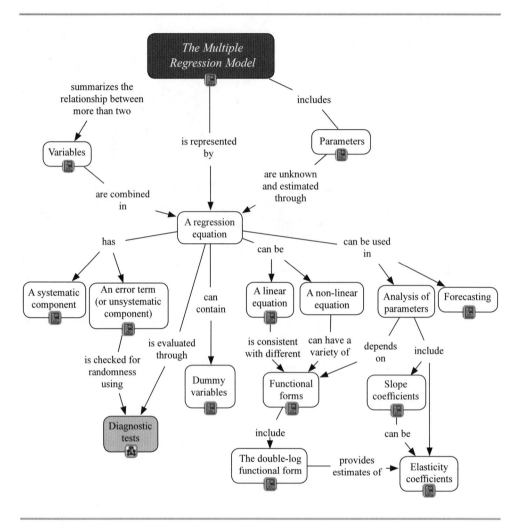

**圖 2-4** 多元迴歸模型之分析流程

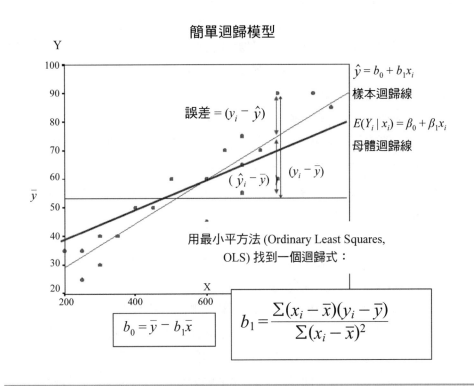

簡單迴歸模型

**圖 2-5** 預測變數和依變數之間是線性關係

　　階層線性模型 (HLM) 是為瞭解個人層次及總體層次所發明之統計技術，可將組間 ( 總體層級 ) 之資訊考慮進來。階層線性模型不同於一般最小平方法 (OLS) 迴歸之基本假定 (assumption)，其不僅可允許隨機誤差在各組之間是互相獨立，並且也可隨著組別不同而不同。HLM 與 OLS 兩者雖然都是迴歸模型，然而 OLS 將資料視為同一層級資料分析，因此其截距項及斜率項並不受到高層變數之誤差影響，也就是僅以固定效果 (fixed effect ) 來估計截距項及斜率項。HLM 則是把個體層級迴歸式中之截距項及斜率項當作總體層級之依變數，因此可考慮總體層級誤差項帶來之影響，並以隨機效果 (random effect) 估計個體層級之截距項及斜率項，檢視其殘差之變異數是否顯著，若為顯著則表示個體層級 ( 下層 ) 之截距項及斜率項受總體層級 ( 上層 ) 變數之階層性影響。

　　作者《**STaTa 與高等統計分析**》一書，有精闢的 OLS 理論與實作。故在此只是做 OLS 重點整理如下：

1. STaTa 指令 reg，它利用 OLS(ordinary least squares) 來做多元迴歸可能是社會

學研究中最常用的統計分析方法。利用此法的基本條件是依變數為一個分數型的變數 ( 等距尺度測量的變數 )，而自變數之測量尺度則無特別的限制。當自變數為類別變數時，我們可依類別數 (k) 建構 k-1 個數值為 0 與 1 之虛擬變數 (dummy variable) 來代表不同之類別。因此，如果能適當的使用的話，多元迴歸分析是一相當有力的工具。

2. 多元迴歸分析主要有三個步驟：

   Step-1：利用單變數和雙變數分析來檢視各個準備納入複迴歸分析的變數是否符合 OLS 線性迴歸分析的基本假定。

   Step-2：建構迴歸模型，並評估所得到的參數估計和適合度檢定 (goodness of fit)。

   Step-3：在我們認真考慮所得到的迴歸分析結果前，應做殘餘值 (residuals) 之診斷分析 (diagnosis)。但通常我們是先確定迴歸模型之設定 (specification) 是否恰當後，才會做深入之殘餘值分析。

3. 迴歸分析的第一步是一一檢視每個即將納入迴歸分析模型的變數。首先，我們必須先確定依變數有足夠的變異 (variability)，而且是接近常態分配 ( 迴歸係數的估計並不要求依變數是常態分配，但對此估計做假設測定時，則是要求殘餘值應為常態分配。而依變數離開常態分配的狀態很遠時，殘餘值不是常態分配的可能性增大 )。其次，各自變數也應該有適當的變異，並且要瞭解其分配之形狀和異常的個案 (outlying cases；outliers)。

   我們可用直方圖 (histogram) 和 Normal P-P(probability plot) 圖等來測定依變數是否拒絕其為常態分配的假定 (assumption)，以及是否有異常之個案。同樣的，我們可用直方圖和其他單變數之統計來檢視各個自變數之分配形狀、程度，以及異常個案等。

   在 STaTa 中，我們可用 Analyze 內的 Descriptive Statistics 中的 Explore 來得到上述之統計和圖。

4. 做雙變數相關之分析之主要目的是檢視變數間之關係是否為線性關係 (linearity) 和是否為共線性 (collinearity) 之情況。最基本的做法是看雙變數之相關矩陣。如果依變數與自變數間之關係很弱或比自變數間之相關弱的話，就應質疑所設定之多元迴歸模型是否適當。

   檢視自變數與依變數間是否為線性關係的基本做法是看雙變數間之散布圖 (scatter plot)。進階且比較好的做法是在控制其他自變數後，再看某一自變數與依變數間之部分線性關係 (partial linearity)。線性關係是迴歸分析重要的假

定，而且指的是自變數與依變數間之部分線性關係。我們並不用太關心自變數間是否為線性關係，但如對自變數間關係之設定有誤時，也會導致我們對虛假關係不適當的控制和解釋上的錯誤。

探索自變數與依變數間部分線性關係的方式是在控制其他自變數後，逐一檢視某一自變數及進一步加入此自變數之平方後，看看兩個迴歸模型間是否達顯著之差異。如果是的話，則此自變數與依變數間之關係並不是線性關係。當發現自變數與依變數間並非線性關係時，除了將該自變數之平方加入迴歸分析的方法外，也可將該自變數做對數轉換 (log transformation)，例如我們常將個人之收入做對數轉換之處理。究竟如何處理是適當的，是以理論為基礎。

5. 在決定迴歸分析的模型後，我們應進一步檢視自變數間是否有多元共線性 (multicollinearity) 的問題，也就是自變數間是否有高度相關的問題。如果自變數間高度相關的話，會影響到對迴歸係數之假設測定。我們可以用因素分析來檢查自變數間是否有多元共線性，或者是逐一將某一自變數 ( 當成為依變數 ) 和所有其他自變數做多元迴歸分析。

在以 STaTa 做迴歸分析時，我們也可選擇 partial correlation(pcorr 指令 ) 與 collinearity(pcorr 指令 )。STaTa 所提供 OLS(reg 指令 ) 之 collinearity 的統計值包括 Tolerance、VIF(variance inflation factor) 和 Condition Index 等。這些統計是有關聯性的。如 Tolerance 與 VIF 就是互為倒數，如果是 Tolerance 越小，就表示該自變數與其他自變數間之共線性越高或幾乎是其他自變數的線性組合。

6. 如果自變數是類別變數，OLS 做法有二：(1) 將這些類別一一建構成為虛擬 (dummy) 變數 (its virtual)。依照類別數目 (k)，我們只需建構 k-1 個虛擬變數即可。如性別有 2 類，因此我們只需建構 1 個「男性」的虛擬變數。如果受訪者為男性，則其「男性」變數為 1，如為女性，則其「男性」變數為 0。同理，如果一個類別變數有 4 類，如臺灣地區別是分成北、中、南、東等 4 區，則我們可將此類別變數建構成「中部」、「南部」及「東部」等三個虛擬變數。當受訪者是在北部時，其在此三虛擬變數的值會都是 0。至於將那個類別作為參考類別 (reference category)，也就是不建構為虛擬變數的類別，通常是次數最多的類別。(2)STaTa 內建「i.」運算字來界定 Indicators(dummies)；「c.」運算字 to treat as continuous variable。

---

**STaTa 有五種因子變數 (factor-variable) 運算子 (operators)：**

運算子　　　說明

---

|  | |
|---|---|
| `i.` | unary operator to specify indicators |
| `c.` | unary operator to treat as continuous |
| `o.` | unary operator to omit a variable or indicator |
| `#` | binary operator to specify interactions |
| `##` | binary operator to specify factorial interactions |

---

範例　　　　　說明

---

| | |
|---|---|
| `io2.cat` | indicators for levels of cat, omitting the indicator for cat=2 |
| `o2.cat` | same as io2.cat |
| `io(2 3 4).cat` | indicators for levels of cat, omitting three indicators, cat=2, cat=3, and cat=4 |
| `o(2 3 4).cat` | same as io(2 3 4).cat |
| `o(2/4).cat` | same as io(2 3 4).cat |
| `o2.cat#o1.sex` | indicators for each combination of the levels of cat and sex, omitting the indicator for cat=2 and sex=1 |

---

　　當我們將這些虛擬變數納入迴歸模型後，個別虛擬變數的迴歸係數 ( 如果達統計顯著的話 )，就是此虛擬變數所代表之類別與參考類別間在截距上的差距。如果我們假設此類別變數對依變數的影響，不只是在截距上的不同，且會有不同的斜率，也就是與另一自變數間有交互作用 (interaction)，我們可以進一步將虛擬變數與此另一自變數相乘而成另一新變數 ( 如「男性 ($x$ 變數 )× 工作年資 ($z$ 變數 )」)。我們可將原來的兩個自變數及此新變數( 總平減後，$[(x - \bar{x}) \times (z - \bar{z})]$) 一起納入迴歸分析中。如果此新變數 ( 總平減後 ) 之迴歸係數達顯著的話，則其意義是與虛擬變數相乘之自變數 ( 如工作年資 ) 對依變數的影響會因虛擬變數所代表的類別不同 ( 如性別 ) 而有不同的斜率 ( 即影響力 )。例如當工作年資對收入的影響，男性比女性來得大時，則迴歸分析結果可能一方面表現在「男性」此一虛擬變數的正向係數達顯著，表示在受同樣教育年數的條件下，男性的起薪比女性高，另一方面也表現在「男性 × 工作年資」之正向係數達顯著，表示男性每年受教育對收入的回報大過女性。

　　此外，當我們假設自變數與依變數的關係為∩型時，或是依變數會隨自變

數之數值增大而變化趨緩時，我們就可建構一自變數的平方，將此自變數及其平方一起納入，如果此平方的變數達顯著，則我們可知此自變數對依變數的影響不是直線性的。

---

**傳統法**：虛擬變數來模擬類別型自變數：STaTa 捨棄這種做法

　　一般最常見的迴歸分析，自變數幾乎都是連續變數，這是因為迴歸裡假設自變數與依變數存在著線性關係，因此若自變數並非等距或比率變數，其求得的迴歸係數就無法解釋。

　　簡單迴歸方程式為 $Y = B_0 + B_1 X$，Y 為依變數，X 為自變數，$B_0$ 與 $B_1$ 則是經迴歸分析所估計出來的迴歸係數，其中更以 $B_1$ 說明了 X 與 Y 之間的關係。

　　舉例來說，依變數為使用者對產品的滿意度 (Y：滿意度)，自變數為使用者在試用後對於產品信任 (X：信任)，**方程式：滿意度 = 1.3 + 0.7× 信任**。0.7 則是使用者在信任的感受對滿意度的影響程度，對於信任感受為 1 分的消費者來說，其滿意度為 1.3+0.7×1=2 分；對於信任感受為 2 分的消費者來說，其滿意度為 1.3+0.7×2=2.7 分，因此我們會解釋成當受訪者在信任上每增加 1 分，其滿意度會增加 0.7 分。

　　如果將「信任」換成「性別」，**方程式：滿意度 = 1.3 + 0.7× 性別**，此時若解釋成當性別每增加 1 分，其滿意度會增加 0.7 分，就會變得很奇怪，因為我們都清楚性別屬於類別變數，因此要換一種解釋方式，但該如何解釋呢？

　　通常進行迴歸分析，都會列出一張虛擬編碼對照表，如下表。

| 性別 | 代號 |
|---|---|
| 男 | 1 |
| 女 | 0 |

　　由表中可知，男性受訪者的代號為 1，女性受訪者的代號為 0，此時分別將 1 與 0 代回原方程式。

　　**男性的滿意度 = 1.3 + 0.7×1 = 2** 分，**女性的滿意度 = 1.3 + 0.7×0 = 1.3 分**，將男性的滿意度 − 女性的滿意度 = 0.7 分，剛好就是迴歸係數 $B_1$，因此 $B_1$ 即為此兩族群的差異情形，而且就像上面看到的，迴歸係數 $B_1$ 是以代號

> 為 1 的對象減去代號為 0 的對象，因此當遇到虛擬變數的迴歸係數要解釋時，都直接解釋成 ( 代號 1 族群 ) 相對於 ( 代號 0 族群 ) 會有**比較高 ( 迴歸係數為正 )** 或**比較低 ( 迴歸係數為負 )** 的依變數程度。

7. 在完成以上之基礎工作後，而且發現沒有問題或將問題做了適當的處理後，我們就可開始做多元迴歸的分析。

   檢視多元迴歸分析之結果的步驟是先檢視整體模型之適合度 (goodness of fit)。這是看迴歸分析結果之 ANOVA 表中之 F test 是否達到顯著。如果是的話，我們可說此模型在母群體之 $R^2$ 不是 0，或至少有一個自變數對依變數有解釋力。$R^2$( 或納入自變數數目做了調整後之 adjusted $R^2$) 的意義是所有自變數解釋了多少比例之依變數的變異量。

   在檢視完整體模型之解釋力後，下一步是逐一檢視各自變數之斜率 (slope)，也就是迴歸係數是否達到顯著 ( 即測定其是否為 0 之虛無假設 )。這是要看每一自變數迴歸係數的 t-test 及 p 值 ( 通常應至少小於 0.05)。如果某一自變數之係數達顯著水準的話，則其意義是在控制其他自變數的情況下，此一自變數對依變數之獨特影響力 (unique effect) 為何。另一說法是，自變數每增加一個測量時用的單位，會改變多少依變數測量時之單位。我們可代入此自變數一個數值 ( 如此變數之平均數 )，然後計算在此數值和 $\beta$ (unstandardized coefficient) 乘積，這乘積就是此自變數在此數值時，依變數的數值有多大。

   如果我們要知道和其他自變數比較，那一個自變數對依變數之獨特影響力比較大，則我們是要看 Beta(standardized coefficient) 或部分相關係數 ( 看此比較好 )。

8. 如果我們的迴歸分析是建立在一個因果模型上，那我們可進行階層式迴歸分析 (hierarchical regression)。看我們研究的焦點為何，我們可逐一將自變數加入迴歸模型中，然後看不同階段之迴歸模型的整體解釋力和各個自變數解釋力的變化。

9. 嚴謹的迴歸分析是要進一步對 residuals 做檢視後，才報告分析所得到之結果。殘餘值是指每個個案將其自變數之數值代入迴歸模型中計算在依變數之預測值，然後將實際觀察到之值與此預測值相減後所得到之殘餘。對殘餘值之診斷主要有兩項：

   (1) influence diagnosis：此診斷要看的是有無一些異常的個案可能對迴歸模型

的估計造成不當之的影響，並膨脹 standard errors。特別是當樣本數較小時，我們要當心此可能性。在 STaTa 的 reg 迴歸之事後指令「predict」，將標準化處理後之殘餘值 (standardized residuals) 儲存起來。STaTa 也會將標準化之殘餘值大於 3 的個案之 ID 報告出來。如果此類個案數目不多的話 ( 依機率，每一百個標準化之殘餘值中會有 5 個殘餘值之 z 值大於 2)，那我們就可說是沒有異常個案影響迴歸模型估計的問題。

(2) normality 與 hetroskedasticity：OLS 迴歸分析假定在 prediction function 之不同 level 的殘餘值是常態分配，而且變異量是相同的。因此，我們可利用單變數之分析來檢視預測值和殘餘值是否為常態分配，以及兩者間是否有相關 ( 依照假定迴歸模型之殘餘項應和自變數間沒有相關 )，以及殘餘值在 prediction function 之各 level 是否有相同之變異。在 STaTa 之迴歸分析中也是利用 reg 指令之事後指令「predict」，將 predicted values 和 residuals 儲存後做進一步的分析。我們也可直接利用「twoway (line residuals X)」來做這些檢視的工作。詳情請見作者《STaTa 與高等統計分析》一書。

## 2-2 什麼是多層次分析法？

多層次分析模型旨在掌握人與環境 ( 如家庭、組織、醫院、社區、國家 ) 的巢狀 ( 巢狀的 ) 與相互作用關係。

階層線性模型 (hierarchical linear modeling，HLM) 或是多層次分析 (multilevel analysis) 是近一、二十年來開始流行的統計方法。這種統計方法多半使用於教育研究，但後來也漸漸普及到社會學研究與其他領域。

為什麼除了迴歸分析之外，還要有階層線性模型呢？最典型的例子還是從教育中來看。如果你要看學生的學習成就，但是如果你有很多班級的話，每個班級的老師不同，這就衍生了問題：學生的學習成就可能是受到教師或班級影響，所以我們想要解決缺乏獨立性 (lack of independence) 的問題。

具體來說有什麼變數在班級層次裡面會影響學生成就呢？例如，班級人數、男女生比例、貧窮學生比例、學區家長平均社經地位 (SES)……。此外，老師當然也是重要的因素，例如老師的經驗，老師的教育水準……等等。這樣一列下來，如果你想要列出一大堆變數來控制，似乎就顯得有點不切實際。更重要的是：你不可能控制所有的不同。

從上面例子來看，很容易可以看出來階層性關係。如果學生是 Level-1( 個

體層 ) 的話，班級就是總體層 / 群組層 (Level-2)。由於這個層次有階層性，所以在統計時就要列入考量，這也就是階層線性模型的最主要目的。

另外，階層線性模型的典型例子，就是重複測量 (repeated measures)。如果一個人進行測量數次，那每次測量之間應該存在著高度相關性。換言之，測量結果並不是獨立的，因為你第一次測量高，你後面測量的結果是很高的可能性非常大。依照這種思維，其實不難想像出，它也是另外一個階層線性模型。第一層 ( 底層 )，是每個人在不同時間的測量，而第二層則是個人 ( 上層 )。

## 2-2-1 階層線性模型 (HLM) 之由來

在處理群集資料 (clustered data) 或多層次結構 (multilevel structure) 資料時，過去絕大多數研究囿於統計分析方法上的限制，漠視了因多階段抽樣 (multi-stage sampling) 所帶來的組內同質問題，不僅忽略了群組 ( 課室或學校環境氣氛 ) 的共享特性，亦忽略了群組 ( 學校環境 ) 與個體間的交互影響。由於處於同一環境脈絡下所共享的共同性，將會導致觀察資料間的相依性，造成樣本獨立性假定 (assumption) 的違反 (Kreft & Leeuw, 1998; Snijders & Bosker, 1999)。當研究者以單一層次的統計分析技術去分析多階層結構的資料時，將會違反誤差獨立性假定，且會導致較大的型 I 錯誤 (Type I error, $\alpha$)，造成錯誤的參數估計結果與統計推論 (Heck & Thomas, 2009; Hox,2010)。邇來，隨著電腦套裝軟體 (HLM,STaTa, SAS…等 ) 的進步與操作上的便利性，多層次分析已引起教育、生物醫院及管理等學門的興趣，以多層次模型分析技術探討環境與個人因素對依變數的影響日益受到重視。

人是活在組織或脈絡 (contextual) 之下，小到部門、大到公司、國家，有各個不同的層級。每天面對的是您的主管、主任，或是您的同事，因此每天互動之下的結果是，近朱者赤、近墨者黑。假如您不喜歡這個環境，您會選擇離開，如果您接受這個環境、就會融入這個組織文化，這個組織氛圍。當您留下來愈久，這個單位內的每個個人行為 / 文化就會越來越相似，例如，對人處事的態度上，或是說文化被同化。

社會科學研究所使用的量化資料多涉及階層性或群集性的結構，階層資料的一個重要特性，是低階層次的解釋變數可以透過組內聚合程序，產生相同測量內容的「脈絡變數」( 內容變數 )。透過脈絡變數與個體解釋變數相互間統計控制，得出解釋變數對於依變數的影響，稱為脈絡效果。

所以 HLM 至少有兩個層次，上層是組織單位層／群組層 (group,Level-2)、下層是單位內的個體 (individual, Level-1)，而且 Level-1 individuals were nested( 巢狀內／巢狀 ) within Level-2。

## 一、多階層模型 (multilevel model) 的特色

傳統處理類聚 (clustering) ／巢狀 (nested) 相關資料，共有本書第 1 章「1-10 類聚／巢狀資料分析，STaTa 迴歸有 16 種估計法」，旨在「將誤差最小化和調整／糾正 (needs to be minimized and adjusted／corrected)」。就像 Generalized Estimating Equation (GEE) 一樣的功能，但 xtgee 指令較少人知道。

MLM 將層次結構視為具有**實質**意義的母群體特徵，不像下圖之傳統 OLS 固定效果的估計法。

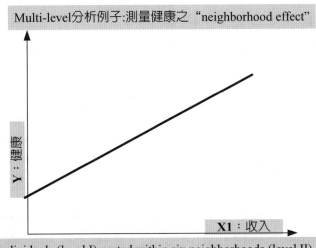

圖 2-6　Fixed intercept, Fixed slope Model 示意圖一 (Intercepts as Outcomes)

## 二、多層次模型對比「GEE、OLS」之優缺點

MLM 優點：

1. 它比其他非參數方法 (GEE) 更有效率。

2. 模型可超過二層次。

3. 可以描述群集 (cluster) 輪廓或排序。

MLM 缺點：

1. 與其他處理 clusters 的方法相比，多層次模型的強韌 (robust) 較差 ( 即誤差變異要愈同質愈好處理 )，且演算法較難。

2. MLM 需依靠你要會對模型如何界定。需在研究架構中知道共變數應放那個層次。且樣本數要平衡設計。

3. 需要考慮在模型中各個層面都有足夠的樣本數。

4. 你需要在 MLM 與調查權重之間做取捨 (tradeoff)。

> **小結**
>
> 1. 多層次模型的複雜性並不總是合理的。
>
> 2. 一般的經驗法則是，如果您對 level-2( 普查區域 census tract，服務規劃區域等 ) 的實際身分感興趣 ( 例如，為了排名目的 )，則要使用 MLM。

## 三、HLM 應用在生物醫學的由來

在醫學研究的領域中，階層性的資料結構相當常見。例如在醫院蒐集的病患資料，有一些是用來描述病患特徵的變數，如性別、年齡等；另外，有一些變數則在表現醫院的特性，如醫院層級別：醫學中心、區域醫院、地區醫院。此時，用傳統的迴歸模型來分析，會忽略了團體層級的影響 ( 組內相關 )，而造成誤差的變異被低估。所以，較為適當的方法為使用多層次的分析 (multilevel analysis)，也就是目前廣被使用的階層線性模型 (Hierarchical Linear Model: HLM)。

近幾年來，採用多層次模型分析之醫藥公衛相關研究愈見普遍。在期刊文章中常見之 **multilevel model**，**mixed model**，或 **random effect model**，其實指的都是同一件事，目的為處理有類聚 / 巢狀 **(clustered/nested) 特性之資料結構** ( 例如一群病患從屬於某特定醫師，某群醫師又從屬於某間醫療院所 )。

傳統的迴歸僅將依變數與所有可能之自變數放在同一條迴歸式，並未考慮自變數中是否有「非個人 ( 病人 ) 層級」之變數 ( 例如：醫師年資，醫院的評鑑等級 )。我們可以想像，一旦忽略了這樣的資料型式，其實迴歸模型中的每一個樣本，似乎不再那麼具獨立性了！病人間，有可能在很多變數上 ( 特別是非個人層級之變數 ) 是高度相關，甚至是相同的。於是，從統計檢定上來說，**當某些變數其資料的相關性變高了，則變異數 (variance) 以及迴歸係數的標準差 (standard error) 將變小**，便提高「Type I error」的機會。然而，這樣子的迴歸係數若達顯著，結果可能有偏誤 (biased) 的。

　　多層次模型，將這類的巢狀關係考慮進迴歸模型中，更允許**組間變異**，即迴歸線得以在高層變數的特性間 ( 例如，大醫院 vs. 小醫院 ) 長得不一樣，這就稱為隨機效果 **(random effect)**。假設我們今天透過病人層級 (level-1) 的資料，可發現收入 (x) 會影響健康 (y)，進而繪出了下圖的四關係。在多層次模型中，我們可以進一步考慮，這樣的關係，在大醫院及小醫院間會不會效果不同？這時候，醫院的規模，便為 level-2 的解釋變數。

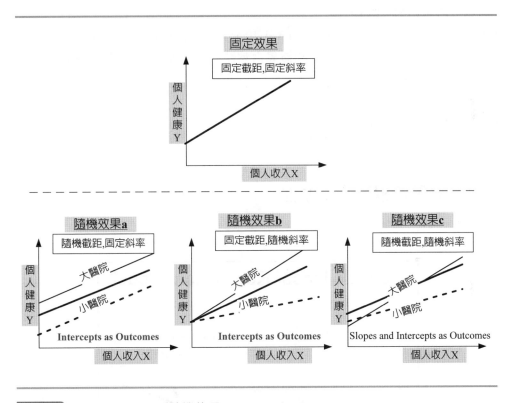

**圖 2-7** 固定效果 vs. 三種隨機效果 (random effect)

　　如果大醫院 ( 細實線 ) 及小醫院 ( 細虛線 ) 之間，x 對 y 的關係一致，只是截距不同 ( 隨機效果 a )，則這樣的 random effect 是為 intercept-as-outcome 的分析；另外一種類型為 slope-as-outcome 的分析，及 x 對 y 的斜率隨著不同的 level-2 變數而改變 ( 隨機效果 b，隨機效果 c )，此效果亦表示 **cross-level interaction(** 跨層次的交互作用 **)**，非常值得更進一步的討論。

　　當然，並非所有具巢狀關係之資料都必須採用多層次的分析。研究者可先計算資料的 **ICC(Intraclass Correlation Coefficient)** 值，當**群組間** (level-2) 變

異占整體變異一定的比例 ( 通常爲 **12%**) 時 (Roberts, 2002)，才進行多層次分析。STaTa、SAS 可以處理多層次分析，而 HLM 軟體更將不同層次的迴歸式逐條呈現，對初學者來說較不易混淆。但 STaTa 軟體最強大，它除了線性多層次模型 (mixed,xtmixed 指令 ) 外，更爲離散型依變數提供多層次模型 (melogit、meprobit、meologit、mepoisson、metobit、mestreg、meqrlogit…等指令 )。

---

**定義：跨組相關係數 (ICC)**

ICC = group (level-2) variance ÷ (level-2 variance + level-1 variance)

跨組相關係數 (ICC) 爲分析組間變異占整體變異的比例，可以看出組間變異相對於總變異的比例有多大。

$$ICC = \frac{\text{var}(\varepsilon_{0j})}{\text{var}(\varepsilon_{0j}) + \text{var}(\theta_{0j})}$$

---

## 2-2-2　多層次模型之重要性

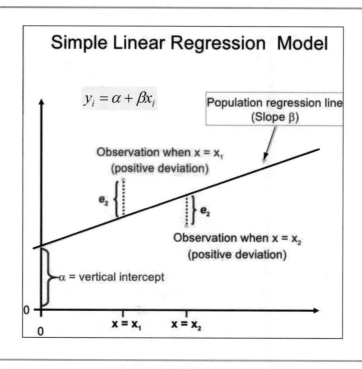

**圖 2-8** 單層 OLS 示意圖 ( 各組的截距及斜率都假定爲相同 )

　　在組織的場域中，個人的行為與態度可能會受到組織環境的影響；同樣的，組織行動也有可能會受個人因素的作用，因此，研究者在建構與探討組織現象的時候，不能不注意到這個基本的前提。雖然早在 1930 年代前後，學者在理論建構時便已經注意這一個多層次議題，然而，在實徵研究上，卻常常忽略了組織多層次巢狀的本質，仍採取單一分析層次的做法。如此一來，理論思維與實徵策略的不一致，使得我們在組織知識的累積上受到層次謬誤的干擾。大約近十年，管理領域的學者多已接受了組織現象是宏觀因素與微觀因素相互影響的多層次現象，並將此觀念應用於實徵研究。但整體來看，多層次分析仍屬相對少數，國外學界如此，國內學界尤然。如果多層次的現象從單一層次角度切入，最明顯的缺點是可能遺漏了重要的解釋變數，導致解讀偏誤，最嚴重的後果則是知識錯誤的累積。雖然目前國內已經出現以多層次方法處理組織現象的實徵研究，顯示國內管理學者開始對多層次研究產生興趣，但目前卻沒有對於多層次研究的概念、理論、與方法等議題方面深入討論。

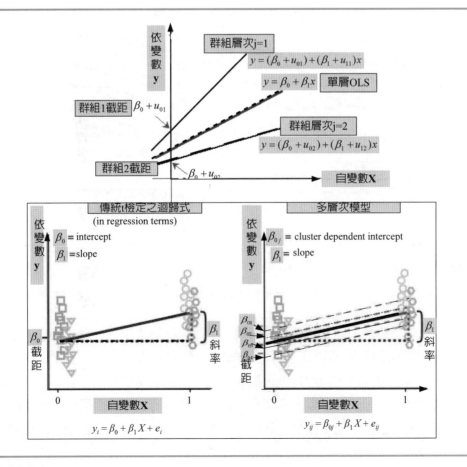

**圖 2-9** 單層 OLS vs. 多層次迴歸之示意圖

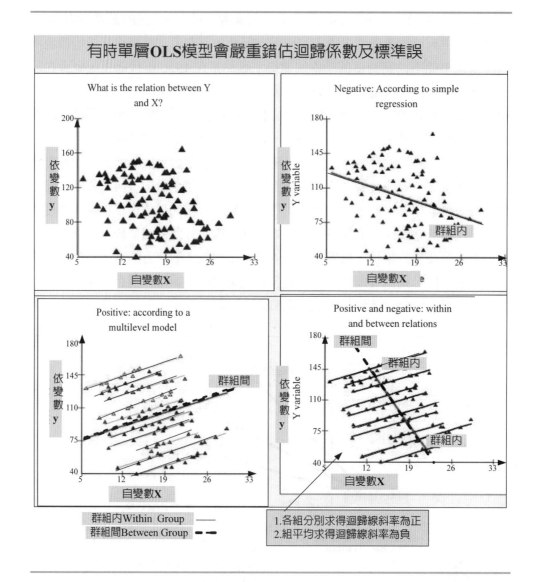

**圖 2-10** 為何需 multilevel models 呢

註：請見「2-2-3 傳統單層次 OLS 分析巢狀 (Nested) 資料，會出什麼問題？」詳細解說。

以教育學為例，人並非孤立的個體，而是整個社會中的一員，例如，學生層次的資料巢狀於高一層的分析單位 ( 如班級或學校 ) 之內，在同一個高階分析單位下的個體會因為相似的特質，抑或受到共享的環境脈絡所影響，造成個人層次資料間具有相依的性質，亦即存在著組內觀察資料不獨立的現象。由此可知，個體的行為或反應不僅會受到自身特性的影響，也會受到其所處的環境脈

絡所影響 (Heck & Thomas, 2009)。例如大魚小塘效果 (big-fish-little-pond effect, BFLPE) 或青蛙池塘 (frog pond) 效果的研究發現，學生對自身的看法與反應不僅與個人內在的因素有關，亦與其所處的環境因素有密切關聯(Marsh et al., 2008)。

令人遺憾的是，在處理叢集資料 (clustered data) 或多層次結構 (multilevel structure) 資料時，過去絕大多數研究囿於統計分析方法上的限制，漠視了因多階段抽樣 (multi-stage sampling) 所帶來的組內同質問題，不僅忽略了課室或學校環境氣氛的共享特性，亦忽略了學校環境與個體間的交互影響。由於處於同一環境脈絡下所共享的共同性，將會導致觀察資料間的相依性，造成樣本獨立性假設的違反 (Kreft & Leeuw, 1998)。當研究者以單一層次的統計分析技術去分析多階層結構的資料時，將會違反誤差獨立性假設，且會導致較大的型 I 誤差 ($\alpha$ error)，造成錯誤的參數估計結果與統計推論 (Heck & Thomas, 2009)。

在生物醫學研究領域中，階層性的資料結構相當常見。例如，在醫院蒐集的病患資料，有一些是用來描述病患特徵的變數，如性別、年齡等；另外，有一些變數則在表現醫院的特性，如醫院層級別：醫學中心、區域醫院、地區醫院。此時，用傳統的迴歸模型來分析，會忽略了團體層級的影響 (組內相關)，而造成誤差的變異被低估。所以，較為適當的方法為使用多層次的分析 (multilevel analysis)；也就是目前廣被使用的階層線性模型 (hierarchical linear model: HLM)。

在階層結構的資料中，主要的特徵為具有個體層級以及總體層級，例如上述的例子中，病患即為個體層級，而不同家的醫院即為總體層級。此外，在重複測量設計中，針對每一受試者 (subject) 在不同時間點測量感興趣的反應變數 (response)，亦可視為階層化的資料，在這種情形下，個體層級為不同次重複測量，而總體層級為不同的受試者 (subject)。階層線性模型分析上的想法即為將第一層各分層的迴歸係數 (coefficient) 當成是第二層依變數 (response)，這樣的方式即為斜率結果變數 (slope as outcome) 分析。在執行分析的軟體上，目前大多以 HLM, STaTa 來進行階層線性模型的分析。

## 2-2-3 傳統單層次 OLS 分析巢狀 (nested) 資料，會出什麼問題？

傳統在教育社會學、教育心理學或社會心理學領域的研究中，常面臨依變數在測量「學生階層」(student-level) 或「個人階層」(personal-level) 的變數 ( 如：

學生個人成績 )，但自變數中卻包含一些測量「學校階層」(school-level) 或「組織階層」(organization-level) ( 如：各校的所在地、學生人數 ) 的變數。此時若用傳統的迴歸分析，將導致兩難的局面：

1. 如果以個人作爲分析的單位 (disaggregation)，將使估計標準誤 (estimated standard errors) 變得過小，而使型 I 誤差 (type I error) 過於膨脹，同時也無法符合迴歸殘差之同質性假定 (assumption)。

2. 如果以組織作爲分析的單位 (aggregation)，並將各組織中個人變數的平均數作爲依變數，將導致其他以個人爲單位的自變數難以納入，組織內在 (within-group) 的訊息均被捨棄，且易因組織的特性造成分析結果解釋上的偏誤。

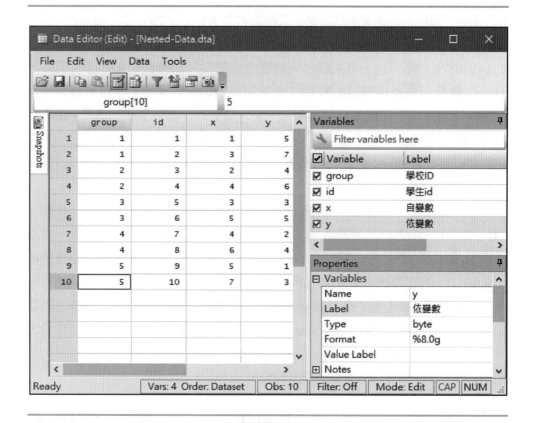

圖 2-11 「Nested-Data.dta」資料檔內容

Step-1 求各分組樣本的 OLS

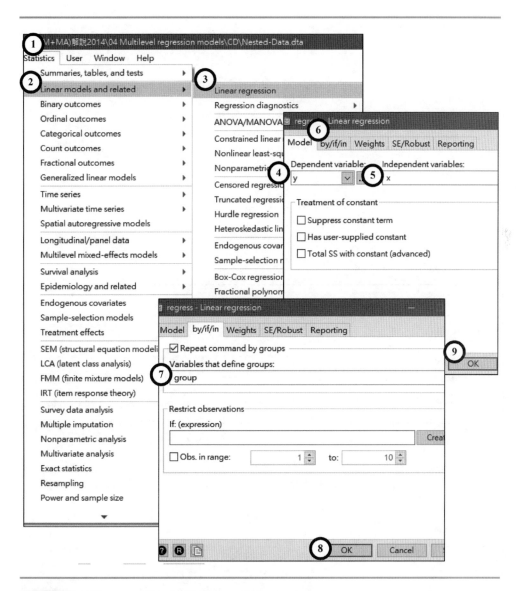

**圖 2-12** 「by group, sort：regress y x」畫面

```
. use Nested-Data.dta

. by group, sort : regress y x

-----------------------------------------------------------------------
-> group = 1

      Source |       SS           df       MS      Number of obs   =         2
-------------+----------------------------------   F(1, 0)         =         .
       Model |        2            1        2      Prob > F        =         .
    Residual |        0            0        .      R-squared       =    1.0000
-------------+----------------------------------   Adj R-squared   =         .
       Total |        2            1        2      Root MSE        =         0

-----------------------------------------------------------------------
           y |      Coef.   Std. Err.      t    P>|t|     [95% Conf. Interval]
-------------+---------------------------------------------------------
           x |        1           .         .      .           .           .
       _cons |        4           .         .      .           .           .
-----------------------------------------------------------------------


-----------------------------------------------------------------------
-> group = 2

      Source |       SS           df       MS      Number of obs   =         2
-------------+----------------------------------   F(1, 0)         =         .
       Model |        2            1        2      Prob > F        =         .
    Residual |        0            0        .      R-squared       =    1.0000
-------------+----------------------------------   Adj R-squared   =         .
       Total |        2            1        2      Root MSE        =         0

-----------------------------------------------------------------------
           y |      Coef.   Std. Err.      t    P>|t|     [95% Conf. Interval]
-------------+---------------------------------------------------------
           x |        1           .         .      .           .           .
       _cons |        2           .         .      .           .           .
-----------------------------------------------------------------------


-----------------------------------------------------------------------
-> group = 3

      Source |       SS           df       MS      Number of obs   =         2
-------------+----------------------------------   F(1, 0)         =         .
       Model |        2            1        2      Prob > F        =         .
    Residual |        0            0        .      R-squared       =    1.0000
-------------+----------------------------------   Adj R-squared   =         .
       Total |        2            1        2      Root MSE        =         0
```

```
-----------------------------------------------------------------------
        y |    Coef.   Std. Err.      t    P>|t|    [95% Conf. Interval]
----------+------------------------------------------------------------
        x |       1        .         .      .            .           .
    _cons |  -8.88e-16     .         .      .            .           .
-----------------------------------------------------------------------



-> group = 4

    Source |       SS          df       MS         Number of obs =       2
-----------+--------------------------------         F(1, 0)     =       .
     Model |       2           1        2           Prob > F     =       .
  Residual |       0           0        .           R-squared    =  1.0000
-----------+--------------------------------         Adj R-squared =      .
     Total |       2           1        2           Root MSE     =       0


-----------------------------------------------------------------------
        y |    Coef.   Std. Err.      t    P>|t|    [95% Conf. Interval]
----------+------------------------------------------------------------
        x |       1        .         .      .            .           .
    _cons |      -2        .         .      .            .           .
-----------------------------------------------------------------------



-> group = 5

    Source |       SS          df       MS         Number of obs =       2
-----------+--------------------------------         F(1, 0)     =       .
     Model |       2           1        2           Prob > F     =       .
  Residual |       0           0        .           R-squared    =  1.0000
-----------+--------------------------------         Adj R-squared =      .
     Total |       2           1        2           Root MSE     =       0


-----------------------------------------------------------------------
        y |    Coef.   Std. Err.      t    P>|t|    [95% Conf. Interval]
----------+------------------------------------------------------------
        x |       1        .         .      .            .           .
    _cons |      -4        .         .      .            .           .
-----------------------------------------------------------------------
```

1. 這五群組 (group) 各別進行最小平方法 (OLS) 迴歸，結果如下圖，五群組的斜率均為正值：

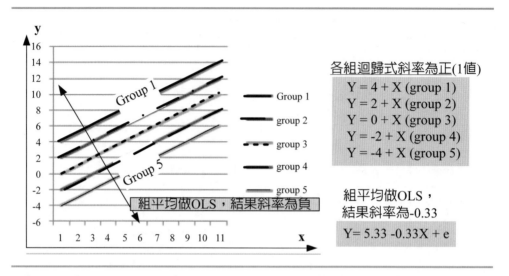

**圖 2-13** 這五群組 (group) 各別進行最小平方法 (OLS) 迴歸 (vs. 組平均做 OLS，結果斜率為負 )

Step-2 求全體樣本的 OLS

```
. regress y x

      Source |       SS       df       MS              Number of obs =       10
-------------+------------------------------           F(1, 8)       =     1.00
       Model |  3.33333333     1  3.33333333           Prob > F      =   0.3466
    Residual |  26.6666667     8  3.33333333           R-squared     =   0.1111
-------------+------------------------------           Adj R-squared =   0.0000
       Total |         30      9  3.33333333           Root MSE      =   1.8257


-------------------------------------------------------------------------------
           y |      Coef.   Std. Err.      t    P>|t|     [95% Conf. Interval]
-------------+-----------------------------------------------------------------
           x |  -.3333333   .3333333    -1.00   0.347    -1.102001    .4353347
       _cons |   5.333333   1.452966     3.67   0.006     1.982787     8.68388
```

1. 全體樣本的 OLS 迴歸如下，但迴歸係數 ( 斜率 ) 改為負值：

   Y = 5.33 − 0.33X + e

2. 表示，X 每增加一單位，Y 就減少 0.33 個單位。

3. 各組迴歸式斜率為**正**，但全體 OLS 斜率為**負**。可見 nested 資料結構，不適合用傳統「單層」固定效果 OLS，而應改用多層次「mixed、xtmixed」指令，如下。

---

\*「|| group:」後面無任何隨機斜率，故 X 變數採用內定的隨機截距。
. mixed y x || group: , reml
\*「mixed」是 STaTa v15 新指令，故 STaTa v12 只能「**xtmixed**」舊指令，二者語法相同
. xtmixed y x || group: , reml

---

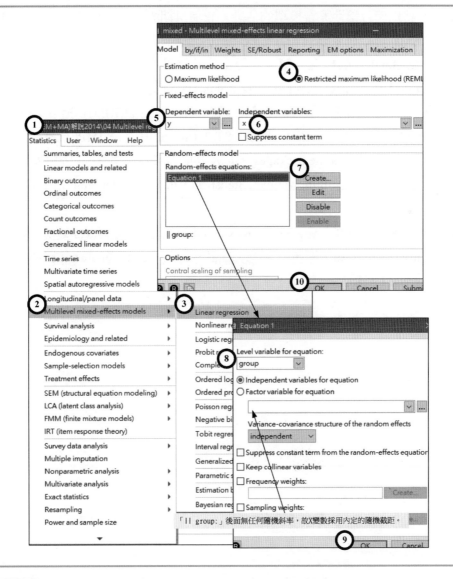

圖 2-14 「mixed y x || group：, reml」畫面 (Intercepts as Outcomes) 　　　　**119**

補充：受限制最大概似 (restricted maximum likelihood, reml 估計法 )

在統計中，受限制 ( 或 residual、reduced) 最大概似法 (REML)，是一種特殊形式的最大概似法，它不同最大概似估計法來適配所有樣本數據，而是使用概似函數 (likelihood function) 於從已轉換的一組對比式數據，使得一些煩擾參數 (nuisance parameters) 變成無效果。

在變異成分 (variance component) 估計時，原始資料會先單位變換成「一些對比資料集 (a set of contrasts)」，likelihood function 再從「complete data set」來估算這些對比式 (contrasts) 的機率分布。

REML 特別適合線性混合模型的估計。它與早期的最大概似估計 (ML) 法相反，REML 可以產生變異和共變數參數的無偏估計。REML 估計源自 1937 年 M. S. Bartlett 的概念。第一次提出估計變異成分之估計法，是 1971 年 Edinburgh 大學 Desmond Patterson 及 Robin Thompson 二位學者。

REML 估計法常出現一般統計套裝軟體：包括 GenStat(REML 指令 )、SAS( proc MIXED)、SPSS(MIXED 指令 )、STaTa(mixed 指令 )、JMP( 統計軟體 )、R 軟體 (lme4、older nlme packages)，以及其他專業統計軟體，包括：MLwiN, HLM, ASReml, (ai)remlf90, wombat, Statistical Parametric Mapping 及 CropStat。

Step-3 組平減再 OLS「Aggregate analysis ( 只著重在 group-level 變數，但忽略 individual-level。即使用 the average of X to predict the average of Y at the group level) 」。

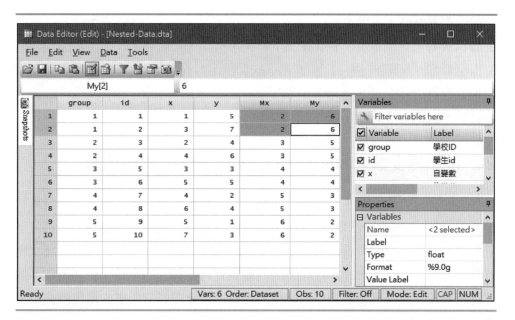

圖 2-15 執行「by group, sort：egen Mx = mean(x)」「by group, sort：egen My = mean(y)」
結果

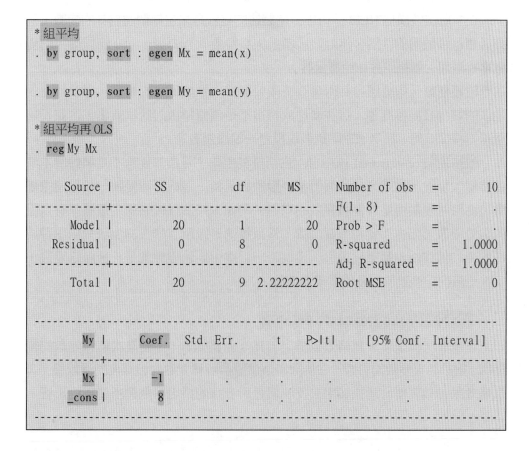

1. 組平均再 OLS，求得 Y = 8 − X + e。
2. 表示 X 每增一個單位，Y 就減少一個單位。
3. 但組平均 ( 考量群組因素 ) 仍減損了統計檢定力 (power)：「1 − $\beta$」。故要採取混合模型分析 (mixed 指令 ) 才對。
4. 此外，組平均結果與以前的分析預期不同。

## 2-2-4 脈絡變數 (contextual variables) vs. 總體變數

人並非孤立的個體，而是整個社會中的一員，例如，學生層次的資料巢狀 (nested) 於上一層的分析單位 ( 如班級或學校 ) 之內，在同一個高階分析單位下的個體會因為相似的特質，抑或受到共享的環境脈絡所影響，造成個人層次資料間具有相依的性質，亦即存在著組內觀察資料不獨立的現象。由此可知，個體的行為或反應不僅會受到自身特性的影響，也會受到其所處的環境脈絡所影響。

### 一、多層線性模型 (HLM) 中的脈絡變數 vs. 總體變數

在多層線性模型 HLM 分析中，個體層的變數是來自於個體自身的變數，例如具體每個個體的性別、年齡、成績、人格特質、智力等，而在總體層中的變數則有兩類：脈絡變數和總體變數。

總體變數是指總體自身所具有特徵或屬性，例如班級的規模、專業類型、地區的經濟發展程度等，這些屬性或特徵不是個體特徵的簡單彙集，例如不論個體的特徵為何，都無法說明班級規模這一總體變數。

脈絡變數 (contextual variable) 也稱情境變數，是指該變數不是總體層本身的特徵或屬性，而是來自於個體某些變數的彙集，這種個體變數一般是連續變數，而脈絡變數則是取個體變數的均值。例如，每個班級的學生個體都有自己的個體變數，如生活費和學習成績，當用每個班級所有學生的生活費和學習成績的平均值作為總體層變數引入模型時，這些平均值變數就是一種脈絡變數，反映班級的經濟地位以及學業成就地位。

### 二、脈絡變數 (contextual variable)

在多層次模型中，脈絡效果被定義為「脈絡變數 ( 個體層次解釋變數的組平均 ) 對於結果變數的影響，在排除了個體層次解釋變數的影響後的淨效果」，脈絡效果在教育與心理領域用來反映個體所身存的情境對個體所造成的影響，

不僅具有方法學上的重要分析價值，更有教育與心理研究之理論與議題意涵。

在多層次資料結構中，最底層是由最小的分析單位所組成 ( 例如個別的學生 )，稱為個體層次 (micro level)。越高階的層次則分析單位越大，稱為總體層次 (macro level)，例如學生為第一層 ( 個體層次 )，其所屬的「班級」屬於第二層 ( 總體層次 )，班級所屬的「學校」屬於第三層 ( 亦為總體層次 )。在傳統的 MLM 模型中，依變數 ( 或稱為效標變數或準則變數 ) 是個體層次的觀察值，對於依變數進行解釋的預測變數 ( 稱為解釋變數或自變數 ) 可以存在於個體層次，也可以存在於總體層次，或同時存在兩個層次，用以探討不同層次解釋變數對於依變數的影響。

在 MLM 模型中，有一個特殊的變數形式稱為**脈絡變數** (contextual variables)，亦即個體層次解釋變數透過組內聚合 (aggregate) 程序 ( 即組平減 ) 形成高階解釋變數，稱為脈絡變數 (Duncan, Curzort, & Duncan, 1966)，例如學生 IQ 對於學業成績的影響，學生 IQ 雖作為個體層次解釋變數，但可聚合成為平均班級 IQ( 亦即求取全班學生 IQ 的平均數 )，此時的平均 IQ 即為脈絡變數，以「班級」為測量與分析單位。如果還有學校的區分，班級層次的脈絡變數可以再聚合成更高階的校級層次平均 IQ。

> **定義：組內聚合 (aggregate)**
>
> 以「性別及學校層次因素對學生學習情緒之影響：個人 (X 變數 ) 與情境 (Z 變數 ) 交互作用之多層次分析」為例，假設脈絡變數只包含學校平均科學素養。在測量上是分別將同屬於一個學校的學生的科學素養的分數 (Z 變數 )，藉由組內聚合 (aggregate) 程序產生相同測量內涵的聚合脈絡變數 (aggregated context variables)，亦即將個別學生的分數依其所屬學校層次 (Level-2 分析單位 ) 予以加總，以求得一個加總平均數 (aggregated means)，即總平減求得 ($Z - \bar{Z}$)。就學校平均科學素養的測量而論，係將個別學生的科學素養藉由組內聚合成學校平均科學素養 ($Z - \bar{Z}$)，亦即將同一個學校的學生在科學素養的數值予以加總平均，得分愈高的學校代表該校的科學素養愈高。

脈絡變數的存在價值，在於使研究者得以實證方法來進行脈絡分析 (contextual analysis)，避免生態謬誤 (ecological fallacy)。因為脈絡變數反應了環境或背景的特徵，脈絡變數對個體的影響即是一種脈絡效果 (contextual effects)。脈絡變數的一個方法上的限制，是個體層次的變數雖可以簡單的數學算則聚合成高階層次的脈絡變數，但是聚合後的變數背後的構念性質是否與個體層次測量構念仍然一致，還是產生了變化 ( 構念偏移 )，則是一個根本的測量問題或構念效度問題。例如個體的成績聚合成總體層次的全班平均成績時，在個體層次與總體層次都是同樣的意義 ( 學業能力指標 )，但個體層次 IQ 與總體層次的 IQ，可能就反映了不同的構念。也就是說，同一個測量變數在不同階層自成不同分析單位的隨機變數，但未必反映相同的測量內容或構念。從數學的角度來看，高階變數觀察值爲低階變數平均值，爲高階變數的不偏估計數，但是從測量的觀點來看，總體層次的脈絡變數的構念性質卻必須重新經過構念效度的檢視。

過去文獻上對於脈絡變數的探討，多是在 MLM 的方法架構下，利用低階層次變數在高階所得到的平均值，形成脈絡變數後，檢驗其對於截距 (intercept) 或斜率 (slope) 造成影響 (Stephenson, 2006)。例如，以學校中的個別老師的組織創新氣氛知覺分數，聚合成學校層次的脈絡變數後，進而對於個別老師的績效表現造成影響，示範了脈絡變數的 MLM 分析。這些研究雖可利用 MLM 模型檢視脈絡變數對於個體的影響，仍未對於脈絡變數本身的潛在結構 (sem、gsem 指令 ) 進行檢視。

基本上，MLM 模型中的變數爲外顯變數 (manifest variables)，變數數值爲沒有測量誤差的眞實測量。脈絡變數由個體層次變數聚合成總體層次變數，本質上仍是外顯變數，變數所反應的內容無法以傳統心理計量中的效度檢驗程序來檢視，因此有學者質疑脈絡變數未必反應研究者所預設的環境或脈絡實體 (Raudenbush, 2003)。更進一步的，如果脈絡變數背後具有特殊的因素模型時，亦即脈絡變數背後存在特定的潛在構念時，脈絡變數更不宜以外顯變數來處理，可改用 gsem 指令。

## 三、例子：脈絡變數 (contextual variable) 對學習情緒 y 的影響

脈絡變數，係個體層次解釋變數透過組內聚合 (aggregate) 程序形成高階解釋變數，稱爲脈絡變數 (Duncan, Curzort, & Duncan,1966)，反之亦然。有關環境對個體的影響，抑或個人與團體的互動關係，社會認知理論 (social cognitive theory) 主張人類的心理功能會受到環境、行爲和認知與其他個人因素三者的交互作用所影響，亦即個人因素、行爲和環境因素三者間彼此相互依賴，因此促成了人們後續的行爲與反應 (Bandura, 1997)。

有關環境脈絡因素對學習情緒之影響，以 Pekrun(2000) 的控制價值理論最具代表性，它假設學習環境因素會影響個體對於與成就相關的控制與價值評估，並影響其情緒經驗 (Pekrun, 2006)。

脈絡變數 (contextual variables)，係個體層次解釋變數透過組內聚合 (aggregate) 程序形成高階解釋變數，稱為脈絡變數 (Duncan, Curzort, & Duncan, 1966)，反之亦然。以學習情緒 y( 學生從事學習活動時所產生的情緒 ) 為例，個人層次之解釋變數包括：為性別 ( 女生編碼為 0、男生為 1)、科學素養 $Z_1$、工作價值 $Z_2$、自我效能 $Z_3$ 及學習情緒 y。其對應的脈絡變數包含：學校平均科學素養、學校平均工作價值及團體效能。在測量上是分別將同屬於一個學校的學生的科學素養、工作價值和自我效能的分數，藉由組內聚合 (aggregate) 程序產生相同測量內涵的聚合脈絡變數 (aggregated context variables)，亦即將個別學生的分數依其所屬學校層次 (Level-2 分析單位 ) 予以加總，以求得一個加總平均數 (aggregated means)。

故脈絡變數包含學校平均科學素養 $\bar{Z}_1$、學校平均工作價值 $\bar{Z}_2$ 及團體效能 $\bar{Z}_3$。在測量上是分別將同屬於一個學校的學生的科學素養、工作價值和自我效能的分數，藉由組內聚合 (aggregate) 程序產生相同測量內涵的聚合脈絡變數 (aggregated context variables)，亦即將個別學生的分數依其所屬學校層次(Level-2 分析單位 ) 予以加總，以求得一個加總平均數 (aggregated means)。

首先，就學校平均科學素養 $\bar{Z}_1$ 的測量而論，係將個別學生的科學素養藉由組內聚合成學校平均科學素養 $\bar{Z}_1$，亦即將同一個學校的學生在科學素養的得分 $Z_1$ 予以加總平均，得分愈高的學校代表該校的科學素養愈高。其次，就學校平均工作價值 $\bar{Z}_2$ 而論，由於學校無法如個人一樣填寫問卷，因此一所學校內的學生對於科學學習所共同形塑的工作價值 $Z_2$，在測量上需透過組內聚合程序將同一個學校內的學生的工作價值求取平均數，並以平均數代表該校的學校平均工作價值 $\bar{Z}_2$，得分愈高者，表示該校學生對於科學學習的價值認同愈高。最後，就團體效能而論，團體效能 $\bar{Z}_3$ 係指團體成員對其所屬團體能力之判斷，是一種團體的共享信念 (Bandura, 1997, 2000)。

## 2-3 多層次分析之模型界定

在社會科學研究、生醫和其他領域中，研究的數據通常具有分層 (hierarchical) 結構的。也就是說，研究樣本可被分類或重新劃分到具有不同特性

的分組中。

在這種情況下，個體可以被看成是研究的第一層 (level-1) 單元，而那些區分開他們的組也就是第二層 (level-2) 單元。它又可被進一步再分組，即第二層 (level-2) 的單元又可被分類到第三層單元中。在這個方面很典型的示例：例如教育學 ( 學生位於第一層，學校位於第二層，城市是第三層 )，又例如社會學 ( 個體在第一層，鄰居在第二層 )。

## 2-3-1 多層次模型之示意圖

在階層結構的資料中，主要的特徵為具有個體層級 (individual) 以及總體層級 (group)，例如醫院，病患即為個體層級，而不同家的醫院即為總體層級。

在重複測量 (repeated measures) 設計中，你對每一受試者 (subject) 在不同時間點重複測量依變數 (response) 數據 (e.g. 藥物濃度 )，它亦可視為階層化的資料，在這種情形下，個體層級為不同次重複測量，而總體層級為不同的受試者 (subject)。

重複量數 ( 或稱重複測量設計 )，用於瞭解同一組受試者在接受多次測量後，這些測量分數彼此間的差異，重點並不是在比較受試者間 (between subject) 的差異，而是受試者「自己」於不同時間點的分數差異。故重複測量 ANOVA 旨在比較每一個受試者，自己在接受多次測量的變化，是否有明顯差異，就是這受試者「內」因子 (within subject)。

階層線性模型分析，若將第一層各分層的迴歸係數 (coefficient) 當成是第二層依變數 (response)，這樣的方式即為「隨機斜率」斜率結果變數 (slope as outcome) 分析。

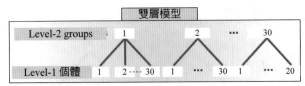

單一自變數，其Level-1公式為： $Y_{ij} = \beta_{0j} + \beta_{1j}X_{ij} + e_{ij}$

$y_{ij}$ 表示the score on the dependent variable for an individual observation at Level 1 (subscript i refers to individual case, subscript j refers to the group).

$x_{ij}$ 表示the Level 1 predictor.

$\beta_{0j}$ 表示the intercept of the dependent variable in group j (Level 2).

$\beta_{1j}$ 表示the slope for the relationship in group j (Level 2) between the Level 1 predictor and the dependent variable.

$e_{ij}$ 表示the random errors of prediction for the Level 1 equation (it is also sometimes referred to as $r_{ij}$ ).

單一自變數，其Level-2公式是：

The dependent variables are the intercepts and the slopes for the independent variables at Level 1 in the groups of Level 2.

截距： $\beta_{0j} = \gamma_{00} + \gamma_{01}W_j + u_{0j}$

斜率： $\beta_{1j} = \gamma_{10} + u_{1j}$

其中

$\gamma_{00}$ 表示the overall intercept. This is the grand mean of the scores on the dependent variable across all the groups when all the predictors are equal to 0.

$W_j$ 表示the Level 2 predictor.

$\gamma_{01}$ 表示the overall regression coefficient, or the slope, between the dependent variable and the Level 2 predictor.

$u_{0j}$ 表示the random error component for the deviation of the intercept of a group from the overall intercept.

$\gamma_{10}$ 表示the overall regression coefficient, or the slope, between the dependent variable and the Level 1 predictor.

$u_{1j}$ 表示the error component for the slope (meaning the deviation of the group slopes from the overall slope)

圖 2-16 雙層模型之迴歸式公式

定義：雙層模型

Level 1 ("within") 是個體 (individuals)，Level 2 ("between") 是群組 (group)。在實務中，所有 level 方程是同時估計。

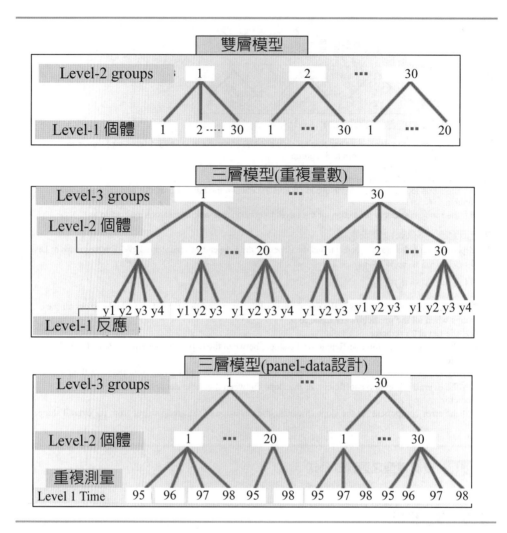

**圖 2-17** 雙層模型 vs. 三層模型

　　HLM 不僅僅估計每一層的模型係數，也預測與每層的每個採樣單元相關的隨機效果 (random effects)。雖然 HLM 常用在教育學研究領域 ( 該領域中的數據通常具有分層結構 )，但它也適合用在其他任何具有分層結構數據的領域。這包括縱向分析 (longitudinal analysis)，在這種情況下，在個體被研究時的重複測量可能是巢狀 (nested) 的。此外，雖然上面的舉例，暗示在這個分層結構的任意層次上的成員 ( 除了處於最高層次的 ) 是巢狀 (nested) 的，HLM 同樣也可以處理成員關係為「交叉 (crossed)」，而非必須是「巢狀 (nested)」的情況，在這種情況下，一個學生在他的整個學習期間可以是多個不同教室裡的成員。

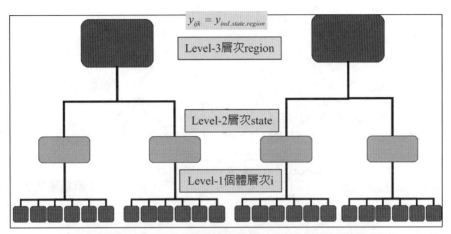

Observations within regional and states may ne correlated.
Observations within states will vary about their mean.
Regional means will vary about the grand mean.

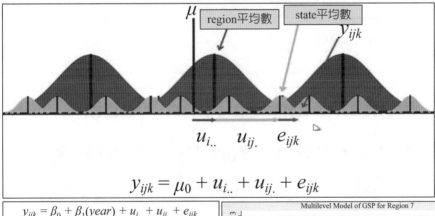

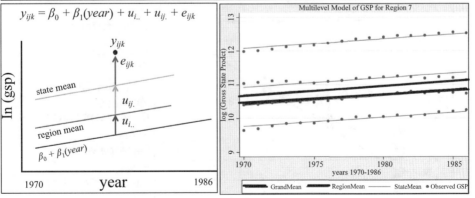

圖 2-18　三層迴歸式示意圖 (Y 軸：Gross State Productivity, GSP)

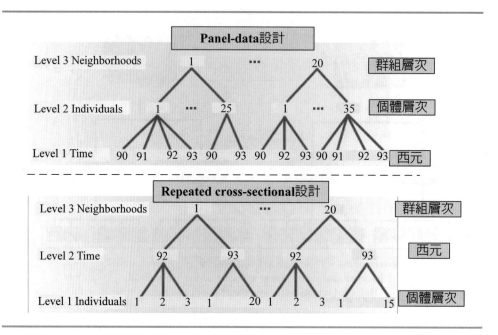

**圖 2-19** 三層迴歸式示意圖 2

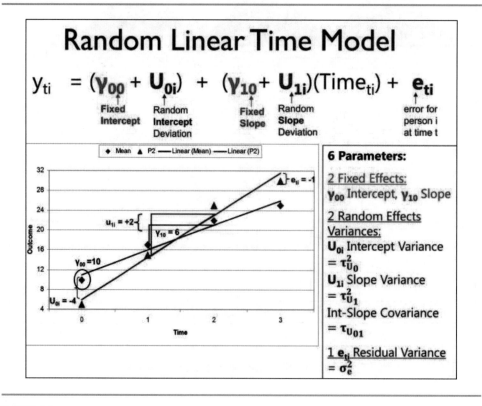

**圖 2-20** 隨機線性時間模型 ( 公式示意圖 )

## 2-3-2 多層次模型之假定 (assumption)

多層次模型的假定，和其他一般線性模型 ( 如 ANOVA、多元迴歸 ) 雷同，但有些假定仍因巢狀資料而有些微不同。

---

多元迴歸，又稱複迴歸 (multiple regression model)，其模型為：

$y = \beta_0 + \beta_1 X_1 + \beta_2 X_2 + \cdots + \beta_k X_k + e$

(1) 模型的參數 $\beta_k$ 對每個觀察值而言都是相同的。

(2) $\beta_k$：當 $X_k$ 增加一單位，而所有其他變數均保持不變時的 $E(y)$ 變動。

---

**1. 線性 (linearity)**

線性假定是指解釋變數 (Z,X) 與依變數 (Y) 是直線關係，即係數「$\beta_0, \beta_1, \cdots, \beta_p$」是線性 ( 一次方 )，而非曲線 ( 二次方、指數次方……) 或 U 型關係。但該多層次模型亦可擴展到非線性關係。例如本書 ch10，介紹 STaTa 的 menl 指令 (nonlinear mixed-effects regression)，即專門處理非線性多層次模型。

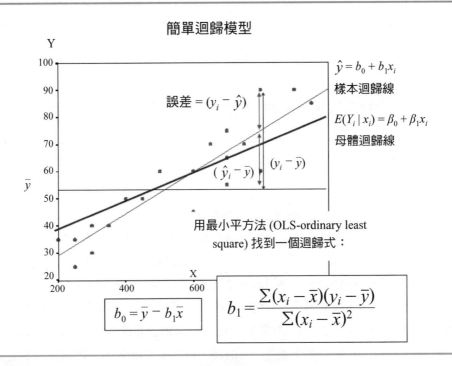

**簡單迴歸模型**

$\hat{y} = b_0 + b_1 x_i$

樣本迴歸線

誤差 $= (y_i - \hat{y})$

$E(Y_i \mid x_i) = \beta_0 + \beta_1 x_i$

母體迴歸線

$(\hat{y}_i - \bar{y})$　$(y_i - \bar{y})$

用最小平方法 (OLS-ordinary least square) 找到一個迴歸式：

$b_0 = \bar{y} - b_1 \bar{x}$

$b_1 = \dfrac{\sum (x_i - \bar{x})(y_i - \bar{y})}{\sum (x_i - \bar{x})^2}$

**圖 2-21** 預測變數和依變數之間是線性關係

### 2. 常態性 (normality)

常態性假定是指每個層次 (level-1 與 level-2) 的誤差項是符合常態分布。若假定 (assumption) $e_i$ 為常態分配，則 $e_i \sim N(0, \sigma^2)$ 或 $y_i \sim$ 符合常態分配。

### 3. 同質性 (homoscedasticity)

同質性假定是指變異數同質性 (homogeneity of variance)，即母群體變異數是相等的。

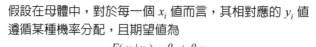

假設在母體中，對於每一個 $x_i$ 值而言，其相對應的 $y_i$ 值遵循某種機率分配，且期望值為
$$E(y_i | x_i) = \beta_0 + \beta_1 x_i$$

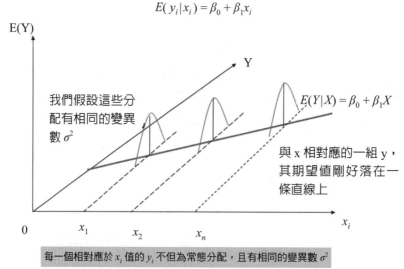

**圖 2-22** 殘差同異性之示意圖

### 4. 觀察值之獨立性 (independence of observations)

獨立性是指一般線性模型，即受試者都是隨機取樣的，故受試者在依變數得分是獨立的。多層次模型主要目的之一是處理違反獨立假定的情況；故多層次模型假定：(1) level-1 與 level-2 方程式的殘差 (residuals) 是無相關的 (uncorrelated)。(2) 在最高層次裡，誤差 errors 之間 ( 測量自殘差 ) 是無相關的。但重複測量的數據中，殘差幾乎都具有 AR(1)、AR(2) 的共變數結構，非線性多層次模型亦不例外，故你要在 menl、mixed、mixed 等指令中，則需另外界定誤差之共變數結構。

### 2-3-3 隨機截距 vs. 隨機斜率之四種關係

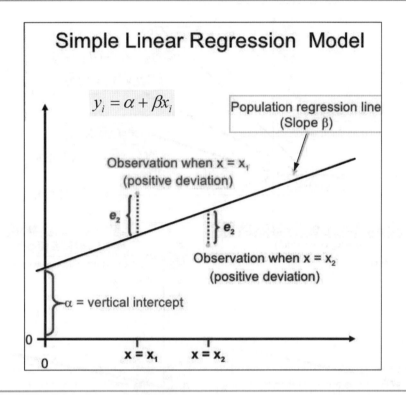

**圖 2-23** 單層 OLS 示意圖（傳統單層次之最小平方方法迴歸，是固定截距／固定斜率）

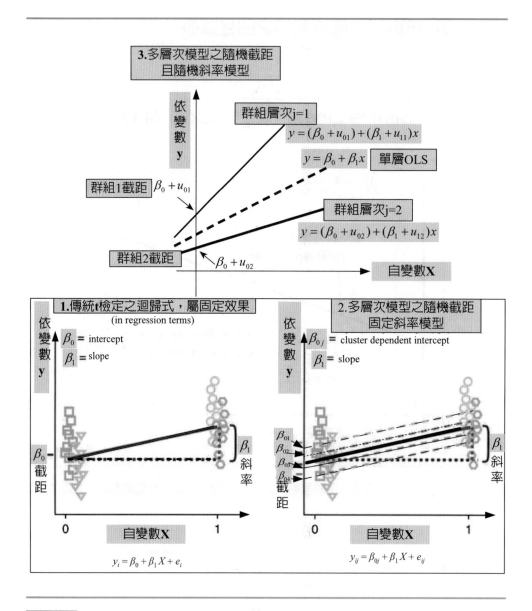

圖 2-24 單層 OLS vs. 多層次迴歸之示意圖

## 一、STaTa 多層次模型之型態 (type) 可分成三種

Type 1 隨機截距模型 (random intercepts model)(intercepts as outcomes)：它是
STaTa 之 mixed、xtmixed、menl……等指令的內定估計法

隨機截距模型就是允許各小組的截距是變動的，但斜率保持固定不動。因
此，依變數在每個個體的預測值是來自不同群組的截距，且斜率保持固定不動
的。

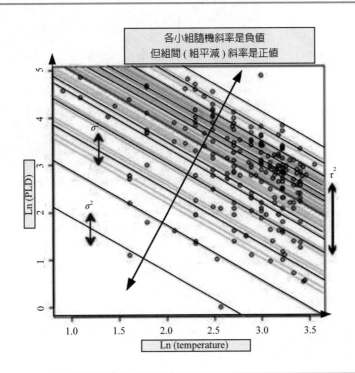

圖 2-25 Random Intercept 示意圖：溫度 (temperature) 對浮游幼蟲持續時間 (planktonic larval duration, PLD) 的影響

Multi-level Analysis: Example of measuring "class(班級) effect" of popular(好人緣) status
Individuals (level I) nested within class(班級) (level II).

**Random Intercepts, Fixed Slopes (Coefficients)**

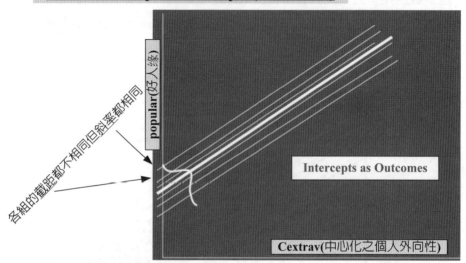

Stata指令:隨機截距(固定斜率)
. use popular2.dta, clear
*mean()函數先求全體平均數，gen指令再求離均差(即Xij-mean)並存至C開頭變數
. egen avg_sex = mean(sex)
. gen Csex = sex- avg_sex
. egen avg_extrav = mean(extrav)
. gen **Cextrav** = extrav- avg_extrav
*班級別：class變數
. mixed popular Cextrav || class: , variance cov(un) reml
*舊版Stata v12，只能限用下列xtmixed指令，新版Stata v15才可用上列mixed指令
. xtmixed popular **Cextrav** || class: , variance cov(un) reml

圖 2-26　Random Intercepts, Fixed Slopes (Coefficients) 示意圖 2

註：上式「mixed…|| class」區間為混合模型；「|| class：」之後，宣告隨機斜率之變數無，故採用 STaTa 內定值為隨機截距。

Type 2　隨機斜率模型 (random slopes model)：slopes as outcomes

隨機斜率模型就是允許各小組的斜率是變動的，但截距保持固定不動。因此，依變數在每個個體的預測值是來自不同群組的斜率，且截距保持固定不動的。

Type 3 隨機截距且隨機斜率模型 (random intercepts and slopes model)，又稱隨機
係數模型：slopes and intercepts as outcomes

此模型包含：隨機截距、隨機斜率模型兩者特性，雖然它是最複雜，但卻
最真實 (realistic)。

Multi-level Analysis: Example of measuring"class(班級) effect" of popular(好人緣) status Individuals (level I) nested within class(班級) (level II).

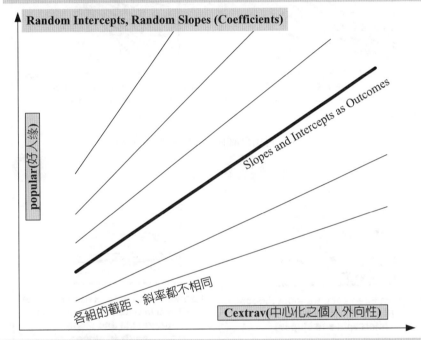

**Random Intercepts, Random Slopes (Coefficients)**

popular(好人緣)

Slopes and Intercepts as Outcomes

各組的截距、斜率都不相同

**Cextrav(中心化之個人外向性)**

**Stata指令**:隨機截距且隨機斜率模型
. use popular2.dta, clear
*mean()函數先求全體平均數，gen指令再求離均差(即Xij-mean)並存至C開頭變數
. egen avg_sex = mean(sex)
. gen Csex = sex- avg_sex
. egen avg_extrav = mean(extrav)
. gen Cextrav = extrav- avg_extrav
*班級別：class變數
. **mixed** popular **Cextrav**, || class: **Cextrav**, covariance(**unstructured**) **reml**
*舊版Stata v12，只能限用下列xtmixed指令，新版Stata v15才可用上列mixed指令
. **xtmixed** popular **Cextrav** || class: **Cextrav** , variance cov(**un**) **reml**

圖 2-27　Random Intercepts, Random Slopes (Coefficients) 示意圖 2

註：上式「mixed…|| class」區間為混合模型：「|| class：」之後宣告隨機斜率之變數
Cextrav。

假設七個小群組，以各群組分別用 OLS 來繪迴歸線，其原貌如下圖，可看出這七條迴歸線的截距及斜率，長相各不一樣。

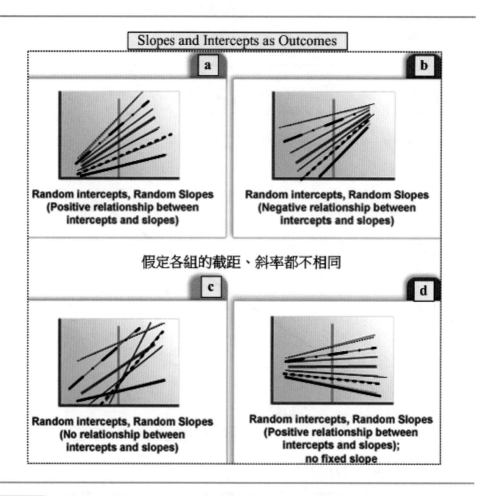

圖 2-28 四種隨機截距 vs. 隨機斜率之關係 ( 假定各組的截距、斜率都不相同 )

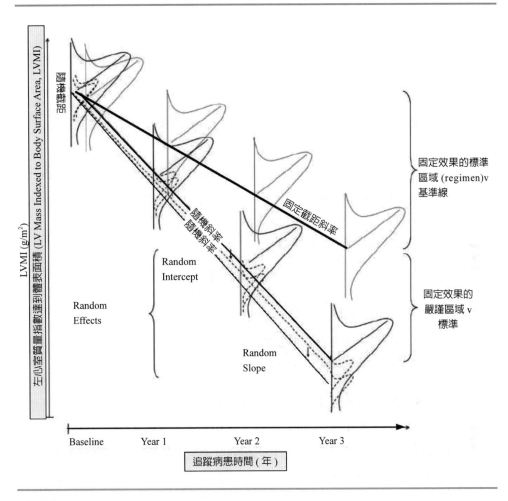

固定效果的標準
區域 (regimen)v
基準線

固定效果的
嚴謹區域 v
標準

**圖 2-29** 固定效果＋隨機截距＋隨機斜率，三者關係圖

# 2-3-4a隨機係數模型之三種設定 (random coefficient modeling)

## 一、名詞解釋

**1. 隨機效果 (random effects)**

(1) 實驗條件 (experimental conditions) (e.g. 醫學實驗條件 )。

(2) 固定 (fixed)：可以推斷實驗中使用的治療方法。

(3) 隨機 (random)：為了廣義化的目的 (for purposes of generalization)。

**139**

**2. 隨機變數 (random variables)**

(1) 固定 (fixed)：已知的變數 (e.g. 性別 )。

(2) 隨機 (random)：具有從概率分布中選擇的值的變數並且具有誤差來測量 (e.g. 智力 IQ)。

## 二、隨機係數建模 (random coefficient modeling)

1. 隨機係數 (random coefficients)

(1) 固定 (fixed)：係數 (e.g. slopes or intercepts) 在跨群組時不會變動 (do not vary across people/teams/etc)。

(2) 隨機 (random)：將估計值估計爲概率函數分布的係數。

2. 隨機係數不等同於隨機效果或變數。

方程式 vs. 設計 / 實驗操弄

3. 是廣義線性模型的延伸 (extension of the generalized linear model)。

4. 主要興趣放在最低層的測量結果。分成：

(1) 截距爲結果 "Intercepts as outcomes"

(2) 斜率爲結果 "Slopes as outcomes"

## 三、建模一隨機截距：intercepts as outcomes

例如，你的研究假設爲：

$H_1$：團隊授權影響平均個人績效 (group team empowerment impacts average individual performance)

$H_1$: 團隊授權影響平均個人績效(Group team empowerment impacts average individual performance)

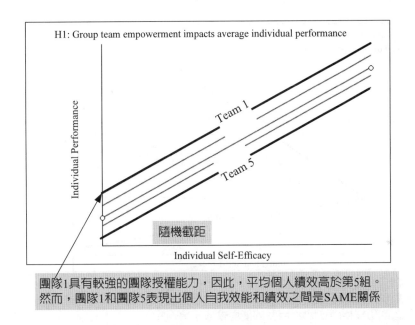

團隊1具有較強的團隊授權能力，因此，平均個人績效高於第5組。
然而，團隊1和團隊5表現出個人自我效能和績效之間是SAME關係

圖 2-30 隨機係數建模例子：Intercepts as Outcomes

## 四、 建模二 隨機斜率：slopes as outcomes

$H_1$：團隊授權調節／干擾自我效能和個人績效之間的關係

$H_1$:團隊授權調節/干擾自我效能和個人績效之間的關係

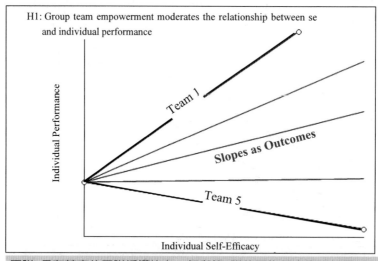

**圖 2-31** 隨機係數建模例子：Slopes as Outcomes

## 五、 建模三 隨機係數：slopes and intercepts as outcomes

$H_1$：團隊授權調節自我效能與個人績效之間的關係，直接影響個人績效的平均值

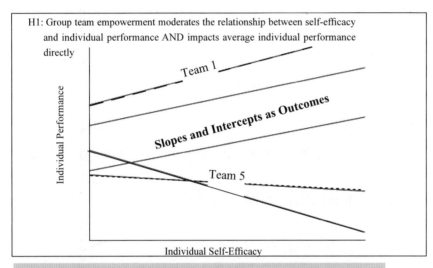

H1：團隊授權調節自我效能與個人績效之間的關係，直接影響平均個人績效

團隊1具有較高的團隊授權能力，因此，平均個人績效高於團隊5。
此外，對於高隊授權隊伍(第1隊)，自我效能與表現正相關，
而對於低隊授權隊伍(第5隊)，自我效能與績效負相關。

**圖 2-32** 隨機係數建模例子：Slopes and Intercepts as Outcomes

## 六、隨機係數建模：警告詞

1. 大模型可能不穩定 (large models can be unstable)

(1) 模型的小變化可能導致分析結果發生巨大變化。

(2) 可能是由於跨層次相互作用的多重共線性或參數估計中的高相關性 (Might be due to multicollinearity in cross-level interactions/high correlations in parameter estimates)。

(3) 主要疑慮，發生在最高層次之觀察人數太少時。

2. 不平衡的樣本可能會低估標準誤 (unbalanced samples may have too-small estimated standard errors)。

(1) 研究假設的檢定太自由了 (makes hypothesis tests too liberal)。

3. 除固定係數之外，**隨機係數**的 df 與最高層次的預測變數的觀察人數有相關。

## 七、隨機係數建模：HLM 的事先假定 (assumption)

1. 最高層次的觀察值彼此是獨立的。

2. 線性模型。

3. Level-1 符合常態的隨機誤差。

4. Level-2 符合多元常態的隨機誤差。

5. Level-1(2) 預測變數與 Level-1(2) residuals 是相互獨立的。

6. 殘差的變異在各個層次都是一樣的。

7. Level-1 的誤差都是相同。

8. 跨層級和層級內的誤差是獨立的 (independent errors across and within levels)。

## 2-3-4b 雙因子隨機係數之三種設定解說

$$y_{ijk} = \beta_0 + u_{i..} + u_{ij.} + e_{ijk}$$

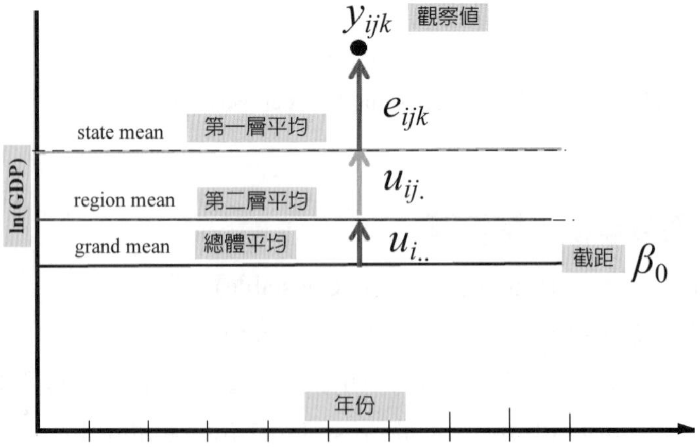

**圖 2-33** 雙層次之依變數值 $y_{ijk}$

## 雙層次模型的三種設定解說

雙層次模型之認定，常見的有下列三種模型：

Case 1：無交互作用之雙因子隨機係數模型：intercepts as outcomes

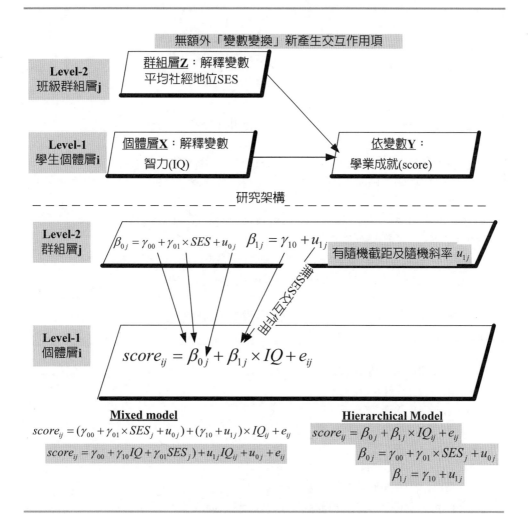

圖 2-34　影響學業成績之雙層架構（無交互作用之雙因子隨機係數模型）

本模型認定為「one level-2 factor and one random level-1 factors(no interactions)」，無交互作用之雙因子隨機係數模型 (intercepts as outcomes) 的 STaTa 指令如下：

```
* 依變數 score 取自然對數，並存至 ln_y，使它符合 OLS 常態性假定 (assumption)
. gen ln_y = ln(score)
*mean() 函數先求全體平均數，gen 指令再求離均差 ( 即 Xij-mean) 並存至 C 開頭變數
. egen avg_x1 = mean(x1)
. gen Cx1 = x1- avg_x1

. egen avg_z1 = mean(z1)
. gen Cz1 = z1- avg_z1


* 個體層次自變數，包括 x1 解釋變數
* 群組層次自變數，包括 z1 解釋變數。無交互作用項：x1z1 變數

* 方法 1 : 解釋變數未「平減／中心化 (centering)」，解釋變數未減平均數
*「mixcd…|| class」區間為混合模型；「|| class」之後，宣告 level-2 隨機斜率變數
有一個 z1。
. mixed ln_y x1 z1 , || class: , covariance(unstructured) reml
* 班級別：class 變數來分群組
* 舊版 STaTa v12，只能限用下列 xtmixed 指令，新版 STaTa v15 才可用上列 mixed 指令
. xtmixed ln_y x1 z1 , || class: , variance cov(un) reml

* 方法 2 : 直接用「中心化 (centering)」解釋變數 Cz,Cx
*「mixed…|| class」區間為混合模型；「|| class」之後，宣告 level-2 隨機斜率變數
有一個 z1。
* 總平減：( 原始分 - 總平均數 )
. egen Mx1= mean(x1)
. gen Cx1 = x1- Mx1
. egen Mz1= mean(z1)
. gen Cz1 = z1- Mz1


*「|| class: Cz1」後面宣告 Cz1 為隨機斜率
. mixed ln_y Cx1 Cz1 , || class: , covariance(unstructured) reml
* 班級別：class 變數來分群組
* 舊版 STaTa v12，只能限用下列 xtmixed 指令，新版 STaTa v15 才可用上列 mixed 指令
. xtmixed ln_y Cx1 Cz1 , || class: , variance cov(un) reml
```

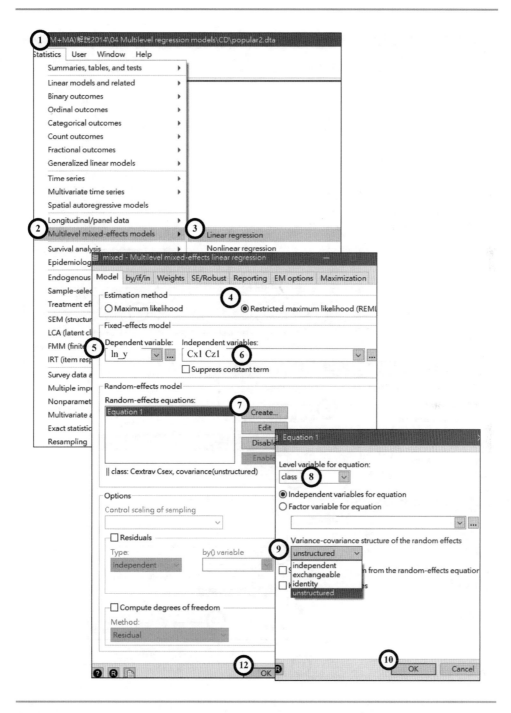

圖 2-35 「**mixed** ln_y x1 z1 , ‖ **class**:, covariance(**un**structured) **reml**」指令之畫面 ( 變數未中心化 ) (Intercepts as Outcomes)

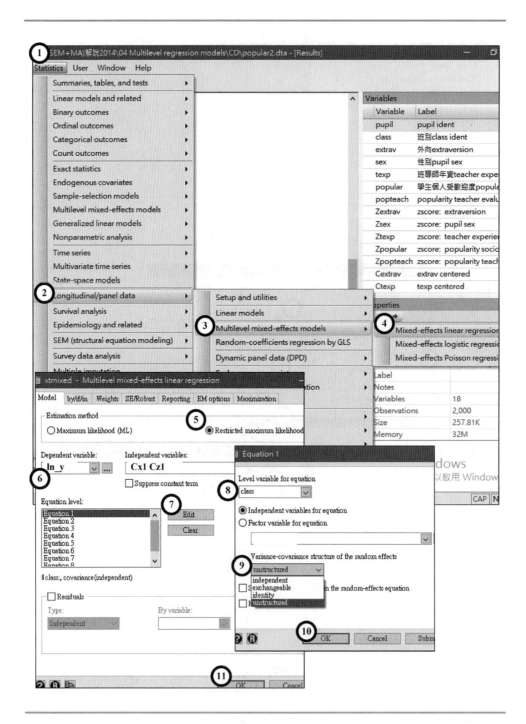

**圖 2-36** 「xtmixed ln_y Cx1 Cz1, ‖ class：, variance cov(un) reml」指令之畫面 ( 變數中心化 ) (Intercepts as Outcomes)

　　例如，假如研究者認為學區平均社經地位 (socioeconomic status, SES)，會影響各班平均學業成就 (score)，那麼 Level-2 解釋變數即可納入 SES，使得雙層模型為：

Level-1：

$$score_{ij} = \beta_{0j} + \beta_{1j} \times IQ_{ij} + e_{ij}$$

Level-2：

$$\beta_{0j} = \gamma_{00} + \gamma_{01} \times SES_j + u_{0j}$$

$$\beta_{1j} = \gamma_{10} + u_{1j}$$

Level-2 代入 Level-1，所得混合模型 (mixed model) 為：

$$score_{ij} = (\gamma_{00} + \gamma_{01} \times SES_j + u_{0j}) + (\gamma_{10} + u_{1j}) \times IQ_{ij} + e_{ij}，整理一下，可得：$$

$$score_{ij} = (\gamma_{00} + \gamma_{10}IQ + \gamma_{01}SES_j) + u_{1j}IQ_{ij} + u_{0j} + e_{ij}$$

其中：

$score_{ij}$：第 j 個班級第 i 個學生的學業成就。

$IQ_{ij}$：第 j 個班級第 i 個學生的智力分數。

$\beta_{0j}$：第 j 個班級的平均學業成就。

$SES_j$：第 j 個班級的父母社經地位。

$\beta_{0j} = \gamma_{00} + \gamma_{01} \times SES + u_{0j}$，此方程式類似一般的多元迴歸。$\gamma_{00}$ 為截距項 (intercept)，$\gamma_{01}$ 為斜率 (slope) 之迴歸係數。只是此方程式的解釋變數與結果變數均為總體層次 level-2，而非學生樣本之個體層次 level-1。

　　若 $\gamma_{01}$ 係數為正數且達到顯著水準，則表示當地父母 SES 對各班平均學業成就有顯著正面影響。假如 $\gamma_{01} = 0.6(p < 0.05)$，意味著當地 SES 每增加一個單位，該班級內每位學生之平均學業成就就增加 0.6 分，「Z 與 Y」二者有正相關，當地父母 SES 一個標準差 (standard deviation, SD) 的改變數，該班級平均學業成就分數的變化值為「1 SD×0.6」。

　　上述 Level-2 模型中，$\beta_{1j} = \gamma_{10} + u_{1j}$，係以斜率 $\beta_{1j}$ 為結果變數，此方程式並沒有總體層之解釋變數。

Case 2：具交互作用之雙因子隨機係數模型：slopes and intercepts as outcomes

　　如果你認為學生個體層次之智力 (IQ) 影響學業成就，亦會受到總體層次之 SES 干擾 (moderate, 調節 )，即「IQ → 學業成就」因果關係，當學區家長 SES 愈高，則「IQ → 學業成就」影響關係就愈大；相反地，當學區家長 SES 愈低，則「IQ → 學業成就」影響關係就愈小。此時，總體層次之 SES 與個體層次之

IQ，兩者對學生學業成就就有交互作用 (interactive)，簡稱干擾 (moderate, 調節 )
關係 ( 如下圖 )。

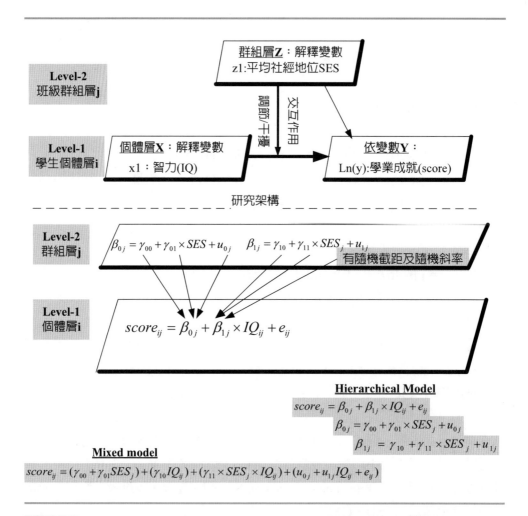

圖 2-37　影響學業成績之雙層架構 ( 有交互作用 ) (Slopes and Intercepts as Outcomes)

　　具交互作用之雙因子隨機係數模型 (slopes and intercepts as outcomes)，其對
應的 STaTa 指令如下：

* 依變數 score 取自然對數，並存至 ln_y，使它符合 OLS 常態性假定 (assumption)
. gen ln_y = ln(score)
*mean() 函數先求全體平均數，gen 指令再求離均差 ( 即 Xij-mean) 並存至 C 開頭變數
. egen avg_x1 = mean(x1)
. gen Cx1 = x1- avg_x1

. egen avg_z1 = mean(z1)
. gen Cz1 = z1- avg_z1

* 個體層次自變數，包括 x1 解釋變數
* 群組層次自變數，包括 z1 解釋變數。*交互作用項*：x1z1 變數。

* *班級別*：*class* 變數來分群組
*「mixed…|| class」區間為混合模型；「|| class」之後，宣告 level-2 隨機斜率變數
有一個 z1。
. mixed ln_y x1 z1 x1z1 , || class: z1 , covariance(unstructured) reml
* 舊版 STaTa v12，只能限用下列 xtmixed 指令，新版 STaTa v15 才可用上列 mixed 指令
. xtmixed ln_y x1 z1 x1z1 , || class: z1 , variance cov(un) reml

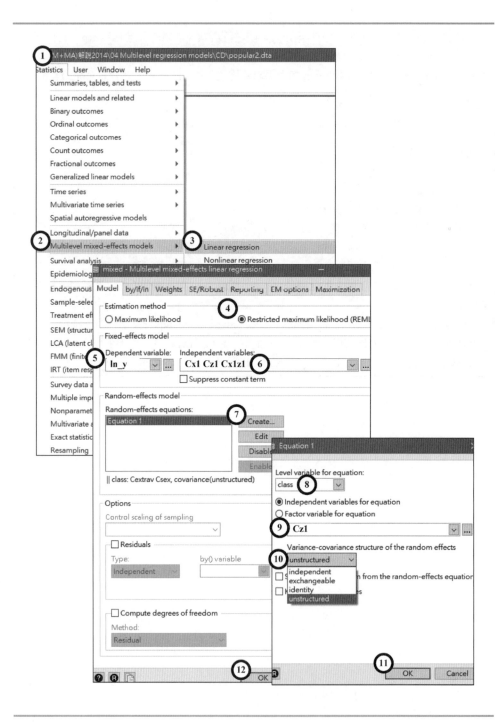

**圖 2-38** 「mixed ln_y Cx1 Cz1 Cx1z1, ‖ class：Cz1 , **co**variance(unstructured) **reml**」
指令之畫面 ( 變數中心化 ) (Slopes and Intercepts as Outcomes)

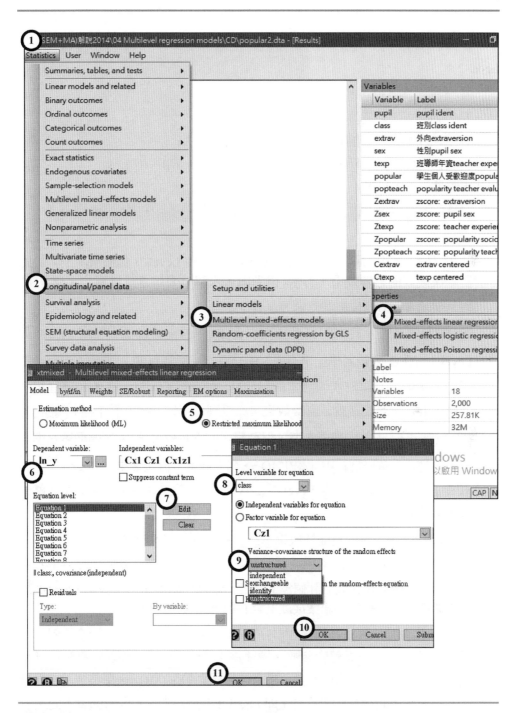

**圖 2-39** 「**xtmixed** ln_y Cx1 Cz1 Cx1z1, ‖ **class**：Cz1 , cov(**un**) **reml**」指令之畫面 ( 變數中心化 ) (Slopes and Intercepts as Outcomes)

Level-1：

$$score_{ij} = \beta_{0j} + \beta_{1j} \times IQ_{ij} + e_{ij}$$

Level-2：

$$\beta_{0j} = \gamma_{00} + \gamma_{01} \times SES_j + u_{0j}$$

$$\beta_{1j} = \gamma_{10} + \gamma_{11} \times SES_j + u_{1j}$$

Level-2 代入 Level-1，所得混合模型 (Mixed model) 為：

$$score_{ij} = (\gamma_{00} + \gamma_{01} \times SES_j + u_{0j}) + (\gamma_{10} + \gamma_{11} \times SES_j + u_{1j}) \times IQ_{ij} + e_{ij}$$

上式再整理一下，可得：

$$score_{ij} = (\gamma_{00} + \gamma_{01}SES_j) + (\gamma_{10}IQ_{ij}) + (\gamma_{11} \times SES_j \times IQ_{ij}) + (u_{0j} + u_{1j}IQ_{ij} + e_{ij})$$

其中：

「$\gamma_{10}IQ_{ij}$」式中的斜率係數 $\gamma_{10}$，代表 Level-2 中 Level-1( 個體層次 ) 學生 IQ 對學業成就的影響效果。若 $\gamma_{10}$ 達到顯著水準，表示各班群組中，學生 IQ 對其學業有顯著直接影響效果。

「$\gamma_{11} \times SES_j \times IQ_{ij}$」式中的交互作用斜率 $\gamma_{11}$，為 Level-2「平均 SES」與 Level-1「$IQ_{ij}$」變數對學生學業成就的交互作用影響程度。情況 (1) 若 $\gamma_{10}$ 達到顯著水準，且跨層次的固定效果值 $\gamma_{11}$ 亦達顯著水準，表示各班群組中「學生 IQ → 學業成就」直接效果，亦受到「平均 SES」的干擾 ( 調節 )。情況 (2) 若 $\gamma_{10}$ 未達到顯著水準，但跨層次的固定效果值 $\gamma_{11}$ 卻達顯著水準，就不能論述：各班群組中「學生 IQ → 學業成就」直接效果，亦受到「平均 SES」的干擾 ( 調節 )。即 Level-2 之平均 SES，對「學生 IQ → 學業成就」未具調節效果。

「$(u_{0j} + u_{1j}IQ_{ij} + e_{ij})$」式為隨機效果，三個隨機效果的意涵為：

1. $u_{0j}$：Level-2 班級群組間學業成就分數之差異，其差異程度參數之標準差為 $\sqrt{\tau_{00}}$、其平方後之變異數估計值為 $\tau_{00}$。若 $\tau_{00}$ 達到顯著水準，表示 Level-2 班級與班級間之「班級平均學業成就」存有顯著差異。

2. $u_{1j}IQ_{ij}$：代表 Level-2 班級群組內各班學生「IQ → 學業成就」影響之斜率係數估計的差異，其差異程度參數之標準差為 $\sqrt{\tau_{10}}$、其平方後之變異數估計值為 $\tau_{10}$。若 $\tau_{10}$ 達到顯著水準，表示班級群組內之學生「IQ → 學業成就」影響的班級斜率係數間存有顯著差異，即 Level-2 各班斜率係數間有顯著不同。

3. $e_{ij}$：Level-1 各班級群組內，學生與學生間學業成就分數的差異，其差異程度參數之標準差為 $\sqrt{\sigma^2}$ ( $= \sigma$ )、其平方後之變異數估計值為 $\sigma^2$，若 $\sigma^2$ 達到顯著

水準，表示Level-2各班級**群組內**學生與學生間之「學業成就」存有顯著差異。

Case 3 ：Level-1 **個體層再多加 2 個解釋變數 X：學習動機 (motivation) 及創造力**
(creativity quotient, CQ)。Level-2 **總體層再多加 2 個解釋變數 Z**：teacher
年資、人口密度

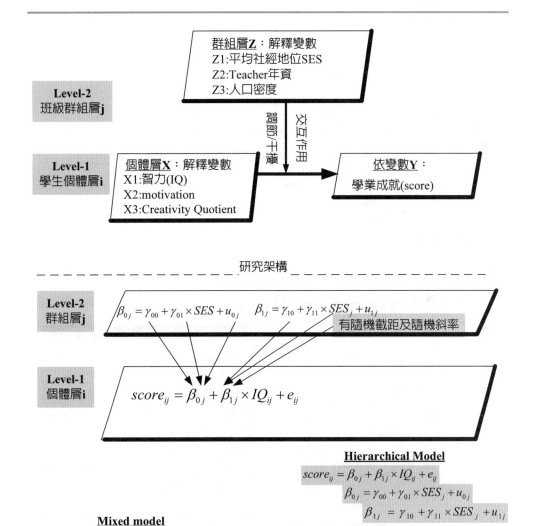

研究架構

**Hierarchical Model**
$$score_{ij} = \beta_{0j} + \beta_{1j} \times IQ_{ij} + e_{ij}$$
$$\beta_{0j} = \gamma_{00} + \gamma_{01} \times SES_j + u_{0j}$$
$$\beta_{1j} = \gamma_{10} + \gamma_{11} \times SES_j + u_{1j}$$

**Mixed model**
$$score_{ij} = (\gamma_{00} + \gamma_{01}SES_j) + (\gamma_{10}IQ_{ij}) + (\gamma_{11} \times SES_j \times IQ_{ij}) + (u_{0j} + u_{1j}IQ_{ij} + e_{ij})$$

圖 2-40　Level-1 三個解釋變數 X，Level-2 三個解釋變數 Z (Slopes and Intercepts as Outcomes)

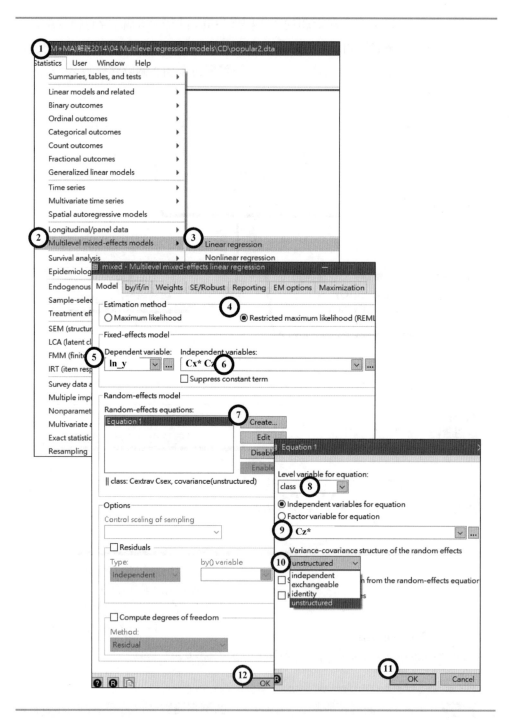

圖 2-41 「mixed ln_y Cx * Cz * , ‖ class：Cz * , covariance(unstructured) reml」指令之畫面 ( 變數中心化 ) (Slopes and Intercepts as Outcomes)

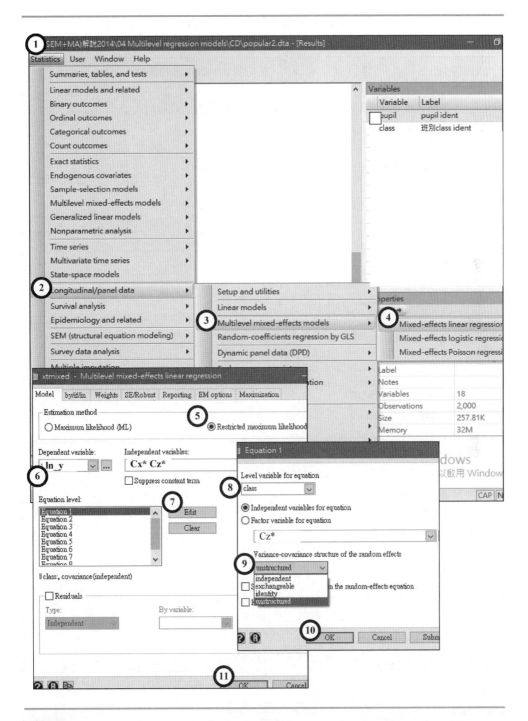

**圖 2-42** 「**xtmixed** ln_y Cx * Cz * , ‖ **class**：Cz * , cov(**un**) **reml**」指令之畫面 ( 變數中心化 ) (Slopes and Intercepts as Outcomes)

多因子具交互作用之雙層次模型，其對應的 STaTa 指令如下：

```
* 依變數 score 取自然對數，並存至 ln_y，使它符合 OLS 常態性假定 (assumption)
. gen ln_y = ln(score)
*mean( ) 函數先求全體平均數，gen 指令再求離均差 ( 即 Xij-mean) 並存至 C 開頭變數
. egen avg_x1 = mean(x1)
. gen Cx1 = x1- avg_x1
. egen avg_x2 = mean(x2)
. gen x2 = x2- avg_x2
. egen avg_x3 = mean(x3)
. gen Cx3= x3- avg_x3

. egen avg_z1 = mean(z1)
. gen Cz1 = z1- avg_z1
. egen avg_z2 = mean(z2)
. gen z2 = z2- avg_z2
. egen avg_z3 = mean(z3)
. gen Cz3= z3- avg_z3

*gen 新產生 9 個交互作用項
. gen Cx1z1=C x1 * Cz1
. gen Cx1z2= Cx1 *C z2
. gen Cx1z3=C x1 * Cz3

. gen Cx2z1= Cx2 * Cz1
. gen Cx2z2=Cx2 * Cz2
. gen Cx2z3= Cx2 * Cz3

. gen Cx3z1= Cx3 * Cz1
. gen Cx3z2= Cx3 * Cz2
. gen Cx3z3= Cx3 * Cz3


* 班級別：class 變數來分群組

* 方法1 ：解釋變數未中心化，解釋變數未減平均數
*「mixed…ll class」區間為混合模型 ;「ll class」之後，宣告 level-2 隨機斜率變數
有三個 z1 z2 z3
```

```
. mixed ln_y x* z* , || class: z* , covariance(unstructured) reml
* 舊版 STaTa v12，只能限用下列 xtmixed 指令，新版 STaTa v15 才可用上列 mixed 指令
. xtmixed ln_y x* z* , || class: z* , variance cov(un) reml

*方法 2：解釋變數中心化，解釋變數有減平均數
* 下列指令「Cx*」指 Cx 開頭之所有變數，包括 Cx1~Cx5,Cx1z1,Cx1z2,Cx1z3,...Cx5z3，
共 12 個解釋變數
* 下列指令「Cz*」指 Cz 開頭之所有變數，包括 Cz1,Cz2,Cz3，共 3 個群組層次解釋變數
*「mixed…|| class」區間為混合模型；「|| class」之後，宣告 level-2 隨機斜率變數
有三個 z1 z2 z3
. mixed ln_y Cx* Cz* , || class: Cz* , covariance(unstructured) reml
* 舊版 STaTa v12，只能限用下列 xtmixed 指令，新版 STaTa v15 才可用上列 mixed 指令
. xtmixed ln_y Cx* Cz* , || class: Cz* , variance cov(un) reml
```

假設，Level-1 個體層次有三個解釋變數 X1、X2、X3；Level-2 總體層次有三個解釋變數 Z1、Z2、Z3。那麼這種雙層次模型之 hierarchical model() 為：

Level-1：

$$Y_{ij} = \beta_{0j} + \beta_{1j} \times X1_{ij} + \beta_{2j} \times X2_{ij} + \beta_{3j} \times X3_{ij} + e_{ij}$$

Level-2：

$$\beta_{0j} = \gamma_{00} + \gamma_{01} \times Z1_{1j} + \gamma_{02} \times Z2_{2j} + \gamma_{03} \times Z3_{3j} + u_{0j}$$

$$\beta_{1j} = \gamma_{10} + u_{1j} \quad 或 \beta_{1j} = \gamma_{10}（無隨機斜率 u_{1j}）$$

$$\beta_{2j} = \gamma_{20} + u_{2j} \quad 或 \beta_{2j} = \gamma_{20}（無隨機斜率 u_{2j}）$$

$$\beta_{3j} = \gamma_{30} + u_{3j} \quad 或 \beta_{3j} = \gamma_{30}（無隨機斜率 u_{3j}）$$

假如 Level-2 解釋變數「X1 X2 X3」也同為 Level-1 解釋變數所聚合而成的群組組織 (Level-2 的單位)，此種 Level-2 解釋變數亦稱「脈絡變數 Z1 Z2 Z3」(contextual variable)。

承上例，除了 Level-1 學生 IQ 會影響學業成就 (Y) 外，X2「學習動機 (motivation)」、X3「課程涉入 (involvement)」二者亦會影響學業成就。其中，動機 (motivation) 是指引發、維持並引導行為的內在歷程。課程涉入 (involvement) 是指受試者對課程的重視程度或者是課程對個人的重要性。而且 Level-2 的解釋變數 Z，除父母 SES 會影學業成就外，亦多加：Z2「teacher 年資」及 Z3「學區人口密度 (density)」二個解釋變數。則此雙層次之階層模型為：

Level-1：

$$Y_{ij} = \beta_{0j} + \beta_{1j} \times X1_{ij} + \beta_{2j} \times X2_{ij} + \beta_{3j} \times X3_{ij} + e_{ij}$$

Level-2：

$$\beta_{0j} = \gamma_{00} + \gamma_{01} \times Z1_{1j} + \gamma_{02} \times Z2_{2j} + \gamma_{03} \times Z3_{3j} + u_{0j}$$

$$\beta_{1j} = \gamma_{10} + u_{1j} \quad （有隨機斜率 u_{1j}）$$

$$\beta_{2j} = \gamma_{20} + u_{2j} \quad （有隨機斜率 u_{2j}）$$

$$\beta_{3j} = \gamma_{30} + u_{3j} \quad （有隨機斜率 u_{3j}）$$

其中，Level-1 個體層次之解釋變數 X：

X1：智力 (IQ)

X2：學習動機 (motivation)

X3：創造力 (CQ)

其中，Level-2 群體層次之解釋變數 Z：

Z1：父母社經地位 (SES)

Z2：教師年資 (Texp)

Z3：當地人口密度 (density)

雙層次之殘差項 $e_{ij}$ (residual) 的變異數 (variance) 之隨機效果為：

$Var(e_{ij}) = \sigma^2$、$Var(u_{0j}) = \tau_{00}$、$Var(u_{1j}) = \tau_{11}$、$Var(u_{2j}) = \tau_{22}$、$Var(u_{3j}) = \tau_{33}$。

Level-2 階層模型中的固定效果估計值有 $\gamma_{00}$、$\gamma_{10}$、$\gamma_{20}$、$\gamma_{30}$、$\gamma_{01}$、$\gamma_{02}$、$\gamma_{03}$，分別代表：

$\gamma_{00}$：雙層次模型方程的截距項 (intercept)，即「調整後之平均數」。

$\gamma_{10}$：各班級群組內學生「智力 IQ → 學業成就 Y」之影響效果量。

$\gamma_{20}$：各班級群組內學生「學習動機 → 學業成就 Y」之影響效果量。

$\gamma_{30}$：各班級群組內學生「創造力 CQ → 學業成就 Y」之影響效果量。

$\gamma_{01}$：各班級「父母 SES → 學業成就 Y」影響之班級平均效果量。

$\gamma_{02}$：各班級「教師年資 Texp → 學業成就 Y」影響之班級平均效果量。

$\gamma_{03}$：各班級「當地人口密度 → 學業成就 Y」影響之班級平均效果量。

## 2-3-5 多層次資料結構：平減 (centering) 即離差分數 (deviated scores)

單層次與多層次資料分析的主要差異，在於多層次資料結構係將低層次的個體，以某一個分組變數區分成不同的群體，然後分別對於分析變數 (Y) 的組間變異與組內變異進行分析。由於 SEM 與 MSEM(multilevel SEM) 均以變數間的共變結構為分析材料，因此運算過程均以變數的離散分數 $(Y - \bar{Y})$，亦即平

減 (centering) 或離差分數 ( deviated scores)，以小寫 y 表示 (Cronbach & Webb, 1979)。平減的重要功能是在進行量尺原點的平移，使變數的平均值為 0，令迴歸方程式的截距項能夠反映平均數。若將觀察值減去總平均數 $(Y - \bar{Y}_G)$ 稱為總平減 (grand centering)，為不分組時，每一個觀察值的離散性，以 $y_T$ 表示；若把觀察值減去各組平均數 $(Y - \bar{Y}_g)$ 稱為組平減 (group centering)，反應同一組內的觀察值的個別差異 ( 以 $y_w$ 表示 )；各組平均數與總平均數的差 $(\bar{Y}_g - \bar{Y}_G)$ 則為組間差異 ( 以 $y_B$ 表示 )。$y_T$、$y_B$、$y_W$ 三者均來自同一組 P 個觀察變數就組間與組內進行分割後的平減觀察值，各具有 p 個向量，其組合關係如下：

$$y_T = y_B + y_W$$

經過平減後的變數，量尺原點即平移至平均數位置，因此在 SEM 模型中進行聚合處理時得到的截距即等同於平均值。此外，由於組間與組內平減分數 ( 離差分數 ) 是正交分數，故可以導出兩個獨立且具有可加性的共變矩陣：組內共變矩陣 $(S_W)$ 與組間共變矩陣 $(S_B)$：

$$S_T = S_B + S_W$$

由於從樣本觀察值所求出的 $S_W$ 與 $S_B$ 有可加性，向量中各變數所求得的組內變異數總和與組間變異數總和分別是母體組內變異數 $(\sigma_w^2)$ 與母體組間變異數 $(\sigma_b^2)$ 的不偏估計數，下標為小寫的 w 與 b 表示為各變數自矩陣展開後累積所得之變數變異數純量，因此可計算各變數的組間變異數與總變異數的比值，亦即 **ICC** ( 跨組相關係數，intra-class correlation coefficients)，且由於 ICC 是以觀察變數計算得出，因此本文特別將其稱之為外顯 ICC 係數 (manifest ICC; 以 $ICC_M$ 表示 )，反應觀察變數的組間異質性或組內同質性，公式如下：

$$ICC_M = \rho_M = \frac{\sigma_b^2}{\sigma_b^2 + \sigma_w^2}$$

$ICC_M$ 代表測量變數的變異量中，組間差異的比例，亦即組間效果。當 $ICC_M$ 甚小時 ( **12% 以下** )，表示組間不明顯，多層次結構的影響可以忽略，以傳統方法即可處理，反之則表示組間差異不可忽略，必須以多層次分析技術來處理 (Roberts, 2002)。

舉例來說，由 組內變異數 與 組間變異數 經計算可得組內相關係數 (ICC) 若為 **12%**[0.109/(0.109 ＋ 0.8)]，顯示學生 ( 個體層 ) 在學習情緒上 ( 依變數 ) 的差異

約有 12% 的變異是由校際間 ( 群組層 ) 的差異所造成的。由於跨組相關 ICC 會使得模型估計時產生較大的型 I 誤差 (Raudenbush & Bryk, 2002; Singer, 1998)，此時實證研究就須改採多層次分析。

## 2-4 模型設定 / 建構的步驟

階層線性模型之模型抉擇方式有二：

( 一 )Snijders 與 Bosker(2002) 概念性的建議，認為進行階層線性模型分析時，應考慮之重點如下：

1. 變數必要性 ( 增量 ) 與研究精簡性 (parsimony) ( 減量 ) 的取捨。

2. 統計顯著性與理論的取捨 (trade-off)。

3. 固定效果須有強力理論支持。

4. 由資料內容決定隨機效果。STaTa 提供「. estat ic」讓你比較兩個敵對模型的適配度 AIC、BIC 那個值較小，那個模型就較優。

5. 若交互作用達顯著，即使造成交互作用的變數之主要效果未達顯著，則該變數亦需被保留。

6. 若隨機效果達顯著，則其固定效果須被保留。

7. 聚合後 ( 平減後 ) 的階層變數可能是個重要的預測變數。

8. 若變數間產生交互作用 (Z×A)，則交互作用不具隨機效果。

( 二 ) Hox(2002) 對探索性研究提出下列步驟：

Step 1. 先僅使用隨機效果變異數模型並記錄模型適配度 (AIC、BIC 值 )。

Step 2. 將所有最低階層之變數投入隨機效果共變數模型，決定需要被保留之變數。即二個敵對模型 AIC 值比較。看誰的 AIC 值小，該模型就較優。

Step 3. 檢視所有第二階層之變數之固定效果，並比較模型間之適配度 (AIC 值 )。

Step 4. 檢視 Step3 的變數中具有隨機效果者。

Step 5. 將 Step4 中具顯著解釋力的變數依其隨機效果有無決定模型。

Step 6. 將資料折半，投入相同模型中，確認其顯著性是否與完整資料之模型相同。

## 2-4-1 模型設定的步驟

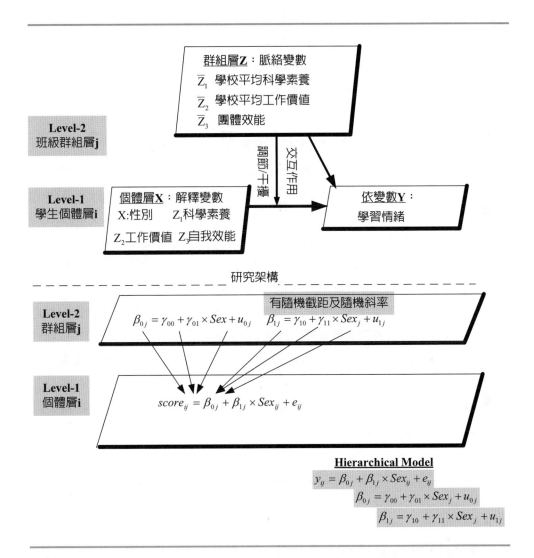

Hierarchical Model
$$y_{ij} = \beta_{0j} + \beta_{1j} \times Sex_{ij} + e_{ij}$$
$$\beta_{0j} = \gamma_{00} + \gamma_{01} \times Sex_j + u_{0j}$$
$$\beta_{1j} = \gamma_{10} + \gamma_{11} \times Sex_j + u_{1j}$$

**圖 2-43** 雙層次模型：影響學習情緒 y 的因子 (Slopes and Intercepts as Outcomes)

　　以影響學習情緒 y 的因子為例 ( 巫博瀚、賴英娟，2011)，假設要分析的多層次模型包含兩個階層，Level-1 是以個人為分析單位，探討個體層次解釋變數 ( 性別、$Z_1$ 科學素養、$Z_2$ 工作價值、$Z_3$ 自我效能 ) 對學習情緒 y 的影響。Level-2 則以學校為單位，探討聚合脈絡變數 ( 學校平均科學素養 $\overline{Z}_1$、學校平均工作價值 $\overline{Z}_2$、團體效能 $\overline{Z}_3$) 的脈絡效果與調節 ( 干擾 ) 效果。由於探討環境

脈絡變數如何調節 (moderational) 個體層次變數對學習情緒的影響為本例的重要目的，因此依據 Enders & Tofighi (2007) 的建議，將 Level-1 中的解釋變數包括：自我效能、工作價值及科學素養以學校平均數進行組平減 (group mean centering)。此外，有關多層次模型之建構程序，可參酌學者看法 (Hox, 2010; Singer, 1998)，逐次檢驗影響學習情緒的個體與學校層次變數，及其中的跨層次交互作用效果，透過一系列的模型比較以確立最終模型。有關模型設定與步驟分述如下：

Step-1 模型一：無條件平均數模型，零模型 (null model)

在進行多層次模型分析前，應先檢視 Level-2 的分析單位在依變數上的變異是否具有組間異質性，俾利選擇適當的統計分析策略進行分析 (Singer & Willett, 2003)。因此，第一步先針對無條件平均數模型 (unconditional means model) 進行分析，評估組內變異 (within-group variability) 與組間變異 (between-group variability) 的情形，當模型一分析資料得 ICC > 12% 具有跨組高相關時，則巢狀的資料結構所帶來的影響必須納入估計 (Luke, 2004)。

無條件平均數模型無論就 Level-1 或 Level-2 都未納入任何解釋變數，其目的是對學習情緒的變異數進行拆解，並針對 Level-2 分析單位內的個體相依程度進行估計。估計結果亦可作為嗣後比較參照之用。個人層次與總體層次模型設定如 2-1 與 2-2 式。由 2-1 式可知，學生的學習情緒分數係以其所屬學校的學習情緒平均數與一個隨機誤差項 $r_{ij}$ 的函數關係表示之，下標 i、j 分別代表 Level-1 不同學生與 Level-2 學校。

$$Y_{ij} = \beta_{0j} + r_{ij} \tag{2-1}$$
$$\beta_{0j} = r_{00} + u_{0j} \tag{2-2}$$

其中：

$Y_{ij}$ 為指第 j 個學校中第 i 個學生的學習情緒分數。

$\beta_{0j}$ 為第 j 個學校的學習情緒平均數。

$r_{ij}$ 為 N 所學校的學習情緒總平均數 (grand mean)；是隨機變數，為個人效果。

$\gamma_{00}$ 為第 j 個學校中第 i 個學生與其所屬學校學習情緒平均數的離均差。

$u_{0j}$ 為隨機誤差，代表各學校的學習情緒平均數與總平均數的離均差。

Step-2 模型二：平均數為結果的迴歸模型

當無條件平均數模型顯示各校 (各群組) 的學習情緒平均數 (平均依變數)，存在著顯著的異質性 (between-group heterogeneity) 時，此時則需要探討哪些

Level-2 的學校脈絡變數可以解釋各校在學習情緒平均數上的差異。依據前述文獻探討，在模型二的 Level-2 納入學校平均科學素養、學校平均工作價值和團體效能等三個脈絡變數 (2-3 式 )，至於個體層次模型仍未納入任何解釋變數 (2-4 式 )，$Y_{ij}$、$\beta_{0j}$、$r_{ij}$、$\gamma_{00}$ 四個參數與模型一相同，故不在重複論述。

$$Y_{ij} = \beta_{0j} + r_{ij} \tag{2-3}$$
$$\beta_{0j} = \gamma_{00} + \gamma_{01} \text{學校平均科學素養}_j + \gamma_{02} \text{學校平均工作價值}_j$$
$$+ \gamma_{03} \text{團體效能}_j + u_{0j} \tag{2-4}$$

其中：

$\gamma_{01}$ 代表在考量學校平均工作價值與團體效能的條件下，學校平均科學素養對學習情緒之影響。

$\gamma_{02}$ 代表在考量學校平均科學素養與團體效能的條件下，學校平均工作價值對學習情緒之影響。

$\gamma_{03}$ 表示在考量學校平均科學素養與學校平均工作價值的條件下，團體效能對學習情緒之影響。

$u_{0j}$ 是指本研究三個脈絡變數無法預測 $\beta_{0j}$ 的殘差，當殘差項的變異數達顯著水準時，則表示 2-4 式還可以納入其他 Level-2 解釋變數。

**Step-3** 模型三：隨機斜率模型：納入個體層次解釋變數，惟將斜率視為固定係數

模型三以前揭模型二為基礎，在個體層次模型中納入性別、自我效能、工作價值及科學素養等四個解釋變數 (2-5 式 )，據以解釋同一學校內學生在學習情緒上的個別差異 ( 即組內變異 )。值得注意的是，模型三將所有 Level-1 解釋變數的效果視為固定效果 (2-7 至 2-10 式 )，亦即四個解釋變數對學習情緒的影響不會隨著學校的不同而有所變化，換言之，即假定 N 所學校的個人層次解釋變數對依變數 Y 的影響關係是一致的。

$$Y_{ij} = \beta_{0j} + \beta_{1j} \text{性別}_{ij} + \beta_{2j} \text{自我效能}_{ij} + \beta_{3j} \text{工作價值}_{ij} + \beta_{4j} \text{科學素養}_{ij}$$
$$+ r_{ij} \tag{2-5}$$
$$\beta_{0j} = \gamma_{00} + \gamma_{01} \text{學校平均科學素養}_j + \gamma_{02} \text{學校平均工作價值}_j$$
$$+ \gamma_{03} \text{團體效能}_j + u_{0j} \tag{2-6}$$
$$\beta_{1j} = \gamma_{10} \tag{2-7}$$
$$\beta_{2j} = \gamma_{20} \tag{2-8}$$

$$\beta_{3j} = \gamma_{30} \tag{2-9}$$

$$\beta_{4j} = \gamma_{40} \tag{2-10}$$

其中：

$\gamma_{10}$ 是指在考量其他個體與學校層次變數的條件下，性別對學習情緒的平均迴歸斜率。(2-8)、(2-9)、(2-10) 式之 $\gamma_{20}$、$\gamma_{30}$、$\gamma_{40}$ 則是指在考量其他個體與學校層次變數的條件下，自我效能、工作價值及科學素養分別對學習情緒的平均迴歸斜率。

**Step-4** 模型四：隨機截距且隨機斜率模型

模型四旨在檢驗模型三中納入的個體層次解釋變數的斜率是否為隨機係數，亦即探討性別、自我效能、工作價值及科學素養對學習情緒的影響是否隨學校的不同而變化。由 (2-13) 至 (2-16) 式可知，Level-1 各解釋變數的效果為一常數項加上隨機效果項 ( 如 $u_{1j}$、$u_{2j}$、$u_{3j}$、$u_{4j}$)，會隨著學校的不同而有所變化。當隨機效果的非條件變異數 ($\tau_{11}$、$\tau_{22}$、$\tau_{33}$、$\tau_{44}$) 未達顯著時，則表示其所對應的個體層次解釋變數的效果為固定效果。當 Level-1 的斜率為隨機效果時，嗣後則需要在 Level-2 模型中納入脈絡變數以解釋其變異。由此可知，模型四的分析結果將有助於最終模型參數之設定。

$$Y_{ij} = \beta_{0j} + \beta_{1j} \text{性別}_{ij} + \beta_{2j} \text{自我效能}_{ij} + \beta_{3j} \text{工作價值}_{ij} + \beta_{4j} \text{科學素養}_{ij}$$
$$+ r_{ij} \tag{2-11}$$

$$\beta_{0j} = \gamma_{00} + \gamma_{01} \text{學校平均科學素養}_j + \gamma_{02} \text{學校平均工作價值}_j$$
$$+ \gamma_{03} \text{團體效能}_j + u_{0j} \tag{2-12}$$

$$\beta_{1j} = \gamma_{10} + u_{1j} \tag{2-13}$$

$$\beta_{2j} = \gamma_{20} + u_{2j} \tag{2-14}$$

$$\beta_{3j} = \gamma_{30} + u_{3j} \tag{2-15}$$

$$\beta_{4j} = \gamma_{40} + u_{4j} \tag{2-16}$$

**Step-5** 模型五：截距與斜率為結果的迴歸模型 ( 具交互作用 )

當「隨機截距且隨機斜率模型」的分析結果顯示，個體層次解釋變數具有隨機效果，亦即個人層次變數的斜率會隨著學校的不同而變化時，此時便有需要在相對應的 Level-2 模型中納入解釋變數，進行跨層級交互作用 (cross-level interactions) 檢驗，據以探討脈絡變數對個人層次解釋變數的調節 ( 干擾 ) 效果。由於「截距與斜率為結果的迴歸模型」是否有估計的必要，以及「截距與斜率為結果的迴歸模型」的模型設定均須視「隨機截距且隨機斜率模型」的結果而定。

## 2-4-2 如何提升多層次分析法的嚴謹性

　　Schreiber & Griffin (2004) 綜合 1992 年至 2002 年「教育研究期刊」，歸納出提升多層次分析法之 10 個指標，包括：

1. 研究問題是否明確，要把握小題大作的原則，切勿大題小作。

2. 檢定的數學方程式要列舉明示。

3. 模型估計方法：概似比 (ML)、或受限概似比 (REML)，那個 AIC 值小者較優。

4. 單因子 ANOVA 的隨機效果 (e.g. 內在相關係數 ) 與其他複雜模型的比較，結果要呈現。例如本書「3-3 單層 vs. 雙層：重複測量的混合效果模型 (Mixed Effect Model for Repeated Measure)」的做法。

5. 每個估計模型的迴歸係數 (coef.) 及標準誤 (standard error) 是否都有列表呈現。

6. 每隨機效果 HLM 模型的誤差「variance-covariance」是否有納入考量，STaTa 有提供 8 種誤差的 V-C 矩陣讓你選。人們最常用是「unstructured」；但重複量數則要選「autoregressive」之 AR(1)、AR(2) 型。如下圖。

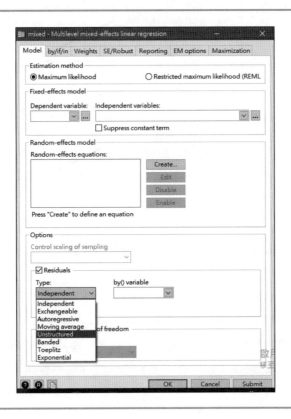

**圖 2-44** STaTa 有提供 8 種 V-C 矩陣讓你選

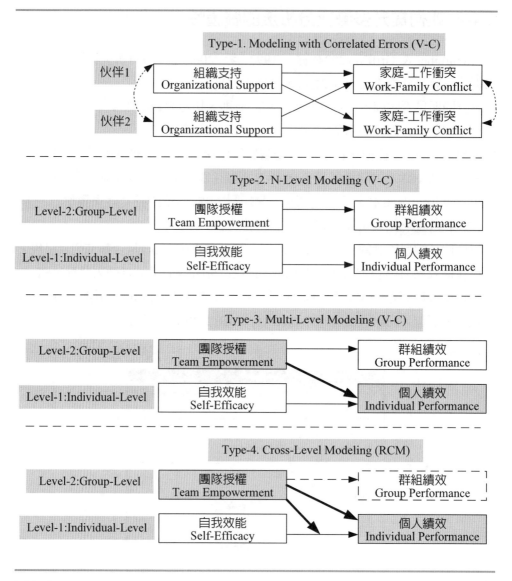

**圖 2-45** Modeling with Correlated Errors (V-C) 之示意圖

7. 每個模型的係數值顯著性考驗要說明清楚。

8. 迴歸係數與誤差變異數成分，亦要說明一下。

9. 要列出模型整體適配度：$R^2$、變異數、自由度、誤差削減測量百分比……。

10. 如何平減 ( 總平減較多人用，組平減較少人用 ) 也要說明一下。

## 2-5 變數中心化 (centering)、交互作用項 (Z×A) 具多元共線性疑慮

利用多層次模型或是階層線性模型進行重複測量資料的分析，如果個體層次解釋變數包含隨時間變動解釋變數時，在個體層次方程式對它未平減或是總平減所獲得的迴歸係數是一個偏誤的結果，因爲這個隨時間變動的解釋變數具有追蹤 (panel) 與橫斷面的資料特性，對個體層次結果變數的影響可以拆解爲互斥的組間迴歸係數與組內迴歸係數。常見的平減 (變數中心化) 有三種方法：未平減 (uncentered)、總平減 (grand-mean centered) 與組平減 (group-mean centered)。

### 2-5-1 為何總平減 (grand-mean centering) 可克服多元共線性之問題

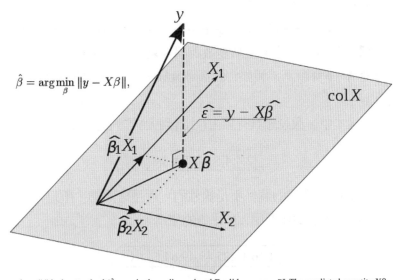

where ‖·‖ is the standard $L^2$norm in the n-dimensional Euclidean space $R^n$. The predicted quantity Xβ is just a certain linear combination of the vectors of regressors. Thus, the residual vector y − Xβ will have the smallest length when y is projected orthogonally onto the linear subspace spanned by the columns of X. The OLS estimator in this case can be interpreted as the coefficients of vector decomposition of $\hat{y}$ = Py along the basis of X.

**圖 2-46** X1,X2 對 Y 預測之共線性示意圖

## 一、共線性之診斷法

共線性 (multicollinearity) 之檢定法如下：

| vif | calculates the variance inflation factor for the independent variables in the linear model. |
|---|---|
| collin | calculates the variance inflation factor and other multicollinearity diagnostics |

此外，雙變數之 Pearson 積差相關分析，亦可檢視變數間之關係是否為線性關係 (linearity) 和是否為共線性 (collinearity) 之情況。最基本的做法是看雙變數之相關矩陣。如果依變數與自變數間之關係很弱或比自變數間之相關弱的話，就應質疑所設定之多元迴歸模型是否適當。

## 二、主要效果 (X) 與其平方項 (X×X) 具多元共線性，但平減可克服多元共線性之問題

例如，多重共線性的最常見原因之一，是當預測變數乘以新建交互項或二次或更高階項 (X 平方，X 立方等 ) 時。

為什麼會這樣呢？當所有 X 值為正值時，較高的值產生較高的產品，較低的值產生較低的產品。因此，產品變數與組件變數高度相關。我會做一個很簡單的例子來澄清。( 實際上，假如它們都是負數，同樣的事情亦會發生，但相關性將是負數 )。

在一個小樣本中，假設您具有以由( 小排到大)排列的預測變數X的以下值：

$$2,4,4,5,6,7,7,8,8,8$$

很明顯，X 和 Y 之間的關係不是線性的，而是彎曲的，所以你將一個二次項「X 平方」($X^2$) 添加到模型中。X 平方的值為：

$$4,16,16,25,49,49,64,64,64$$

X 和 $X^2$ 之間的相關性為 0.987，幾乎完美正相關。

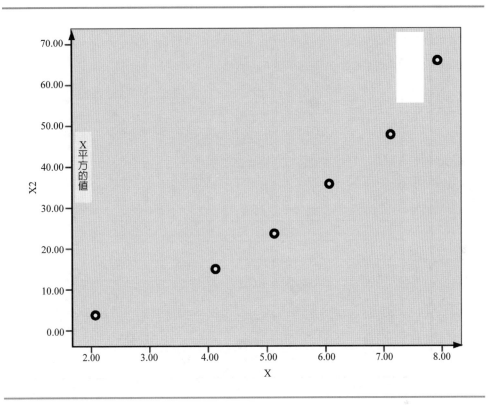

圖 2-47　X 和 X$^2$(X 的平方 ) 之間的相關性為 0.987，幾乎完美

　　為了解決共線性問題，你只需要把 X 置於平均水平上 ( 總平減 )。X 的平均值為 5.9。所以要 X 中心，我只需要創建一個新的變數 XCen = X − 5.9。

　　這些是 XCen 的值 ( 即 $X - \overline{X}$ ) 為：

$$-3.90, -1.90, -1.90, -.90, .10, 1.10, 1.10, 2.10, 2.10, 2.10$$

現在，XCen 平方的值「即 $(X - \overline{X})^2$」是：

$$15.21, 3.61, 3.61, .81, .01, 1.21, 1.21, 4.41, 4.41, 4.41$$

變數 XCen( 即 $X - \overline{X}$ ) 和 XCen2( 即 $X - \overline{X}^2$ ) 之間的相關性是 −0.54，雖然不是 0，但「$(X - \overline{X})$ 比 X」更具有管理性。相關性低到不會造成嚴重的多重共線性。

　　平減後，XCen( 即 $X - \overline{X}$ ) 和 XCen2( 即 $X - \overline{X}^2$ ) 之間的散點圖如下圖：

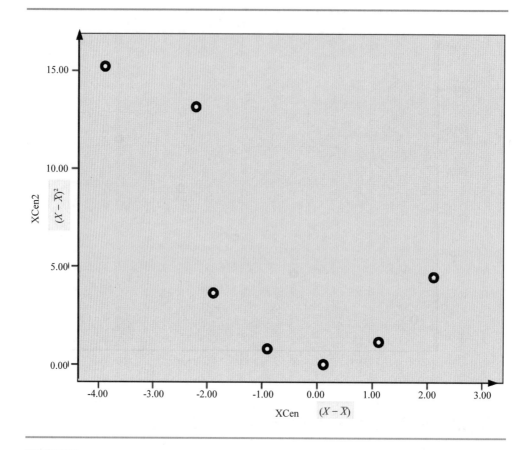

**圖 2-48** XCen「x−平均數」和 XCen2「(x−平均數) 平方」之間相關很低，r=−0.54

    總之，任可二個高相關的變數，例如本例「X、$X^2$」，只要將二者總平減 (grand-mean centering) 後，二者相關性就變得很低，這樣總平減的變數變換，即能消除交互作用項「X*Z」之多元共線性疑慮。故在雙層次模型，多數的交互作用項「X×Z」，都需變數中心化 (centering variables)。即先 $X − \overline{X}$ 變數變換，再進行「具交互作用項多因子模型」的 HLM 分析，因為交互作用項「Z×X」，本身與解釋變數「Z 或 X」都具有高相關，故「Z、X」二者與交互作用項「Z×X」必會有嚴重的多元共線性疑慮。

## 2-5-2 交互作用項 (Z*A) 會導至多元共線性之嚴重問題：心臟科

共線性 (multicollinearity) 是「多元迴歸的例子，預測變數們之間有高度相關 (a case of multiple regression in which the predictor variables are themselves highly correlated)」。

當迴歸模型中預測變數之間有太高的相關時，就會產生一些「不合理」的現象，例如，在求 $\hat{\beta}$ 時，因代表自變數們之矩陣 $X'X$ 的行列式值很接近 0，就會產生矩陣奇異 (singularity，行列式為 0)，造成估計值的不穩定，或是迴歸係數與相關係數正負符號不同等等問題，我們稱這些問題為共線性 (collinear 或 multicollinear) 問題。

當 2 個 ( 或以上 ) 自變數互不獨立、亦即彼此相關，就是具有「共線性」。「共線性」會使迴歸模型中，其實存在重複代表性的自變數，也就是理論建構不夠簡潔。

### 迴歸係數跟預期方向會相反：多元共線性的問題 (problem of multicollinearity)

迴歸分析 (regression analysis) 可以一次檢視多個自變數對於依變數的預測效果 ($R^2$、GFI、AIC、BIC、LR…等指標 )。

(1) 當依變數為連續變數時適合用線性迴歸 (linear regression) 分析。

(2) 當依變數為二元類別變數時則最適用邏輯斯迴歸 (logistic regression)。

(3) 當依變數為計數變數 (count data) 則適用以 Poisson regression、Negative binomial regression、Zero-inflated Poisson regression 來分析。

(4) 甚至是結合二元類別及受限資料 (censored data) 的 Cox regression( 存活分析 )。

(5) 或是其他種類的迴歸 (panel-data 迴歸，非線性迴歸之 menl、nl 指令 )。由於 t 檢定 ⊆ F 檢定 ⊆ GLM 或 GEE ⊆ pane-data GLM 或 mixed 迴歸，因此迴歸分析在量化研究的重要性無庸置疑。

不過許多研究人員在作迴歸分析的時候，常常沒有對於自變數們的相關性作審慎評估 (linktest、ovtest 指令 )，就貿然地將許多個自變數同時放到迴歸方程式裡頭：

Y ～ Gaussian (Normal)

$$Variance\ (Y) = 1,\ where\ E\ [Y] = \mu$$
$$Y = \beta_0 + \beta_1 X_1 + \beta_2 X_2 + ... \beta_p X_p; + Error$$

　　以上面這個方程式為例，研究同時將 $X_1$、$X_2$……直到 $X_p$ 放到線性迴歸方程式裡頭，因此研究者可得到 p 個未標準化迴歸係數 ( 通常教科書會以 $\beta$ 表示標準化的迴歸係數，在本例 $\beta$ 指的是未標準化迴歸係數 )，每一個迴歸係數的意義是「在排除了其他所有自變數對依變數的預測效果之下，這個自變數對依變數的影響力 ( 效果量 )」，因此許多人員都忽略了：同時「考慮其他自變數跟這個自變數的關係之下，這個自變數與依變數的關係」，因此當自變數之間的相關性太高的時候，會導致多元共線性 (multi-collinearity) 的產生，以下舉一個心臟的衝擊因子 (impact factor)，它是心臟科頂尖期刊的例子。

表 2-1　**Correlates of short-Term (4 Years) Change in Aortic Root Diameter (in mm)**

| | Model 1 (Modeling BP as SBP and DBP) | | | Model 2 (Modeling BP as PP and MAP) | | |
|---|---|---|---|---|---|---|
| | Regresion Coefficient | SE | P | Regression Coefficient | SE | P |
| Age, 52 y* | 0.030 | 0.004 | < 0.0001 | 0.030 | 0.004 | < 0.0001 |
| Sex | 1.796 | 0.082 | < 0.0001 | 1.796 | 0.082 | < 0.0001 |
| BMI | 0.051 | 0.007 | < 0.0001 | 0.051 | 0.007 | < 0.0001 |
| SBP | −0.134 | 0.053 | 0.01 | … | … | … |
| DBP | 0.209 | 0.051 | < 0.0001 | … | … | … |
| PP | … | … | … | −0.162 | 0.045 | 0.0004 |
| MAP | … | … | … | 0.157 | 0.043 | 0.0002 |
| Anthypertensive treatement | 0.193 | 0.095 | 0.04 | 0.193 | 0.095 | 0.04 |

來源：Lam et al.(2010). Aortic Root Remodeling Over the Adult Life Course: Longitudinal Data From the Framingham Heart Study. *Circulation*, *122*, 884-890.

　　由上表可知，該研究的依變數為 Aortic root diameter，指的是主動脈的寬度，以公釐為單位，因此是連續的變數，另外由 Model 1 可知，所包括的自變數有：

① Age ( 定義為虛擬變數：$\geq$ 52 歲為 1，< 52 歲為 0)

② Sex ( 定義為虛擬變數：Male 為 1，Female 為 0)

③ BMI ( 連續變數 )

④ SBP ( 舒張壓，為連續變數 )

⑤ DBP ( 收縮壓，為連續變數 )

⑥ Treatment ( 定義為虛擬變數：有使用抗血壓療程為 1，沒有使用為 0)

因此 Model 1 的線性迴歸方程式如下式所示：

$$Diameter = \beta_0 + \beta_1(Age) + \beta_2(Sex) + \beta_3(BMI) + \beta_4(SBP) + \beta_5(DBP) + \beta_6(Treatment) + r$$

但是大家有沒有發現一件很詭譎的事情，就是 $\beta_4$ 跟 $\beta_5$ 的迴歸係數的方向是相反的 ($-0.134$ vs. $0.209$)。理論上 SBP( 舒張壓 ) 跟 DBP( 收縮壓 ) 一定是高度正相關的，因為舒張壓越高的人也肯定會有越高的收縮壓，如果說 SBP 越低的人會有越寬的主動脈寬度 ( 迴歸係數為負 )，那沒道理反而 DBP 越高則有越高的主動脈寬度 ( 迴歸係數為正 )，此時這種奇怪的結果就是因為多元共線性的原因所造成，但本文並未要探討這統計原理，因此並不詳細說明其數理上的原因，反正我們只要知道這種結果是有問題的即可。

那我們怎麼知道自變數之間存在著嚴重的共線性，而導致得到錯誤的結論呢？最簡單的方式就是，先以簡單迴歸或 Pearson 相關，以每一個自變數個別與依變數跑相關，假設我們有五個自變數，當在跑簡單迴歸的時候，其迴歸係數都是正的，可是當我們五個自變數聯合預測依變數的時候，卻有迴歸係數變成負數，此時就可知道自變數中存在著足以導致錯誤結論的共線性。另一做法，就是採用 STaTa 提供的外掛指令 rsquare 指令來解決共線性問題。

那遇到共線性的時候怎麼處理呢？許多迴歸分析的教科書會教大家使用以主成分分析 (principal component analysis) 法將有共線性的數個自變數縮減成數個彼此獨立的成分 ( 當然數量一定比原本自變數還少 )，然後以這些獨立的成分當成自變數，以避免共線性的問題；或是以 _rmcollright、 _rmcoll 指令來消除共線性的自變數。

但這兩種方法實務上的使用情形並不常見，因此我個人建議兩個方案，是以上個例子而言，可將 SBP 跟 DBP 平均成 MBP( 即平均血壓 )，在迴歸方程式以 MBP 當成自變數；不過有的時候兩個變數之間是無法直接平均的，例如肝指數 GOP(AST) 跟 GPT(ALT) 若直接平均是無意義的，此時我會建議在迴歸方程式挑選其中一樣比較重要的來分析即可，並在文中略作說明由於共線性的緣故，因此不將兩個高度相關的變數同時納入迴歸方程式。

總之，在迴歸分析中，共線性可能會導致錯誤的結果解釋，因此在進行迴

歸分析時，能以本例的建議，更仔細檢視自變數之間的多元共線性關係。或用平減法來克服交互作用項「A*Z」與「A、Z」高相關之問題。

## 2-5-3 變數中心化 (centering variables) / 平減

交互作用項中心化 (centering，亦稱為平減) 在多元迴歸分析、結構方程模型 ( 作者另一本 SEM 書 )、成長模型 ( 見本書 10-1 節「隨機截距之多層次模型─獨角獸」、10-2 節「雙層模型─橘子樹」) 與階層線性模型的論文中，常被用來解決多元共線性的問題或使得截距的解釋具有實質的意義。交互作用項在 HLM (Hierarchical Linear Model) 中可能發生在一階、二階及跨層次的交互作用上，因此 HLM/STaTa 軟體就內建有變數平減運算 ( 如下指令 )。足見交互作用項的中心化是量化研究者必須深入理解的重要課題。

```
*x 總平減
. egen Mx = mean(x)
. gen Cx = Mx-x
*y 組平減
. by id, sort : egen My = mean(y)
. gen Cy = My-y
```

一般「mean-center」的做法，是利用描述性統計分析將解釋變數 (X,Z) 的平均數 $(\bar{X}, \bar{Z})$ 求出，接著利用轉換裡的計算 ( **egen** 搭配 **gen** erate 二個指令 )，將各變數減掉各自平均數後創造出新的變數 $(X - \bar{X}), (Z - \bar{Z})$。

資料處理方法中，平減 (mean-centering)，又稱置中平減或中心化，大部分出現在迴歸模型中含有交互作用 (interaction) 項時，必須處理的過程，這是因為在統計模型中，若同時出現主效果 (main effects)「A」&「B」及交互作用效果 (interaction effects)「A×B」時，容易使模型產生「多元共線性」(multicollinearity) 的問題，而「mean-center」可以降低模型多元共線性的程度，幫助交互作用項迴歸係數的解釋。

變異數膨脹因素 (variance inflation factor, VIF) 為容忍度的倒數，VIF 值愈大，表示自變數容忍度愈小，愈有共線性問題。一般而言，VIF 大於 10 時，表示有共線性問題。高 VIF 表示您迴歸模型具有嚴重的多重共線性問題，而低 VIF 則表示您可能沒有。STaTa 提供 ( 眾多類型 ) 線性迴歸之事後指令「. estat vif」可求得 VIF 值。

多元共線性的診斷不能單靠 VIF/Tolerance 指標，其他指標如：CI/Variance proportion ／ Eigenvalue 指標亦須同時納入診斷之，才能正確診斷出來。

---

定義：多重共線性

多元共線性 ( 多重共線性 ) 是指線性迴歸模型中的解釋變數之間，由於存在精確相關性或高度相關關係，而使模型估計失真或難以估計準確。一般來說，由於經濟數據的限制使得模型設計不當，導致設計矩陣中解釋變數間存在普遍的相關關係。

在經典的線性迴歸模型分析中，我們曾假設解釋變數矩陣 X 是滿秩 (full rank) 的，也就是解釋變數之間沒有明確的線性相關關係，這樣也就保證了多重共線性的存在性以及最小平方法 (OLS) 的可行性。

---

多元共線性 (multicollinearity) 最常出現於多元迴歸模型 ( 或 HLM 分析 ) 上，尤其當兩個或兩個以上之預測變數間具有高度相關或建置交互作用項時，常會導致個別參數之估計值不穩定及其標準誤過大之現象：觀察值如有些許變動就會導致估計參數的巨大變動。

---

定義：標準誤差 (standard error)

標準誤差也可定義為殘差的標準差。「樣本均值的估計標準誤差」，簡稱平均值標準誤差 (standard error of the mean, SEM)，或平均數標準誤差。必須記得在簡稱的背後總是意指「樣本的」。

標準誤差 (standard error)，也稱標準誤，即樣本統計量的標準差 (standard deviation)，是描述對應的樣本統計量抽樣分布的離散程度及衡量對應樣本統計量抽樣誤差大小的尺度。

標準誤差針對樣本統計量而言，是某個樣本統計量的標準差。當談及標準誤差時，一般須指明對應的樣本統計量才有意義。以下以樣本平均值 ( 樣本平均值是一種樣本統計量 ) 作為例子：

例如，樣本平均值是總體平均值的無偏估計。但是，來自同一總量的不同樣本可能有不同的平均值。

於是，假設可以從總體中隨機選取無限的大小相同的樣本，那每個樣本都可以有一個樣本平均值。依此法可以到一個由無限多樣本平均值組成的總體，該總體的標準差即為標準誤差。

在很多實際應用中，標準差的真正值通常是未知的。因此，標準誤這個術語通常運用於代表這一未知量的估計。在這些情況下，需要清楚業已完成的和嘗試去解決的標準誤差僅僅可能是一個估量。然而，這通行上不太可能：人們可能往往採取更好的估量方法，而避免使用標準誤，例如採用最大似然或更形式化的方法去測定信賴區間。第一個眾所周知的方法是在適當條件下可以採用學生 t- 分布為一個估量平均值提供信賴區間。在其他情況下，標準差可以有效地利用於提供一個不確定性空間的示值，但其正式或半正式使用是提供信賴區間或測試，並要求樣本總量必須足夠大。其總量大小取決於具體的數量分析。

公式：平均值標準誤差

如果已知母體的標準差 ($\sigma$)，那麼抽取無限多份大小為 n 的樣本，每個樣本各有一個平均值，所有這個大小的樣本之平均值的標準差可證明為

$$SD_{\bar{x}} = \frac{\sigma}{\sqrt{n}}$$

但由於通常 $\sigma$ 為未知，此時可以用研究中取得樣本的標準差 (S) 來估 $SD_{\bar{x}}$

$$SE_{\bar{x}} = \frac{S}{\sqrt{n}}$$

其中，S 為樣本的標準差，n 為樣本數 ( 大小 )。

名詞比較：

$SD_{\bar{x}}$：樣本平均值的標準「差」(standard deviation of sample mean)

S：「樣本的」標準差 (standard deviation of sample)

$SE_{\bar{x}}$：樣本平均值的標準「誤」(standard error of sample mean)

## 一、多重共線性解決方法

多重共線性由 R.Frisch 在 1934 年引入的，主要研究是在上世紀六、七十年代進行的，但直到現在仍然沒有完全解決。目前國內文獻中處理嚴重共線性的方法常用的有以下幾種：平減 (mean centering)、嶺迴歸 (Ridge Regression, RR)、主成分迴歸 (principal component regression, PCR)、逐步迴歸、偏分最小平方法 ((Partial Least Squares, PLS)、數據分組處理算法 (GMDH)……等。

Case1：當自變數為**分類變數**，且需要判斷影響因變數的眾多因素中，哪些因素起主要作用？哪些因素起次要作用？或判斷不同的方案中哪個方案最好

時，可以選擇單因子 ANOVA。例如，(1) 不同的**廣告類型**的促銷效果。(2) 分析**不同的機械操作方法**中，哪一種提高勞動效率最高。(3) 分析影響產品質量、生產量或銷售量的眾多因素中，**哪些因素**起顯著影響等等。

Case2：當自變數爲**連續變數**，需要研究變數之間的規律性，進而對生產或科學試驗的結果進行預測或控制時，就必須獲得變數間的精確關係式，可以選擇線性模型。例如，(1) 農業生產中**施肥量**與產量之間的關係。(2) **居民存款**與居民收入之間的關係。(3) 工程建設項目中**施工成本**與工程量之間的關係。

**1. 在分層線性模型如何處理多重共線性**

HLM 對多重共線的處理較爲方便，主要是通過組平減 (group-mean centering) 或總平減 (grand-mean centering) 二種方法。

**2. 為什麼提出這個問題？**

由於 HLM 對「多元共線性」非常敏感，故嘗試總平減常常即可克服多元共線性問題。

## 二、中心化的定義與用途

中心化 (centering) 係指原點 (zero point) 的平移，常將原始分數減去總平均數轉換成離差分數。教育或社會科學研究中，心理構念常缺乏一個可解釋而有意義的原點；例如：如果使用原始量尺：

$$HDL(好膽固醇) = -24.990 + 0.498LDL(壞膽固醇) + 2.459BMI - 0.019(LDL*BMI)$$

當預測值爲 0 時，所獲得之截距爲負值，不具有實質之應用性。如果將這些預測變數加以置中後，其預測公式變爲：

$$HDL(好膽固醇) = 47.555 + 0.080(LDL - 215) - 1.537(BMI - 22.5)$$
$$- 0.019(LDL - 215)(BMI - 22.5)$$

因此當預測值爲 0 時，所獲得之截距爲正值，就具有實質之意義；又如，LDL & BMI 爲平均值時，預估之好膽固醇平均值爲 47.555，都具有應用上之實質意義。因此，需要將預測變數平移至有意義的新原點，以便於解釋，注意中心化後各觀察值的相對位置並不會改變。又如在縱貫式的研究上，中心化目的在找到一個時間點，對於截距的解釋才具有意義或才能有效回答待答問題。不

同的中心化方法，其所得的係數與截距將有不同的意義。當然，假如預測變數值爲具有實質意義的 0，通常就不必進行變數中心化了。

## 三、多重共線性解決法之爭辯

不過，到底變數中心化可否有效消除或減輕多元共線性的現象，至今仍有爭論之處。例如：Belsley (1984), Gatignon & Vosgerau (2005) 認爲交互作用項的平均數置中，雖可降低單一變數與交互作用項間之線性相關，但仍無法解決或減輕多元共線性的威脅。交互作用項的多元共線性問題並非資料結構不良 ( 變數間缺乏獨立性 ) 所致，而是加入交互作用項所產生的模型界定問題。中心化使得原來雙變數的共線性變成多變數的共線性，其來源改變了，但共線性大小並未改變。Echambadi & Hess (2007) 也證明平均數置中徒勞無功，並無法解決多元共線性問題。該文證實了中心化變數既無法改善參數估計值之運算精確性，亦無法提高整體 $R^2$ 之解釋力 [ 即使 VIF (variance inflation factor) 下降 ]；因爲交乘積矩陣 (X'X) 的行列式值在中心化與未中心化的資料上均完全相同。可見交互作用項的共線性問題並未有任何的改善，這些論點似乎打破了過去傳統之看法，似乎仍有其他重要因素也會導致多元共線性問題。另外，Hofmann (2007) 認爲錯誤的中心化決定會導致你所考驗的理論模型與提出的假設不一致；而中心化方法選擇的錯誤亦會導致虛假的跨層次交互作用 ( 錯誤顯示 Level-2 的變數可以預測 Level-1 的斜率 )。

## 四、平減的方法

多層次分析中，個體層次 (Level-1) 的解釋變數納入迴歸中，你可採用變數的原始資料 ( 符號 $X_{ij}$)，亦可採用原始資料減總平均數，謂之總平減 ( 總平均數中心化 )，新變數爲 $\ddot{X}_{ij} = X_{ij} - X_{..}$。或可採用原始資料減組平均數，謂之組平減，新變數爲 $\widetilde{X}_{ij} = X_{ij} - \overline{X}_{.j}$。

總體層次 (Level-2) 的解釋變數納入迴歸中，你可採用變數的原始資料 ( 符號 $Z_j$)，亦可採用原始資料減總平均數，謂之總平減(總平均數中心化)，符號爲 $Z_j - \overline{Z}$。

```
*x 總平減
. egen Mx = mean(x)
. gen Cx = Mx-x
*y 組平減
. by id, sort : egen My = mean(y)
. gen Cy = My-y
```

## 2-5-4　中心化 (centering) ／平減的時機

　　平減可降低交互作用項 (Z*A) 與解釋變數 (Z 或 A) 之多重共線性的問題。多層次分析何時平減之變數變換呢？Enders & Tofighi(2007) 認為，(1) 若單獨探討脈絡變數之效果時，則以總平減 (grand-mean centering) 為宜，即以 $\ddot{x}_{ij}$ 取代 $x_{ij}$，變數變換：$\ddot{x}_{ij} = x_{ij} - \bar{x}$，由於每一個體所減掉的數值均同一常數 ( 同一個平均數 )，因此此一中心化分數 ( 總平減分數 ) 所得到的結果，除了截距 $\alpha$ 不同之外，其他都與使用原始分數得到的結果一樣。(2) 若分析焦點是個體層次解釋變數對依變數 ( 結果變數 ) 之影響程度，則以組平減 (group-mean centering) 為宜。(3) 若分析焦點是跨層次解釋變數對依變數之交互作用，則以組平減為宜。(4) 若分析焦點是 Level-2 群組層次解釋變數對依變數 ( 結果變數 ) 之影響程度，則以標準化平減為宜。

　　總平減比組平減 ( 以組平均數來進行中心化 ) 簡單許多。由於每組的組平均並不相同，每一組 ( 脈絡 ) 的個體所減掉的數值並不相同，組平減後的解釋變數 $\tilde{x}_{ij}$ 為原始分數減去各組平均數，即 $\tilde{x}_{ij} = x_{ij} - \bar{x}_j$。使用組平減新變數來取代舊變數，將使模型產生變化，其方程式為：

$$\underline{\alpha}_j = \alpha + \gamma_{01}\bar{x}_j + \gamma_{02}z_j + \underline{\delta}_{0j}$$

## 2-5-5　中心化 (centering) 的類別

　　解釋變數中心化的類別可以分為三類：

### 一、殘差中心化 (residual-centering)

　　Lance(1988), Little, Bovaird & Widaman(2006) 之正交化乘積指標法，包含兩大步驟：

Step-1：首先，須先建立未中心化指標之交乘積項，利用這些交乘積項當作效標進行迴歸分析；將殘差存檔以作後續分析之資料。

Step-2：建立潛在交互作用項 ($\xi_1\xi_2$)，並以交乘積殘差項 (Res11～Res22) 作為其指標 ( 參見下圖 )。

　　新建立的正交化交互作用項 (orthogonalized product terms)，僅包含代表交互作用效果的獨特變異量，因此交乘積或高次方項與主要效果間之關係完全獨立無關，而平均數中心化 (mean-centering) 僅能降低兩者間之強度關係，此係殘差中心化之最大特色。

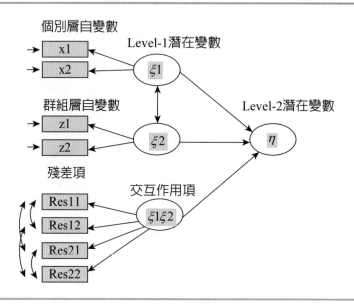

個別層自變數

Level-1潛在變數

群組層自變數

Level-2潛在變數

殘差項

交互作用項

**圖 2-49** 殘差中心化之二階 SEM 例子

## 二、平均數中心化 (mean-centering)

平均數中心化常見於迴歸分析、SEM 與 HLM 分析中，尤其是 HLM 多層次分析時，變數中心化更是無法逃避的重要課題。茲將常用的平均數中心化方法簡介如下：

### (一) 組平均數中心化

組平均數中心化 (centering within clusters；又稱爲 group-mean centering)，或稱爲脈絡中心化 (context centering，簡稱爲 CWC)，適用時機有：

1. 研究者旨在探究「層次一」中變數 X & Y 間之關係 ( 個體效果 )，希望：
   (1) 獲得淨組內迴歸係數的估計值 ( 可排除組間變異量 )，與 (2) 較精確估計斜率變異數。不過，當 $\beta_b = \beta_w$ 則要使用總平減「CGM(centering at the grand mean)」，最爲有效率。

2. 研究者希望進行跨層次之交互作用 (slopes as outcome)，以獲得純淨的「層次一」斜率 ( 此斜率受到其他預測變數的調節 )，因爲本法可以分離 cross-level & between group interaction 的效果 (Hofmann & Gavin, 1998)。

3. 研究者旨在探究「層次一」變數間之交互作用。

## (二) 總平均數中心化

總平均數中心化 (centering at the grand mean，又稱為 grand-mean centering，簡稱為 CGM)，又稱為總平減置中，適用時機為：

1. 研究者旨在探究「Level-2」中預測變數之淨效果 ( 以排除 Level-1 共變數之效果 )。
2. 研究者旨在探究「Level-2」中變數間的交互作用。

如欲探究變數在「Level-1 與 Level-2」是否具有差異效果 ( 亦即脈絡效果 )，Wu & Wooldridge (2005) 建議使用原始分數或使用 CGM ( 請在 Level-2 中加入組平均數預測變數 )，不必進行線性轉換即可區分個體層次效果與組織層次效果。

另外，總平減置中與原始分數間之關係非常密切 ( 二者係等同模型 )，所估計之參數可以透過線性轉換互轉，細節請看下列數學公式 (2-17)～(2-19) 之推導：

$$
\begin{aligned}
y &= \beta_0 + \beta_1 X_1 + \beta_2 X_2 + \beta_3 X_1 X_2 \\
y &= \gamma_0 + \gamma_1 X_1^c + \gamma_2 X_2^c + \gamma_3 X_1^c X_2^c \ (X_1^c = X_1 - \overline{X}_1, X_2^c = X_2 - \overline{X}_2) \\
y &= \gamma_0 + \gamma_1(X_1 - \overline{X}_1) + \gamma_2(X_2 - \overline{X}_2) + \gamma_3(X_1 - \overline{X}_1)(X_2 - \overline{X}_2) \\
&= \gamma_0 + (\gamma_1 - \gamma_3 \overline{X}_2)X_1 + (\gamma_2 - \gamma_3 \overline{X}_1)X_2 + \gamma_3 X_1 X_2 \\
&= (\gamma_0 + \gamma_3 \overline{X}_1 \overline{X}_2 - (\gamma_1 \overline{X}_1 + \gamma_2 \overline{X}_2)) + (\gamma_1 - \gamma_3 \overline{X}_2)X_1 + (\gamma_2 - \gamma_3 \overline{X}_1)X_2 + \gamma_3 X_1 X_2
\end{aligned}
\tag{2-17}
$$

由上式知，總平減置中對於最高階交互作用項係數完全無影響 ($\beta_3 = \gamma_3$)，置中後 $X_1$ & $X_2$ 的斜率為：

$$
\begin{aligned}
\beta_1 &= (\gamma_1 - \gamma_3 \overline{X}_2) \rightarrow \gamma_1 = \beta_1 + \gamma_3 \overline{X}_2 \\
\beta_2 &= (\gamma_2 - \gamma_3 \overline{X}_1) \rightarrow \gamma_2 = \beta_2 + \gamma_3 \overline{X}_1
\end{aligned}
\tag{2-18}
$$

至於置中後截距為：

將上式變數

$$
\beta_0 = (\gamma_0 + \gamma_3 \overline{X}_1 \overline{X}_2 - (\gamma_1 \overline{X}_1 + \gamma_2 \overline{X}_2))
$$

移項後可得：

$$
\gamma_0 = (\beta_0 + (\gamma_1 \overline{X}_1 + \gamma_2 \overline{X}_2) - \gamma_3 \overline{X}_1 \overline{X}_2
\tag{2-19}
$$

### 三、固定值中心化

固定值中心化 (fixed-value centering) 之適用時機為：潛在成長變化分析 (latent change analysis)。

以下列成長變化模型為例：

$$Y_{ij} = \pi_{0i} + \pi_{1i} \alpha_{ti} + \varepsilon_{ti}$$

假設觀察兒童的年齡分別在 2,3,4,5,6 歲，截距 $\pi_{0i}$ 即當 $\alpha_{ti} = 0$ 時的預測值。變數置中會影響截距的意義，例如：如果研究者定義 2 歲為 $\alpha_{ti} - 2 = 0$，作為資料蒐集的初始狀態，如果研究者想瞭解研究中點 4 歲作為初始狀態，則使用 $\alpha_{ti} - 4$，如果研究者想瞭解研究終點 6 歲作為初始狀態，則使用 $\alpha_{ti} - 6$。

以上係對於不同感興趣時間點的歸零設定方法，中心化目的在找到一個時間點，對於截距的解釋才具有意義或才能有效回答待答問題。

## 2-6 線性混合模型：多層次分析入門 (mixed, xtmixed 指令 )

指令 xtmixed、mixed 專門處理多層次 mixed regression ( 具常態分布、連續型結果變數 )。

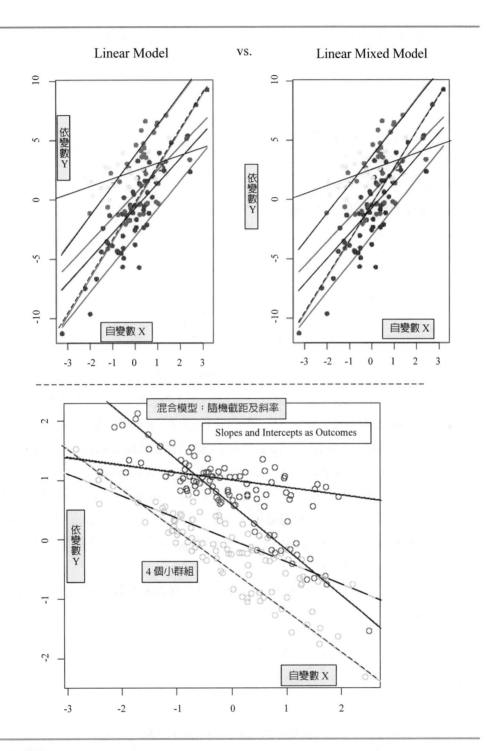

**圖 2-50** 線性混合模型之示意圖

## 2-6-1　線性混合模型 (linear mixed model) 之方程式

$$y = X\beta + Zu + \varepsilon$$

其中：

　　$y$：$n \times 1$ 向量之反應變數

　　$X$：$n \times p$ 固定效果之設計矩陣

　　$\beta$：固定效果

　　$Z$：$n \times q$ 隨機效果之設計矩陣

　　$u$：固定效果

　　$\varepsilon$：$n \times 1$ 誤差向量

使得

$$\begin{bmatrix} u \\ \varepsilon \end{bmatrix} \sim N\left( 0, \begin{bmatrix} G & 0 \\ 0 & \sigma_\varepsilon^2 \text{ln} \end{bmatrix} \right)$$

　　由於隨機效果無法直接估計，但其特性為 G 矩陣元素，它就是誤差變異成分。故你仍可用 best linear unbiased prediction (BLUPs) 來「預測」隨機效果。

　　以上混合模型數學式，旨在估計未知數，包括：$\beta$、$\sigma_\varepsilon^2$、G 矩陣內的變異成分。

　　STaTa 有三個常用指令：mixed(STaTa v15 新版的 Multilevel mixed-effects linear regression)、xtmixed(STaTa v12 舊版的 Multilevel mixed-effects linear regression)、gllamm(Generalised linear latent and mixed models)、meglm 來估計這些未知數，特殊情況則用 xtreg(Fixed-, between-, and random-effects and population-averaged linear models) 指令。有關 xtreg 實作例子，請見作者《Panel-data 迴歸模型》一書的介紹。

　　你可將上面數學式，改用 M 獨立 panels 來更容易表達混合模型 (for i = 1, 2, …, M) 為：

$$y_i = X_i\beta + Z_iu_i + \varepsilon_i$$

其中：

$$u_i \sim N(0, S), \text{ for } q \times q \text{ variance } S$$

且

$$Z = \begin{bmatrix} Z_1 & 0 & \cdots & 0 \\ 0 & Z_2 & \cdots & 0 \\ \vdots & \vdots & \ddots & \vdots \\ 0 & 0 & 0 & Z_M \end{bmatrix} ; \quad u = \begin{bmatrix} u_1 \\ \vdots \\ u_M \end{bmatrix} ; \quad G = I_M \otimes S$$

## 2-6-2 範例 1：典型之隨機係數模型 (slopes and intercepts as outcomes)

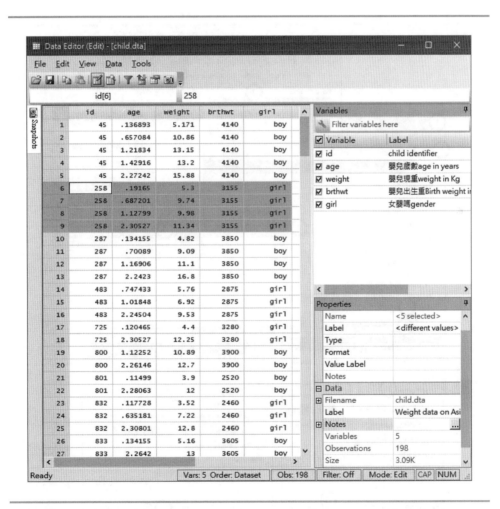

圖 2-51 「child.dta」資料檔內容

來源：Goldstein, H. (1986). Efficient statistical modeling of longitudinal data. Human Biology ,13, 129-142.

「child.dta」資料檔共 68 個嬰兒，記錄出生體重並重複測量 3～5 次體重。

**Step-1**：成長曲線分析

成長曲線圖將包括下列重點：

1. 全體嬰兒二次成長曲線 (overall quadratic growth)
2. 特定嬰兒之隨機截距模型 (child-specific random intercepts)
3. 特定嬰兒之線性趨勢 (child-specific linear trends)
4. 特定嬰兒之二次成分可能會有點多 (child-specific quadratic components would perhaps be a bit much)

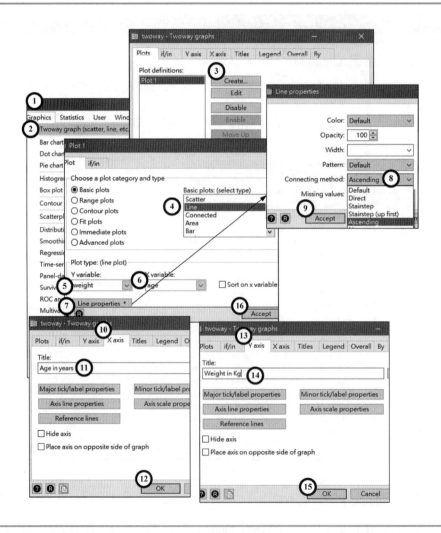

圖 2-52　「**graph** twoway (**line** weight age, **connect**(ascending)), **xtitle**(Age in years) **ytitle**(Weight in Kg) **title**(Growth Curves For Child Data)」畫面

Step-2：繪成長曲線圖

```
* 開啟資料檔
. use child.dta, clear
(Weight data on Asian children)

* 繪成長曲線圖，如下圖
. sort id age
. graph twoway (line weight age, connect(ascending)), xtitle(Age in years)
ytitle(Weight in Kg) title(Growth Curves For Child Data)
```

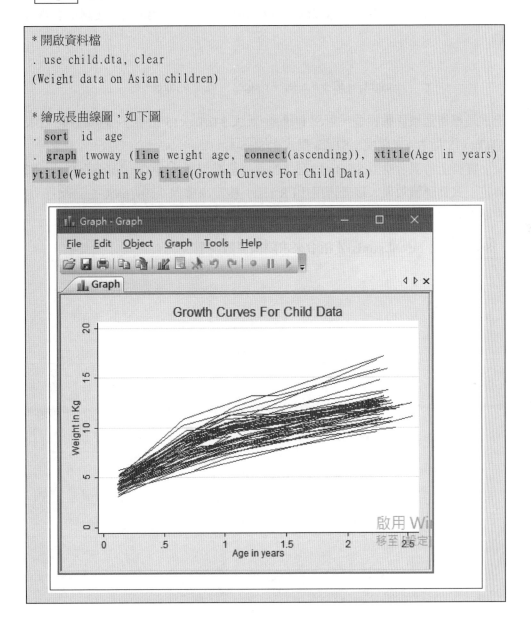

Step-3：成長曲線之建模

由成長曲線圖呈現二次曲線圖，可看出第 i 個個體的第 j 次重複測量之體重為：

$$\text{weight}_{ij} = \beta_0 + \beta_1 \text{age}_{ij} + \beta_2 \text{age}_{ij}^2 + u_{i0} + u_{i1}\text{age}_{ij} + \varepsilon_{ij}$$

上式是標準隨機係數模型，可用 **mixed**( 新版 STaTa v15 指令 )、**xtmixed**( 舊版 STaTa v12 指令 ) 來建模，STaTa 程式如 Step-4 。

實務上，混合模型 STaTa 內定之誤差項都需加選「cov(unstructured)」，來界定上式為隨機效果。接著再用「LR test」檢定來確保「cov(unstructured)」加它是需要的。

Step-4：用 **mixed,xtmixed** 指令來求隨機係數模型

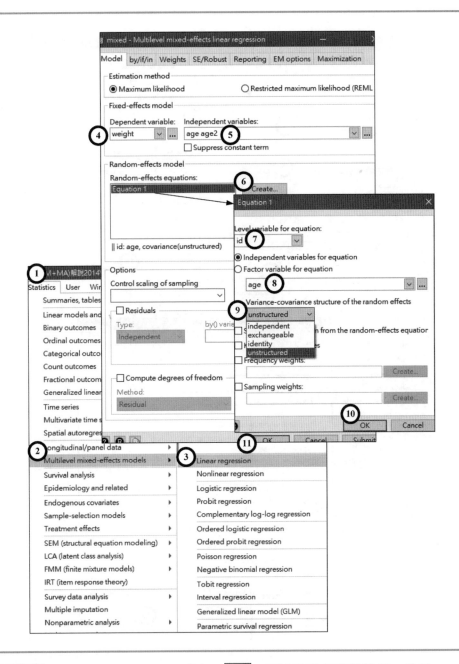

圖 2-53 「mixed weight age age2, ‖ id：age , covariance (unstructured)」畫面

註：上式「mixed…‖ class」區間為混合模型；「‖ id:」之後，宣告 level-2 隨機斜率變數有一個 age。

註：「covariance(unstructured)」宣告隨機效果之「變異數—共變數」V-C 結構為 unstructured.

註：變數 age 重複測量 5 次嬰兒體重。並以 id 常分群變數。

註：「‖ id」後面宣告 age 為隨機斜率，其餘自變數 (age2) 為隨機截距。

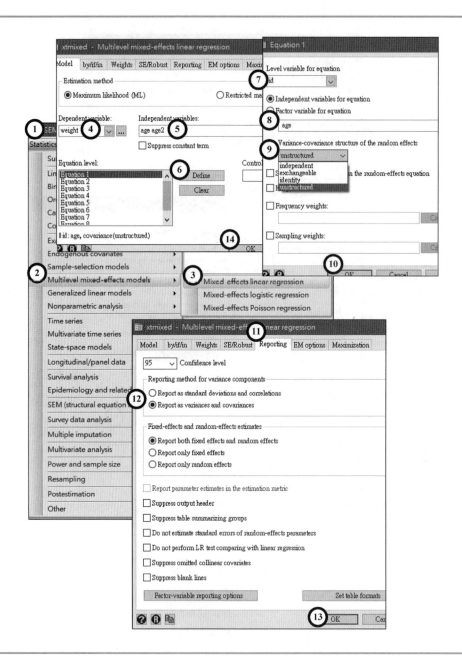

**圖 2-54** 「**xtmixed** weight age age2 ‖ **id:** age, **cov(unstructured)** variance」畫面

註：上式「mixed…‖ class」區間為混合模型；「‖ id：」之後，宣告 level-2 隨機斜率變數有 一個 age。

註：「covariance(**un**structured)」宣告隨機效果之「變異數─ 共變數」V-C 結構為 **unstructured**.

```
* 產生 age 的平方，並存至新變數 age2
. gen age2 = age^2
```

*「|| id」後面宣告 age 為隨機斜率，其餘自變數 (age2) 為隨機截距
```
. mixed weight age age2, || id: age, covariance(unstructured)
```
* 上式「mixed…||id」區間為混合模型；「|| id」之後，宣告 level-2 隨機斜率變數有
一個 age。
* 舊版 STaTa v12，只能限用下列 xtmixed 指令，新版 STaTa v15 才可用上列 mixed 指令
```
. xtmixed weight age age2 || id: age, cov(unstructured) variance
```

```
Performing EM optimization:

Computing standard errors:

Mixed-effects ML regression                 Number of obs     =      198
Group variable: id                          Number of groups  =       68

                                            Obs per group:
                                                         min =        1
                                                         avg =      2.9
                                                         max =        5

                                            Wald chi2(2)      =  1978.20
Log likelihood = -258.07784                 Prob > chi2       =   0.0000

------------------------------------------------------------------------------
      weight |      Coef.   Std. Err.      z    P>|z|     [95% Conf. Interval]
-------------+----------------------------------------------------------------
         age |   7.703998   .2394082    32.18   0.000     7.234767    8.173229
        age2 |  -1.660465   .0885229   -18.76   0.000    -1.833967   -1.486963
       _cons |   3.494512   .1372636    25.46   0.000      3.22548    3.763544
------------------------------------------------------------------------------


------------------------------------------------------------------------------
  Random-effects Parameters  |   Estimate   Std. Err.    [95% Conf. Interval]
-----------------------------+------------------------------------------------
id: Unstructured             |
                   var(age)  |    .254097   .0886513     .1282407    .5034696
                 var(_cons)  |     .40444   .1645248     .1822168    .8976766
```

```
           cov(age, _cons) |    .0880874    .0880255    -.0844394    .2606141
--------------------------+---------------------------------------------------
             var(Residual) |    .3315169    .0582667     .2349093    .4678548
------------------------------------------------------------------------------
LR test vs. linear model: chi2(3) = 115.58                Prob > chi2 = 0.0000

Note: LR test is conservative and provided only for reference.

. estat ic


------------------------------------------------------------------------------
     Model |    Obs    ll(null)   ll(model)     df        AIC          BIC
-----------+------------------------------------------------------------------
         . |    198           .   -258.0778      7    530.1557     553.1736
------------------------------------------------------------------------------
             Note:  N=Obs used in calculating BIC; see [R] BIC note
```

1. 因為上面摘要表中，所有迴歸係數之顯著性檢定 (z 值 ) 都達顯著水準 (p < 0.05)，表示你界定的本模型獲得支持。

2. LR test 結果，得 $\chi^2_{(3)}$ =115.58(p < 0.05)，表示你宣告「**cov (unstructured)**」本模型為隨機係數模型比固定效果 (OLS 迴歸 ) 來得優。

3. 隨機效果 (random-effects) 之二個解釋變數「age,age2」迴歸係數都達 0.05 顯著水準，表示你界定的模型獲得支持。

4. 本例「隨機截距且隨機斜率模型」分析結果如下：
   $weight_{ij} = \beta_0 + \beta_1 age_{ij} + \beta_2 age_{ij}^2 + u_{i0} + u_{i1} age_{ij} + \varepsilon_{ij}$
   $weight_{ij} = 3.49 + 7.70 age_{ij} - 1.66 age_{ij}^2 + 040 + 0.254 \times age_{ij} + 0.332$

5. 隨機係數模型，模型適配指標 AIC = 530.15，它再與下面例子「考量性別之 Grouped Covariance Structure」做比較，看誰的 AIC 值較小，那個模型就較優。

---

**補充說明：迴歸模型之適配度指標：IC**

1. R square 代表的是一個迴歸模型的解釋能力，假設某一線性迴歸之決定係數 R Square=0.642，即 $R^2 = 0.642$，表示此模型的解釋能力高達 64.2%。

---

2. AIC (Akaike information criterion) 屬於一種判斷任何迴歸 (e.g 時間序列模型) 是否恰當的訊息準則，一般來說數值愈小，線性模型的適配較好。二個敵對模型優劣比較，是看誰的 IC 指標小，那個模型就較優。

$$AIC = T \times Ln(SS_E) + 2k$$

$$BIC = T \times Ln(SS_E) + k \times Ln(T)$$

3. BIC (Bayesian information criterion) 亦屬於一種判斷任何迴歸是否恰當的訊息準則，一般來說數值愈小，線性模型的適配較好。但較少有研究者用它。

4. 判定係數 R2、AIC 與 BIC，雖然是幾種常用的準則，但是卻沒有統計上所要求的『顯著性』。故 LR test( 概似比 ) 就出頭天，旨在比對兩個模型 ( 如 HLM vs. 單層固定效果 OLS) 是否顯著的好。

## 2-6-3 範例 2：考量各小群組之誤差結構 (slopes and intercepts as outcomes with variance-covariance structure of the random effects)

各小群組之誤差結構 (grouped covariance structure)，承前例之樣本資料「child.dta」。

Step-1：評估性別 (gender) 效果

前面範例，並未將男嬰 vs. 女嬰的體重，分組來處理，顯然忽略了性別 (gender) 效果。故本例先繪男女兩性的體重成長圖，是否有差異？其 graph 指令如下。

Step-2：特定性別之成長曲線

```
. use child.dta, clear
(Weight data on Asian children)

*繪男女兩性的體重成長圖
. graph twoway (line weight age, connect(ascending)), by(girl) xtitle(Age in
years) ytitle(Weight in Kg)
```

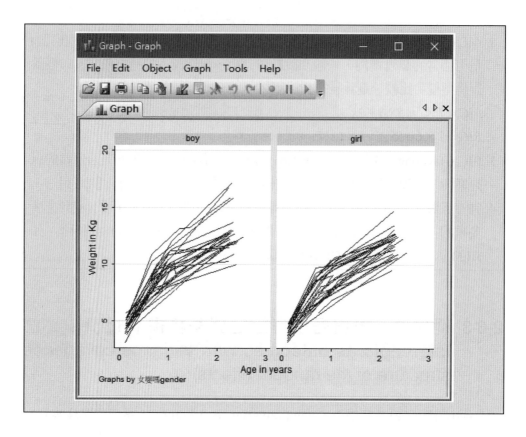

男女兩性的體重成長圖，結果顯示男 vs. 女嬰體重成長有差異。

### Step-3：模型再擴展

在前例子，我們是假定男嬰 vs. 女嬰的變異數成分是相同的。但從男嬰 vs. 女嬰的體重成長圖來看，女嬰的體重成長圖比男嬰更密集，即女嬰組的變異數比男嬰組小。故我們要討論「特定性別 (gender-specific)」隨機效果，即男女的共變數矩陣。

### Step-4：block-diagonal 共變數矩陣

因此，

$$weight_{ij} = \beta_0 = \beta_1 age_{ij} + \beta_2 age_{ij}^2 + \beta_3 girl_{ij} + \boxed{u_{i0} + u_{i1} age_{ij}} + \varepsilon_{ij}$$

上式框框內的式子要改成：

$$u_{i0}^b boy_{ij} + u_{i1}^b (age_{ij} \times boy_{ij}) + u_{i0}^g girl_{ij} + u_{i1}^g (age_{ij} \times girl_{ij})$$

此新模型，隨機效果的共變數是 block diagonal( 對角線元素 )，即：

$$\mathrm{Var}\begin{bmatrix} u_{i0}^b \\ u_{i1}^b \\ u_{i0}^g \\ u_{i1}^g \end{bmatrix} = \begin{bmatrix} \Sigma_b & 0 \\ 0 & \Sigma_g \end{bmatrix}$$

其中，$\Sigma_b$ 與 $\Sigma_g$ 都是 $2 \times 2$ 非結構共變數矩陣 (unstructured covariance)。

**Step-5**：我們新模型：具交互作用項「**age×boy**」、「**age×girl**」

我們能藉由 "repeating level specifications" 來完成隨機效果。此外，再加相對應的固定效果、boy/girl 虛擬變數、「boy/girl × age」交互作用項。因此新模型要變成：

$$weight_{ij} = \beta_2 age_{ij}^2 + \beta_3 boy_{ij} + \beta_4(age_{ij} \times boy_{ij}) + \beta_5 girl_{ij} + \beta_6(age_{ij} \times girl_{ij}) + u_{i0}^b boy_{ij} + u_{i1}^b(age_{ij} \times boy_{ij}) + u_{i0}^g girl_{ij} + u_{i1}^g(age_{ij} \times girl_{ij}) + \varepsilon_{ij}$$

新模型建議採用 ML( 最大概似法 )，而不用 REML 估計法。因 ML 法允許 LR test 時模型的固定效果之結構是不同的。

**Step-6**：用 **mixed,xtmixed** 指令來建構新模型

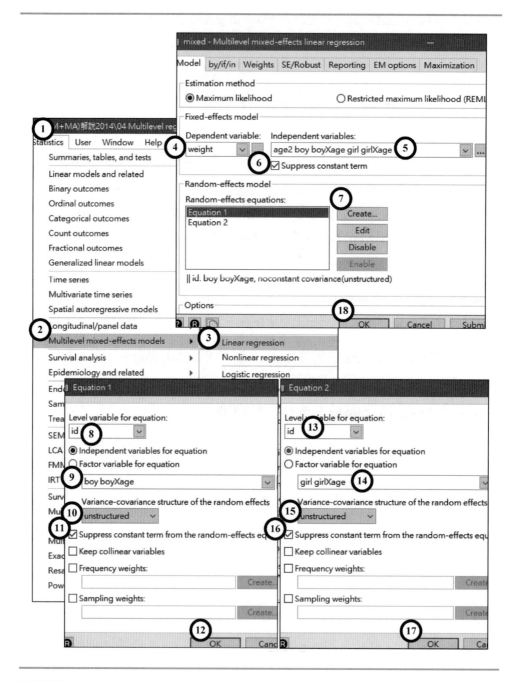

圖 2-55 「mixed weight age2 boy boyXage girl girlXage, noconstant ‖ id：boy boyXage, noconstant covariance(unstructured) …」

註：「mixed weight age2 boy boyXage girl girlXage, noconstant ‖ id：boy boyXage, noconstant covariance(unstructured) ‖ *id：girl girlXage, noconstant covariance(unstructured)*」

註：舊版 STaTa v12，只能限用下列 xtmixed 指令，新版 STaTa v15 才可用上列 mixed 指令

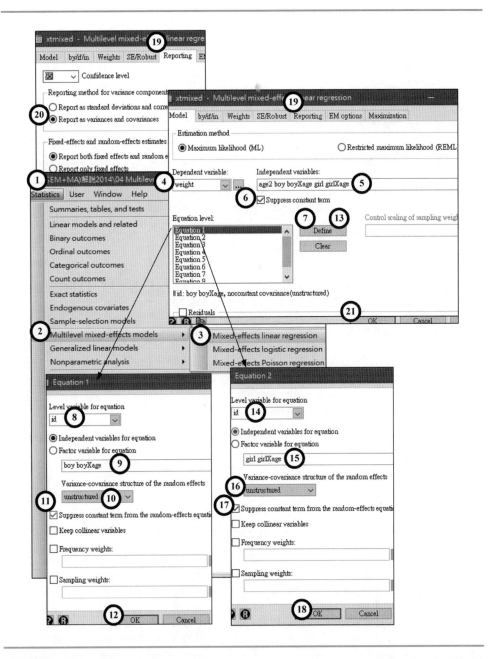

圖 2-56 「xtmixed weight age2 boy boyXage girl girlXage, nocons ‖ id：*boy* *boyXage*, nocons *cov(un)* ‖ id：girl girlXage, nocons cov(un) mle var」

註：上式「xtmixed…‖ class」區間為混合模型；「‖ id：」之後，宣告 level-2 隨機斜率變數有一個 age。

註：「covariance(unstructured)」宣告隨機效果之「變異數—共變數」V-C 結構為 unstructre.

註：「‖ id」後面宣告 **boy** **boyXage** 為隨機斜率，其餘自變數「age2 girl girlXage」都為隨機截距。

```
. gen age2= age ^2
* !是 NOT 運算子
. gen boy = !girl
*新產生二個交互作用項
. gen boyXage = boy*age
. gen girlXage = girl*age

*新模型：具交互作用項「age × boy」、「age × girl」

*「‖id」後面宣告 boy boyXage 為隨機斜率，其餘自變數「age2 girl girlXage」都為隨機
  截距
. mixed weight age2 boy boyXage girl girlXage, noconstant ‖ id: boy boyXage,
  noconstant covariance(unstructured) // id: girl girlXage, noconstant
  covariance(unstructured)
*上式「mixed…‖id」區間為混合模型；「‖ id」之後，宣告 level-2 隨機斜率變數有一個
  age。
*舊版 STaTa v12，只能限用下列 xtmixed 指令，新版 STaTa v15 才可用上列 mixed 指令
. xtmixed weight age2 boy boyXage girl girlXage, nocons ‖ id: boy boyXage, nocons
  cov(un) ‖ id: girl girlXage, nocons cov(un) mle var

Computing standard errors:

Mixed-effects ML regression              Number of obs     =        198
Group variable: id                       Number of groups  =         68

                                         Obs per group: min =          1
                                                        avg =        2.9
                                                        max =          5

                                         Wald chi2(5)      =    7095.79
Log likelihood = -248.70821              Prob > chi2       =     0.0000
```

| weight | Coef. | Std. Err. | z | P>\|z\| | [95% Conf. Interval] | |
|---|---|---|---|---|---|---|
| age2 | -1.641597 | .0867182 | -18.93 | 0.000 | -1.811562 | -1.471633 |
| boy | 3.766094 | .1618969 | 23.26 | 0.000 | 3.448782 | 4.083406 |
| boyXage | 7.782753 | .2609228 | 29.83 | 0.000 | 7.271353 | 8.294152 |
| girl | 3.257528 | .178941 | 18.20 | 0.000 | 2.90681 | 3.608246 |
| girlXage | 7.538577 | .2386229 | 31.59 | 0.000 | 7.070885 | 8.006269 |

| Random-effects Parameters | Estimate | Std. Err. | [95% Conf. Interval] | |
|---|---|---|---|---|
| id: Unstructured | | | | |
| var(boy) | .2887795 | .1915665 | .0786879 | 1.059801 |

```
                    var(boyXage) |   .4557309     .1794434      .2106439     .9859797
                 cov(boy,boyXage) |   .0227223     .1373405     -.2464602     .2919048
---------------------------------+------------------------------------------------------
id: Unstructured                 |
                       var(girl)  |   .4799609     .222323       .1936066     1.189848
                    var(girlXage) |   .0423416     .0608415      .0025331     .7077433
                 cov(girl,girlXage)|  .0645361     .0869899     -.1059609     .2350332
---------------------------------+------------------------------------------------------
                   var(Residual)  |   .3211565     .0555259      .2288492     .4506963
----------------------------------------------------------------------------------------

LR test vs. linear regression:        chi2(6) =      113.34    Prob > chi2 = 0.0000

Note: LR test is conservative and provided only for reference.

. estat ic

----------------------------------------------------------------------------------------
      Model |   Obs     ll(null)    ll(model)     df          AIC          BIC
------------+---------------------------------------------------------------------------
         .  |   198         .       -248.7082     12       521.4164      560.8756
----------------------------------------------------------------------------------------
              Note:  N=Obs used in calculating BIC; see [R] BIC note
```

1. 本例增加性別與年齡之交互作用項，分析結果如下：

$$weight_{ij} = \beta_2 age_{ij}^2 + \beta_3 boy_{ij} + \beta_4(age_{ij} \times boy_{ij}) + \beta_5 girl_{ij} + \beta_6(age_{ij} \times girl_{ij}) + u_{i0}^b boy_{ij}$$
$$+ u_{i1}^b(age_{ij} \times boy_{ij}) + u_{i0}^g girl_{ij} + u_{i1}^g(age_{ij} \times girl_{ij}) + \varepsilon_{ij}$$

$$weight_{ij} = -1.64 age_{ij}^2 + 3.77 boy_{ij} + 7.78(age_{ij} \times boy_{ij}) + 3.26 girl_{ij} + 7.54(age_{ij} \times girl_{ij})$$
$$+ 0.29 boy_{ij} + 0.46(age_{ij} \times boy_{ij}) + 0.48 girl_{ij} + 0.04(age_{ij} \times girl_{ij}) + 0.321$$

2. 本例「考量性別之 Grouped Covariance Structure」AIC = 521.416，它比隨機係數模型 AIC = 530.15 小，故本例「考量性別之 Grouped Covariance Structure」模型比隨機係數模型優。

---

**小結：注意事項**

1. 事實證明，男孩體重成長曲線的擴大是由於線性成分的變異數較大，而不是截距。

2. 隨機效果之誤差結構，是要在 mixed、xtmixed 指令內勾選「covariance(unstructured)」。

3. 當界定 repeated level 時，你可用「‖」二次，來區分「男性 ×age」及「女性 ×age」交互作用。

## 二、工具變數之應用領域

學術界，工具變數的兩階段迴歸之常見研究主題，包括：

1. 以越戰風險爲工具變數估計教育對薪資之影響。例如，探討越南戰爭對美國越戰世代之教育程度之外生衝擊，進而對其 1980 年代經濟表現造成之影響。文中採用美國於越戰期間各年各州平均陣亡人數作爲一衡量越戰世代所面對戰爭風險之指標。我們利用該戰爭風險指標作爲工具變數，捕捉在不同戰爭風險水準之下，年輕男性與年輕女性間大學教育程度之差異，並以此外生造成之差異估計教育對薪資所得之影響。我們發現在越戰期間不論戰爭風險對教育程度之效果，或者這些外生決定之教育程度對薪資所得之效果均爲正向且顯著。藉此，我們將於越戰脈絡下對這兩項效果的認知，由目前的限於越戰彩券時期 (1970-1972)，推廣到整個越戰 (1965-1972)。

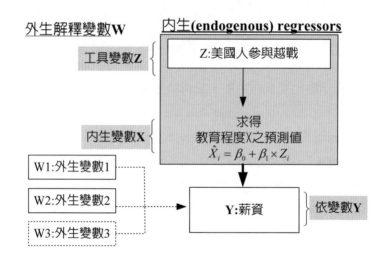

圖 2-57　越南戰爭對美國越戰世代之教育程度之外生衝擊

2. 教育政策、跨代教育效果與統計生命價值的評估。
3. 教育 ( 內生變數 X) 與健康 ( 依變數 Y)－教育內生性問題之探討。
4. 教育 (X) 對生育行爲 (Y) 的影響。
5. 過度教育、肥胖與薪資。
6. 影響中學生 PISA 成績因素之估計－臺灣、香港、日本、韓國之比較。
7. 經濟學教學方式、時間投入與學習績效間之關係。

8. 焦慮對學生<mark>學業成就</mark>的影響。

9. 臺灣高中職學生打工行為對於<mark>學業成就</mark>之影響－工具變數法之應用。

10. <mark>教育的回報率</mark>在臺灣<mark>高等教育擴張</mark>的影響代價。有人使用華人家庭動態資料庫 RI1999、RI2000、RI2003、RCI2004、與 RCI2005 的混合資料樣本進行估計。面對教育可能存在的內生性問題，即以兩階段最小平方法 (2SLS)、Hausman Taylor 估計法 (HT 模型 )、與追蹤資料廣義動差估計法 (panel GMM) 來對教育報酬進行估計，試圖對內生性問題加以處理。結果發現，若沒有處理「能力 (IV) 在教育 (X) 與薪資 (Y) 上」所造成的內生性問題時，以 OLS 估計教育報酬的結果可能有低估的偏誤，因為其結果較其他估計法所得出的教育報酬低了至少 20%。此外，不同估計方式所得出的教育報酬結果介於 5%-12%，其中在 OLS 估計下會得出最低的邊際教育報酬，其他依序為以純粹解釋變數落遲期為工具變數的 panel GMM 估計、2SLS 估計、加入配偶教育年數為工具變數的 panel GMM 估計、最後為 HT 模型的估計。最後，對於高教擴張與教育報酬兩者間的關係，我們的研究結果顯示：在我國大學錄取率由 27% 上升到 60% 的這段時間裡，高等教育的擴張並未對教育報酬產生顯著地負向影響。

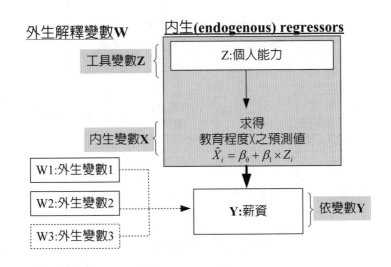

**圖 2-58** 教育的回報率在臺灣高等教育擴張的影響代價

11. 育兒時間的決定因素－American Time Use Survey 2003-2010 實證研究。

12. 幸福與信任的因果關係－跨國資料的工具變數分析。

13. 經驗概似法之理論與蒙地卡羅模擬。

14. 宗教信仰與宗教捐獻之實證研究。

15. 中國移民和工資的關係。

16. 以動態三因子模型解釋短期報酬趨勢與長期反轉現象－以臺灣市場爲例。

17. 臺指選擇權履約機率與報酬率之相關性研究：Black-Scholes 模型之應用。

18. 臺灣山坡地違規農業使用之研究。利用傳統犯罪計量模型採用的線性對數化以 OLS 進行分析，再加上系統模型的 2SLS 比對出各變數的影響，研究顯示民眾違規使用山坡地，主要是受山地農業政策包括水稻、檳榔、茶葉等的政策所影響。

19. 電視對印度女性地位的影響：以取水時間作爲工具變數。

20. 食物生產對國家內部衝突的影響，降雨量當工具變數。

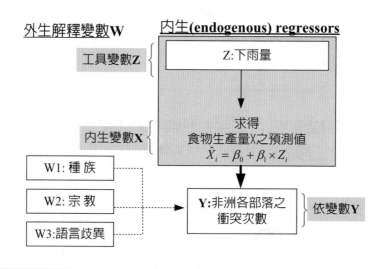

**圖 2-59** 內部衝突次數為依變數，食物生產量為內生變數之 Panel IV 模型

21. 分別以兩階段最小平方法 (2SLS) 與兩階段成分迴歸法 (2SQR) 分析臺灣銀行業風險與資本間的關係。2SLS 發現，銀行資本水準對目標風險水準決定無顯著影響，銀行風險水準正向影響目標資本水準。但 2SQR 更深入發現，無論是中度與高度風險銀行或是中度與高度資本的銀行，其風險與資本均呈正相關，但是低度資本的銀行，風險上升並不會同步造成資本上升。

22. 失業真的會導致犯罪嗎？並以美元匯率、日圓匯率以及能源價格三者分別與製造業就業人口比例乘積作爲失業率的工具變數，並從理論與弱工具變數檢定 (weak IV test，**rivtest** 外掛指令) 兩方面同時探討該組工具變數之有效性。結果發現，在 OLS 下失業率對各類犯罪影響幾乎都爲正且顯著；但在兩階段最小平方法 (2SLS) 下，失業率只對財產犯罪 ( 主要在其中的竊盜一項 ) 有正的顯著影響，對暴力犯罪則無。且 2SLS 估計值皆大於 OLS 的結果。

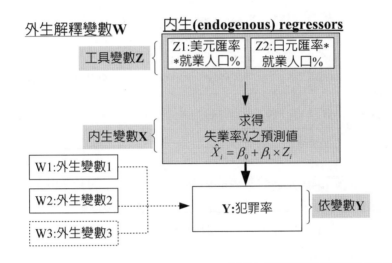

**圖 2-60** 失業真的會導致犯罪

```
* rivtest 外掛指令之弱檢定範例，存在「weak.do」指令檔


. use http://www.stata.com/data/jwooldridge/eacsap/mroz.dta


* Test significance of educ in the lwage equation (homoskedastic VCE)


. ivregress 2sls lwage exper expersq (educ = fatheduc motheduc)
* 結果略
. rivtest


Weak instrument robust tests for linear IV
H0: beta[lwage:educ] = 0
```

```
--------------------------------------------------------------
Test |       Statistic              p-value
-----+--------------------------------------------------------
 CLR | stat(.)  =      3.47     Prob > stat =   0.0636
  AR | chi2(2)  =      3.85     Prob > chi2 =   0.1459
  LM | chi2(1)  =      3.46     Prob > chi2 =   0.0629
   J | chi2(1)  =      0.39     Prob > chi2 =   0.5323
LM-J |            H0 not rejected at 5% level
-----+--------------------------------------------------------
Wald | chi2(1)  =      3.85     Prob > chi2 =   0.0497
--------------------------------------------------------------
Note: Wald test not robust to weak instruments.
*Test significance of educ in the lwage equation and estimate confidence sets
(robust VCE)
```

\* 卡方值 3.85(p<.05)，拒絕「H0: beta[lwage:educ] = 0」，故「educ → lwage」存在工具變數

23. 乾淨用水對長期健康及教育成就的影響。並以前一年的營業稅與雜種稅作為水控供水戶數 ( 每千人 ) 的工具變數的作法。兩階段迴歸估計顯示，水控供水戶數 ( 每千人 ) 仍與教育、婚姻與健康有顯著的正向關係，且 2SLS 的估計值大於 OLS 估計結果。

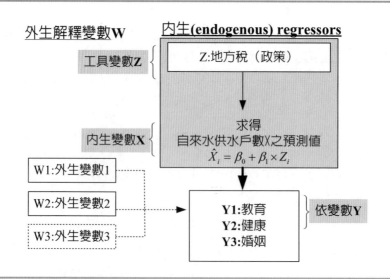

圖 2-61　乾淨用水對長期健康及教育成就的影響

24. 血液透析與腹膜透析對末期腎臟病患之存活影響。

25. 平均數－擴展吉尼係數架構下玉米期貨避險比率之研究。

26. 臺灣個人醫療門診次數與居家型態之關係為何？若以工具變數來排除因居家型態有內生性所造成的偏誤值。研究結果顯示：依其都市化程度的不同，其居家型態、門診次數也會有所改變；迴歸模型方面，當我們納入內生性考量以後，居家型態於有無內生性下會有不同的差異性。在沒有考量內生性下，居家型態於迴歸中沒有顯著的水準；而考量有內生型態時，居家型態會有顯著性的水準存在。

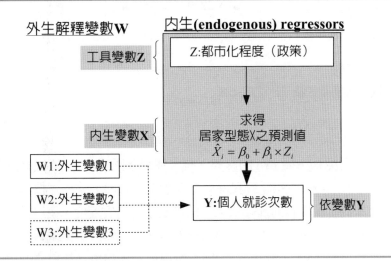

**圖 2-62** 臺灣個人醫療門診次數與居家型態之關係

27. 老人接種流行性感冒疫苗與其醫療服務利用之研究。

28. 臺灣花卉供應鏈的資料倉儲設計與量測變數迴歸應用。

29. 多角化對公司價值影響之再驗證。

30. 醫生服務量對醫療結果 (1 月、6 月、1 年內死亡) 的影響—臺灣初次接受肝癌病患為對象。由於品質較佳醫師更會吸引病患，使得服務量產生自我選擇的內生性問題。

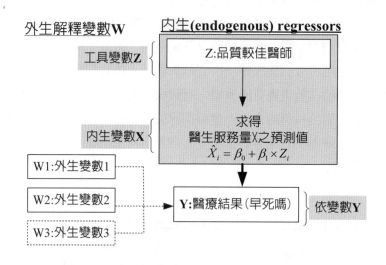

**圖 2-63** 醫生服務量對醫療結果的影響

31. 嫁妝與家務時間分配的實證研究。

32. 糖尿病 (X) 對勞動市揚 (Y) 的影響。有人運用我國 85 年「國民營養狀況變遷調查」、90 年與 94 年「國民健康訪問調查」資料，分男女按年齡分組估計罹患糖尿病對就業負向衝擊效果。為考量糖尿病為內生，使用帶工具變數雙元 Probit 模型，工具變數包含糖尿病家族病史和糖尿病區域盛行率。比較三年度分析可知：85 年與 90 年因缺乏糖尿病家族病史且糖尿病區域盛行率變異不夠大，糖尿病對就業負向衝擊較不明確；惟 94 年則無此二項限制，中老年男性之糖尿病對就業衝擊效果呈顯著為 −24.22%，其他各組之效果多偏小或不顯著。

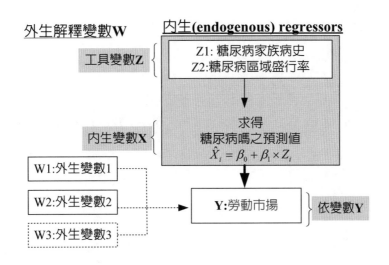

外生解釋變數**W**　　　　內生**(endogenous) regressors**

工具變數**Z**　{
Z1: 糖尿病家族病史
Z2:糖尿病區域盛行率

內生變數**X**　{
求得
糖尿病嗎之預測值
$\hat{X}_i = \beta_0 + \beta_1 \times Z_i$

W1:外生變數1

W2:外生變數2

W3:外生變數3

**Y:**勞動市揚　}依變數**Y**

**圖 2-64**　糖尿病 (X) 對勞動市揚 (Y) 的影響

## 2-7 如何將多層模型轉成混合模型 (ml2mixed 外掛指令 )

**Model-1**：範例：雙層次模型轉成混合模型

```
* 先裝 ml2mixed 外掛指令
. findit ml2mixed

* 零模型 :2-level unconditional model
* 依變數放入 dep() ，level-2 cluster 變數放入 l2id().
. ml2mixed, dep (math) l2id (class)

Multilevel Model
Level 1 Model
   math =
Level 2 Model -- id = class
   [int] =
```

```
STaTa Mixed Model -- STaTa 11 notation
  xtmixed math    ///
          || class:

*==================
* 二個 level-1 predictors「 hmwk、gender」放入 l1()
. ml2mixed, dep(math) l1(hmwk gender) l2id(class) l2i(meanses) notes

Multilevel Model
Level 1 Model
  math = hmwk gender
Level 2 Model -- id = class
  [int] = meanses

STaTa Mixed Model -- STaTa 11 notation
  xtmixed math hmwk gender meanses  ///
          || class:

STaTa Notes
1) Categorical predictors need the i. prefix.
2) Continuous variables in interactions need the c. prefix.
3) Use var option to get variances instead of standard deviations.
4) If outcome variable is binary use -xtmelogit- command.
5) If outcome variable is a count use -xtmepoisson- command.
*==================
*a model with a random slope for hmwk in addition to having a random intercept.
The random slope is indicated by putting the level-1 variable inside square
brackets within the l2s() option
. ml2mixed, dep(math) l1(hmwk) l2id(class) l2i(meanses) l2s([hmwk]) sas spss

Multilevel Model
Level 1 Model
  math = hmwk
Level 2 Model -- id = class
  [int] = meanses
  slope[hmwk] =

STaTa Mixed Model -- STaTa 11 notation
  xtmixed math hmwk meanses  ///
```

```
        || class: hmwk , cov(unstr)

SAS Proc Mixed
proc mixed;
  class class [...];
  model math = hmwk meanses  / solution;
  random intercept hmwk / subject=class type=un;
run;

SPSS Mixed
mixed math [by...] with hmwk meanses
  /print = solution
  /fixed = hmwk meanses
  /random = intercept hmwk | subject(class) covtype(un).


*==================
* 2-level with predictors of random intercept
. ml2mixed, dep (math) l1 (hmwk) l2id (class) l2i (meanses meanmath)


Multilevel Model
Level 1 Model
  math = hmwk
Level 2 Model -- id = class
  [int] = meanses meanmath


STaTa Mixed Model -- STaTa l1 notation
  xtmixed math hmwk meanses meanmath ///
          || class:

* 2-level with predictors of random slope and intercept
. ml2mixed, dep (math) l1 (hmwk ses) l2id (class) l2i (meanses) l2s ([ses]
meanses [hmwk] meanses)


Multilevel Model
Level 1 Model
  math = hmwk ses
Level 2 Model -- id = class
  [int] = meanses
```

```
  slope[ses] = meanses
  slope[hmwk] = meanses


STaTa Mixed Model -- STaTa 11 notation
  xtmixed math hmwk ses meanses ses#meanses hmwk#meanses ///
          || class: ses hmwk , cov(unstr)
```

Model-2：範例：三層次模型轉成混合模型

```
* 零模型 :3-level unconditional model
. ml2mixed, dep (math) l1(hmwk) l2id (class) l2i (meanmath) l2s ([hmwk] mean-
math) l3id (school) l3i (poverty)


Multilevel Model
Level 1 Model
  math = hmwk
Level 2 Model -- id = class
  [int] = meanmath
  slope[hmwk] = meanmath
Level 3 Model -- id = school
  [int] = poverty

STaTa Mixed Model -- STaTa 11 notation
  xtmixed math hmwk meanmath poverty hmwk#meanmath ///
          || school: || class: hmwk , cov(unstr)


*===================
. ml2mixed, dep (math) l1 (hmwk) l2id (class) l2i (meanmath) l2s ([hmwk] mean-
math) l3id (school) l3i (poverty)


Multilevel Model
Level 1 Model
  math = hmwk
Level 2 Model -- id = class
  [int] = meanmath
  slope[hmwk] = meanmath
```

```
Level 3 Model -- id = school
  [int] = poverty

STaTa Mixed Model -- STaTa 11 notation
  xtmixed math hmwk meanmath poverty hmwk#meanmath ///
          || school: || class: hmwk , cov(unstr)
```

# 2-8 因果關係的第三者：調節／干擾變數 (moderator)、中介變數

本節重點，只談有調節變數 (moderator ／ moderation)，它又稱干擾變數。有關中介變數是否存在的證明，可見作者《Pandel-data 迴歸模型》一書的 2SLS 介紹。

## 2-8-1 組織研究的中介檢定之緣起

在組織研究中，中介模型 (mediation model) 可以說是最廣為運用的研究取向，也是近年來備受囑目的實證研究趨勢 (Collins, Graham, and Flaherty, 1998; Frazier, Tix, and Barron, 2004; MacKinnon, 2008)，不論是探討現象形成的機制 (mechanisms)，或者是不同構念 (construct) 之間直接及間接的連結關係 (linkage relationships)，中介模型都是必要的實證架構。近年來，由於研究議題與統計方法的日益精進，如何理解中介研究的理論觀念，透過適當的研究設計並正確使用統計分析程序，已然是研究方法學者所關心的重要課題。

### 中介變數的歷史淵源與基本觀念

論文 Baron & Kenny (1986) 及 James & Kenny (1986) 都是中介模型的啓蒙者。也因此，我們進行中介變數檢驗時，最常引用的就是 Baron & Kenny 的文章。追溯中介變數的源頭，一般認為起於心理學家 Tolman (Mathieu, DeShon, Bergh, 2008) 與 Edward Chace Tolman (1886-1959) 都是行為論者，幾乎一生都在柏克萊加州大學心理系任教。他長年進行老鼠在迷宮找尋出路的實驗，企圖研究老鼠怎樣學會逃脫困境，進而瞭解人類如何做行為的抉擇 (Tolman, 1932)。一般而言，行為心理學家認為外部刺激 (S) 與反應 (R) 之間 (stimulus-response, S-R) 的

連結是一般行為的構成基礎，如果能夠對 S-R 提出合理解釋和驗證，就是對人類行為的變化找到了答案 ( 張春興，1991)。換言之，他們在自然科學實證主義 (positivism) 的大旗之下，主張心理學要成為符合科學的學術領域，必須專注於可以直接觀察的「行為」，那些不能觀察的情感、知覺、意識等等心理活動都應排除；也就是說，心理學不研究「心理」而應研究「行為」。根深蒂固的行為論者，如 B. F. Skinner 都採取這樣的觀點。身為行為論的一員，Tolman 的貢獻就在於提出一個修正的觀點，認為刺激不必然產生自然的行為反應，往往在刺激之後生物體 (organism) 有一段心理過程，之後才產生因應的行為，亦即形成 S-O-R。

其實 Tolman 的觀點源自於 Woodworth (1928)。Robert Woodworth (1869-1962) 認為過度強調先天特質 ( 例如智力 IQ) 或後天環境 ( 例如：行為論說的外部刺激 ) 都有重大盲點，因此他提出了動態心理學 (Dynamic Psychology) 的觀點，主張要瞭解人的行為，既要看先天條件，也要看後天環境，Woodworth 可以說是互動論 (interactionist) 的先驅。很自然的，他認為行為論的 S → R 有所不足，刺激之後，生物體會決定如何反應，中間的過程 (O) 可能是知覺或動機等 (Woodworth, 1928)。

Tolman 多次引述 Woodworth 的觀點，並輔以有力的實驗數據，顯示動物受到環境刺激，產生的不一定是機械的、自然的反射行為反應，而是「目的性行為」(purposive behavior; Tolman, 1932)。所謂目的性行為，表示動物 ( 老鼠或人 ) 會從環境的刺激，產生辨識、記憶、思考、自然的學習，從而做出欲達到目的的行為。也就是說，Tolman 主張要瞭解行為，必須先要瞭解心，因為行為的最終決定者是心，不是外部的刺激。這一觀點，當然受到許多行為論者的攻擊，如 Skinner (1950)，但卻也間接影響了後來的潛在學習 (latent learning)，也對後來取代行為心理學而成為主流的認知心理學產生了重要的作用。

可以想像，Tolman 的異議難以見容於 1930 年代的許多行為論的心理學家，他必須很努力地闡述並捍衛自己的研究結果和立論。他於 1932 年探討內在決定因子 (immanent determinant) 一詞，說明前因和結果 ( 行為選擇 ) 之間的功能性關係 (Tolman, 1932)，並在隨後幾年發表二篇論文 (Tolman, 1935, 1938)，稱中介變數為 intervening variable。他再三解釋自己的觀點，並駁斥反對者的論述。1938 年這篇論文還是他 1937 年任 American Psychology Association 學會會長時的年會演講稿。綜合來說，Tolman (1938) 認為：

1. 在任何一個時、空狀態下，老鼠 ( 人 ) 是否能夠逃出迷宮 ( 走出困境 )，受到

許多自變數的影響（例如，環境刺激和個別差異）。

2. 在自變數和行為結果之間還有一組中介變數 (a set of intervening variables)，亦即前述的一段心理過程。至於該有多少個中介變數，則由實驗所探討的理論來決定。

3. 每一個 intervening condition（亦即中介條件的存在），會產生某一種行為選擇。也就是說，每一個 condition（動物本身的一段心理過程），代表一個研究假設。

4.「一個理論就是一連串中介變數」(A theory is a set of "intervening variables")。

　　綜合上述，Tolman 認為行為的選擇（即結果變數），可能有四種前置變數：外部環境的刺激 (stimulus，簡稱 S)、行為者的先天特質 (heredity，簡稱 H)、行為者過去的訓練 (trainig，簡稱 T)、行為者的生理狀態 (physiological state，簡稱 P)。

　　Tolman 的觀點提出後，激發了十幾年的論戰，大約從 1948 年延伸到 1960 年。論戰焦點在於中介變數是否只是假設性構念 (hypothetical construct) 或是可觀察變數 (observable variable)？以「正統」行為論的觀點，前者不能被客觀的觀察，因此不能被實證檢驗 (empirically tested)，也因此不能視為「科學」，而後者則可。換句話說，他們當時爭論的是心理學研究的標的應該限於看得到的行為，抑或也應包括內在的心理過程，因此論點也涉及：心理過程是否可以轉換成公式並加以測量。Tolman 長期在實驗室觀察老鼠，多少也解決了測量的問題。例如：測量飢餓這個中介變數，可以用前一次進食的時間點到現在進行觀察老鼠行為的時間長短來推估。由於心理測量不易精確（今天所謂的信、效度問題），我們可以理解這場論戰何以持續這麼久。從今天來看，這些爭論已完全不是問題，中介變數既是研究構念（在概念端），也是可具體測量的變數（在實證端）。對此論戰有興趣的讀者，可參閱 Meissner (1960) 的一篇總結論文或 Mathieu 等人 (2008) 的重點敘述。

　　幾乎在這些論戰的同時，從完全不同的脈絡理論，Herbert Hyman (1955) 對中介的概念和檢驗提出了清楚的論述。在介紹他的論述之前，有必要先談談這一論述的時代背景。從二次大戰一直到戰後的十幾年，由於戰爭的關係，美國政府需要大量學者專家對戰爭所引起的人類現象進行研究，如戰士對軍旅生活的適應（美國直到越戰後才改採募兵制），德國和日本遭受大規模轟炸後其民心士氣受到的影響等等，主持這些研究計畫的包括 Samuel Stouffer (1900-1960)、Rensis Likert (1903-1981) 和 Paul Lazarsfeld (1901-1976) 等重量級社會學、組織心理學者，參與的研究人員來自各相關領域，包括政治、統計、心理分析等等，

被稱爲史上僅見的大規模跨領域合作的社會心理學黃金時代 (Sewell、1989) 這些研究計畫的樣本動則數十萬人，採用的研究方法和測量工具繁複多元，累積了大約25年的經驗，最直接的成果是社會科學研究方法的大躍進。Sewell (1989) 描述了這些成果，包括抽樣、訪談、量表發展、問卷組成、觀察技術、統計分析等等都有重要專書和論文出版，所產生的影響迄今不輟。其中，包括 Lazarsfeld 提出的脈絡分析 (contextual analysis) (Lazarsfeld and Rosenberg, 1955; Merton and Lazarsfeld, 1950)，此一方法是組織研究學者在沒有 HLM 之前，進行跨層次分析的主流方法。

Hyman 是哥倫比亞大學社會系教授，是 Paul Lazarsfeld & Rohert Merton (1910-2003) 的同事。Merton 師承 Talcott Parsons 但主張 "middle-range" theory ( 作者註要發展能夠實證檢驗的「中型」(middle range) 理論，而不是 Parsons 式的難以檢驗的大理論 )，他那年代指導的研究生包括後來成爲人師的 Philip Selznick、Alvin Gouldner、Amitai Etzioni 和 Peter Blau 等。

在參與美國政府的二次大戰研究計畫後，Hyman (1954, 1955) 出了兩本研究方法書 *Interviewing in Social Research* (1954) 和 *Survey Design and Analysis* (1955)。在第二本書中，Lazarsfeld 總計畫主持人身份寫了八頁的導讀，此書採用了大量的經典研究實例資料，包括涂爾幹 (Durkheim) 的自殺研究和金賽的性行爲研究，當然還有那時才完成的戰士適應研究等等，書本最後有一個長達 54 頁的附錄，內容涵蓋詳細的實例研究設計和測量工具等等，另有一些習作問題和解答，可謂一本詳盡的調查研究方法教科書。雖然 Hyman 用了幾個不同名稱來描述中介變數，包括 interpretive variable, test factor, intervening variable 等，但他那時對中介的闡釋和我們今天的理解是一致的。他用了許多篇幅來說明中介 ( 和調節 ) 和其檢驗，以今天的學術寫作標準來看，他的語言文字並不易讀懂，但基本重點都講出來了。Mathieu 等人 (2008) 對 Hyman 這一部分論述作了很精要的解釋，包括：

1. 自變數 (X) 要和中介變數 (M) 相關 (X → M)，而 M 要在 X 之後發生。

2. 中介變數和依變數 (Y) 相關 (M → Y)。

3. 三個變數同時檢定時，原來的 X → Y 相關性會變小。

在此，我們比較 Tolman 和 Hyman 兩位學者對中介的論述。(1) 兩人都從各自的研究中發現瞭解中介過程的必要，因此以大量論述來說服同儕，這是學者專業求眞精神 (scholarship) 的展現。(2)Tolman 顯然面對比較多的挑戰，包括行爲論和認知論之爭，以及中介變數是否可以是觀察變數之事，而這些對 Hyman

的學術社群而言都不是議題。(3)Tolman 認為中介是行為選擇 ( 依變數 ) 之前的心智程序 (mental processes)。包括需求、知覺和行為，同樣地，對 Hyman 而言，中介可以是前因之後產生的心理狀態 (psychological states)。也可以是產生的行為特徵 (behavioral characteristics)，兩人見解可謂相同。(4) 兩人都體會 X 和 Y 之間可以有許多個中介變數，Tohnan 認為由探討的議題來決定。Hyman 則建議先考量最接近 (proximal) 依變數的中介變數，兩者見解都恰當，相較下現今對此多元中介議題的討論深刻很多。

　　現在看來，Tolman 和 Hyman 各自的學術圈子顯然是沒有交流的，除了領域本身的隔閡外，那年代沒有網路，沒有電子資料庫也是其中原因。當年 Hyman 對中介的見解和今天學界普遍接受的看法其實相當接近，但他在這一部分產生的影響似乎不明顯，因為中介在他的研究方法專書中只是其中一部分論述。Tolman 的影響則顯然大很多，除了論述引發上述的中介變數論戰，他從實驗室觀察老鼠走迷宮所發現的動物的認知學習就是一個重大貢獻。Richard Elliott (1887-1969) 在 Tolman (1932) 專書 *Purposive Behavior in Animals and Men* 的序言中指出，Tolman 提出了一個「完整心理學 (complete psychology)」，根基於一個內在行為系統 (intrabehavioral system)。用紮實的實驗方法和真實的數據建立，既無神祕也不形而上 ( 這是「科學」研究者最痛恨的部分 )。因此一個新的行為論已經來臨 (Behaviorism of this sort has come of age)。這個序言顯然過度美化，但可見 Tolman 的影響不容置疑。這本書被國內心理學者選為「當代思潮系列叢書」之一 ( 李維，1999)。今天柏克萊加大校園內的 Tolman Building 大樓就是命以其名，這一棟曾得建築獎的大樓，由於有些部分像當年行為實驗室的老鼠迷宮，至今仍為人樂道 (http://gse.berkeley.edu/admin/publications/tolmanhistory.html)。

　　近 20 年，學者進行中介 ( 調節 / 干擾 ) 效果分析，基本上源自 Baron 和 Kenny (1986，簡稱 BK 法 )，以及 James 和 Brett 結構方程模型 (1984，簡稱 SEM 法 )。雖然前人對中介有許多討論，但迄 1980 年代前期，仍有許多學者以為中介和調節可以混用，對於統計分析的步驟和判斷更是模糊，是在那樣的時空背景下，出現了這兩篇論文。兩文對中介和調節變數的澄清有很大的功勞，1980 年代後期已經少有人誤解其中意涵。在這裡有必要特別說明，在臺灣許多學者把 moderator 稱為調節或干擾變數，我們認為調節的說法較為適當，而應把產生誤差變異 (error variance) 的變數稱為干擾或污染 (confounding) 變數，干擾變數包括 bias、contammation、noise、nuisance、suppressor 等等沒有考量到的

因素 ( 詳 Schwab, 2005; MacKinnon, Krull, and Lockwood, 2000) 都是潛在的干擾變數，相對的，基於理論基礎，被研究者置於研究架構中，企圖檢定是否對兩變數之間關係發生作用的稱為調節變數，如此一來較不會在觀念上混淆。

調節和中介兩種變數在理論的建構上各有所司，簡言之，調節變數是回答 when、who、where ( 在不同的人、事、時、地下，X 與 Y 的關係是否有所不同 ) 的問題，也就是對理論適用與否的邊界條件 (boundary conditions) 加入探討，而中介變數則在回答理論的 why ( 為何 X 影響 Y) 和 how (X 透過何種途徑影響 Y) 的問題。在研究組織現象時，不論是 OT 或 OB 領域，如果理論模型是 X → M → Y，但檢驗時如果只簡化成 X → Y 來測，由於沒有測 M，即使得到實證支持，也不能反推 X → Y 由 M 造成。也就是說，檢驗過程中，如果少了中介變數，即使沒有其他錯誤，充其量也只能知其然而不知其所以然。

這兩篇文章對中介變數的定義和分析沒有重大相左。James 和 Brett (1984) 認為中介作用立基於明確的理論基礎時應用驗證性 (confirrnatory confirrnatory) 分析檢定各變數間的因果關係，而 Baron 和 Kenny (1986) 建議用迴歸分析檢驗中介作用，並以 Sobel test 檢定間接效果的顯著性，如果變數屬於潛在變數，則可用 SEM 檢驗其因果關係。在 2008 年發刊的 Organizalion Research Methods 第 11 卷第 2 期是以中介效果 (mediation) 為主題的特刊，特別邀請 David Kenny 和 Lawrence James 回顧當年的論述背景和對當前相關研究的看法。Kenny (2008) 表示，他依稀記得 1969 年上研究方法課時，聽過老師討論 Hyman (1955) 的中介觀念，但對此一觀念沒有特別的熱情，後來各種因緣際會才和 Reuben Baron 合寫了那篇論文，先投到 American Psychologist 被拒絕，之後轉投 Journal Personalityof Social Psychology 還是被拒絕，退稿的理由是論文所述並無新意，價值有限。後來 JPSP 換了主編，他們再投一次請求再給一次機會，新來的主編欣賞這篇文章，力排眾議同意刊登。至於 James (2008) 表示剛開始對中介也沒有特別的興趣，礙於那時 Journal of Applied Psychology 主編邀稿，要求寫一篇文章告訴學界中介效果和調節效果有所不同，於是找 Jeanne Brett 合作完成該文。

看來兩篇文章的作者都是無心插柳，但柳成蔭將近 30 年。在今天，中介模型的研究引用 Baron 和 Kenny (1986) 已成了一個儀式，但仍有許多議題值得討論，包括對於 BK 法的質疑、中介模型中因果關係的本質、理論基礎、研究設計、不同模型的分析和檢驗等等，都影響到中介研究的嚴謹性。

## 2-8-2　中介變數（直接效果、間接效果）≠ 調節變數（交互作用效果）

　　討論介於自變數 (X) 與依變數 (Y) 間的介入變數 (Z) 的效果已有很長的歷史，至 2009 年止引用 Baron and Kenny(1986) 的 SSCI 論文超過 12,688 篇 (Zhao et al., 2010)。其中很重要的理由是，檢定中介效果可以瞭解自變數 (X) 對依變數 (Y) 影響，將感興趣的因果關係做分解，找出造成因果關係的可能機制，對許多因果模型或結構模型分析做中介部分是研究者最感興趣的。這些模型對心理學、社會學與管理學等領域之理論發展和檢定可能的介入問題是有幫助的。

　　研究者考慮自變數 (X) 與依變數 (Y) 間之關係，是否會因加入第三個變數而有所不同，所加入的第三個變數一般稱為介入變數 (interventor)。如果此介入變數預期會受自變數的影響，也預期此介入變數會影響依變數，則此種介入變數稱為中介變數 (mediator variable)。自變數對依變數的影響是透過中介變數所引發，我們稱此種影響的作用為間接效果 (indirect effect)( Shrout & Bolger, 2002)。如果自變數對依變數的影響會隨著介入變數水準而變，則此介入變數稱為調節 / 干擾變數 (moderator variable)。但干擾變數對依變數的影響除主效果外，最重要的是討論干擾變數與自變數對依變數的交互作用，因此交互作用也稱為干擾效果 (Baron & Kenny, 1986;James & Brett, 1984)。

　　干擾變數會改變自變數 (X) 對依變數 (Y) 影響的大小，也可能改變影響的正負方向。在 Baron & Kenny 的模型發表之後，相繼有很多依據此模型發展之後續研究，例如探討多元中介變數 (multiple mediators) 之中介模型 (Cheung, 2007; Preacher & Hayes, 2008)、中介與干擾效果整合檢定之模型 (Edwards &Lambert, 2007; Fairchild & Mackinnon, 2009)、有關潛在變數 (latent variable) 之中介與干擾效果模型 (Kenny & Judd, 1984; Ping, 1996; Bollen & Paxton,1998; Marsh et al., 2004)、縱斷面 (longitudinal) 時間序列下中介效果之模型 (Farrell, 1994; Maxwell & Cole , 2007)、多階層資料 (multilevel data) 下中介效果模型與類別資料 (categorical data) 下中介效果之研究 (Kenny et al., 2003; Bauer, et al., 2006) 等。在這些後續研究中，多個中介模型雖然在應用領域有大量而強烈的需求，然而卻相對受到較少關注 (Preacher & Hayes, 2008)。故本章節特別介紹中介及調節效果給大家認識。

## 2-8-2a中介變數 (mediator variable)

### 一、何謂中介變數？

定義：中介變數 (mediator variable)

　　顧名思義，係指自變數 (IV) 對依變數 (DV) 的影響，這個部分影響是透過 mediator 的。換言之，mediator 可解釋一部分 IV 對 DV 的影響。這三個變數的關係如下圖所顯示。要測試是否有 mediation，必須用 multiple regression 或 path analysis。步驟如下：

(1) 先要有「IV → DV」的關係 ( 還沒放 mediator 進去 )，如果 IV 對 DV 沒影響，沒必要想中介變數的。

(2) IV 跟 mediator 之間要有顯著關係 ( 下圖 b 的地方 )。

(3) mediator 和 DV 之間有顯著關係 ( 下圖 c 的地方 )。

(4) 同時把 IV、DV 和 mediator 放進方程式中，三者的關係都要呈顯著。

寫成迴歸方程式的話，依次為：

(1) $DV = b_0 + a \times DV$

(2) $Mediator = b_1 + b \times IV$

(3) $Mediator = b_2 + c \times IV$

(4) $DV = b_3 + a \times IV + c \times IV$

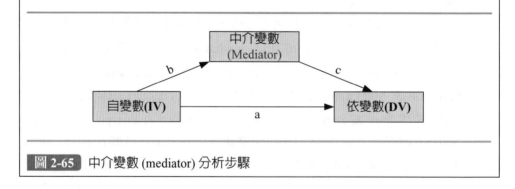

**圖 2-65** 中介變數 (mediator) 分析步驟

　　假設，只看 IV 和 DV 的關係時，這個直接效果之迴歸係數 (coefficient) 比較大。若將 mediator 放進來，「IV → DV」的迴歸係數 (coefficient) 變小了 ( 但有可能還是顯著 )。這就說明了其中有 mediation 效果。

　　中介變數扮演 IV 對 DV 關係的中繼角色。它出現在自變數 (IV) 與依變數 (DV) 之間，出現在比較複雜的因果關係中。Mediator 是 IV 的 DV，而又是 DV 的 IV。中介變數解釋 IV 和 DV 兩變數之間關係的過程。

因果鏈 (causal chain) 亦是中介變數的延伸，例如：

家庭瓦解 → 小孩低自尊 → 憂鬱 → 成績不佳 → 低工作期望 → 成年後低收入

健康知識 → 態度 → 社會期待 → 行為動機 → 健康行為

## 二、中介變數 (mediator) 之研究架構

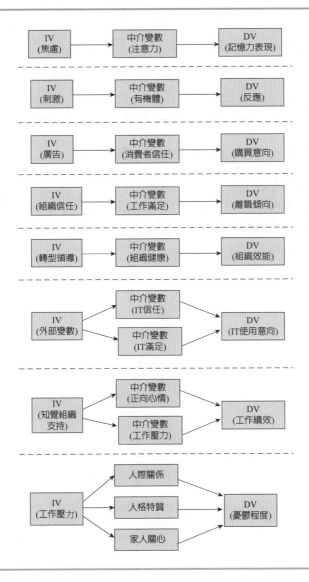

圖 2-66  中介變數之心理學範例

221

## 2-8-2b中介變數 (mediator variable) 存在與否的四種檢定法

中介變數是否真存在，還是假存在呢？其統計檢定法有四：

方法 1 因果法 (The Baron and Kenny's Approach, B-K method)

STaTa 的範例如下：

```
* Sobel—Goodman tests are to test whether a mediator carries the influence of
an IV to a DV.
* 安裝外掛指令 sgmediation
. findit sgmediation
* sgmediation 語法如下：
. sgmediation DEP_VAR, iv(INDEP_VAR) mv(MED_VAR)
. bootstrap r(ind_eff), reps(5000): sgmediation DEP_VAR, iv(INDEP_VAR)
mv(MED_VAR)
. estat bootstrap, percentile
```

範例請見本書「2-8-7 Sobel-Goodman 中介檢定法」。

方法 2 直接與間接效果法

(a) 係數差異法 (difference in coefficients)。此範例的實作，存在「comparing
regression coefficients across groups using suest.ado」指令檔，如下圖所示。

(b) 係數乘積法 (product of coefficients)。

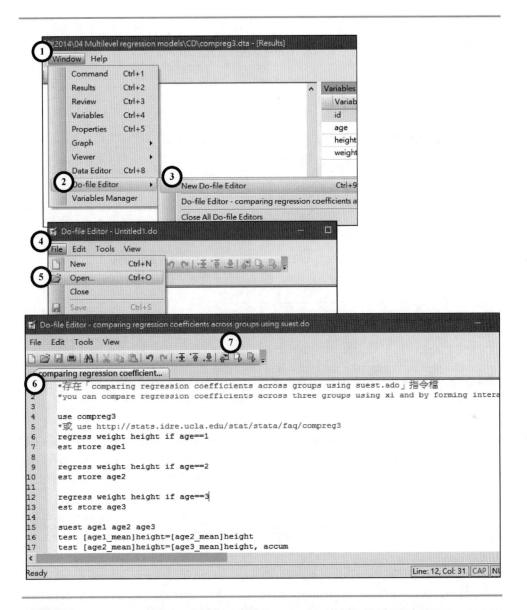

**圖 2-67** 存在「comparing regression coefficients across groups using suest.ado」指令檔

方法 (2a) 係數差異法 (difference in coefficients) 之實作，如下圖。

\*How Can I Analyze Multiple Mediators in STaTa？

＊存在「How Can I Analyze Multiple Mediators.ado」指令檔

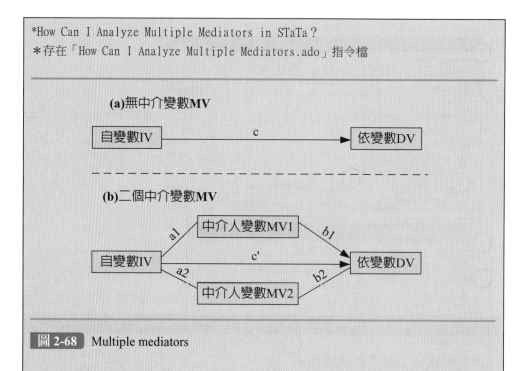

**(a)無中介變數MV**

自變數IV ——————————— c ——————————→ 依變數DV

**(b)二個中介變數MV**

中介人變數MV1

中介人變數MV2

自變數IV

依變數DV

a1  a2  c'  b1  b2

**圖 2-68** Multiple mediators

\*hsb2 dataset with science as the dv, math as the iv and read and write as the two mediator variables.

\* In the figure above a1 represents the regression coefficient for the IV when the MV is regressed on the IV while b is the coefficient for the MV when the DV is regressed on MV and IV. The symbol c' represents the direct effect of the IV on the DV. Generally, researchers want to determine the indirect effect of the IV on the DV through the MV. One common way to compute the indirect effect is by using the product of the coefficients method. This method determines the indirect effect by multiplying the regression coefficients, for example, a1*b1 = a1b1. In addition to computing the indirect effect we also want to obtain the standard error of a1b1. Further, we want to be able to do this for each of the mediator variables in the model.

\* Thus, we need the a and b coefficients for each of the mediator variable in the model. We will obtain all of the necessary coefficients using the `sureg` (seemingly unrelated regression) command as suggested by Maarten Buis on the STaTalist. The general form of the sureg command will look something like this:

. `sureg` (mv1 iv)(mv2 iv)(dv mv1 mv2 mv3 iv)

```
* 二個中介變數之 STaTa 範例

*hsb2 dataset with science as the dv, math as the iv and read and write as
the two mediator variables.

*We will need the coefficients for read on math and write on math as well as
the coefficients for science on read and write from the equation that also
includes math.
. use hsb2, clear
. 或 use http://stats.idre.ucla.edu/stat/data/hsb2, clear

. sureg(read math)(write math)(science read write math)

* * indirect via read
. nlcom [read]_b[math]*[science]_b[read]

* indirect via write
. nlcom [write]_b[math]*[science]_b[write]

* total indirect
. nlcom [read]_b[math]*[science]_b[read]+[write]_b[math]*[science]_b[write]

*---- ratio of indirect to direct ----
. display .3475706/.3190094

* proportion of total effect that is mediated
. display .3475706/(.3475706+.3190094)

*Below is a short ado-program that is called by the bootstrap command.
It computes the indirect effect coefficients as the product of sureg
coefficients(as before) but does not use the nlcom command since the standard
errors will be computed using the bootstrap.

*bootmm is an rclass program that produces three return values which we have
called "indread", "indwrite" and "indtotal." These are the local names for
each of the indirect effect coefficients and for the total indirect effect.
```

*We run bootmm with the bootstrap command. We give the bootstrap command the names of the three return values and select options for the number of replications and to omit printing dots after each replication.

*Since we selected 5,000 replications you may need to be a bit patient depending upon the speed of your computer.

```
capture program drop bootmm
program bootmm, rclass
  syntax [if] [in]
  sureg (read math) (write math) (science read write math) `if' `in'
  return scalar indread  = [read]_b[math]*[science]_b[read]
  return scalar indwrite = [write]_b[math]*[science]_b[write]
   return scalar indtotal = [read]_b[math]*[science]_b[read]+[write]_
b[math]*[science]_b[write]
end

. bootstrap r(indread) r(indwrite) r(indtotal), bca reps(5000) nodots: bootmm
```

*We could use the bootstrap standard errors to see if the indirect effects are significant but it is usually recommended that bias-corrected or percentile confidence intervals be used instead. These confidence intervals are nonsymmetric reflecting the skewness of the sampling distribution of the product coefficients. If the confidence interval does not contain zero than the indirect effect is considered to be statistically significant.

```
. estat boot, percentile bc bca
```

*In this example, the total indirect effect of math through read and write is significant as are the individual indirect effects.

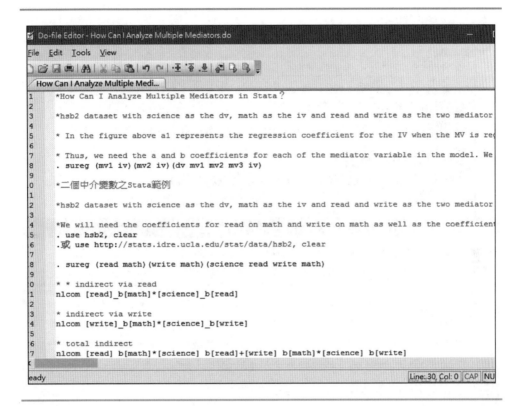

圖 2-69 存在「How Can I Analyze Multiple Mediators.ado」指令檔

方法 (2b) 係數乘積法 (product of coefficients) 之實作，如下圖。

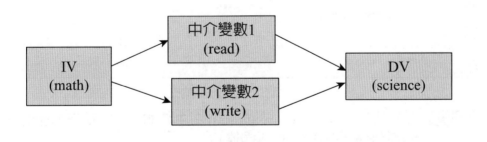

圖 2-70 *science* as the dv, *math* as the iv and *read* and *write* as the two mediator variables

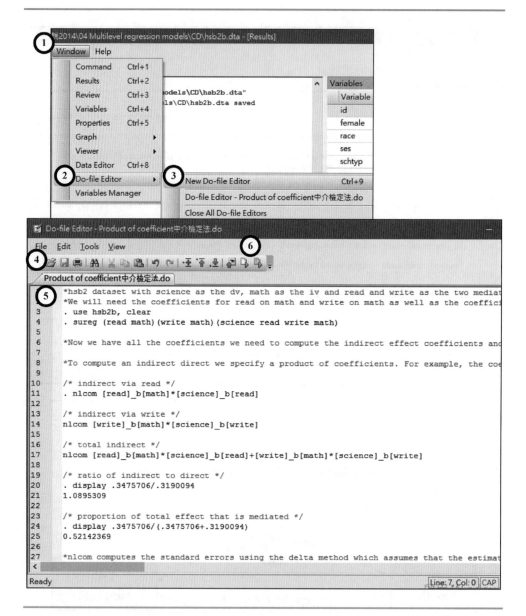

圖 2-71 係數乘積法 (Product of coefficients) 之中介檢定法 ( 存在「Product of coefficient 中介檢定法 .do」指令檔 )

方法 3 信賴區間法 (bootstrap distribution of effects)：見上例之 (bootstrap) 指令

Most of Statistics Canada's surveys use a complex design to draw a representative sample from the population of interest. The resulting micro-data sets are available with bootstrap weights that can be used to account for the complex survey design. The use of these bootstrap weights allows researchers to calculate reliable variance estimates. The bootstrap variance estimator for $\hat{\theta}$, used in this program, is given by [Yeo et al., 1999; 3]:

$$v_B\left(\hat{\theta}\right) = \frac{1}{B}\sum_b\left(\hat{\theta}^*_{(b)} - \hat{\theta}^*_{()}\right)^2$$

$$\text{where } \hat{\theta}^*_{()} = \left(\frac{1}{B}\right)\sum_b \hat{\theta}^*_{(b)}$$

圖 2-72　Standard bootstrap 之數學式

方法 4　2SLS 法

　　「中介變數」存在與否，另一檢定法 2SLS(two-Stage least squares)，請見作者《Panel-data 迴歸模型》一書的範例說明。

## 2-8-3 調節變數 (moderator variable)，又稱干擾變數

### 一、調節變數 (moderator variable)

1. 在社會科學的研究中，自變數 (IV) 與依變數 (DV) 的影響關係經常會受到第三變數的混淆 (obscured) 與干擾 (confounded)。
2. 忽視一個重要的第三變數，不僅會造成迴歸係數估計的偏誤，也可能因為忽略第三變數與 IV 之間的交互作用 (interaction effect)，而無法正確的解釋 IV 對 DV 的條件化關係 ( 單純主要效果 simple effect)。
3. 調節變數 (moderator, confounder) 又稱干擾變數。
4. 可以讓 IV → DV 的效果有系統的產生 ( 強度或形式 ) 上的變化。
5. 由於 IV 與調節變數會對 DV 產生交互作用，使得在調節變數的不同水準之下，IV → DV 的效果有條件的產生變化。

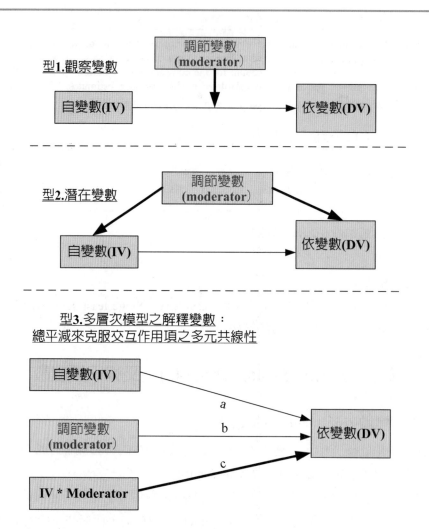

型1.觀察變數

調節變數 (moderator)

自變數(IV) → 依變數(DV)

型2.潛在變數

調節變數 (moderator)

自變數(IV) → 依變數(DV)

型3.多層次模型之解釋變數：
總平減來克服交互作用項之多元共線性

自變數(IV)

調節變數 (moderator)

IV * Moderator

依變數(DV)

a

b

c

**圖 2-73** 調節變數 (moderator) 之示意圖

## 二、中介效果 (mediator effect) 與調節效果 (moderator effect) 的差異

雖然兩者都是用來描述一個可以解釋人類行為差異的第三變數 ( 即除了自變數、依變數之外的變數 ) 的功能，但是中介變數是指自變數透過它的運作機制，便可以影響到依變數，使自變數、中介變數與依變數三者之間有強的因果關係存在。

而調節變數是指，透過它可以將自變數切割成數個不同的子群 (subgroup)，

以獲得各子群內自變數對依變數之最大影響，亦即 moderator 與自變數、依變數之間並無因果關係，但是透過 moderator 卻可以讓自變數與依變數之間的影響效果改變。

舉例來說：

有社會心理學家研究發現，一個人的疾病嚴重度與其生活事件的改變有關，亦即生活中有重大事件變故 ( 因 )，極有可能導致此人陷入某種嚴重病況 ( 果 )，但是，進一步研究顯示，對於不可控制的重大事件變故比可控制的重大事件變故更容易導致此人陷入某種嚴重病況，亦即重大事件變故的可控制程度成為上述因果鏈中的 moderator。

請注意，重大變故是「因」，疾病嚴重度是果，但是這個「因」與另外一個變數「事故可控制與否」竟然產生交互作用，而影響該「因」對果的影響效力。不過，該「因」與「事故可控制與否」這個變數之間，無因果關係。所以「事故可控制與否」這個變數被稱為 moderator 變數。

又如，不同教學方法 ( 因 ) 的成效 ( 果 ) 會因種族 (moderator) 不同而不同，後來發現，原來真正的爭議不在種族變數上，而是在個人的焦慮狀態 (mediator) 上，尤其是黑人與白人同在一間教室內上課考試時，黑人的考試焦慮感比白人高，因此導致黑人與白人的成績有差異。

此時「種族」這個 moderator，雖然與教學方法起交互作用，不過，因為與教學方法和教學成效沒有特定因果關係，而被研究者踢除，研究者轉向尋找與教學方法和教學成效具有因果關係的「焦慮狀態」上，意即：

教學方法 ------( 影響 ) → 焦慮狀態 ------( 影響 ) → 教學成效

此時，「焦慮狀態」就被稱為 mdeiator 變數。

---

定義：調節變數 (moderator)，又稱干擾變數

調節變數會影響「IV 和 DV」之間的關係。「IV 和 DV」之迴歸係數的強弱會因為 moderator 的值而改變，有可能是 moderator 是 0 的時候，IV 跟 DV 的關係很強，但 moderator 是 1 的時候，IV 跟 DV 的關係就不顯著了。

調節變數可以是質性 (qualitative) 變數 ( 例如：性別、種族、階級 )，亦可以是量化 (quantitative) 的變數 ( 例如：IQ、好人緣、學習成就…)，這

---

moderator 可能會影響到 IV 對 DV 影響的方向 (e.g. 男生則有影響，女生則無影響) 或是強度 ( 對男生來說，IV 對 DV 的影響程度比對女生強烈，即男性「IV → DV」影響比女性來得大 )。如果熟悉 ANOVA 的話，moderator 就是 ANOVA 的交互作用 (interaction)。用圖示的話，就像下圖一樣。在 regression 的方程式中，要將 IV、moderator 和 IV 與 moderator 的乘積 ( 對，就是兩個變數乘起來 ) 放進去。如果要測試有沒有 moderation，只要看下圖 c 是否為顯著即可。a 或 b 可能為顯著或不顯著，這並不影響測試 moderation。另外，在 moderation 中，moderator 應該與 IV 或 DV 都沒有相關性的。

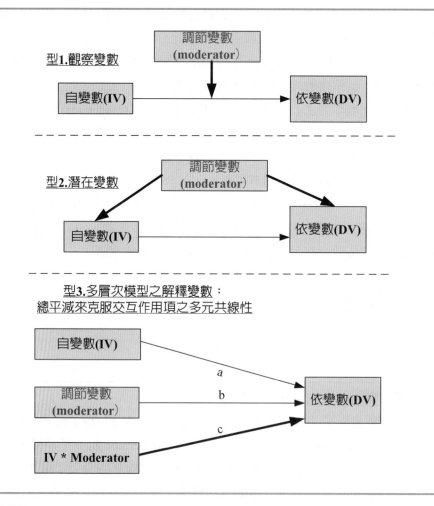

型1.觀察變數

調節變數 (moderator)

自變數(IV)　　依變數(DV)

型2.潛在變數

調節變數 (moderator)

自變數(IV)　　依變數(DV)

型3.多層次模型之解釋變數：
總平減來克服交互作用項之多元共線性

自變數(IV)

調節變數 (moderator)

IV * Moderator

依變數(DV)

a
b
c

圖 2-74　調節變數 (moderator) 之示意圖

moderator 的另一特點是：moderator 與 IV 是在同一個層級的，也就是 moderator 其實也可以當作是一個 IV 來看待。

**小結**

兩者比較一下：中介變數看的是 IV 透過何種機制 ( 也就是 mediator) 影響到 IV；調節變數看的是將 IV 分成幾個小組，各小組中 IV 對 DV 有不同的影響。

多層次模型的調節變數，係指「群組層解釋變數 Z」×「個體層解釋變數 X」的交互作用項 ( 即 Z×X 項 )，其 HLM 迴歸係數是否達到顯著水準。

以性別爲調節變數的例子，迴歸方程式如下：

減肥行爲 = 截距項 + a× 減肥知識 + b× 性別 + c×( 性別 × 減肥知識 ) + 殘差

這個時候「性別 × 減肥知識」就叫作交互作用項 (interaction term)，如果在迴歸方程式中的迴歸係數 c 達顯著水準，這個時候就代表調節效果獲得證實，所以表示男性的迴歸係數 ($\beta_{c,\text{男性}}$) 與女性 ($\beta_{c,\text{女性}}$) 的迴歸係數顯著的不同，通常期刊文章上的做法是直接畫圖表示，如下圖所示，男性與女性各別會有一條迴歸線，交互作用項達顯著就表示在統計上這兩條迴歸係數的斜率 (slope) 有顯著的不同，因此結論應該下：「就女性而言，減肥知識對減肥行爲的影響效果比男性還要強」。

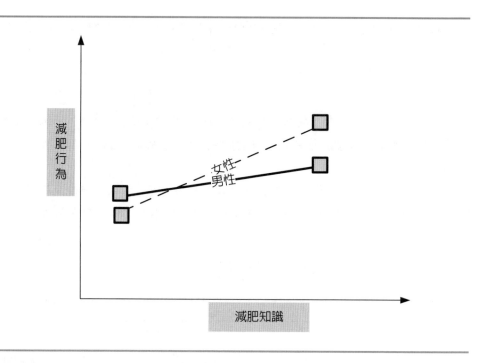

**圖 2-75**　性別 (A) 與減肥知識 (B) 在減肥行為之交互作用圖 ( 調節圖 )

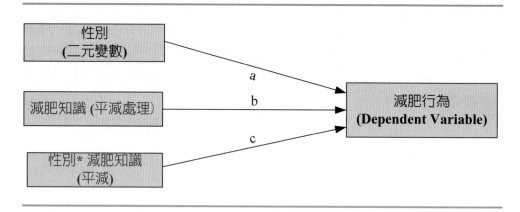

**圖 2-76**　調節變數於迴歸模型之調節示意圖

**調節 ( 干擾 ) 變數與中介變數之存在時機**

　　在一個模型中，任一個變數，本身既有自 ( 因 ) 變數的特性，又有應 ( 果 ) 變數的特性，那麼就必有「干擾」或「中介」的現象存在。

## 2-8-4 調節式中介效果 (moderated mediation effect)

在研究社會科學、教育學和心理學時，常探討變數間是如何互相影響，因而發展出中介變數 (mediator) 和調節變數 (moderator)。調節式中介效果是其中一種中介效果和調節效果的組合，指的是一中介變數影響解釋變數和相依變數之關係，而此中介效果會隨著調節變數的值而改變。檢定調節式中介效果的方法有很多種，許多研究者偏好使用以迴歸爲基礎的檢定方法，其中常見的爲係數的乘積 (the product of coefficients)，假設此乘積服從常態性，以 Sobel 所提的一階標準誤較爲被廣泛使用 (first-order multivariate delta method)，但事實上此乘積並非爲常態分布，因此當樣本數不夠大時建議使用 bootstrap 方法。

若調節變數交互作用於中介變數，謂之調節式中介變數 (moderated mediation)。常見的調節式中介變數有下列五種模型，這五種之實作，如下：

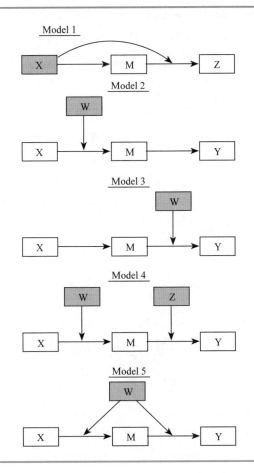

圖 2-77　調節式中介變數之示意圖 (STaTa 程式如下 )

### 調節式中介變數之範例

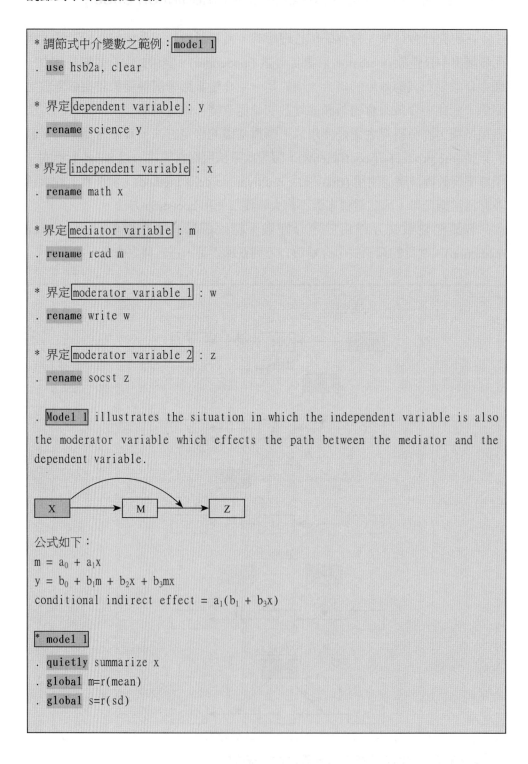

```
* 調節式中介變數之範例：model1 1
. use hsb2a, clear

* 界定 dependent variable : y
. rename science y

* 界定 independent variable : x
. rename math x

* 界定 mediator variable : m
. rename read m

* 界定 moderator variable 1 : w
. rename write w

* 界定 moderator variable 2 : z
. rename socst z

. Model1 1 illustrates the situation in which the independent variable is also
the moderator variable which effects the path between the mediator and the
dependent variable.
```

公式如下：

$m = a_0 + a_1x$

$y = b_0 + b_1m + b_2x + b_3mx$

conditional indirect effect $= a_1(b_1 + b_3x)$

```
* model1 1
. quietly summarize x
. global m=r(mean)
. global s=r(sd)
```

```
* mv by iv interaction
. generate mx=m*x
. sem(m <- x)(y <- m x mx)

* mean - 1 sd
. nlcom _b[m:x]*(_b[y:m]+($m-$s)*_b[y:mx])

* mean
. nlcom _b[m:x]*(_b[y:m]+($m)*_b[y:mx])

* mean + 1 sd
. nlcom _b[m:x]*(_b[y:m]+($m+$s)*_b[y:mx]
```

*the conditional indirect effect gets smaller as the moderator variable, in this case the independent variable gets larger. Next is the bootstrap code for model 1. The example bootstrap command below uses 500 replications. You will probably want to use at least 1,000 or even 5,000 in real research situations.

```
. capture program drop bootml
. program bootml, rclass
.     sem(m <- x)(y <- m x mx)
.     return scalar cielw = _b[m:x]*(_b[y:m]+($m-$s)*_b[y:mx])
.     return scalar ciemn = _b[m:x]*(_b[y:m]+($m)*_b[y:mx])
.     return scalar ciehi = _b[m:x]*(_b[y:m]+($m+$s)*_b[y:mx])
. end

. bootstrap r(cielw) r(ciemn) r(ciehi), reps(500) nodots: bootml

. estat boot, bc percentile
```

```
* 調節式中介變數之範例：model 2
. use hsb2a, clear
```

In Model 2 the path between the independent variable and the mediator variable is moderated by W.

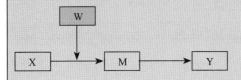

公式如下：

$$m = a_0 + a_1 x + a_2 w + a_3 xw$$
$$y = b_0 + b_1 m + b_2 x + b_3 w + b_4 xw$$
$$\text{conditional indirect effect} = b1(a1 + a3w)$$

```
. quietly summarize w
. global m=r(mean)
. global s=r(sd)

* moderator 1 by iv interaction
. generate wx=w*x
. sem(m <- x w wx)(y <- m x w wx)

* mean - 1 sd
. nlcom(_b[m:x]+($m-$s)*_b[m:wx])*_b[y:m]

* mean
. nlcom(_b[m:x]+($m)*_b[m:wx])*_b[y:m]

* mean + 1 sd
. nlcom(_b[m:x]+($m+$s)*_b[m:wx])*_b[y:m]
```

*Bootstrap code for model 2. The example bootstrap command below uses 500 replications. You will probably want to use at least 1,000 or even 5,000 in real research situations.

```
. capture program drop bootm2
. program bootm2, rclass
.    sem(m <- x w wx)(y <- m x w wx)
.    return scalar cielw =(_b[m:x]+($m-$s)*_b[m:wx])*_b[y:m]
.    return scalar ciemn =(_b[m:x]+($m)*_b[m:wx])*_b[y:m]
.    return scalar ciehi =(_b[m:x]+($m+$s)*_b[m:wx])*_b[y:m]
. end

. bootstrap r(cielw) r(ciemn) r(ciehi), reps(500) nodots: bootm2

. estat boot, bc percentile
```

\* 調節式中介變數之範例：model 3

. **use** hsb2a, clear

\*Model 3(Hayes, 2013 Model 14)

In Model 3 the path between the mediator variable and the dependent variable is moderated by W.

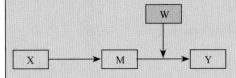

公式如下：

$m = a_0 + a_1x$

$y = b_0 + b_1m + b_2x + b_3w + b_4mw$

conditional indirect effect = $a_1(b_1 + b_4w)$

. **quietly** summarize w
. **global** m=r(mean)
. **global** s=r(sd)

\* mv by moderator 1 interaction
. **generate** mw=m\*w
. **sem**(m <- x)(y <- m x w mw)

\* mean - 1 sd
. **nlcom** _b[m:x]\*(_b[y:m]+($m-$s)\*_b[y:mw])

\* mean
. **nlcom** _b[m:x]\*(_b[y:m]+($m)\*_b[y:mw])

\* mean + 1 sd
. **nlcom** _b[m:x]\*(_b[y:m]+($m+$s)\*_b[y:mw])

\*In this example, the conditional indirect effects decreases as the value of the moderator variable increases.

\*Bootstrap code for model 3. The example bootstrap command below uses 500 replications. You will probably want to use at least 1,000 or even 5,000 in real research situations.

```
. capture program drop bootm3
. program bootm3, rclass
.    sem(m <- x)(y <- m x w mw)
.    return scalar cielw = _b[m:x]*(_b[y:m]+($m-$s)*_b[y:mw])
.    return scalar ciemn = _b[m:x]*(_b[y:m]+($m)*_b[y:mw])
.    return scalar ciehi = _b[m:x]*(_b[y:m]+($m+$s)*_b[y:mw])
. end

. bootstrap r(cielw) r(ciemn) r(ciehi), reps(500) nodots: bootm3

. estat boot, bc percentile
```

---

\* 調節式中介變數之範例： model 4

```
. use hsb2a, clear
```

*Model 4 (Hayes, 2013 Model 22)

Model 4 has two different moderator variables. One that moderates the path between the independent variable and mediator variable and one that moderates the path between the mediator variable and the dependent variable.

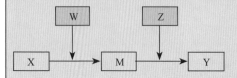

公式如下：

$$m = a_0 + a_1x + a_2w + a_3xw$$
$$y = b_0 + b_1m + b_2x + b_3w + b_4xw + b_5z + b_6mz$$
$$\text{conditional indirect effect} = (b_1 + b_6z)(a_1 + a_3w)$$

```
. quietly summarize w
. global m1=r(mean)
. global s1=r(sd)

. quietly summarize z
. global m2=r(mean)
. global s2=r(sd)
```

```
* moderator 1 by iv interaction
. capture generate wx=w*x

* mv by moderator 2 interaction
. gen mz=m*z
. sem(m <- x w wx)(y <- m x w wx z mz)

* mean1 - 1 sd1; mean2 - 1 sd2
. nlcom(_b[m:x]+($m1-$s1)*_b[m:wx])*(_b[y:m]+($m2-$s2)*_b[y:mz])

* mean1; mean2 - 1 sd2
. nlcom(_b[m:x]+($m1)*_b[m:wx])*(_b[y:m]+($m2-$s2)*_b[y:mz])

* mean1 + 1 sd1; mean2 - 1 sd2
. nlcom(_b[m:x]+($m1+$s1)*_b[m:wx])*(_b[y:m]+($m2-$s2)*_b[y:mz])

* mean1 - 1 sd1; mean2
. nlcom(_b[m:x]+($m1-$s1)*_b[m:wx])*(_b[y:m]+($m2)*_b[y:mz])

* mean1; mean2
. nlcom(_b[m:x]+($m1)*_b[m:wx])*(_b[y:m]+($m2)*_b[y:mz])

* mean1 + 1 sd1; mean2
. nlcom(_b[m:x]+($m1+$s1)*_b[m:wx])*(_b[y:m]+($m2)*_b[y:mz])

* mean1 - 1 sd1; mean2 + 1 sd
. nlcom(_b[m:x]+($m1-$s1)*_b[m:wx])*(_b[y:m]+($m2+$s2)*_b[y:mz])

* mean1; mean2 + 1 sd
. nlcom(_b[m:x]+($m1)*_b[m:wx])*(_b[y:m]+($m2+$s2)*_b[y:mz])

* mean1 + 1 sd1; mean2 + 1 sd
. nlcom(_b[m:x]+($m1+$s1)*_b[m:wx])*(_b[y:m]+($m2+$s2)*_b[y:mz])

*Bootstrap code for model 4. The example bootstrap command below uses 500
replications. You will probably want to use at least 1,000 or even 5,000 in
real research situations.
```

```
. capture program drop bootm4
program bootm4, rclass
  sem(m <- x w wx)(y <- m x w wx z mz)
  return scalar ciell =(_b[m:x]+($m1−$s1)*_b[m:wx])*(_b[y:m]+($m2−$s2)*_b[y:mz])
  return scalar cieml =(_b[m:x]+($m1)*_b[m:wx])*(_b[y:m]+($m2−$s2)*_b[y:mz])
  return scalar ciehl =(_b[m:x]+($m1+$s1)*_b[m:wx])*(_b[y:m]+($m2−$s2)*_b[y:mz])
  return scalar cielm =(_b[m:x]+($m1−$s1)*_b[m:wx])*(_b[y:m]+($m2)*_b[y:mz])
  return scalar ciemm =(_b[m:x]+($m1)*_b[m:wx])*(_b[y:m]+($m2)*_b[y:mz])
  return scalar ciehm =(_b[m:x]+($m1+$s1)*_b[m:wx])*(_b[y:m]+($m2)*_b[y:mz])
  return scalar cielh =(_b[m:x]+($m1−$s1)*_b[m:wx])*(_b[y:m]+($m2+$s2)*_b[y:mz])
  return scalar ciemh =(_b[m:x]+($m1)*_b[m:wx])*(_b[y:m]+($m2+$s2)*_b[y:mz])
  return scalar ciehh =(_b[m:x]+($m1+$s1)*_b[m:wx])*(_b[y:m]+($m2+$s2)*_b[y:mz])
end

. bootstrap r(ciell) r(cieml) r(ciehl) r(cielm) r(ciemm) r(ciehm) r(cielh)
r(ciemh) r(ciehh), reps(500) nodots: bootm4

. estat boot, bc percentile
```

```
* 調節式中介變數之範例：model 5
. use hsb2a, clear

*Model 5(Hayes, 2013 Model 59)
```

Model 5 has a single moderator variable that moderates both the path between the independent variable and mediator variable and the path between the mediator variable and the dependent variable.

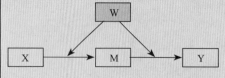

公式如下：

$$m = a_0 + a_1x + a_2w + a_3xw$$
$$y = b_0 + b_1m + b_2x + b_3w + b_4xw + b_5mw$$
$$\text{conditional indirect effect} = (b_1 + b_5w)(a_1 + a_3w)$$

```
. quietly summarize w
. global m=r(mean)
. global s=r(sd)
```

```
* moderator 1 by iv interaction
. capture generate wx=w*x

* mv by moderator 1 interaction
. capture generate mw=m*w
. sem(m <- x w wx)(y <- m x w wx mw)

* mean - 1 sd
. nlcom(_b[m:x]+($m-$s)*_b[m:wx])*(_b[y:m]+($m-$s)*_b[y:mw])

* mean
. nlcom(_b[m:x]+($m)*_b[m:wx])*(_b[y:m]+($m)*_b[y:mw])

* mean + 1 sd
. nlcom(_b[m:x]+($m+$s)*_b[m:wx])*(_b[y:m]+($m+$s)*_b[y:mw])

. capture program drop bootm5
. program bootm5, rclass
  sem(m <- x w wx)(y <- m x w wx mw)
  return scalar cielw =(_b[m:x]+($m-$s)*_b[m:wx])*(_b[y:m]+($m-$s)*_b[y:mw])
  return scalar ciemn =(_b[m:x]+($m)*_b[m:wx])*(_b[y:m]+($m)*_b[y:mw])
  return scalar ciehi =(_b[m:x]+($m+$s)*_b[m:wx])*(_b[y:m]+($m+$s)*_b[y:mw])
. end

. bootstrap r(cielw) r(ciemn) r(ciehi), reps(500) nodots: bootm5

. estat boot, bc percentile
```

https://stats.idre.ucla.edu/stata/faq/how-can-i-do-moderated-mediation-in-stata/

小結

多層次調節式中介效果的檢定

在組織研究中，由於個體資料巢狀於組織之中，組織對個體的影響又涉及脈絡效果，跨層級交互作用與多層次中介及調節效果的檢驗。傳統 Baron 和 Kenny(1986) 的中介效果檢測，並無法適用於多層次資料結構的分析。後來 Krull 和 MacKinnon(1991,2001) 的多層次中介效果模型的設定改良下，延伸到跨層級交互作用，同樣利用 Baron 與 Kenny 檢測中介效果的觀念，提出檢驗多層次調節中介效果 (3M) 的 (2-1-1) 程序。

假設，你研究架構為：組織創新氣氛、組織承諾 ( 認同與工具承諾 ) 與員工滿意度 (Y)。有人發現，員工的認同承諾會完全中介組織創新氣氛對員工滿意度的影響；此外，組織創新氣氛會調節員工的工具承諾對員工滿意度的影響。意即，多層次資料結構的中介與調節作用可改用 3M 分析程序來逐步檢驗。

## 2-8-5 多層次中介效果：STaTa 實作 (ml_mediation、xtmixed 指令 )

## 2-8-5a 多層次中介效果：STaTa 方法一 (ml_mediation 指令 )

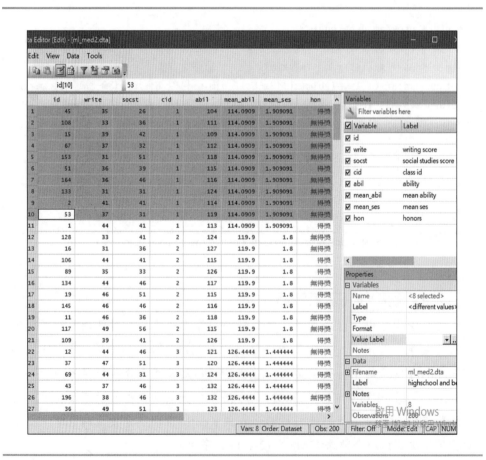

**圖 2-78** 「ml_med2.dta」資料檔內容 (20 班級，共 200 名學生 )

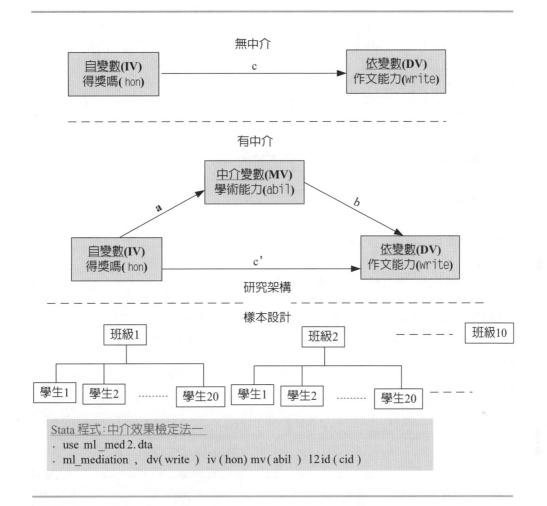

**圖 2-79** 中介變數之示意圖

```
. use ml_med2.dta
(highschool and beyond (200 cases))

. summarize, sep(0)

    Variable |      Obs        Mean    Std. Dev.        Min        Max
-------------+-----------------------------------------------------------
          id |      200       100.5    57.87918          1        200
       write |      200      52.775    9.478586         31         67
       socst |      200      52.405    10.73579         26         71
```

```
         cid |      200       10.43     5.801152           1          20
        abil |      200     156.725     25.75063         104         215
    mean_abil |      200     156.725     25.21654    114.0909       205.7
    mean_ses |      200       2.055    .3142828    1.444444    2.727273
         hon |      200        .545    .4992205           0           1
```

. **ml_mediation**, **dv**(write)**iv**(hon)**mv**(abil)**l2id**(cid)

Equation 1 (c_path): write = hon

Performing EM optimization:

Performing gradient-based optimization:

```
Mixed-effects REML regression                  Number of obs     =        200
Group variable: cid                            Number of groups  =         20

                                               Obs per group: min =          7
                                                             avg =       10.0
                                                             max =         12

                                               Wald chi2(1)      =      32.80
Log restricted-likelihood = -628.62552         Prob > chi2       =     0.0000
```

```
------------------------------------------------------------------------------
       write |      Coef.   Std. Err.      z    P>|z|     [95% Conf. Interval]
-------------+----------------------------------------------------------------
         hon |   4.138289   .7225934     5.73   0.000     2.722032    5.554546
       _cons |   50.64367    1.84665    27.42   0.000      47.0243    54.26304
------------------------------------------------------------------------------
```

```
------------------------------------------------------------------------------
  Random-effects Parameters  |   Estimate   Std. Err.     [95% Conf. Interval]
-----------------------------+------------------------------------------------
cid: Identity                |
                sd(_cons)|    7.91701    1.331807     5.693395    11.00908
```

```
-----------------------------+-----------------------------------------------
            sd(Residual)|   4.823492    .2549056        4.34889    5.349889
-----------------------------+-----------------------------------------------
```
LR test vs. linear regression: chibar2(01)=   191.99 Prob >= chibar2 = 0.0000

Equation 2 (a_path): abil = hon

Performing EM optimization:

Performing gradient-based optimization:

Iteration 0:   log restricted-likelihood = -659.69204
Iteration 1:   log restricted-likelihood = -659.69204

Computing standard errors:

```
Mixed-effects REML regression              Number of obs      =        200
Group variable: cid                        Number of groups   =         20

                                           Obs per group: min =          7
                                                          avg =       10.0
                                                          max =         12

                                           Wald chi2(1)       =      31.36
Log restricted-likelihood = -659.69204     Prob > chi2        =     0.0000

-------------------------------------------------------------------------------
        abil |     Coef.   Std. Err.      z    P>|z|     [95% Conf. Interval]
-------------+-----------------------------------------------------------------
         hon |  -4.265397   .7616216    -5.60   0.000    -5.758148   -2.772647
       _cons |   159.3095   5.751541    27.70   0.000     148.0367    170.5823
-------------------------------------------------------------------------------


-------------------------------------------------------------------------------
  Random-effects Parameters  |   Estimate   Std. Err.     [95% Conf. Interval]
-----------------------------+-------------------------------------------------
cid: Identity                |
```

```
            sd(_cons)|   25.60223   4.169551              18.60596    35.22926
-------------------------+-------------------------------------------------------
          sd(Residual)|   5.074532   .2681952              4.575188    5.628375
-------------------------------------------------------------------------------
LR test vs. linear regression: chibar2(01)=    537.80 Prob >= chibar2 = 0.0000
```

Equation 3 (b_path & c_prime): write = abil hon

Performing EM optimization:

Performing gradient-based optimization:

```
Iteration 0:   log restricted-likelihood = -528.74216
Iteration 1:   log restricted-likelihood = -528.74216
```

Computing standard errors:

```
Mixed-effects REML regression                  Number of obs      =        200
Group variable: cid                            Number of groups   =         20

                                               Obs per group: min =          7
                                                              avg =       10.0
                                                              max =         12

                                               Wald chi2(2)       =     665.58
Log restricted-likelihood = -528.74216         Prob > chi2        =     0.0000

-------------------------------------------------------------------------------
       write |     Coef.   Std. Err.      z    P>|z|     [95% Conf. Interval]
-------------+-----------------------------------------------------------------
        abil | -.8056925   .0348556   -23.12   0.000    -.8740083   -.7373768
         hon |   .671848   .3882241     1.73   0.084    -.0890572    1.432753
       _cons |  179.0213   8.446553    21.19   0.000     162.4664    195.5763
-------------------------------------------------------------------------------

-------------------------------------------------------------------------------
Random-effects Parameters |   Estimate  Std. Err.     [95% Conf. Interval]
```

```
-------------------------------+----------------------------------------------------
cid: Identity                  |
                    sd(_cons)|   28.44004    4.705583         20.56333    39.33388
-------------------------------+----------------------------------------------------
                 sd(Residual)|    2.38897    .1268631         2.152825    2.651018
-------------------------------+----------------------------------------------------
LR test vs. linear regression: chibar2(01)=    247.90 Prob >= chibar2 = 0.0000

The mediator, abil, is a level 1 variable
c_path  = 4.1382892
a_path  = -4.2653975
b_path  = -.80569254
c_prime = 0.67184798   same as dir_eff
* 間接效果值
ind_eff = 3.4365989
* 直接效果值
dir_eff = .67184798
* 總效果值 = 直接效果值 + 間接效果值
tot_eff = 4.1084469

proportion of total effect mediated = .83647154
ratio of indirect to direct effect  = 5.1151437
ratio of total to direct effect      = 6.1151437
```

1. 分析結果有三個方程式：

   (1) the DV on the IV

   (2) the MV on the IV

   (3) the DV on the MV and IV

2. 並印出「總效果值、直接效果值、間接效果值」。

3. 方程式 1 中，「hon → write」迴歸係數達顯著 ($coef=1.17, p<0.05$)。

   方程式 2 中，「hon → 中介的 abil」迴歸係數達顯著 ($coef=-4.27, p<0.05$)。但

   方程式 3 中，「hon → write」係數未達顯著 ($coef=0.388, p>0.05$)。

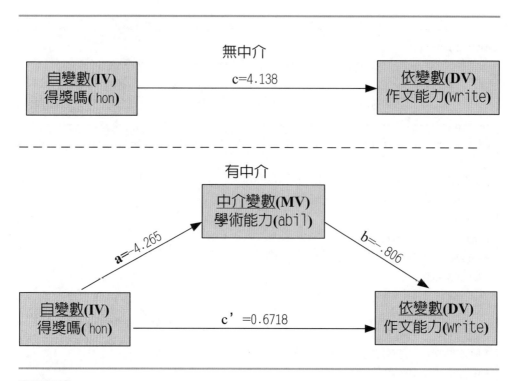

圖 2-80　中介效果之分析結果

## 2-8-5b雙層次中介效果：STaTa 方法二 (xtmixed、mixed 指令)

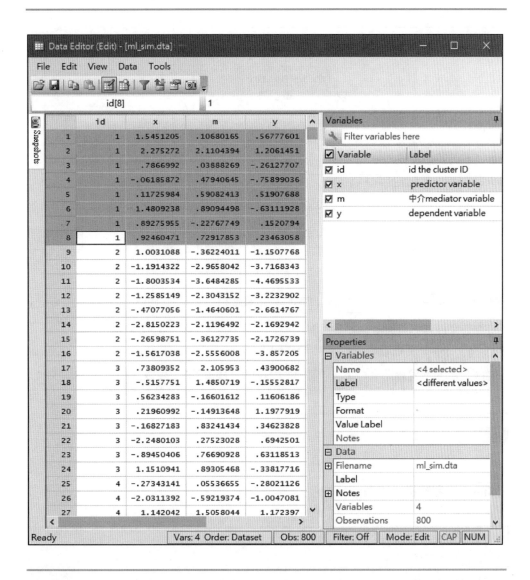

圖 2-81 「ml_sim.dta」資料檔內容 (100 群組，每群有 8 個人)

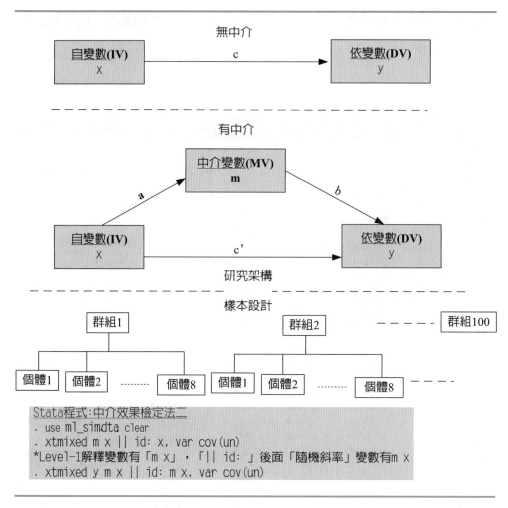

圖 2-82　中介變數之示意圖 2 ( 以 id 分二層 )

**Step-1**　觀察樣本特徵

```
* 存在「mediation with multilevel data-method 2.do」指令檔
* Step-1 觀察樣本特徵
. use ml_sim.dta
. list in 1/16, sep(8)


    +--------------------------------------------------+
    | id              x              m             y |
    |--------------------------------------------------|
```

```
 1. |  1     1.5451205     .10680165     .56777601 |
 2. |  1      2.275272     2.1104394     1.2061451 |
 3. |  1      .7866992     .03888269    -.26127707 |
 4. |  1    -.06185872     .47940645    -.75899036 |
 5. |  1     .11725984     .59082413     .51907688 |
 6. |  1     1.4809238     .89094498    -.63111928 |
 7. |  1     .89275955    -.22767749      .1520794 |
 8. |  1     .92460471     .72917853     .23463058 |
    |-----------------------------------------------|
 9. |  2     1.0031088    -.36224011    -1.1507768 |
10. |  2    -1.1914322    -2.9658042    -3.7168343 |
11. |  2    -1.8003534    -3.6484285    -4.4695533 |
12. |  2    -1.2585149    -2.3043152    -3.2232902 |
13. |  2    -.47077056    -1.4640601    -2.6614767 |
14. |  2    -2.8150223    -2.1196492    -2.1692942 |
15. |  2    -.26598751    -.36127735    -2.1726739 |
16. |  2    -1.5617038    -2.5556008     -3.857205 |
    +-----------------------------------------------+

. corr x m y
(obs=800)

             |        x        m        y
-------------+---------------------------
          x  |   1.0000
          m  |   0.5404   1.0000
          y  |   0.5537   0.7591   1.0000


.
. tab id

       id  |      Freq.     Percent       Cum.
-----------+-----------------------------------
        1  |         8        1.00        1.00
        2  |         8        1.00        2.00
        3  |         8        1.00        3.00
        4  |         8        1.00        4.00
        5  |         8        1.00        5.00
```

```
..............................
       98 |          8        1.00        98.00
       99 |          8        1.00        99.00
      100 |          8        1.00       100.00
-----------+-----------------------------------
    Total |        800      100.00
```

Level-2 有 100 群組，每群組有 8 人。

Step-2 先求「自變數 → 中介變數」係數 (the model with the mediator predicted by the IV)

```
* Step-2 先求「自變數 → 中介變數」係數
. xtmixed m x || id: x, var cov(un)


Performing EM optimization:


Performing gradient-based optimization:


Iteration 0:    log likelihood = -1113.6567
Iteration 1:    log likelihood = -1113.6567


Computing standard errors:


Mixed-effects ML regression              Number of obs      =        800
Group variable: id                       Number of groups   =        100


                                         Obs per group: min =          8
                                                        avg =        8.0
                                                        max =          8



                                         Wald chi2(1)       =     175.20
Log likelihood = -1113.6567              Prob > chi2        =     0.0000
--------------------------------------------------------------------------
        m |      Coef.   Std. Err.      z    P>|z|     [95% Conf. Interval]
```

```
-----------+----------------------------------------------------------------
        x |   .6114761    .0461973    13.24   0.000     .5209311     .7020212
     _cons |    .094974    .0911449     1.04   0.297    -.0836668     .2736148
-----------------------------------------------------------------------------


-----------------------------------------------------------------------------
Random-effects Parameters |   Estimate   Std. Err.     [95% Conf. Interval]
-----------------------------+-----------------------------------------------
id: Unstructured             |
                     var(x) |   .1147085    .0284269     .0705751     .1864401
                  var(_cons) |   .7010477    .1165732     .5060648     .9711559
                 cov(x,_cons) |   .0065896    .0412717    -.0743015     .0874806
-----------------------------+-----------------------------------------------
               var(Residual) |   .6449282    .0365222     .5771756     .7206342
-----------------------------------------------------------------------------
LR test vs. linear regression:        chi2(3)=    396.83   Prob > chi2 = 0.0000

Note: LR test is conservative and provided only for reference.

* 對照組之指令 :( 結果略 )
. ml_mediation, dv(y)iv(x)mv(m)l2id(id)
```

**Step-3** 再「自變數及中介 → 依變數」(the model with both the IV and mediator predicting the DV)

```
* Step-3 再「自變數及中介 → 依變數」(the model with both the IV and mediator
predicting the DV)
*Level-1 解釋變數有「m x」，「|| id: 」後面「隨機斜率」變數有 m x
. xtmixed y m x || id: m x, var cov(un)


Performing EM optimization:


Performing gradient-based optimization:


Iteration 0:   log likelihood = -1016.1698
Iteration 1:   log likelihood = -1016.0624
```

```
Iteration 2:    log likelihood = -1016.0623

Computing standard errors:

Mixed-effects ML regression                    Number of obs     =      800
Group variable: id                             Number of groups  =      100

                                               Obs per group: min =        8
                                                              avg =      8.0
                                                              max =        8

                                               Wald chi2(2)      =   311.46
Log likelihood = -1016.0623                    Prob > chi2       =   0.0000

------------------------------------------------------------------------------
         y |      Coef.   Std. Err.      z    P>|z|     [95% Conf. Interval]
-----------+------------------------------------------------------------------
         m |   0.6252951     .04657    13.43   0.000     .5340196    .7165706
         x |   0.2500122   .0384508     6.50   0.000     .1746501    .3253743
     _cons |  -.0937981   .0616632    -1.52   0.128    -.2146558    .0270596
------------------------------------------------------------------------------


------------------------------------------------------------------------------
  Random-effects Parameters  |   Estimate   Std. Err.     [95% Conf. Interval]
-----------------------------+------------------------------------------------
id: Unstructured             |
                     var(m)|    .1178902   .0302985      .0712383    .1950931
                     var(x)|    .0376483   .0210683       .012572     .112742
                 var(_cons)|    .2573218   .0525485      .1724447    .3839753
                   cov(m,x)|   -.0018785   .0188857     -.0388937    .0351368
               cov(m,_cons)|   -.0060299   .0281886     -.0612786    .0492187
               cov(x,_cons)|   -.0307884   .0242063     -.0782318     .016655
-----------------------------+------------------------------------------------
              var(Residual)|    .5078589   .0307909      .4509575      .57194
------------------------------------------------------------------------------
LR test vs. linear regression:      chi2(6)=   313.19   Prob > chi2 = 0.0000

Note: LR test is conservative and provided only for reference.
```

1. 自變數仍然有顯著影響力，但影響力從 0.69 降至 0.25。

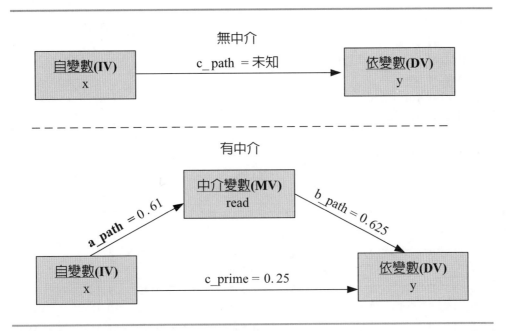

無中介

有中介

圖 2-83 中介變數之暫定結果 ( 以 id 分二層 )

```
*Step-4 restructure the data to stack y on m for each row and create indica-
tor variables for both the mediator and the dependent variables
*rename for reshaping
. rename y z0
*create z1 for reshaping
. generate z1=m
*create temp id for reshaping
. gen fid=_n
. reshape long z, i(fid)j(s)
(note: j = 0 1)


Data                             wide    ->    long
------------------------------------------------------------
Number of obs.                    800    ->    1600
Number of variables                6    ->       6
j variable (2 values)                    ->    s
```

```
xij variables:
                           z0 z1   ->   z
-------------------------------------------------------------------

*indicator for the mediator
. rename s sm
*indicator for the dv
. gen sy= ~sm

.list in 1/16, sep(8)


     +----------------------------------------------------------+
     | fid  sm   id        x            m            z     sy |
     |----------------------------------------------------------|
  1. |  1    0    1   1.5451205    .10680165     .567776     1 |
  2. |  1    1    1   1.5451205    .10680165     .1068017     0 |
  3. |  2    0    1    2.275272    2.1104394    1.206145     1 |
  4. |  2    1    1    2.275272    2.1104394    2.110439     0 |
  5. |  3    0    1    .7866992    .03888269    -.2612771     1 |
  6. |  3    1    1    .7866992    .03888269    .0388827     0 |
  7. |  4    0    1   -.06185872   .47940645    -.7589904     1 |
  8. |  4    1    1   -.06185872   .47940645    .4794064     0 |
     |----------------------------------------------------------|
  9. |  5    0    1   .11725984    .59082413    .5190769     1 |
 10. |  5    1    1   .11725984    .59082413    .5908241     0 |
 11. |  6    0    1   1.4809238    .89094498    -.6311193     1 |
 12. |  6    1    1   1.4809238    .89094498    .890945     0 |
 13. |  7    0    1   .89275955   -.22767749    .1520794     1 |
 14. |  7    1    1   .89275955   -.22767749   -.2276775     0 |
 15. |  8    0    1   .92460471    .72917853    .2346306     1 |
 16. |  8    1    1   .92460471    .72917853    .7291785     0 |
     +----------------------------------------------------------+
```

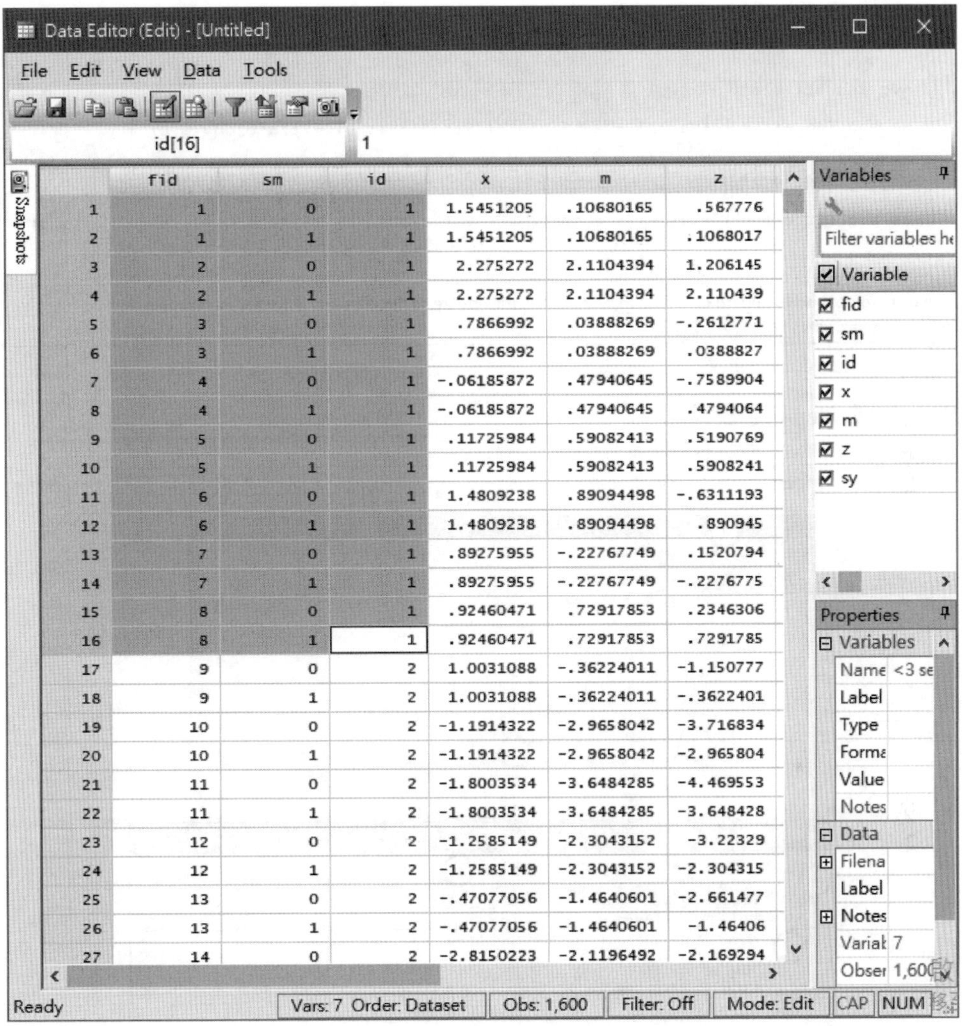

| | fid | sm | id | x | m | z |
|---|---|---|---|---|---|---|
| 1 | 1 | 0 | 1 | 1.5451205 | .10680165 | .567776 |
| 2 | 1 | 1 | 1 | 1.5451205 | .10680165 | .1068017 |
| 3 | 2 | 0 | 1 | 2.275272 | 2.1104394 | 1.206145 |
| 4 | 2 | 1 | 1 | 2.275272 | 2.1104394 | 2.110439 |
| 5 | 3 | 0 | 1 | .7866992 | .03888269 | -.2612771 |
| 6 | 3 | 1 | 1 | .7866992 | .03888269 | .0388827 |
| 7 | 4 | 0 | 1 | -.06185872 | .47940645 | -.7589904 |
| 8 | 4 | 1 | 1 | -.06185872 | .47940645 | .4794064 |
| 9 | 5 | 0 | 1 | .11725984 | .59082413 | .5190769 |
| 10 | 5 | 1 | 1 | .11725984 | .59082413 | .5908241 |
| 11 | 6 | 0 | 1 | 1.4809238 | .89094498 | -.6311193 |
| 12 | 6 | 1 | 1 | 1.4809238 | .89094498 | .890945 |
| 13 | 7 | 0 | 1 | .89275955 | -.22767749 | .1520794 |
| 14 | 7 | 1 | 1 | .89275955 | -.22767749 | -.2276775 |
| 15 | 8 | 0 | 1 | .92460471 | .72917853 | .2346306 |
| 16 | 8 | 1 | 1 | .92460471 | .72917853 | .7291785 |
| 17 | 9 | 0 | 2 | 1.0031088 | -.36224011 | -1.150777 |
| 18 | 9 | 1 | 2 | 1.0031088 | -.36224011 | -.3622401 |
| 19 | 10 | 0 | 2 | -1.1914322 | -2.9658042 | -3.716834 |
| 20 | 10 | 1 | 2 | -1.1914322 | -2.9658042 | -2.965804 |
| 21 | 11 | 0 | 2 | -1.8003534 | -3.6484285 | -4.469553 |
| 22 | 11 | 1 | 2 | -1.8003534 | -3.6484285 | -3.648428 |
| 23 | 12 | 0 | 2 | -1.2585149 | -2.3043152 | -3.22329 |
| 24 | 12 | 1 | 2 | -1.2585149 | -2.3043152 | -2.304315 |
| 25 | 13 | 0 | 2 | -.47077056 | -1.4640601 | -2.661477 |
| 26 | 13 | 1 | 2 | -.47077056 | -1.4640601 | -1.46406 |
| 27 | 14 | 0 | 2 | -2.8150223 | -2.1196492 | -2.169294 |

**圖 2-84** 「**reshape long** z, i(fid)j(s)」資料結構之轉換結果

後續步驟，見「mediation with multilevel data-method 2.do」指令檔。

```
avg_ind_eff = a*b + σ_aj,bj

se_avg_ind_eff = b²*Var(a) + a²*Var(b) + Var(a)*Var(b) + 2*a*b*Cov(a,b) +
                 Cov(a,b)² + Var(σ_aj,bj)

avg_tot_eff = a*b + σ_aj,bj + cprime

se_avg_tot_eff = b²*Var(a) + a²*Var(b) + Var(a)*Var(b) + 2*a*b*Cov(a,b) + Cov(a,b)² +
                 Var(cprime) + 2*b*Cov(a,c) + 2*a*Cov(b,c) + Var(σ_aj,bj)
```

The last term of each standard error above, Var($\sigma_{aj,bj}$), is the square of the standard error for the random effect cov(smx, smy), i.e., .0228226^2.

**圖 2-85** Step-6 之公式

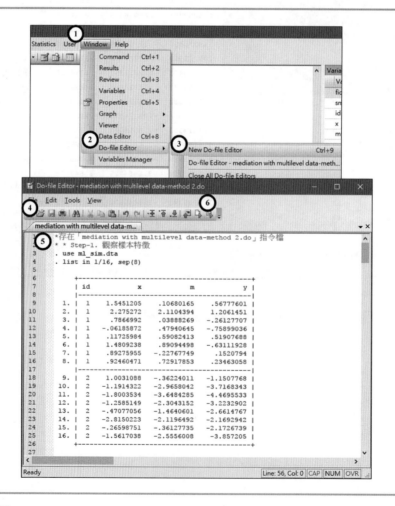

**圖 2-86** 「mediation with multilevel data-method 2.do」指令檔

## 2-8-6 Sobel-Goodman 中介檢定法 ( 先 sgmediation 再 ml_mediation 指令 )

Sobel-Goodman 中介檢定法 (Sobel-Good manmediation tests)，旨在檢定自變數是否真需透過中介變數才影響依變數 (to test whether a mediator carries the influence of an IV to a DV.)。

```
* Sobel-Goodman tests are to test whether a mediator carries the influence of
an IV to a DV.
* 安裝外掛指令 sgmediation
. findit sgmediation
* sgmediation 語法如下：
. sgmediation DEP_VAR, iv(INDEP_VAR)mv(MED_VAR)
. bootstrap r(ind_eff), reps(5000): sgmediation DEP_VAR, iv(INDEP_VAR)mv(MED_VAR)
. estat bootstrap, percentile
```

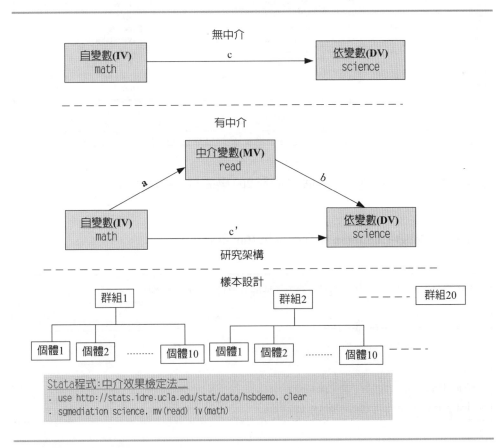

圖 2-87 中介變數之示意圖 3

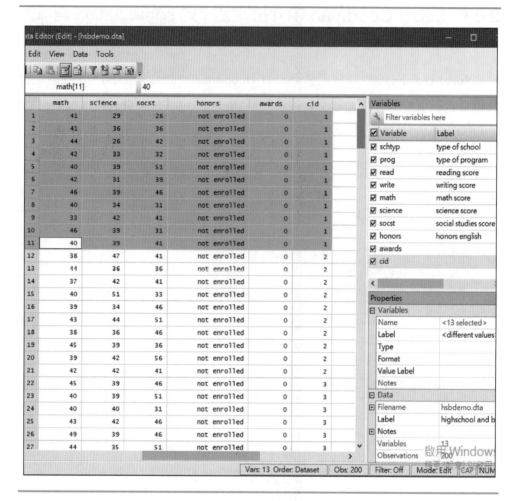

圖 2-88 「hsbdemo.dta」資料檔內容 (N=200 學生，cid=20 學校 )

Step-1 Sobel-Goodman 中介檢定法 (for 單層次 )

```
. use http://stats.idre.ucla.edu/stat/data/hsbdemo, clear

* 先安裝外掛指令 sgmediation
. findit sgmediation


. sgmediation science, mv(read)iv(math)
Model with dv regressed on iv (path c)
```

```
      Source |       SS       df       MS              Number of obs =     200
-------------+------------------------------           F( 1,   198)= 130.81
       Model | 7760.55791      1   7760.55791          Prob > F     =  0.0000
    Residual | 11746.9421    198   59.3279904          R-squared    =  0.3978
-------------+------------------------------           Adj R-squared =  0.3948
       Total |   19507.5     199   98.0276382          Root MSE     =  7.7025


-------------------------------------------------------------------------------
     science |    Coef.   Std. Err.       t     P>|t|   [95% Conf. Interval]
-------------+-----------------------------------------------------------------
        math |   .66658   .0582822     11.44    0.000    .5516466    .7815135
       _cons | 16.75789   3.116229      5.38    0.000    10.61264    22.90315
-------------------------------------------------------------------------------
```

Model with mediator regressed on iv (path a)

```
      Source |       SS       df       MS              Number of obs =     200
-------------+------------------------------            F( 1,   198)= 154.70
       Model | 9175.57065      1   9175.57065          Prob > F     =  0.0000
    Residual | 11743.8493    198   59.3123704          R-squared    =  0.4386
-------------+------------------------------            Adj R-squared =  0.4358
       Total |  20919.42     199   105.122714          Root MSE     =  7.7015


-------------------------------------------------------------------------------
        read |    Coef.   Std. Err.       t     P>|t|   [95% Conf. Interval]
-------------+-----------------------------------------------------------------
        math |  .724807   .0582745     12.44    0.000    .6098887    .8397253
       _cons | 14.07254   3.115819      4.52    0.000    7.928087    20.21699
-------------------------------------------------------------------------------
```

Model with dv regressed on mediator and iv (paths b and c' )

```
      Source |       SS       df       MS              Number of obs =     200
-------------+------------------------------            F( 2,   197)=  90.27
       Model | 9328.73944      2   4664.36972          Prob > F     =  0.0000
    Residual | 10178.7606    197   51.6688353          R-squared    =  0.4782
-------------+------------------------------            Adj R-squared =  0.4729
       Total |   19507.5     199   98.0276382          Root MSE     =  7.1881
```

```
-----------------------------------------------------------------------------
  science |     Coef.   Std. Err.       t    P>|t|     [95% Conf. Interval]
----------+------------------------------------------------------------------
     read |   .3654205   .0663299     5.51   0.000     .2346128    .4962283
     math |   .4017207   .0725922     5.53   0.000     .2585632    .5448782
    _cons |    11.6155   3.054262     3.80   0.000     5.592255    17.63875
-----------------------------------------------------------------------------


Sobel-Goodman Mediation Tests

                      Coef          Std Err         Z             P>|Z|
Sobel                 .26485934     .05258136       5.037         4.726e-07
Goodman-1 (Aroian)    .26485934     .05272324       5.024         5.072e-07
Goodman-2             .26485934     .05243909       5.051         4.400e-07

                      Coef          Std Err    Z          P>|Z|
a coefficient    =    .724807       .058274    12.4378              0
b coefficient    =    .365421       .06633     5.50914    3.6e-08
Indirect effect  =    .264859       .052581    5.03713    4.7e-07
  Direct effect  =    .401721       .072592    5.53394    3.1e-08
   Total effect  =    .66658        .058282    11.4371              0

Proportion of total effect that is mediated:    .39734065
Ratio of indirect to direct effect:             .65931219
Ratio of total to direct effect:                1.6593122
```

1. 本例，中介變數 read，具 39.7%「**science → math**」全體效果的顯著影響力。

2. Sobel-Goodman mediation tests，結果 **Sobel**=0.2648(p<0.05)，表示本例中介效果非常顯著，故「自變數 → 依變數」因果模型中，不可忽視中介變數的「**眞**」存在。

**Step-2** 求 **path** 的迴歸係數 **(for 雙層次)**

```
. ml_mediation, dv(science)iv(math)mv(read)12id(cid)

Equation 1 (c_path): science = math

Performing EM optimization:

Performing gradient-based optimization:

Iteration 0:   log restricted-likelihood = -649.04378
Iteration 1:   log restricted-likelihood = -649.04378

Computing standard errors:

Mixed-effects REML regression          Number of obs      =      200
Group variable: cid                    Number of groups   =       20

                                       Obs per group: min =        7
                                                      avg =     10.0
                                                      max =       12


                                       Wald chi2(1)       =     7.44
Log restricted-likelihood = -649.04378 Prob > chi2        =   0.0064

------------------------------------------------------------------------
    science |    Coef.   Std. Err.      z    P>|z|   [95% Conf. Interval]
------------+-----------------------------------------------------------
       math | -.2100957  .0770417    -2.73   0.006   -.3610946  -.0590968
      _cons |  62.9824   4.669511    13.49   0.000    53.83033   72.13447
------------------------------------------------------------------------


------------------------------------------------------------------------
  Random-effects Parameters |  Estimate  Std. Err.   [95% Conf. Interval]
----------------------------+-------------------------------------------
cid: Identity               |
                sd(_cons)|  10.14278  1.818154    7.137962   14.41252
----------------------------+-------------------------------------------
```

```
                sd(Residual)|   5.201288   .2770543        4.685656    5.773663
----------------------------------------------------------------------------------
LR test vs. linear regression: chibar2(01)=      87.33 Prob >= chibar2 = 0.0000

Equation 2 (a_path): read = math


Performing EM optimization:


Performing gradient-based optimization:


Iteration 0:   log restricted-likelihood = -642.24157
Iteration 1:   log restricted-likelihood = -642.24157


Computing standard errors:


Mixed-effects REML regression              Number of obs      =        200
Group variable: cid                        Number of groups   =         20

                                           Obs per group: min =          7
                                                          avg =       10.0
                                                          max =         12


                                           Wald chi2(1)       =      14.62
Log restricted-likelihood = -642.24157     Prob > chi2        =     0.0001


-------------------------------------------------------------------------------
        read |     Coef.    Std. Err.      z     P>|z|    [95% Conf. Interval]
-------------+-----------------------------------------------------------------
        math |  -.2831751   .0740621    -3.82    0.000    -.4283342    -.138016
       _cons |   67.23481   4.674585    14.38    0.000     58.07279    76.39683
-------------------------------------------------------------------------------


-------------------------------------------------------------------------------
  Random-effects Parameters  |   Estimate  Std. Err.     [95% Conf. Interval]
-----------------------------+-------------------------------------------------
cid: Identity                |
                 sd(_cons)|    11.3639   1.988375      8.064733     16.0127
-----------------------------+-------------------------------------------------
```

```
          sd(Residual)|   4.949471    .2631506      4.459669    5.493068
--------------------------------------------------------------------------
LR test vs. linear regression: chibar2(01)=    100.88 Prob >= chibar2 = 0.0000

Equation 3 (b_path & c_prime): science = read math

Performing EM optimization:

Performing gradient-based optimization:

Iteration 0:    log restricted-likelihood = -637.30354
Iteration 1:    log restricted-likelihood = -637.30354

Computing standard errors:

Mixed-effects REML regression              Number of obs      =        200
Group variable: cid                        Number of groups   =         20

                                           Obs per group: min =          7
                                                          avg =       10.0
                                                          max =         12

                                           Wald chi2(2)       =      51.26
Log restricted-likelihood = -637.30354     Prob > chi2        =     0.0000

--------------------------------------------------------------------------
    science |    Coef.   Std. Err.      z    P>|z|    [95% Conf. Interval]
------------+-------------------------------------------------------------
       read |  -.4125384  .0682617   -6.04   0.000    -.546329   -.2787479
       math |  -.4031161  .0736757   -5.47   0.000   -.5475179   -.2587144
      _cons |   94.7425   6.942118   13.65   0.000     81.1362    108.3488
--------------------------------------------------------------------------


--------------------------------------------------------------------------
 Random-effects Parameters  |  Estimate   Std. Err.   [95% Conf. Interval]
----------------------------+---------------------------------------------
cid: Identity               |
              sd(_cons)|   15.44222   2.745573     10.89856    21.88016
```

```
----------------------------+----------------------------------------------------------
            sd(Residual)|    4.630585    .2476305       4.169808       5.14228
----------------------------------------------------------------------------------------
LR test vs. linear regression: chibar2(01)=      86.03 Prob >= chibar2 = 0.0000

The mediator, read, is a level 1 variable
c_path  = -0.21009573
a_path  = -0.28317511
b_path  = -0.41253842
c_prime = -0.40311614   same as dir_eff
ind_eff = .11682061
dir_eff = -.40311614
tot_eff = -.28629552

proportion of total effect mediated = -.40804205

ratio of indirect to direct effect  = -.28979394
ratio of total to direct effect     = .71020606
```

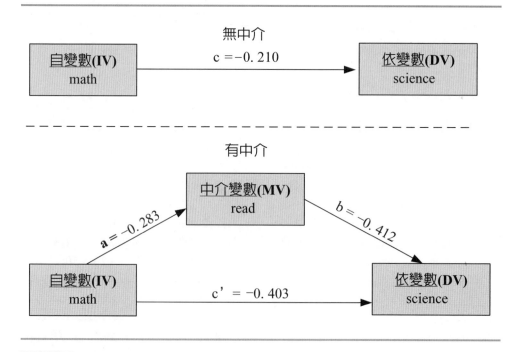

無中介

自變數(IV)
math

c = −0.210

依變數(DV)
science

有中介

中介變數(MV)
read

a = −0.283

b = −0.412

自變數(IV)
math

c' = −0.403

依變數(DV)
science

圖 2-89　雙層次：中介分析結果

# 單層 vs. 雙層次模型：無交互作用項就無須中心化

統計學是應用機率理論與事實的數字，描述、組織、綜合、分析和解釋量的資料的方法或程序，並由此過程藉以發現各現象之真理原則等之學問。

1. 由於追蹤資料 (panel-data) 的同一試驗單位會重複量測好幾次，因此必須考量每個時期的測量值是否會受到前時期結果的影響。

2. 過去常利用一般線性模型 (general linear mode) 結構，將各時間點的測量值視為不同的反應變數。然而，由於沒有考慮到試驗單位在不同觀測時間點的內部相關性，易犯第 I 型誤差 ($\alpha$)。

3. 現今一致認為混合 (mixed) 模型是目前重複量測的追蹤資料強而有力的統計法 (Littell et al., 2002)。

多層次分析模型旨在掌握人與環境 ( 如家庭、組織、醫院、社區、國家 ) 的巢狀 ( 巢狀的 , **nested**) 與相互作用關係。

## 一、多層次混合 (mixed) 模型、隨機係數模型

$$y_{it} = \alpha_i + X'_{it} \underbrace{\beta_i}_{\text{每一個體 } i \text{ 的斜率都不相同}} + \underbrace{u_{it}}_{\text{殘差項} \sim N(0,\sigma^2)}$$

## 二、分析單位的兩種謬誤

1. 以全概偏：如果是根據群體的特質來推斷其中個體的特質，即是犯了生態謬誤 (ecological fallacy)( 以群體所做的分析，關聯較高 )。常見案例有：

   (1) 有人將 Hefsted (1980) 衡量「國家文化」量表四個構面 ( 權力距離、不確定性避免、長期導向、男性作風 ) 誤用在「個人」的解釋。

   (2)「平均所得高的地區，吸毒的比率高」這個主題，其分析單位是「地區」，但有人錯誤推論為「愈富有的人，吸毒的比率愈高」( 分析單位是「個人」)。

   (3)「單親比率高的地區，中學生輟學比率高」這個主題，其分析單位是「地區」，此時就不能推論「單親家庭之中學生輟學率高」，因為後者的分析單位是「個人」。

2. 以偏概全：若依據個體的特質而推論群體的特質，則犯了原子論式的謬誤 (atomistic fallacy)( 要加總需符合組內一致、組間有差異的統計檢驗 )。例如，「各國國民贊成民主化某特定主題的比例高低」( 分析單位是「個人」)，來推論「該國政治民主化的程度」( 分析單位是「國家」)，就犯了個體上的謬誤。

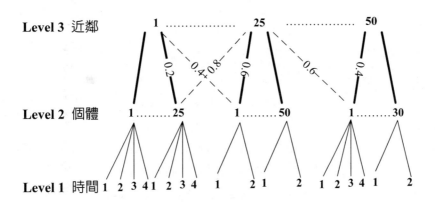

**圖 3-1** Multilevel model 之示意圖 (Level-1 為重複測量 )

計量學家鮮少採用多層次混合模型，但其他學域就會用到它們。

多層次 (multi-level) 係指，將個體 i 所有觀察值堆疊之後，再代入下式：

$$y_i = X_i\beta + Z_iu_i + \varepsilon_i$$

其中：

$u_i$ 是 iid (0,G)，$Z_i$ 稱為設計矩陣。

1. 隨機效果：設計矩陣 $Z_i = e$ ( 某一向量 )，且 $u_i = \alpha_i$。
2. 隨機係數 (coefficients)：$Z_i = X_i$。

## 三、多層次模型之類型

本書後面將介紹常見的，5 種多層次模型，其餘類型的多層次模型則存在
「*對應指令名稱 *.do」指令檔：

1. 線性：多層次線性混合迴歸 (xtmixed、mixed 指令 )。
2. 二元 (binary) 依變數：多層次混合 Logistic 迴歸 (xtmelogit、melogit 指令 )。
3. 離散型依變數：多層次混合 Poisson 迴歸 (xtmepoisson、mepoisson、menbreg
   指令 )。
4. 非線性混合模型 (menl 指令 )。
5. 多層次存活分析 (mestreg 指令 )。

多層次混合模型之指令為：

| STaTa 指令 | 說明 |
|---|---|
| xtmixed、mixed | 多層次混合效果 linear regression |
| xtmelogit、melogit | 多層次混合效果 logistic regression |
| xtmepoisson、mepoisson | 多層次混合效果 Poisson regression |
| menl | Nonlinear mixed-effects regression |
| meprobit | 多層次混合效果 probit regression |
| mecloglog | 多層次混合效果 complementary log-log regression |
| meologit | 多層次混合效果 ordered logistic regression |
| meoprobit | 多層次混合效果 ordered probit regression |
| menbreg | 多層次混合效果 negative binomial regression |
| metobit | 多層次混合效果 tobit regression |
| meintreg | 多層次混合效果 interval regression |
| meglm | 多層次混合效果 generalized linear model |
| meqrlogit | 多層次混合效果 logistic regression (QR decomposition) |
| meqrpoisson | 多層次混合效果 Poisson regression (QR decomposition) |
| bayes: 開頭 12 指令 | bayes: mecloglog、bayes: meglm、bayes: meintreg、bayes: melogit、bayes: menbreg、bayes: meologit、bayes: meoprobit、bayes: mepoisson、bayes: meprobit、bayes: mestreg、bayes: metobit、bayes: mixed |

其中：

1. 混合效果 = 固定效果 + 隨機效果。

2. 隨機截距 / 隨機斜率屬隨機效果。隨機截距模型 (random intercepts model) 也是 STaTa 之 mixed、xtmixed、menl…等指令的內定估計法。

3. 指令 xtmixed、mixed 專門處理多層次 mixed regression ( 具常態分布、連續型結果變數 )。它特別受到歡迎。

# 3-1 多層次模型之重點補充

## 混合線性模型 (linear mixed model, LMM)

對於檢驗實驗介入成效的方法，坊間已有非常多種方式，其中又以 GEE (generalized estimating equations，xtgee 指令 ) 及現在即將要介紹的 LMM(anova

指令、manova 指令、xtmixed 指令、mixed 指令、xtreg 指令 ) 蔚為主流，不過很有趣的是，這兩種方法皆克服了傳統統計方法 ( 例如 t-test, ANCOVA, ANOVA) 的某些假定 (assumption) 限制，因此才會廣受研究者的歡迎，但這兩種當代主流方法卻在「看待及處理」同一個個體的重複測量資料時，採用完全不同的角度。

LMM 全名為混合線性模型 (linear mixed model) 或稱為 mixed effect model，不過它在各個領域有不同的名稱，在生物統計領域習慣稱作 LMM，在應用統計領域則常被稱為多層次模型或多層次迴歸 (multilevel model / multilevel regression)，但在教育或心理領域則常以階層線性模型 (hierarchical linear modeling, HLM) 稱呼它，而在經濟或財金領域最可能稱之隨機效果模型 (random effect model)，不過無論如何稱呼，其背後的原理大致是差不多的。

## 3-1-1 分層隨機抽樣

要想提高研究設計之外部效度，有 6 種方法可「控制」外生 (extraneous) 變數：

1. 排除法：選擇相同外在變數之標準。例如，害怕「年齡」這個外生變數會影響自變數，所以隨機找同年齡 ( 例如，18 歲 ) 的人當樣本。此種做法，雖提升了內部效度，但卻損及外部效度。
2. 隨機法：採用控制組 ( 對照組 ) 及實驗組，將樣本隨機分派至兩組，以抵銷外生變數。調查法則可採「分層隨機抽樣」、或完全隨機抽樣。
3. 共變數分析法：一起記錄外生變數，將它納入研究設計中，以共變數分析來分析。
4. 配對法：即以外生變數 ( 如年齡 ) 來配對。在實務上，係較難找到這樣的精準配對再分組至實驗組及控制組中。
5. 重複實驗：同組的人先作實驗群，也作控制組。一群當二群用，其缺點：除了會受到 pre-test 影響外，亦會受到施測順序 ( 實驗—控制、控制—實驗 ) 的影響。
6. 納入法：即改用多因子實驗設計。假如害怕「年齡」這個外生變數會影響自變數，除了隨機以「年齡」分派樣本外，還可以將它納入多因子變異數分析中。

抽樣 (sampling) 調查係自調查對象之母體中抽取一部分個體，加以觀察，然後再推估母體之現象。

　　機率抽樣係指抽取之樣本是按照樣本之機率隨機抽出。分層隨機抽樣也是機率抽樣之一，它將母體按照某些特性，分成數個不重疊的組群，這些組群即稱為層，而再由各層分別抽取樣本。

　　抽樣之基本原則：

1. 代表性：所抽樣本能以代表母體。
2. 精確性：以樣本訊息估計母體之特性，要儘可能精確，並且可測度其可信度。
3. 成本低：抽樣成本要儘量少。
4. 可行性：配合不同之母體狀況及行政限制下，採取適宜方法 ( 即考量實務問題 )。亦即如何達到快速、準確、具代表性而又能配合實務。

## 分層隨機抽樣 (stratified random sampling)

　　抽樣是推論統計的必要步驟，而推論統計的目的是在於根據樣本的性質來推估母群體的性質。因為我們不知道母群體的性質，所以要抽取樣本來估計它。可見，推論統計的工作乃是由已知推論未知，由特殊而瞭解普遍的一種科學步驟。樣本既然是要用來代表母群體的，則樣本必須具有代表性 (representativeness)，否則這種樣本便無價值可言。抽樣 (sampling) 的方式有很多種，較常用的抽樣方法有簡單隨機抽樣 (simple random sampling)、系統性抽樣 (systematic sampling)、分層隨機抽樣 (stratified random sampling) 及群集抽樣 (cluster sampling)。

　　簡單隨機抽樣的抽樣方法在直覺上是非常公平，而且不會遭受扭曲，因為在整個母群體中的每一個分子成員，都有同樣的可能性出現在樣本中，但其缺點是無法利用我們對母群體先有的一些訊息，或對母群體特性的一些判斷，例如某一城市貧富分布並非任意分配，而是貧民都居住在北區，而富人居住在南區，那麼我們可利用此一項訊息，使用分層隨機抽樣，抽樣結果更符合我們的需要。

　　按照某種原因或其他一定的標準，將所含抽樣單位個數分別定為 $N_1, N_2, \cdots,$ $N_h, \cdots, N_L$，但 $\sum_{h=1}^{L} N_h = N$；這些分枝的母體簡稱為層 (stratum)。再以簡單隨機抽樣法，分別從各層獨立的抽出 $n_1, n_2, \cdots, n_h, \cdots, n_L$ 個單位組成一個含有 $\sum_{h=1}^{L} n_h = n$ 個單位的樣本，根據此樣本中各單位的平均 $\bar{x}_h$ 與母體各層單位的個數 $N_h$ 去推估母體平均。亦即 $\hat{\mu}_h = \sum_{h=1}^{L} \frac{N_h}{N} \bar{x}_h$，其中 $N$ 為母體中單位總數，而 $h$ 為層號。

往往調查對象的母體中，包含每一抽樣單位附隨的某種特性的變數間具有很大的變異性，即分散度很大，或具有歪度很大的分布。此時倘若置之不理，而採用簡單隨機抽樣法從整個母體中抽出樣本，則可能在分布兩端的單位便沒有被抽中的機會，或者抽出太多極端的樣本，因而失去母體的代表性，以致估計的準確度不高。反之，假如按照母體分布的狀態，將其抽樣單位分為大、小二層或更細分的，使各層內的單位間的變異程度較低，而各層間的變異程度較高；根據變異數分析原理，層間變異愈大則層內變異愈小，因此各層樣本的代表性將會增高，將其混合資料以估計整個母體總合或平均值必能獲得準確度很高的估計結果。

分層隨機抽樣在實際應用上是最常用的一種抽樣方法。通常欲調查的母體內各個抽樣單位，當其間變異甚大，即分散度很大或具有歪度 (skewness) 時，若採用簡單隨機抽樣，則可能造成分散在兩端的樣本將不被抽中或抽中太多，如此抽出的樣本不具高度代表性，反而使估計誤差過大，因此有使用分層隨機抽樣的必要。舉例來說，欲估計超級市場的平均營業額，即要對超級市場按超市大小分層後再作抽樣。

**1. 分層隨機抽樣的特點**

分層隨機抽樣的特點是：由於通過劃類分層，增大了各類型中單位間的共同性，容易抽出具有代表性的調查樣本。該方法適用於總體情況複雜，各單位之間差異較大，單位較多的情況。

**2. 分層隨機抽樣的優缺點**

**分層隨機抽樣法的優點**是：

(1) 可增加樣本代表性。

(2) 可提高估計的確度。

(3) 可分別獲得各層的訊息，並做各層間的比較分析。

(4) 可在各層設立行政單位，以便於執行。

(5) 可視各層情形，採取不同的抽樣方法。

**分層隨機抽樣法的限制**是：

(1) 分層變數的選取 ( 要與所欲估計的特徵值具有高度相關 )。

(2) 層數的釐定 ( 要適當並配合母體的分配狀況 )。

(3) 分層標準的決定 ( 各層不能有重疊現象 )。

(4) 各層樣本的配置方法。

(5) 分層後，樣本資料的整理及估計較複雜。

因此，**使用分層隨機抽樣法的最佳時機**，便是當 (1) 母體內樣本單位的差異較大時；和 (2) 分層後能達到層間差異大，層內差異小的原則。原則上要使層內變異小，而層間變異大；各層不能有重疊現象。

**3. 分層隨機抽樣的步驟**

分層隨機抽樣的使用步驟，首先我們必須把母群體分成具有較高同質性的次母群體或群組階層，然後再從各次母群體或群組階層分別抽出樣本，這種抽樣方法可以使所得到的樣本更能代表母群體的特性。一般而言，分層隨機抽樣 (stratified random sampling) 的抽樣方法包括三個步驟：(1) 將母群體分成幾個階層；(2) 對每個階層實施隨機抽樣；(3) 估計母群體之均值。

分層隨機抽樣，也叫類型抽樣。就是將總體單位按其屬性特徵分成若干類型或層，然後在類型或層中隨機抽取樣本單位。

---

1. **分層抽樣 (stratified sampling)**：調查的母體，可依某衡量標準，區分成若干個不重複的子母體，我們稱之爲『層』，且層與層之間有很大的變異性，層內的變異性較小。在區分不同層後，再從每一層中利用簡單隨機抽樣抽出所須比例的樣本數，將所得各層樣本合起來即爲樣本。此處的比例就是該層的個體總數占母體的比例。

2. **群集抽樣 (cluster sampling)**：當母體的底冊的蒐集及編造極爲困難或龐大，而在調查時又希望節省成本時，可採用此種抽樣。群集抽樣的方法就是將母體分成幾個群集 ( 或部落、區域 )，而群集間的變異小，群集內的變異大。再從這幾個群集中抽出數個群集進行抽樣或普查。有時群集抽樣又稱部落抽樣、叢聚抽樣。

---

**4. 確定各層樣本數的三方法**

(1) 分層定比：即各層樣本數與該層總體數的比值相等。例如，樣本大小 n = 50，總體 N = 500，則 n/N = 0.1 即爲樣本比例，每層均按這個比例確定該層樣本數。

(2) 奈曼法：即各層應抽樣本數與該層總體數及其標準差的積成正比。

(3) 非比例分配法：當某個層次包含的個案數在總體中所占比例太小時，爲使該層的特徵在樣本中得到足夠的反映，可人爲地適當增加該層樣本數在總體樣本中的比例。但這樣做會增加推論的複雜性。

### 5. 分層隨機抽樣的應用

　　總體中賴以進行分層的變數為分層變數，理想的分層變數是調查中要加以測量的變數或與其高度相關的變數。分層的原則是增加層內的同質性和層間的異質性。常見的分層變數有性別、年齡、教育、職業等。分層隨機抽樣在實際抽樣調查中廣泛使用，在同樣樣本容量的情況下，它比純隨機抽樣的精度高，此外管理方便，費用少，效度高。

## 3-1-2　Panel-data 迴歸模型之重點整理

基本線性 panel 模型

---

· Pooled model (or population-averaged)

　合併模型 ( 樣本平均 )　　　　$y_{it} = \alpha + x'_{it}\beta + u_{it}$ 　　　　(3-1)

· Two-way effects model: allows intercept to vary over $i$ and $t$

　雙因子效果模型　　　$y_{it} = \alpha_i + \gamma_t + x'_{it}\beta + \varepsilon_{it}$ 　　　　(3-2)

· Individual-specific effects model

　特定個體效果模型　　　　$y_{it} = \alpha_i + x'_{it}\beta + \varepsilon_{it}$ 　　　　(3-3)

where $\alpha_i$ may be fixed effect or random effect.

· Mixed model or random coefficients model: allows sloes to vary over $i$

　混合 / 隨機係數模型　　　$y_{it} = \alpha_i + x'_{it}\beta + \varepsilon_{it}$ 　　　　(3-4)

---

### 1. 基本迴歸模型

$$Y_{it} = \alpha_{it} + \beta_1 X_{1it} + \beta_2 X_{2it} + \cdots + \beta_k X_{kit} + \varepsilon_{it}$$

又分 $\begin{cases} OLS迴歸，當 \alpha_{it} = \alpha(所有樣本截距項都相同) \\ 固定效果，當 \alpha_{it} = \alpha_i(每一個體截距項都相同) \\ 隨機效果，當 \alpha_{it} = \underbrace{\mu}_{對y平均的影響} + \underbrace{\gamma_i}_{隨機誤差} = \alpha + \underbrace{u_{it}}_{個體間誤差} + \underbrace{\varepsilon_{it}}_{個體內誤差} \end{cases}$

### 2. 混合資料 (pooles-data)OLS 模型或樣本平均 ( 樣本平均 (population-averaged), PA) 模型

$$y_{it} = \alpha + X'_{it}\beta + \underbrace{u_{it}}_{殘差項\sim N(0,\sigma^2)}$$

### 3. 雙因子 (two-way) 效果模型

為避免估計上的偏誤 (bias)，在迴歸估計時，常考慮特定個體效果 (individual-specific effect)，而且，又想捕捉特定時間效果 (time-specific effect)，此時你可採用能夠兼顧兩者的雙因子固定效果模型 (two-way fixed effects model) 作為估計方法。

$$y_{it} = \underbrace{\alpha_i}_{\text{每一個體 } i \text{ 截距項都不同}} + \underbrace{\gamma_t}_{\text{每一時間 } t \text{ 截距項都不同}} + X'_{it}\beta + \varepsilon_{it}$$

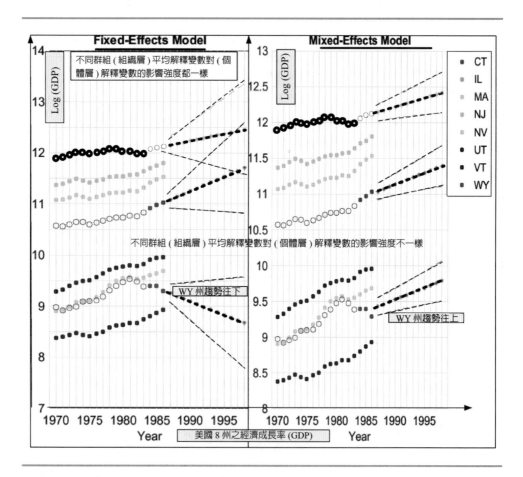

**圖 3-2** 固定效果模型 vs. 混合效果模型之差異比較圖

OLS 將資料視爲同一層級資料分析，因此其截距項及斜率項並不受到高層變數之誤差影響，也就是僅以 固定效果 (fixed effect) 來估計截距項及斜率項。HLM 則是把個體層級迴歸式中之截距項及斜率項當作總體層級之依變數，因此可考慮總體層級誤差項帶來之影響，並以隨機效果 (random effect) 估計個體層級之截距項及斜率項，檢視其殘差之變異數是否顯著，若爲顯著則表示個體層級 ( 下層 ) 之截距項及斜率項受總體層級 ( 上層 ) 變數之階層性影響。

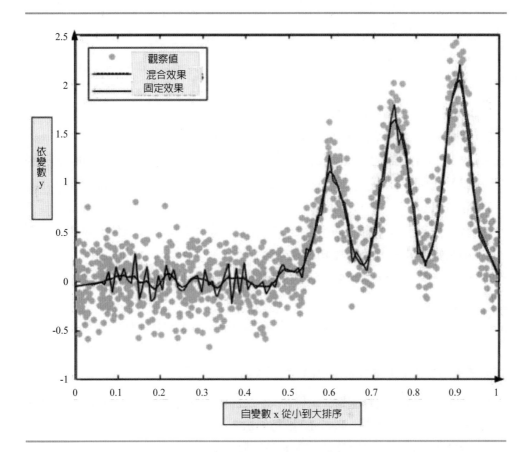

**圖 3-3** 固定效果模型 vs. 混合效果模型之差異比較圖 2

固定效果模型即「不同群組 ( 組織層 ) 平均解釋變數對 ( 個體層 ) 解釋變數的影響強度 都一樣 」；反之，謂之隨機效果。「 混合效果 = 固定效果 + 隨機效果 」。

### 4. 特定個體 (individual-specific) 效果模型

特定個體效果又細分固定效果 (fixed effects, FE) 及隨機效果模型 (random effects, RE)，兩者都是追蹤／縱橫資料最常被採用之模型。若樣本來自特定母體，且個體特性不隨時間不同而改變時，使用固定效果模型可強調個體差異性；若樣本是隨機抽樣自母體，則使用隨機效果模型較佳。

$$y_{it} = \underbrace{\alpha_i}_{\text{可以是固定效果或隨機效果}} + X'_{it} \underbrace{\beta}_{\text{固定效果或隨機效果之估計值相近}} + \underbrace{\varepsilon_{it}}_{\text{殘差項} \sim N(0,\sigma^2)}$$

又分
$$\begin{cases} \text{固定效果}: y_{it} = \underbrace{\alpha_i}_{\text{它與解釋變數}x_{it}\text{有相關}} + \underbrace{X'_{it}}_{\text{它亦可為內生解釋變數}} \beta + \underbrace{\varepsilon_{it}}_{\text{殘差項} \sim N(0,\sigma^2)} \\ \text{隨機效果}: y_{it} = \underbrace{\alpha}_{\substack{\text{純隨機} \sim N(0,\sigma_\alpha^2), \\ \text{它與解釋變數}x_{it}\text{無相關}}} + \underbrace{X'_{it}}_{\text{外生解釋變數}} \beta + \underbrace{u_{it}}_{\text{個體間誤差}} + \underbrace{\varepsilon_{it}}_{\text{個體內誤差}} \end{cases}$$

Pandel-data 迴歸之固定效果 (fixed effects, FE) 的特性：

(1) 截距項 $\alpha_i$ 是隨機變數，$\alpha_i$ 與解釋變數 $x_{it}$ 係有相關的。

(2) 故 $x_{it}$ 可能是內生 (endogenous) 解釋變數 (它與 $\alpha_i$ 有相關，但與 $\varepsilon_{it}$ 無相關)。例如，假設 $x_{it}$ 為教育水準 (education)，它與「不隨時間而改變 (time-invariant，非時變)」的能力 (ability)，二者係有相關。故能力 (ability) 就可當作教育水準 (education) 的工具變數，用能力 (z 變數) 來估計「教育水準預測值 $\hat{x}_{it}$」，再以 $\hat{x}_{it}$ 來預測依變數 y。

(3) 混合資料 (pooled) OLS，混合資料 GLS 及隨機效果 (RE)，三者估計出來的係數 $\beta$ 都會不一致。

但 within (固定效果) 及一階差分 (first difference, FD) 所估的係數 $\beta$ 則具有一致性。

隨機效果 (random effects, RE) 的特性：

(1) 截距項 $\alpha_i$ 是純隨機變數，$\alpha_i \overset{iid}{\sim} (0, \sigma_\alpha^2)$，而且 $\alpha_i$ 與解釋變數 $x_{it}$ 係無相關的。

(2) 故 $x_{it}$ 可能是外生 (exogenous) 解釋變數。

(3) 適當固定效果及隨機效果，所求得係數 $\beta$ 是一致性。

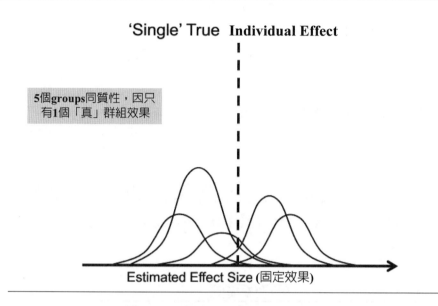

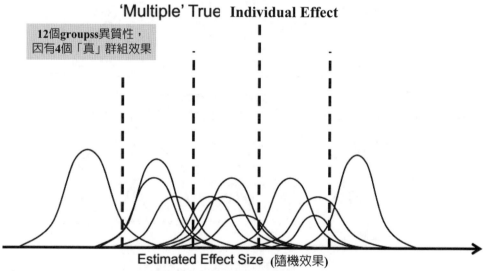

圖 3-4　固定效果 vs. 隨機效果之示意圖

小結
　　個體經濟較常用固定效果模型；但其他社會科學領域則常用隨機效果模型。

**5. 多層次混合 (mixed) 模型、隨機係數模型**

$$y_{it} = \alpha_i + X'_{it} \underbrace{\beta_i}_{\text{每一個體 i 的斜率都不相同}} + \underbrace{u_{it}}_{\text{殘差項} \sim N(0,\sigma^2)}$$

> **小結**
>
> 有關 panel，範例詳情請見作者《Panel-data 迴歸模型》一書。

## 3-2 單層 vs. 雙層：重複測量的混合效果模型 (mixed effect model for repeated measure)

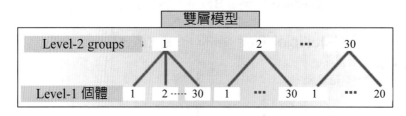

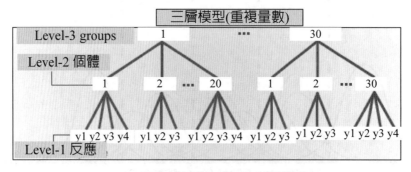

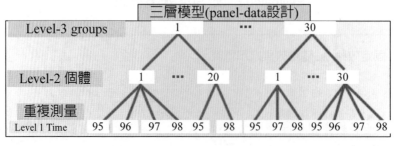

**圖 3-5** 雙層模型 vs. 參層模型

## 一、ANOVA 之重點整理

變異數分析 (analysis of variance，簡稱 ANOVA) 為資料分析中常見的統計模型，主要為探討連續型 (continuous) 資料型態之因變數 (dependent variable) 與類別型資料型態之自變數 (independent variable) 的關係。當自變數的因子中包含等於或超過三個類別情況下，檢定其各類別間平均數是否相等的統計模型，廣義上可將 t 檢定中變異數相等 (equality of variance) 的合併 t 檢定 (pooled t-test) 視為是變異數分析的一種，基於 t 檢定為分析兩組平均數是否相等，並且採用相同的計算概念，而實際上當變異數分析套用在合併 t 檢定的分析上時，產生的 F 值則會等於 t 檢定的平方項。

變異數分析依靠 F─分布為機率分布的依據，利用平方和 (sum of square) 與自由度 (degree of freedom) 所計算的組間與組內均方 (mean of square) 估計出 F 值，若有顯著差異則考量進行事後比較或稱多重比較 (multiple comparison)，較常見的為 Scheffé's method、Tukey-Kramer method 與 Bonferroni correction，用於探討其各組之間的差異為何。

在變異數分析的基本運算概念下，依照所感興趣的因子數量而可分為單因子變異數分析、雙因子變異數分析、多因子變異數分析三大類。依照因子的特性不同而有三種型態，固定效應變異數分析 (fixed-effect analysis of variance)、隨機效應變異數分析 (random-effect analysis of variance) 與混合效應變異數分析 (mixed-effect analaysis of variance)，然而第三種型態在後期發展上被認為是 mixed model 的分支，關於更進一步的探討可參考本章節 mixed model 的部分。

變異數分析優於兩組比較的 t 檢定之處，在於後者會導致多重比較 (multiple comparisons) 的問題而致使第一型錯誤 (type one error) 的機會增高，因此比較多組平均數是否有差異則是變異數分析的主要命題。

在統計學中，變異數分析 (ANOVA) 是一系列統計模型及其相關的過程總稱，其中某一變數的變異數可以分解為歸屬於不同變數來源的部分。其中最簡單的方式中，變異數分析的統計測試能夠說明幾組數據的平均值是否相等，因此得到兩組的 t 檢定。在做多組雙變數 t 檢定的時候，錯誤的機率會越來越大，特別是第一型錯誤，因此變異數分析只在二到四組平均值的時候比較有效。

變異數分析的目的，即在於探究反應值 ( 依變數 ) 之間的差異，是受到那些主要因子 ( 自變數 ) 的影響，以作為往後擬定決策時的參考情報。反應值 ( 依變數 ) 間之差異，統計學上稱為「變異」。

變異數分析法，乃將樣本之總變異 ( 平方和 ) 分解爲各原因所引起之平方和及實驗變異所引起之平方和，然後將各平方和化爲不偏變異數，使其比值爲 F 統計量後，即可根據 F 分配以檢定各原因所引起之變異是否顯著。

## 二、二因子 ANOVA 分析流程

二因子變異數分析是利用變異數分析法來處理兩個自變數的統計方法，主要是想瞭解這兩個自變數 ( 因子 ) 之間是否有交互作用效果存在。二因子變異數分析有下列三種實驗設計：(1) 受試者間設計 —— 獨立樣本；(2) 受試者內設計 —— 相依樣本；(3) 混合設計 —— 有一個自變數採受試者間設計，另一個自變數採受試者內設計。

二因子變異數分析主要是想瞭解這兩個因子之間是否有交互作用存在，即 A 因子的不同水準是否隨著 B 因子水準不同而有不同的效果。若交互作用達顯著，則進一步分析其單純主要效果。即 A 因子在 B 因子的哪一個水準有顯著效果，以及 B 因子在 A 因子的哪一個水準有顯著效果。若單純主要效果顯著，則可比較水準間的差異。分析的流程見下圖。

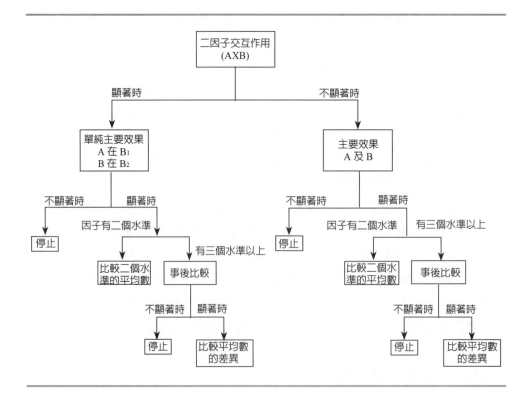

圖 3-6　二因子變異數分析流程

## 三、ANOVA 的模型型態

資料分析中常見的統計模型，主要為探討連續型 (continuous) 資料型態之因變數 (dependent variable) 與類別型資料型態之自變數 (independent variable) 的關係。當自變數的因子中包含等於或超過三個類別情況下，檢定其各類別間平均數是否相等的統計模型，廣義上可將 t 檢定中變異數相等的合併 t 檢定 (pooled t-test) 視為是變異數分析的一種，基於 t 檢定為分析兩組平均數是否相等，並且採用相同的計算概念，而實際上當變異數分析套用在合併 t 檢定的分析上時，產生的 F 值則會等於 t 檢定的平方項。

在統計學中，變異數分析 (ANOVA) 是一系列統計模型及其相關的過程總稱，其中某一變數的變異數 (variance) 可以分解為歸屬於不同變數來源的部分。其中最簡單的方式中，變異數分析的統計測試能夠說明幾組數據的平均值是否相等，因此得到兩組的 t 測試。在做多組雙變數 t 測試的時候，錯誤的機率會越來越大，特別是型 I 錯誤。因此，變異數分析只在二到四組平均值的時候比較有效。

變異數分析分為三種型態：

### 1. 固定效應模型 (fixed-effects models)

用於變異數分析模型中所考慮的因子為固定的情況，換言之，其所感興趣的因子是來自於特定的範圍，例如要比較五種不同的汽車銷售量的差異，感興趣的因子為五種不同的汽車，反應變數為銷售量，該命題即限定了特定範圍，因此模型的推論結果也將全部著眼在五種汽車的銷售差異上，故此種狀況下的因子便稱為固定效應。

### 2. 隨機效應模型 (random-effects models)

不同於固定效應模型中的因子特定性，在隨機效應中所考量的因子是來自於所有可能的母群體中的一組樣本，因子變異數分析所推論的並非著眼在所選定的因子上，而是推論到因子背後的母群體。例如，藉由一間擁有全部車廠種類的二手車公司，從所有車廠中隨機挑選 5 種車廠品牌，用於比較其銷售量的差異，最後推論到這間二手公司的銷售狀況。因此在隨機效應模型下，研究者所關心的並非侷限在所選定的因子上，而是希望藉由這些因子推論背後的母群體特徵。

### 3. 混合效應模型 (mixed-effects models)

此種混合效應絕對不會出現在單因子變異數分析中，當雙因子或多因子變

異數分析同時存在固定效應與隨機效應時，此種模型便是典型的混合型模型。

## 四、重複測量 ANOVA 分析的特色

1. 重複測量實驗是指受試者 (subject) 重複參與一因子 (factor) 內每一層次 (level)。即重複測量實驗的數據違反了一般變異數分析的個案數值獨立的要求，所以需要一些新的統計檢定方法，能解決個案數值非獨立的問題—重複測量變異數分析。

2. 重複測量變異數分析的優點：需要的受試者人數較少；殘差的變異數降低，使得 F 檢定值較大，所以統計檢力 (power) 較大。

3. 重複測量變異數分析不適合有練習效應 (practice effect) 或持續效應 (carryover effect) 的情況

4. 分析前，先列出資料的排列 (layout)，以便瞭解因子的屬性（受試者內或間因子）。同一受試者重複參與一因子內每一層次的測量，此因子便稱為受試者內因子 (within factor)。受試者內因子通常是研究者可操控的因子，如時間。受試者沒有參與因子內每一層次，此因子稱為受試者間因子 (between factor)。受試者間因子通常是研究者不可操控的因子，如個案的性別、年齡。

5. ANOVA 的假定：
   (1) 依變數 (dependent variable)：
      (1a). 必須是連續變數 (continuous variable)，
      (1b). 必須為隨機樣本 (random variable) → 從母群體 (population) 中隨機抽樣得到。
   (2) 依變數的母群體：必須是常態分布 (normal distribution)。
   (3) 相依事件 (dependent event)：樣本須為相依 (dependent) → 每組樣本之間不獨立，即選擇一案例為樣本時，會影響另一樣本是否被納入。
      例如：分析一群高血壓患者，平均服藥前、服藥後 5 分鐘、服藥後 30 分鐘以及服藥後 1 小時之血壓值是否有差異，需同時納入 4 次量測值，故為相依事件。

6. 重複測量變異數分析的前提假定 (statistical assumption) 為相同受試者內因子的不同層次間 Y 差異值的變異數相同，此前提假設稱為球型假設 (assumption of sphericity)。例如：受試者內因子 A 有 3 個層次，分別為 A1、A2、A3，則球型假設是指 A1-A2、A1-A3、A2-A3 的變異數相同。

7. repeated measures ANOVA 的分析法有二：

(1) 單層次：多變量方法（multivariate approach）或單變量方法（univariate approach）來執行重複測量變異數分析。

(2) 多層次模型，詳情參考本章節的實例介紹。

## 五、重複測量在生物醫學研究上的應用

在臨床實驗或介入型研究，經常需要對同一個受試個體 (subject) 在不同的時間點觀察其反應，當觀察的時間點只有兩個時，可以用來分析的統計方法為 paired t-test；如果觀察的個體數目太少，則會建議使用相依樣本的無母數檢定方法，如：Wilcoxon signed-rank test，若反應變數為類別型資料，且資料為相依樣本的情況下，其統計檢定方法為 McNemar Test。

如果觀察的時間點有兩個以上時，上述的方法則不再適用，此時，就必須使用到一些重複測量的方法，包括：

1. Hotelling $T^2$：反應變數為連續型資料，且符合常態分配假設之下，可分析單一樣本或兩樣本的重複測量，是單變量 t test 的延伸。

2. Friedman's test：反應變數為連續型資料，且為小樣本的情況下使用，為單一樣本重複測量。由於是無母數檢定方法，原始值必需先轉為 rank 型態。

3. Cochran's Q test：反應變數為類別型資料 ( 二元型態，binomial) 的情況下可使用，為單一樣本重複測量，且為無母數檢定方法。基本假定為不同時間點，感興趣的事件發生的機率相等。

4. 重複測量型變異數分析 (repeated measures ANOVA)：

其中兩個重要的基本假定為 (1)：不同個體之間無關聯性、(2) 同一個個體在不同時間 (visit) 的測量有相關。在共變異數矩陣 (covariance matrix) 的分析中有一個基本的假設，同一個個體在不同時間的測量之相關都一樣。事實上，距離愈前期的測量結果愈遠，測量的相關會愈來愈弱，與臨床上許多的實際狀況不符，這樣的相關矩陣稱為 compound symmetry(CS)。檢定這項基本假定的方法為 Mauchly's test of sphericity( 球面性假定 )，STaTa 有提供「mauchly. ado」外掛指令來檢定它，若不符基本假定，應採取更適合的方法。

repeated measures ANOVA 可分析單一樣本與多組樣本的重複測量，反應變數為連續型資料，且需符合常態分配的基本假定。資料為橫向資料，若有任一次的資料中有缺失值，將整個個體被刪除，因此分析的資料特性必須是完整資料 (complete case)。對於會隨時間改變的解釋變數 ( 例如每次所測量的除反應變數以外之生化值 )，無法一一對應至每一個時間點的反應變數，因此僅能

分析不隨時間改變的解釋變數 ( 例如性別 )。

5. 線性混合模型 (linear mixed model)(mixed、xtmixed 指令 )：

mixed model 的使用時機必需為反應變數為連續型資料且需符合常態分配的基本假定。由於不同測量時間的資料為縱向資料，當有一個時間點的資料為缺失值 (missing)，只會被刪除有缺失的特定時間點資料，其他資料會被保留下來，因此所使用的資料為可用的資料 (available data)，在有缺失值的情況下，仍有很好的估計。由於資料是縱向的，因此會隨時間改變的解釋變數可以放在模型中分析。此外，mixed model 最主要的特色是混合了兩種效應 (effect)，包括固定效應與隨機效應，其中固定效應為研究者要用來作比較用的變數，如治療方法 (treatment)、不同測量時間 (visit) 等；隨機效應所放的變數主要作為調整變數用，例如將多中心研究中的不同醫學中心 (center) 放在隨機效應，調整不同醫學中心間的差異。若是介入型研究，要將基期的資料特別挑出，且放在解釋變數中。

## 六、混合模型 (mixed model) 的殘差共變異數矩陣有 8 種

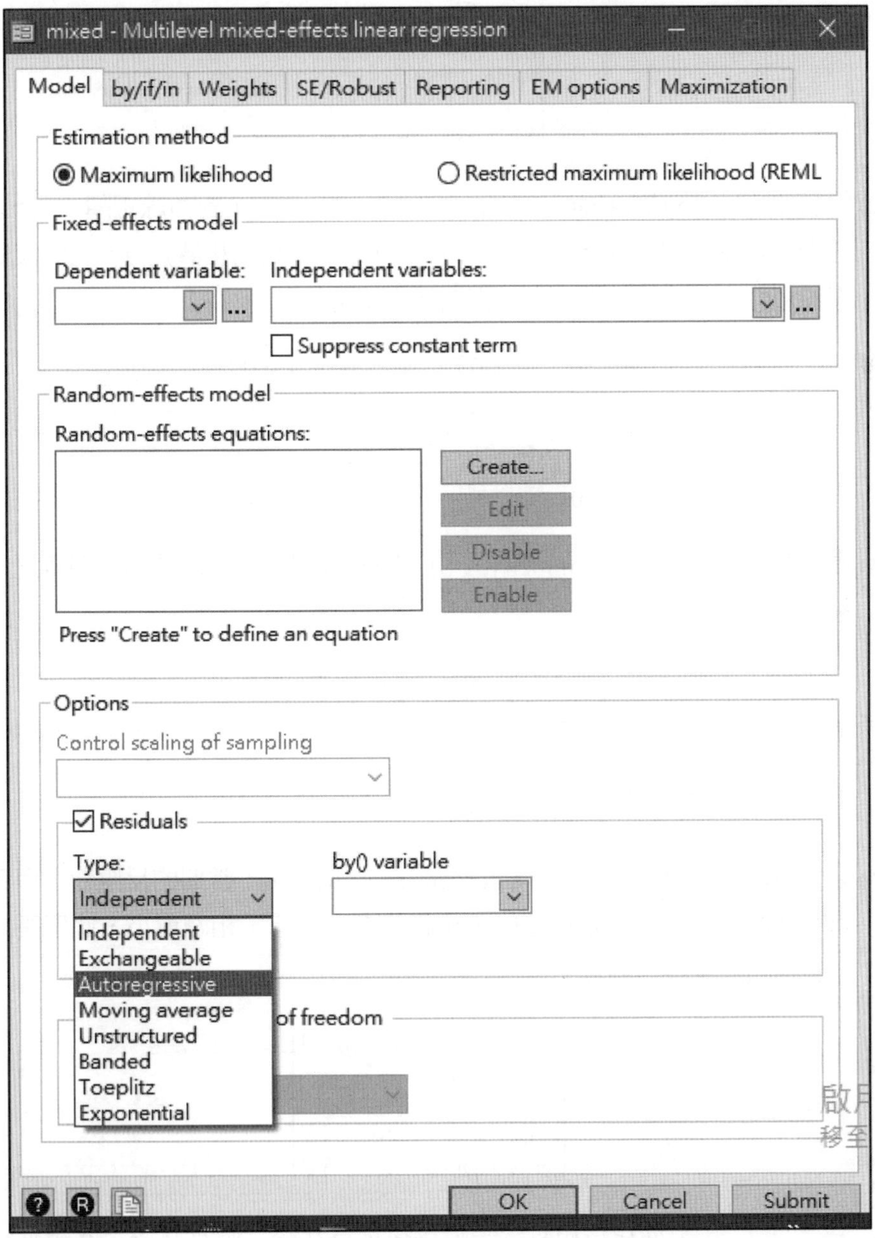

圖 3-7  STaTa 混合模型 (Mixed model) 的共變異數矩陣有圖中 8 種

常用的 mixed model 殘差的共變異數矩陣共有 5 種假設型態可供挑選：

(1) 無結構 (unstructured)

$$\begin{bmatrix} \sigma_1^2 & \sigma_{12} & \cdots & \sigma_{1p} \\ \sigma_{12} & \sigma_2^2 & \cdots & \sigma_{2p} \\ \vdots & \vdots & \ddots & \vdots \\ \sigma_{1p} & \sigma_{2p} & \cdots & \sigma_p^2 \end{bmatrix}$$

(2) 簡易式 (simple 或 variance components)：diagonal ( 對角線矩陣 )：僅適用在獨立樣本資料分析，其假設為不同測量時間點的相關為 0，此假設與重複測量的資料特性不符，在重複測量中不可挑選。

$$\begin{bmatrix} \sigma_1^2 & 0 & \cdots & 0 \\ 0 & \sigma_2^2 & \cdots & 0 \\ \vdots & \vdots & \ddots & \vdots \\ 0 & 0 & \cdots & \sigma_p^2 \end{bmatrix} \text{或} \begin{bmatrix} \sigma^2 & 0 & \cdots & 0 \\ 0 & \sigma^2 & \cdots & 0 \\ \vdots & \vdots & \ddots & \vdots \\ 0 & 0 & \cdots & \sigma^2 \end{bmatrix}$$

(3) 複合對稱 (compound symmetry, CS)：同一個個體在不同時間的測量之相關都一樣。

$$\begin{bmatrix} \sigma_1^2+\sigma^2 & \sigma_1^2 & \cdots & \sigma_1^2 \\ \sigma_1^2 & \sigma_1^2+\sigma^2 & \cdots & \sigma_1^2 \\ \vdots & \vdots & \ddots & \vdots \\ \sigma_1^2 & \sigma_1^2 & \cdots & \sigma_1^2+\sigma^2 \end{bmatrix}$$

(4) 第一階自我迴歸 (first-order autoregressive, AR(1))：當期的反應變數與距離前一期的結果之相關是最強的，相距的期數愈遠，相關愈小，此假設最符合長期追蹤資料的假設。

$$\sigma^2 \begin{bmatrix} 1 & \rho & \cdots & \rho^{p-1} \\ \rho & 1 & \cdots & \rho^{p-2} \\ \vdots & \vdots & \ddots & \vdots \\ \rho^{p-1} & \rho^{p-2} & \cdots & 1 \end{bmatrix}$$

(5) unstructure：不做任何假設，資料的特性是什麼，就是什麼，其優點為最具彈性，但缺點為需要估計的參數最多，追蹤的次數愈多，估計的參數就愈多。假設你對重複測量間的相關結構沒有任何概念時，或是不想先行給定任何假設時可使用，但不易收斂。

名詞定義與解釋：在 ANOVA 模型中

1. 固定效果 (fixed-effects)：若別人要重複你的研究，則別人只能以同樣的分類標準來分類，例如性別、年齡及教育程度，即推論是來自於目前的分類標準，通常就是研究中要探討的變數。

2. 隨機效果 (random effects)：允許別人有不同分類標準的變數，在重複量測中，通常個案即是隨機效果變數，代表允許每一位個案的初始值 ( 在我們這個例子中，就是前測分數 ) 可以不同。

3. 混合線性模型 (mixed-effects model)：同時包含固定效果跟隨機效果，我們就稱爲混合線性模型。

4. 殘差的共變異數矩陣 (covariance structure)：用來解釋測量之間的關係，常見有以下 4 種：無結構 (unstructured)、簡易式 (simple)、複合對稱 (compound symmetry)、一階自迴歸模型 (first-order autoregressive, AR(1))。

(6) 廣義估計方程式 (generalized estimating equation, GEE)(gee 指令 )

GEE 爲半母數方法 (semiparametric)，由於具有假設少，以及較具穩健性的特性，在近幾年的分析上爲應用最廣泛的方法。可適用於類別或數值型態的資料。透過 link function( 連結函數 ) 將各種類型的資料轉換成 GEE 可分析的型態，其殘差的共變異數矩陣的基本假定與 mixed model 近似。資料型態亦爲縱向資料，但無法放入隨機效果在模型中。

(7) 廣義線性混合模型 (GLMM)

在長期追蹤的資料分析上，目前常用的方法爲線性混合模型 (linear mixed model) 及廣義估計方程式 (generalized estimating equation, GEE)。然而，傳統的 mixed model 僅能處理連續型的 response, GEE 無法考量隨機效果；所以，當 response 爲類別型資料，又須考慮隨機效果時，所用的分析方法即爲廣義線性混合模型 (GLMM)。

此外，臨床上的長期追蹤資料，常會有缺失值的情形發生，當出現此種情形時，必須先探討其成因，再尋求解決的方法：如 imputation 等，不正確的處理方式將導致錯誤的結論。適當地處理缺失值的問題後，再以 GLMM 來分析其結果，才可得到最爲恰當的推論結果。

### 七、重複測量的混合效果模型

重複測量實驗是指受試者 (subject) 重複參與一因子 (factor) 內每一層次 (level)。即重複測量實驗的數據違反了一般變異數分析的個案數值獨立的要求，所以需要一些新的統計檢定方法，能解決個案數值非獨立的問題－重複測量變異數分析。

重複測量變異數分析的優點：需要的受試者人數較少；殘差的變異數降低，使得 F 檢定值較大，所以統計檢力 (power) 較大，power = 1 − $\beta$。注意重複測量變異數分析不適合有練習效應 (practice effect) 或持續效應 (carryover effect) 的情況。

#### 資料排列

建議先列出資料的排列 (layout)，以便瞭解因子的屬性 ( 受試者內或間因子 )。同一受試者重複參與一因子內每一層次的測量，此因子便稱爲受試者內因子 (within factor)。受試者內因子通常是研究者可操控的因子，如時間。受試者沒有參與因子內每一層次，此因子稱爲受試者間因子 (between factor)。受試者間因子通常是研究者不可操控的因子，如個案的性別、年齡。

### 八、重複測量 (repeated measure) vs. 混合效果模型 (mixed effect model)

在生物醫學的長期研究中，重複測量是常使用的資料蒐集方法之一，會對同一個實驗對象在不同時間點上做測量，以探討不同變數的影響。例如將實驗對象依服用藥物劑量分成控制組、低劑量組、高劑量組，測量不同劑量組在不同時間點上的反應，以瞭解不同劑量對於治療效果、副作用或成長的影響。由於同一個實驗對象的測量值間可能會有相關，因此在資料分析時必須考慮此關係，而混合效果模型則是常被應用在分析此類資料的統計方法之一。

混合效果模型由兩部分組成，分別爲固定效果 (fixed effect) 與隨機效果 (random effect)，以線性混合效果模型 (linear mixed effect model) 爲例，依變數與獨立變數之間的關係可以表示成：

$$Y = X\beta + Z\gamma + \varepsilon$$

其中，X 與 Z 分別為獨立變數矩陣，$\beta$ 代表固定效果的常數向量，$\gamma$ 代表隨機效果的隨機向量，$\varepsilon$ 為誤差項；$\gamma$ 及 $\varepsilon$ 假設為常態分布平均值 0 及殘差的共變異數矩陣分別為 G 和 R，且兩者互相獨立，即 $\gamma \sim N(0, G)$、$\varepsilon \sim N(0, R)$、$cov(\gamma, \varepsilon) = 0$。

當我們要利用混合效果模型來分析重複測量資料時，我們可以宣告共變異數矩陣 R 或 G 的共變異數結構 (Covariance structure) 型式以解釋重複測量之間的關係。

## 九、重複測量變異數分析的重點整理

### (一) 使用狀況

如果在不同時間點或同時間點不同狀況，量測同一個事件或物體，且其對應值是連續 (continuous)，則採用重複測量變異數分析。因兩兩量測間具有非獨立事件 (dependent) 的特性，會相互影響，故不可以使用變異數分析 (ANOVA)。例如：練習一的不同方向前伸研究，對同一受試者而言，有四個不同前伸方向的最大前伸距離，若要分析四個方向的最大前伸距離是否具有差異，則採用重複測量變異數分析。

### (二) 檢測假說 (hypothesis testing)

重複測量變異數分析檢測假說在於比較受試者間差異與受試者內差異。

1. 受試者間效應 (between-subject effects) 指得是對同一受試者而言不會改變的變數，如身高、性別等。
2. 受試者內效應 (within-subject effects) 則是指同一受試者的不同量測時間或狀況下所產生的差異，如不同前伸方向或治療前後時間。
3. 有時候也會比較二者間的交互作用 (within-subject by between-subject interaction effect)，如「性別 × 時間」。

### (三) 前提假定 (assumption)

檢測受試者內效應 (within-subject effect) 的變數須符合 Type H covariance structure：

1. Sphericity test ( 你可安裝外掛指令 ellipticity.ado)：測試數據資料是否符合 Type H covariance structure。若是受試者內效應只有二級，則不需要進行 Sphericity test。
2. 若資料不符合 Type H covariance structure 的前提假定，則顯著水準的自由

度 (degree of freedom) 須以 Box's 做調整 ( 你可安裝外掛指令 newspell.ado)。 Greenhouse and Geisser 最早提出 Box's 的最大可能估計值是 Greenhouse-Geisser。

3. 但 Huynh and Feldt (1976) 則認為在小樣本數的研究時，Greenhouse-Geisser Epsilon ( 你可安裝外掛指令 mauchly.ado) 較易低估顯著水準，故提出 Huynh-Feldt ( 你可安裝 mauchly.ado 外掛指令來分析 )。

### ( 四 ) 統計模型 (statistical model)

相依變數 = 常數 +( 受試者間差異的變數 ) + ( 受試者內差異的變數 ) + 交互作用

### ( 五 ) 共變數結構 (covariance structure)

由於不同時間或不同狀況下獲得的兩個量測間具有相關性 (correlation)，重複測量變異數分析必須考量此相關性的影響。因此受試者間的誤差共變數結構必須選擇正確，以確保其對平均值的影響是有效的。STaTa 常用的有上述五種，STaTa 則有 8 種選擇。

### ( 六 ) 兩個敵對之重複測量 ANOVA，哪個較適配呢 ?

可比較二個相同固定效應但不同共變數結構的統計模型之 Akaike's Information Criteria (AIC) 與 Schwarz's Bayesian Criterion (SBC)，哪個模型具有較低的 IC 值，則為較適當的統計模型 ( 使用 STaTa 事後指令「estat ic)」)。

---

補充說明：迴歸模型之適配度指標：IC

1. R square 代表的是一個迴歸模型的解釋能力，假設某一線性迴歸之決定係數 R Square = 0.642，即 $R^2 = 0.642$，表示此模型的解釋能力高達 64.2%。

2. AIC (Akaike Information Criterion) 屬於一種判斷任何迴歸 (e.g 時間序列模型 ) 是否恰當的訊息準則，一般來說數值愈小，線性模型的適配較好。二個敵對模型優劣比較，是看誰的 IC 指標小，那個模型就較優。

$$AIC = T \times Ln(SS_E) + 2k$$

$$BIC = T \times Ln(SS_E) + k \times Ln(T)$$

3. BIC (Bayesian information criterion) 亦屬於一種判斷任何迴歸是否恰當的訊息準則，一般來說數值愈小，線性模型的適配較好。但較少有研究者用它。

4. 判定係數 R2、AIC 與 BIC，雖然是幾種常用的準則，但是卻沒有統計上所要求的『顯著性』。故 LR test( 概似比 ) 就出頭天，旨在比對兩個模型 ( 如 HLM vs. 單層固定效果 OLS) 是否顯著的好。

### ( 七 ) 重複測量變異數分析缺點

1. 受試者內 (within subject) 不允許的各組人數不相等。
2. 你必須確定每個效果的正確誤差項。
3. 你要事先假定：compound symmetry/exchangeable covariance structure。
4. 重複測量 (Repeated measures) 可用 mixed model 來取代其缺點。

### ( 八 ) 重複測量混合模型 (repeated measures mixed model)

它具備 mixed models 的優缺點，但整體混合模型更為靈活，優點比缺點多。

優點：

1. 自動校正每個效果之標準誤 (standard errors)。
2. 容忍各群組人數不平衡、遺漏值在。
3. 允許不等時間間隔 (unequal time intervals)。
4. 受試者內允許不同的共變數結構 (various within-subject covariance structures)。
5. 允許 time 被視為分類或連續變數 (time to be treated as categorical or continuous)。

缺點：

xtmixed 印出報表 ( 如 chi-square; the p-values) 適合大樣本分析，小樣本會有統計偏誤 (biased)。

## 十、樣本配對 (matched-pair) 後隨機分派到各組

1. 在組內受試者設計，也就是重複量數設計 (repeatedmeasures design) 時，使用對抗平衡次序 (counterbalanced order) 給受試者施以自變數的處理，使研究的結果不會因處理的次序而引起偏差。
2. 給控制組 / 對照組使用安慰劑 (placebo)，控制組接受一個「假」的實驗處理，而實驗組接受「真」的實驗處理 (treatment)。
3. 以單盲 (single-blind) 或雙盲 (double-blind) 的方式來實施實驗處理。單盲是指受試者對當次的處理，不知道是真處理 ( 真藥 ) 或假處理 ( 安慰劑 )；雙盲是指受試者和施測者均不知當次的處理是真或是假，以免引起心理上或預期性的效果。

4. 艾維斯效果 (Avis effect)：控制內在效度威脅的一種方法，受試者可能會因爲身在控制組而特別努力。

## 3-2-1 ANOVA 及無母數統計之分析流程圖

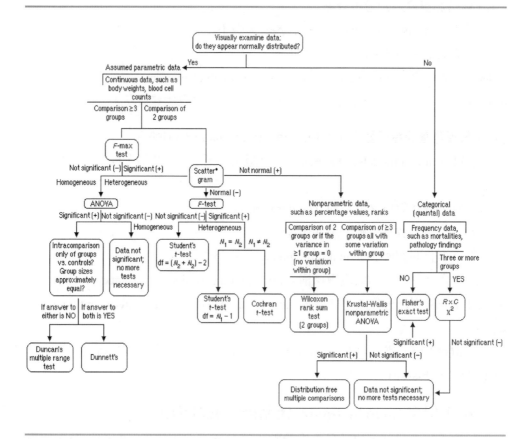

**圖 3-8** ANOVA 及無母數統計之分析流程圖

## 3-2-2　重複測量 ANOVA 之 F 檢定公式

### 一、重複測量型變異數分析 (repeated measures ANOVA)

在臨床實驗或介入型研究，經常需要對同一個受試個體 (subject) 在不同的時間點觀察其反應。謂之重複測量型變異數分析。

其中兩個重要的基本假定為 (1)：不同個體之間無關聯性、(2) 同一個個體在不同時間 (visit) 的測量有相關。在共變異數矩陣 (covariance matrix) 的分析中有一個基本的假設，同一個個體在不同時間的測量之相關都一樣。事實上，距離愈前期的測量結果愈遠，測量的相關會愈來愈弱，與臨床上許多的實際狀況不符，這樣的相關矩陣稱為 compound Symmetry (CS)。檢定這項基本假定的方法為 Mauchly's test of Sphericity( 球面性假定 )，若不符基本假定，應採取更適合的方法。

repeated measures ANOVA 可分析單一樣本與多組樣本的重複測量，反應變數為連續型資料，且需符合常態分配的基本假定。資料為橫向資料，若有任一次的資料中有缺失值，將整個 subject 被刪除，因此分析的資料特性必須是完整資料 (complete case)。對於會隨時間改變的解釋變數 ( 例如每次所測量的除反應變數以外之生化值 )，無法一一對應至每一個時間點的反應變數，因此僅能分析不隨時間改變的解釋變數 ( 例如性別 )。

### 二、線性混合模式 (linear mixed model)

混合模式的使用時機必需為反應變數為連續型資料且需符合常態分配的基本假定。由於不同測量時間的資料為縱向資料，當有一個時間點的資料為缺失值 (missing)，只會被刪除有缺失的特定時間點資料，其他資料會被保留下來，因此所使用的資料為可用的資料 (available data)，在有缺失值的情況下，仍有很好的估計。由於資料是縱向的，因此會隨時間改變的解釋變數可以放在模式中分析。此外，mixed model 最主要的特色是混合了兩種效應 (effect)，包括固定效應 (fixed effect) 與隨機效應 (random effect)，其中固定效應為研究者要用來作比較用的變數，如治療方法 (treatment)、不同測量時間 (visit) 等；隨機效應所放的變數主要作為調整變數用，例如將多中心研究中的不同醫學中心 (center) 放在隨機效應，調整不同醫學中心間的差異。若是介入型研究，要將基期的資料特別挑出，且放在解釋變數中。

混合模式誤差之共變異數矩陣，STaTa 有 8 種，常見的共有 4 種假設可供挑

選：

(1) diagonal ( 對角線矩陣 )：僅適用在獨立樣本資料分析，其假設為不同測量時間點的相關為 0，此假設與重複測量的資料特性不符，在重複測量中不可挑選。

(2) compound symmetry (CS)：同一個個體 (subject) 在不同時間 (visit) 的測量之相關都一樣。

(3) AR(1)(The first-order autoregressive model)：當期的反應變數與距離前一期的結果之相關是最強的，相距的期數愈遠，相關愈小，此假設最符合長期追蹤資料的假設。

(4) unstructure：不做任何假設，資料的特性是什麼，就是什麼，其優點為最具彈性，但缺點為需要估計的參數最多，追蹤的次數愈多，估計的參數就愈多。

## 三、公式：重複測量型變異數分析 (repeated measures ANOVA)

設 A 為受試者內的因子（within factor），即同一受試者會在 A1、A2、A3 重複測量 Y（依變數）。例如，6 名受試者之運動介入都有三次重複測量：「前測、3 個月後再測、6 個月後再測」。

其 F 檢定公式為：

$$F = \frac{MS_{time}}{MS_{error}} \quad \text{or} \quad F = \frac{MS_{conditions}}{MS_{error}}$$

| Exercise Intervention | | | | |
|---|---|---|---|---|
| Subjects | Pre- | 3 Months | 6 Months | Subject Means: |
| 1 | 45 | 50 | 55 | 50 |
| 2 | 42 | 42 | 45 | 43 |
| 3 | 36 | 41 | 43 | 40 |
| 4 | 39 | 35 | 40 | 38 |
| 5 | 51 | 55 | 59 | 55 |
| 6 | 44 | 49 | 56 | 49.7 |
| Monthly Means: | 42.8 | 45.3 | 49.7 | |
| | | | Grand Mean: | 45.9 |

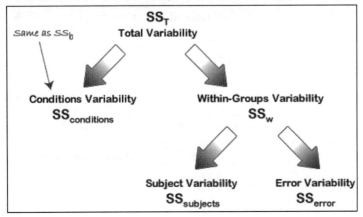

其中 $SS_{error} = SS_w - SS_{subjects}$

或 $SS_{error} = SS_T - SS_{conditions} - SS_{subjects}$

$$SS_{time} = SS_b = \sum_{i=1}^{k} n_i (\bar{x}_i - \bar{x})^2$$

$$= 6[(42.8 - 45.9)^2 + (45.3 - 45.9)^2 + (49.7 - 45.9)^2]$$

$$= 6[9.61 + 0.36 + 14.44]$$

$$= 143.44$$

$$SS_{subjects} = k \cdot \sum (\bar{x}_i - \bar{x})^2$$

$$= 3[(50 - 45.9)^2 + (43 - 45.9)^2 + (40 - 45.9)^2 + (38 - 45.9)^2 + (55 - 45.9)^2 + (49.7 - 45.9)^2]$$

$$= 658.3$$

$SS_w = SS_{subjects} + SS_{error}$

$SS_{error} = SS_w - SS_{subjects}$

$$= 715.5 - 658.3$$

$$= 57.2$$

$$F = \frac{MS_{time}}{MS_{error}} \quad or \quad F = \frac{MS_{conditions}}{MS_{error}}$$

$$MS_{time} = \frac{SS_{time}}{(k-1)}$$
$$= \frac{143.44}{2}$$
$$= 71.72$$

$$MS_{error} = \frac{SS_{error}}{(n-1)(k-1)}$$
$$= \frac{57.2}{(5)(2)}$$
$$= 5.72$$

$$F = \frac{MS_{time}}{MS_{error}}$$
$$= \frac{71.72}{5.72}$$
$$= 12.53$$

圖 3-9 運動介入有三次重複測量之 F 檢定公式

### 3-2-3 單層次：二因子混合設計 ANOVA (anova、contrast、margin、marginsplot 指令 )

在生物醫學的長期研究中，重複測量 (repeated measure) 是常使用的資料蒐集方法之一，會對同一個實驗對象在不同時間點上做測量，以探討不同變數的影響。例如將實驗對象依服用藥物劑量分成控制組、低劑量組、高劑量組，測量不同劑量組在不同時間點上的反應，以瞭解不同劑量對於治療效果、副作用或成長的影響。由於同一個實驗對象的測量值間可能會有相關，因此在資料分析時必須考慮此關係，而混合效果模型 (mixed effect model) 則是常被應用在分析此類資料的統計方法之一。

重複量數單因子 ANOVA 之線性模型如下：

$$X_{ij} = \mu + \beta_j + \pi_i + \varepsilon_{ij}$$

因此，$\varepsilon_{ij} = X_{ij} - \beta_j - \pi_i - \mu$

此種設計可以將「個別差異造成的誤差」$(\pi_i)$ 自組內變異數中扣除，使 F 公式的分母變小，其自由度 (df) 是 N-1，如果總受試人數一樣多，那要比獨立樣本設計易達顯著水準。

#### 一、重複量數二因子變異數分析 (two-way ANOVA, repeated measures)

1. 使用目的：瞭解兩個自變數 ( 或屬性變數、類別變數 ) 對於某個依變數 ( 觀察變數 ) 交互作用的影響。

2. 使用時機：若有兩個因子，皆為重複量數，想要瞭解其對某個觀察變數有何交互作用影響。

3. 例子：想要瞭解釘鞋的釘子長短和起跑架的角度對於 100 公尺短跑速度的影響，其中每個受試者均需穿長短不同的釘鞋，並使用不同角度的起跑架 ( 一種是 60 度，另一種是 45 度 ) 各跑一次 100 公尺。

#### 範例：重複量數二因子變異數分析 (two-way ANOVA, repeated measures)

重複測量變異數分析 (repeated measure ANOVA) 之範例，見下圖「repeated_measures.do」指令檔。本例之研究架構如下圖。

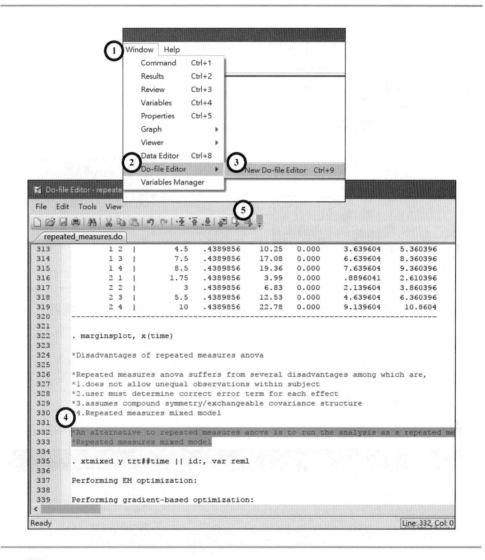

**圖 3-10** 「repeated_measures.do」指令檔

## 二、單層次：研究架構

混合模型是一個統計模型同時含有固定效應和隨機效應。這些模型在物理、生物和社會科學領域的各種學科都很有用。它們在對相同統計單位進行重複測量 ( 縱向研究 ) 或在相關統計單位的集群上進行測量的環境中特別有用。由於其處理缺失值的優勢，混合效應模型通常比傳統的方法更為優先，如重複測量變異數分析。

範例：

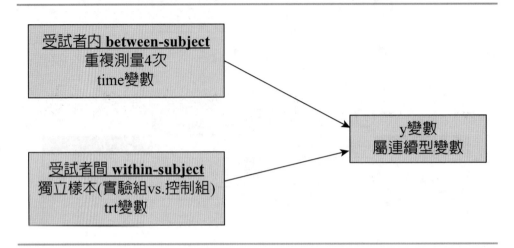

圖 3-11 單層次：重複測量變異數分析 (repeated measure ANOVA) 之架構圖

## 三、資料檔之內容

「repeated_measures.dta」資料檔內容如下圖。

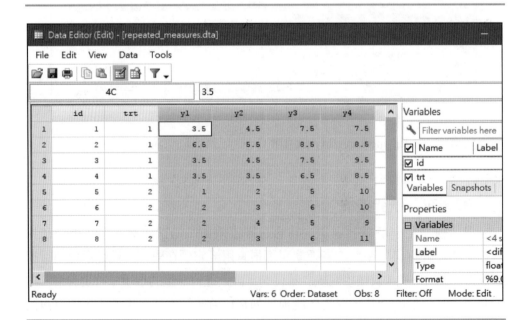

圖 3-12 「repeated_measures.dta」資料檔內容 (N = 8 個人)

## 四、單層次：ANOVA 之分析步驟

單層次：二因子 ANOVA Step 1 資料檔之結構變更：由 wide versus long

Step 1-1 繪 4 個重複測量之趨勢線

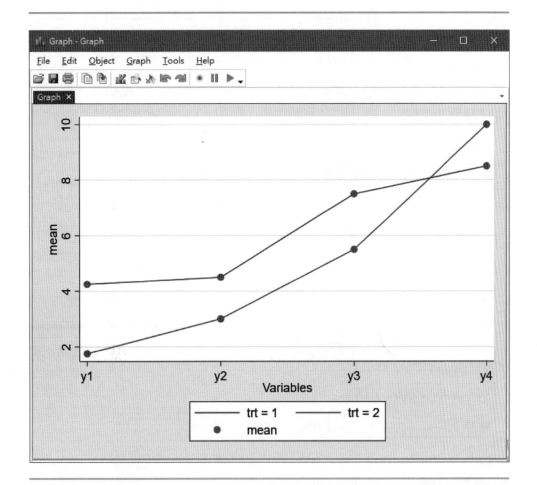

圖 3-13 「**profileplot** y1-y4, **by**(trt)」指令之結果 ( 實驗組 trt=1，對照組 trt=0，二者有交互作用 )

單層次：二因子 ANOVA Step 2 Reshape from wide to long

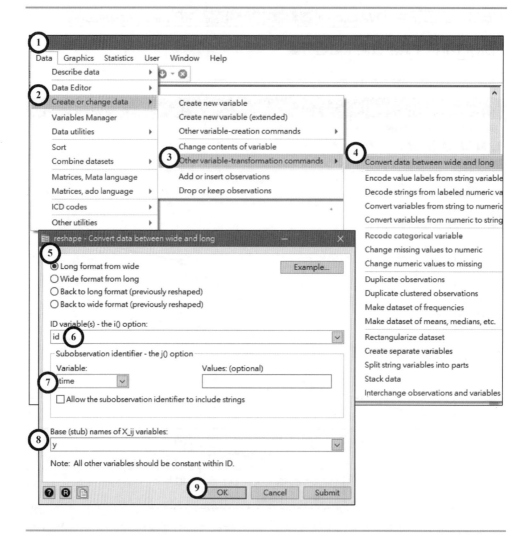

**圖 3-14** 「**reshape long** y, **i**(id) **j**(time)」指令畫面

圖 3-15 「**reshape long** y, **i**(id) **j**(time)」結果：資料結構變 long 型 ( 存至 long.dta 檔 )

### 單層次：二因子 ANOVA Step 3

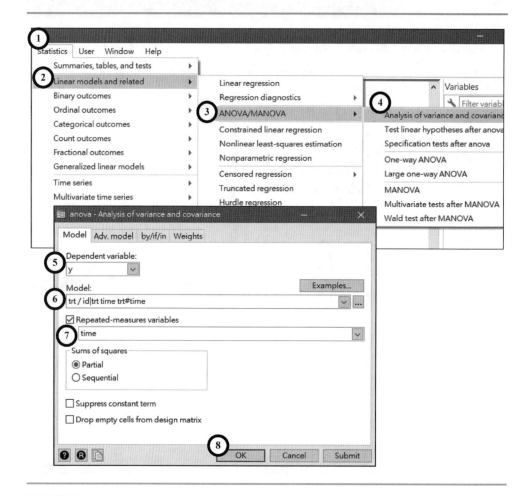

圖 3-16　「**anova** y trt / id | trt time trt # time, **repeated**(time)」指令之畫面

註：

1. 自變數若為 categorica 則使用 **c. *factor-variable*** 運算字。

2. 符號 |「表示巢狀 (nesting)」。例如，「id | trt」表示每位受試者 id 巢狀於重複處理 trt。

3. 符號「#」表示交互作用項 (interaction)。例如「trt # time」就是二者的交互作用項。

4. 除號「/」：當 F 值的分母，以它當作誤差項 (It is allowed after a term and indicates that the following term is **the error term** for the precedingerms)。

例如，trt / **id | trt** 表示主要效果 trt 之 F 值的誤差項爲 **id | trt**。

ANOVA 指令範例如下：

```
ANOVA 模型 examples（獨立樣本）

   +--------------------------------------------------------------+
   | 模型                    | 說明                                 |
   |-------------------------+------------------------------------|
   | a                       | one factor                         |
   | a b                     | two factors                        |
   | a b a#b                 | two factors plus interaction       |
   | a##b                    | two factors plus interaction       |
   | a b c                   | three factors                      |
   | a b c a#b a#c b#c       | three factors plus two-way interactions |
   | a b c a#b a#c b#c a#b#c | three factors plus all interactions |
   | a##b##c                 | three factors plus all interactions |
   +--------------------------------------------------------------+


* 巢狀 Nested ANOVA 模型 examples（巢狀之多層次）

   模型： district / school|district /

   +------------------------------------------------------------------+
   | Term             | 意涵                         | 誤差項            |
   |------------------+------------------------------+-----------------|
   | district         | district                     | school|district |
   | school|district  | school nested in district    | residual error  |
   +------------------------------------------------------------------+


   模型： t / c|t / d|c|t / p|d|c|t /

   +------------------------------------------------------------------+
   | Term             | 意涵                         | 誤差項            |
```

```
|---------+----------------------------------------+-------------|
| t       | t                                      | c|t         |
| c|t     | c nested in t                          | d|c|t       |
| d|c|t   | d nested in c nested in t              | p|d|c|t     |
| p|d|c|t | p nested in d nested in c nested in t  | resid. err. |
+------------------------------------------------------------------+
```

Split-plot ANOVA 模型 example

模型： p / c|p s p#s / c#s|p / g|c#s|p /

```
+-----------------------------------------------------------------+
| Term    | 意涵                                      | 誤差項      |
|---------+-------------------------------------------+-------------|
| p       | p                                         | c|p         |
| c|p     | c nested in p                             |             |
| s       | s                                         | c#s|p       |
| p#s     | p by s interaction                        | c#s|p       |
| c#s|p   | c by s interaction nested in p            | g|c#s|p     |
| g|c#s|p | g nested in c by s, which is nested in p  | resid. err. |
+-----------------------------------------------------------------+
```

## 單層次：二因子 ANOVA Step 4 Tests of simple effects（單純主要效果檢定）

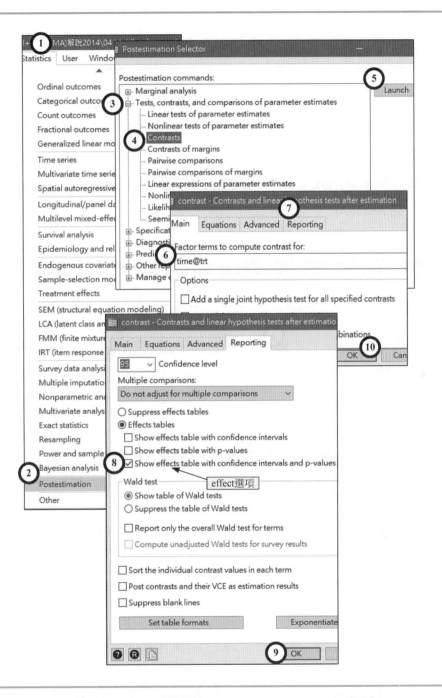

圖 3-17 單純主要效果檢定「**contrast** time@trt, **effect**」指令之畫面

**contrast** 旨在「Contrasts and linear hypothesis tests after estimation」。其語法為：

. contrast *termlist* [, options]

其中，為 *termlist*「a list of **factor variables or interactions** that appear in the current estimation results. The variables may be typed with or without contrast operators」。

單層次：二因子 ANOVA Step 5 *Anova with pooled error term (具混合誤差項之 ANOVA)

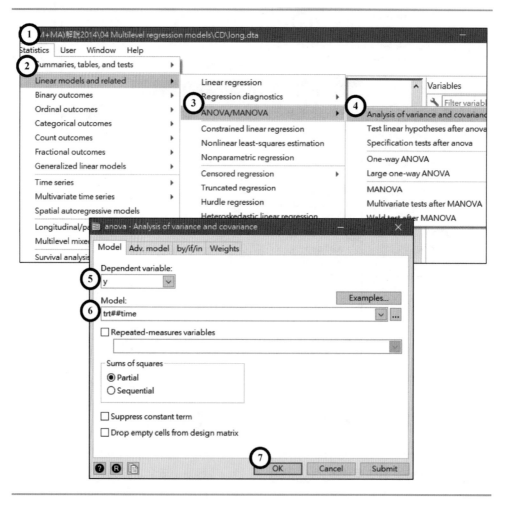

圖 3-18 具交互作用項二因子 ANOVA，不修正誤差「**anova** y trt##time」指令之畫面

單層次：二因子 ANOVA Step 6 混合誤差下 The effect of treatment at each time

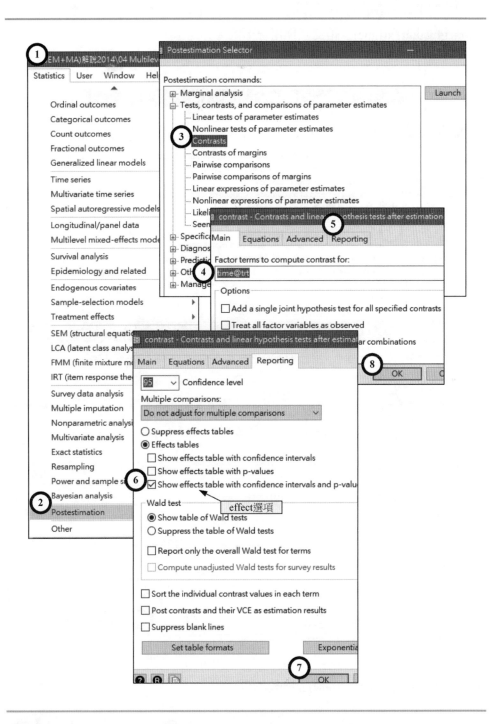

圖 3-19　混合誤差下，「**contrast** trt@time, **effect**」指令之畫面

單層次：二因子 ANOVA Step 7 Graph of interaction ( 繪交互作用線 )

要先用「margins trt#time」後，求出 (4×2) 交叉細平均數，才可用「**marginsplot**, x(time)」繪交互作用線形圖。

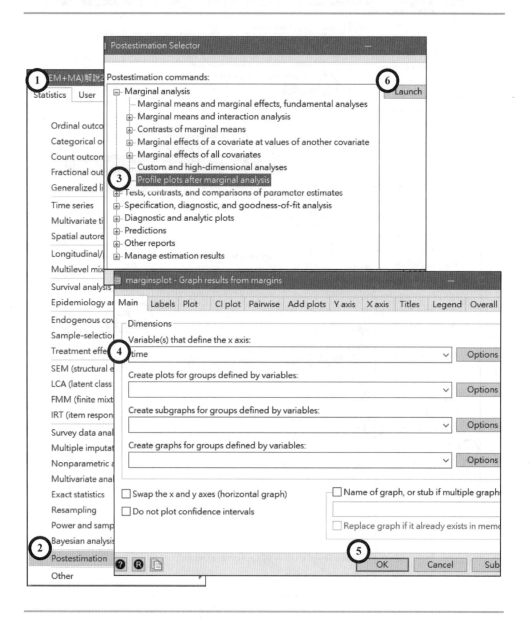

**圖 3-20** 「**marginsplot**, x(time)」指令之畫面

* 資料檔之結構變更：由 wide versus long

*Repeated measures data comes in two different formats: 1) wide or 2) long. In the wide format each subject appears once with the repeated measures in the same observation. For data in the long format there is one observation for each time period for each subject. Here is an example of data in the wide format for four time periods.

```
id   y1    y2    y3    y4
 1   3.5   4.5   7.5   7.5
 2   6.5   5.5   8.5   8.5
```

*In the above y1 is the response variable at time one. In long form the data look like this.

```
id   time    y
 1     1    3.5
 1     2    4.5
 1     3    7.5
 1     4    7.5
 2     1    6.5
 2     2    5.5
 2     3    8.5
 2     4    8.5
```

 *Our example dataset is cleverly called repeated_measures and can be downloaded with the following command.

```
. use repeated_measures, clear
```

*There are a total of eight subjects measured at four time points each. These data are in wide format where y1 is the response at time 1, y2 is the response at time 2, and so on. The subjects are divided into two groups of four subjects using the the variable trt. Here are the basic descriptive statistics at each of the four time points combined and broken out by treatment group.

```
. summarize y1-y4
    Variable |      Obs        Mean    Std. Dev.       Min        Max
-------------+---------------------------------------------------------------
```

| | | | | | |
|---|---|---|---|---|---|
| y1 | 8 | 3 | 1.690309 | 1 | 6.5 |
| y2 | 8 | 3.75 | 1.101946 | 2 | 5.5 |
| y3 | 8 | 6.5 | 1.253566 | 5 | 8.5 |
| y4 | 8 | 9.25 | 1.101946 | 7.5 | 11 |

```
. tabstat y1-y4, by (trt) stat (n mean sd var)
```

| trt | y1 | y2 | y3 | y4 |
|---|---|---|---|---|
| 1 | 4 | 4 | 4 | 4 |
| | 4.25 | 4.5 | 7.5 | 8.5 |
| | 1.5 | .8164966 | .8164966 | .8164966 |
| | 2.25 | .6666667 | .6666667 | .6666667 |
| 2 | 4 | 4 | 4 | 4 |
| | 1.75 | 3 | 5.5 | 10 |
| | .5 | .8164966 | .5773503 | .8164966 |
| | .25 | .6666667 | .3333333 | .6666667 |
| Total | 8 | 8 | 8 | 8 |
| | 3 | 3.75 | 6.5 | 9.25 |
| | 1.690309 | 1.101946 | 1.253566 | 1.101946 |
| | 2.857143 | 1.214286 | 1.571429 | 1.214286 |

* 先安裝 profileplot 指令，再執行它
```
. findit profileplot
. profileplot y1-y4, by (trt)

. correlate y1-y4
```

(obs=8)

| | y1 | y2 | y3 | y4 |
|---|---|---|---|---|
| y1 | 1.0000 | | | |
| y2 | 0.8820 | 1.0000 | | |
| y3 | 0.9102 | 0.8273 | 1.0000 | |
| y4 | -0.5752 | -0.6471 | -0.5171 | 1.0000 |

```
. correlate y1-y4, cov

(obs=8)

           |      y1        y2        y3        y4
-----------+------------------------------------
        y1 |   2.85714
        y2 |   1.64286   1.21429
        y3 |   1.92857   1.14286   1.57143
        y4 |  -1.07143  -.785714  -.714286   1.21429
```

* Reshape from wide to long
*Now that we have looked at some of the descriptive statistics we can reshape the data into long form using the reshape command. The *i()* option gives the variable that identifies the subject while the *j()* option creates a new variable that indicates the time period.
.reshape long y, i (id) j (time)

```
. list, sep (4)

      +-----------------------+
      | id   time   trt     y |
      |-----------------------|
  1.  |  1      1     1   3.5 |
  2.  |  1      2     1   4.5 |
  3.  |  1      3     1   7.5 |
  4.  |  1      4     1   7.5 |
      |-----------------------|
  5.  |  2      1     1   6.5 |
  6.  |  2      2     1   5.5 |
  7.  |  2      3     1   8.5 |
  8.  |  2      4     1   8.5 |
      |-----------------------|
  9.  |  3      1     1   3.5 |
 10.  |  3      2     1   4.5 |
 11.  |  3      3     1   7.5 |
 12.  |  3      4     1   9.5 |
      |-----------------------|
```

```
13. |  4       1       1     3.5 |
14. |  4       2       1     3.5 |
15. |  4       3       1     6.5 |
16. |  4       4       1     8.5 |
    |----------------------------|
17. |  5       1       2      1  |
18. |  5       2       2      2  |
19. |  5       3       2      5  |
20. |  5       4       2     10  |
    |----------------------------|
21. |  6       1       2      2  |
22. |  6       2       2      3  |
23. |  6       3       2      6  |
24. |  6       4       2     10  |
    |----------------------------|
25. |  7       1       2      2  |
26. |  7       2       2      4  |
27. |  7       3       2      5  |
28. |  7       4       2      9  |
    |----------------------------|
29. |  8       1       2      2  |
30. |  8       2       2      3  |
31. |  8       3       2      6  |
32. |  8       4       2     11  |
    +----------------------------+
```

* Repeated measures anova (混合設計二因子 ANOVA 分析)
* 自變數 trt 的內定誤差項，改用「id|trt」項。
. anova y trt / id|trt time trt#time, repeated (time)

```
                          Number of obs =       32    R-squared     = 0.9624
                          Root MSE      =    .712    Adj R-squared = 0.9352

              Source |   Partial SS    df      MS           F     Prob > F
         ------------+--------------------------------------------------------
               Model |    233.375      13  17.9519231      35.41   0.0000
                     |
                 trt |     10.125       1    10.125         6.48   0.0438
              id|trt |      9.375       6     1.5625
```

```
----------+-----------------------------------------------------------
     time |     194.5      3   64.8333333    127.89    0.0000
 trt#time |    19.375      3   6.45833333     12.74    0.0001
          |
 Residual |     9.125     18   .506944444
----------+-----------------------------------------------------------
    Total |     242.5     31   7.82258065
```

Between-subjects error term: idΙtrt
       Levels: 8   (6 df)
  Lowest b.s.e. variable: id
  Covariance pooled over: trt  (for repeated variable)

Repeated variable: time

            Huynh-Feldt epsilon  = 0.9432
            Greenhouse-Geisser epsilon = 0.5841
            Box's conservative epsilon = 0.3333

```
                              ------------ Prob > F ------------
    Source |   df      F    Regular     H-F       G-G       Box
----------+-----------------------------------------------------------
     time |    3   127.89   0.0000    0.0000    0.0000    0.0000
 trt#time |    3    12.74   0.0001    0.0002    0.0019    0.0118
 Residual |   18
----------------------------------------------------------------------
```

. matrix list e(Srep)


symmetric e(Srep)[4,4]
```
            c1          c2          c3          c4
r1        1.25
r2    .66666667   .66666667
r3    .58333333   .33333333          .5
r4           0  -.16666667   .16666667   .66666667
```

* Tests of simple effects
*The effect of time at each treatment

*The simple effect of time has three degrees of freedom for each level of the treatment for a total of six degrees of freedom. This test of simple effects will use the residual error for the model as its error term. We will use the contrast command to do the test of simple effects.

. **contrast** time@trt, **effect**

Contrasts of marginal linear predictions

Margins        : asbalanced

| | df | F | P>F |
|---|---|---|---|
| time@trt | | | |
| 1 | 3 | 35.96 | 0.0000 |
| 2 | 3 | 104.67 | 0.0000 |
| Joint | 6 | 70.32 | 0.0000 |
| | | | |
| Residual | 18 | | |

| | Contrast | Std. Err. | t | P>\|t\| | [95% Conf. Interval] | |
|---|---|---|---|---|---|---|
| time@trt | | | | | | |
| (2 vs base) 1 | .25 | .5034602 | 0.50 | 0.626 | -.8077307 | 1.307731 |
| (2 vs base) 2 | 1.25 | .5034602 | 2.48 | 0.023 | .1922693 | 2.307731 |
| (3 vs base) 1 | 3.25 | .5034602 | 6.46 | 0.000 | 2.192269 | 4.307731 |
| (3 vs base) 2 | 3.75 | .5034602 | 7.45 | 0.000 | 2.692269 | 4.807731 |
| (4 vs base) 1 | 4.25 | .5034602 | 8.44 | 0.000 | 3.192269 | 5.307731 |
| (4 vs base) 2 | 8.25 | .5034602 | 16.39 | 0.000 | 7.192269 | 9.307731 |

*「**time@trt**」欄，因內定對比的 base 為「time 1」，trt=1 為實驗組，trt=1 為控制組，故「(2 vs base) 1」表示「time 2 對比 time 1 的依變數得分，在 trt=1 之實驗組」時，t=0.50(p>0.05)，顯示實驗組，受試者重複測量時，time 2 在依變數 y 得分並未顯著高於 time 2。

*「(4 vs base) 2」，t=16.39(p<0.05)，顯示 trt=2 控制組，受試者重複測量 4 次中，time 4 在依變數得分顯著高 time 1( 即 base )。

```
* Pairwise follow ups

*Since each of the tests of simple effects involves four time points will fol-
low up with pairwise comparisons using the margins command with the pwcompare
option.

* 先 ( 實驗組 (trt=1) 下兩兩比較 ) 之主要效果檢定
. margins time, at (trt=1) pwcompare (effects) noestimcheck

Pairwise comparisons of predictive margins

Expression    : Linear prediction, predict()
at            : trt          =          1 ( 控制組 (trt=1) 下兩兩比較 )
```

```
               |             Delta-method    Unadjusted              Unadjusted
               |   Contrast   Std. Err.     z    P>|z|      [95% Conf. Interval]
---------------+-------------------------------------------------------------------
          time |
        2 vs 1 |       .25    .5034602    0.50   0.619     -.736764    1.236764
        3 vs 1 |      3.25    .5034602    6.46   0.000      2.263236   4.236764
        4 vs 1 |      4.25    .5034602    8.44   0.000      3.263236   5.236764
        3 vs 2 |         3    .5034602    5.96   0.000      2.013236   3.986764
        4 vs 2 |         4    .5034602    7.95   0.000      3.013236   4.986764
        4 vs 3 |         1    .5034602    1.99   0.047       .013236   1.986764
```

```
* 再 ( 控制組 (trt=2) 下兩兩比較 ) 之主要效果檢定
margins time, at(trt=2) pwcompare (effects) noestimcheck

Pairwise comparisons of predictive margins

Expression    : Linear prediction, predict()
at            : trt          =          2
```

```
               |             Delta-method    Unadjusted              Unadjusted
               |   Contrast   Std. Err.     z    P>|z|      [95% Conf. Interval]
```

```
-----------+--------------------------------------------------------------
      time |
    2 vs 1 |      1.25    .5034602     2.48    0.013    .263236    2.236764
    3 vs 1 |      3.75    .5034602     7.45    0.000   2.763236    4.736764
    4 vs 1 |      8.25    .5034602    16.39    0.000   7.263236    9.236764
    3 vs 2 |       2.5    .5034602     4.97    0.000   1.513236    3.486764
    4 vs 2 |         7    .5034602    13.90    0.000   6.013236    7.986764
    4 vs 3 |       4.5    .5034602     8.94    0.000   3.513236    5.486764
-----------+--------------------------------------------------------------
```

* Anova with pooled error term （具混合誤差項之 ANOVA）

*The tests of treatment at each tie point require the use of the pooled error. That is, pooling id | trt and the residual error. This is easily accomplished by removing id | trt from the anova command. Note that the residual degrees of freedom is now 24.

. anova y trt##time

```
                    Number of obs =        32    R-squared     =  0.9237
                    Root MSE      = .877971    Adj R-squared =  0.9015

         Source |  Partial SS      df         MS           F      Prob > F
    -----------+--------------------------------------------------------------
          Model |        224        7          32       41.51     0.0000
                |
            trt |     10.125        1      10.125       13.14     0.0014
           time |      194.5        3  64.8333333       84.11     0.0000
       trt#time |     19.375        3  6.45833333        8.38     0.0006
                |
       Residual |       18.5       24  .770833333
    -----------+--------------------------------------------------------------
          Total |      242.5       31  7.82258065
```

* The effect of treatment at each time

*Now we can run the simple effects of treatment at each time, again using the contrast command. Since there are two levels of treatment at each time point there are a total of four degrees of freedom. Since each test is one degree of freedom, we do not have to do any follow up tests.

. contrast trt@time, effect

```
Contrasts of marginal linear predictions

Margins      : asbalanced

------------------------------------------------
             |      df        F        P>F
-------------+-----------------------------------
    trt@time |
          1  |       1      16.22    0.0005
          2  |       1       5.84    0.0237
          3  |       1      10.38    0.0036
          4  |       1       5.84    0.0237
       Joint |       4       9.57    0.0001
             |
    Residual |      24
------------------------------------------------


------------------------------------------------------------------------
             |  Contrast   Std. Err.      t     P>|t|    [95% Conf. Interval]
-------------+----------------------------------------------------------
    trt@time |
(2 vs base) 1|      -2.5   .6208194    -4.03    0.000   -3.781308   -1.218692
(2 vs base) 2|      -1.5   .6208194    -2.42    0.024   -2.781308   -.2186918
(2 vs base) 3|        -2   .6208194    -3.22    0.004   -3.281308   -.7186918
(2 vs base) 4|       1.5   .6208194     2.42    0.024    .2186918    2.781308
------------------------------------------------------------------------


* Graph of interaction
*A graph of the interaction is always useful. We will use the margins command
and marginsplot to produce the plot.
. margins trt#time

Adjusted predictions                        Number of obs   =         32

Expression   : Linear prediction, predict()

------------------------------------------------------------------------
             |                 Delta-method
```

| | Margin | Std. Err. | z | P>\|z\| | [95% Conf. Interval] |
|---|---|---|---|---|---|
| trt#time | | | | | | |
| 1 1 | 4.25 | .4389856 | 9.68 | 0.000 | 3.389604 | 5.110396 |
| 1 2 | 4.5 | .4389856 | 10.25 | 0.000 | 3.639604 | 5.360396 |
| 1 3 | 7.5 | .4389856 | 17.08 | 0.000 | 6.639604 | 8.360396 |
| 1 4 | 8.5 | .4389856 | 19.36 | 0.000 | 7.639604 | 9.360396 |
| 2 1 | 1.75 | .4389856 | 3.99 | 0.000 | .8896041 | 2.610396 |
| 2 2 | 3 | .4389856 | 6.83 | 0.000 | 2.139604 | 3.860396 |
| 2 3 | 5.5 | .4389856 | 12.53 | 0.000 | 4.639604 | 6.360396 |
| 2 4 | 10 | .4389856 | 22.78 | 0.000 | 9.139604 | 10.8604 |

\* 要先用「margins trt#time」後，求出 (4\*2) 交叉細平均數，才可繪交互作用線形圖
. marginsplot, x(time)

**重複測量 ANOVA 的缺點**，包括：

1. 受試內不允許有不平等觀察值 (does not allow unequal observations within subject)。

2. 對每一效果，使用者必須決定正確誤差項 (user must determine correct error term for each effect)。

3. 忽略某假定 (assumes compound symmetry/exchangeable covariance structure)。

## 3-2-4 重複測量 ANOVA 之主要效果／單純主要效果檢定 ( 雙層 xtmixed 或 mixed vs. 單層 anova 指令 )

在一個階層結構 (hierarchical structure) 的環境下，個體與社會脈絡是會交互影響的，個體不僅會受到其所屬的社會團體或脈絡所影響，社會團體也會受到其組成份子所影響 (Maas & Hox, 2005)，且個體與所屬環境是不斷交互作用的。

**圖 3-21** 「repeated_measure_2.dta」資料檔內容

A 因子：a=1 實驗組；a=2 控制組。

B 因子：重複測量 4 次

Y：依變數

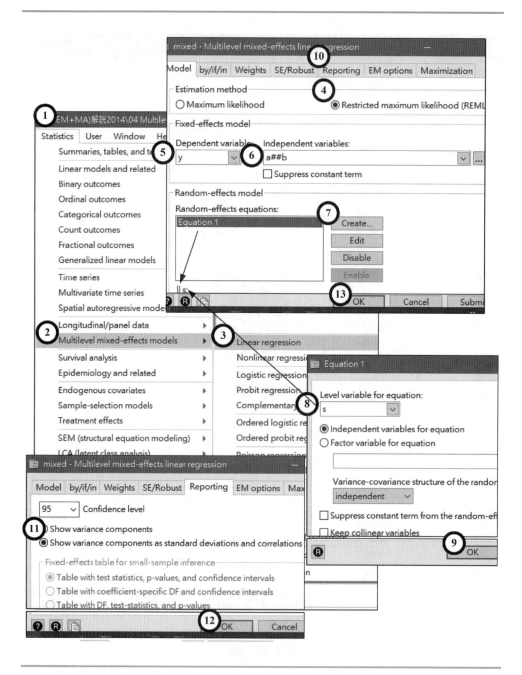

圖 3-22　「**mixed** y a##b ‖ s:, **reml stddeviations**」指令之畫面 ( 限 STaTa v15 新版用 )

註：STaTa v12 舊版要改用「**xtmixed** y a##b ‖ s:, **reml**」指令

```
* simple effects in repeated measures models
* 存在「repeated_measure_2.do」指令檔
. use repeated_measure_2.dta

. tabl a b s

-> tabulation of a
```

| 實驗組 vs. 控制組 | Freq. | Percent | Cum. |
|---|---|---|---|
| 實驗組 | 16 | 50.00 | 50.00 |
| 控制組 | 16 | 50.00 | 100.00 |
| Total | 32 | 100.00 | |

```
-> tabulation of b
```

| 重複測量 4 次 | Freq. | Percent | Cum. |
|---|---|---|---|
| 1 | 8 | 25.00 | 25.00 |
| 2 | 8 | 25.00 | 50.00 |
| 3 | 8 | 25.00 | 75.00 |
| 4 | 8 | 25.00 | 100.00 |
| Total | 32 | 100.00 | |

```
-> tabulation of s
```

| 受訪者 ID | Freq. | Percent | Cum. |
|---|---|---|---|
| 1 | 4 | 12.50 | 12.50 |
| 2 | 4 | 12.50 | 25.00 |
| 3 | 4 | 12.50 | 37.50 |
| 4 | 4 | 12.50 | 50.00 |
| 5 | 4 | 12.50 | 62.50 |
| 6 | 4 | 12.50 | 75.00 |
| 7 | 4 | 12.50 | 87.50 |

```
        8 |          4       12.50      100.00
-----------+---------------------------------
     Total |         32      100.00

. tabstat y, by(a)

Summary for variables: y
     by categories of: a（實驗組 vs. 控制組）


      a |      mean
-------+----------
  實驗組 |    5.6875
  控制組 |    5.0625
-------+----------
  Total |     5.375
------------------


. egen ab=group (a b), label

* 算 a*b 交互作用之細格平均數
. tabstat y, by(ab)

Summary for variables: y
     by categories of: ab (group(a b))


     ab |      mean
---------+----------
  實驗組 1 |      3.75
  實驗組 2 |         4
  實驗組 3 |         7
  實驗組 4 |         8
  控制組 1 |      1.75
  控制組 2 |         3
  控制組 3 |       5.5
  控制組 4 |        10
---------+----------
   Total |     5.375
------------------
```

*a linear mixed model using the **xtmixed** command. We will need to specify the **reml** option so that the results are consistent with the anova command that we will run later. Starting with STaTa 12 the default estimation method is mle, which is why we need to specify the reml option.

* 方法一：雙層之重複測量，使用 mixed、xtmixed 指令
* 受訪者 S 來分群組
. **mixed** y a##b || s:, **reml stddev**
* 以上指令，限 STaTa v15 新版用
*STaTa v12 舊版要改用「**xtmixed** y a##b **||** s:, **reml**」指令

Performing EM optimization:

Performing gradient-based optimization:

Iteration 0:    log restricted-likelihood = -34.824381
Iteration 1:    log restricted-likelihood = -34.824379

Computing standard errors:

Mixed-effects REML regression                   Number of obs       =         32
Group variable: s                               Number of groups    =          8

                                                Obs per group:
                                                            min =          4
                                                            avg =        4.0
                                                            max =          4

                                                Wald chi2(7)       =     423.89
Log restricted-likelihood = -34.824379          Prob > chi2        =     0.0000

------------------------------------------------------------------------------
          y |     Coef.   Std. Err.      z    P>|z|    [95% Conf. Interval]
-------v--+------------------------------------------------------------------
        a |
control grp |        -2  .6208193   -3.22   0.001   -3.216783   -.7832165
          |
        b |

```
        2  |      .25    .5034603    0.50   0.619    -.736764    1.236764
        3  |     3.25    .5034603    6.46   0.000    2.263236    4.236764
        4  |     4.25    .5034603    8.44   0.000    3.263236    5.236764
           |
       a#b |
control grp#2 |       1   .7120004    1.40   0.160   -.3954951    2.395495
control grp#3 |      .5   .7120004    0.70   0.483   -.8954951    1.895495
control grp#4 |       4   .7120004    5.62   0.000    2.604505    5.395495
           |
     _cons |     3.75    .4389855    8.54   0.000    2.889604    4.610396
-------------------------------------------------------------------------


-------------------------------------------------------------------------
 Random effects Parameters  |   Estimate   Std. Err.   [95% Conf. Interval]
----------------------------+--------------------------------------------
s: Identity                 |
              sd(_cons)  |    .513701    .2233302    .2191052    1.204393
----------------------------+--------------------------------------------
           sd(Residual) |   .7120004    .1186667    .5135861    .9870682
-------------------------------------------------------------------------
LR test vs. linear model: chibar2(01) = 3.30        Prob >= chibar2 = 0.0346
```

```
* test main effects and interaction
. contrast a##b
```

Contrasts of marginal linear predictions

Margins        : asbalanced

```
------------------------------------------------
           |      df      chi2     P>chi2
-----------+------------------------------------
y          |
        a  |       1      2.00     0.1573
        b  |       3    383.67     0.0000
      a#b  |       3     38.22     0.0000
------------------------------------------------
```

* 以上結果顯示：the a main effect is not significant. Both the b main effect and the a#b interaction are significant.

*The results of the contrast displayed are displayed as chi-square. We will divide each chi-square by its degrees of freedom so that the results are scaled as F-ratios (we will not do the division when df=1).
. display 383.67/3
127.89

. display 38.22/3
12.74

* margins command followed by marginsplot so that we can plot the interaction.
. margins a#b, vsquish

Adjusted predictions                                  Number of obs    =        32

Expression    : Linear prediction, fixed portion, predict()

```
-----------------------------------------------------------------------------
             |            Delta-method
             |   Margin   Std. Err.      z    P>|z|     [95% Conf. Interval]
-------------+---------------------------------------------------------------
         a#b |
         1 1 |     3.75   .4389855    8.54   0.000     2.889604    4.610396
         1 2 |        4   .4389855    9.11   0.000     3.139604    4.860396
         1 3 |        7   .4389855   15.95   0.000     6.139604    7.860396
         1 4 |        8   .4389855   18.22   0.000     7.139604    8.860396
         2 1 |     1.75   .4389855    3.99   0.000     .8896042    2.610396
         2 2 |        3   .4389855    6.83   0.000     2.139604    3.860396
         2 3 |      5.5   .4389855   12.53   0.000     4.639604    6.360396
         2 4 |       10   .4389855   22.78   0.000     9.139604    10.8604
-----------------------------------------------------------------------------
```

* marginsplot 繪 (2×3) 六個交叉細格，如下圖
. marginsplot

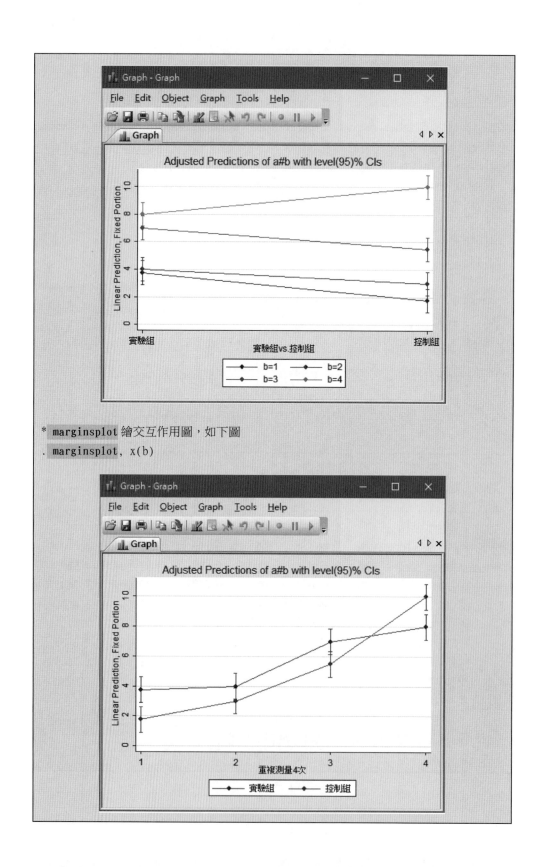

\* `marginsplot` 繪交互作用圖，如下圖

. marginsplot, x(b)

```
* 以上已檢定分析 a,b 主要效果 . 接著分析單純主要效果 (both a for each level of b
anf for b at each level of a).
* simple effects for a at each level of b
. contrast a@b

Contrasts of marginal linear predictions

Margins       : asbalanced


----------------------------------------------------
              |       df        chi2      P>chi2
--------------+-------------------------------------
y             |
        a@b   |
          1   |        1       10.38      0.0013
          2   |        1        2.59      0.1072
          3   |        1        5.84      0.0157
          4   |        1       10.38      0.0013
      Joint   |        4       40.22      0.0000
----------------------------------------------------


* simple effects for b at each level of a
. contrast b@a

Contrasts of marginal linear predictions

Margins       : asbalanced


----------------------------------------------------
              |       df        chi2      P>chi2
--------------+-------------------------------------
y             |
        b@a   |
          1   |        3      107.88      0.0000
          2   |        3      314.01      0.0000
      Joint   |        6      421.89      0.0000
----------------------------------------------------

* scale as F-ratio
```

```
. display 107.88/3
35.96


. display 314.01/3
104.67
```

*The raw p-values for **a@b** indicate that a at **b1**, **b3** and **b4** are significant. For, **b@a** both simple effects are significant using the raw p-values. Test of simple effects are a type of **post-hoc** procedure and need to be adjusted. We won't go into the adjustment process on this page other than to state that there are at least four methods found in the literature (Dunn's procedure, Marascuilo & Levin, per family error rate or simultaneous test procedure).

* 方法二：單層 Next we will use the anova command to analyze the repeated measures model.
```
. use repeated_measure_2.dta


. anova y a / s|a b a#b, repeated(b)
```

```
                          Number of obs =      32    R-squared     =  0.9613
                          Root MSE      =   .712    Adj R-squared =  0.9333


        Source |   Partial SS    df        MS            F      Prob > F
    -----------+----------------------------------------------------------
         Model |     226.375     13   17.4134615       34.35    0.0000
               |
             a |       3.125      1        3.125        2.00    0.2070
           s|a |       9.375      6       1.5625
    -----------+----------------------------------------------------------
             b |       194.5      3   64.8333333      127.89    0.0000
           a#b |      19.375      3   6.45833333       12.74    0.0001
               |
      Residual |       9.125     18   .506944444
    -----------+----------------------------------------------------------
         Total |       235.5     31   7.59677419
```

Between-subjects error term:  s|a
                    Levels:  8          (6 df)

```
    Lowest b.s.e. variable:  s
    Covariance pooled over:  a        (for repeated variable)

Repeated variable: b
                                    Huynh-Feldt epsilon      =  0.9432
                                    Greenhouse-Geisser epsilon =  0.5841
                                    Box's conservative epsilon =  0.3333


                                    ------------ Prob > F ------------
        Source |    df      F    Regular    H-F      G-G      Box
    -----------+----------------------------------------------------
            b  |     3   127.89  0.0000   0.0000   0.0000   0.0000
          a#b  |     3    12.74  0.0001   0.0002   0.0019   0.0118
    Residual  |    18
    ----------------------------------------------------------------
```

*The results in the anova table above agree with results from mixed once the chi-squares have been rescaled as F-ratios. Computing the simple effects after the anova is a more complex process than we used above. One reason for this is that the two types of simples effects, a@b and b@a, involve different error terms.

*Let's start with a@b. The sums of square for simple effects for a@b total up to SSa + SSa#b. The test of a uses s|a as the error term while test of a#b use the residual. The recommendation for testing simple effects for a@b are to pool s|a and residual. We can accomplish this by running the anova without the s|a term. After the anova we will use the contrast command to get the simple effects.

. anova y a b a#b

```
                    Number of obs =      32    R-squared     =  0.9214
                    Root MSE      = .877971    Adj R-squared =  0.8985


        Source |  Partial SS   df       MS            F       Prob > F
    -----------+----------------------------------------------------
        Model |     217        7        31         40.22     0.0000
              |
```

```
        a |      3.125     1     3.125        4.05   0.0554
        b |      194.5     3  64.8333333     84.11   0.0000
      a#b |     19.375     3  6.45833333      8.38   0.0006
          |
 Residual |       18.5    24  .770833333
----------+-------------------------------------------------
    Total |      235.5    31  7.59677419
```

. contrast a@b

Contrasts of marginal linear predictions

Margins        : asbalanced

```
-----------------------------------------------
             |     df         F        P>F
-------------+---------------------------------
        a@b  |
          1  |      1      10.38      0.0036
          2  |      1       2.59      0.1203
          3  |      1       5.84      0.0237
          4  |      1      10.38      0.0036
      Joint  |      4       7.30      0.0005
             |
   Residual  |     24
-----------------------------------------------
```

*Once again the F-values are the same for this analysis as for the contrast command used in the mixed analysis. You will note that the p-values are different. The p-values above are from an F-distribution with 1 and 24 degrees of freedom. The p-values from the mixed analysis are distributed as a chi-square with 1 degree of freedom.

*Now we need to compute the simple effects for b@a. To do this we will quietly rerun the anova model followed by the margins command with the within option to see what our cell means are.

. quietly anova y a / s|a b a#b

```
. margins b, within(a)

Predictive margins                              Number of obs   =          32

Expression   : Linear prediction, predict()
within       : a
Empty cells  : reweight


------------------------------------------------------------------------------
             |            Delta-method
             |    Margin   Std. Err.      z    P>|z|     [95% Conf. Interval]
-------------+----------------------------------------------------------------
        a#b  |
        1 1  |      3.75   .3560002    10.53   0.000     3.052253    4.447747
        1 2  |         4   .3560002    11.24   0.000     3.302253    4.697747
        1 3  |         7   .3560002    19.66   0.000     6.302253    7.697747
        1 4  |         8   .3560002    22.47   0.000     7.302253    8.697747
        2 1  |      1.75   .3560002     4.92   0.000     1.052253    2.447747
        2 2  |         3   .3560002     8.43   0.000     2.302253    3.697747
        2 3  |       5.5   .3560002    15.45   0.000     4.802253    6.197747
        2 4  |        10   .3560002    28.09   0.000     9.302253    10.69775
------------------------------------------------------------------------------

*We will compute the simple effects of b@a using the contrast command.
. contrast b@a

Contrasts of marginal linear predictions

Margins      : asbalanced


------------------------------------------------------------------------------
             |         df           F        P>F
-------------+----------------------------------------------------------------
        b@a  |
         1   |          3       35.96     0.0000
         2   |          3      104.67     0.0000
      Joint  |          6       70.32     0.0000
             |
```

```
    Residual |        18
---------------------------------------------------
```

*Once again, our results from the anova agree with the results for the mixed. We see that each of the tests of simple effects are distributed as F with 3 and 18 degrees of freedom. We also note that the results agree with the mixed results above once they are scaled from chi-square to F-ratios.

*At this point, it would be nice to run pairwise comparisons among each of the levels of b at each level of a. We can do this using the pwcompare command. We want the pairwise comparisons adjusted using Tudkey's HSD. We get this using the mcompare option. Please note that you cannot get the Tukey adjustment from xtmixed models.

* pairwise comparisons for a = 1 （實驗組）

. pwcompare b#i(1).a, mcompare(tukey) effects

Pairwise comparisons of marginal linear predictions

Margins        : asbalanced

```
-----------------------------
            |   Number of
            |  Comparisons
------------+----------------
      b#a   |        6
-----------------------------
```

```
-------------------------------------------------------------------------
                                        Tukey                Tukey
            | Contrast   Std. Err.    t    P>|t|    [95% Conf. Interval]
------------+------------------------------------------------------------
      b#a   |
(2 1) vs (1 1) |    .25   .5034602   0.50  0.959   -1.172925    1.672925
(3 1) vs (1 1) |   3.25   .5034602   6.46  0.000    1.827075    4.672925
(4 1) vs (1 1) |   4.25   .5034602   8.44  0.000    2.827075    5.672925
```

```
(3 1) vs (2 1)  |    3    .5034602    5.96   0.000    1.577075    4.422925
(4 1) vs (2 1)  |    4    .5034602    7.95   0.000    2.577075    5.422925
(4 1) vs (3 1)  |    1    .5034602    1.99   0.230   -.4229247    2.422925
----------------------------------------------------------------------------
```

* pairwise comparisons for a = 1 （控制組）
. pwcompare b#i(2).a, mcompare (tukey) effects

Pairwise comparisons of marginal linear predictions

Margins      : asbalanced

```
-----------------------------
             |   Number of
             |  Comparisons
-------------+---------------
        b#a  |        6
-----------------------------
```

```
----------------------------------------------------------------------------
             |                            Tukey              Tukey
             | Contrast  Std. Err.    t    P>|t|    [95% Conf. Interval]
-------------+--------------------------------------------------------------
         b#a |
(2 2) vs (1 2)  |   1.25   .5034602    2.48   0.097   -.1729247    2.672925
(3 2) vs (1 2)  |   3.75   .5034602    7.45   0.000    2.327075    5.172925
(4 2) vs (1 2)  |   8.25   .5034602   16.39   0.000    6.827075    9.672925
(3 2) vs (2 2)  |    2.5   .5034602    4.97   0.001    1.077075    3.922925
(4 2) vs (2 2)  |      7   .5034602   13.90   0.000    5.577075    8.422925
(4 2) vs (3 2)  |    4.5   .5034602    8.94   0.000    3.077075    5.922925
----------------------------------------------------------------------------
```

### 3-2-5 雙層次：二因子混合設計 ANOVA (mixed 或 xtmixed 指令)

#### 一、重複測量型變異數分析 (repeated measures ANOVA)

其中兩個重要的基本假定為 (1)：不同個體 (subject) 之間無關聯性、(2) 同一個個體在不同時間 (visit) 的測量有相關。在共變異數矩陣 (covariance matrix) 的分析中有一個基本的假設，同一個個體在不同時間的測量之相關都一樣。事實上，距離愈前期的測量結果愈遠，測量的相關會愈來愈弱，與臨床上許多的實際狀況不符，這樣的相關矩陣稱為 compound symmetry(CS)。檢定這項基本假定的方法為 Mauchly's test of Sphericity( 球面性假定 )，STaTa 有提供「mauchly. ado」外掛指令來檢定它，若不符基本假定，應採取更適合的方法。

repeated measures ANOVA 可分析單一樣本與多組樣本的重複測量，反應變數為連續型資料，且需符合常態分配的基本假定。資料為橫向資料，若有任一次的資料中有缺失值，將整個 subject 被刪除，因此分析的資料特性必須是完整資料 (complete case)。對於會隨時間改變的解釋變數 ( 例如每次所測量的除反應變數以外之生化值 )，無法一一對應至每一個時間點的反應變數，因此僅能分析不隨時間改變的解釋變數 ( 例如性別 )。

### 範例：架構如下圖

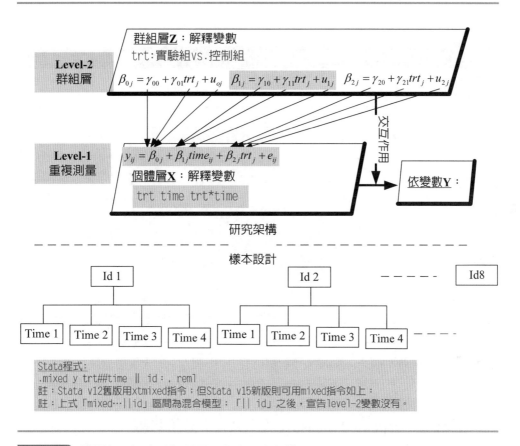

**圖 3-23** 雙層次：每人重複測量 4 次之研究架構

縱向資料通常用於研究個人的成長、發展及個人的改變。這種形式的資料通常包含了同一個受試者在不同時間點上重複的接受測量。多變量分析和重複測量變異數分析常用來分析縱向資料。然而利用這兩項統計方法在分析縱向資料上有它的限制。縱向資料通常需要結構性的共變異數模型，殘差通常含有異質性和相依性；資料通常也屬於多層資料，重複測量是第一層，受試者是第二層。本章節旨在探討使用線性混合效果模型來建立縱向資料的模型的情形，同時也包含了如何建立模型的步驟。

## 二、資料檔之內容

「repeated_measures.dta」資料檔內容如下圖。

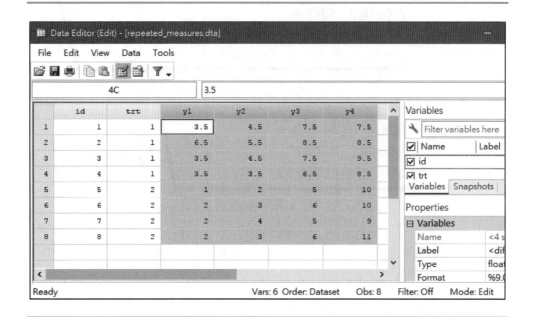

圖 3-24 「repeated_measures.dta」資料檔內容 (N=8 個人，每人重複測量 4 次)

## 三、雙層次：repeated measure ANOVA：分析步驟

**Step 1** 繪混合設計二因子 ANOVA 之 wide 型交互作用圖。先探索，實驗組 vs. 控制組在 4 次重複測量之*趨勢*圖，如下圖。可見變數 trt( 實驗組 vs. 控制組 ) 與重複測量 (time) 有交互作用。

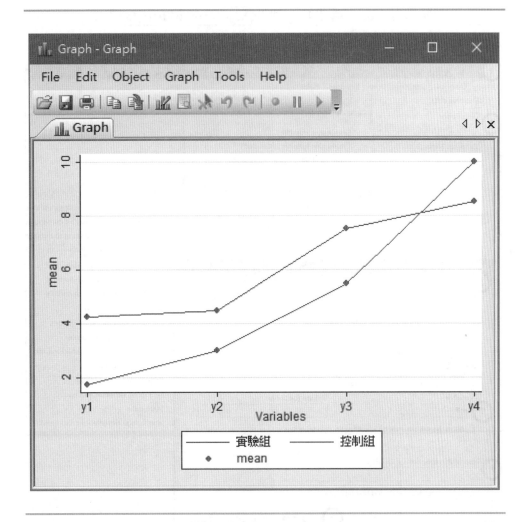

圖 3-25　wide 型資料結果，「**profileplot** y1-y4, by(trt)」指令之結果

　　由於重複測量變異數分析的依變數間是存在相關，故資料鍵入時，應視爲不同的變數 (wide 資料結構 )，不可以視爲單一變數的不同狀況資料。接著再用 reshape 指令，將 wide 資料結構轉成 long 資料結構，即可進行多層次重複測量 ANOVA 分析。

**Step 2** 資料結構由 wide 型轉成 long 型 **reshape from wide to long**

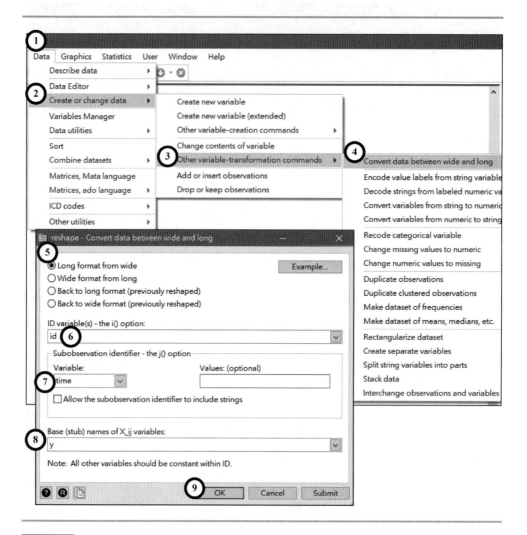

**圖 3-26** 「**reshape long** y, **i**(id) **j**(time)」指令畫面

圖 3-27 「**reshape long** y, **i**(id) **j**(time)」結果：資料結構變 long 型（存至 **long.dta** 檔）

**Step 3** 重複測量之混合模型 **repeated measures mixed model**

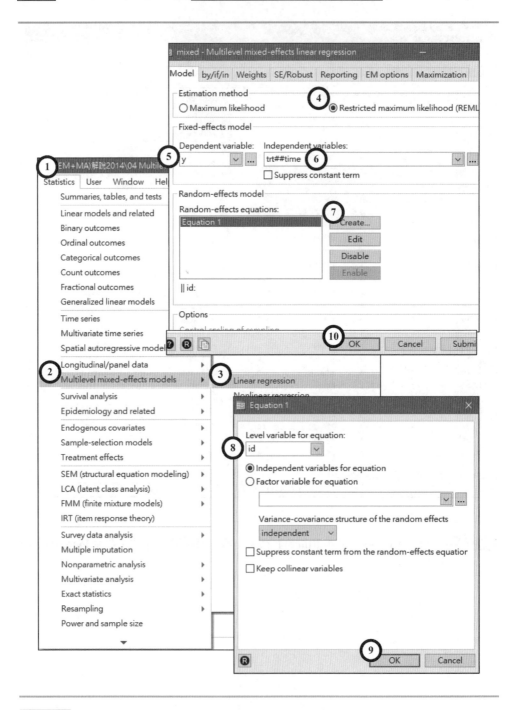

**圖 3-28** 「**mixed** y trt##time **‖ id**：, **reml**」指令之畫面

```
. xtmixed y trt##time || id:, variance reml
```
*STaTa v12 舊版用 **xtmixed** 指令；但 STaTa v15 新版則可用 **mixed** 指令如上圖。

**Step 4** 檢定主要效果及交互作用效果，是否達顯著？

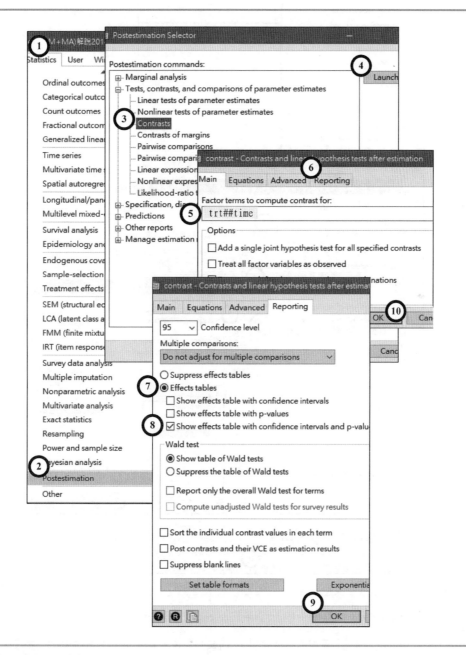

**圖 3-29** 「contrast trt##time」指令之畫面

**Step 5** 因交互作用項達顯著水準，故須再進行單純主要效果 **(simple main effect)** 檢定

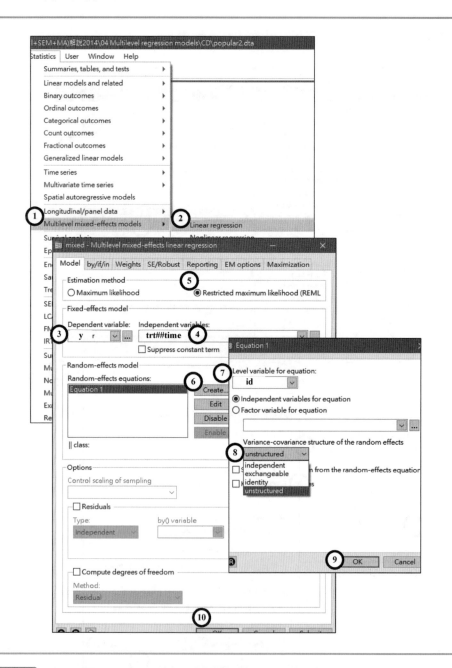

**圖 3-30** 「**xtmixed** y trt##time **|| id:, variance reml**」指令之畫面

註：上式「xtmixed…|| id」區間為混合模型；「|| id」之後，宣告 level-2 隨機斜率變數沒有。

註：STaTa v12 舊版用 **xtmixed** 指令；但 STaTa v15 新版則可用 **mixed** 指令。

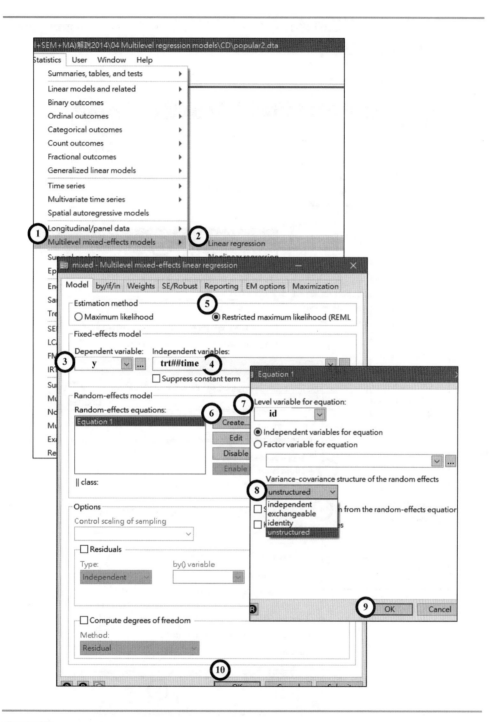

**圖 3-31** 「**mixed** y trt##time **‖ id：, reml**」指令之畫面

註：STaTa v12 舊版用 **xtmixed** 指令；但 STaTa v15 新版則可用 **mixed** 指令如上：

註：上式「**mixed**…**‖id**」區間為混合模型；「**‖ id**」之後，宣告 level-2 隨機斜率變數沒有。

**Step 6-1** 因交互作用項達顯著水準，故須再進行單純主要效果 (**simple main effect**) 兩兩比較

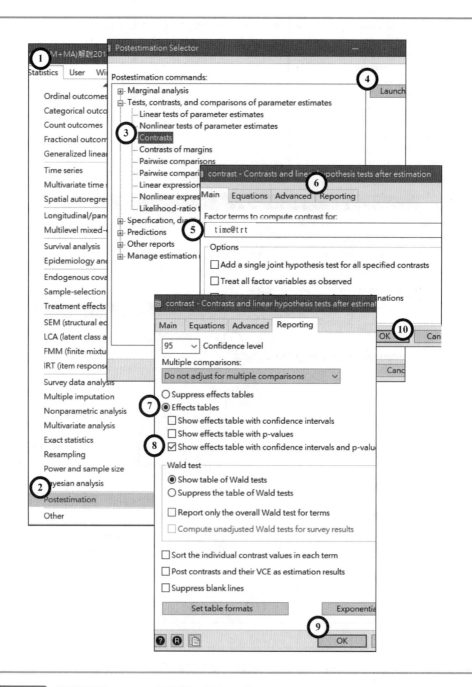

**圖 3-32** 「**contrast** time@trt, **effect**」指令之畫面

**Step 6-2** 單純主要效果 **(simple main effect)**：實驗組在 **4** 次重複測量之兩兩比較

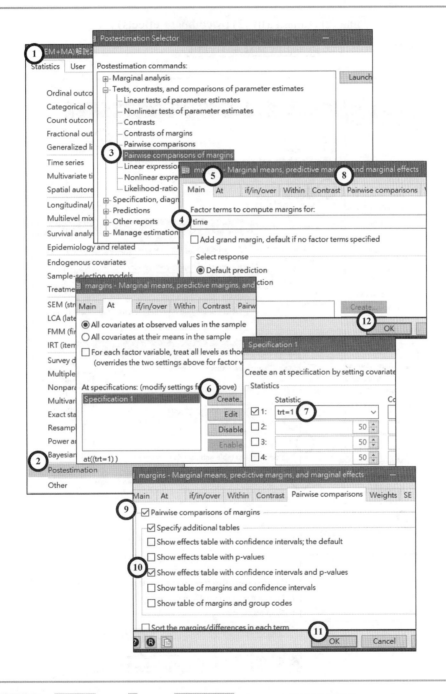

**圖 3-33** 「margins time, at(trt=1) pwcompare(effects)」指令之畫面

**\*Step 6-3** 單純主要效果 (simple main effect)：控制組在 4 次重複測量之兩兩比較

執行「margins time, at(trt=2) pwcompare(effects)」。

**Step 7** 趨勢的事後比較 **post-hoc test of trends**

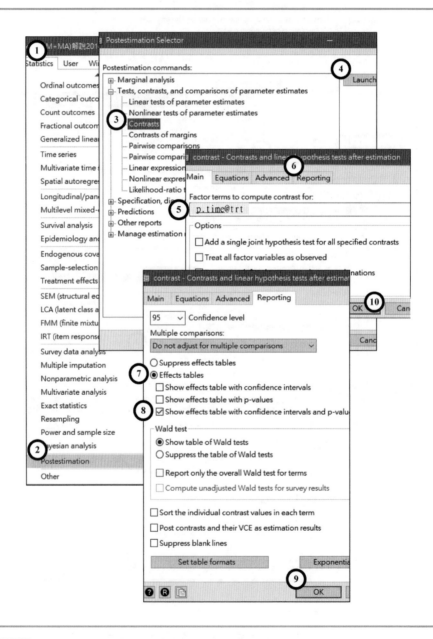

**圖 3-34** 「**contrast** p.time@trt, **effect**」指令之畫面

**Step 8** 部分交互作用的事後比較 **post-hoc test of partial interaction**

執行「contrast a.time#trt」指令。

**Step 9-1** mixed 模型，加入殘差之無共變數結構 **example with unstructured covariance**。

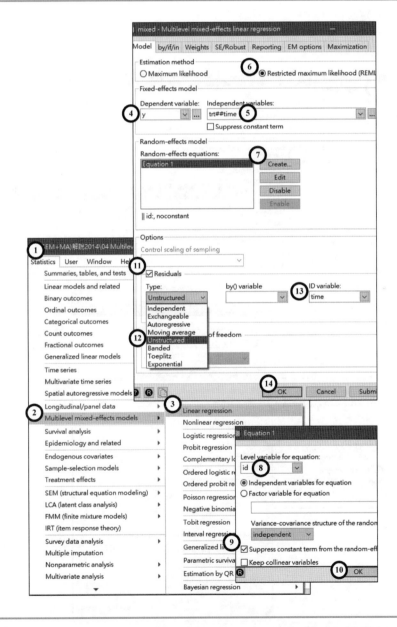

**圖 3-35** 「**mixed y trt##time，∥ id：, noconstant reml residuals(unstructured, t(time))**」指令之畫面

註：STaTa v12 舊版用 **xtmixed** 指令；但 STaTa v15 新版則可用 **mixed** 指令如上：

註：舊版「. **xtmixed** y trt##time || id:, **var noconst residuals**(*unstr*, t(time)) **reml**」

註：新版「. **mixed** y trt##time, || id:, **noconstant reml residuals**(unstructured, t(time))」

註：上式「**mixed**…**||id**」區間為混合模型；「**|| id**」之後，宣告 level-2 隨機斜率變數沒有。

**Step 9-2** **mixed** 模型，加入無共變數結構後，再次主要效果／交互作用效果之檢定

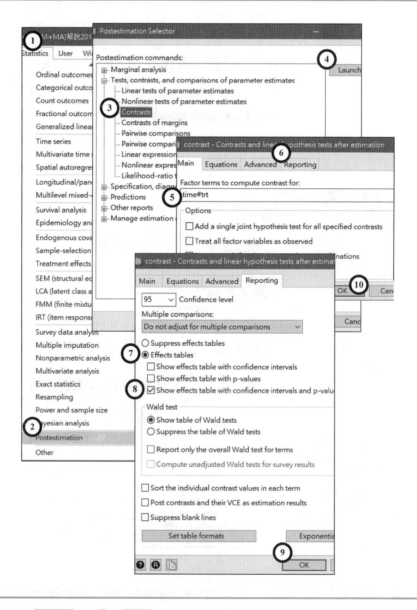

**圖 3-36** 「contrast time#trt, effect」指令之畫面

「**contrast**」指令之效果檢定類型如下表：

| 各效果項 (Term) | 說明 |
|---|---|
| A#B | 聯合檢定 (joint testing)the two-way interaction effects of A and B |
| 主要效果 (main effects) | |
| A | 聯合檢定 (joint testing)the main effects of A |
| r.A | 兩兩比較 (individual contrasts): that decompose A using r. |
| 交互效果 (interaction effects) | |
| A#B | 聯合檢定 (joint testing)the two-way interaction effects of A and B |
| A#B#C | 聯合檢定 (joint testing)the three-way interaction effects of A, B, and C |
| r.A#g.B | 兩兩比較 (individual contrasts): for each interaction of A and B defined by r. and g. |
| 部分交互效果 (partial interaction effects) | |
| r.A#B | 聯合檢定 (joint testing) interactions of A and B within each contrast defined by r.A |
| A#r.B | 聯合檢定 (joint testing) interactions of A and B within each contrast defined by r.B |
| 單純效果 (simple effects) | |
| A@B | 聯合檢定 (joint testing) the effects of A within each level of B |
| A@B#C | 聯合檢定 (joint testing) the effects of A within each combination of the levels of B and C |
| r.A@B | 兩兩比較 (individual contrasts): of A that decompose A@B using r. |
| r.A@B#C | 兩兩比較 (individual contrasts): of A that decompose A@B#C using r. |
| 其他條件效果 (other conditional effects) | |
| A#B@C | 聯合檢定 (joint testing) the interaction effects of A and B within each level of C |
| A#B@C#D | 聯合檢定 (joint testing) the interaction effects of A and B within each combination of the levels of C and D |
| r.A#g.B@C | 兩兩比較 (individual contrasts): for each interaction of A and B that decompose A#B@C using r. and g. |
| 巢狀效果 (nested effects) | |
| A\|B | 聯合檢定 (joint testing) the effects of A nested in each level of B |

| 各效果項 (Term) | 說明 |
|---|---|
| A\|B#C | 聯合檢定 (joint testing) the effects of A nested in each combination of the levels of B and C |
| A#B\|C | 聯合檢定 (joint testing) the interaction effects of A and B nested in each level of C |
| A#B\|C#D | 聯合檢定 (joint testing) the interaction effects of A and B nested in each combination of the levels of C and D |
| r.A\|B | 兩兩比較 (individual contrasts): of A that decompose A\|B using r. |
| r.A\|B#C | 兩兩比較 (individual contrasts): of A that decompose A\|B#C using r. |
| r.A#g.B\|C | 兩兩比較 (individual contrasts): for each interaction of A and B defined by r. and g. nested in each level of C |
| 斜率效果 (slope effects) | |
| A#c.x | 聯合檢定 (joint testing)the effects of A on the slopes of x |
| A#c.x#c.y | 聯合檢定 (joint testing)the effects of A on the slopes of the product (interaction) of x and y |
| A#B#c.x | 聯合檢定 (joint testing)the interaction effects of A and B on the slopes of x |
| A#B#c.x#c.y | 聯合檢定 (joint testing)the interaction effects of A and B on the slopes of the product (interaction) of x and y |
| r.A#c.x | 兩兩比較 (individual contrasts): of A's effects on the slopes of x using r. |

A, B, C, D：為任何因子變數 (factor variable).
x 及 y：為任何連續變數 (continuous variable).
r. 及 g.：為任何比較運算子 (contrast operator).
c.：界定某一變數為連續型 (specifies that a variable be treated as continuous).

**Step 10** **mixed** 指令分析 time 4 次是線性成長模型嗎？

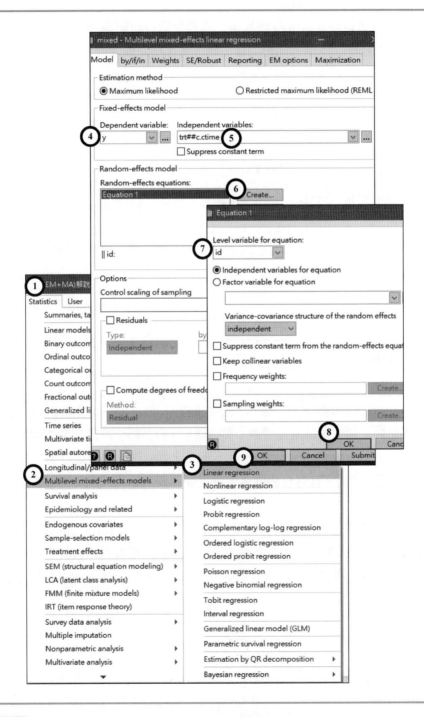

圖 3-37 「mixed y trt##c.ctime ‖ id：」指令之畫面

355

**Step 10-1** 線性成長模型之簡單斜率 simple slopes

**1. 趨勢分析** (trend analysis)

趨勢分析是以變異數分析為基礎，當變異數分析結果達顯著水準時，即表示自變數水準改變，依變數的平均數也隨著某種傾向而改變。

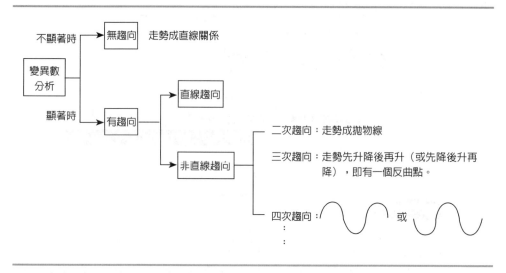

**圖 3-38** 趨勢分析的分類及分析步驟

趨勢分析的基本要求是自變數為量的變數，除了可以檢定各組平均數之間有無差異之外，還可以檢定自變數 ( 實驗處理 ) 與各組平均數之間的關係及此關係的形狀。此外，實驗的依變數應為等距或比率變數 ( 如學習效果、學習的次數、材質的壽命等 )，且各自變數各水準之間隔假定是相同的，亦即實驗處理各組的差距是相同的。

趨勢分析時所使用的趨勢係數是正交化多項式係數 (orthogonal polynomial coefficient)，即每一組係數之和等於 0，而且每兩組相對的係數其交乘積和也等於 0。假如所研究的資料，區分為 k 個實驗處理水準時，則其最多會有 k-1 次趨勢。

表 3-1 正交多項係數

| 組數 | | | 趨 | 向 | 係 | | 數 | | |
|------|------|------|------|------|------|------|------|------|------|
| K=3 | 直線 | C1 | -1 | 0 | 1 | | | | |
| | 二次 | C2 | 1 | -2 | 1 | ，即 $SS_A=SS_{lin}+SS_{quad}$ | | | |
| K=4 | 直線 | C1 | -3 | -1 | 1 | 3 | | | |
| | 二次 | C2 | 1 | -1 | -1 | 1 | | | |
| | 三次 | C3 | -1 | 3 | -3 | 1 | ，即 $SS_A=SS_{lin}+SS_{quad}+SS_{cub}$ | | |
| K=5 | 直線 | C1 | -2 | -1 | 0 | 1 | 2 | | |
| | 二次 | C2 | 2 | -1 | -2 | -1 | 2 | | |
| | 三次 | C3 | -1 | 2 | 0 | -2 | 1 | | |
| | 四次 | C4 | 1 | -4 | 6 | -4 | 1 | | |
| K=6 | 直線 | C1 | -5 | -3 | -1 | 1 | 3 | 5 | |
| | 二次 | C2 | 5 | -1 | -4 | -4 | -1 | 5 | |
| | 三次 | C3 | -5 | 7 | 4 | -4 | -7 | 5 | |
| | 四次 | C4 | 1 | 3 | 2 | 2 | -3 | 1 | |
| K=7 | 直線 | C1 | -3 | -2 | -1 | 0 | 1 | 2 | 3 |
| | 二次 | C2 | 5 | 0 | -3 | -4 | -3 | 0 | 5 |
| | 三次 | C3 | -1 | 1 | 1 | 0 | -1 | -1 | 1 |
| | 四次 | C4 | 3 | -7 | 1 | 6 | 1 | -7 | 3 |
| K=8 | 直線 | C1 | -7 | -5 | -3 | -1 | 1 | 3 | 5 | 7 |
| | 二次 | C2 | 7 | 1 | -3 | -5 | -5 | -3 | 1 | 7 |
| | 三次 | C3 | -7 | 5 | 7 | 3 | -3 | -7 | -5 | 7 |
| | 四次 | C4 | 7 | -13 | -3 | 9 | 9 | -3 | -13 | 7 |

(摘自林清山，民81，P449)

**2. 本例：重複測量 4 次，證明它為一次線性趨勢成長嗎？**

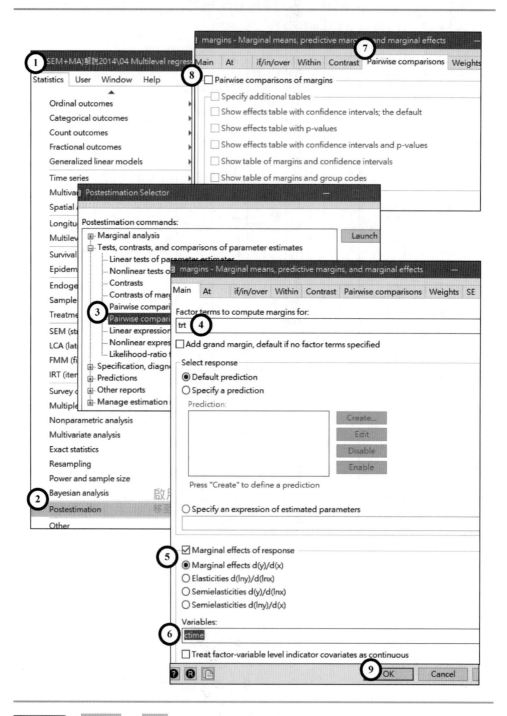

圖 3-39 「margins trt, dydx(ctime)」指令之畫面

Step 10-2 線性成長模型之 contrasts of average marginal effects

執行「**margins** r.trt, dydx(ctime)」指令。

Step 10-3 線性成長模型 **graphing the interaction**

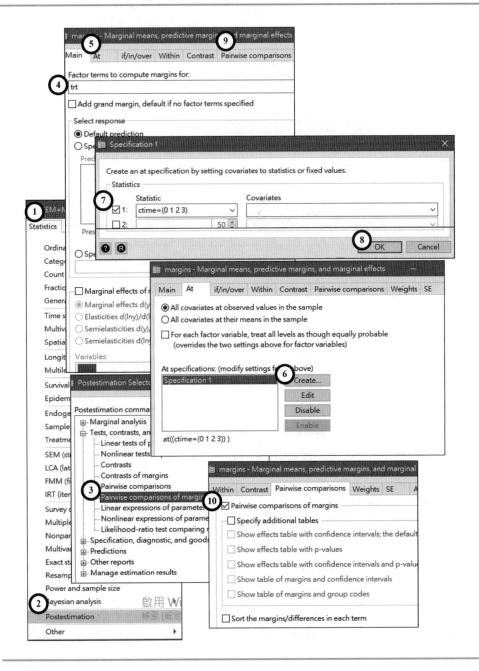

圖 3-40 「**margins** trt, **at** (ctime=(0 1 2 3))」指令之畫面

359

**Step 10-4** 線性成長模型之線形圖

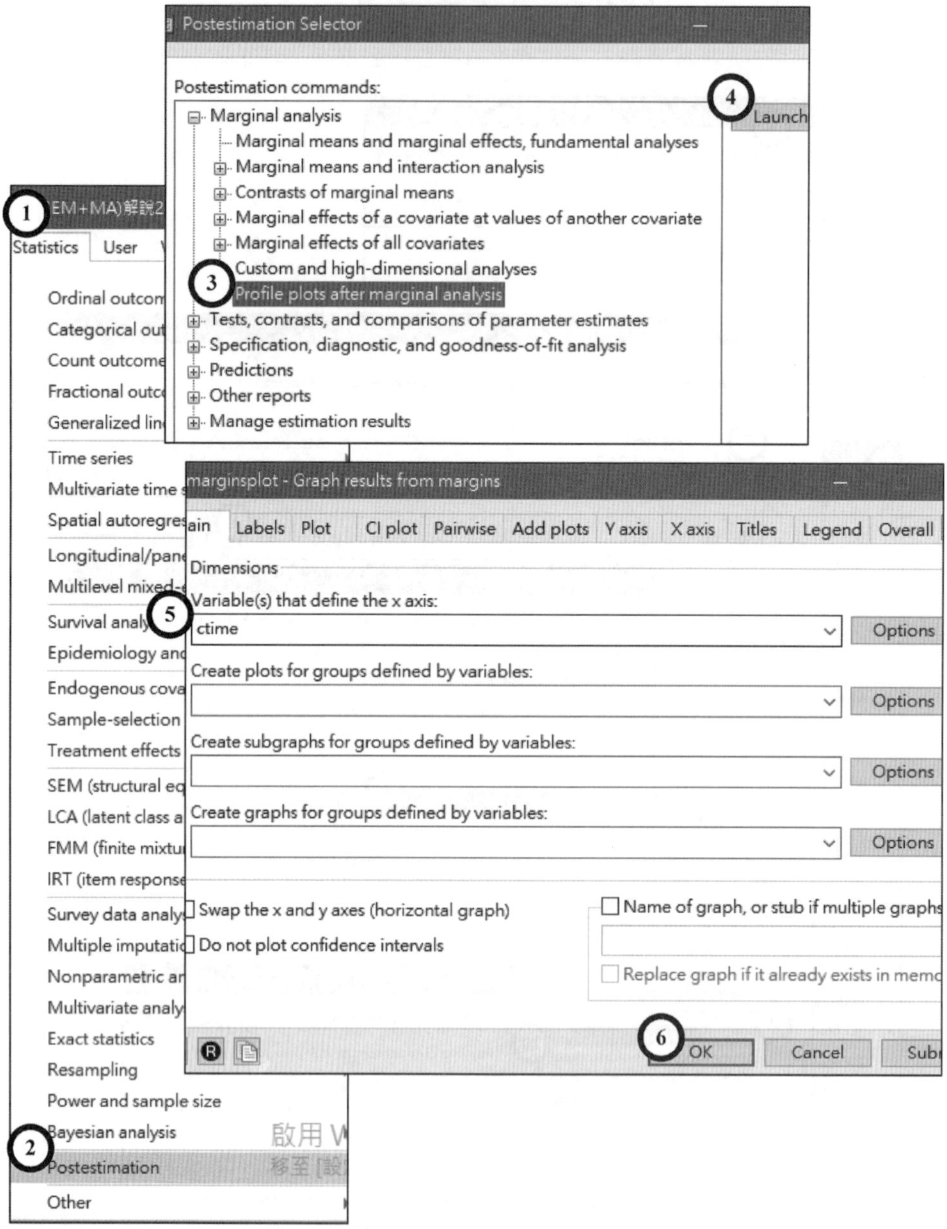

**圖 3-41** 「marginsplot, xdimension(ctime)」指令之畫面

**Step 11** **mixed** 指令分析 time 4 次是二次曲線成長模型嗎？

執行「**xtmixed** y trt##c.ctime##c.ctime **|| id:, var**」指令。

或「mixed y trt##c.ctime##c.ctime **|| id:**」指令。

**Step 11-1** 二次成長模型之繪圖 **graphing the quadratic model**

執行「**margins** trt, **at** (ctime=(0 1 2 3))」指令。

**Step 11-2** 二次成長模型之圖形

執行「**marginsplot**, **xdimension** (ctime)」指令。

**Step 12** **mixed** 指令分析 time 4 次是三次曲線成長模型嗎？(cubic growth model)

執行「**mixed** y trt##c.ctime##c.ctime##c.ctime || id:」指令。

或「**xtmixed** y trt##c.ctime##c.ctime##c.ctime || id:, **var**」指令。

**Step 12-1** 三次曲線成長模型之繪圖 (graphing the cubic model)

執行「**margins** trt, **at** (ctime=(0 1 2 3))」指令。

執行「**marginsplot**, **xdimension(ctime)**」指令。

**Step 12-2** 三次曲線成長模型 **, slopes for each treatment and time point**

執行「**margins** trt, **dydx** (ctime) **at** (ctime=(0 1 2 3))」指令。

---

```
* 存在「Repeated measure ANOVA_2.do」指令檔
* 資料結構的轉換：從 wide versus long

*Repeated measures data comes in two different formats: (1) wide or (2) long.
In the wide format each subject appears once with the repeated measures in
the same observation. For data in the long format there is one observation
for each time period for each subject. Here is an example of data in the wide
format for four time periods.

 id    y1    y2    y3    y4
  1   3.5   4.5   7.5   7.5
  2   6.5   5.5   8.5   8.5
*In the above y1 is the response variable at time one. In long form the data
look like this.

 id   time    y
  1     1    3.5
  1     2    4.5
```

```
1      3    7.5
1      4    7.5
2      1    6.5
2      2    5.5
2      3    8.5
2      4    8.5
```

*Our example dataset is cleverly called repeated measures and can be down-loaded with the following command.
* 開啟資料檔
. use repeated_measures, clear

*There are a total of eight subjects measured at four time points each. These data are in wide format where y1 is the response at time 1, y2 is the response at time 2, and so on. The subjects are divided into two groups of four subjects using the the variable trt. Here are the basic descriptive statistics at each of the four time points combined and broken out by treatment group.
. summarize y1-y4

```
    Variable |      Obs        Mean    Std. Dev.       Min        Max
-------------+--------------------------------------------------------
         y1  |        8           3    1.690309         1        6.5
         y2  |        8        3.75    1.101946         2        5.5
         y3  |        8         6.5    1.253566         5        8.5
         y4  |        8        9.25    1.101946       7.5         11
```

*trt=1 實驗組；trt=2 控制組
. tabstat y1-y4, by(trt) stat(n mean sd var)

```
    trt |        y1          y2          y3          y4
--------+----------------------------------------------
      1 |         4           4           4           4
        |      4.25         4.5         7.5         8.5
        |       1.5    .8164966    .8164966    .8164966
        |      2.25    .6666667    .6666667    .6666667
--------+----------------------------------------------
      2 |         4           4           4           4
        |      1.75           3         5.5          10
        |        .5    .8164966    .5773503    .8164966
```

```
          |      .25   .6666667   .3333333   .6666667
----------+--------------------------------------------
    Total |        8          8          8          8
          |        3       3.75        6.5       9.25
          | 1.690309   1.101946   1.253566   1.101946
          | 2.857143   1.214286   1.571429   1.214286
----------------------------------------------------------
```

\* Step 1 繪 wide 型資料檔之交互作用圖
. profileplot y1-y4, by(trt)
. correlate y1-y4

(obs=8)

```
             |      y1       y2       y3       y4
-------------+------------------------------------------
          y1 |  1.0000
          y2 |  0.8820   1.0000
          y3 |  0.9102   0.8273   1.0000
          y4 | -0.5752  -0.6471  -0.5171   1.0000
```

\* 資料結構由 wide 型轉成 long 型 Reshape from wide to long
Reshape from wide to long
\*Now that we have looked at some of the descriptive statistics we can reshape the data into long form using the reshape command. The i() option gives the variable that identifies the subject while the j() option creates a new variable that indicates the time period.

\* Step 2 轉 wide 型為 long 型資料檔
.reshape long y, i(id) j(time)

. list, sep(4)

```
     +----------------------+
     | id   time   trt    y |
     |----------------------|
  1. | 1       1     1  3.5 |
  2. | 1       2     1  4.5 |
```

```
 3. |   1         3         1      7.5 |
 4. |   1         4         1      7.5 |
    |------------------------------------|
 5. |   2         1         1      6.5 |
 6. |   2         2         1      5.5 |
 7. |   2         3         1      8.5 |
 8. |   2         4         1      8.5 |
    |------------------------------------|
 9. |   3         1         1      3.5 |
10. |   3         2         1      4.5 |
11. |   3         3         1      7.5 |
12. |   3         4         1      9.5 |
    |------------------------------------|
13. |   4         1         1      3.5 |
14. |   4         2         1      3.5 |
15. |   4         3         1      6.5 |
16. |   4         4         1      8.5 |
    |------------------------------------|
17. |   5         1         2       1  |
18. |   5         2         2       2  |
19. |   5         3         2       5  |
20. |   5         4         2      10  |
    |------------------------------------|
21. |   6         1         2       2  |
22. |   6         2         2       3  |
23. |   6         3         2       6  |
24. |   6         4         2      10  |
    |------------------------------------|
25. |   7         1         2       2  |
26. |   7         2         2       4  |
27. |   7         3         2       5  |
28. |   7         4         2       9  |
    |------------------------------------|
29. |   8         1         2       2  |
30. |   8         2         2       3  |
31. |   8         3         2       6  |
32. |   8         4         2      11  |
    +------------------------------------+
```

```
* Repeated measures mixed model
===============================================================================
```

*An alternative to repeated measures anova is to run the analysis as a repeated measures mixed model. We will do this using the xtmixed command. Note that we do not have to specify the error terms, we only need to specify the name of the variable on which the data are repeated, in this case id. Here is what the xtmixed command looks like. Note, we use the reml option so the the results will be comparable to the anova results.

* Step 3 ：重複測量之混合模型 Repeated measures mixed model

* 受試者：id 變數來分群組
* 下式「mixed…|| class」區間為混合模型；「|| id」之後，宣告 level-2 隨機斜率變數沒有。
. xtmixed y trt##time || id:, variance reml
*STaTa v12 舊版用 xtmixed 指令；但 STaTa v15 新版則可用 mixed 指令如下：
. mixed y trt##time || id:, reml

```
Performing EM optimization:

Performing gradient-based optimization:

Iteration 0:   log restricted-likelihood = -34.824381
Iteration 1:   log restricted-likelihood = -34.824379

Computing standard errors:

Mixed-effects REML regression           Number of obs     =         32
Group variable: id                      Number of groups  =          8

                                        Obs per group: min =          4
                                                       avg =        4.0
                                                       max =          4


                                        Wald chi2(7)      =     428.37
Log restricted-likelihood = -34.824379  Prob > chi2       =     0.0000

----------------------------------------
```

| y | Coef. | Std. Err. | z | P>\|z\| | [95% Conf. Interval] |
|---|---|---|---|---|---|
| 2.trt | -2.5 | .6208193 | -4.03 | 0.000 | -3.716783  -1.283217 |
| | | | | | |
| time | | | | | |
| 2 | .25 | .5034603 | 0.50 | 0.619 | -.736764  1.236764 |
| 3 | 3.25 | .5034603 | 6.46 | 0.000 | 2.263236  4.236764 |
| 4 | 4.25 | .5034603 | 8.44 | 0.000 | 3.263236  5.236764 |
| | | | | | |
| trt#time | | | | | |
| 2 2 | 1 | .7120004 | 1.40 | 0.160 | -.3954951  2.395495 |
| 2 3 | .5 | .7120004 | 0.70 | 0.483 | -.8954951  1.895495 |
| 2 4 | 4 | .7120004 | 5.62 | 0.000 | 2.604505  5.395495 |
| | | | | | |
| _cons | 4.25 | .4389855 | 9.68 | 0.000 | 3.389604  5.110396 |

| Random-effects Parameters | Estimate | Std. Err. | [95% Conf. Interval] |
|---|---|---|---|
| id: Identity | | | |
| var(_cons) | .2638887 | .2294499 | .0480071  1.450562 |
| var(Residual) | .5069445 | .1689815 | .2637707  .9743036 |

LR test vs. linear regression: chibar2(01) =      3.30 Prob >= chibar2 = 0.0346

*In addition to the estimates of the **fixed effects** we get **two random** effects. These are the variance of the intercepts and the residual variance which correspond to the **between-subject** and **within-subject** variances respectively.
*xtmixed produces estimates for each term in the model individually. To get **joint tests** (multi degree of freedom) of the interaction and main effects we will use the contrast command.

* Step 4：檢定主要效果及交互作用效果，是否達顯著？
.contrast trt##time

Contrasts of marginal linear predictions

```
Margins      : asbalanced

------------------------------------------------
             |     df       chi2      P>chi2
-------------+----------------------------------
y            |
         trt |      1       6.48      0.0109
        time |      3     383.67      0.0000
    trt#time |      3      38.22      0.0000
------------------------------------------------
```

* Step 5：因交互作用項達顯著水準，故須再進行單純主要效果 (simple main effect) 檢定
* Graph of interaction
*Let's graph the interaction using the same margins and marginsplot commands
as before.
* 事後之內建指令：margins
. margins trt#time

```
Adjusted predictions                          Number of obs    =         32

Expression   : Linear prediction, fixed portion, predict()

------------------------------------------------------------------------------
             |            Delta-method
             |    Margin   Std. Err.      z    P>|z|    [95% Conf. Interval]
-------------+----------------------------------------------------------------
    trt#time |
         1 1 |      4.25   .4389855     9.68   0.000    3.389604    5.110396
         1 2 |       4.5   .4389855    10.25   0.000    3.639604    5.360396
         1 3 |       7.5   .4389855    17.08   0.000    6.639604    8.360396
         1 4 |       8.5   .4389855    19.36   0.000    7.639604    9.360396
         2 1 |      1.75   .4389855     3.99   0.000    .8896042    2.610396
         2 2 |         3   .4389855     6.83   0.000    2.139604    3.860396
         2 3 |       5.5   .4389855    12.53   0.000    4.639604    6.360396
         2 4 |        10   .4389855    22.78   0.000    9.139604     10.8604
------------------------------------------------------------------------------
```

* Step 6-1 ：因交互作用項達顯著水準，故須再進行單純主要效果 (simple main effect) 兩兩比較

* 事後之內建指令：marginsplot
* 繪出單純主要效果圖
. marginsplot, x(time)

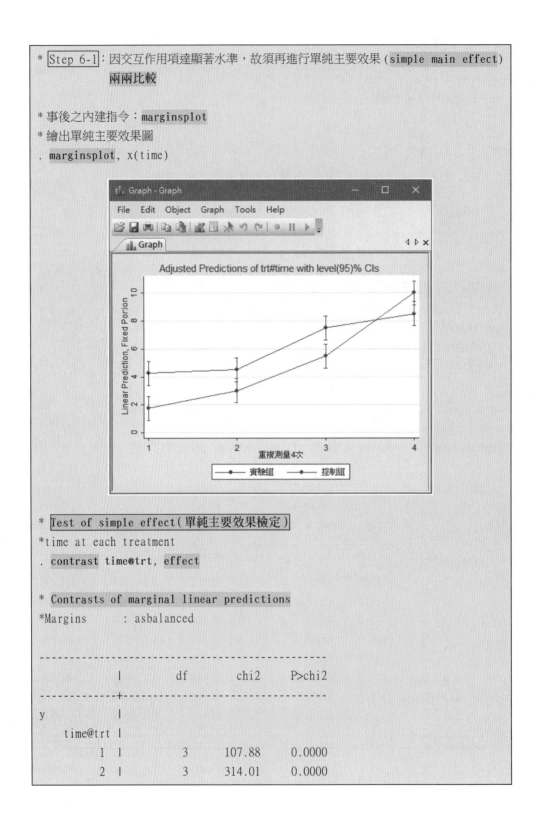

* Test of simple effect (單純主要效果檢定)
*time at each treatment
. contrast time@trt, effect

* Contrasts of marginal linear predictions
*Margins      : asbalanced

```
---------------------------------------------
             |    df      chi2      P>chi2
-------------+-------------------------------
y            |
   time@trt  |
          1  |     3     107.88     0.0000
          2  |     3     314.01     0.0000
```

```
      Joint  |        6      421.89     0.0000
------------------------------------------------

------------------------------------------------
              | Contrast   Std. Err.     z     P>|z|     [95% Conf. Interval]
--------------+---------------------------------------------------------------
y             |
     time@trt |
(2 vs base) 1 |    .25     .5034603    0.50   0.619    -.736764    1.236764
(2 vs base) 2 |   1.25     .5034603    2.48   0.013     .263236    2.236764
(3 vs base) 1 |   3.25     .5034603    6.46   0.000    2.263236    4.236764
(3 vs base) 2 |   3.75     .5034603    7.45   0.000    2.763236    4.736764
(4 vs base) 1 |   4.25     .5034603    8.44   0.000    3.263236    5.236764
(4 vs base) 2 |   8.25     .5034603   16.39   0.000    7.263236    9.236764
------------------------------------------------------------------------------
```

Since each of these tests of simple effects uses three degrees of freedom, we will follow up using pairwise comparisons .

* Step 6-2 ：單純主要效果 (simple main effect)：實驗組在 4 次重複測量之兩兩比較
*(trt=1) 實驗組在 4 次重複測量之兩兩比較
. margins time, at(trt=1) pwcompare(effects)

Pairwise comparisons of adjusted predictions

```
Expression   : Linear prediction, fixed portion, predict()
at           : trt        =        1

--------------------------------------------------------------------------------
            |          Delta-method   Unadjusted            Unadjusted
            | Contrast   Std. Err.     z    P>|z|       [95% Conf. Interval]
------------+-------------------------------------------------------------------
      time  |
    2 vs 1  |    .25     .5034603    0.50   0.619     -.736764    1.236764
    3 vs 1  |   3.25     .5034603    6.46   0.000     2.263236    4.236764
    4 vs 1  |   4.25     .5034603    8.44   0.000     3.263236    5.236764
    3 vs 2  |      3     .5034603    5.96   0.000     2.013236    3.986764
    4 vs 2  |      4     .5034603    7.95   0.000     3.013236    4.986764
    4 vs 3  |      1     .5034603    1.99   0.047      .013236    1.986764
```

```
-------------------------------------------------------------------------

* Step 6-3 ：單純主要效果 (simple main effect)：控制組在 4 次重複測量之兩兩比較
*(trt=2) 控制組在 4 次重複測量之兩兩比較
. margins time, at(trt=2) pwcompare(effects)

Pairwise comparisons of adjusted predictions

Expression   : Linear prediction, fixed portion, predict()
at           : trt          =          2


             |            Delta-method   Unadjusted        Unadjusted
             | Contrast    Std. Err.    z    P>|z|    [95% Conf. Interval]
-------------+-----------------------------------------------------------
        time |
      2 vs 1 |    1.25     .5034603   2.48   0.013    .263236    2.236764
      3 vs 1 |    3.75     .5034603   7.45   0.000    2.763236   4.736764
      4 vs 1 |    8.25     .5034603  16.39   0.000    7.263236   9.236764
      3 vs 2 |    2.5      .5034603   4.97   0.000    1.513236   3.486764
      4 vs 2 |    7        .5034603  13.90   0.000    6.013236   7.986764
      4 vs 3 |    4.5      .5034603   8.94   0.000    3.513236   5.486764
-------------------------------------------------------------------------
```

Step6-4 ：因交互作用項達顯著水準，故須再進行單純主要效果 (simple main effect) 兩兩比較

* 單純主要效果檢定之方法二： treatment at each time

```
. contrast trt@time, effect

Contrasts of marginal linear predictions

Margins      : asbalanced


             |        df        chi2     P>chi2
-------------+------------------------------------
y            |
     trt@time |
```

|   |   |   | 16.22 | 0.0001 |
|---|---|---|-------|--------|
| 1 | | 1 | 16.22 | 0.0001 |
| 2 | | 1 | 5.84 | 0.0157 |
| 3 | | 1 | 10.38 | 0.0013 |
| 4 | | 1 | 5.84 | 0.0157 |
| Joint | | 4 | 44.70 | 0.0000 |

|  | Contrast | Std. Err. | z | P>\|z\| | [95% Conf. Interval] | |
|--|----------|-----------|---|---------|----------|--|
| y | | | | | | |
| trt@time | | | | | | |
| (2 vs base) 1 | -2.5 | .6208193 | -4.03 | 0.000 | -3.716783 | -1.283217 |
| (2 vs base) 2 | -1.5 | .6208193 | -2.42 | 0.016 | -2.716783 | -.2832165 |
| (2 vs base) 3 | -2 | .6208193 | -3.22 | 0.001 | -3.216783 | -.7832165 |
| (2 vs base) 4 | 1.5 | .6208193 | 2.42 | 0.016 | .2832165 | 2.716783 |

* Step 7 ：趨勢的事後比較 Post-hoc test of trends

*Another way of looking at these results would be to look at the trend over time for each of the two groups. We do this by using the p. contrast operator which gives use coefficients of orthogonal polynomials. We keep the @ operator that we used in the tests of simple effects to give the results by treatment.

. contrast p.time@trt, effect

Contrasts of marginal linear predictions

Margins      : asbalanced

|  | df | chi2 | P>chi2 |
|--|----|------|--------|
| y | | | |
| time@trt | | | |
| (linear) 1 | 1 | 97.87 | 0.0000 |
| (linear) 2 | 1 | 292.96 | 0.0000 |
| (quadratic) 1 | 1 | 1.11 | 0.2922 |

| | | | | |
|---|---|---|---|---|
| (quadratic) 2 | | 1 | 20.84 | 0.0000 |
| (cubic) 1 | | 1 | 8.90 | 0.0028 |
| (cubic) 2 | | 1 | 0.22 | 0.6376 |
| Joint | | 6 | 421.89 | 0.0000 |

| | Contrast | Std. Err. | z | P>|z| | [95% Conf. Interval] |
|---|---|---|---|---|---|
| y | | | | | |
| time@trt | | | | | |
| (linear) 1 | 1.760904 | .1780001 | 9.89 | 0.000 | 1.41203 | 2.109777 |
| (linear) 2 | 3.046643 | .1780001 | 17.12 | 0.000 | 2.697769 | 3.395516 |
| (quadratic) 1 | .1875 | .1780001 | 1.05 | 0.292 | -.1613738 | .5363738 |
| (quadratic) 2 | .8125 | .1780001 | 4.56 | 0.000 | .4636262 | 1.161374 |
| (cubic) 1 | -.5310661 | .1780001 | -2.98 | 0.003 | -.8799399 | -.1821924 |
| (cubic) 2 | .0838525 | .1780001 | 0.47 | 0.638 | -.2650212 | .4327263 |

The results show a *significant linear trend* for both *treatment* 1 and *treatment* 2. *Treatment 2* has a *significant quadratic trend* while *treatment 1 has a significant cubic trend.*

* Step 8 ：部分交互作用的事後比較 Post-hoc test of partial interaction
*Yet another alternative is to look at the partial interactions between treatment and time. We are going to look at the two treatments and two time points for each test. To understand our tests of partial interaction it helps to view the graph of the interaction. The first test looks at the two lines between time 1 and time 2. The next test looks at the lines between time 2 and time 3. And, the final test looks at the two lines between time 3 and time 4. For each of the partial interactions we are testing if the interaction among the four cells is significant. The way to set up the tests of partial interaction is to use the a. (adjacent) contrast operator along with the # for interaction. The explanation is much more complex than the concept.
. contrast a.time#trt

Contrasts of marginal linear predictions

Margins      : asbalanced

```
--------------------------------------------------------
                    |    df      chi2      P>chi2
--------------------+-----------------------------------
y                   |
         time#trt   |
(1 vs 2) (joint)    |     1      1.97      0.1602
(2 vs 3) (joint)    |     1      0.49      0.4825
(3 vs 4) (joint)    |     1     24.16      0.0000
            Joint   |     3     38.22      0.0000
--------------------------------------------------------
```

* 結果顯示：there is no interaction between time 1 and time 2 or between time 2 and time 3. However, there is an interaction between times 3 and 4.

* Step 9 ：多層模型，加入考慮受試者內之殘差共變數結構 Within-subject covariance structures

*We stated earlier that we would get back to the topic of within-subject covariance structures. So, let's look at several of the possible within-subject covariance structures.

* 型態一： Independence

*This covariance structure treats the repeated effects as being totally independent, just as if the design were between-subjects.

$\sigma 2$
$0 \quad \sigma 2$
$0 \quad 0 \quad \sigma 2$
$0 \quad 0 \quad 0 \quad \sigma 2$

* 型態二： Compound symmetry/exchangeable

*Repeated measures anova assumes that the within-subject covariance structure has compound symmetry. There is a single variance ($\sigma 2$) for all 3 of the time points and there is a single covariance ($\sigma 1$) for each of the pairs of trials. This is illustrated below. STaTa calls this covariance structure exchangeable.

$\sigma 2$
$\sigma 1 \quad \sigma 2$
$\sigma 1 \quad \sigma 1 \quad \sigma 2$
$\sigma 1 \quad \sigma 1 \quad \sigma 1 \quad \sigma 2$

* 型態三：Unstructured

*For the unstructured covariance each time point has its own variance (e.g. $\sigma 12$ is the variance of time 1) and each pair of time points has its own covariance (e.g., $\sigma 21$ is the covariance of time 1 and time 2). This is the type of covariance structure is found multivariate analysis of variance (manova).

$\sigma 12$
$\sigma 21 \quad \sigma 22$
$\sigma 31 \quad \sigma 32 \quad \sigma 32$
$\sigma 41 \quad \sigma 42 \quad \sigma 43 \quad \sigma 42$

*The downside to using unstructured covariance is the larger number of parameters being estimated.

* 型態四：Autoregressive

*Another common covariance structure which is frequently observed in repeated measures data is an autoregressive structure, which recognizes that observations which are more proximate are more correlated than measures that are more distant. Below is an example of an autoregressive 1 covariance matrix.

$\sigma 2$
$\sigma r \quad \sigma 2$
$\sigma r2 \quad \sigma r \quad \sigma 2$
$\sigma r3 \quad \sigma r2 \quad \sigma r \quad \sigma 2$

*It is also possible to have autoregressive 2 or 3 type structures. In addition to the covariance structures shown above, STaTa also offers the following covariance structures: moving average, banded, toeplitz and exponential.

* Step 9-1：mixed 模型，加入殘差無共變數結構 Example with unstructured covariance
*After inspecting our within-subject covariance matrix, we have decided to use *unstructured* within-subject covariance.
. xtmixed y trt##time || id:, var noconst residuals(unstr, t(time)) reml
*STaTa v12 舊版用 xtmixed 指令；但 STaTa v15 新版則可用 mixed 指令如下：
* 新版「. mixed y trt##time, || id:, noconstant reml residuals(unstructured, t(time))」
* 上式「mixed…||id」區間為混合模型；「|| id」之後，宣告 level-2 隨機斜率變數沒有。

```
Obtaining starting values by EM:

Performing gradient-based optimization:

Iteration 0:   log restricted-likelihood = -36.476305  (not concave)
Iteration 1:   log restricted-likelihood = -32.170858  (not concave)
Iteration 2:   log restricted-likelihood = -30.790578
Iteration 3:   log restricted-likelihood = -30.075124
Iteration 4:   log restricted-likelihood = -29.820951
Iteration 5:   log restricted-likelihood = -29.819621
Iteration 6:   log restricted-likelihood = -29.81962

Computing standard errors:
```

| Mixed-effects REML regression | | | | Number of obs | = | 32 |
| Group variable: id | | | | Number of groups | = | 8 |

Obs per group: min = 4
avg = 4.0
max = 4

Wald chi2(7) = 247.94
Log restricted-likelihood = -29.81962   Prob > chi2 = 0.0000

| y | Coef. | Std. Err. | z | P>\|z\| | [95% Conf. Interval] |
|---|---|---|---|---|---|
| 2.trt | -2.5 | .7905694 | -3.16 | 0.002 | -4.049487 | -.9505125 |
| time | | | | | | |
| 2 | .25 | .3818814 | 0.65 | 0.513 | -.4984737 | .9984737 |
| 3 | 3.25 | .3818812 | 8.51 | 0.000 | 2.501527 | 3.998473 |
| 4 | 4.25 | .6922186 | 6.14 | 0.000 | 2.893276 | 5.606724 |
| trt#time | | | | | | |
| 2 2 | 1 | .5400618 | 1.85 | 0.064 | -.0585017 | 2.058502 |
| 2 3 | .5 | .5400616 | 0.93 | 0.355 | -.5585013 | 1.558501 |

```
   2 4  |          4   .978945      4.09   0.000    2.081303    5.918697
        |
   _cons |       4.25   .559017      7.60   0.000    3.154347    5.345653
-------------------------------------------------------------------------

-------------------------------------------------------------------------
Random-effects Parameters  |  Estimate   Std. Err.    [95% Conf. Interval]
-----------------------------+-------------------------------------------
id:              (empty)  |
-----------------------------+-------------------------------------------
Residual: Unstructured    |
                 var(e1) |       1.25   .721688      .4031515    3.875713
                 var(e2) |   .6666668   .3849007       .215014    2.067049
                 var(e3) |   .4999998   .2886746      .1612609    1.550281
                 var(e4) |   .6666667   .3849003      .2150142    2.067047
               cov(e1,e2) |   .6666666   .4614796     -.2378169     1.57115
               cov(e1,e3) |   .5833333   .4010976     -.2028035     1.36947
               cov(e1,e4) |   1.76e-08    .372678     -.7304354    .7304354
               cov(e2,e3) |   .3333334   .2721656     -.2001015    .8667682
               cov(e2,e4) |  -.1666667   .2805416     -.7165181    .3831847
               cov(e3,e4) |   .1666665    .245327     -.3141656    .6474986
-------------------------------------------------------------------------
LR test vs. linear regression:      chi2(9) =     13.31   Prob > chi2 = 0.1489
```

*Note: The reported degrees of freedom assumes the **null hypothesis** is not on the boundary of the parameter space. If this is not true, then the reported test is conservative.

Here is the joint (multi degree of freedom) test for the interaction.

* Step 9-2 ：mixed 模型，加入殘差無共變數結構後，再次主要效果 / 交互作用效果之檢定
. contrast time#trt, effect

Contrasts of marginal linear predictions

Margins      : asbalanced

```
-------------------------------------------
          |     df       chi2      P>chi2
```

```
------------+---------------------------------
y           |
   trt#time |         3        35.58     0.0000
------------------------------------------------
```

* tests of simple effects: trt@time

*Since the interaction is statistically significant we will follow up with a test of simple effects of time at each treatment.

. contrast time@trt, effect

Contrasts of marginal linear predictions

Margins        : asbalanced

```
------------------------------------------------
            |        df        chi2      P>chi2
------------+-----------------------------------
y           |
   time@trt |
         1  |         3       100.99     0.0000
         2  |         3       146.96     0.0000
      Joint |         6       247.94     0.0000
------------------------------------------------
```

| | Contrast | Std. Err. | z | P>\|z\| | [95% Conf. Interval] |
|---|---|---|---|---|---|---|
| y | | | | | | |
| time@trt | | | | | | |
| (2 vs base) 1 | .25 | .3818814 | 0.65 | 0.513 | -.4984737 | .9984737 |
| (2 vs base) 2 | 1.25 | .3818814 | 3.27 | 0.001 | .5015263 | 1.998474 |
| (3 vs base) 1 | 3.25 | .3818812 | 8.51 | 0.000 | 2.501527 | 3.998473 |
| (3 vs base) 2 | 3.75 | .3818812 | 9.82 | 0.000 | 3.001527 | 4.498473 |
| (4 vs base) 1 | 4.25 | .6922186 | 6.14 | 0.000 | 2.893276 | 5.606724 |
| (4 vs base) 2 | 8.25 | .6922186 | 11.92 | 0.000 | 6.893276 | 9.606724 |

Step 10 ：mixed 指令分析 time 4 次是線性成長模型嗎？（ 線性、二次、三次曲線三種趨勢分析 ）
* Growth models
* Linear growth model

*It is also possible to treat **time** as a continuous variable, in which case, the model would be considered to be a **linear growth model**. To simplify the interpretation of the intercept we are going to start time at zero instead of one. We do this by creating a new variable ctime which is time - 1. We need to let **xtmixed** know that we are treating **ctime** as continuous by using the c.prefix.

*Note, when using a mixed model it is not necessary for each subject to be measured at the same time points although in our case they are all measured at the same four time points.

. **generate** ctime = time - 1

. **mixed** y trt##c.ctime || id:
*或
. **xtmixed** y trt##c.ctime || id:, var

Performing EM optimization:

Performing gradient-based optimization:

Iteration 0:   log likelihood = -46.500622
Iteration 1:   log likelihood = -46.470323
Iteration 2:   log likelihood = -46.470167
Iteration 3:   log likelihood = -46.470167

Computing standard errors:

| Mixed-effects ML regression | Number of obs | = | 32 |
|---|---|---|---|
| Group variable: id | Number of groups | = | 8 |
| | | | |
| | Obs per group: min = | | 4 |
| | avg = | | 4.0 |

```
                                             max  =          4



                                 Wald chi2(3)      =     199.80
Log likelihood = -46.470167      Prob > chi2       =     0.0000


------------------------------------------------------------------
        y  |   Coef.    Std. Err.    z     P>|z|   [95% Conf. Interval]
-----------+------------------------------------------------------
    2.trt  |   -2.85    .6161878   -4.63   0.000   -4.057706  -1.642294
    ctime  |   1.575    .2276465    6.92   0.000    1.128821   2.021179
           |
trt#c.ctime|
        2  |   1.15     .3219408    3.57   0.000    .5190076   1.780992
           |
    _cons  |   3.825    .4357106    8.78   0.000    2.971023   4.678977
------------------------------------------------------------------


------------------------------------------------------------------
 Random-effects Parameters  |  Estimate  Std. Err.   [95% Conf. Interval]
----------------------------+-------------------------------------
id: Identity                |
             var(_cons)  |  .0338535   .1644761     2.48e-06    462.531
----------------------------+-------------------------------------
           var(Residual)  |  1.036459   .2991998     .5886153   1.825041
------------------------------------------------------------------
```

*LR test vs. linear regression: chibar2(01) = 0.05 Prob >= chibar2 = 0.4149
As you can see the interaction term is still statistically significant. You need to be careful about interpreting trt and ctime as main effects in the anova sense. The ctime coefficient is the slope of y on ctime in the reference group. While the coefficient for trt is the difference in the two groups when ctime is zero.

Step 10-1：線性成長模型之簡單斜率 Simple slopes
*We can use the margins command with the dydx option to get the slopes of each of the two treatment groups. Note that the slope for trt 1 is the same as the coefficient for ctime above.
. margins trt, dydx(ctime)

```
Average marginal effects                    Number of obs   =        32

Expression    : Linear prediction, fixed portion, predict()
dy/dx w.r.t.  : ctime

------------------------------------------------------------------------
              |             Delta-method
              |    dy/dx   Std. Err.      z    P>|z|    [95% Conf. Interval]
--------------+---------------------------------------------------------
ctime         |
          trt |
            1 |    1.575   .2276465     6.92   0.000    1.128821   2.021179
            2 |    2.725   .2276465    11.97   0.000    2.278821   3.171179
------------------------------------------------------------------------
```

*We can also test the difference in the slopes using the margins command with reference group coding using the r. contrast operator. It is not really necessary to do this because we already know that the difference in slopes is significant from the interaction term above. In fact, if you take the z-value for the interaction (3.57) and square it (12.7449), you get the chi-square shown below to within rounding error.

Step 10-2：線性成長模型之 Contrasts of average marginal effects

. margins r.trt, dydx(ctime)

Contrasts of average marginal effects

```
Expression    : Linear prediction, fixed portion, predict()
dy/dx w.r.t.  : ctime

------------------------------------------------------
              |      df       chi2    P>chi2
--------------+---------------------------------------
ctime         |
          trt |       1      12.76    0.0004
------------------------------------------------------
```

```
            |   Contrast Delta-method
            |     dy/dx   Std. Err.     [95% Conf. Interval]
------------+-------------------------------------------------
ctime       |
        trt |
   (2 vs 1) |      1.15   .3219408     .5190076    1.780992
------------------------------------------------------------
```

* Step 10-3 ：線性成長模型 Graphing the interaction
*We can visualize the simple slopes by graphing the interaction using a variation of margins with the at() option along with the marginsplot command.
. margins trt, at(ctime=(0 1 2 3)

```
Adjusted predictions                         Number of obs   =        32

Expression   : Linear prediction, fixed portion, predict()
1._at        : ctime            =        0
2._at        : ctime            =        1
3._at        : ctime            =        2
4._at        : ctime            =        3
```

```
            |            Delta-method
            |   Margin   Std. Err.     z    P>|z|    [95% Conf. Interval]
------------+-------------------------------------------------------------
    _at#trt |
        1 1 |    3.825   .4357106    8.78   0.000    2.971023    4.678977
        1 2 |     .975   .4357106    2.24   0.025     .121023    1.828977
        2 1 |      5.4   .2935946   18.39   0.000    4.824565    5.975435
        2 2 |      3.7   .2935946   12.60   0.000    3.124565    4.275435
        3 1 |    6.975   .2935946   23.76   0.000    6.399565    7.550435
        3 2 |    6.425   .2935946   21.88   0.000    5.849565    7.000435
        4 1 |     8.55   .4357106   19.62   0.000    7.696023    9.403977
        4 2 |     9.15   .4357106   21.00   0.000    8.296023    10.00398
------------------------------------------------------------------------
```

* Step 10-4 ：線性成長模型之線形圖
* 執行 margins 之事後指令 marginsplot

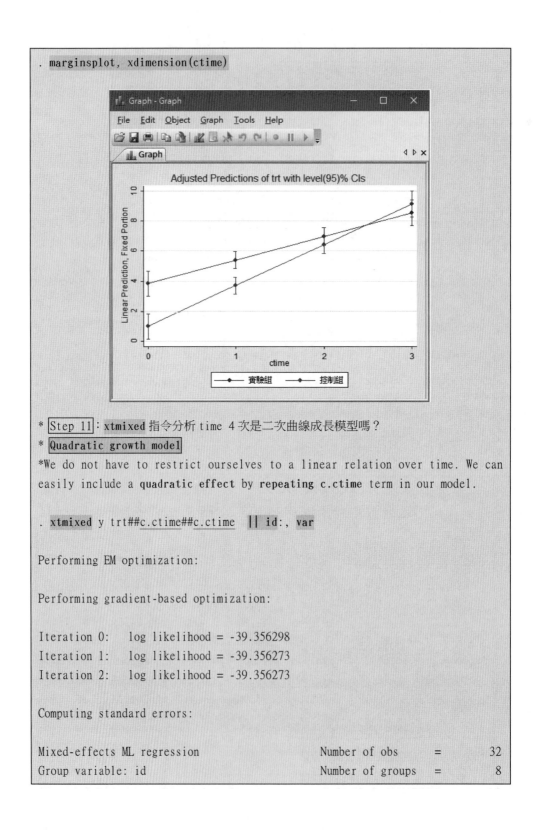

. marginsplot, xdimension(ctime)

* Step 11 ：xtmixed 指令分析 time 4 次是二次曲線成長模型嗎？
* Quadratic growth model
*We do not have to restrict ourselves to a linear relation over time. We can easily include a quadratic effect by repeating c.ctime term in our model.

. xtmixed y trt##c.ctime##c.ctime  || id:, var

Performing EM optimization:

Performing gradient-based optimization:

Iteration 0:   log likelihood = -39.356298
Iteration 1:   log likelihood = -39.356273
Iteration 2:   log likelihood = -39.356273

Computing standard errors:

Mixed-effects ML regression                    Number of obs     =       32
Group variable: id                             Number of groups  =        8

```
                                              Obs per group: min =          4
                                                             avg =        4.0
                                                             max =          4


                                              Wald chi2(5)       =     373.88
Log likelihood = -39.356273                   Prob > chi2        =     0.0000


-----------------------------------------------------------------------------
          y |   Coef.   Std. Err.     z    P>|z|    [95% Conf. Interval]
------------+----------------------------------------------------------------
      2.trt |  -2.225   .5890715   -3.78   0.000   -3.379559   -1.070441
      ctime |   1.0125  .5923778    1.71   0.087   -.1485391    2.173539
            |
 trt#c.ctime |
          2 |   -.725   .8377487   -0.87   0.387   -2.366957    .9169573
            |
c.ctime#c.ctime |  .1875  .1892281   0.99   0.322   -.1833804    .5583804
            |
trt#c.ctime#c.ctime |
          2 |   .625    .267609     2.34   0.020    .100496     1.149504
            |
      _cons |  4.0125   .4165364    9.63   0.000    3.196104    4.828896
-----------------------------------------------------------------------------


-----------------------------------------------------------------------------
  Random-effects Parameters  |   Estimate   Std. Err.     [95% Conf. Interval]
-----------------------------+-----------------------------------------------
id: Identity                 |
                var(_cons) |   .1497396   .1522079     .0204223    1.097916
-----------------------------+-----------------------------------------------
              var(Residual) |   .5729167   .1653868     .3253649    1.008816
-----------------------------------------------------------------------------
LR test vs. linear regression: chibar2(01) =     1.71 Prob >= chibar2 = 0.0958
```

* Step 11-1 ：二次成長模型之繪圖 Graphing the quadratic model
*We can graph the quadratic model using the same margins and marginsplot commands that we used for the linear model

```
. margins trt, at (ctime=(0 1 2 3))

Adjusted predictions                              Number of obs    =        32

Expression   : Linear prediction, fixed portion, predict()
1._at        : ctime              =             0
2._at        : ctime              =             1
3._at        : ctime              =             2
4._at        : ctime              =             3


-------------------------------------------------------------------------------
             |              Delta-method
             |    Margin   Std. Err.      z    P>|z|    [95% Conf. Interval]
-------------+-----------------------------------------------------------------
     _at#trt |
        1 1  |    4.0125   .4165364     9.63   0.000    3.196104    4.828896
        1 2  |    1.7875   .4165364     4.29   0.000    .9711036    2.603896
        2 1  |    5.2125   .3408973    15.29   0.000    4.544354    5.880646
        2 2  |    2.8875   .3408973     8.47   0.000    2.219354    3.555646
        3 1  |    6.7875   .3408973    19.91   0.000    6.119354    7.455646
        3 2  |    5.6125   .3408973    16.46   0.000    4.944354    6.280646
        4 1  |    8.7375   .4165364    20.98   0.000    7.921104    9.553896
        4 2  |    9.9625   .4165364    23.92   0.000    9.146104    10.7789
-------------------------------------------------------------------------------
```

\* Step 11-2：二次成長模型之圖形
\* margins 的事後指令 marginsplot
. marginsplot, xdimension(ctime)

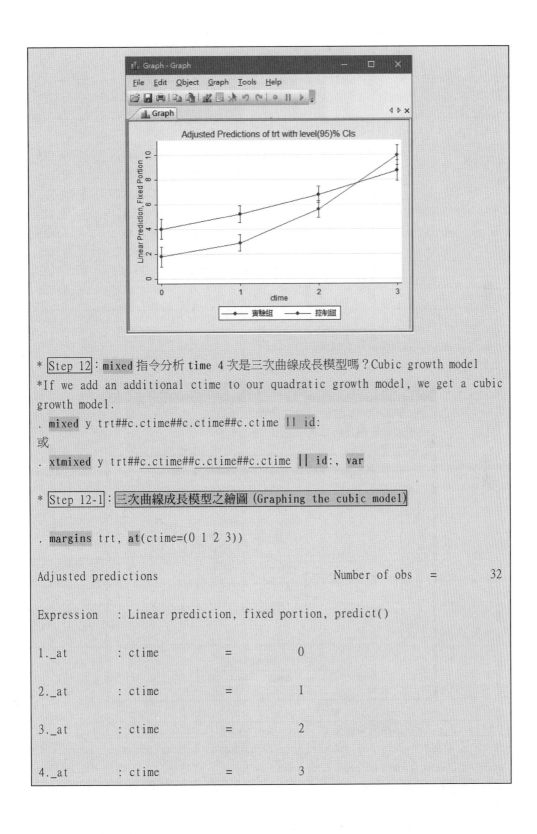

* Step 12 ：mixed 指令分析 time 4 次是三次曲線成長模型嗎？Cubic growth model
*If we add an additional ctime to our quadratic growth model, we get a cubic growth model.
. mixed y trt##c.ctime##c.ctime##c.ctime || id:
或
. xtmixed y trt##c.ctime##c.ctime##c.ctime || id:, var

* Step 12-1 ：三次曲線成長模型之繪圖 (Graphing the cubic model)

. margins trt, at(ctime=(0 1 2 3))

Adjusted predictions                              Number of obs    =         32

Expression    : Linear prediction, fixed portion, predict()

1._at         : ctime          =              0

2._at         : ctime          =              1

3._at         : ctime          =              2

4._at         : ctime          =              3

```
-----------------------------------------------------------------------
          |               Delta-method
          |     Margin    Std. Err.        z      P>|z|    [95% Conf. Interval]
----------+------------------------------------------------------------
   _at#trt |
      1 1 |       4.25    .3801727     11.18      0.000    3.504875    4.995125
      1 2 |       1.75    .3801727      4.60      0.000    1.004875    2.495125
      2 1 |        4.5    .3801727     11.84      0.000    3.754875    5.245125
      2 2 |          3    .3801727      7.89      0.000    2.254875    3.745125
      3 1 |        7.5    .3801727     19.73      0.000    6.754875    8.245125
      3 2 |        5.5    .3801727     14.47      0.000    4.754875    6.245125
      4 1 |        8.5    .3801727     22.36      0.000    7.754875    9.245125
      4 2 |         10    .3801727     26.30      0.000    9.254875    10.74512
-----------------------------------------------------------------------
```

. marginsplot, xdimension(ctime)

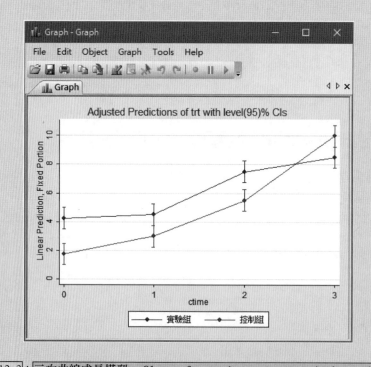

* Step 12-2 : 三次曲線成長模型，Slopes for each treatment and time point
*With a slight variation to the margins command, we can get the slopes for each treatment group at each time point.

```
. margins trt, dydx(ctime) at(ctime=(0 1 2 3))

Conditional marginal effects                    Number of obs   =        32

Expression    : Linear prediction, fixed portion, predict()
dy/dx w.r.t.  : ctime
1._at         : ctime          =         0
2._at         : ctime          =         1
3._at         : ctime          =         2
4._at         : ctime          =         3

---------------------------------------------------------------------------
             |            Delta-method
             |     dy/dx    Std. Err.      z    P>|z|    [95% Conf. Interval]
-------------+-------------------------------------------------------------
ctime        |
     _at#trt |
         1 1 | -2.708333   1.182953    -2.29   0.022   -5.026879  -.3897881
         1 2 |      .875   1.182953     0.74   0.459   -1.443545   3.193545
         2 1 |  2.416667   .3633411     6.65   0.000    1.704531   3.128802
         2 2 |      1.75   .3633411     4.82   0.000    1.037864   2.462136
         3 1 |  2.791667   .3633411     7.68   0.000    2.079531   3.503802
         3 2 |     3.375   .3633411     9.29   0.000    2.662864   4.087136
         4 1 | -1.583333   1.182953    -1.34   0.181   -3.901879   .7352119
         4 2 |      5.75   1.182953     4.86   0.000    3.431455   8.068545
---------------------------------------------------------------------------
```

*You will note that for treatment 2 the slopes just keep getting steeper and
steeper, while for treatment 1, the slopes go up and then back down.

小結

混合模型的優點和缺點：

混合模型既有優點也有缺點，但總的來說，混合模型更加靈活，比缺點更具
優勢。

混合模型的優點包括：

1. 自動計算每個效果的正確標準誤差。

2. 受試者內 (within-subject) 允許不平衡或遺漏值存在。

3. 允許不相等的時間間隔 (allows unequal time intervals)。

4. 允許不同的受試者內 (within-subject) 共變數結構 (allows various within-subject covariance structures)。

5. 允許時間被視為類別變數或連續變數 (allows time to be treated as categorical or continuous)。

混合模型的缺點包括：

*xtmixed* 以卡方 (chi-square) 報告結果；此 p 值適用於大樣本，若遇到小樣本則易產生偏誤 (biased)。

## 3-3 敵對模型們那一個較優呢？用 IC 資訊準則 (mixed, xtmixed 指令 )

為了在眾多個體層解釋變數 (X1,X2,..) 及群組層解釋變數 (Z1,Z2,…) 及兩者交互作用項之下，找出那個模型最佳，本節將分成「四個排列組合」，每個排列組合的最後模型之 AIC 準則都是最小的，表示它是該組「各排列組合」中最佳模型。

新版 STaTa v15 才可用 mixed 新指令及 xtmixed 指令，若你用 STaTa v12 則只能用 xtmixed 指令。

---

**補充說明**：**迴歸模型之適配度指標**

1. R square 代表的是一個迴歸模型的解釋能力，假設某一線性迴歸之決定係數 R Square = 0.642，即 $R^2$ = 0.642，表示此模型的解釋能力高達 64.2%。

2. AIC (Akaike Information Criterion) 屬於一種判斷任何迴歸 (e.g 時間序列模型 ) 是否恰當的訊息準則，一般來說數值愈小，線性模型的適配較好。二個敵對模型優劣比較，是看誰的 IC 指標小，那個模型就較優。

3. BIC (Bayesian information criterion) 亦屬於一種判斷任何迴歸是否恰當的訊息準則，一般來說數值愈小，線性模型的適配較好。但較少有研究者用它。

---

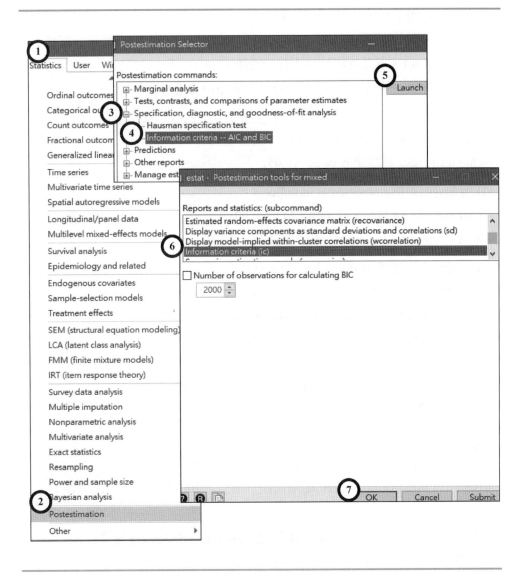

**圖 3-42** 「estat ic」事後指令之畫面

註：Statistics > Postestimation > Reports and statistics

## 3-3-1 偵測兩個敵對模型，適配指標有 7 種

常見迴歸模型 ( 單層 vs. 多層 )、( 單模型 vs. 混合模型 )、( 多元迴歸 vs.SEM、VAR、VECM)、( 單階段 vs. 多階段 )、( 連續 vs. 離散結果變數 )……，

其「模型適配度」檢定法有下列 7 種：

1. 專家之配對比較量表 (scale of paired comparison)：AHP 法 ( 層級分析法 ) 之 C.I. 及 R.I<0.1，不同評審給分才有一致性。

2. SEM 適配度的準則 (criteria for goodness-of-fit)，如下表：

| (1) 整體模型適配 (overall model fit)<br>– chi-square test( 建議值 p-value > 0.05) |
| --- |
| (2) 增量適配指標 (incremental fit indices)<br>– Comparative Fit Index( 建議值 CFI >= 0.90)<br>– Non-Normed Fit Index( 建議值 NNFI >=0.90) |
| (3) 殘差爲卡的指標 (residual-based indices)<br>– Root Mean Square Error of Approximation( 建議值 RMSEA = 0.05)<br>– Standardized Root Mean Square Residual( 建議值 SRMR <= 0.05)<br>– Root Mean Square Residual( 建議值 RMR <= 0.05)<br>– Goodness of Fit Index( 建議值 GFI >= 0.95)<br>– Adjusted Goodness of Fit Index( 建議值 AGFI >= 0.90) |
| (4) 比較兩個模型之指標 (model comparison indices)<br>– chi-square difference test<br>– Akaike 資訊準則 ( 兩個競爭模型之 AIC 較小者，適配愈佳 )<br>– Bayesian Information Criterion( 兩個競爭模型之 BIC 較小者，適配愈佳 ) |

SEM 進一步詳情，請見作者《STaTa 在結構方程及試題反應理論》一書。

3. 資訊準則 (information criteria, IC): AIC、BIC：「estat ic」事後指令。

在一般的情況下，AIC 可以表示爲：

$$AIC = 2k - 2\ln(L)$$

其中：K 是參數的數量，L 是概似函數。

假設條件是模型的誤差服從獨立常態分布。

讓 n 爲觀察數，RSS 爲殘差平方和，那麼 AIC 變爲：

$$AIC = 2k + n \ln(RSS/n)$$

增加自由參數的數目，提高了模型適配性，AIC 鼓勵數據適配的優良性但是盡量避免出現過度擬合（overfitting）的情況。

所以優先考慮的模型應是 AIC 值最小的那一個。赤池信息量準則的方法是尋找可以最好地解釋數據但包含最少自由參數的模型。

4. 誤差愈小者愈佳。例如，樣本外預測。

通常，執行樣本外預測的程序為：

**Step 1.** 以樣本內 $\{y_1, y_2, \cdots, y_N\}$ 來估計時間序列模型。

**Step 2.** 建構預測：$\hat{y}_{(N+1)\leftarrow N}, \hat{y}_{(N+2)\leftarrow(N+1)}, \cdots, \hat{y}_{(T)\leftarrow(T-1)}$。

**Step 3.** 以「$e = \hat{y} - y$」公式來建構預測誤差：$\hat{e}_{(N+1)\leftarrow N}, \hat{e}_{(N+2)\leftarrow(N+1)}, \cdots, \hat{e}_{(T)\leftarrow(T-1)}$。

**Step 4.** 計算 $MSE$ 的估計式

$$\widehat{MSE} = \frac{1}{P} \sum_{j=T-P}^{T-1} \hat{e}_{j+1,j}^2$$

**Step 5.** 如果有兩個時間序列模型 $A$ 與 $B$，我們可以分別求得：誤差均方 $MSE_A$ 與 $MSE_B$，若 $MSE_A < MSE_B$，則稱模型 $A$ 之預測表現比 $B$ 佳。

5. LR( 概似檢定 ) 法：常用在 ARIMA(p,d,q)、VAR、SVAR( 結構式向量自我迴歸 )、兩階段迴歸模型、似不相關迴歸、多層混合模型、logit 迴歸、次序迴歸……。

時間序列請見作者《Panel-data 迴歸模型：STaTa 在廣義時間序列的應用》一書。多層次模型請見作者《多層次模型 (HLM)：使用 STaTa》一書。及《邏輯斯迴歸及離散選擇模型：應用 STaTa 統計》等書，都有實例介紹 LR( 概似檢定 ) 法。

6. 判定係數 $R^2$：連續依變數之多元迴歸，其 $R^2$ 值愈大表示模型適配愈佳；相對地，離散依變數之多元迴歸 (e.g. 機率迴歸、xtprobit、Zero-truncated negative binomial、Poisson 等迴歸 ) 之 pseudo $R^2$ 值愈大亦表示模型適配愈佳。

pseudo- $R^2 = 1 - L1/L0$

其中，L0 和 L1 分別是 constant-only、full model log-likelihoods。

進一步詳情，請見作者《STaTa 與高等統計分析》一書。

7. 繪 Logistic 迴歸式之 ROC 曲線

```
* 繪出 ROC 曲線下的面積 (area under ROC curve)
. lroc

Logistic model for admit

number of observations =          400
area under ROC curve   =       0.6928
```

AUC 數值一般的判別準則如下，若模型 AUC=0.692 ≈ 0.7，落入「可接受的區別力 (acceptable discrimination)」區。

| AUC=0.5 | 幾乎沒有區別力 (no discrimination) |
|---|---|
| $0.5 \leqq AUC<0.7$ | 較低區別力 ( 準確性 ) |
| $0.7 \leqq AUC<0.8$ | 可接受的區別力 (acceptable discrimination) |
| $0.8 \leqq AUC<0.9$ | 好的區別力 (excellent discrimination) |
| $AUC \geqq 0.9$ | 非常好的區別力 (outstanding discrimination) |

Logistic 迴歸分析請見作者：《邏輯斯迴歸及離散選擇模型：應用 STaTa 統計》。

## 3-3-2 排列組合一：3 種敵對模型 (mixed, xtmixed 指令 )

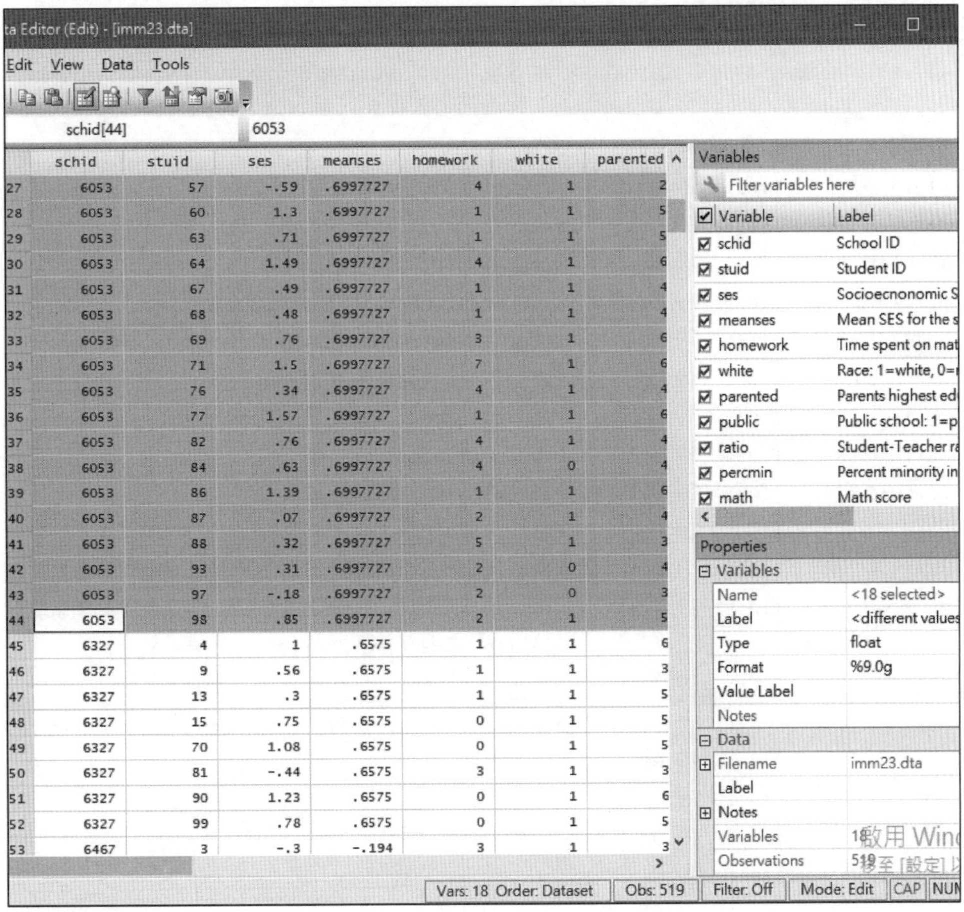
ta Editor (Edit) - [imm23.dta]
Edit View Data Tools
schid[44]
6053
schid stuid ses meanses homework white parented
27 6053 57 -.59 .6997727 4 1 2
28 6053 60 1.3 .6997727 1 1 5
29 6053 63 .71 .6997727 1 1 5
30 6053 64 1.49 .6997727 4 1 6
31 6053 67 .49 .6997727 1 1 4
32 6053 68 .48 .6997727 1 1 4
33 6053 69 .76 .6997727 3 1 6
34 6053 71 1.5 .6997727 7 1 6
35 6053 76 .34 .6997727 4 1 4
36 6053 77 1.57 .6997727 1 1 6
37 6053 82 .76 .6997727 4 1 4
38 6053 84 .63 .6997727 4 0 4
39 6053 86 1.39 .6997727 1 1 6
40 6053 87 .07 .6997727 2 1 4
41 6053 88 .32 .6997727 5 1 3
42 6053 93 .31 .6997727 2 0 4
43 6053 97 -.18 .6997727 2 0 3
44 6053 98 .85 .6997727 2 1 5
45 6327 4 1 .6575 1 1 6
46 6327 9 .56 .6575 1 1 3
47 6327 13 .3 .6575 1 1 5
48 6327 15 .75 .6575 0 1 5
49 6327 70 1.08 .6575 0 1 5
50 6327 81 -.44 .6575 3 1 3
51 6327 90 1.23 .6575 0 1 6
52 6327 99 .78 .6575 0 1 5
53 6467 3 -.3 -.194 3 1 3
Variables
Filter variables here
Variable Label
schid School ID
stuid Student ID
ses Socioecnonomic S
meanses Mean SES for the s
homework Time spent on mat
white Race: 1=white, 0=
parented Parents highest ed
public Public school: 1=p
ratio Student-Teacher ra
percmin Percent minority in
math Math score
Properties
Variables
Name <18 selected>
Label <different values
Type float
Format %9.0g
Value Label
Notes
Data
Filename imm23.dta
Label
Notes
Variables
Observations
Vars: 18 Order: Dataset
Obs: 519
Filter: Off
Mode: Edit
CAP
NUM

圖 3-43 「imm23.dta」資料檔內容 (15 個學校，schid 當分群變數 )

### 各變數說明

```
. use imm23.dta, clear

. describe

Contains data from D:\STATA (pannel+SEM+MA) 解說 2014\04 Multilevel regression
models\CD\imm23.dta
```

```
obs:            519
vars:            18                         9 Jul 2014 22:02
size:        37,368
---------------------------------------------------------------------------
                 storage   display    value
variable name    type     format     label      variable label
---------------------------------------------------------------------------
schid            float    %9.0g      School ID
stuid            float    %9.0g      Student ID
ses              float    %9.0g      Socioecnonomic Status
meanses          float    %9.0g      Mean SES for the school
homework         float    %9.0g      Time spent on math homework each week
white            float    %9.0g      Race: 1=white, 0=non-white
parented         float    %9.0g      Parents highest education level
public           float    %9.0g      Public school: 1=public, 0=non-public
ratio            float    %9.0g      Student-Teacher ratio
percmin          float    %9.0g      Percent minority in school
math             float    %9.0g      Math score
sex              float    %9.0g      Sex: 1=male, 2=female
race             float    %9.0g      race of student, 1=asian, 2=Hispanic, 3=Black,
                                     4=White, 5=Native American
sctype           float    %9.0g      Type of school, 1=public, 2=catholic,
                                     3=Private other religious, 4=Private non-r
cstr             float    %9.0g
scsize           float    %9.0g      學校大小
urban            float    %9.0g
region           float    %9.0g
---------------------------------------------------------------------------
Sorted by:  schid  stuid
```

Model-0：零模型 (null model)，用 ICC 判定 HLM 是否真的比 OLS 更適配？

若你在 STaTa「mixed Y *無解釋變數* || class: *無隨機斜率*」指令中，都無界定任何解釋變數 X 或 Z，且無界定「*無隨機斜率*」變數 ，則此雙層次模型即屬於零模型 (null model)。

```
. use imm23.dta, clear

* 無自變數且「|| schid:」無任何解釋變數，即零模型
. xtmixed math || schid:, variance

Performing EM optimization:

Performing gradient-based optimization:

Iteration 0:   log likelihood = -1900.3882
Iteration 1:   log likelihood = -1900.3882

Computing standard errors:

Mixed-effects ML regression              Number of obs     =      519
Group variable: schid                    Number of groups  =       23

                                         Obs per group: min =        5
                                                        avg =     22.6
                                                        max =       67


                                         Wald chi2(0)      =        .
Log likelihood = -1900.3882              Prob > chi2       =        .

------------------------------------------------------------------------
        math |    Coef.   Std. Err.      z    P>|z|   [95% Conf. Interval]
-------------+----------------------------------------------------------
       _cons |  50.75742  1.126718    45.05   0.000    48.54909   52.96575
------------------------------------------------------------------------


------------------------------------------------------------------------
  Random-effects Parameters |   Estimate   Std. Err.    [95% Conf. Interval]
----------------------------+-------------------------------------------
schid: Identity             |
                 var(_cons) |   24.8507    8.40812     12.80379   48.23238
----------------------------+-------------------------------------------
              var(Residual) |  81.23738   5.152984     71.7403    91.9917
------------------------------------------------------------------------
LR test vs. linear regression: chibar2(01) =   132.29 Prob >= chibar2 = 0.0000
```

1. LR test 結果，$\chi^2_{(1)} = 132.29(p<0.05)$ 達顯著水準，表示多層次模型比傳統 OLS 固定效果更適配樣本特徵。

2. 並非所有具巢狀 (nested) 關係之資料都必須採用多層次的分析。研究者可先計算資料的 **ICC(intraclass correlation coefficient)** 值，當群組間 (Level-2) 變異占整體變異一定的比例 ( 通常為 **12%**) 時 (Roberts, 2002)，才進行多層次分析 ( 捨 OLS 法 )。

3. 零模型分析結果，ICC 為：

ICC = group (level-2) variance ÷ (level-2 variance + level-1 variance)

$\rho = \dfrac{\sigma^2_{u0}}{\sigma^2_{u0} + e^2_e} = \dfrac{24.85}{24.85 + 81.23} = 23.43\%(>12\%)$，故本樣本資料應採 HLM 而捨單層次 OLS 迴歸分析。

---

定義：跨組相關係數 (intraclass correlation coefficient, ICC)：$\rho$

Level-1 沒有任何解釋變數 X 時，其依變數為：

$$Y_{ij} = \beta_{0j} + e_{ij}$$

Level-2 沒有任何解釋變數 X 時，其依變數為：

$$\beta_{0j} = \gamma_{00} + u_{0j}$$

上面二個式子，可混合為一：

$$Y_{ij} = \gamma_{00} + u_{0j} + e_{ij}$$

上式變異數可分解成二個獨立部分：低層次之誤差 $e_{ij}$ 的變異數 $\sigma^2_e$；高層次之誤差 $u_{0j}$ 的變異數 $\sigma^2_{u0}$。那麼跨群組相關 (intraclass correlation) $\rho$ 為：

$$\rho = \frac{\sigma^2_{u0}}{\sigma^2_{u0} + e^2_e}$$

---

Model-1：1 個自變數 'homework'，依變數 'mathachievement'

```
. use imm23.dta, clear

*Level-1 解釋變數只一個 homework，「|| schid:」後面無任何「隨機斜率」變數
. xtmixed math homework || schid:, variance
```

```
Performing EM optimization:

Performing gradient-based optimization:

Iteration 0:    log likelihood =  -1865.247
Iteration 1:    log likelihood =  -1865.247

Computing standard errors:

Mixed-effects ML regression              Number of obs      =        519
Group variable: schid                    Number of groups   =         23

                                         Obs per group: min =          5
                                                        avg =       22.6
                                                        max =         67


                                         Wald chi2(1)       =      75.32
Log likelihood =  -1865.247              Prob > chi2        =     0.0000

------------------------------------------------------------------------------
        math |     Coef.    Std. Err.      z    P>|z|    [95% Conf. Interval]
-------------+----------------------------------------------------------------
    homework |   2.401972   .2767745     8.68   0.000    1.859504    2.94444
       _cons |   46.34945   1.141154    40.62   0.000    44.11283    48.58607
------------------------------------------------------------------------------


------------------------------------------------------------------------------
  Random-effects Parameters  |   Estimate   Std. Err.    [95% Conf. Interval]
-----------------------------+------------------------------------------------
schid: Identity              |
                  var(_cons) |   20.22587   7.071243    10.19331    40.13276
-----------------------------+------------------------------------------------
               var(Residual) |   71.14391   4.517152    62.81918    80.57183
------------------------------------------------------------------------------
LR test vs. linear regression: chibar2(01) =     94.71 Prob >= chibar2 = 0.0000

. estat ic
```

```
--------------------------------------------------------------------------
      Model |    Obs    ll(null)   ll(model)     df        AIC       BIC
------------+-------------------------------------------------------------
          . |    519           .  -1865.247       4   3738.494   3755.502
--------------------------------------------------------------------------
          Note:  N=Obs used in calculating BIC; see [R] BIC note
```

1. AIC=3738.494，再與 Model-2 的 AIC 做比較，看誰 AIC 值愈小，那個模型就愈適配。

Model-2：自變數 'homework' 為 random slope

```
*Level-1 解釋變數只一個 homework，「|| schid:」後面有 1「隨機斜率」變數 homework
. xtmixed math homework || schid: homework , variance covar(un)


Performing EM optimization:

Performing gradient-based optimization:

Iteration 0:    log likelihood = -1819.5183
Iteration 1:    log likelihood = -1819.5183

Computing standard errors:

Mixed-effects ML regression                     Number of obs     =       519
Group variable: schid                           Number of groups  =        23

                                                Obs per group: min =         5
                                                               avg =      22.6
                                                               max =        67


                                                Wald chi2(1)      =      4.81
Log likelihood = -1819.5183                     Prob > chi2       =    0.0283

--------------------------------------------------------------------------
       math |    Coef.   Std. Err.       z    P>|z|    [95% Conf. Interval]
------------+-------------------------------------------------------------
```

```
 homework |  1.986881   .906006    2.19   0.028    .2111418    3.76262
     _cons |  46.32253  1.719467   26.94   0.000    42.95244   49.69262
-----------------------------------------------------------------------


-----------------------------------------------------------------------
Random-effects Parameters  |   Estimate   Std. Err.     [95% Conf. Interval]
---------------------------+-------------------------------------------
schid: Unstructured        |
            var(homework)  |   16.78632    5.84092      8.487382   33.19993
               var(_cons)  |   59.28454   19.98361      30.62096   114.7794
       cov(homework,_cons) |  -26.15156   9.862902      -45.4825   -6.820629
---------------------------+-------------------------------------------
               var(Residual) |  53.29753    3.466392     46.91872   60.54356
-----------------------------------------------------------------------
LR test vs. linear regression:       chi2(3) =    186.16   Prob > chi2 = 0.0000

Note: LR test is conservative and provided only for reference.

. estat ic


-----------------------------------------------------------------------
    Model |    Obs    ll(null)   ll(model)    df        AIC         BIC
----------+------------------------------------------------------------
        . |    519        .     -1819.518     6     3651.037    3676.548
-----------------------------------------------------------------------
       Note:  N=Obs used in calculating BIC; see [R] BIC note
```

1. Model-2 隨機斜率模型，AIC=3651.037，比 Model-1 固定效果模型的
   AIC(3738.494) 小，故隨機斜率模型比固定效果模型優。

Model-3：二個解釋變數：自變數再加固定效果之 'parenteducation' 變數

```
*「|| schid:」後面宣告 homework 為隨機斜率，parented 為隨機截距
. xtmixed math homework parented || schid: homework, variance covar(un)

Performing EM optimization:

Performing gradient-based optimization:
```

```
Iteration 0:    log likelihood = -1801.1752
Iteration 1:    log likelihood = -1801.1752

Computing standard errors:

Mixed-effects ML regression              Number of obs     =        519
Group variable: schid                    Number of groups  =         23

                                         Obs per group: min =          5
                                                        avg =       22.6
                                                        max =         67


                                         Wald chi2(2)      =      45.75
Log likelihood = -1801.1752              Prob > chi2       =     0.0000

------------------------------------------------------------------------------
        math |     Coef.    Std. Err.      z    P>|z|    [95% Conf. Interval]
-------------+----------------------------------------------------------------
    homework |   1.887668   .8090726     2.33   0.020    .3019149    3.473421
    parented |   1.853793    .29494      6.29   0.000    1.275721    2.431865
       _cons |    40.8154   1.755703    23.25   0.000    37.37428    44.25651
------------------------------------------------------------------------------


------------------------------------------------------------------------------
  Random-effects Parameters  |   Estimate   Std. Err.    [95% Conf. Interval]
-----------------------------+------------------------------------------------
schid: Unstructured          |
              var(homework)  |   13.09123   4.689857      6.48698    26.41913
                 var(_cons)  |   45.21447   15.85415     22.74099    89.89707
         cov(homework,_cons) |  -20.72797   7.915146    -36.24137   -5.214569
-----------------------------+------------------------------------------------
               var(Residual) |   50.69491   3.304413     44.61502    57.60334
------------------------------------------------------------------------------
LR test vs. linear regression:       chi2(3) =   115.94   Prob > chi2 = 0.0000

Note: LR test is conservative and provided only for reference.

. estat ic
```

```
------------------------------------------------------------------------------
     Model |    Obs   ll(null)   ll(model)    df          AIC          BIC
-----------+------------------------------------------------------------------
         . |    519          .  -1801.175      7      3616.35     3646.114
------------------------------------------------------------------------------
           Note:  N=Obs used in calculating BIC; see [R] BIC note
```

1. Model-3 二個解釋變數之 AIC=3616.35，比 Model-2 一個解釋變數之 AIC(3651.037) 小，故 Model-3 比 Model-2 優。

## 3-3-3 排列組合二：10 種敵對模型 (mixed, xtmixed 指令)

以下多層次模型都是在「控制」各校特性 (schid) 之下，考驗學生「個體因素」、「家庭因素」及「學校因素」對學生數學成就的影響力。並考驗「環境、個人」是否有交互作用影響。進而找出最佳預測學生數學學習成就 (math) 之預測因子的排列組合。

Model-1：xtmixed vs. OLS regression( 固定效果 ) 的比較

```
. use imm23.dta, clear
* 多層次層分析指令是「xtmixed， ‖ schid: 無分群組變數」且「 ‖ :」後面亦
無隨機斜率 變數
. xtmixed math homework parented , variance

Mixed-effects ML regression               Number of obs     =        519

                                          Wald chi2(2)      =     266.03
Log likelihood = -1859.1468               Prob > chi2       =     0.0000

------------------------------------------------------------------------------
      math |     Coef.   Std. Err.      z    P>|z|    [95% Conf. Interval]
-----------+------------------------------------------------------------------
  homework |   2.335361   .2676199     8.73   0.000    1.810836    2.859887
  parented |   3.003987   .2757056    10.90   0.000    2.463614     3.54436
     _cons |   37.23915   .9933953    37.49   0.000    35.29213    39.18617
------------------------------------------------------------------------------
```

```
------------------------------------------------------------------------
Random-effects Parameters  |  Estimate   Std. Err.    [95% Conf. Interval]
---------------------------+--------------------------------------------
            var(Residual)  |   75.6763   4.697764      67.00694   85.46731
------------------------------------------------------------------------

. estat ic

------------------------------------------------------------------------
      Model |    Obs    ll(null)   ll(model)     df        AIC        BIC
------------+-----------------------------------------------------------
          . |    519         .    -1859.147       4   3726.294   3743.301
------------------------------------------------------------------------
            Note:  N=Obs used in calculating BIC; see [R] BIC note
```

* 對照組：傳統迴歸用 OLS
* 對照組：Traditional regression model. 使用 regress 指令
. regress math homework parented

```
      Source |       SS       df       MS              Number of obs =     519
-------------+------------------------------           F(  2,   516) =  132.25
       Model |  20132.0446      2  10066.0223           Prob > F      =  0.0000
    Residual |  39276.0016    516  76.1162822           R-squared     =  0.3389
-------------+------------------------------           Adj R-squared =  0.3363
       Total |  59408.0462    518  114.687348           Root MSE      =  8.7245

------------------------------------------------------------------------
        math |     Coef.   Std. Err.      t    P>|t|     [95% Conf. Interval]
-------------+----------------------------------------------------------
    homework |  2.335361   .2683967     8.70   0.000     1.808077   2.862646
    parented |  3.003987   .2765059    10.86   0.000     2.460771   3.547203
       _cons |  37.23915   .9962789    37.38   0.000     35.28189   39.19641
------------------------------------------------------------------------

. estat ic
------------------------------------------------------------------------
```

| Model | Obs | ll(null) | ll(model) | df | AIC | BIC |
|-------|-----|----------|-----------|-----|----------|----------|
| . | 519 | -1966.532 | -1859.147 | 3 | 3724.294 | 3737.049 |

Note: N=Obs used in calculating BIC; see [R] BIC note

1. 多層次層分析法用 xtmixed (or mixed ) 指令，傳統迴歸分析使用 **regress** 指令，這二個指令分析結果「一樣」，包括迴歸係數、P 值、標準誤、AIC 值。故最小平方法 (OLS) 迴歸係多層次層分析法的特例之一。xtmixed (or mixed ) 指令是 **regress** 指令的延伸。

2.「**xtmixed** math homework parented , variance」，因為 xtmixed 語法中，「‖ schid: 無分群組變數 」且「‖ :」後面亦 無隨機斜率 變數，此時它就退化成「單層固定效果」迴歸，即你常用的 OLS 法。

3. 多層次層分析法用 xtmixed (or mixed ) 指令，求得 AIC=3726.294，再與下面 9 種模型之適配度做兩兩評比，即可看出愈下面模型的 AIC 愈來愈小，模型設定也愈來愈佳。

Model-2：以 10 所學校分群，二個自變數 ( 多加 'schoolsize')

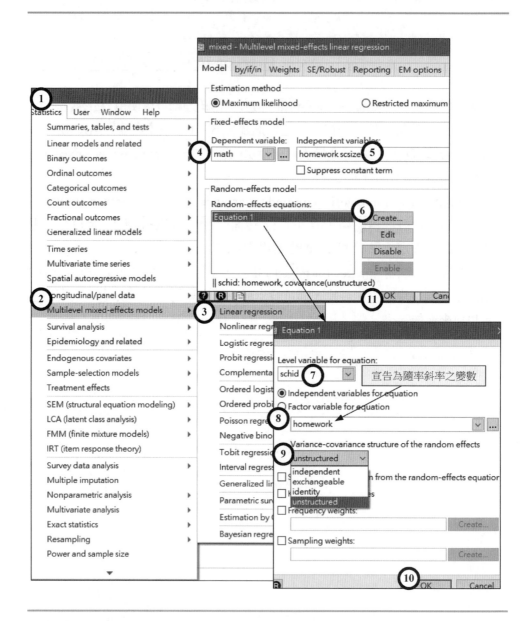

圖 3-44 「mixed math homework scsize ‖ schid：homework, variance covar(un)」畫面

註 1：舊版 STaTa v12，只能限用下列 xtmixed 指令，新版 STaTa v15 才可用上列 mixed 指令
註 2：上式「mixed…‖ schid」區間為混合模型；「‖ schid」之後，宣告 level-2 隨機斜率變數
　　　有誰？

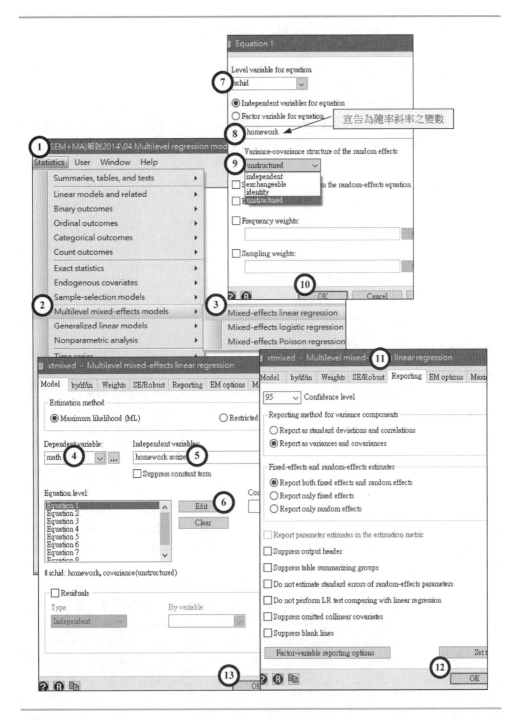

圖 3-45 「xtmixed math homework scsize ‖ schid：homework, variance covar(un)」畫面

```
. mixed math homework scsize || schid: homework, variance covar(un)

* 舊版 STaTa v12，只能限用下列 xtmixed 指令，新版 STaTa v15 才可用上列 mixed 指令
* 學校別：schid 變數來分群組。
*「covar (un)」宣告隨機效果之「變異數 - 共變數」V-C 結構為 unstructre.
* 下面「|| schid:」後面接 homework 宣告為隨機斜率，而學校大小 (scsize) 為隨機截距
. xtmixed math homework scsize || schid: homework, variance covar(un)

Performing EM optimization:

Performing gradient-based optimization:

Iteration 0:   log likelihood = -1819.3064
Iteration 1:   log likelihood = -1819.3064

Computing standard errors:

*homework 為隨機斜率，而學校大小 (scsize) 為隨機截距，二者混合而成 Mixed-effects
Mixed-effects ML regression            Number of obs      =      519
Group variable: schid                  Number of groups   =       23

                                       Obs per group: min =        5
                                                      avg =     22.6
                                                      max =       67


                                       Wald chi2(2)       =     5.34
Log likelihood = -1819.3064            Prob > chi2        =   0.0693

------------------------------------------------------------------------------
        math |      Coef.   Std. Err.      z    P>|z|     [95% Conf. Interval]
-------------+----------------------------------------------------------------
    homework |   1.988896   .9075406     2.19   0.028     .2101493    3.767643
      scsize |   .4306724   .6149585     0.70   0.484    -.7746241    1.635969
       _cons |   44.95048   2.615764    17.18   0.000     39.82368    50.07728
------------------------------------------------------------------------------


------------------------------------------------------------------------------
```

```
 Random-effects Parameters  |   Estimate   Std. Err.     [95% Conf. Interval]
----------------------------+-------------------------------------------------
schid: Unstructured         |
              var(homework) |   16.8521    5.862869      8.521573    33.32639
                 var(_cons) |   62.21708   21.48461      31.62098    122.4176
        cov(homework,_cons) |  -27.27896   10.29785     -47.46238   -7.095548
----------------------------+-------------------------------------------------
              var(Residual) |   53.29893   3.466536      46.91987    60.54527
-----------------------------------------------------------------------------
LR test vs. linear regression:      chi2(3) =   183.84   Prob > chi2 = 0.0000

Note: LR test is conservative and provided only for reference.


. estat ic


-----------------------------------------------------------------------------
     Model |    Obs     ll(null)    ll(model)     df       AIC         BIC
-----------+-----------------------------------------------------------------
         . |    519       .        -1819.306      7     3652.613    3682.376
-----------------------------------------------------------------------------
               Note:  N=Obs used in calculating BIC; see [R] BIC note
```

1. 因為 homework 隨機斜率，而學校大小 (scsize) 為隨機截距，二者混合而成混合效果（mixed-effects）。

2. Model-2 二個自變數之 AIC=3652.613，比 Model-1 一個自變數之 AIC(3726.294) 小，故 HLM 納入二個自變數，比一個自變數優。

3. 第二個自變數，換成別的，會比較好嗎？故 Model-3 再置換別的自變數。

Model-3：刪 'schoolsize'，加一個 'public'

```
*homework 為隨機斜率，公私立學校 (public) 為隨機截距，二者混合而成 Mixed-effects
. xtmixed math homework public || schid: homework, variance covar(un)

Performing gradient-based optimization:


Iteration 0:   log likelihood = -1817.4205
Iteration 1:   log likelihood = -1817.4205
```

```
Computing standard errors:

Mixed-effects ML regression              Number of obs      =        519
Group variable: schid                    Number of groups   =         23

                                         Obs per group: min =          5
                                                        avg =       22.6
                                                        max =         67


                                         Wald chi2(2)       =       9.63
Log likelihood = -1817.4205              Prob > chi2        =     0.0081

------------------------------------------------------------------------------
        math |     Coef.    Std. Err.      z     P>|z|    [95% Conf. Interval]
-------------+----------------------------------------------------------------
    homework |  1.982092    .895697      2.21    0.027    .2265586    3.737626
      public |  -4.08201   1.895363     -2.15    0.031   -7.796853    -.367167
       _cons |  49.06494   2.112821     23.22    0.000    44.92389    53.20599
------------------------------------------------------------------------------


------------------------------------------------------------------------------
  Random-effects Parameters  |   Estimate   Std. Err.     [95% Conf. Interval]
-----------------------------+------------------------------------------------
schid: Unstructured          |
            var(homework)    |   16.37279   5.695054      8.280255    32.37439
               var(_cons)    |   56.24904   19.24056      28.77087    109.9708
      cov(homework,_cons)    |  -25.99454   9.645101     -44.89859    -7.090486
-----------------------------+------------------------------------------------
            var(Residual)    |   53.34282   3.471612      46.95467    60.60007
------------------------------------------------------------------------------
LR test vs. linear regression:       chi2(3) =    152.07   Prob > chi2 = 0.0000

Note: LR test is conservative and provided only for reference.

. estat ic


------------------------------------------------------------------------------
```

```
   Model |     Obs     ll(null)    ll(model)     df          AIC          BIC
---------+---------------------------------------------------------------------
       . |     519           .    -1817.421      7     3648.841     3678.604
---------+---------------------------------------------------------------------
            Note:  N=Obs used in calculating BIC; see [R] BIC note
```

1. 同樣都是二個自變數，Model-3 的 AIC=3648.841，它比 Model-2 的
   AIC(3652.613) 小，故 Model-3 比 Model-2 優。

Model-4a：未平減：以 10 所學校分群，2 個自變數 +1 個交互作用項 (adding a
cross level interaction with 'public')

```
* 未平減之交互作用項：homewrkXpublic
. generate homewrkXpublic = homework*public

*homework 為隨機斜率，公私立學校 (public) 及 homewrkXpublic 為隨機截距二者成
Mixed-effects
. xtmixed math homework public homewrkXpublic || schid: homework, variance
covar(un)
* 上式「xtmixed…|| schid」區間為混合模型；「|| schid」之後，宣告 level-2 隨機
斜率變數有誰？
Computing standard errors:

Mixed-effects ML regression                Number of obs      =         519
Group variable: schid                      Number of groups   =          23

                                           Obs per group: min =           5
                                                          avg =        22.6
                                                          max =          67


                                           Wald chi2(3)       =        9.72
Log likelihood = -1817.3855                Prob > chi2        =      0.0211

-----------------------------------------------------------------------------
        math |     Coef.    Std. Err.     z     P>|z|    [95% Conf. Interval]
-------------+---------------------------------------------------------------
    homework |  2.306169   1.511835    1.53    0.127    -.6569722    5.269311
```

```
        public |  -3.289684   3.545698   -0.93   0.354   -10.23913    3.659758
 homewrkXpublic |    -.49695   1.874733   -0.27   0.791    -4.17136     3.17746
         _cons |   48.54675   2.879905   16.86   0.000    42.90224    54.19126
----------------------------------------------------------------------------


--------------------------------------------------------------------------------
  Random-effects Parameters  |   Estimate   Std. Err.    [95% Conf. Interval]
-----------------------------+--------------------------------------------------
schid: Unstructured          |
             var(homework)   |   16.30338   5.675552     8.240556    32.25514
                var(_cons)   |    56.2109   19.20075     28.77819    109.7937
        cov(homework,_cons)  |  -25.92574   9.61518     -44.77115   -7.080332
-----------------------------+--------------------------------------------------
               var(Residual) |   53.34396   3.471673     46.9557     60.60134
--------------------------------------------------------------------------------
LR test vs. linear regression:        chi2(3) =    151.64   Prob > chi2 = 0.0000

Note: LR test is conservative and provided only for reference.

. estat ic


----------------------------------------------------------------------------
    Model |    Obs    ll(null)   ll(model)     df         AIC          BIC
----------+-----------------------------------------------------------------
        . |    519        .      -1817.386      8      3650.771     3684.786
----------------------------------------------------------------------------
         Note:  N=Obs used in calculating BIC; see [R] BIC note
```

Model-4b：總平減：以 10 所學校分群，2 個自變數 +1 個交互作用項 (adding a cross level interaction with 'public')

```
* 未平減之交互作用項：homewrkXpublic
. egen Mhomework = mean(homework)
. generate Chomework = homework - Mhomework

. egen Mpublic = mean(public)
. generate Cpublic = public - Mpublic
```

```
. generate ChomewrkXpublic = Mpublic * Cpublic

*homework 為隨機斜率，公私立學校 (public) 及 homewrkXpublic 為隨機截距二者成
Mixed-effects
. xtmixed math Chomework Cpublic ChomewrkXpublic || schid: Chomework, variance
covar(un)
* 上式「xtmixed…|| schid」區間為混合模型；「|| schid」之後，宣告 level-2 隨機
斜率變數有誰？


Computing standard errors:

Mixed-effects ML regression              Number of obs      =       519
Group variable: schid                    Number of groups   =        23

                                         Obs per group: min =         5
                                                        avg =      22.6
                                                        max =        67

                                         Wald chi2(2)       =      9.63
Log likelihood = -1817.4205              Prob > chi2        =    0.0081

------------------------------------------------------------------------------
        math |     Coef.    Std. Err.      z     P>|z|    [95% Conf. Interval]
-------------+----------------------------------------------------------------
   Chomework |   1.982092   .8956966     2.21    0.027    .2265593    3.737625
     Cpublic |  -4.082009   1.895364    -2.15    0.031   -7.796855   -.3671631
ChomewrkXpublic |        0   (omitted)
       _cons |   50.47859   .9611605    52.52    0.000    48.59475     2.36243
------------------------------------------------------------------------------


------------------------------------------------------------------------------
  Random-effects Parameters  |   Estimate   Std. Err.     [95% Conf. Interval]
-----------------------------+------------------------------------------------
schid: Unstructured          |
            var(Chomew~k) |   16.37277   5.695041     8.280252    32.37433
               var(_cons) |   17.38554   6.043238     8.796489     34.3611
      cov(Chomew~k,_cons) |   6.277853   4.573143    -2.685343    15.24105
```

```
------------------------------+--------------------------------------------------
               var(Residual) |  53.34282   3.471612    46.95467    60.60007
------------------------------------------------------------------------------

LR test vs. linear regression:       chi2(3) =    152.07   Prob > chi2 = 0.0000

Note: LR test is conservative and provided only for reference.


. estat ic


------------------------------------------------------------------------------
       Model |    Obs    ll(null)   ll(model)     df        AIC         BIC
-------------+----------------------------------------------------------------
           . |    519          .    -1817.421      7    3648.841    3678.604
------------------------------------------------------------------------------
              Note:  N=Obs used in calculating BIC; see [R] BIC note
```

1. Model-4b 總平減之交互作用項，旨在克服多重共線之問題。Model-4b AIC =3648.841，它比 Model-4a 未平減交互作用項 AIC(3650.771) 小，故「總平減之交互作用項」比「未平減交互作用項」模型來得優。

Model-5：增至 3 個自變數 ( 無交互作用 ). 刪 'homepublic'，加一個種族 'white'

```
*homework 為隨機斜率，公私立學校 (public) 及 white 為隨機截距，二者成
Mixed-effects
. xtmixed math homework public white || schid: homework, variance covar(un)

Mixed-effects ML regression                Number of obs      =        519
Group variable: schid                      Number of groups   =         23

                                           Obs per group: min =          5
                                                          avg =       22.6
                                                          max =         67



                                           Wald chi2(3)       =      23.15
Log likelihood = -1811.6259                Prob > chi2        =     0.0000
```

```
--------------------------------------------------------------------------
      math |    Coef.   Std. Err.      z    P>|z|    [95% Conf. Interval]
-----------+--------------------------------------------------------------
  homework |  1.905765   .8818655     2.16   0.031    .1773405    3.63419
    public | -3.908814   1.717127    -2.28   0.023   -7.274321  -.5433067
     white |  3.358791   .9628167     3.49   0.000    1.471705   5.245877
     _cons |  46.61262   2.123138    21.95   0.000    42.45135    50.7739
--------------------------------------------------------------------------


--------------------------------------------------------------------------
  Random-effects Parameters  |   Estimate   Std. Err.    [95% Conf. Interval]
-----------------------------+--------------------------------------------
schid: Unstructured          |
            var(homework) |   15.83873   5.515885     8.003631   31.34396
               var(_cons) |   52.28195   18.05387     26.57155   102.8695
      cov(homework,_cons) |  -25.34687   9.278772    -43.53293  -7.160813
-----------------------------+--------------------------------------------
            var(Residual) |   52.63771   3.428805     46.32869    59.8059
--------------------------------------------------------------------------
LR test vs. linear regression:     chi2(3) =    127.58   Prob > chi2 = 0.0000

Note: LR test is conservative and provided only for reference.

. estat ic

--------------------------------------------------------------------------
     Model |    Obs    ll(null)   ll(model)     df       AIC        BIC
-----------+--------------------------------------------------------------
         . |    519          .    -1811.626      8    3639.252   3673.267
--------------------------------------------------------------------------
        Note:  N=Obs used in calculating BIC; see [R] BIC note
```

1. Model-5：宣告 **homework** 為隨機斜率，公私立學校 (public) 及 white 為隨機截距，二者成 mixed-effects。

2. Model-5：AIC=3639.252，它還要跟 Model-6 做適配度比較。

Model-6：增至 3 個自變數（無交互作用）. 加自變數 'white'，並宣告為隨機斜率
模型 (a random part for 'white')

```
*homework white 為隨機斜率，公私立學校 (public) 為隨機截距，二者成
Mixed-effects
. xtmixed math homework public white || schid: homework white, variance
covar(un)

Computing standard errors:

Mixed-effects ML regression                    Number of obs      =        519
Group variable: schid                          Number of groups   =         23

                                               Obs per group: min =          5
                                                              avg =       22.6
                                                              max =         67

                                               Wald chi2(3)       =      17.50
Log likelihood = -1809.4271                    Prob > chi2        =     0.0006

------------------------------------------------------------------------------
        math |      Coef.   Std. Err.      z    P>|z|     [95% Conf. Interval]
-------------+----------------------------------------------------------------
    homework |   1.946661    .8770662     2.22   0.026     .2276429    3.665679
      public |  -4.931909    1.576185    -3.13   0.002    -8.021174   -1.842643
       white |   2.676045    1.501292     1.78   0.075     -.266434    5.618524
       _cons |   48.17411    2.262879    21.29   0.000     43.73895    52.60927
------------------------------------------------------------------------------


------------------------------------------------------------------------------
  Random-effects Parameters |   Estimate   Std. Err.     [95% Conf. Interval]
----------------------------+-------------------------------------------------
schid: Unstructured         |
              var(homework) |   15.68825    5.459641     7.931391    31.03128
                 var(white) |   24.03972    21.24931     4.251391    135.9339
                 var(_cons) |   64.40835    28.69433      26.8984    154.2261
         cov(homework,white) |   2.766271    7.284344    -11.51078    17.04332
         cov(homework,_cons) |  -26.98602    11.35043    -49.23246   -4.739584
```

```
        cov(white,_cons) |   -20.17461    19.37541      -58.14971     17.8005
-------------------------+-----------------------------------------------------
          var(Residual) |    51.15333    3.384504       44.93193    58.23616
-----------------------------------------------------------------------------

LR test vs. linear regression:       chi2(6) =     131.98    Prob > chi2 = 0.0000

Note: LR test is conservative and provided only for reference.

. estat ic


-----------------------------------------------------------------------------
      Model |      Obs    ll(null)   ll(model)      df         AIC          BIC
------------+----------------------------------------------------------------
          . |      519          .   -1809.427       11    3640.854     3687.625
-----------------------------------------------------------------------------
         Note:  N=Obs used in calculating BIC; see [R] BIC note
```

1. Model-6：宣告 **\*homework white** 為隨機斜率，公私立學校 (public) 為隨機截距，二者成 mixed-effects。AIC=3640.854。它與 Model-5 AIC=3639.252 相近，故 Model-5 跟 Model-6 適配度一樣好。故不需將 **white** 由固定效果改成隨機斜率。

Model-7：加至 4 個自變數：'white' fixed，再加 'meanses'

```
*homework 為隨機斜率，「public white meanses」為隨機截距，二者成 Mixed-effects
. xtmixed math homework public white meanses || schid: homework, variance
covar(un)

Mixed-effects ML regression                     Number of obs      =        519
Group variable: schid                           Number of groups   =         23

                                                Obs per group: min =          5
                                                               avg =       22.6
                                                               max =         67



                                                Wald chi2(4)       =      35.35
Log likelihood = -1808.4128                     Prob > chi2        =     0.0000
```

```
-----------------------------------------------------------------------------
       math |     Coef.   Std. Err.      z    P>|z|    [95% Conf. Interval]
------------+----------------------------------------------------------------
   homework |   1.933779   .8714811     2.22   0.026     .225707    3.64185
     public |   .1667275   2.118325     0.08   0.937    -3.985114   4.318569
      white |   3.141943   .9518044     3.30   0.001     1.27644    5.007445
    meanses |   5.030355   1.818717     2.77   0.006     1.465735   8.594976
      _cons |    44.5852   2.136904    20.86   0.000     40.39695   48.77346
-----------------------------------------------------------------------------


-----------------------------------------------------------------------------
  Random-effects Parameters  |   Estimate   Std. Err.    [95% Conf. Interval]
-----------------------------+-----------------------------------------------
schid: Unstructured          |
              var(homework)  |   15.45211   5.389116     7.800471   30.60941
                 var(_cons)  |   50.12919    17.4574     25.33152   99.20194
        cov(homework,_cons)  |  -25.52225   9.156657    -43.46897   -7.575536
-----------------------------+-----------------------------------------------
               var(Residual) |   52.71621   3.438145     46.39048   59.90449
-----------------------------------------------------------------------------
LR test vs. linear regression:       chi2(3) =    103.32   Prob > chi2 = 0.0000

Note: LR test is conservative and provided only for reference.

. estat ic

-----------------------------------------------------------------------------
      Model |     Obs    ll(null)   ll(model)     df        AIC         BIC
------------+----------------------------------------------------------------
          . |     519         .    -1808.413       9     3634.826    3673.093
-----------------------------------------------------------------------------
         Note:  N=Obs used in calculating BIC; see [R] BIC note
```

1. Model-7 四個自變數之混合模型，AIC=3634.826, 它比 Model-5 三個自變數 AIC(3639.252)小，故 Model-7 四個自變數模型比 Model-5 三個自變數模型優。

2. 由於 public 的迴歸係數 ($\beta$=0.1667, z=0.08,p>0.05) 未達顯著水準，故可考量將它排除。

Model-8：3 個自變數（無交互作用項），排除學校特徵 'public'

```
. xtmixed math homework white meanses || schid: homework, variance covar(un)

Mixed-effects ML regression                    Number of obs      =        519
Group variable: schid                          Number of groups   =         23

                                               Obs per group: min =          5
                                                              avg =       22.6
                                                              max =         67

                                               Wald chi2(3)       =      35.34
Log likelihood = -1808.4159                    Prob > chi2        =     0.0000

------------------------------------------------------------------------------
        math |      Coef.   Std. Err.      z    P>|z|     [95% Conf. Interval]
-------------+----------------------------------------------------------------
    homework |   1.933001   .8712634     2.22   0.027     .2253565    3.640646
       white |   3.147913   .9486964     3.32   0.001     1.288502    5.007324
     meanses |   4.928177   1.275461     3.86   0.000     2.428318    7.428035
       _cons |   44.68276   1.741117    25.66   0.000     41.27024    48.09529
------------------------------------------------------------------------------

------------------------------------------------------------------------------
  Random-effects Parameters  |   Estimate   Std. Err.     [95% Conf. Interval]
-----------------------------+------------------------------------------------
schid: Unstructured          |
             var(homework)   |   15.44571   5.385969      7.798144    30.59318
                 var(_cons)  |   50.11643   17.45421      25.32383    99.18154
      cov(homework,_cons)    |  -25.51146   9.152382      -43.4498   -7.573121
-----------------------------+------------------------------------------------
               var(Residual) |   52.71658   3.438183      46.39079    59.90495
------------------------------------------------------------------------------
LR test vs. linear regression:       chi2(3) =   103.39   Prob > chi2 = 0.0000

Note: LR test is conservative and provided only for reference.

. estat ic
```

```
------------------------------------------------------------------------------------
     Model |    Obs    ll(null)    ll(model)     df          AIC         BIC
-----------+------------------------------------------------------------------------
         . |    519         .      -1808.416      8      3632.832     3666.847
------------------------------------------------------------------------------------
          Note:  N=Obs used in calculating BIC; see [R] BIC note
```

1. Model-8 排除不顯著的自變數 'public'，重估一次 HLM，結果得 AIC=3632.832，它比 Model-7 納入自變數 'public' AIC(3634.826) 小，故基於「模型要精簡」原則，刪除不顯著自變數，反而更好。

Model-9：未平減：3 個自變數 +1 個交互作用項（'homework' 及 'meanses'）

```
. generate homewrkXmeanses = homework*meanses
. xtmixed math homework white meanses homewrkXmeanses || schid: homework,
variance covar(un)

Mixed-effects ML regression                     Number of obs      =       519
Group variable: schid                           Number of groups   =        23

                                                Obs per group: min =         5
                                                               avg =      22.6
                                                               max =        67

                                                Wald chi2(4)       =     35.61
Log likelihood = -1808.3501                     Prob > chi2        =    0.0000

------------------------------------------------------------------------------------
         math |    Coef.    Std. Err.     z     P>|z|     [95% Conf. Interval]
--------------+---------------------------------------------------------------------
     homework |  1.988853   .8803981    2.26    0.024     .2633047    3.714402
        white |  3.153748   .9486966    3.32    0.001     1.294337    5.013159
      meanses |  3.993529   2.876085    1.39    0.165    -1.643493    9.630552
homewrkXmeanses| .567464    1.557829    0.36    0.716    -2.485824    3.620752
        _cons |  44.58553   1.758245   25.36    0.000     41.13943    48.03162
------------------------------------------------------------------------------------
```

```
-----------------------------------------------------------------------
Random-effects Parameters  |   Estimate   Std. Err.    [95% Conf. Interval]
---------------------------+-------------------------------------------
schid: Unstructured        |
            var(homework)  |   15.30557   5.352177      7.712489    30.37419
               var(_cons)  |   49.91618   17.36005      25.24684    98.69057
      cov(homework,_cons)  |  -25.34105   9.095533     -43.16796   -7.514128
---------------------------+-------------------------------------------
            var(Residual)  |   52.72684   3.439428      46.39882    59.91789
-----------------------------------------------------------------------
LR test vs. linear regression:      chi2(3) =    103.34    Prob > chi2 = 0.0000

Note: LR test is conservative and provided only for reference.

. estat ic


-----------------------------------------------------------------------
      Model |    Obs   ll(null)   ll(model)     df         AIC         BIC
------------+----------------------------------------------------------
          . |    519          .   -1808.35       9      3634.7    3672.967
-----------------------------------------------------------------------
         Note:  N=Obs used in calculating BIC; see [R] BIC note
```

1. Model-9：未平減，3 個自變數 +1 個交互作用項，其 AIC=3634.7, 它比 Model-8 三個自變數 ( 無交互作用 ) 的 AIC(3632.832) 小，故本樣本勿需加「交互作用項」homewrk×meanses。因此下一步驟就刪除 homewrk×meanses。

## Model-10：四個自變數：3 個自變數 +1 個 student-level 變數 ses

```
. xtmixed math homework white meanses ses || schid: homework, variance
covar(un)

Mixed-effects ML regression              Number of obs     =        519
Group variable: schid                    Number of groups  =         23

                                         Obs per group: min =          5
                                                        avg =       22.6
                                                        max =         67
```

```
                                      Wald chi2(4)       =      53.28
Log likelihood = -1800.0414           Prob > chi2        =      0.0000

------------------------------------------------------------------------------
     math |    Coef.    Std. Err.     z     P>|z|    [95% Conf. Interval]
----------+-------------------------------------------------------------------
 homework |  1.832359   .8279581    2.21    0.027    .2095907    3.455127
    white |  2.215975   .9636673    2.30    0.021    .3272223    4.104728
  meanses |  2.969936   1.365875    2.17    0.030    .292871     5.647002
      ses |  2.209775   .5343013    4.14    0.000    1.162564    3.256986
    _cons |  45.64525   1.706382   26.75    0.000    42.3008     48.9897
------------------------------------------------------------------------------


------------------------------------------------------------------------------
Random-effects Parameters  |  Estimate   Std. Err.    [95% Conf. Interval]
---------------------------+--------------------------------------------------
schid: Unstructured        |
            var(homework)  |  13.80108   4.871575     6.909581    27.56605
               var(_cons)  |  46.61454   16.34862     23.44167    92.69456
       cov(homework,_cons) | -23.03652   8.393136    -39.48677   -6.586275
---------------------------+--------------------------------------------------
            var(Residual)  |  51.11797   3.334237     44.98346    58.08906
------------------------------------------------------------------------------
LR test vs. linear regression:     chi2(3) =    98.73   Prob > chi2 = 0.0000

Note: LR test is conservative and provided only for reference.

. estat ic


------------------------------------------------------------------------------
    Model |    Obs    ll(null)   ll(model)     df        AIC          BIC
----------+-------------------------------------------------------------------
        . |    519        .     -1800.041      9      3618.083     3656.35
------------------------------------------------------------------------------
           Note:  N=Obs used in calculating BIC; see [R] BIC note
```

1. 上面已證明不須交互作用項，故自變數由 3 個變 4 個，求得 AIC=3618.083，
   它比以上任何模型的 AIC 值都小，故 4 個自變數是最佳多層次模型。且

「homework white meanses ses」4 個解釋變數之迴歸係數都達 0.05 顯著水準。

2. 考量學校別 (schid) 的因素，「homework white meanses ses」4 個解釋變數對數
   學成就都是重要的預測因子。

3. 總之，多層次分析，旨在考量學「各小群組」特性「校別 (schid) 的因素」之
   下，會比傳統 OLS 迴歸 ( 固定效果 ) 來得說服力。

### 3-3-4 排列組合三：明星學校真的比較好嗎：4 種敵對模型

以下模型，都不考量學生「個體因素」，而只考慮「學校因素」對學生數
學成就的影響。旨在考驗「環境對個人」影響。

Model-1：固定效果 'ses' 純當 student-level 解釋變數 (explanatory variable)

```
* 固定效果之 ses
. xtmixed math ses || schid:, variance

Mixed-effects ML regression              Number of obs     =       519
Group variable: schid                    Number of groups  =        23

                                         Obs per group: min =         5
                                                        avg =      22.6
                                                        max =        67

                                         Wald chi2(1)      =     59.67
Log likelihood = -1874.1783              Prob > chi2       =    0.0000

------------------------------------------------------------------------------
        math |      Coef.   Std. Err.      z    P>|z|     [95% Conf. Interval]
-------------+----------------------------------------------------------------
         ses |   4.354254   .5636939     7.72   0.000     3.249435    5.459074
       _cons |   51.20227   .8287135    61.79   0.000     49.57802    52.82652
------------------------------------------------------------------------------


------------------------------------------------------------------------------
  Random-effects Parameters  |   Estimate   Std. Err.     [95% Conf. Interval]
-----------------------------+------------------------------------------------
schid: Identity              |
```

```
            var(_cons) |  11.80063   4.649452        5.451693   25.54341
--------------------------+------------------------------------------------
         var(Residual) |  75.20079   4.77564         66.39978   85.16832
--------------------------------------------------------------------------
LR test vs. linear regression: chibar2(01) =   41.77 Prob >= chibar2 = 0.0000

. estat ic


         Model |    Obs    ll(null)   ll(model)     df        AIC         BIC
-------------+----------------------------------------------------------------
           . |    519       .       -1874.178      4      3756.357    3773.364
-----------------------------------------------------------------------------
      Note:  N=Obs used in calculating BIC; see [R] BIC note
```

1. Model-1 固定效果 ses，其 AIC=3756.357，以它當比較的基準點。

Model-2：自變數 'ses' 宣告為隨機斜率 (random slope)

```
* 因 Model never converged，故強迫它 100 迴圈一定要收斂
. set maxiter 100

* 只納入父母社經地位 (SEX)
. xtmixed math ses || schid: ses, variance covar(un)

Mixed-effects ML regression              Number of obs    =      519
Group variable: schid                    Number of groups =       23

                                         Obs per group: min =        5
                                                        avg =     22.6
                                                        max =       67


                                         Wald chi2(1)     =    59.27
Log likelihood = -1874.0966              Prob > chi2      =   0.0000


-----------------------------------------------------------------------------
       math |    Coef.   Std. Err.      z    P>|z|    [95% Conf. Interval]
```

```
-----------+----------------------------------------------------------------
       ses |   4.34679    .5646031     7.70    0.000      3.240188    5.453392
     _cons |  51.24709    .8339255    61.45    0.000      49.61263    52.88156
-------------------------------------------------------------------------------


-------------------------------------------------------------------------------
Random-effects Parameters   |   Estimate   Std. Err.     [95% Conf. Interval]
----------------------------+--------------------------------------------------
schid: Unstructured         |
                 var(ses)   |   .0810291   .3961229       5.59e-06    1174.541
               var(_cons)   |   12.0459    4.743337        5.5675     26.06265
            cov(ses,_cons)  |  -.9879612   2.462466       -5.814305   3.838383
----------------------------+--------------------------------------------------
             var(Residual)  |   75.0748    4.774647       66.27641    85.04119
-------------------------------------------------------------------------------
LR test vs. linear regression:        chi2(3) =      41.93    Prob > chi2 = 0.0000

Note: LR test is conservative and provided only for reference.


. estat ic


-------------------------------------------------------------------------------
   Model |   Obs    ll(null)   ll(model)     df          AIC           BIC
---------+---------------------------------------------------------------------
       . |   519         .     -1874.097      6       3760.193      3785.705
-------------------------------------------------------------------------------
        Note:  N=Obs used in calculating BIC; see [R] BIC note
```

1. Model-2 宣告 ses 為隨機斜率 (random slope)，其 AIC=3760.193, 它比 Model-1 宣告 ses 為隨機截距 AIC(3756.357) 大，故父母社經地位 (SEX) 須設定為固定斜率較佳。

2. 因學校因素眾多，故再一個 percentminorities。

Model-3：固定斜率，再加「少數民族比例 'percentminorities'」2 個脈絡變數

```
* 共 2 個學校層變數
. xtmixed math ses percmin || schid:, variance

Mixed-effects ML regression                  Number of obs      =        519
Group variable: schid                        Number of groups   =         23

                                             Obs per group: min =          5
                                                            avg =       22.6
                                                            max =         67

                                             Wald chi2(2)       =      68.94
Log likelihood = -1871.6964                  Prob > chi2        =     0.0000

------------------------------------------------------------------------------
        math |      Coef.   Std. Err.      z    P>|z|     [95% Conf. Interval]
-------------+----------------------------------------------------------------
         ses |   4.338638   .5570937     7.79   0.000     3.246754    5.430521
     percmin |  -.8021335    .348672    -2.30   0.021    -1.485518    -.118749
       _cons |   53.11736   1.126701    47.14   0.000     50.90907    55.32565
------------------------------------------------------------------------------


------------------------------------------------------------------------------
  Random-effects Parameters  |   Estimate   Std. Err.     [95% Conf. Interval]
-----------------------------+------------------------------------------------
schid: Identity              |
                  var(_cons) |   9.43422   3.759243      4.320447    20.60076
-----------------------------+------------------------------------------------
               var(Residual) |   75.0207    4.75463      66.25734    84.94312
------------------------------------------------------------------------------
LR test vs. linear regression: chibar2(01) =    37.81 Prob >= chibar2 = 0.0000

. estat ic


------------------------------------------------------------------------------
       Model |    Obs    ll(null)   ll(model)     df         AIC         BIC
-------------+----------------------------------------------------------------
```

```
          . |    519            .    -1871.696      5     3753.393    3774.652
---------------------------------------------------------------------------------
             Note:  N=Obs used in calculating BIC; see [R] BIC note
```

1. Model-3 二個自變數都設定爲隨機截距，其 AIC=3753.393，它比 Model-1 一個自變數 AIC(3756.357) 小，故二個自變數固定效果模型比一個自變數優。

Model-4：三個自變數（固定效果），再加一個平減後 'meanses'

```
. xtmixed math ses percmin meanses || schid:, variance
Mixed-effects ML regression                Number of obs    =      519
Group variable: schid                      Number of groups =       23

                                           Obs per group: min =        5
                                                          avg =     22.6
                                                          max =       67

                                           Wald chi2(3)     =    79.31
Log likelihood = -1869.8034                Prob > chi2      =   0.0000

-----------------------------------------------------------------------------
     math |     Coef.    Std. Err.      z    P>|z|     [95% Conf. Interval]
----------+------------------------------------------------------------------
      ses |   3.88476    .6091232     6.38   0.000     2.690901    5.07862
   percmin |  -.6826784   .3227389    -2.12   0.034    -1.315235   -.0501217
  meanses |   2.863532   1.391775     2.06   0.040     .1357029    5.59136
    _cons |  53.08456    1.03113     51.48   0.000    51.06358    55.10554
-----------------------------------------------------------------------------


-----------------------------------------------------------------------------
  Random-effects Parameters  |  Estimate   Std. Err.    [95% Conf. Interval]
-----------------------------+-----------------------------------------------
schid: Identity              |
                 var(_cons)  |  7.225163   3.181962    3.047744    17.1284
-----------------------------+-----------------------------------------------
              var(Residual)  |  75.08021   4.76209    66.30352    85.01869
-----------------------------------------------------------------------------
```

```
LR test vs. linear regression: chibar2(01) =     21.97 Prob >= chibar2 = 0.0000

. estat ic

------------------------------------------------------------------------------
      Model |     Obs    ll(null)   ll(model)    df         AIC         BIC
------------+-----------------------------------------------------------------
         . |     519          .    -1869.803     6    3751.607    3777.118
------------------------------------------------------------------------------
      Note:  N=Obs used in calculating BIC; see [R] BIC note
```

1. 三個固定效果自變數，其 AIC=3751.607，它比二個固定效果自變數 AIC(3753.393) 小，故模型最優。

2. 可見學校因素中有三個因素「ses percmin meanses」會顯著影響學生數學成績。父母 ses 愈高或該學區平均父母 ses，二者都正向影響學生數學成績。但少數民族比例愈高的學校，其學生數學成績愈低。

## 3-3-5 排列組合四：無 vs. 有交互作用項，那個模型好呢？(mixed, xtmixed 指令)

以下多層次模型都是在「控制」各校特性 (schid) 之下，考驗學生「個體因素」」及「學校因素」二者是否存在交互作用效果。即考驗「環境、個人」是否有交互作用影響。進而找出最佳預測學生數學學習成就 (math) 之預測因子的排列組合。

Model-1：未平減，無交互作用

```
. use imm23.dta, clear

* 對照組 ( 當比較基準點 )：無交互作用
* 宣告 homework 為隨機斜率，ratio 為隨機截距，二者合為混合效果
. xtmixed math homework ratio || schid: homework, variance covar(un)

Mixed-effects ML regression                     Number of obs    =      519
Group variable: schid                           Number of groups =       23
```

```
                                        Obs per group: min =          5
                                                       avg =       22.6
                                                       max =         67


                                        Wald chi2(2)       =       5.03
Log likelihood = -1819.4092             Prob > chi2        =     0.0809

--------------------------------------------------------------------------
      math |    Coef.    Std. Err.      z    P>|z|    [95% Conf. Interval]
-----------+--------------------------------------------------------------
  homework | 1.986842    .906535     2.19    0.028    .2100659    3.763618
     ratio | -.0954645   .2034205   -0.47    0.639   -.4941613    .3032323
     _cons | 47.97439    3.92036    12.24    0.000    40.29063    55.65815
--------------------------------------------------------------------------


--------------------------------------------------------------------------
  Random-effects Parameters  |  Estimate   Std. Err.    [95% Conf. Interval]
-----------------------------+--------------------------------------------
schid: Unstructured          |
              var(homework)  |  16.80918   5.849843     8.497982    33.2489
                 var(_cons)  |  59.30718   20.02209     30.60143    114.9404
        cov(homework,_cons)  | -26.25901   9.892836    -45.64861   -6.869408
-----------------------------+--------------------------------------------
              var(Residual)  |  53.30044   3.466865     46.9208     60.5475
--------------------------------------------------------------------------
LR test vs. linear regression:        chi2(3) =   177.25   Prob > chi2 = 0.0000

Note: LR test is conservative and provided only for reference.

. estat ic

--------------------------------------------------------------------------
   Model |    Obs    ll(null)   ll(model)     df        AIC        BIC
---------+----------------------------------------------------------------
       . |    519         .    -1819.409      7     3652.818   3682.582
--------------------------------------------------------------------------
          Note:  N=Obs used in calculating BIC; see [R] BIC note
```

1. Model-1 ( 當比較基準點 )：無交互作用，AIC=3652.818 。

Model-2 ：未平減，具交互作用項 (between 'ratio' and 'homework')

```
* Analysis with class size and a cross level interaction
. generate homewrkXratio = homework*ratio
. xtmixed math homework homewrkXratio || schid: homework, variance covar(un)

Mixed-effects ML regression                  Number of obs      =        519
Group variable: schid                        Number of groups   =         23

                                             Obs per group: min =          5
                                                            avg =       22.6
                                                            max =         67

                                             Wald chi2(2)       =       5.06
Log likelihood = -1819.3967                  Prob > chi2        =     0.0796

-------------------------------------------------------------------------------
         math |      Coef.   Std. Err.      z    P>|z|     [95% Conf. Interval]
--------------+----------------------------------------------------------------
     homework |   2.908086   2.063683     1.41   0.159    -1.136659     6.95283
homewrkXratio |  -.0531712   .1071857    -0.50   0.620    -.2632513    .1569089
        _cons |   46.32031   1.720381    26.92   0.000     42.94842    49.69219
-------------------------------------------------------------------------------


-------------------------------------------------------------------------------
  Random-effects Parameters |   Estimate   Std. Err.     [95% Conf. Interval]
----------------------------+--------------------------------------------------
schid: Unstructured         |
             var(homework)  |   16.79366   5.843874     8.490696    33.21599
                var(_cons)  |   59.35853   20.00709     30.66066    114.9171
        cov(homework,_cons) |  -26.27244   9.88123      -45.6393    -6.905587
----------------------------+--------------------------------------------------
              var(Residual) |   53.30317   3.46724      46.92286    60.55104
-------------------------------------------------------------------------------
LR test vs. linear regression:      chi2(3) =    174.07   Prob > chi2 = 0.0000
```

```
Note: LR test is conservative and provided only for reference.

. estat ic

--------------------------------------------------------------------------
    Model |      Obs    ll(null)   ll(model)     df        AIC        BIC
----------+---------------------------------------------------------------
        . |      519           .   -1819.397      7    3652.793   3682.557
--------------------------------------------------------------------------
             Note:  N=Obs used in calculating BIC; see [R] BIC note
```

1. Model-2 具交互作用項，AIC= 3652.793，它與 Model-1 無交互作用項 AIC
   （3652.818）一樣，二者一樣好，基於「模型精簡原則」，故你可挑一個較符
   合研究目的之模型。

# 多層次模型之方程式解說：有 $(Z \times X)$ 交互作用項就須中心化

多層次模型 (multilevel models,MLM)，又稱：階層線性模型 (hierarchical linear models, HLM)、巢狀資料模型 (nested data models)、混合模型 (mixed models)、隨機數 (random coefficient)、隨機效果模型 (random-effects models)、隨機參數模型 (random parameter models) 或 split-plot designs。STaTa 慣用混合模型來稱多層次模型，STaTa 混合模型共有 15 種以上不同類型的指令。

## 範例：住宅價格之多層次分析

以前的研究，由於統計研究方法及技術上的侷限性，特徵價格模型若用 OLS(ordinary least squares) 來估計住宅價格，常常將屬於不同階層 ( 如區域特徵及住宅建物特徵 ) 的資料當成單一階層 (single-level model) 處理。假如在層次分析當中，較高階層的群組之間的屬性 ( 如區域特徵 ) 並無顯著差異，那以單一階層的迴歸方式來資料處理並不會發生過大的估計錯誤，但是假如較高階層的群組之間具有顯著差異，卻仍以單一階層的方式來處理，則估計出來的參數可能就會有很大的偏誤而導致推論錯誤。

近年來由於統計分析技術的進步及電腦發展的快速，學者提出階層線性模型 (HLM) 來解決上述問題，並且據此發展出許多富有彈性的次模型。階層線性模型能夠化解前述傳統迴歸分析所遭遇到的困境，進而能避免產生標準誤的誤估、忽略迴歸的誤差異質性、以及加總誤差等問題 (Raudenbush & Bryk, 2002)。

HLM 與 OLS 兩者均屬迴歸方程式，但是 OLS 將資料當成單一層次資料來分析，因此它的截距項與斜率項不考慮較高層次資料的誤差項，亦即以固定效果 (fixed effect) 來估計截距項及斜率項，得到的多元迴歸方程式也是單一層次的迴歸方程式。Wolverton & Senteza (2000) 曾以虛擬變數來代表美國各不同地區，並利用固定效果以 OLS 作迴歸分析，實證不同地區間之住宅建物特徵對住宅價格的影響，結果產生不一致的效果。在本例中，雖然也可用 22 個虛擬變數來代表 23 個縣 ( 市 ) 地區，並在住宅建物特徵與區域特徵變數間設定交互作用項，但這樣的方式仍無法探討影響住宅價格差異有哪些區域特徵，也無法探討有哪些縣 ( 市 ) 區域特徵造成各縣 ( 市 ) 地區內之建物特徵對住宅價格的影響。

HLM 是將低層次迴歸式中的截距項及斜率項當成較高層次的依變數，考量較高層次的誤差項，以隨機效果 (random effect) 來估計截距項及斜率項，得到的迴歸方程式就會因較高階層的群組不同，而有不同的迴歸方程式來預估各群組的依變數。也就是說階層線性模型分析法與傳統 OLS 迴歸分析最大的不同所在，就是其能夠將不同層次間的誤差項估計出來。

## 4-1 多層次模型之方程式解說：影響住宅房價之個體層及群組層

### 一、多層次模型之公式

多層次分析模型旨在掌握人與環境 ( 如家庭、組織、醫院、社區、國家 ) 的巢狀 ( 巢狀的，nested) 與相互作用關係。

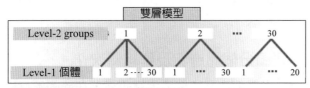

雙層模型

Level-2 groups : 1    2  •••   30

Level-1 個體   1   2 ---- 30   1   •••   30   1   ••••   20

單一自變數，其Level-1公式為： $Y_{ij} = \beta_{0j} + \beta_{1j} X_{ij} + e_{ij}$

$y_{ij}$ 表示the score on the dependent variable for an individual observation at Level 1 (subscript i refers to individual case, subscript j refers to the group).
$x_{ij}$ 表示the Level 1 predictor.
$\beta_{0j}$ 表示the intercept of the dependent variable in group j (Level 2).
$\beta_{1j}$ 表示the slope for the relationship in group j (Level 2) between the Level 1 predictor and the dependent variable.
$e_{ij}$ 表示the random errors of prediction for the Level 1 equation (it is also sometimes referred to as $r_{ij}$ ).

單一自變數，其Level-2公式是：

The dependent variables are the intercepts and the slopes for the independent variables at Level 1 in the groups of Level 2.

截距：$\beta_{0j} = \gamma_{00} + \gamma_{01} W_j + u_{0j}$

斜率：$\beta_{1j} = \gamma_{10} + u_{1j}$
其中
$\gamma_{00}$ 表示the overall intercept. This is the grand mean of the scores on the dependent variable across all the groups when all the predictors are equal to 0.
$W_j$ 表示the Level 2 predictor.
$\gamma_{01}$ 表示the overall regression coefficient, or the slope, between the dependent variable and the Level 2 predictor.
$u_{0j}$ 表示the random error component for the deviation of the intercept of a group from the overall intercept.
$\gamma_{10}$ 表示the overall regression coefficient, or the slope, between the dependent variable and the Level 1 predictor.
$u_{1j}$ 表示the error component for the slope (meaning the deviation of the group slopes from the overall slope)

圖 4-1 雙層模型之迴歸式公式

### 二、本例：前言

住宅特徵價格模型 (housing hedonic price models) 被廣泛的用來估計住宅價格。模型中不僅包括住宅建物特徵，同時也包括住宅所在位置的區域特徵。由

於這些特徵是具有層次 (hierarchical) 及巢狀 (nested structure) 之特性，若是利用普通最小平方法 OLS (ordinary least squares) 對於具有巢狀結構之資料進行估計，其並沒有考量其層次之特性，而是以單一層次資料作分析，嚴重違反模型中誤差項需符合獨立性的假定 (assumption)。

階層線性模型 HLM 是以層次分析方式來處理巢狀或巢狀資料，並以隨機效果(random effect) 來估計截距項及斜率項。因此，以下例子將以臺灣23個縣 (市) 地區之住宅調查統計資料作為分析樣本，並藉由 HLM 之五大次模型，分別探討區域特徵及建物特徵對住宅價格的影響為何？以正確反映所分析具有層次結構特性的資料。

### 三、影響住宅房價因子為何要區分個體層次及群組層次？

住宅是一種高價格的耐久財，與其他商品特性最大之差異，在於其不可移動性。所以，住宅商品買賣交易，實際上是透過書面契約，移轉交換財產權的一束權利 (a bundle of rights)，而由於住宅是附著於土地之上，故不能發生地理位置之變動，其位置固定於某一鄰里、鄉鎮，而該鄰里、鄉鎮亦屬於某一區域或城市。

故多數以特徵迴歸模型估計住宅價格時，其所包含的特徵 (characteristics)，除住宅建物特徵 (structural characteristics) 外，亦包含了住宅區域特徵 (locational characteristics)，以反映出消費者對於不同區域住宅商品之偏好。此一現象亦說明了住宅特徵巢狀 (nested structure) 於地區內 (Goodman & Thibodeau, 1998;Jones & Bullen, 1994)。

應用特徵價格法來估計影響住宅價格因素的研究相當的多，而這些被用來估計住宅價格的特徵當中也包含了區域特徵，但是過去這些研究大多將各影響因素視為獨立且不相互干擾而進行分析，同時也把誤差項 $\varepsilon$ 假定 (assumption) 為獨立且相等分配 (independently identically distributed, iid)「$\varepsilon \overset{iid}{\sim} N(0, \sigma^2)$」。但是，消費者對於所選擇居住位置的不同，也代表著消費者對於該住宅區位的偏好，而這些位於相同地區的住宅，雖然其本身之建物特徵並不相同，但卻享用著相同的公共設施、環境品質、教育文化等，而該地區特性當會與住宅建物特徵產生大小不一之交互影響效果。也就是說，區域特徵與住宅建物特徵並不是相互獨立的，而是有可能相互干擾的，而這種空間相依性 (spatial dependence) 將使得特徵價格模型中住宅價格間產生空間自我相關 (autocorrelation) 現象 (Anselin, 1988)。

傳統上，以特徵價格法來估計住宅價格函數，對於住宅建物特徵 ( 如面積、屋齡等 )，大多視為固定品質 (constant quality)，隱含住宅建物特徵在不同地區間，均有同樣的隱含價格。此種估計方法往往忽略了不同地區 ( 群組層 j) 之住宅建物特徵 ( 個體層 i) 對住宅價格的影響不一定相同的情況。也就是說，隨著地區的不同 ( 群組層 j)，住宅建物特徵 ( 個體層 i) 與住宅價格 $Y_{ij}$ 的關係可能有所差異。

例如，Wolverton & Senteza (2000) 改以美國 1986～1992 年 NAR (National Association of Realators) 的資料估計住宅價格，文中亦證實在忽略區域特性的情況下，縱使將住宅品質固定，仍會產生估計上的偏誤。由上述之實證結果可知，建物特徵對住宅價格之影響不該視為靜態或固定不變的，而是應該隨著不同區域，而有不同的影響效果。Fotheringham, Brunsdon, & Charlton (1988) 指出由於每宗土地對於區位因素的敏感度都不盡相同，所以無法以靜態的單一係數來建立住宅價格預測模型。Bitter, Mulligan,& Dall'erba (2007) 實證結果亦顯示住宅特徵之隱含價格具有空間變異 (spatial variation)。因此對於具有非固定變異 (non-constant variance) 及空間異質性 (spatial heterogeneity) 的住宅商品，如何正確估計其隱含價格乃是本節重點。

Orford (2000) 曾就區域住宅市場動態模型的空間結構以多層次 (multilevel) 的觀點來分析，並認為將 Foster(1991) 的展開特徵價格模型 (expansion hedonic model)，若是進一步加入隨機效果 (random effect)，則可有效的將住宅商品之空間相依性及異質性納入模型考量。Brown & Uyar (2004) 以多層次線性模型實證住宅建物特徵與鄰里地區特徵對於住宅價格的影響，實證結果顯示，從統計的觀點以 HLM 方式來估計參數可以提供一個較佳 (better) 的估計，另透過多層次模型更可以清楚分析各層次的參數變異數 (variance)。

基於以上學者之實證結果，童作君 (2008) 嘗試複驗，並以 23 個縣 ( 市 ) 行政地區為住宅次市場 (housing submarkets) 空間範圍，並以多層次線性模型來探討住宅特徵與住宅價格的關係，可歸納出本例之研究目的如下：

1. 藉由國內外相關理論與文獻回顧，探討傳統住宅特徵價格迴歸模型之優缺點及多層次模型對於住宅空間相依性及異質性的改進之道。

2. 利用具有空間效果之多層次模型，探討住宅特徵 ( 含建物特徵與區域特徵 ) 對於各縣 ( 市 ) 地區價格變異的解釋程度。

3. 利用具有空間效果之多層次模型，分析住宅特徵與住宅價格間的相互關係，及在住宅建物特徵與區域特徵交互影響下，對於住宅價格的影響效果。

4. 透過實證分析比較特徵價格模型與多層次模型估計結果之差異，以探討多層次模型在降低模型迴歸係數估計偏誤之效果。

## 四、研究方法

### (一) 房價預測之研究架構

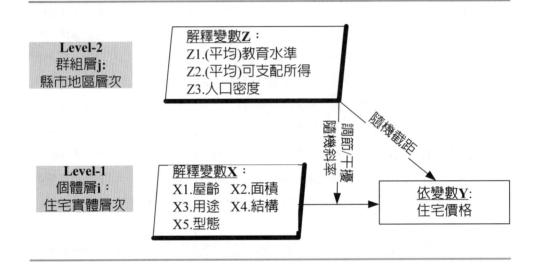

**圖 4-2** 房價預測之多層次模型之研究架構

階層線性模型 (HLM) 之各階層變數描述

| 變數 | 說明 | Level-1 | Level-2 |
|---|---|---|---|
| 依變數 | Y：住宅價格取自然對數值 | | |
| 個體層解釋變數 | X1：自建造竣工始至民國 95 年之房屋年齡為連續變數，取自然對數。 | ● | |
| | X2：屋內總面積坪數 ( 包含陽台 ) 為連續變數取自然對數值。 | ● | |
| | X3：住宅結構是否為鋼筋 ( 骨 ) 混凝土造之虛擬變數，若是 = 1，其他 = 0。 | ● | |
| | X4：住宅型態是否為公寓大廈之虛擬變數，若是 = 1，其他 = 0。 | ● | |
| | X5：住宅用途是否為住家專用之虛擬變數，若是 = 1，其他 = 0。 | ● | |

| 變數 | 說明 | Level-1 | Level-2 |
|------|------|---------|---------|
| 總體層 | Z1：縣 ( 市 ) **平均**教育水平取自然對數 ln(Z) | | ● |
| 解釋變數 | Z2：縣 ( 市 ) **平均**可支配所得取自然對數 ln(Z) | | ● |
| | Z3：縣 ( 市 ) **平均**人口密度取自然對數 ln(Z) | | ● |

## (二) 資料來源

童作君 (2008) 研究資料來源分成兩個部分。第一部分為個體層次的資料，來自內政部營建署所編撰「95 年度內政部營建署住宅狀況調查訪問表」之原始問卷資料。該調查資料之抽樣架構以內政部所提供 94 年度之村里門牌資料作為抽樣母體，並假設門牌數與實際戶數相近，而依戶數做分層比例抽樣。

首先，依臺灣地區 23 個行政地區為主，包括臺北縣、桃園縣、新竹縣、苗栗縣、臺中縣、彰化縣、南投縣、雲林縣、嘉義縣、臺南縣、高雄縣、屏東縣、宜蘭縣、花蓮縣、臺東縣、澎湖縣、基隆市、新竹市、臺中市、嘉義市、臺南市、臺北市與高雄市。其次，就各鄉鎮市區之戶數，占各行政地區戶數之比例，決定各鄉鎮市區所需之樣本數。最後在臺灣地區 23 個行政地區抽出 20,886 個樣本。

第二部分為總體層次變數資料是來自 1998 至 2006 年度行政院經濟建設委員會都市及住宅發展處所編印之「都市及區域發展統計彙編」及行政院主計處所編之「縣 ( 市 ) 重要指標統計要覽」，所需要的總體層次變數包括：人口密度、教育水平與每戶可支配所得。由於每戶可支配所得資料是從 1998 年以後才較為完整，為顧及實證資料期間之一致性。故資料期間為 1998 年至 2005 年為止，亦屬 Panel-data ( 請見作者另一本書：《Panel-data 迴歸模型》)。

由於樣本並不是針對具有某些特徵住宅進行剔除，剔除過程是隨機性的，因此並不構成樣本選擇偏誤 (sample selection bias) 所衍生的問題 (Wooldridge, 1996)。

## (三) 資料處理

不動產與一般商品相較之下，不僅其異質性 (heterogeneity) 較高，且價格較高，因此樣本本身可能會出現許多極端值 (outlier)，為避免極端值影響統計量數的運算與推論的結果，故需判斷極端值的存在與程度，找出極端值後，視需要決定剔除與否，使估計結論更符合實際情況。本例住宅價格之極端值係以刪除價格最高與最低的 5% 資料，剩下 1,931 筆資料，再利用 Dffits (Belsely, Kuh,&

Welsh (1980) 極端值刪除方法刪除後，剩下 1,926 筆資料。由於內政部營建署所編撰「95 年度內政部營建署住宅狀況調查表」調查報告資料是有關住宅價格資料是建造或購買年的資料，而住宅品質 ( 如屋齡、面積等 ) 是調查年的資料，若直接用原始資料分析會產生兩者基準不一致的情形。因此，住宅價格資料是以 2006 年 1 月爲基期，配合物價指數調整。

## 五、五種多層次模型

本例採用 HLM 來進行五個階層線性模型之討論，包括：

模型 1：零模型 (null model)
模型 2：**結果變數平均值求出截距**的迴歸模型 (means-as-outcomes regression)
模型 3：Level-1 具固定效果之隨機截距模型
模型 4：隨機係數迴歸模型 (random coefficients regression model)
模型 5：具交互作用之多層次模型

以上 5 個模型之階層模型 (hierarchical model) 如下列方程式。模型與模型之間誰優？則可採用概似比檢定「lrtest」指令來兩兩比較，甚至跟 模型 6 ( 傳統迴歸模型，OLS) 做比較，即可找出你樣本資料最適配的模型是那一個？

模型 1：零模型 (null model)

Level 1：$Y_{ij} = \beta_{0j} + r_{ij}$ , $r_{ij} \sim N(0, \sigma^2)$

Level 2：$\beta_{0j} = \gamma_{00} + u_{0j}$ , $u_{0j} \sim N(0, \tau_{00})$

模型 2：以平均數爲結果的迴歸模型 (means-as-outcomes regression)

Level 1：$Y_{ij} = \beta_{0j} + r_{ij}$ , $r_{ij} \sim N(0, \sigma^2)$

Level 2：$\beta_{0j} = \gamma_{00} + \gamma_{01}(Z_{1j} - \bar{Z}_{1.}) + \gamma_{02}(Z_{2j} - \bar{Z}_{2.}) + \gamma_{03}(Z_{3j} - \bar{Z}_{3.}) + u_{0j}$ , $u_{0j} \sim N(0, \tau_{00})$

模型 3：具隨機效果的單因子共變數分析模型 (one-way ANCOVA with)

Level 1：$Y_{ij} = \beta_{0j} + \beta_{1j}(X_{1ij} - \bar{X}_{1..}) + \beta_{2j}(X_{2ij} - \bar{X}_{2..}) + \beta_{3j}(X_{3ij} - \bar{X}_{3..}) + \beta_{4j}(X_{4ij} - \bar{X}_{4..})$
$+ \beta_{5j}(X_{5ij} - \bar{X}_{5..}) + r_{ij}$ , $r_{ij} \sim N(0, \sigma^2)$

Level 2：$\beta_{0j} = \gamma_{00} + u_{0j}$ , $u_{0j} \sim N(0, \tau_{00})$

$\beta_{1j} = \gamma_{10}$ $\beta_{2j} = \gamma_{20}$ $\beta_{3j} = \gamma_{30}$ $\beta_{4j} = \gamma_{40}$ $\beta_{5j} = \gamma_{50}$

模型 4：隨機係數迴歸模型 (random coefficients regression model)

Level 1：$Y_{ij} = \beta_{0j} + \beta_{1j}(X_{1ij} - \bar{X}_{1..}) + \beta_{2j}(X_{2ij} - \bar{X}_{2..}) + \beta_{3j}(X_{3ij} - \bar{X}_{3..}) + \beta_{4j}(X_{4ij} - \bar{X}_{4..})$
$+ \beta_{5j}(X_{5ij} - \bar{X}_{5..}) + r_{ij}$ , $r_{ij} \sim N(0, \sigma^2)$

Level 2：$\beta_{0j} = \gamma_{00} + u_{0j}$ , $u_{0j} \sim N(0, \tau_{00})$

$\beta_{1j} = \gamma_{10} + u_{1j}$ , $u_{1j} \sim N(0, \tau_{11})$

$\beta_{2j} = \gamma_{20} + u_{2j}$ , $u_{2j} \sim N(0, \tau_{22})$

$$\beta_{3j} = \gamma_{30} + u_{3j} \quad , \quad u_{3j} \sim N(0, \tau_{33})$$

$$\beta_{4j} = \gamma_{40} + u_{4j} \quad , \quad u_{4j} \sim N(0, \tau_{44})$$

$$\beta_{5j} = \gamma_{50} + u_{5j} \quad , \quad u_{5j} \sim N(0, \tau_{55})$$

**模型 5**：以截距及斜率爲結果的迴歸模型 (intercepts and slopes as outcomes)

Level 1：$Y_{ij} = \beta_{0j} + \beta_{1j}(X_{1ij} - \overline{X}_{1..}) + \beta_{2j}(X_{2ij} - \overline{X}_{2..}) + \beta_{3j}(X_{3ij} - \overline{X}_{3..}) + \beta_{4j}(X_{4ij} - \overline{X}_{4..})$

$\qquad\qquad + \beta_{5j}(X_{5ij} - \overline{X}_{5..}) + r_{ij} \quad , \quad r_{ij} \sim N(0, \sigma^2)$

Level 2：$\beta_{0j} = \gamma_{00} + \gamma_{01}(Z_{1j} - \overline{Z}_{1.}) + \gamma_{02}(Z_{2j} - \overline{Z}_{2.}) + \gamma_{03}(Z_{3j} - \overline{Z}_{3.}) + u_{0j}$

$\qquad\quad \beta_{1j} = \gamma_{10} + \gamma_{11}(Z_{1j} - \overline{Z}_{1.}) + \gamma_{12}(Z_{2j} - \overline{Z}_{2.}) + \gamma_{13}(Z_{3j} - \overline{Z}_{3.}) + u_{1j}$

$\qquad\quad \beta_{2j} = \gamma_{20} + \gamma_{21}(Z_{1j} - \overline{Z}_{1.}) + \gamma_{22}(Z_{2j} - \overline{Z}_{2.}) + \gamma_{23}(Z_{3j} - \overline{Z}_{3.}) + u_{2j}$

$\qquad\quad \beta_{3j} = \gamma_{30} + \gamma_{31}(Z_{1j} - \overline{Z}_{1.}) + \gamma_{32}(Z_{2j} - \overline{Z}_{2.}) + \gamma_{33}(Z_{3j} - \overline{Z}_{3.}) + u_{3j}$

$\qquad\quad \beta_{4j} = \gamma_{40} + \gamma_{41}(Z_{1j} - \overline{Z}_{1.}) + \gamma_{42}(Z_{2j} - \overline{Z}_{2.}) + \gamma_{43}(Z_{3j} - \overline{Z}_{3.}) + u_{4j}$

$\qquad\quad \beta_{5j} = \gamma_{50} + \gamma_{51}(Z_{1j} - \overline{Z}_{1.}) + \gamma_{52}(Z_{2j} - \overline{Z}_{2.}) + \gamma_{53}(Z_{3j} - \overline{Z}_{3.}) + u_{5j}$

## 六、「lrtest」指令可比較出三種巢狀 (nested) 模型「A、B、C」誰優？

請看下列 STaTa 的示範：

```
* 巢狀模型 nested models
. webuse lbw
. logit low age lwt i.race smoke ptl ht ui
. estimates store A
. logit low lwt i.race smoke ht ui
. estimates store B
. lrtest A .
. lrtest A    (equivalent to above command)
. lrtest A B (equivalent to above command)
. logit low lwt smoke ht ui
. estimates store C
. lrtest B
. lrtest C A, stats
```

## 七、多層次模型設定

本章節將以臺灣住宅價格 $(P_i)$ 爲例 ( 童作君，2008)，見「圖 4-2 房價預測之多層次模型之研究架構」。由於住宅商品具有不可移動與異質特性，因此有

別於一般商品；且其特徵亦具有空間性之特性，而對於傳統特徵價格方程式常產生相依性及異質性的影響。而影響住宅價格之區域特徵及建物特徵，也具有階層特性；另由於本樣本資料取得之程序，為分層比例抽樣，亦屬階層樣本取得之過程。因此，本例採用 HLM 來檢定研究假設 (hypothesis)，並分為個體層次 (individual level) 與總體層次 (group level) 階層，藉由個體層次階層可捕捉住宅建物特徵對住宅價格的影響，也就是所謂的組合效果 (compositional effects)；而藉由總體層次階層的設定，則可將地區的脈絡效果納入考量。

特徵價格函數型式上，並無先驗理論證明哪一種函數型式較好，而 Rosen (1974) 建議在特徵價格的運用上，應依資料的特性嘗試各種不同的函數型態，以找出與資料適配較佳之函數型式 (best fitting functional form) 來建立特徵價格模型。本例採以往住宅特徵價格研究常用的雙對數型式 (log-log form)(Janssen, Soderberg, & Zhou, 2001; Saderion, Smith & Smith, 1994) 如下式所示：

$$\ln P_i = a_0 + \sum a_i \ln Z_i + \varepsilon$$
$$\partial P / \partial Z_i = a_i$$

上式中，$a_0$ 代表截距項，$a_i$ 為特徵價格，$Z_i$ 為可量化特徵值，$\ln()$ 為自然對數，$\varepsilon$ 為誤差項。此函數表示自變數每變動 1% 時，引起依變數相對變動比率之百分比。

以下就研究假設來說明分析步驟及模型。

## 4-1-1 Step 1 設定 ( 模型 1 )：零模型 (null model)

階層線性模型 (HLM) 是以層次分析方式來處理巢狀 (nested structure) 資料，並以隨機效果 (random effect) 來估計截距項以及斜率項。因此，本例以臺灣地區 23 個縣 ( 市 ) 地區之住宅調查統計資料作為分析樣本，實證結果顯示住宅建物特徵與價格的關係，會隨著縣 ( 市 ) 地區不同而有所差異，且區域特徵不僅對住宅價格有直接效果，亦會在住宅建物特徵與住宅價格間產生調節效果。最後，並與傳統迴歸模型分析結果作一比較，結果顯示：傳統迴歸模型由於忽略了住宅空間效果易造成係數標準誤的低估，造成顯著性考驗高估與型 I (Type I) 錯誤擴大的問題 ( 童作君，2008)。

住宅是一種高價格的耐久財，與其他商品特性最大之差異，在於其不可移動性。而由於住宅是附著於土地之上，其位置固定於某一鄰里、鄉鎮，而該鄰

里、鄉鎮亦巢狀於某一區域或城市，此一現象顯示住宅建物特徵 (characteristics) 巢狀於 (nested structure) 於地區內。故住宅建物特徵是屬個體層次，地區／地段是屬群組層次。

形成空間異質性的主要原因是因為住宅所在的地理環境、空間區位這些屬性條件是不同的。Case and Mayer (1996) 亦指出住宅在空間上的位置 (location) 是獨一無二的，所以它的區域特徵是不可能被複製的。換言之，住宅建物特徵與價格的關係可能隨著區域的不同而有非固定的變異數 (non-constant variance)。但傳統的特徵價格模型往往將住宅特徵對住宅價格的影響視為固定不變或是靜態的關係，也就是假設住宅特徵對住宅價格為均質影響，而將誤差項假設成變異相等，這種假設無法確切反映住宅價格這種空間資料所具有的空間異質性的問題。

本例採用 HLM 來進行五個階層線性模型之步驟，包括：

模型 1 ( 零模型 )
模型 2 ( **結果變數平均值求出截距的迴歸模型** )
模型 3 ( 具隨機效果的單因子共變數分析模型 )
模型 4 ( 隨機係數迴歸模型 )
模型 5 ( 以截距及斜率為結果的迴歸模型 )

## 零模型 (null model)

零模型又稱無條件平均數模型 (unconditional means model)。在進行多層次模型分析前，應先檢視 Level-2 的分析單位在依變數上的變異是否具有組間異質性，俾利選擇適當的統計分析策略進行分析 (Singer & Willett, 2003)。因此，第一步先針對無條件平均數模型進行分析，評估組內變異 (within-group variability) 與組間變異 (between-group variability) 的情形，當零模型分析資料得 ICC>12% 具有跨組高相關時，則巢狀的資料結構所帶來的影響必須納入估計 (Luke, 2004)。

無條件平均數模型無論就 Level-1 或 Level-2 都未納入任何解釋變數，其目的是對依變數的變異數進行拆解，並針對 Level-2 分析單位內的個體相依程度進行估計。估計結果亦可作為嗣後比較參照之用。

在 HLM 的分析過程中，零模型分析具有以下目的，分別為考驗各組之間是否有差異、估計總變異量中有多少變異是由組間的變異所造成、以及提供初步訊息，以作為進一步分析其他模型時的比較參照之用，決定是否考慮以 HLM 或

是一般的迴歸來分析 (Kreft & de Leeuw, 1998)。零模型又稱爲具隨機效果的單因子變異數分析模型 (one-way ANOVA with random effect)。即房價 Y 的預測都未納入群組層次解釋變數及個體層次解釋變數。其模型設定如下圖：

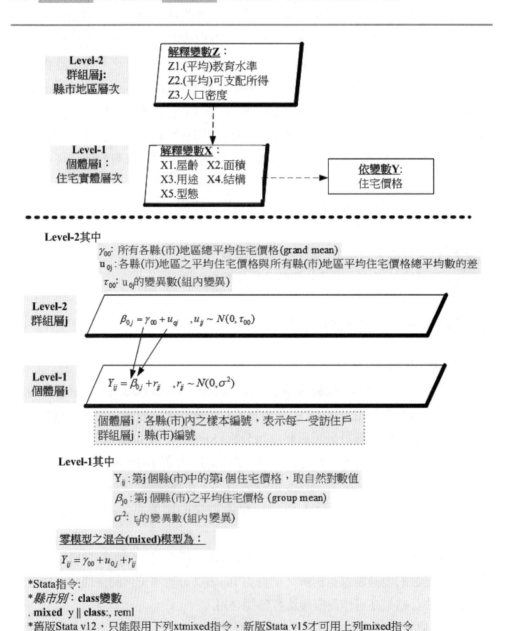

圖 4-3　零模型 (null model) 之示意圖

將 Level-2 公式代入 Level-1 公式，可得零模型之混合 (mixed) 模型如下：

$$Y_{ij} = \gamma_{00} + u_{0j} + r_{ij}$$

Level-1 公式不包括任何自變項的簡單迴歸。$\beta_{0j}$ 在零模型中代表的是各縣 (市) 地區的平均住宅價格，分成「縣 (市) 地區平均住宅價格之總平均數」($\gamma_{00}$) 及「各縣 (市) 地區平均住宅定期價格與縣 (市) 地區平均住宅價格之總平均數的差異」($u_{0j}$) 兩部分。因此 $u_{0j}$ 這個隨機變數包含了縣 (市) 地區之間平均住宅價格差異的訊息。因為共有 23 個 ($j = 23$) 各縣 (市) 地區平均住宅價格與縣 (市) 地區平均住宅價格之總平均數的差異，所以混合模型實際上有 23 條方程式。當 Level-2 代入 Level-1 公式後，每個縣 (市) 地區皆有一條預測住宅價格的迴歸方程式。

在此，我們可以將混合模型當成 ANOVA 模型，檢定各縣 (市) 地區的平均住宅價格是否有所差異，也就是檢定「各個住宅價格與其所在縣 (市) 地區的平均住宅價格的差異」( 組內差異，$\gamma_{ij}$) 是否比「各縣 (市) 平均住宅價格與總樣本平均住宅價格的差異」( 組間差異，$u_{0j}$) 大。假如組間變異，也就是隨機部分 (random component) 檢定結果是顯著的，則表示縣 (市) 地區間的平均住宅價格是不同的，因此必須考慮縣 (市) 地區間之差異；假如檢定結果不顯著的，則可忽略縣 (市) 地區間之差異，表示我們只要將資料當成單一層級，也就是只要用 Level-1 式即可，這樣只有一條迴歸方程式。但假如各縣 (市) 地區之間平均住宅價格是有所差異的，表示縣 (市) 地區之間平均住宅價格有所不同，因此需要使用混合模型，讓各縣 (市) 地區有不同迴歸方程式。

此外，在零模型中，$Var\ (Y_{ij}) = Var\ (\mu_{0j} + \gamma_{ij}) = \tau_{0j} + \sigma^2$。若令 $\rho = \tau_{00}\ /\ (\tau_{00} + \sigma^2)$，則 $\rho$ 稱為組內相關係數 (intraclass correlation coefficient; ICC) 或稱為集群效果 (cluster effect)(Raudenbush & Bryk, 2002)。也代表著由於住宅價格間空間自我相關 (autocorrelation) 的程度 (Skinner et al., 1989)。該係數可用來說明組間變異占整體變異的比例，代表依變數的變異量可以被組間差異解釋的程度，用來呈現依變數與組間的關聯程度 (McGraw & Wong, 1996)。Kreft & de Leeuw (1998) 進一步指出，若是 $\rho$ 確實存在於樣本空間，則樣本間獨立性的假定 (assumption) 是被違反的，因此不應該使用傳統的線性模型來估計參數。Roberts (2007) 實證結果顯示，即使在零模型中 $\rho$ 接近於 0，但由於特徵價格方程式 ( 含有解釋變數 ) 中的共變異數使得組內相關性依舊存在。

在本例中，「組內相關係數」($\rho$) 即代表縣 (市) 地區之間影響住宅價格的

變異，占所有影響住宅價格的總變異有多少。但值得注意的是，只有具隨機效果的單因子共變數分析模型、**結果變數平均值求出截距**的迴歸模型，以及單因子 ANCOVA 等隨機截距模型 (random-intercept model) 才能計算「組內相關係數」，因爲在這些模型中，方可滿足：

$$Var\ (Y_{ij}) = Var\ (\mu_{0j} + \gamma_{ij}) = \tau_{0j} + \sigma^2$$

因此利用本模型可檢測：

1. 各縣 ( 市 ) 地區平均住宅價格之差異是否達到統計上的顯著水準。
2. 住宅價格的總變異中有多少的變異是由於縣 ( 市 ) 地區間的差異所造成的。

一旦確認平均住宅價格在各縣 ( 市 ) 地區之間是有所差異的，將可進一步討論哪些縣 ( 市 ) 區域特徵可解釋這些差異。

---

**小結**

零模型中，旨在求出 intraclass correlation coefficient (ICC)：$\rho$

Level-1 沒有任何解釋變數 X 時，其依變數為：

$$Y_{ij} = \beta_{0j} + e_{ij}$$

Level-2 沒有任何解釋變數 X 時，其依變數為：

$$\beta_{0j} = \gamma_{00} + u_{0j}$$

上面二個式子，可混合為一：

$$Y_{ij} = \gamma_{00} + u_{0j} + e_{ij}$$

上式變異數可分解成二個獨立部分：低層次之誤差 $e_{ij}$ 的變異數 $\sigma_e^2$；高層次之誤差 $u_{0j}$ 的變異數 $\sigma_{u0}^2$。那麼跨群組相關 (intraclass correlation) $\rho$ 為：

由於本例 ICC，$\rho = \dfrac{\sigma_{u0}^2}{\sigma_{u0}^2 + e_e^2} = \dfrac{0.702}{0.702 + 1.22} = 36.52\%$，遠高 ICC 臨界值 12%，故本例應採 HLM，而捨棄 OLS 法 (Roberts, 2002)。

總之，$\rho$ 為母群中，可被分群解釋變異的比例。即群組層次變異占全體變異的比例。

$$ICC = \frac{group\ (level\text{-}2)\ variance}{level\text{-}2\ variance + level\text{-}1\ variance}$$

## 4-1-2 Step 2 設定 ( 模型 2)：平均數為結果的迴歸模型 (means-as-outcomes regression)

當零模型顯示各群組的平均依變數，存在著顯著的異質性 (between-group heterogeneity) 時，此時則需要探討哪些 Level-2 的解釋變數可以解釋各群組在依變數平均數上的差異。

平均數為結果的迴歸模型，就是設定 Level-1 迴歸模型為零模型，蒐集到個體層次的自變數，全部都沒有當作解釋變數，然後將 Level-1 零模型的截距項 $\beta_{0j}$ 作為 Level-2 迴歸模型的依變數，並且蒐集 Level-2 總體層次解釋變數 Z，來解釋 Level-1 模型截距項 $\beta_{0j}$ 的差異。即房價預測只考量群組層次解釋變數 ( 無個體層次解釋變數 )。此模型設定如下圖：

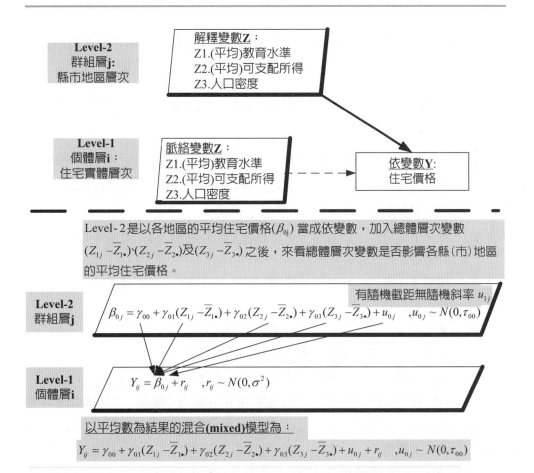

圖 4-4　結果變數平均值求出截距的迴歸模型之示意圖 ( 旨在求出截距 $\beta_{0j}$ 值 )　　445

---

**Stata指令:**
*mean()函數先求全體平均數，gen指令再求離均差(即Xij-mean)並存至C開頭變數
. egen avg_z1 = mean(z1)
. gen Cz1 = z1- avg_z1
. egen avg_z2 = mean(z2)
. gen z2 = z2- avg_z2
. egen avg_z3 = mean(z3)
. gen Cz3= z3- avg_z3

*縣市別：**class**變數
. **mixed** ln_y , || **class**: Cz3 Cz2 Cz1, covariance(unstructured) **reml**
*舊版Stata v12，只能限用下列xtmixed指令，新版Stata v15才可用上列mixed指令
. **xtmixed** ln_y  || **class**: Cz3 Cz2 Cz1, variance cov(**un**) **reml**

---

**圖 4-4**　結果變數平均值求出截距的迴歸模型之示意圖 ( 旨在 求出截距 $\beta_{0j}$ 值 )( 續 )

將 Level-2 式代入 Level-1 式 1 中，可得**結果變數平均值求出截距**的混合 (mixed) 模型如下：

$$Y_{ij} = \gamma_{00} + \gamma_{01}(Z_{1j} - \bar{Z}_{1\bullet}) + \gamma_{02}(Z_{2j} - \bar{Z}_{2\bullet}) + \gamma_{03}(Z_{3j} - \bar{Z}_{3\bullet}) + u_{0j} + r_{ij} ,\ u_{0j} \sim N(0, \tau_{00})$$

其中：

$\gamma_{00}$：所有縣 ( 市 ) 地區平均住宅價格之總平均數 (grand mean)

$\gamma_{01}$：總體層次變數「人口密度」對各縣 ( 市 ) 地區平均住宅價格的影響 ( 平均迴歸斜率 )

$\gamma_{02}$：總體層次變數「教育水平」對各縣 ( 市 ) 地區平均住宅價格的影響 ( 平均迴歸斜率 )

$\gamma_{03}$：總體層次變數「可支配所得」對各縣 ( 市 ) 地區平均住宅價格的影響 ( 平均迴歸斜率 )

$Z_{1j} - \bar{Z}_{1\bullet}$：平移至總平均的「人口密度」連續變數

$Z_{2j} - \bar{Z}_{2\bullet}$：平移至總平均的「教育水平」連續變數

$Z_{3j} - \bar{Z}_{3\bullet}$：平移至總平均的「可支配所得」連續變數

Level-2 公式是以各地區的平均住宅價格 ($\beta_{0j}$) 當成依變數，加入總體層次變數 $(Z_{1j} - \bar{Z}_{1\bullet})$、$(Z_{2j} - \bar{Z}_{2\bullet})$ 與 $(Z_{3j} - \bar{Z}_{3\bullet})$ 之後，來看總體層次變數是否影響各縣 ( 市 ) 地區的平均住宅價格。

本例對於各解釋變數 Z 均採中心化 (centering) 處理。其目的如下

(Raudenbush & Bryk, 2002)：

1. 當解釋變數爲 0 的數值時，截距項才有解釋上的意義，這時候的截距項可以解釋爲當解釋變數爲期望值時預測的依變數結果。

2. 可以減少解釋變數間多重共線性的問題。

這裡需要注意的是，以平均數爲結果的迴歸模型的 $u_{0j}$ 和 $\tau_{00}$ 的意義與零模型的 $u_{0j}$ 和 $\tau_{00}$ 並不相同。在零模型中，隨機變數 $u_{0j} = \beta_{0j} - \gamma_{00}$，表示各縣 ( 市 ) 地區平均住宅價格相對於所有縣 ( 市 ) 地區平均住宅價格之總平均數的變異程度，一般稱作離差 (deviation)。這裡 $u_{0j} = \beta_{0j} - \gamma_{00} - \gamma_{01}(Z_{1j} - \overline{Z}_{1.}) - \gamma_{02}(Z_{2j} - \overline{Z}_{2.}) - \gamma_{03}(Z_{3j} - \overline{Z}_{3.})$ 表示的是控制總體層次變數後的殘差 (residual)。

在控制總體層次變數後，縣 ( 市 ) 地區平均住宅價格 $\beta_{0j}$ 的條件變異數 (conditional variance)(Raudenbush and Bryk, 2002)，若 $u_{0j}$ 達顯著水準，表示 $\beta_{0j}$ 尚無法完全由總體層次變數所預測。在零模型中隨機變數 $u_{0j} = \beta_{0j} - \gamma_{00}$，此時以平均數爲結果的迴歸模型與零模型之殘差變異數 ($\tau_{00}$) 的差距，是因爲加入總體層次變數後，所減少的殘差變異，因此可以視爲總體層次變數在第二階層的解釋量。因此，利用本模型可檢測：

1. 各縣 ( 市 ) 地區的總體層次變數是否會影響該縣 ( 市 ) 地區的平均住宅價格。

2. 剔除總體層次變數所能解釋的變異量之後，各縣 ( 市 ) 地區之平均住宅價格是否仍有顯著差異。

## 4-1-3　Step 3 設定 ( 模型 3)：Level-1 具固定效果之隨機截距模型

### 一、固定效果 vs. 混合效果

OLS 將資料視爲同一層次資料分析，因此其截距項及斜率項並不受到高層變數之誤差影響，也就是僅以 固定效果 (fixed effect) 來估計截距項及斜率項。HLM 則是把個體層次迴歸式中之截距項及斜率項當作總體層次之依變數，因此可考慮總體層次誤差項帶來之影響，並以隨機效果 (random effect) 估計個體層次之截距項及斜率項，檢視其殘差之變異數是否顯著，若爲顯著則表示個體層次 ( 下層 ) 之截距項及斜率項受總體層次 ( 上層 ) 變數之階層性影響。

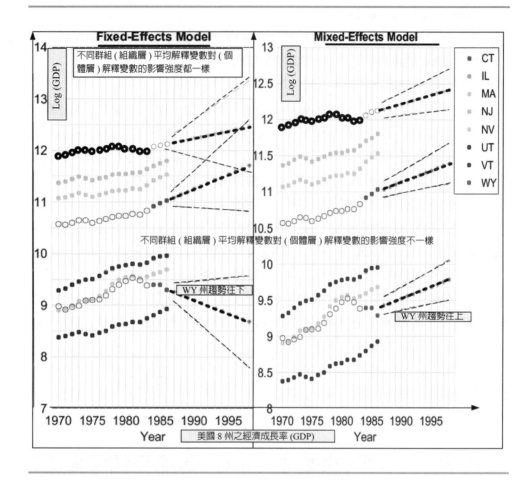

**圖 4-5** 固定效果模型 vs. 混合效果模型之差異比較圖

　　固定效果模型即「不同群組 ( 組織層 ) 平均解釋變數對 ( 個體層 ) 解釋變數的影響強度都一樣」；反之，謂之隨機效果。「混合效果 = 固定效果 + 隨機效果」。

## 二、多層次模型之型態 (type) 可概分成三種

　　**1. 隨機截距模型** (random intercepts model)：Intercepts as Outcomes

　　隨機截距模型就是允許各小組的截距是變動的，但斜率保持固定不動。因此，依變數在每個個體的預測值是來自不同群組的截距，且斜率保持固定不動的。

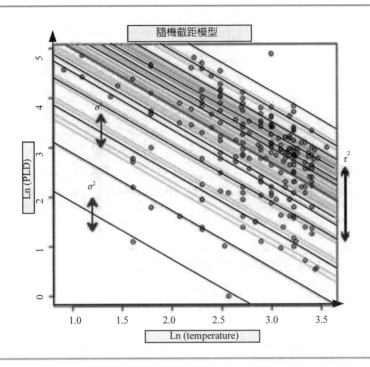

圖 4-6　Random Intercept 示意圖：溫度 (temperature) 對浮游幼蟲持續時間 (planktonic larval duration, PLD) 的影響 (Intercepts as Outcomes)

註：隨機截距模型 (Intercepts as Outcomes) 也是 STaTa 之 mixed、xtmixed、menl…等指令的內定估計法。

**2. 隨機斜率模型 (random slopes model)：Slopes as Outcomes**

　　隨機斜率模型就是允許各小組的斜率是變動的，但截距保持固定不動。因此，依變數在每個個體的預測值是來自不同群組的斜率，且截距保持固定不動的。

**3. 隨機截距且隨機斜率模型 (random intercepts and slopes model)，又稱隨機係數模型：Slopes and Intercepts as Outcomes**

　　此模型包含：隨機截距、隨機斜率模型兩者特性，雖然它是最複雜，但卻最真實 (realistic)。

　　假設七個小群組，以各群組分別用 OLS 來繪迴歸線，其原貌如下圖，可看出這七條迴歸線的截距及斜率，長相各不一樣。

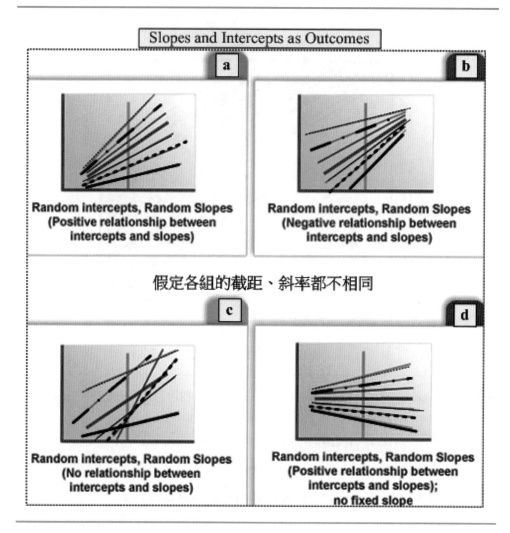

**圖 4-7** 四種隨機截距 vs. 隨機斜率之關係

註：隨機截距是 **Intercepts as Outcomes**
註：隨機斜率是 Slopes as Outcomes

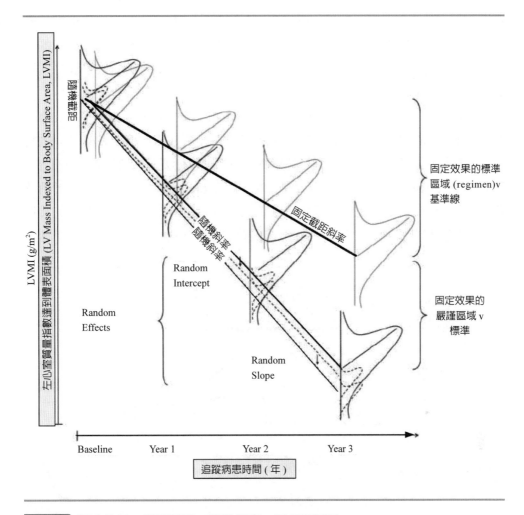

圖 4-8　固定效果＋隨機截距＋隨機斜率，三者關係圖

## 三、範例：雙層次之隨機截距模型

　　HLM 是把個體層次迴歸式中之截距項及斜率項當作總體層次之依變數，因此可考慮總體層次誤差項帶來之影響，並以隨機效果 (random effect) 估計個體層次之截距項及斜率項，檢視其殘差之變異數是否顯著，若為顯著則表示個體層次 ( 下層 ) 之截距項及斜率項受總體層次 ( 上層 ) 變數之階層性影響。

　　隨機截距模型是「納入個體層次解釋變數，惟將斜率視為固定係數」(Intercepts as Outcomes)，它以「平均數為結果的迴歸模型」為基礎，在個體層次模型中 X1、X2、X3 及 X4……等解釋變數，據以解釋同一群組內個體在依變

**451**

數上的個別差異 ( 即組內變異 )。值得注意的是，本例將所有 Level-1 解釋變數的效果視為固定效果，亦即四個解釋變數對依變數的影響不會隨著小群組的不同而有所變化，換言之，即假定 N 個群組的個人層次解釋變數對依變數 Y 的影響關係是一致的。

Level-1 具固定效果之隨機截距模型 (random intercept with on fixed level-1 factor, non-random slope)，係假設個體層次變數 X 對住宅價格 Y 的影響是固定的，亦即要求具隨機效果的單因子共變數分析模型裡所要求的斜率 ( 即個體層次變數 X 對住宅價格 Y 的影響 ) 符合同質性之假定 (assumption)，此時等同於傳統將 23 個縣 ( 市 ) 地區以 22 個虛擬變數代入的多元迴歸分析。即房價 Y 的預測只納入個體層次解釋變數的平均數( 無群組層次解釋變數 )。其模型設定如下圖。

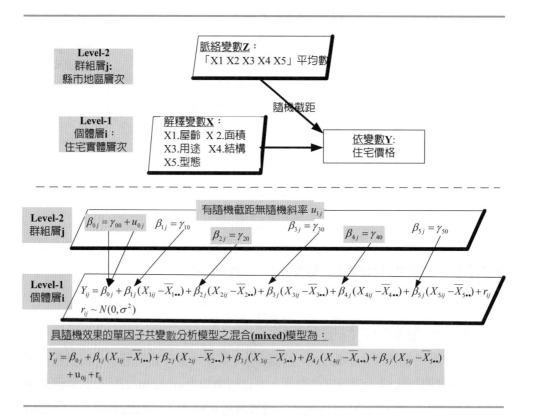

圖 4-9　Level-1 具固定效果之隨機截距模型之示意圖 (Random Intercept with on Fixed Level-1 Factor, Non-Random Slope)(Intercepts as Outcomes)

```
Stata指令:
*mean()函數先求全體平均數，gen指令再求離均差(即Xij-mean)並存至C開頭變數
. egen avg_x1 = mean(x1)
. gen Cx1 = x1- avg_x1
. egen avg_x2 = mean(x2)
. gen x2 = x2- avg_x2
. egen avg_x3 = mean(x3)
. gen Cx3= x3- avg_x3
. egen avg_x4 = mean(x4)
. gen Cx4= x4- avg_x4
. egen avg_x5 = mean(x5)
. gen Cx4= x5- avg_x5

*縣市別：class變數
* 「mixed...|| class」區間為混合模型：「|| class」之後，宣告level-2變數有零個。
. mixed ln_y Cx5 Cx4 Cx3 Cx2 Cx1, || class: , covariance(unstructured) reml
*舊版Stata v12，只能限用下列xtmixed指令，新版Stata v15才可用上列mixed指令
. xtmixed ln_y Cx5 Cx4 Cx3 Cx2 Cx1 || class: , variance cov(un) reml
```

**圖 4-9** Level-1 具固定效果之隨機截距模型之示意圖 (Random Intercept with on Fixed Level-1 Factor, Non-Random Slope)(Intercepts as Outcomes)( 續 )

其中：

$X_{1ij} - \overline{X}_{1..}$：平移至總平均的「屋齡」連續變數。

$X_{2ij} - \overline{X}_{2..}$：平移至總平均的「面積」連續變數。

$X_{3ij} - \overline{X}_{3..}$：$X_{3i}$ 代表住宅結構為鋼筋 ( 骨 ) 混凝土造與住宅以其他材料比較 ( 如加強磚造、磚造、木造、竹造、石造等等 ) 之虛擬變項，以其他材料所建造之住宅為參照點，所以 $X_{3ij} - \overline{X}_{3..}$ 表示住宅為鋼筋 ( 骨 ) 混凝土造的比例。

$X_{4ij} - \overline{X}_{4..}$：$X_{4i}$ 代表住宅型態為集合式住宅 ( 公寓或大廈 ) 與其他型態比較 ( 如傳統式農村住宅、獨棟式住宅、雙併式住宅 ) 之虛擬變項，以其他型態為參照點，所以 $X_{4ij} - \overline{X}_{4..}$ 表示住宅型態為集合式住宅 ( 公寓或大廈 ) 的比例。

$X_{5ij} - \overline{X}_{5..}$：$X_{5i}$ 代表住宅用途為住家專用與其他用途比較 ( 如住家兼工業用、住家商業或服務業用等 ) 之虛擬變項，住宅作其他用途為參照點，所以 $X_{5ij} - \overline{X}_{5..}$ 表示住宅作住家專用的比例。

$\gamma_{10}$：各縣 ( 市 ) 地區「屋齡」變數平均迴歸斜率之平均數。

$\gamma_{20}$：各縣 ( 市 ) 地區「面積」變數平均迴歸斜率之平均數。

$\gamma_{30}$：鋼筋 ( 骨 ) 混凝土造與其他材料比較後，在各縣 ( 市 ) 地區平均住宅價格的

差異。

$\gamma_{40}$：集合式住宅與其他型態比較後，在各縣 ( 市 ) 地區平均住宅價格的差異。

$\gamma_{50}$：住家專用與其他用途比較後，在各縣 ( 市 ) 地區平均住宅價格的差異。

混合模型中，是將來個體層次變數 $(X_{ij})$ 加以平移，以 $(X_{ij} - \overline{X}_{..})$ 作爲新的個體層次解釋變數，並以個體層次變動當作是共變數。Level-1 式中，$Var\ (r_{ij}) = \sigma^2$，爲控制個體層次變項 $(X_{ij})$ 之後的殘差變異。此一模型與傳統 ANCOVA 最大的不同在於本模型之 $u_{0j}$ 是隨機效果而非固定效果。隨機效果 ANCOVA 與傳統固定效果 ANCOVA (classical fixed-effect ANCOVA) 皆有一重要基本假定，即「組內迴歸係數同質性假設」，也就是說個體層次變數對住宅價格的迴歸係數並不會隨著地區不同，而有所差異。

藉由具隨機效果的單因子共變數分析模型可檢測：將個體層次變數引進後，以控制或排除共變數對住宅價格的影響後，檢測各縣 ( 市 ) 平均住宅價格 $\beta_{0j}$ 是否仍有差異。

## 4-1-4 Step 4 設定 ( 模型 4): 隨機係數 (random coefficients) 迴歸模型

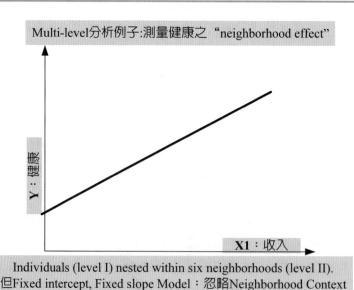

圖 4-10　Fixed intercept, Fixed slope Model 示意圖 ( 各組的 Slopes 及 Intercepts 都是固定 )

Multi-level Analysis: Example of measuring"class(各縣市) effect" of house_price status Individuals (level I) nested within class(各縣市) (level II).

**Random Intercepts, Fixed Slopes (Coefficients)**

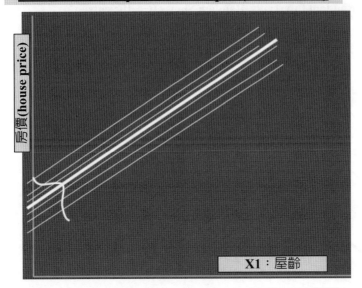

圖 4-11 Random Intercepts, Fixed Slopes (Coefficients) 示意圖 (Slopes and Intercepts as Outcomes)

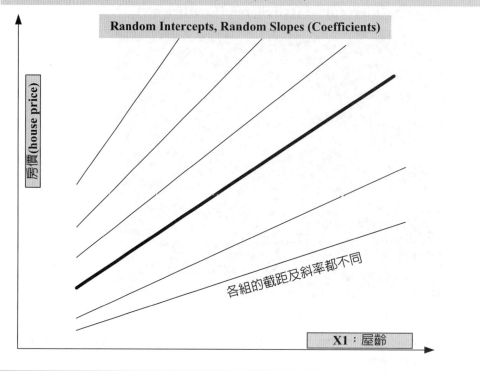

**Multi-level Analysis: Example of measuring "class(各縣市) effect" of house_price status Individuals (level I) nested within class(各縣市) (level II).**

**Random Intercepts, Random Slopes (Coefficients)**

房價 (house price)

各組的截距及斜率都不同

X1：屋齡

**圖 4-12** Random Intercepts, Random Slopes (Coefficients) 示意圖 (Slopes and Intercepts as Outcomes)

　　本例假設階層線性模型只有兩層，Level-2 是零模型，也就是 Level-2 沒有解釋變數或是總體層次的變數，只有 Level-1 的迴歸模型存在個體層次的依變數與解釋變數。此一模型是傳統 ANCOVA 視為違反基本假定 (assmuption) 的無法分析模型，但是在 HLM 當中可以進行檢驗。即房價 Y 的預測只納入個體層次解釋變數的平均數 ( 無群組層次解釋變數 )。即房價 Y 的預測納入個體層次解釋變數的平均數 ( 無群組層次解釋變數 )。其模型設定如下圖：

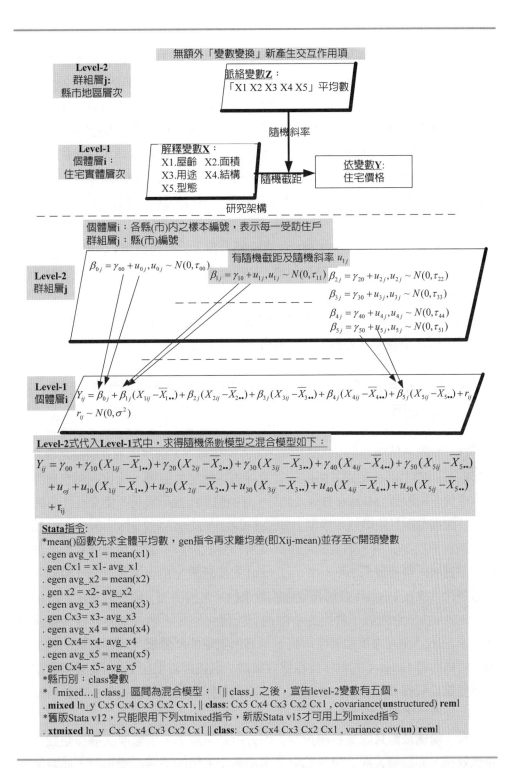

Level-2
群組層j:
縣市地區層次

無額外「變數變換」新產生交互作用項

脈絡變數Z：
「X1 X2 X3 X4 X5」平均數

隨機斜率

Level-1
個體層i：
住宅實體層次

解釋變數X：
X1.屋齡　X2.面積
X3.用途　X4.結構
X5.型態

依變數Y：
住宅價格

隨機截距

研究架構

個體層i：各縣(市)內之樣本編號，表示每一受訪住戶
群組層j：縣(市)編號

有隨機截距及隨機斜率 $u_{1j}$

Level-2
群組層j

$\beta_{0j} = \gamma_{00} + u_{0j}, u_{0j} \sim N(0, \tau_{00})$

$\beta_{1j} = \gamma_{10} + u_{1j}, u_{1j} \sim N(0, \tau_{11})$ $\beta_{2j} = \gamma_{20} + u_{2j}, u_{2j} \sim N(0, \tau_{22})$

$\beta_{3j} = \gamma_{30} + u_{3j}, u_{3j} \sim N(0, \tau_{33})$

$\beta_{4j} = \gamma_{40} + u_{4j}, u_{4j} \sim N(0, \tau_{44})$

$\beta_{5j} = \gamma_{50} + u_{5j}, u_{5j} \sim N(0, \tau_{51})$

Level-1
個體層i

$Y_{ij} = \beta_{0j} + \beta_{1j}(X_{1ij} - \overline{X_{1\bullet\bullet}}) + \beta_{2j}(X_{2ij} - \overline{X_{2\bullet\bullet}}) + \beta_{3j}(X_{3ij} - \overline{X_{3\bullet\bullet}}) + \beta_{4j}(X_{4ij} - \overline{X_{4\bullet\bullet}}) + \beta_{5j}(X_{5ij} - \overline{X_{5\bullet\bullet}}) + r_{ij}$

$r_{ij} \sim N(0, \sigma^2)$

**Level-2式代入Level-1式中，求得隨機係數模型之混合模型如下：**

$$Y_{ij} = \gamma_{00} + \gamma_{10}(X_{1ij} - \overline{X_{1\bullet\bullet}}) + \gamma_{20}(X_{2ij} - \overline{X_{2\bullet\bullet}}) + \gamma_{30}(X_{3ij} - \overline{X_{3\bullet\bullet}}) + \gamma_{40}(X_{4ij} - \overline{X_{4\bullet\bullet}}) + \gamma_{50}(X_{5ij} - \overline{X_{5\bullet\bullet}})$$
$$+ u_{oj} + u_{10}(X_{1ij} - \overline{X_{1\bullet\bullet}}) + u_{20}(X_{2ij} - \overline{X_{2\bullet\bullet}}) + u_{30}(X_{3ij} - \overline{X_{3\bullet\bullet}}) + u_{40}(X_{4ij} - \overline{X_{4\bullet\bullet}}) + u_{50}(X_{5ij} - \overline{X_{5\bullet\bullet}})$$
$$+ r_{ij}$$

**Stata指令：**
*mean()函數先求全體平均數，gen指令再求離均差(即Xij-mean)並存至C開頭變數
. egen avg_x1 = mean(x1)
. gen Cx1 = x1- avg_x1
. egen avg_x2 = mean(x2)
. gen x2 = x2- avg_x2
. egen avg_x3 = mean(x3)
. gen Cx3= x3- avg_x3
. egen avg_x4 = mean(x4)
. gen Cx4= x4- avg_x4
. egen avg_x5 = mean(x5)
. gen Cx4= x5- avg_x5
*縣市別：class變數
* 「mixed...|| class」區間為混合模型：「|| class」之後，宣告level-2變數有五個。
. **mixed** ln_y Cx5 Cx4 Cx3 Cx2 Cx1, || **class**: Cx5 Cx4 Cx3 Cx2 Cx1 , covariance(**unstructured**) **reml**
*舊版Stata v12，只能限用下列xtmixed指令，新版Stata v15才可用上列mixed指令
. **xtmixed** ln_y Cx5 Cx4 Cx3 Cx2 Cx1 || **class**: Cx5 Cx4 Cx3 Cx2 Cx1 , variance cov(**un**) **reml**

**圖 4-13** 隨機係數迴歸模型之示意圖（五因子多層次模型）( Slopes and Intercepts as Outcomes)

因此，可以藉由檢測 $\mu_{ij,\ i=1\sim5}$ 是否達到統計上的顯著，藉此檢定在各縣 ( 市 ) 地區之間，個體層次變數對住宅價格的影響是否有所不同。假如個體層次變數在縣 ( 市 ) 地區之間對住宅價格的影響並無不同，本研究則剔除個體層次變數的 $\mu_{ij,\ i=1\sim5}$，將 $\mu_{ij,\ i=1\sim5}$ 視為固定效果，不估計隨機效果，而只要以 Level-1 公式為主，並重新分析此一模型。之後，以卡方檢定來驗證此步驟的兩個模型，檢定是否隨機效果是有效的。假如卡方檢定達到統計上的顯著水準，往後的分析模型仍要將這些隨機效果納入；反之卡方檢定未達統計上的顯著水準，則表示之後的分析模型皆可以將 $\mu_{ij,\ i=1\sim5}$ 視為固定效果，不再估計此變項的隨機效果。藉由本模型可檢測：

(1) 23 個縣 ( 市 ) 地區所形成的 23 條迴歸方程式的平均截距 ( 各縣 ( 市 ) 地區之平均住宅價格 ) 以及平均斜率 ( 個體層次變數對住宅價格影響的平均值 ) 為多少。

(2) 上述 23 條迴歸方程式中，彼此的截距項 ( 各縣 ( 市 ) 地區平均住宅價格 ) 及斜率 ( 個體層次變數對住宅價格的影響 ) 是否有所差異。

## 4-1-5　Step 5 設定 ( 模型 5): 截距與斜率為結果的迴歸 ( 交互作用 )

在一個階層結構 (hierarchical structure) 的環境下，個體與社會脈絡是會交互影響的，個體不僅會受到其所屬的社會團體或脈絡所影響，社會團體也會受到其組成份子所影響 (Maas & Hox, 2005)，且個體與所屬環境是不斷交互作用的。

「隨機截距且隨機斜率模型 ( Slopes and Intercepts as Outcomes)」旨在檢驗「隨機斜率模型」中，納入的個體層次解釋變數的斜率是否為隨機係數，亦即探討個體層解釋變數們 (x1、x2、x3、x4) 對依變數 Y 的影響是否隨小群組的不同而變化。故在 Level-1 各解釋變數的效果為一常數項加上隨機效果項 ( 如 $u_{1j}$、$u_{2j}$、$u_{3j}$、$u_{4j}$)，會隨著小群組的不同而有所變化。當隨機效果的非條件變異數 ($\tau_{11}$、$\tau_{22}$、$\tau_{33}$、$\tau_{44}$) 未達顯著時，則表示其所對應的個體層次解釋變數的效果為固定效果。當 Level-1 的斜率為隨機效果時，嗣後則需要在 Level-2 模型中納入脈絡變數以解釋其變異。由此可知，「隨機截距且隨機斜率模型」的分析結果將有助於最終模型參數之設定。

當「隨機截距且隨機斜率模型」的分析結果顯示，個體層次解釋變數具有隨機效果，亦即個人層次變數的斜率會隨著小群組的不同而變化時，此時便有

需要在相對應的 Level-2 模型中納入解釋變數，進行跨層次交互作用 (cross-level interactions) 檢驗，據以探討脈絡變數對個人層次解釋變數的調節 ( 干擾 ) 效果。由於「**截距與斜率爲結果的迴歸模型**」是否有估計的必要，以及「**截距與斜率爲結果的迴歸模型**」的模型設定均須視「**隨機截距且隨機斜率模型**」的結果而定。

本例，模型 5：具交互作用之多層次模型，又稱「**截距與斜率爲結果的迴歸模型**」。它是將各地區的個體層次變數係數當成依變數，而總體層次變數當成自變數代入，並且納入交互作用項。即納入房價 Y 的預測納入「群組層次解釋變數 Z 的平均數 )」及「個體層次變數 X 的平均數 × 群組層次變數 Z 的平均數 )」交互作用項。其公式如下圖：

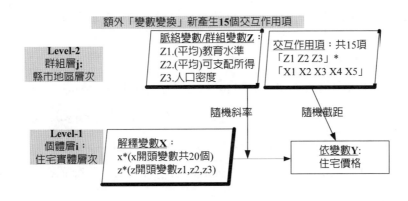

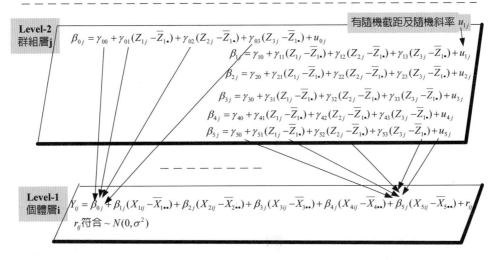

**圖 4-14** 交互作用之多層次模型之示意圖 (Slopes and Intercepts as Outcomes)

Level-2式代入Level-1式中，求得以截距及斜率為結果的混合模型如下：

$$
\begin{aligned}
Y_{ij} = {} & \gamma_{00} + \gamma_{01}(Z_{1j} - \overline{Z}_{1\bullet}) + \gamma_{02}(Z_{2j} - \overline{Z}_{2\bullet}) + \gamma_{03}(Z_{3j} - \overline{Z}_{3\bullet}) \\
& + \gamma_{10}(X_{1ij} - \overline{X}_{1\bullet\bullet}) + \gamma_{11}(Z_{1j} - \overline{Z}_{1\bullet})(X_{1ij} - \overline{X}_{1\bullet\bullet}) + \gamma_{12}(Z_{2j} - \overline{Z}_{2\bullet})(X_{1ij} - \overline{X}_{1\bullet\bullet}) + \gamma_{13}(Z_{3j} - \overline{Z}_{3\bullet})(X_{1ij} - \overline{X}_{1\bullet\bullet}) \\
& + \gamma_{20}(X_{2ij} - \overline{X}_{2\bullet\bullet}) + \gamma_{21}(Z_{1j} - \overline{Z}_{1\bullet})(X_{2ij} - \overline{X}_{2\bullet\bullet}) + \gamma_{22}(Z_{2j} - \overline{Z}_{2\bullet})(X_{2ij} - \overline{X}_{2\bullet\bullet}) + \gamma_{23}(Z_{3j} - \overline{Z}_{3\bullet})(X_{2ij} - \overline{X}_{2\bullet\bullet}) \\
& + \gamma_{30}(X_{3ij} - \overline{X}_{3\bullet\bullet}) + \gamma_{31}(Z_{1j} - \overline{Z}_{1\bullet})(X_{3ij} - \overline{X}_{3\bullet\bullet}) + \gamma_{32}(Z_{2j} - \overline{Z}_{2\bullet})(X_{3ij} - \overline{X}_{3\bullet\bullet}) + \gamma_{33}(Z_{3j} - \overline{Z}_{3\bullet})(X_{3ij} - \overline{X}_{3\bullet\bullet}) \\
& + \gamma_{40}(X_{4ij} - \overline{X}_{4\bullet\bullet}) + \gamma_{41}(Z_{1j} - \overline{Z}_{1\bullet})(X_{4ij} - \overline{X}_{4\bullet\bullet}) + \gamma_{42}(Z_{2j} - \overline{Z}_{2\bullet})(X_{4ij} - \overline{X}_{4\bullet\bullet}) + \gamma_{43}(Z_{3j} - \overline{Z}_{3\bullet})(X_{4ij} - \overline{X}_{4\bullet\bullet}) \\
& + \gamma_{50}(X_{5ij} - \overline{X}_{5\bullet\bullet}) + \gamma_{51}(Z_{1j} - \overline{Z}_{1\bullet})(X_{5ij} - \overline{X}_{5\bullet\bullet}) + \gamma_{52}(Z_{2j} - \overline{Z}_{2\bullet})(X_{5ij} - \overline{X}_{5\bullet\bullet}) + \gamma_{53}(Z_{3j} - \overline{Z}_{3\bullet})(X_{5ij} - \overline{X}_{5\bullet\bullet})
\end{aligned}
$$

圖 4-14 交互作用之多層次模型之示意圖 (Slopes and Intercepts as Outcomes)（續）

Level-2 式代入 Level-1 式中，求得以截距及斜率為結果的混合模型如下：

$$
\begin{aligned}
Y_{ij} = {} & \gamma_{00} + \gamma_{01}(Z_{1j} - \overline{Z}_{1\bullet}) + \gamma_{02}(Z_{2j} - \overline{Z}_{2\bullet}) + \gamma_{03}(Z_{3j} - \overline{Z}_{3\bullet}) \\
& + \gamma_{10}(X_{1ij} - \overline{X}_{1\bullet\bullet}) + \gamma_{11}(Z_{1j} - \overline{Z}_{1\bullet})(X_{1ij} - \overline{X}_{1\bullet\bullet}) + \gamma_{12}(Z_{2j} - \overline{Z}_{2\bullet})(X_{1ij} - \overline{X}_{1\bullet\bullet}) \\
& + \gamma_{13}(Z_{3j} - \overline{Z}_{3\bullet})(X_{1ij} - \overline{X}_{1\bullet\bullet}) + \gamma_{20}(X_{2ij} - \overline{X}_{2\bullet\bullet}) + \gamma_{21}(Z_{1j} - \overline{Z}_{1\bullet})(X_{2ij} - \overline{X}_{2\bullet\bullet}) \\
& + \gamma_{22}(Z_{2j} - \overline{Z}_{2\bullet})(X_{2ij} - \overline{X}_{2\bullet\bullet}) + \gamma_{23}(Z_{3j} - \overline{Z}_{3\bullet})(X_{2ij} - \overline{X}_{2\bullet\bullet}) + \gamma_{30}(X_{3ij} - \overline{X}_{3\bullet\bullet}) \\
& + \gamma_{31}(Z_{1j} - \overline{Z}_{1\bullet})(X_{3ij} - \overline{X}_{3\bullet\bullet}) + \gamma_{32}(Z_{2j} - \overline{Z}_{2\bullet})(X_{3ij} - \overline{X}_{3\bullet\bullet}) + \gamma_{33}(Z_{3j} - \overline{Z}_{3\bullet})(X_{3ij} - \overline{X}_{3\bullet\bullet}) \\
& + \gamma_{40}(X_{4ij} - \overline{X}_{4\bullet\bullet}) + \gamma_{41}(Z_{1j} - \overline{Z}_{1\bullet})(X_{4ij} - \overline{X}_{4\bullet\bullet}) + \gamma_{42}(Z_{2j} - \overline{Z}_{2\bullet})(X_{4ij} - \overline{X}_{4\bullet\bullet}) \\
& + \gamma_{43}(Z_{3j} - \overline{Z}_{3\bullet})(X_{4ij} - \overline{X}_{4\bullet\bullet}) + \gamma_{50}(X_{5ij} - \overline{X}_{5\bullet\bullet}) + \gamma_{51}(Z_{1j} - \overline{Z}_{1\bullet})(X_{5ij} - \overline{X}_{5\bullet\bullet}) \\
& + \gamma_{52}(Z_{2j} - \overline{Z}_{2\bullet})(X_{5ij} - \overline{X}_{5\bullet\bullet}) + \gamma_{53}(Z_{3j} - \overline{Z}_{3\bullet})(X_{5ij} - \overline{X}_{5\bullet\bullet})
\end{aligned}
$$

多因子具交互作用之多層次模型，對應的 STaTa 指令如下：

```
*STaTa 指令如下：
STaTa 指令：
*mean( ) 函數先求全體平均數，gen 指令再求離均差 ( 即 Xij-mean) 並存至 C 開頭變數
. egen avg_x1 = mean(x1)
. gen Cx1 = x1- avg_x1
. egen avg_x2 = mean(x2)
. gen x2 = x2- avg_x2
. egen avg_x3 = mean(x3)
. gen Cx3= x3- avg_x3
. egen avg_x4 = mean(x4)
. gen Cx4= x4- avg_x4
. egen avg_x5 = mean(x5)
. gen Cx4= x5- avg_x5

. egen avg_z1 = mean(z1)
. gen Cz1 = z1- avg_z1
. egen avg_z2 = mean(z2)
. gen z2 = z2- avg_z2
. egen avg_z3 = mean(z3)
. gen Cz3= z3- avg_z3
* 依變數 y 取自然對數，使它符合 OLS 常態性假定
. gen ln_y = ln(y)
*gen 新產生 15 個交互作用項
. gen x1z1= x1 * z1
. gen x1z2= x1 * z2
. gen x1z3= x1 * z3

. gen x2z1= x2 * z1
. gen x2z2= x2 * z2
. gen x2z3= x2 * z3

. gen x3z1= x3 * z1
. gen x3z2= x3 * z2
. gen x3z3= x3 * z3

. gen x4z1= x4 * z1
. gen x4z2= x4 * z2
. gen x4z3= x4 * z3
```

```
. gen x5z5= x5 * z1
. gen x5z5= x5 * z2
. gen x5z5= x5 * z3
```

\* 下列指令「x\*」指 x 開頭之所有變數，包括 x1~x5,x1z1,x1z2,x1z3,...x5z3，共 20 個
  解釋變數
\* 下列指令「z\*」指 z 開頭之所有變數，包括 z1,z2,z3，共 3 個群組層次解釋變數
\* *縣市別*：class 變數
\*「covariance(unstructured)」宣告隨機效果之「變異數—共變數」V-C 結構為
  unstructure.
\*「|| class:」後面宣告 z\* 為隨機斜率 x\* 為隨機截距
```
. mixed ln_y x* z* , || class: z* , covariance(unstructured)reml
```

\* 舊版 STaTa v12，只能限用下列 xtmixed 指令，新版 STaTa v15 才可用上列 mixed 指令
```
. xtmixed ln_y x* z* , || class: z* , variance cov(un)reml
```

---

**補充：受限制最大概似 (restricted maximum likelihood, reml 估計法 )**

在統計中，受限制 ( 或 residual、reduced) 最大概似法 (REML)，是一種特殊
形式的最大概似法，它不同最大概似估計法來適配所有樣本數據，而是使用
概似函數 (likelihood function) 於從已轉換的一組對比式數據，使得一些煩擾
參數 (nuisance parameters) 變成無效果。

在變異成分 (variance component) 估計時，原始資料會先單位變換成「一些對
比資料集 (a set of contrasts)」，概似函數再從「complete data set」來估算這些
對比式 (contrasts) 的機率分布。

REML 特別適合線性混合模型的估計。它與早期的最大概似估計 (ML) 法相
反，REML 可以產生變異和共變數參數的無偏估計。REML 估計源自 1937
年 M. S. Bartlett 的概念。第一次提出估計變異成分之估計法，是 1971 年
Edinburgh 大學 Desmond Patterson 及 Robin Thompson 二位學者。

REML 估計法常出現一般統計套裝軟體：包括 GenStat(REML 指令 )，SAS
( proc MIXED )，SPSS(MIXED 指令 )，Stata(mixed 指令 )，JMP( 統計軟體 )、
R 軟體 (lme4、older nlme packages)，以及其他專業統計軟體，包括：MLwiN,
HLM, ASReml, (ai)remlf90, wombat, Statistical Parametric Mapping 及 CropStat。

補充：隨機效果之「變異數—共變數」V-C 結構

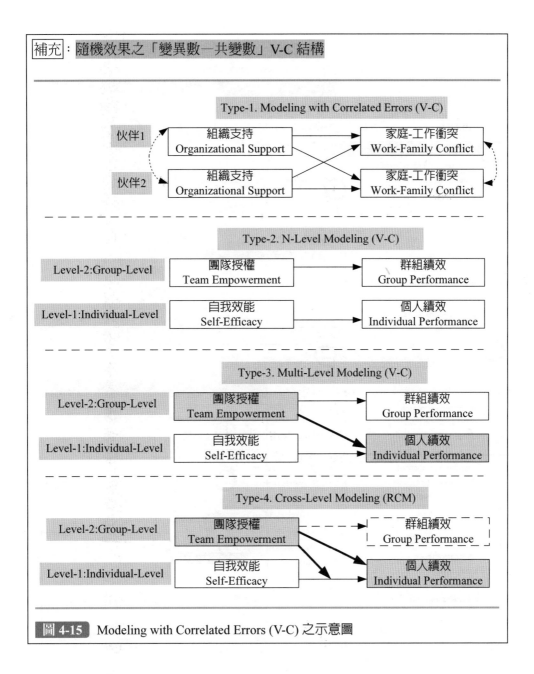

圖 4-15　Modeling with Correlated Errors (V-C) 之示意圖

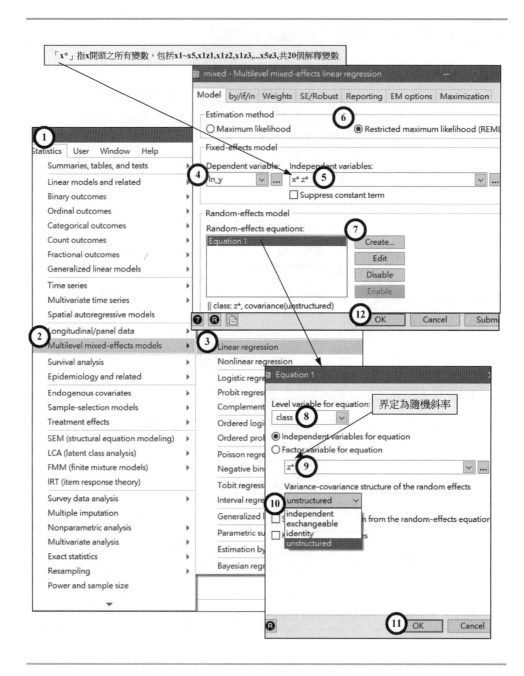

圖 4-16　「mixed ln_y x ＊ z ＊ ，‖ class：z ＊ , covariance(unstructured)reml」畫面
(Slopes and Intercepts as Outcomes)

　　有鑑於往昔研究者常以傳統迴歸分析方式，分別比較解釋變數的係數或是變異量來判斷，是縣 ( 市 ) 地區特徵對住宅價格的影響較大，或是住宅建物特徵對住宅價格的影響較大。但這樣的分析研究，往往忽略係數的顯著與否是跟一起納入分析的變數有關，也忽略區域特徵與住宅建物特徵可能有交互作用的效果存在。

　　本例模型改從區域特徵與住宅建物特徵的交互作用來探討其關係：

(1) 總體層次變數「人口密度」、「教育水平」與「可支配所得」是否可以有效地預測各縣 ( 市 ) 地區平均住宅價格？

(2) 總體層次變數「人口密度」、「教育水平」與「可支配所得」對各縣 ( 市 ) 地區迴歸斜率的影響爲何？

(3) 總體層次變數「人口密度」、「教育水平」與「可支配所得」對於各縣 ( 市 ) 平均住宅價格及斜率的變異有多少的解釋程度？

## 多層次模型的參數估計

　　HLM 旨在將低層次迴歸式中的截距項及斜率項當作較高層次的依變數，考量較高層次的誤差項，以隨機效果來估計截距項及斜率項。本例是以受限最大概似估計 (restricted maximum likelihood , reml) 來估計較高層次迴歸模型的截距項與斜率項之貝氏估計值 (Bayes estimator)(Raudenbush & Bryk, 2002)。

　　以本例之零模型爲例，各縣 ( 市 ) 地區之平均住宅價格 $\beta_{0j}$( 貝氏估計值 ) 是各縣 ( 市 ) 地區的平均住宅價格 ( 以 OLS 估計 ) 以及縣 ( 市 ) 地區平均住宅價格之總平均數之加權組合而成，如 (4-1) 式所示：

$$\hat{\beta}_{0j}^{EB} = \lambda_j \, \overline{Y}_{\cdot j} + (1 - \lambda_j) \, \overline{Y}_{\cdot\cdot} \tag{4-1}$$

其中：

$\hat{\beta}_{0j}^{EB}$：各縣 ( 市 ) 地區平均住宅價格之貝氏估計值 (Bayes estimator)

$\overline{Y}_{\cdot j}$：$\hat{\beta}_{0j}^{EB}$ 代表以 OLS 所估計的各縣 ( 市 ) 地區平均住宅價格

$\overline{Y}_{\cdot\cdot} = \dfrac{\sum \lambda_j \overline{Y}_{\cdot j}}{\sum \lambda_j}$ 代表縣 ( 市 ) 地區平均住宅價格之總平均數

$$\lambda_j = \frac{\tau_{00}}{(\tau_{00} + v_j^2)}, \quad v_j^2 = \frac{\sigma^2}{n_j} \tag{4-2}$$

　　(4-2) 式代表 (4-1) 式的權重 (weights)，類似精確度 (precision) 也就是所謂信度 (reliability) 的概念，它反映的就是一種縮動 (shrinkage) 特徵。由 (4-1) 式可知

各縣 ( 市 ) 地區平均住宅價格之貝氏估計值 $\hat{\beta}_{0j}^{EB}$，是以 OLS 所估計的各縣 ( 市 ) 地區平均住宅價格 $\overline{Y}_{.j}$ 與利用縣 ( 市 ) 地區平均住宅價格之總平均數加權組合而成。

Case 1：當縣 ( 市 ) 地區之組間差異越大，則 $\lambda_j$ 越大並趨近於 1，則以 OLS 所估計的各縣 ( 市 ) 地區平均住宅價格 $\overline{Y}_{.j}$ 可信度越高，隨機截距項 $\hat{\beta}_{0j}^{EB}$ 貝氏估計值將會趨近於 $\overline{Y}_{.j}$。

Case 2：當縣 ( 市 ) 地區內住宅樣本變異程度 $\sigma^2$ 增加，或各縣 ( 市 ) 地區之組間差異越小，則 $\hat{\beta}_{0j}^{EB}$ 就會往 $\overline{Y}_{..}$ 移動，這就是縮動的涵義。這個縮動的關鍵在於 $\lambda_j$，當 $\lambda_j$ 越大，代表不是 $n_j$ 越大就是 $\sigma^2$ 越小，也就是表示各縣 ( 市 ) 地區所提供的資料精確度越高，則各縣 ( 市 ) 地區提供的資訊加權就越大的意思。

這也是在 HLM 中，允許各縣 ( 市 ) 地區的樣本數可以不相等，當 $n_j$ 越小，則 $\lambda_j$ 會很小，但透過由其他縣 ( 市 ) 地區相同的特徵 $\overline{Y}_{..}$，可以填補資料過少的資訊，這也是 Kreft & Leeuw (1998) 所談的借力 (borrowing strength)，這也是貝氏估計量的統計特徵。

所謂「借力」(borrowing strength) 在本例中，係指住宅樣本規模較小的縣 ( 市 ) 地區 ( 如雲林縣、嘉義縣 ) 其解釋變數的係數之估計，可借用所有縣 ( 市 ) 地區之總平均數的資料，而得到改進。

# 多層次模型之 STaTa 實作及解說 ( 新版 mixed, 舊版 xtmixed 指令 )

# 5-1 六步驟來挑選最佳多層次模型 ( 即 HLM)：用 IC 準則來判斷

Multi-level Analysis: Example of measuring"neighborhood effect"of health status Individuals (level I) nested within six neighborhoods (level II).

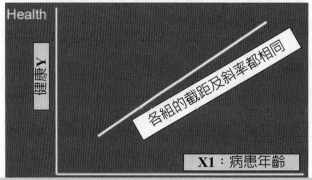

傳統**OLS**做法：固定 **intercept**,固定**slope**模型但忽略**class**(地區)脈絡

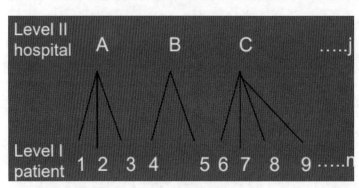

MLM: Conceptual
Example:
☐ 2-level case with a continuous outcome.
☐ Individuals nested within neighborhoods.
☐ J neighborhoods in total and the jth neighborhood has nj people.
☐ $n_j$ do not have to be equal across neighborhoods.
Level I ("within") is individuals. Level II("between")is neighborhoods.

圖 5-1　固定 intercept，固定 slope 模型之示意圖

## 前言

　　歸納起來，常見多層次 (multilevel models) 之設定 / 建模有下列 6 步驟，這 6 種模型都有對應的 STaTa 指令，都會在本章節實作：

### 1 Intercept-only Model (Unconditional Model)

<u>Mixed Model</u>

$$Popular_{ij} = \gamma_{00} + u_{0j} + e_{ij}$$

<u>Hierarchicqal Model</u>

$$Popular_{ij} = \beta_{0j} + e_{1j}$$
$$\beta_{0j} = \gamma_{00} + u_{0j}$$

### 2 Random Intercept with One Fixed Leval-1 Factor (Non-Random Slope)

<u>Mixed Model</u>

$$Popular_{ij} = \gamma_{00} + \gamma_{10}Extrav_{ij} + u_{0j} + e_{ij}$$

<u>Hierarchicqal Model</u>

$$Popular_{ij} = \beta_{0j} + \beta_{1j}Extrav_{ij} + e_{ij}$$
$$\beta_{0j} = \gamma_{00} + u_{0j}$$
$$\beta_{1j} = \gamma_{10}$$

### 3 Random Intercept and Slope for One Level-1 Factor

<u>Mixed Model</u>

$$Popular_{ij} = \gamma_{00} + \gamma_{10}Extrav_{ij} +$$
$$u_{1j}Extrav_{ij} + u_{0j} + e_{ij}$$

<u>Hierarchicqal Model</u>

$$Popular_{ij} = \beta_{0j} + \beta_{1j}Extrav_{ij} + e_{ij}$$
$$\beta_{0j} = \gamma_{00} + u_{0j}$$
$$\beta_{1j} = \gamma_{10} + u_{1j}$$

### 4 Random Slope for Two Level-1 Factors

<u>Mixed Model</u>

$$Popular_{ij} = \gamma_{00} + \gamma_{10}Extrav_{ij} + \gamma_{20}Sex_{ij} + u_{1j}Extrav_{ij} + u_{2j}Sex_{ij} + u_{0j} + e_{ij}$$

<u>Hierarchicqal Model</u>

$$Popular_{ij} = \beta_{0j} + \beta_{1j}Extrav_{ij} + \beta_{2j}Sex_{ij} + e_{ij}$$
$$\beta_{0j} = \gamma_{00} + u_{0j}$$
$$\beta_{1j} = \gamma_{10} + u_{1j}$$
$$\beta_{2j} = \gamma_{20} + u_{2j}$$

### 5 One Level-2 Factor and Two Random Level-1 Factors (No Interactions)

<u>Mixed Model</u>

$$Popular_{ij} = \gamma_{00} + \gamma_{01}Texp_j + \gamma_{10}Extrav_{ij} + \gamma_{20}Sex_{ij} + u_{1j}Extrav_{ij} + u_{2j}Sex_{ij}$$
$$+ u_{0j} + e_{ij}$$

<u>Hierarchicqal Model</u>

$$Popular_{ij} = \beta_{0j} + \beta_{1j}Extrav_{ij} + \beta_{2j}Sex_{ij} + e_{ij}$$
$$\beta_{0j} = \gamma_{00} + \gamma_{01}Texp_j + u_{0j}$$
$$\beta_{1j} = \gamma_{10} + u_{1j}$$
$$\beta_{2j} = \gamma_{20} + u_{2j}$$

### 6 | One Level-2 Factor and Two Random Level-1 Factors with Interaction

Mixed Model

$$Popular_{ij} = \gamma_{00} + \gamma_{01}Texp_j + \gamma_{10}Extrav_{ij} + \gamma_{20}Sex_{ij} + \gamma_{11}Texp_j * Extrav_{ij}$$
$$+ \gamma_{21}Texp_j * Sex_{ij} + u_{1j}Extrav_{ij} + u_{2j}Sex_{ij} + u_{0j} + e_{ij}$$

Hierarchicqal Model

$$Popular_{ij} = \beta_{0j} + \beta_{1j}Extrav_{ij} + \beta_{2j}Sex_{ij} + e_{ij}$$
$$\beta_{0j} = \gamma_{00} + \gamma_{01}Texp_j + u_{0j}$$
$$\beta_{1j} = \gamma_{10} + \gamma_{11}Texp_j + u_{1j}$$
$$\beta_{2j} = \gamma_{20} + \gamma_{21}Texp_j + u_{2j}$$

## 5-1-0 樣本資料檔

範例：mixed, xtmixed 指令

### (一) 問題說明

考量「班級別 class」不同環境下，本例旨在證明：學生好人緣 (Y) 是否受到個體之個性外向、性別、教師年資的影響，而且個體因素與組識因素是否具有交互作用？

研究者蒐集數據並整理成下表，此「popular2.dta」資料檔內容之變數如下：

| 變數名稱 | 說明 | 編碼 Codes/Values |
|---|---|---|
| 依變數：popular | 好人緣 | 0～9.5 |
| 分層變數：class | 班級別 | 1～100 班 |
| 解釋變數：extrav | 個體之個性外向 | 1～10 分 |
| 二元變數：sex | 性別 | 0= 男，1= 女 |
| 解釋變數：texp | 教師年資 | 2～25 年 |

### (二) 資料檔之內容

「popular2.dta」資料檔內容如下圖。

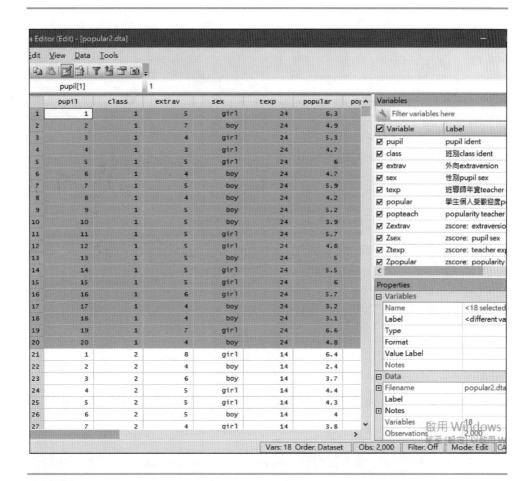

**圖 5-2** 「popular2.dta」資料檔內容 (N=2,000 學生，群組 J= 100 班 )

## 觀察資料之特徵：

```
* 開啟資料檔
. use popular2.dta, clear
. describe popular Ctexp Cextrav Csex texp_extrav texp_sex

              storage   display    value
variable name  type    format     label        variable label
-------------------------------------------------------------------------
popular               double  %10.0g       popular      學生個人受歡迎度 popularity so-
                                                         ciometricscore
```

```
Ctexp              double %10.0g              texp centered
Cextrav            double %10.0g              extrav centered
Csex               double %10.0g              sex centered on .5 (theoretical
                                              value)
texp_extrav        float  %9.0g              交互作用項
texp_sex           float  %9.0g              交互作用項

. sum popular Ctexp Cextrav Csex texp_extrav texp_sex

    Variable |      Obs       Mean    Std. Dev.       Min        Max
-------------+--------------------------------------------------------
     popular |     2000    5.07645    1.382522          0        9.5
       Ctexp |     2000    9.95e-17   6.551816    -12.263     10.737
     Cextrav |     2000    1.42e-16   1.262368     -4.215      4.785
        Csex |     2000      .0055    .5000948        -.5         .5
 texp_extrav |     2000  -3.196545    9.632659  -58.67846   32.99554
    texp_sex |     2000   .2380535    3.267243    -6.1315     6.1315
```

## 5-1-1 Step 1：零模型 (intercept-only-model, unconditional model)

零模型又稱無條件平均數模型 (unconditional means model)。在進行多層次模型分析前，應先檢視 Level-2 的分析單位在依變數上的變異是否具有組間異質性，俾利選擇適當的統計分析策略進行分析 (Singer & Willett, 2003)。因此，第一步先針對無條件平均數模型進行分析，評估組內變異 (within-group variability) 與組間變異 (between-group variability) 的情形，當零模型分析資料得 ICC>12% 具有跨組高相關時，則巢狀的資料結構所帶來的影響必須納入估計 (Luke, 2004)。

$$ICC = \frac{\text{group (level-2) variance}}{\text{level-2 variance} + \text{level-1 variance}}$$

無條件平均數模型無論就 Level-1 或 Level-2 都未納入任何解釋變數，其目的是對依變數 Y 的變異數進行拆解，並針對 Level-2 分析單位內的個體相依程度進行估計。

若你在 STaTa「mixed Y *無解釋變數* || class: *無隨機斜率*」指令中，都無界定

任何解釋變數 X 或 Z，且無界定「*無隨機斜率*」變數，則此雙層次模型即屬於零模型 (null model)。以結果變數 $Y_{ij}$ 之好人緣 (popular) 為例，其階層模型及混合模型如下圖。

---

定義：混合效果

　　　混合效果＝固定效果＋隨機效果

固定效果 (fixed effect) 是所有組中效果都相同 (which are the same in all groups)。

隨機效果 (random effect) 是各組之間的隨機呈現效果 ( 都不同 )(which vary across groups)。

在混合模型 (mixed models) 中，每個 levels 都很明確存在隨機和系統 ( 固定 ) 效果。

---

**Step 1** ｜Model 1｜：零模型 (intercept-only-model, unconditional model)

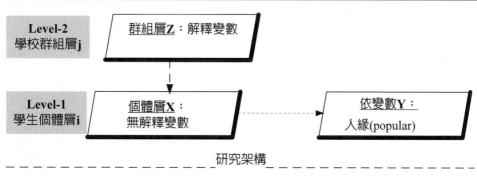

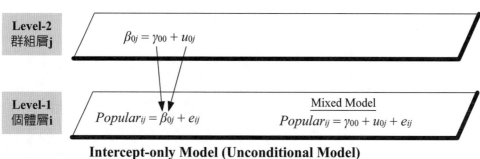

**Intercept-only Model (Unconditional Model)**

圖 5-3 Model 1：零模型 (intercept-only-model)

---

Mixed Model

$Popular_{ij} = \gamma_{00} + u_{0j} + e_{ij}$

Hierarchicqal Model

$Popular_{ij} = \beta_{0j} + e_{ij}$

$\beta_{0j} = \gamma_{00} + u_{0j}$

Stata指令:
. **use** popular2.dta, clear
. **mixed** popular || class:, **reml**
*班級別：class變數
*舊版Stata v12，只能限用下列xtmixed指令，新版Stata v15才可用上列mixed指令
. **xtmixed** popular || class: , variance **reml**

---

**圖 5-3** Model 1：零模型 (intercept-only-model)( 續 )

僅截距模型 **(intercept-only model) (unconditional model)** 如下：

Mixed Model

$Popular_{ij} = \gamma_{00} + u_{0j} + e_{ij}$

Hierarchicqal Model

$Popular_{ij} = \beta_{0j} + e_{ij}$

$\beta_{0j} = \gamma_{00} + u_{0j}$

Model 1 ：零模型之指令及結果

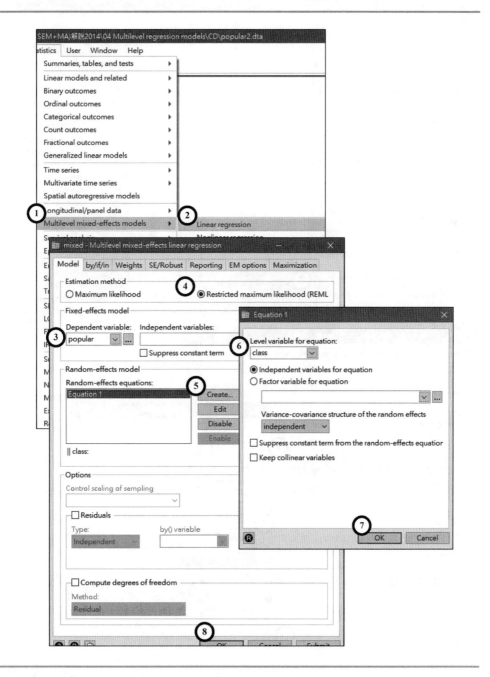

圖 5-4 「mixed popular ‖ class：, reml」指令之畫面

註：「mixed ‖」之間無自變數且「‖ calss:」無隨機斜率之變數，即零模型。

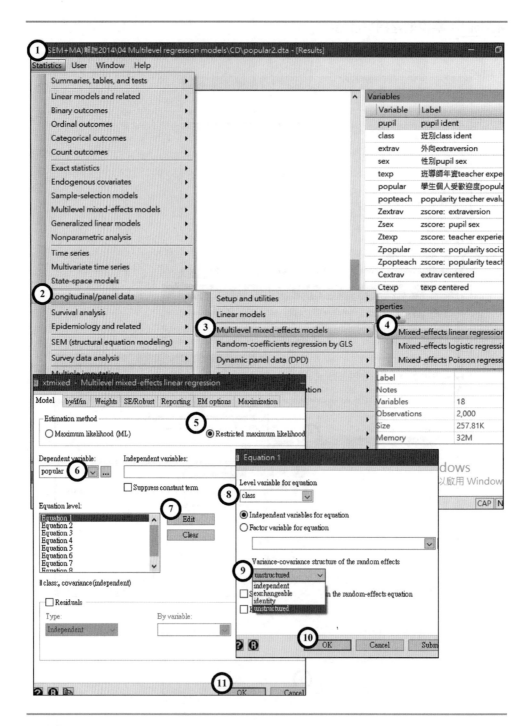

**圖 5-5** 「xtmixed popular ‖ class：, variance reml」指令之畫面

```
* 開啟資料檔
. use popular2.dta, clear
. mixed popular || class:, reml
* 舊版 STaTa v12，只能限用下列 xtmixed 指令，新版 STaTa v15 才可用上列 mixed 指令
* 班級別：class 變數來分群組
*「xtmixed ||」之間無自變數且「|| calss:」無隨機斜率之變數，即零模型。
. xtmixed popular || class: , variance reml
```

```
Performing EM optimization:

Performing gradient-based optimization:

Iteration 0:    log restricted-likelihood = -3165.2548
Iteration 1:    log restricted-likelihood = -3165.2548

Computing standard errors:
Mixed-effects REML regression            Number of obs    =      2,000
Group variable: class                    Number of groups =        100

                                         Obs per group:
                                                        min =         16
                                                        avg =       20.0
                                                        max =         26

                                         Wald chi2(0)     =          .
Log restricted-likelihood = -3165.2548   Prob > chi2      =          .

--------------------------------------------------------------------------
    popular |     Coef.   Std. Err.     z    P>|z|   [95% Conf. Interval]
------------+-------------------------------------------------------------
      _cons |   5.07786   .0873945   58.10   0.000    4.90657     5.24915
--------------------------------------------------------------------------


--------------------------------------------------------------------------
Random-effects Parameters  |  Estimate   Std. Err.    [95% Conf. Interval]
---------------------------+----------------------------------------------
```

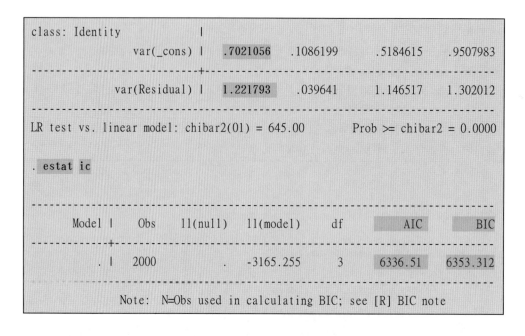

```
class: Identity            |
              var(_cons) |   .7021056    .1086199      .5184615     .9507983
-------------------------+------------------------------------------------------
           var(Residual) |   1.221793    .039641       1.146517    1.302012
-------------------------+------------------------------------------------------
LR test vs. linear model: chibar2(01) = 645.00           Prob >= chibar2 = 0.0000

. estat ic


------------------------------------------------------------------------------
     Model |    Obs    ll(null)   ll(model)      df          AIC          BIC
-----------+------------------------------------------------------------------
         . |   2000         .     -3165.255      3       6336.51     6353.312
------------------------------------------------------------------------------
         Note:  N=Obs used in calculating BIC; see [R] BIC note
```

### 結果與討論：

1. 模型一：無條件平均數模型 ( 零模型 )

   本例之 HLM 分析結果之摘要表如下：

| 固定效果<br>(Fixed Effects) | 估計值<br>(Estimate) | 標準誤<br>(St. Error) | Z 值<br>(z-stat) | p 值<br>(p-value) |
|---|---|---|---|---|
| 截距 (Intercept ($\gamma_{00}$)) | 5.078 | 0.087 | 58.1 | < 0.001 |

| 變異數成分<br>(Variance Components) | 估計值<br>(Estimate) | 標準誤<br>(St. Error) | | |
|---|---|---|---|---|
| 殘差 (Residual ($e_{ij}$)) | 1.221 | 0.040 | | |
| 截距 (Intercept ($u_{0j}$)) | 0.702 | 0.109 | | |

因為上面摘要表中，所有迴歸係數之顯著性檢定 ( z 值 ) 都達顯著水準 (p<0.05)，表示你界定的本模型獲得支持。

2. 無條件平均數模型之結果顯示，$u_{0j}$ 的變異數估計值經考驗後達顯著水準 (Var($u_{0j}$) = 0.702)，標準誤 SE = 0.109, p<0.05)，顯示各校 ( 小群組 ) 學生 ( 個體 ) 的學習情緒 ( 依變數 ) 平均數是不同的。

3. Intraclass Correlation Coefficient (ICC)：$\rho$

Level-1 沒有任何解釋變數 X 時，其依變數為：

$$Y_{ij} = \beta_{0j} + e_{ij}$$

Level-2 沒有任何解釋變數 X 時，其依變數為：

$$\beta_{0j} = \gamma_{00} + u_{0j}$$

上面二個式子，可混合為一：

$$Y_{ij} = \gamma_{00} + u_{0j} + e_{ij}$$

上式變異數可分解成二個獨立部分：低層次之誤差 $e_{ij}$ 的變異數 $\sigma_e^2$；高層次之誤差 $u_{0j}$ 的變異數 $\sigma_{u0}^2$。那麼跨群組相關 (intraclass correlation) $\rho$ 為：

本例，$\rho = \dfrac{\sigma_{u0}^2}{\sigma_{u0}^2 + e_e^2} = \dfrac{0.702}{0.702 + 1.221} = 36.52\%$，遠高 ICC 臨界值 12%，故本例應採 HLM，而捨棄單層次固定效果之 OLS 迴歸。

總之，$\rho$ 為母群中，可被分群解釋變異的比例。即群組層次變異占全體變異的比例。本例 ICC = 36.52%，顯示個體在依變數的差異約有 36.52% 的變異是由小群組間 ( 校際 ) 的差異所造成的。由於組內相關會使得模型估計時會產生較大的型 I 錯誤 (Raudenbush & Bryk, 2002; Singer, 1998)，顯示本研究所採用的實證資料需要以多層次模型進行分析。

---

**補充說明**：**迴歸模型之適配度指標**：IC

1. R square 代表的是一個迴歸模型的解釋能力，假設某一線性迴歸之決定係數 R Square = 0.642，即 $R^2 = 0.642$，表示此模型的解釋能力高達 64.2%。

2. AIC (Akaike Information Criterion) 屬於一種判斷任何迴歸 (e.g 時間序列模型 ) 是否恰當的訊息準則，一般來說數值愈小，線性模型的適配較好。二個敵對模型優劣比較，是看誰的 IC 指標小，那個模型就較優。

   AIC = $T \times Ln(SS_E) + 2k$

   BIC = $T \times Ln(SS_E) + k \times Ln(T)$

3. BIC (Bayesian information criterion) 亦屬於一種判斷任何迴歸是否恰當的訊息準則，一般來說數值愈小，線性模型的適配較好。但較少有研究者用它。

4. 判定係數 $R^2$、AIC 與 BIC，雖然是幾種常用的準則，但是卻沒有統計上所要求的『顯著性』。故 LR test( 概似比 ) 就出頭天，旨在比對兩個模型 ( 如 HLM vs. 單層固定效果 OLS) 是否顯著的好。

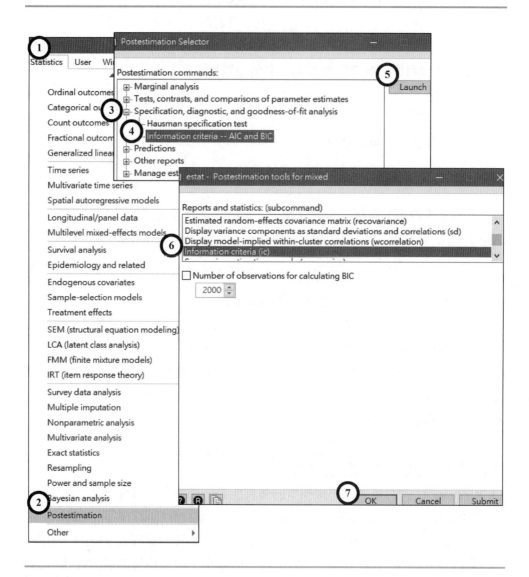

圖 5-6 「estat ic」事後指令之畫面

註：Statistics > Postestimation > Reports and statistics

## 5-1-2 Step 2：Level-1 單因子之隨機截距模型 ( 無隨機斜率 $u_{1j}$)

### 一、多層次模型之型態 (type) 可概分成三種

**1. 隨機截距模型** (random intercepts model)：Intercepts as Outcomes

隨機截距模型就是允許各小組的截距是變動的，但斜率保持固定不動。因此，依變數在每個個體的預測值是來自不同群組的截距，且斜率保持固定不動的。

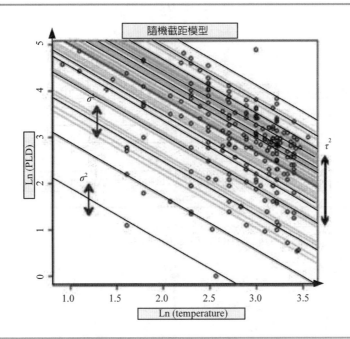

**圖 5-7** Random Intercept 示意圖：溫度 (temperature) 對浮游幼蟲持續時間 (planktonic larval duration, PLD) 的影響 (Intercepts as Outcomes)

隨機截距模型 (random intercepts model) 是 STaTa 之 mixed、xtmixed、menl…等指令的內定估計法。

**2. 隨機斜率模型** (random slopes model)：Slopes as Outcomes

隨機斜率模型就是允許各小組的斜率是變動的，但截距保持固定不動。因此，依變數在每個個體的預測值是來自不同群組的斜率，且截距保持固定不動

的。

3. 隨機截距且隨機斜率模型 (random intercepts and slopes model)，又稱隨機係
數模型：Slopes and Intercepts as Outcomes

此模型包含：隨機截距、隨機斜率模型兩者特性，雖然它是最複雜，但卻
最眞實 (realistic)。

## 二、隨機截距 vs. 隨機斜率

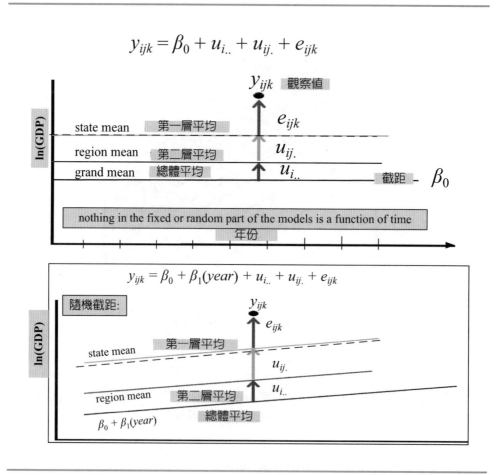

**圖 5-8** Random intercept model vs. Random slope models 示意圖二 ( 存在 "**Random intercept models.do**" 指令檔 )

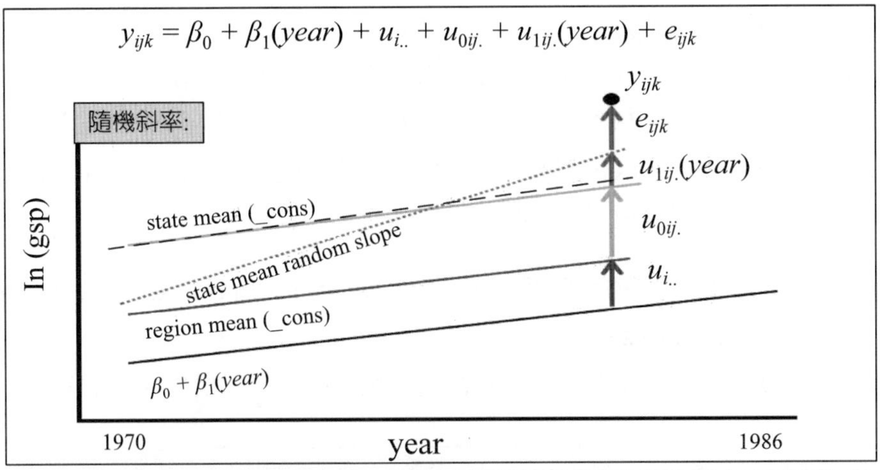

$$y_{ijk} = \beta_0 + \beta_1(year) + u_{i..} + u_{0ij.} + u_{1ij.}(year) + e_{ijk}$$

```
Sata指令mixed,內定為隨機截距:存在 "Random intercept models.do" 指令檔
. use http://www.stata-press.com/data/r12/productivity.dta
*隨機截距模型
. xtmixed gsp year, || region: || state:
*或 . mixed gsp year, || region: || stat:
*隨機斜率模型
* year先中心化
. gen cyear = year - 1978
. xtmixed gsp cyear, || region: || state: cyear, variance cov(un) reml
```

**圖 5-8** Random intercept model vs. Random slope models 示意圖二 ( 存在 "**Random intercept models.do**" 指令檔 )( 續 )

註：Random intercept model 是 Intercepts as Outcomes
註：Random slope models 是 Slopes as Outcomes

## 三、本例：隨機截距模型 (Intercepts as Outcomes)

　　HLM 是把個體層級迴歸式中之截距項及斜率項當作總體層級之依變數，因此可考慮總體層級誤差項帶來之影響，並以隨機效果 (random effect) 估計個體層級之截距項及斜率項，檢視其殘差之變異數是否顯著，若為顯著則表示個體層級 ( 下層 ) 之截距項及斜率項受總體層級 ( 上層 ) 變數之階層性影響。

　　本模型是「納入個體層次解釋變數，惟將斜率視為固定係數」，它以「平均數為結果的迴歸模型」為基礎，在個體層次模型中 X1、X2、X3 及 X4…等解釋變數，據以解釋同一群組內個體在依變數上的個別差異 ( 即組內變異 )。值得注意的是，本例將所有 Level-1 解釋變數的效果視為隨機截距，亦即四個解釋變

數對依變數的影響不會隨著小群組的不同而有所變化，換言之，即假定 N 個群組的個人層次解釋變數對依變數 Y 的影響關係是一致的。

若你在 STaTa「mixed Y X || class: 無隨機斜率之變數」指令中，只有界定一個解釋變數 X，且 無隨機斜率之變數 ( 即 Level-2：無斜率項 $u_{1j}$ 來預測 $\beta_{1j}$ )，則此雙層次模型即屬於單因子 隨機截距 模型。以結果變數 $Y_{ij}$ 之好人緣 (popular) 為例，其階層模型及混合模型如下圖。

**Step 2** Model 2: 隨機截距模型 (random intercept with on fixed Level-1 factor (non-random slope))

傳統，OLS 所採用的迴歸式即為固定截距、固定斜率模型，如下圖：

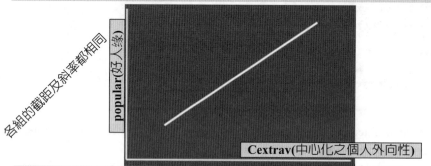

Multi-level Analysis: Example of measuring "class(班級) effect" of popular(好人緣) status Individuals (level I) nested within class(班級) (level II).

各組的截距及斜率都相同

popular(好人緣)

Cextrav(中心化之個人外向性)

傳統**OLS**做法：固定 **intercept,**固定**slope**模型–忽略**class**(各縣市)脈絡

圖 5-9 Fixed intercept, Fixed slope Model 示意圖二 ( 傳統單層次之 OLS 法就屬此種模型 )

本例，你若模型界定為隨機截距模型，其「**Intercepts as Outcomes**」如下圖：

Multi-level Analysis: Example of measuring "class(班級) effect" of popular(好人緣) status Individuals (level I) nested within class(班級) (level II).

**Random Intercepts, Fixed Slopes (Coefficients)**

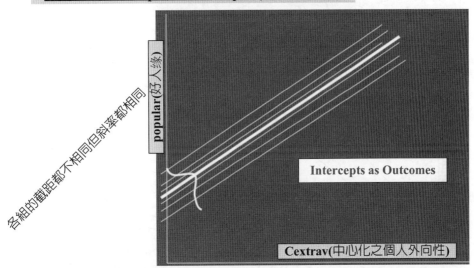

Stata指令:隨機截距(固定斜率)
. use popular2.dta, clear
*mean()函數先求全體平均數，gen指令再求離均差(即Xij-mean)並存至C開頭變數
. egen avg_sex = mean(sex)
. gen Csex = sex- avg_sex
. egen avg_extrav = mean(extrav)
. gen **Cextrav** = extrav- avg_extrav
*班級別：class變數
. mixed popular Cextrav || class: , variance cov(un) reml
*舊版Stata v12，只能限用下列xtmixed指令，新版Stata v15才可用上列mixed指令
. xtmixed popular **Cextrav** || class: , variance cov(un) reml

圖 5-10　Random Intercepts, Fixed Slopes (Coefficients)示意圖二 (Intercepts as Outcomes)

註：上式「mixed⋯|| class」區間為混合模型；「|| class：」之後，宣告隨機斜率之變數無，故採用 STaTa 內定值為隨機截距 (Intercepts as Outcomes)。

　　本例，你若模型界定為隨機截距及隨機斜率模型，其「Slopes and Intercepts as Outcomes」如下圖：

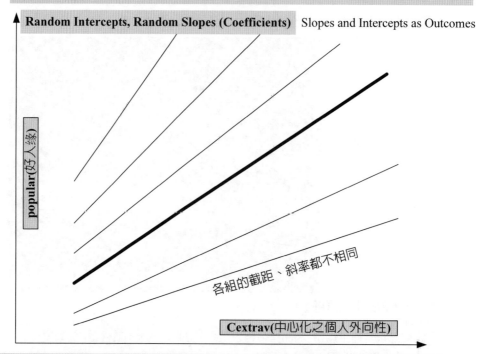

Multi-level Analysis: Example of measuring"class(班級) effect" of popular(好人緣) status Individuals (level I) nested within class(班級) (level II).

**Random Intercepts, Random Slopes (Coefficients)** Slopes and Intercepts as Outcomes

popular(好人緣)

各組的截距、斜率都不相同

**Cextrav(中心化之個人外向性)**

**Stata**指令:隨機截距且隨機斜率模型
. use popular2.dta, clear
*mean()函數先求全體平均數，gen指令再求離均差(即Xij-mean)並存至C開頭變數
. egen avg_sex = mean(sex)
. gen Csex = sex- avg_sex
. egen avg_extrav = mean(extrav)
. gen Cextrav = extrav- avg_extrav
*班級別：class變數
. **mixed** popular **Cextrav**, || class: **Cextrav**, covariance(**un**structured) **reml**
*舊版Stata v12，只能限用下列xtmixed指令，新版Stata v15才可用上列mixed指令
. **xtmixed** popular **Cextrav** || class: **Cextrav** , variance cov(**un**) **reml**

**圖 5-11** Random Intercepts, Random Slopes (Coefficients) 示意圖二 (Slopes and Intercepts as Outcomes)

註：上式「mixed…|| class」區間為混合模型；「|| class：」之後，宣告Cextrav為隨機斜率變數。

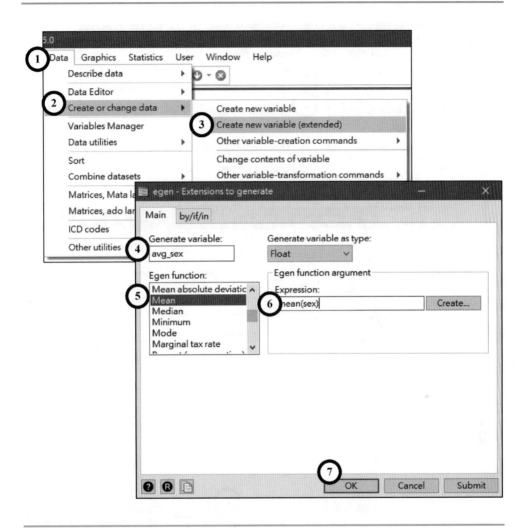

**圖 5-12** 離均差「中心化 (centering)」Step1：「egen avg_sex = mean(sex)」指令之畫面

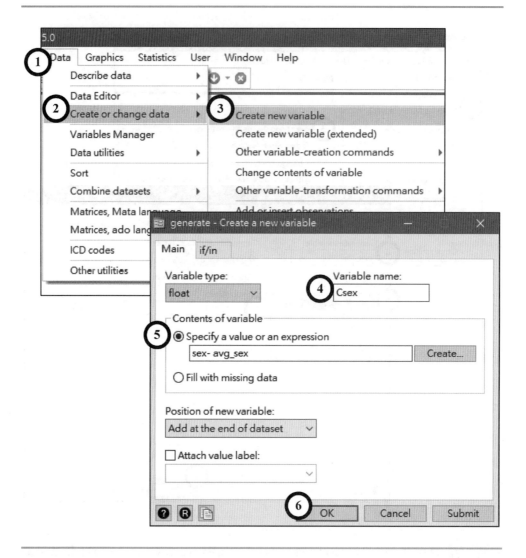

圖 5-13 離均差「中心化 (centering)」Step2：「gen Csex = sex- avg_sex」指令之畫面

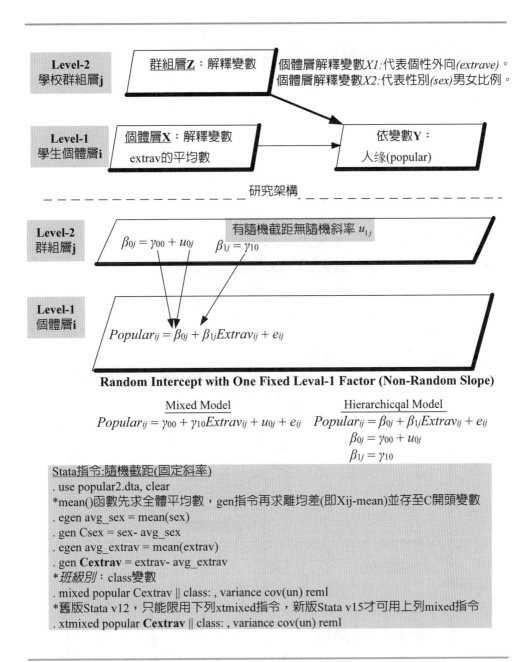

**Random Intercept with One Fixed Leval-1 Factor (Non-Random Slope)**

Mixed Model

$Popular_{ij} = \gamma_{00} + \gamma_{10}Extrav_{ij} + u_{0j} + e_{ij}$

Hierarchicqal Model

$Popular_{ij} = \beta_{0j} + \beta_{1j}Extrav_{ij} + e_{ij}$

$\beta_{0j} = \gamma_{00} + u_{0j}$

$\beta_{1j} = \gamma_{10}$

Stata指令:隨機截距(固定斜率)
. use popular2.dta, clear
*mean()函數先求全體平均數，gen指令再求離均差(即Xij-mean)並存至C開頭變數
. egen avg_sex = mean(sex)
. gen Csex = sex- avg_sex
. egen avg_extrav = mean(extrav)
. gen **Cextrav** = extrav- avg_extrav
*班級別：class變數
. mixed popular Cextrav || class: , variance cov(un) reml
*舊版Stata v12，只能限用下列xtmixed指令，新版Stata v15才可用上列mixed指令
. xtmixed popular **Cextrav** || class: , variance cov(un) reml

圖 5-14　Model 2：Random Intercept with on Fixed Level-1 Factor(Non-Random Slope)
(Intercepts as Outcomes)

**489**

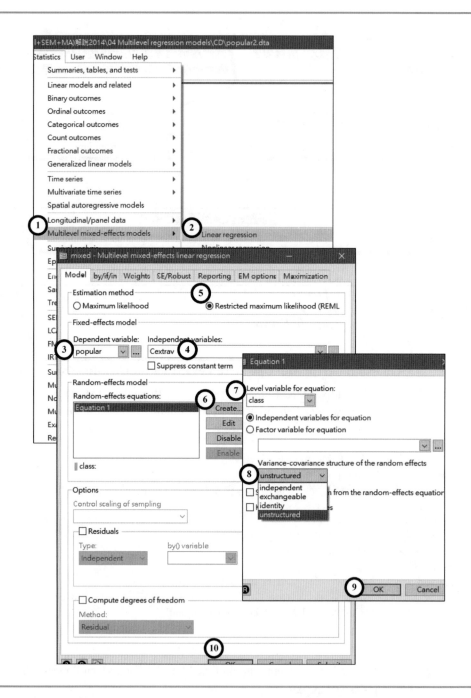

**圖 5-15** 「mixed popular Cextrav ‖ class：, cov(un) reml」指令之畫面 (Intercepts as Outcomes)

註：上式「mixed…‖ class」區間為混合模型；「‖ class：」之後，宣告隨機斜率之變數沒有。
註：「cov(un)」宣告隨機效果之「變異數─共變數」V-C 結構為 unstructure.

補充：校正誤差「變異數—共變數」V-C 結構

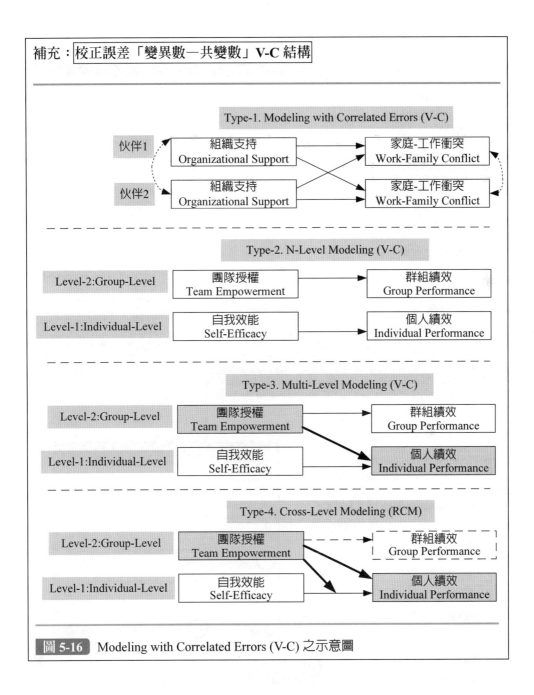

圖 5-16 Modeling with Correlated Errors (V-C) 之示意圖

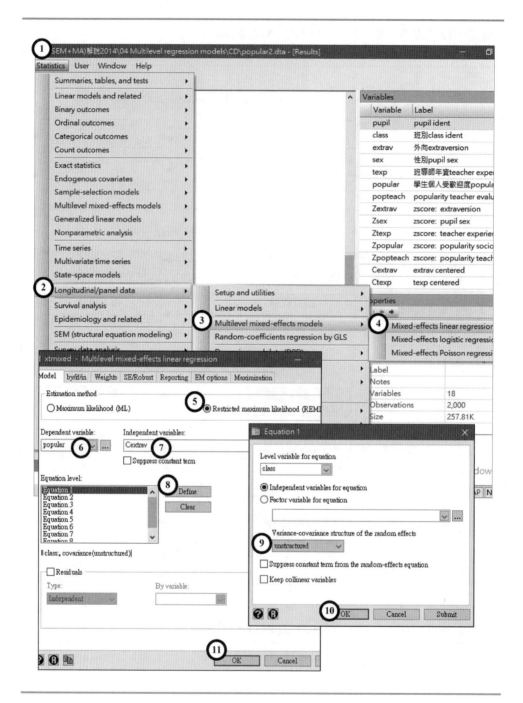

**圖 5-17** 「xtmixed popular Cextrav ‖ class：, variance cov(un) reml」指令之畫面 (Intercepts as Outcomes)

註：上式「xtmixed…‖ class」區間為混合模型；「‖ class」之後，宣告隨機斜率之變數沒有。

Model 2：Level-1 單因子之隨機截距模型之指令及結果

```
* 開啟資料檔
. use popular2.dta, clear
*mean() 函數先求全體平均數，gen 指令再求離均差 ( 即 Xij-mean) 並存至 C 開頭變數
. egen avg_sex = mean(sex)
. gen Csex = sex- avg_sex
. egen avg_extrav = mean(extrav)
. gen Cextrav = extrav- avg_extrav

* 班級別：class 變數來分群組。
*「cov(un)」宣告隨機效果之「變異數 - 共變數」V-C 結構為 unstructre.
. mixed popular Cextrav || class: , cov(un) reml
* 舊版 STaTa v12，只能限用下列 xtmixed 指令，新版 STaTa v15 才可用上列 mixed 指令
. xtmixed popular Cextrav || class: , variance cov(un) reml
```

```
. mixed popular Cextrav || class: , variance cov(un) reml

Note: single-variable random-effects specification in class equation; covari-
ance structure set to identity

Performing EM optimization:

Performing gradient-based optimization:

Iteration 0:   log restricted-likelihood = -2916.3193
Iteration 1:   log restricted-likelihood = -2916.3193

Computing standard errors:

Mixed-effects REML regression          Number of obs    =      2,000
Group variable: class                  Number of groups =        100

                                       Obs per group:
                                                    min =         16
                                                    avg =       20.0
                                                    max =         26

                                       Wald chi2(1)     =     582.30
Log restricted-likelihood = -2916.3193 Prob > chi2      =     0.0000
```

```
-------------------------------------------------------------------------------
    popular |    Coef.   Std. Err.      z    P>|z|    [95% Conf. Interval]
------------+------------------------------------------------------------------
    Cextrav |  .4863088    .020153    24.13   0.000    .4468097    .525808
      _cons |  5.078238   .0942088    53.90   0.000    4.893592   5.262884
-------------------------------------------------------------------------------


-------------------------------------------------------------------------------
  Random-effects Parameters  |   Estimate   Std. Err.    [95% Conf. Interval]
-----------------------------+-------------------------------------------------
class: Identity              |
                var(_cons)   |  .8405514   .1266051     .625684    1.129207
-----------------------------+-------------------------------------------------
              var(Residual)  |  .9303848   .0301988    .8730395    .9914967
-------------------------------------------------------------------------------
LR test vs. linear model: chibar2(01) = 938.55        Prob >= chibar2 = 0.0000
```

* 求本模型適配度之 IC 指標
. estat ic

```
-------------------------------------------------------------------------------
       Model |    Obs    ll(null)   ll(model)     df        AIC        BIC
-------------+-----------------------------------------------------------------
           . |   2000         .     -2916.319      4     5840.639   5863.042
-------------------------------------------------------------------------------
              Note:  N=Obs used in calculating BIC; see [R] BIC note
```

**結果與討論：**

1. 零模型結果顯示各小群組 ( 各校 ) 在依變數 ( 好人緣 ) 的平均數上具有組間異質性 (between-group heterogeneity)($\tau_{00}$ 顯著地異於 0)，爲釐清造成依變數在各小群組間差異的原因，因此本例在隨機截距模型的 Level-2 中納入 1 個總平減之解釋變數 ( 外向個性 cextrav)。結果顯示，$\gamma_{10} = 0.486$ (p<0.05)，表示假設各小群組的截距都不同時，Level-1 解釋變數 ( 外向個性 cextrav) 係可顯著預測依變數 y( 好人緣 )。

本例，隨機截距模型 (Intercepts as Outcomes)，分析結果之 HLM 摘要表如下：

| Fixed Effects | Estimate | St. Error | z-stat | p-value |
|---|---|---|---|---|
| Intercept ($\gamma_{00}$) | 5.078 | 0.094 | 53.9 | < 0.001 |
| Extraversion ($\gamma_{10}$) | 0.486 | 0.020 | 24.1 | < 0.001 |

| Variance Components | Estimate | St. Error |
|---|---|---|
| Residual ($e_{ij}$) | 0.930 | 0.030 |
| Intercept ($u_{0j}$) | 0.841 | 0.127 |

因爲上面摘要表中，所有迴歸係數之顯著性檢定 (z 值 ) 都達顯著水準 (p<0.05)，表示你界定的本模型獲得支持。

2. 本模型，隨機截距模型，Level-2 代入 Level-1 之混合模型 (mixed model) 之迴歸式爲：

$$popular_{ij} = \gamma_{00} + \gamma_{10}extrav_{ij} + u_{0j} + e_{ij}$$

$$popular_{ij} = 5.078 + 0.486extrav_{ij} + 0.841 + 0.930$$

3. 本模型 Level-2 組合 Level-1 之階層模型 (hierarchical model) 之迴歸式爲：

$$popular_{ij} = \beta_{0j} + \beta_{1j}extrav_{ij} + e_{ij}$$

$$\beta_{0j} = \gamma_{00} + u_{0j}$$

$$\beta_{1j} = \gamma_{10} + u_{1j}$$

4. 上式混合模型，還原離均差 ( 中心化，centering) 之後，原始混合模型爲：

$$popular_{ij} = \gamma_{00} + \gamma_{10}(X1_{ij} - \overline{X1}) + u_{0j} + e_{ij}$$

$$popular_{ij} = 5.078 + 0.486(X1_{ij} - \overline{X1}) + 0.841 + 0.930$$

其中，個體層解釋變數 X1 代表好人緣 (popular)。

5. 「Level-1 單因子之隨機截距模型」適配好壞之 AIC 指標 = 5840.639，比「零模型」AIC 指標 6336.51 小，表示「Level-1 單因子之隨機截距模型」比較優。

## 5-1-3 Step 3：Level-1 單因子之隨機截距且隨機斜率模型 (slopes and intercepts as outcomes)

「隨機截距且隨機斜率模型」旨在檢驗「隨機斜率模型」中，納入的個體層次解釋變數的斜率是否爲隨機係數，亦即探討個體層解釋變數們 (X1、X2、X3、X4) 對依變數 Y 的影響是否隨小群組的不同而變化。故在 Level-1 各解釋

變數的效果為一常數項加上隨機效果項 ( 如 $u_{1j}$、$u_{2j}$、$u_{3j}$、$u_{4j}$)，會隨著小群組的不同而有所變化。當隨機效果的非條件變異數 ($\tau_{11}$、$\tau_{22}$、$\tau_{33}$、$\tau_{44}$) 未達顯著時，則表示其所對應的個體層次解釋變數的效果為固定效果。當 Level-1 的斜率為隨機效果時，嗣後則需要在 Level-2 模型中納入脈絡變數以解釋其變異。由此可知，「隨機截距且隨機斜率模型」的分析結果將有助於最終模型參數之設定。

**Step 3** | Model 3: random intercept and slope for one Level-1 factor

假如你在 STaTa「mixed Y X || class: Z」指令中，所界定的解釋變數 X，亦充當 Level-2 群組層次之解釋變數 Z( 即 Level-2：有斜率項 $u_{1j}$ 來預測 $\beta_{1j}$)，則此雙層次模型即屬於單因子有隨機斜率模型。以結果變數 $Y_{ij}$ 之好人緣 (popular) 為例，其階層模型及混合模型如下圖。

假設 Level-1 個體層次之一個解釋變數「X1」中心化 (centering) 後，其離均差之變數變換「$(X1_{ij} - \overline{X1})$」亦充當 Level-2 群組層次之一個解釋變數「$(Z1_{ij} - \overline{Z1})$」。因只有一個解釋變數，故不存在二個解釋變數之交互作用項「$(X1_{ij} - \overline{X1}) \times (Z1_{ij} - \overline{Z1})$、$(X2_{ij} - \overline{X2}) \times (Z2_{ij} - \overline{Z2})$」，且交互作用項都無納入混合模型，則此雙層次模型即屬於單因子隨機斜率模型。以結果變數 $Y_{ij}$ 之好人緣 (popular) 為例，其階層模型及混合模型如下圖：

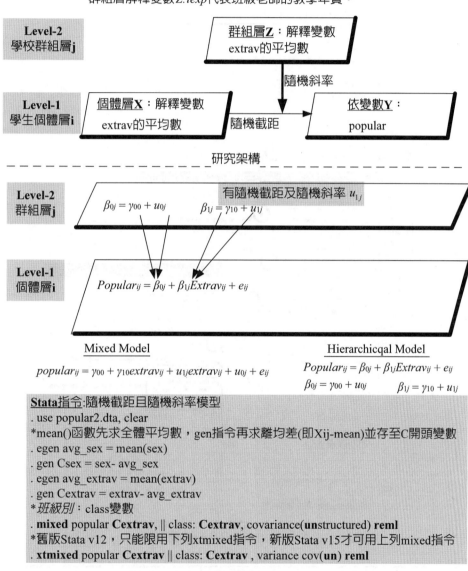

個體層解釋變數*X1*:代表個性外向*(extrave)*。
個體層解釋變數*X2*:代表性別*(sex)*男女比例。
群組層解釋變數*Z:texp*代表班級老師的教學年資。

**Level-2**
**學校群組層j**

群組層**Z**:解釋變數
extrav的平均數

隨機斜率

**Level-1**
**學生個體層i**

個體層**X**:解釋變數
extrav的平均數

隨機截距

依變數**Y**:
popular

研究架構

**Level-2**
**群組層j**

有隨機截距及隨機斜率 $u_{1j}$

$\beta_{0j} = \gamma_{00} + u_{0j}$  $\beta_{1j} = \gamma_{10} + u_{1j}$

**Level-1**
**個體層i**

$Popular_{ij} = \beta_{0j} + \beta_{1j}Extrav_{ij} + e_{ij}$

Mixed Model

$popular_{ij} = \gamma_{00} + \gamma_{10}extrav_{ij} + u_{1j}extrav_{ij} + u_{0j} + e_{ij}$

Hierarchicqal Model

$Popular_{ij} = \beta_{0j} + \beta_{1j}Extrav_{ij} + e_{ij}$

$\beta_{0j} = \gamma_{00} + u_{0j}$  $\beta_{1j} = \gamma_{10} + u_{1j}$

**Stata指令**:隨機截距且隨機斜率模型
. use popular2.dta, clear
*mean()函數先求全體平均數,gen指令再求離均差(即Xij-mean)並存至C開頭變數
. egen avg_sex = mean(sex)
. gen Csex = sex- avg_sex
. egen avg_extrav = mean(extrav)
. gen Cextrav = extrav- avg_extrav
*班級別:class變數
. **mixed** popular **Cextrav**, || class: **Cextrav**, covariance(**unstructured**) **reml**
*舊版Stata v12,只能限用下列xtmixed指令,新版Stata v15才可用上列mixed指令
. **xtmixed** popular **Cextrav** || class: **Cextrav** , variance cov(**un**) **reml**

**圖 5-18** Model 3:Random Intercept and Slope for One Level-1 Factor (Slopes and Intercepts as Outcomes)

**497**

Model 3：Level-1 單因子之隨機截距且隨機斜率模型之指令及結果

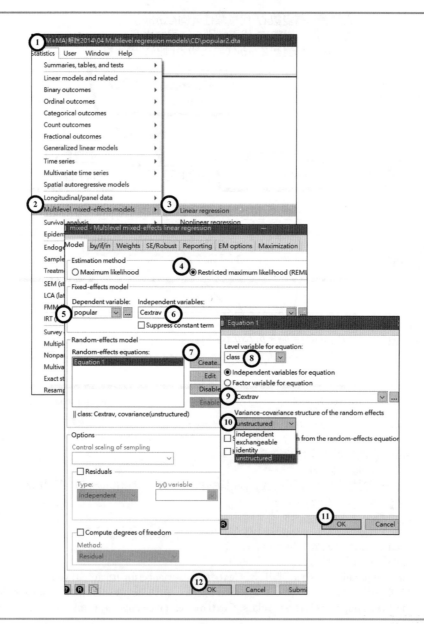

圖 5-19 「**mixed** popular **Cextrav**, ‖ class：**Cextrav**, covariance(**un**structured) **reml**」指令之畫面 (Slopes and Intercepts as Outcomes)

註：上式「mixed…‖ class」區間為混合模型；「‖ class」之後，宣告隨機斜率之變數有一個 Cextrav。並無隨機截距之自變數。故為隨機斜率模型。

註：「covariance(**un**structured)」宣告隨機效果之誤差「變異數—共變數」V-C 結構為 **un**structured.

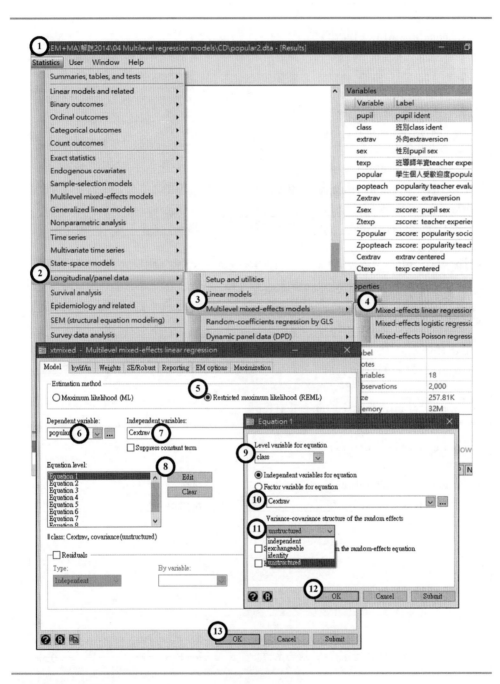

**圖 5-20** 「xtmixed popular **Cextrav** ‖ class：**Cextrav** , variance cov(un) reml」指令之
畫面 (Slopes and Intercepts as Outcomes)

註：上式「xtmixed…‖ class」區間為混合模型；「‖ class」之後，宣告隨機斜率之變數有一
個 Cextrav。

註：「**cov**(un)」宣告隨機效果之「變異數—共變數」V-C 結構為 unstructure.

```
* 開啟資料檔
. use popular2.dta, clear
*mean() 函數先求全體平均數，gen 指令再求離均差 ( 即 Xij-mean) 並存至 C 開頭變數
. egen avg_sex = mean(sex)
. gen Csex = sex- avg_sex
. egen avg_extrav = mean(extrav)
. gen Cextrav = extrav- avg_extrav


* 班級別：class 變數來分群組
*「|| class:」後面宣告 Cextrav 為隨機斜率，無變數為隨機截距
. mixed popular Cextrav, || class: Cextrav, covariance(unstructured) reml
* 上式「mixed…|| class」區間為混合模型；「|| class」之後，宣告隨機斜率之變數
有一個 Cextrav。
* 舊版 STaTa v12，只能限用下列 xtmixcd 指令，新版 STaTa v15 才可用上列 mixed 指令
. xtmixed popular Cextrav || class: Cextrav , variance cov(un) reml
* 上式「xtmixed…|| class」為混合模型；「|| class」之後，宣告隨機斜率之變數有一
個 Cextrav.
```

---

```
. mixed popular Cextrav, || class: Cextrav, covariance(unstructured) reml
Performing EM optimization:

Performing gradient-based optimization:

Computing standard errors:

Mixed-effects REML regression                   Number of obs     =      2,000
Group variable: class                           Number of groups  =        100

                                                Obs per group:
                                                              min =         16
                                                              avg =       20.0
                                                              max =         26

                                                Wald chi2(1)      =     374.79
Log restricted-likelihood = -2889.6972          Prob > chi2       =     0.0000

------------------------------------------------------------------------------
   popular |      Coef.   Std. Err.      z    P>|z|     [95% Conf. Interval]
-----------+------------------------------------------------------------------
```

```
    Cextrav |   .4928572     .025458    19.36    0.000     .4429604    .5427539
      _cons |   5.031273    .0970219    51.86    0.000     4.841114    5.221433
------------------------------------------------------------------------------


------------------------------------------------------------------------------
Random-effects Parameters  |   Estimate   Std. Err.    [95% Conf. Interval]
---------------------------+--------------------------------------------------
class: Unstructured         |
            var(Cextrav) |   .0259923    .0092448     .0129448    .0521909
              var(_cons) |    .891818    .1350813     .6627458    1.200067
        cov(Cextrav,_cons) |  -.1343068    .0283365    -.1898452   -.0787684
---------------------------+--------------------------------------------------
            var(Residual) |    .894916    .0298433     .8382947    .9553617
------------------------------------------------------------------------------
LR test vs. linear model: chi2(3) = 991.79             Prob > chi2 = 0.0000

Note: LR test is conservative and provided only for reference.
```

* 求本模型適配 IC 指標
. estat ic

```
------------------------------------------------------------------------------
    Model |    Obs   ll(null)   ll(model)     df       AIC         BIC
----------+-------------------------------------------------------------------
        . |   2000        .     -2889.697      6     5791.394       5825
------------------------------------------------------------------------------
         Note:  N=Obs used in calculating BIC; see [R] BIC note
```

結果與討論：

1. 個體層次的截距及斜率都被設為隨機效果 (Slopes and Intercepts as Outcomes)，
   此「隨機截距且隨機斜率模型」的目的，是在探討本研究所納入的 1 個個體
   層次解釋變數 ( 外向個性 extraversion) 對於依變數 y 的影響，是否會隨著小群
   組的不同而隨之變化。分析結果顯示 ( 下表 )，個體層次解釋變數 ( 外向個性
   extraversion) 對依變數 y( 好人緣 ) 的隨機截距與「隨機截距模型」相同。
   本例「隨機截距且隨機斜率模型」分析結果之 HLM 摘要表如下：

| Fixed Effects | Estimate | St. Error | z-stat | p-value |
|---|---|---|---|---|
| Intercept ($\gamma_{00}$) | 5.031 | 0.097 | 51.9 | < 0.001 |
| Extraversion ($\gamma_{10}$) | 0.493 | 0.025 | 19.4 | < 0.001 |

| Variance Components | Estimate | St. Error | | |
|---|---|---|---|---|
| Residual ($e_{ij}$) | 0.895 | 0.030 | | |
| Intercept ($u_{0j}$) | 0.892 | 0.135 | | |
| Extraversion ($u_{1j}$) | 0.026 | 0.009 | | |

因為上面摘要表中，所有迴歸係數之顯著性檢定 ( z 值 ) 都達顯著水準 (p<0.05)，表示你界定的本模型獲得支持。

2. 本模型 Level-2 代入 Level-1 之混合模型 (mixed model) 之迴歸式爲：

$$popular_{ij} = \gamma_{00} + \gamma_{10}extrav_{ij} + u_{1j}extrav_{ij} + u_{0j} + e_{ij}$$

$$popular_{ij} = 5.031 + 0.493extrav_{ij} + 0.026extrav_{ij} + 0.892 + 0.895$$

3. 本模型 Level-2 組合 Level-1 之階層模型 (hierarchical model) 之迴歸式爲：

$$popular_{ij} = \beta_{0j} + \beta_{1j}Extrav_{ij} + e_{ij}$$

$$\beta_{0j} = \gamma_{00} + u_{0j}$$

$$\beta_{1j} = \gamma_{10} + u_{1j}$$

4. 上式混合模型，還原離均差 ( 中心化，centering) 之後，原始混合模型爲：

$$popular_{ij} = \gamma_{00} + \gamma_{10}(X1_{ij} - \overline{X1}) + u_{1j}(X1_{ij} - \overline{X1}) + u_{0j} + e_{ij}$$

$$popular_{ij} = 5.031 + 0.493(X1_{ij} - \overline{X1}) + 0.026(X1_{ij} - \overline{X1}) + 0.892 + 0.895$$

5. 「LR test vs. linear model: 」檢定結果，$\chi^2_{(3)} = 991.79$(p<0.05)，表示多層模型比單層線性 OLS 模型來得優。

6. 「Level-1 單因子之隨機截距且隨機斜率模型」適配好壞之 AIC 指標 = 5791.394，它比「Level-1 單因子之隨機截距模型」AIC 指標 5840.639 小，表示「單因子之隨機截距且隨機斜率模型」比較優。

## 5-1-4  Step 4：Level-1 雙因子之隨機斜率模型 (slopes and intercepts as outcomes)

在多層線性模型 HLM 分析中，個體層的變數是來自於個體自身的變數，例

如具體每個個體的性別、年齡、成績、人格特質、智力等，而在總體層中的變數則有兩類：脈絡變數和總體變數。

總體變數是指總體自身所具有特徵或屬性，例如班級的規模、專業類型、地區的經濟發展程度等，這些屬性或特徵不是個體特徵的簡單彙集，例如不論個體的特徵為何，都無法說明班級規模這一 總體變數 。

脈絡變數 (contextual variable) 也稱情境變數，是指該變數不是總體層本身的特徵或屬性，而是來自於個體某些變數的彙集，這種個體變數一般是連續變數，而脈絡變數則是取個體變數的均值。例如，每個班級的學生個體都有自己的個體變數，如生活費和學習成績，當用每個班級所有學生的生活費和學習成績的平均值作為總體層變數引入模型時，這些平均值變數就是一種脈絡變數，反映班級的經濟地位以及學業成就地位。

假如 Level-2 解釋變數「X1 X2 X3」也同為 Level-1 解釋變數所 聚合 而成的群組組織 (Level-2 的單位 )，此種 Level-2 解釋變數亦稱「脈絡變數 Z1 Z2 Z3」 (contextual variable)。

### Step 4　Model 4: random slope for two Level-1 factors

假如你在 STaTa「mixed Y X1 X2 || class: Z1 Z2」指令中，所界定的解釋變數「X1 X2」，亦充當 Level-2 群組層次之脈絡變數「Z1 Z2」( 即 Level-2：有斜率項 $u_{1j}$ 來預測 $\beta_{1j}$；$u_{2j}$ 來預測 $\beta_{2j}$)，則此雙層次模型即屬於雙因子有隨機斜率模型。以結果變數 $Y_{ij}$ 之好人緣 (popular) 為例，其階層模型及混合模型如下圖。

由於 Level-1 個體層次之二個解釋變數「X1、X2」中心化 (centering) 後，其離均差之變數變換「$(X1_{ij} - \overline{X1})$、$(X2_{ij} - \overline{X2})$」亦充當 Level-2 群組層次之二個解釋變數「$(Z1_{ij} - \overline{Z1})$、$(Z2_{ij} - \overline{Z2})$」，此雙層次模型即屬於隨機斜率模型。以結果變數 $Y_{ij}$ 之好人緣 (popular) 為例，其階層模型及混合模型如下圖：

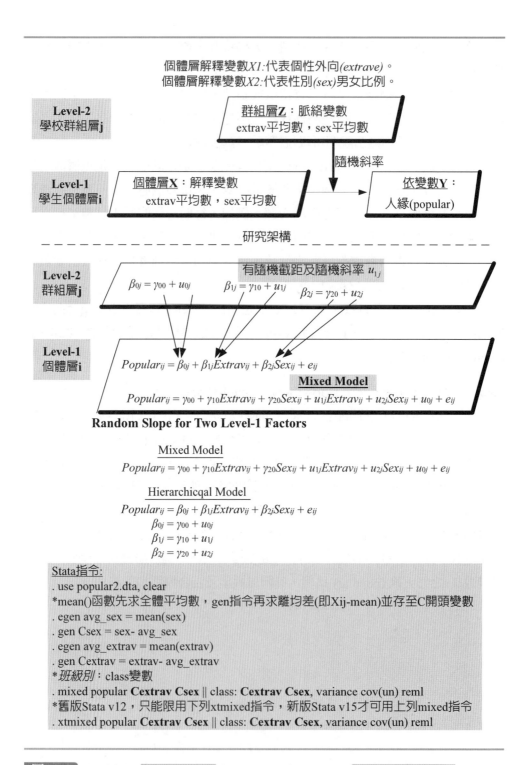

個體層解釋變數 *X1*: 代表個性外向 *(extrave)*。
個體層解釋變數 *X2*: 代表性別 *(sex)* 男女比例。

**Level-2**
**學校群組層j**

群組層**Z**：脈絡變數
extrav平均數，sex平均數

隨機斜率

**Level-1**
**學生個體層i**

個體層**X**：解釋變數
extrav平均數，sex平均數

依變數**Y**：
人緣(popular)

研究架構

**Level-2**
**群組層j**

有隨機截距及隨機斜率 $u_{1j}$

$\beta_{0j} = \gamma_{00} + u_{0j}$   $\beta_{1j} = \gamma_{10} + u_{1j}$   $\beta_{2j} = \gamma_{20} + u_{2j}$

**Level-1**
**個體層i**

$Popular_{ij} = \beta_{0j} + \beta_{1j}Extrav_{ij} + \beta_{2j}Sex_{ij} + e_{ij}$

**Mixed Model**

$Popular_{ij} = \gamma_{00} + \gamma_{10}Extrav_{ij} + \gamma_{20}Sex_{ij} + u_{1j}Extrav_{ij} + u_{2j}Sex_{ij} + u_{0j} + e_{ij}$

**Random Slope for Two Level-1 Factors**

Mixed Model

$Popular_{ij} = \gamma_{00} + \gamma_{10}Extrav_{ij} + \gamma_{20}Sex_{ij} + u_{1j}Extrav_{ij} + u_{2j}Sex_{ij} + u_{0j} + e_{ij}$

Hierarchicqal Model

$Popular_{ij} = \beta_{0j} + \beta_{1j}Extrav_{ij} + \beta_{2j}Sex_{ij} + e_{ij}$
$\beta_{0j} = \gamma_{00} + u_{0j}$
$\beta_{1j} = \gamma_{10} + u_{1j}$
$\beta_{2j} = \gamma_{20} + u_{2j}$

```
Stata指令:
. use popular2.dta, clear
*mean()函數先求全體平均數，gen指令再求離均差(即Xij-mean)並存至C開頭變數
. egen avg_sex = mean(sex)
. gen Csex = sex- avg_sex
. egen avg_extrav = mean(extrav)
. gen Cextrav = extrav- avg_extrav
*班級別：class變數
. mixed popular Cextrav Csex || class: Cextrav Csex, variance cov(un) reml
*舊版Stata v12,只能限用下列xtmixed指令，新版Stata v15才可用上列mixed指令
. xtmixed popular Cextrav Csex || class: Cextrav Csex, variance cov(un) reml
```

**圖 5-21** Model 4：Random Slope for Two Level-1 Factors (Slopes as Outcomes)

504

Model 4：Level-1 雙因子之隨機斜率模型之指令及結果

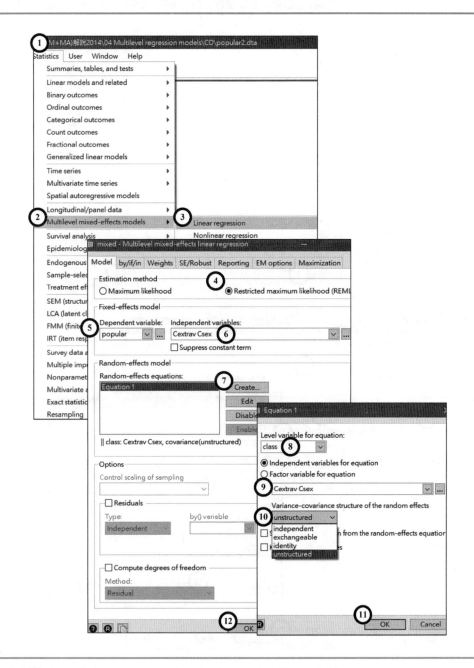

圖 5-22 「mixed popular **Cextrav Csex** ‖ class：**Cextrav** **Csex**, variance cov(un) reml」
指令之畫面 (Slopes as Outcomes)

註：上式「mixed…‖ class」區間為混合模型；「‖ class」之後，宣告隨機斜率之變數有
「**Cextrav** **Csex**」二個。

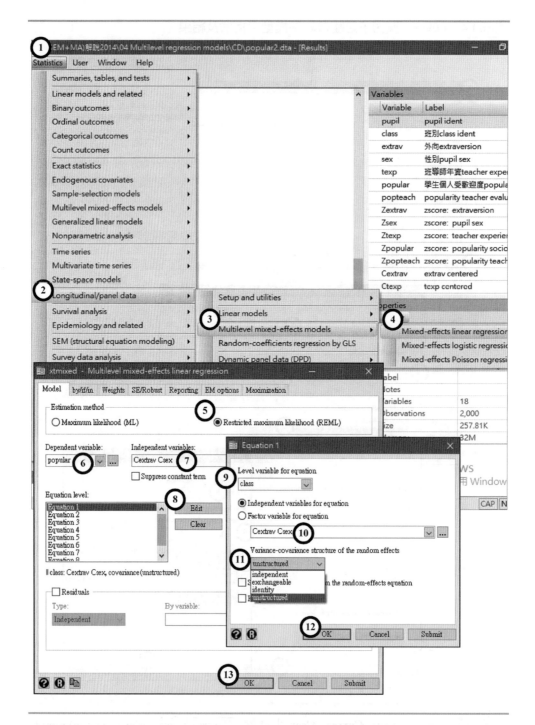

**圖 5-23** 「xtmixed popular **Cextrav Csex** ‖ class：**Cextrav Csex**, variance cov(un) reml」指令之畫面 (Slopes as Outcomes)

註：「‖ class:」後面宣告 **Cextrav Csex** 為隨機斜率，無變數為隨機截距。

```
* 開啟資料檔
. use popular2.dta, clear
*mean( ) 函數先求全體平均數，gen 指令再求離均差 ( 即 Xij-mean) 並存至 C 開頭變數
. egen avg_sex = mean(sex)
. gen Csex = sex- avg_sex
. egen avg_extrav = mean(extrav)
. gen Cextrav = extrav- avg_extrav


* 班級別：class 變數來分群組
*「|| class:」後面宣告 Cextrav Csex 為隨機斜率，無變數為隨機截距
. mixed popular Cextrav Csex || class: Cextrav Csex, variance cov(un) reml
上式「mixed…|| class」區間為混合模型；「|| class」之後，宣告隨機斜率之變數有
二個。
* 舊版 STaTa v12，只能限用下列 xtmixed 指令，新版 STaTa v15 才可用上列 mixed 指令
. xtmixed popular Cextrav Csex || class: Cextrav Csex, variance cov(un) reml
上式「xtmixed…|| class」區間為混合模型；「|| class」之後，宣告隨機斜率之變數
有二個。
```

```
. mixed popular Cextrav Csex || class: Cextrav Csex, variance cov(un) reml
Performing EM optimization:

Performing gradient-based optimization:

Computing standard errors:
standard-error calculation failed

Mixed-effects REML regression              Number of obs     =       2,000
Group variable: class                      Number of groups  =         100

                                           Obs per group:
                                                        min =          16
                                                        avg =        20.0
                                                        max =          26

                                           Wald chi2(2)      =     1560.85
Log restricted-likelihood = -2435.2744     Prob > chi2       =      0.0000

-----------------------------------------------------------------------------
    popular |      Coef.   Std. Err.       z    P>|z|     [95% Conf. Interval]
```

```
----------+------------------------------------------------------------------
 Cextrav |  .4430002    .0234291    18.91   0.000    .3970801    .4889204
    Csex |  1.244833    .0372834    33.39   0.000    1.171759    1.317907
    _cons |  5.020515    .0840957    59.70   0.000    4.85569     5.185339
----------------------------------------------------------------------------


------------------------------------------------------------------------------
  Random-effects Parameters  |   Estimate   Std. Err.    [95% Conf. Interval]
-----------------------------+------------------------------------------------
class: Unstructured          |                       .
            var(Cextrav) |   .0298421          .         .          .
               var(Csex) |   .0053664          .         .          .
              var(_cons) |   .6737428          .         .          .
       cov(Cextrav,Csex) |   -.000444          .         .          .
      cov(Cextrav,_cons) |   -.1042069         .         .          .
         cov(Csex,_cons) |   -.0392023         .         .          .
-----------------------------+------------------------------------------------
            var(Residual) |   .552891           .         .          .
------------------------------------------------------------------------------
LR test vs. linear model: chi2(6) = 1114.78              Prob > chi2 = 0.0000

Note: LR test is conservative and provided only for reference.
```

*求本模型適配 IC 指標
. estat ic

```
------------------------------------------------------------------------------
  Model |   Obs    ll(null)   ll(model)    df      AIC         BIC
--------+---------------------------------------------------------------------
      . |   2000        .     -2435.274     3    4876.549    4893.352
------------------------------------------------------------------------------
       Note:  N=Obs used in calculating BIC; see [R] BIC note
```

**結果與討論：**

1. 雙因子之隨機斜率模型 (Slopes as Outcomes)

「雙因子之隨機斜率模型」比「單因子之隨機斜率模型」多加一個 Level-1 解釋變數 ( 性別，sex=1 為男性，sex=0 為女性 )。

其 HLM 分析結果之摘要表為：

| Fixed Effects | Estimate | St. Error | z-stat | p-value |
|---|---|---|---|---|
| Intercept ($\gamma_{00}$) | 5.021 | 0.084 | 59.7 | < 0.001 |
| Extraversion ($\gamma_{10}$) | 0.443 | 0.023 | 18.9 | < 0.001 |
| Sex ($\gamma_{10}$) | 1.244 | 0.023 | 33.4 | < 0.001 |

| Variance Components | Estimate | St. Error |
|---|---|---|
| Residual ($e_{ij}$) | 0.553 | . |
| Intercept ($u_{0j}$) | 0.674 | |
| Extraversion ($u_{1j}$) | 0.030 | |
| Sex ($u_{2j}$) | 0.005 | . |

「雙因子之隨機斜率模型」中，Level-1 二個解釋變數的迴歸係數，都達到顯著水準 (p<0.05)，表示考量不同的小群組的隨機效果下，外向性格 (extravsesion, z=59.7, p<0.05) 及性別 (sex, z=33.4, p<0.05) 都可有效預測依變數 y( 好人緣 )。

2. 「雙因子之隨機斜率模型」中，Level-2 代入 Level-1 之混合模型 (mixed model) 之迴歸式為：

$$popular_{ij} = \gamma_{00} + \gamma_{10}extrav_{ij} + \gamma_{20}sex_{ij} + u_{1j}extrav_{ij} + u_{1j}sex_{ij} + u_{0j} + e_{ij}$$

$$popular_{ij} = 5.021 + 0.443extrav_{ij} + 1.244sex_{ij} + 0.03extrav_{ij} + 0.005sex_{ij} + 0.674 + 0.553$$

3. 本模型 Level-2 組合 Level-1 之階層模型 (hierarchical model) 之迴歸式為：

$$popular_{ij} = \beta_{0j} + \beta_{1j}Extrav_{ij} + \beta_{2j}sex_{ij} + e_{ij}$$

$$\beta_{0j} = \gamma_{00} + u_{0j}$$

$$\beta_{1j} = \gamma_{10} + u_{1j}$$

$$\beta_{2j} = \gamma_{20} + u_{2j}$$

4. 上式混合模型，還原離均差 ( 中心化，centering) 之後，原始混合模型為：

$$popular_{ij} = \gamma_{00} + \gamma_{10}(X1_{ij} - \overline{X1}) + \gamma_{20}(X2_{ij} - \overline{X2}) + u_{1j}(X1_{ij} - \overline{X1}) + u_{2j}(X2_{ij} - \overline{X2})$$
$$+ u_{0j} + e_{ij}$$

$$popular_{ij} = 5.021 + 0.443(X1_{ij} - \overline{X1}) + 1.244(X2_{ij} - \overline{X2}) + 0.03(X1_{ij} - \overline{X1})$$
$$+ 0.005(X2_{ij} - \overline{X2}) + 0.674 + 0.553$$

其中：

    個體層解釋變數 X1 代表好人緣 (popular)。

    個體層解釋變數 X2 代表性別 (sex)。

5. 「LR test vs. linear model: 」檢定結果，$\chi^2_{(6)} = 1114.78$ (p<0.05)，表示雙因子多層模型比單層線性 OLS 模型來得優。

6. 「雙因子之隨機斜率模型」適配好壞之 AIC 指標 = 4876.549，它又比「Level-1 單因子之隨機截距且隨機斜率模型」AIC 指標 5791.394 小，表示「雙因子之隨機斜率模型」比較優。

## 5-1-5 Step 5：Level-2 單因子及 Level-1 雙因子之隨機模型 ( 無交互作用 )

    假如 Level-2 解釋變數「X1 X2 X3」也同為 Level-1 解釋變數所聚合而成的群組組織 (Level-2 的單位 )，此種 Level-2 解釋變數亦稱「脈絡變數 Z1 Z2 Z3」(contextual variable)。

**Step 5**     Model 5: one Level-2 factor and two random Level-1 factors (no interactions) (Slopes and Intercepts as Outcomes)

    假如你在 STaTa「mixed Y W X1 X2 || class: X1 X2」指令中，所界定的解釋變數「W X1 X2」，又再「|| class:」後面界定隨機斜率有「X1 X2」二個 ( 即 Level-2：有斜率項 $u_{1j}$ 來預測 $\beta_{1j}$；$u_{2j}$ 來預測 $\beta_{2j}$)，則此雙層次模型即屬於雙因子有隨機斜率模型 ( 無交互作用 )。以結果變數 $Y_{ij}$ 之好人緣 (popular) 為例，其階層模型及混合模型如下圖。

---

**Model 5** 「無交互作用」對比 **Model 6** 「有交互作用」，二者的差異，係後者 **Model 6** 界定之 STaTa 指令爲：

**Model 6** 「具交互作用」：

「. mixed Y W X1 X2 W×X1 W×X2 || class: X1 X2」指令中，所界定的解釋變數「W X1 X2 W×X1 W×X2」，又再「|| class:」後面界定隨機斜率有「X1 X2」二個；而且 STaTa 指令「mixed…|| class」區間所代表的混合模型中，亦納入二個「W×X1、W×X2」交互作用項，故此雙層次模型即屬於雙因子有交互作用之隨機斜率模型。

---

以結果變數 $Y_{ij}$ 之好人緣 (popular) 爲例，具交互作用之多層次模型如下圖。由於 Level-1 個體層次之二個解釋變數「X1、X2」中心化 (centering) 後，其離均差之變數變換「$(X1_{ij} - \overline{X1})$、$(X2_{ij} - \overline{X2})$」亦充當 Level-2 群組層次之二個解釋變數「$(Z1_{ij} - \overline{Z1})$、$(Z2_{ij} - \overline{Z2})$」；但交互作用項「$(X1_{ij} - \overline{X1}) \times (W_{ij} - \overline{W})$、$(X2_{ij} - \overline{X2}) \times (W_{ij} - \overline{W})$」並無納入混合模型，則此雙層次模型即屬於無交互作用隨機斜率模型。以結果變數 $Y_{ij}$ 之好人緣 (popular) 爲例，無交互作用之模型如下圖：

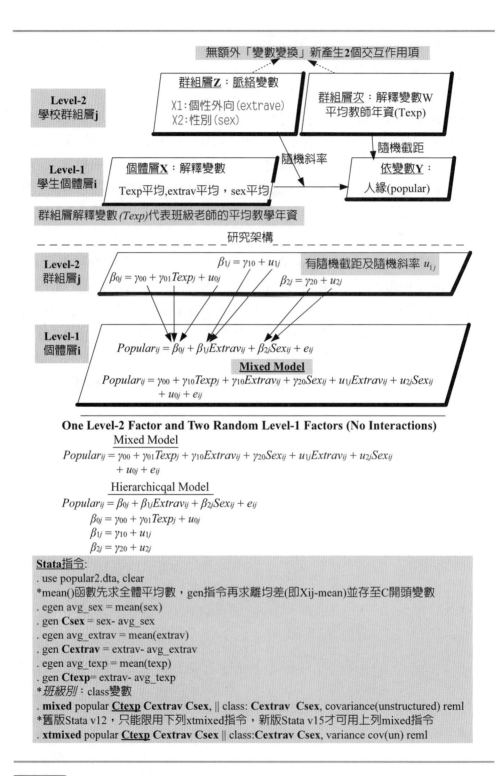

One Level-2 Factor and Two Random Level-1 Factors (No Interactions)

Mixed Model

$Popular_{ij} = \gamma_{00} + \gamma_{01}Texp_j + \gamma_{10}Extrav_{ij} + \gamma_{20}Sex_{ij} + u_{1j}Extrav_{ij} + u_{2j}Sex_{ij}$
$\quad + u_{0j} + e_{ij}$

Hierarchicqal Model

$Popular_{ij} = \beta_{0j} + \beta_{1j}Extrav_{ij} + \beta_{2j}Sex_{ij} + e_{ij}$
$\quad \beta_{0j} = \gamma_{00} + \gamma_{01}Texp_j + u_{0j}$
$\quad \beta_{1j} = \gamma_{10} + u_{1j}$
$\quad \beta_{2j} = \gamma_{20} + u_{2j}$

**Stata指令：**
```
. use popular2.dta, clear
*mean()函數先求全體平均數，gen指令再求離均差(即Xij-mean)並存至C開頭變數
. egen avg_sex = mean(sex)
. gen Csex = sex- avg_sex
. egen avg_extrav = mean(extrav)
. gen Cextrav = extrav- avg_extrav
. egen avg_texp = mean(texp)
. gen Ctexp= extrav- avg_texp
*班級別：class變數
. mixed popular Ctexp Cextrav Csex, || class: Cextrav  Csex, covariance(unstructured) reml
*舊版Stata v12，只能限用下列xtmixed指令，新版Stata v15才可用上列mixed指令
. xtmixed popular Ctexp Cextrav Csex || class:Cextrav Csex, variance cov(un) reml
```

**圖 5-24**　Model 5: One Level-2 Factor and Two Random Level-1 Factors (No Interactions)
(Slopes as Outcomes)

Model 5 ：Level-2 單因子及 Level-1 雙因子之隨機模型 ( 無交互作用 ) 之指令及結果

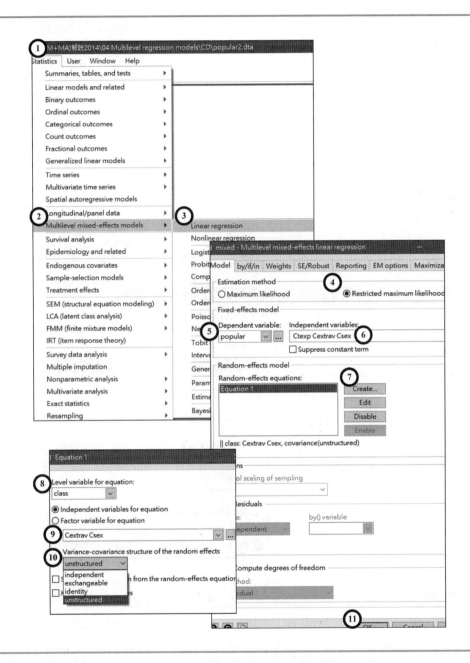

圖 5-25　「mixed popular Ctexp Cextrav Csex, ‖ class: Cextrav Csex, covariance (unstructured) reml」指令之畫面 (Slopes as Outcomes)

註：上式「mixed…‖ class」區間為混合模型；「‖ class」之後，宣告隨機斜率之變數有 Cextrav Csex 二個。Ctexp 變數為隨機截距。

513

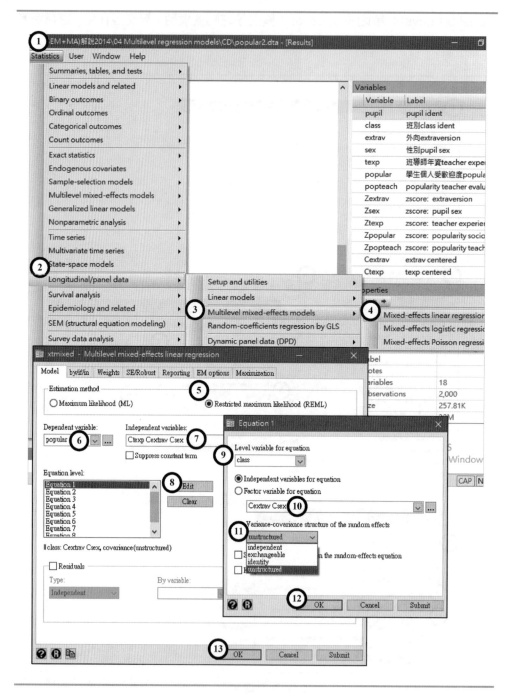

**圖 5-26** 「xtmixed popular Ctexp Cextrav Csex || class: Cextrav Csex, variance cov(un) reml」指令之畫面 (Slopes as Outcomes)

註：上式「xtmixed…|| class」區間為混合模型；「|| class」之後，宣告隨機斜率之變數有 Cextrav Csex 二個。Ctexp 變數為隨機截距。

```
* 開啟資料檔
. use popular2.dta, clear
*mean( ) 函數先求全體平均數，gen 指令再求離均差 ( 即 Xij-mean) 並存至 C 開頭變數
. egen avg_sex = mean(sex)
. gen Csex = sex- avg_sex
. egen avg_extrav = mean(extrav)
. gen Cextrav = extrav- avg_extrav
. egen avg_texp = mean(texp)
. gen Ctexp= extrav- avg_texp
```

* 班級別：class 變數來分群組
*「|| class:」後面宣告 Cextrav Csex 為隨機斜率，Ctexp 變數為隨機截距
```
. mixed popular Ctexp Cextrav Csex, || class: Cextrav Csex,
covariance(unstructured) reml
```
* 上式「mixed…|| class」區間為混合模型；「|| class」之後，宣告隨機斜率之變數
有二個。
* 舊版 STaTa v12，只能限用下列 xtmixed 指令，新版 STaTa v15 才可用上列 mixed 指令
```
.xtmixed popular Ctexp Cextrav Csex || class: Cextrav Csex, variance cov(un)
reml
```
* 上式「xtmixed…|| class」區間為混合模型；「|| class」之後，宣告隨機斜率之變
數有二個。

```
.mixed popular Ctexp Cextrav Csex, || class: Cextrav Csex, covariance (un-
structured)
Performing EM optimization:


Performing gradient-based optimization:


Iteration 0:    log likelihood = -2407.1104
Iteration 1:    log likelihood = -2405.6625
Iteration 2:    log likelihood = -2405.6431
numerical derivatives are approximate
nearby values are missing
Iteration 3:    log likelihood =  -2405.643


Computing standard errors:
standard-error calculation failed


Mixed-effects ML regression            Number of obs    =     2,000
```

```
Group variable: class                       Number of groups  =        100

                                            Obs per group:
                                                         min =         16
                                                         avg =       20.0
                                                         max =         26

                                            Wald chi2(3)      =    1679.56
Log likelihood =  -2405.643                 Prob > chi2       =     0.0000


------------------------------------------------------------------------------
   popular |      Coef.    Std. Err.      z    P>|z|    [95% Conf. Interval]
-----------+------------------------------------------------------------------
     Ctexp |    .0894165    .0085325    10.48   0.000    .0726931    .1061399
   Cextrav |     .452877    .0245106    18.48   0.000    .4048372    .5009169
      Csex |    1.251022    .0369209    33.88   0.000    1.178658    1.323385
     _cons |    5.022711      .05589    89.87   0.000    4.913169    5.132253
------------------------------------------------------------------------------


------------------------------------------------------------------------------
  Random-effects Parameters  |   Estimate   Std. Err.    [95% Conf. Interval]
-----------------------------+------------------------------------------------
class: Unstructured          |
             var(Cextrav)    |   .0341152         .            .           .
                var(Csex)    |   .0023894         .            .           .
               var(_cons)    |   .2783153         .            .           .
        cov(Cextrav,Csex)    |  -.0008138         .            .           .
       cov(Cextrav,_cons)    |  -.0087827         .            .           .
          cov(Csex,_cons)    |  -.0253687         .            .           .
-----------------------------+------------------------------------------------
            var(Residual)    |   .5511438         .            .           .
------------------------------------------------------------------------------
LR test vs. linear model: chi2(6) = 594.89             Prob > chi2 = 0.0000

Note: LR test is conservative and provided only for reference.
```

\* 求本模型適配 IC 指標

```
. estat ic
```

```
--------------------------------------------------------------------
    Model |   Obs    ll(null)   ll(model)    df        AIC        BIC
----------+---------------------------------------------------------
        . |   2000        .    -2416.628      4     4841.255   4863.659
--------------------------------------------------------------------
       Note:  N=Obs used in calculating BIC; see [R] BIC note
```

**結果與討論：**

1.「Level-2 單因子及 Level-1 雙因子之隨機模型 ( 無交互作用 )」，係比「雙因子之隨機斜率模型」多加 Level-2 的解釋變數 (teach experience)。

本例分析結果之 HLM 摘要表如下：

| Fixed Effects | Estimate | St. Error | z-stat | p-value |
|---|---|---|---|---|
| Intercept ($\gamma_{00}$) | 5.022 | 0.056 | 89.0 | < 0.001 |
| Extraversion ($\gamma_{10}$) | 0.453 | 0.025 | 18.4 | < 0.001 |
| Sex ($\gamma_{20}$) | 1.250 | 0.037 | 33.9 | < 0.001 |
| Teach Experience ($\gamma_{01}$) | 0.090 | 0.009 | 10.4 | < 0.001 |

| Variance Components | Estimate | St. Error |
|---|---|---|
| Residual ($e_{ij}$) | 0.551 | . |
| Intercept ($u_{0j}$) | 0.278 | . |
| Extraversion ($u_{1j}$) | 0.034 | . |
| Sex ($u_{2j}$) | 0.002 | . |

因為上面摘要表中，所有迴歸係數之顯著性檢定 (z 值 ) 都達顯著水準 (p<0.05)，表示你界定的本模型獲得支持。

2. 本模型 Level-2 代入 Level-1 的混合模型 (mixed model) 之迴歸式為：

$$popular_{ij} = \gamma_{00} + \gamma_{01}texp_{ij} + \gamma_{10}extrav_{ij} + \gamma_{10}sex_{ij} + u_{1j}extrav_{ij} + u_{2j}sex_{ij} + u_{0j} + e_{ij}$$

$$popular_{ij} = 5.022 + 0.09texp_{ij} + 0.453extrav_{ij} + 1.25sex_{ij} + 0.034extrav_{ij} + 0.002sex_{ij} + 0.278 + 0.551$$

3. 上式混合模型，還原離均差 ( 中心化，centering) 之後，原始混合模型為：

$$popular_{ij} = \gamma_{00} + \gamma_{01}(Z1_{ij} - \overline{Z1}) + \gamma_{10}(X1_{ij} - \overline{X1}) + \gamma_{20}(X2_{ij} - \overline{X2}) + u_{1j}(X1_{ij} - \overline{X1})$$
$$+ u_{2j}(X2_{ij} - \overline{X2}) + u_{0j} + e_{ij}$$

$$popular_{ij} = 5.022 + 0.09(Z1_{ij} - \overline{Z1}) + 0.453(X1_{ij} - \overline{X1}) + 1.25(X2_{ij} - \overline{X2})$$
$$+ 0.034(X1_{ij} - \overline{X1}) + 0.002(X2_{ij} - \overline{X2}) + 0.278 + 0.551$$

其中：

個體層解釋變數 X1 代表好人緣 (popular)。

個體層解釋變數 X2 代表性別 (sex)。

群組層解釋變數 Z 代表班級老師的教學年資。

4. 「LR test vs. linear model: 」檢定結果，$\chi^2_{(6)}$ = chi2(6) = 594.89 (p<0.05)，表示「Level-2 單因子及 Level-1 雙因子之隨機模型 ( 無交互作用 )」比單層線性 OLS 模型來得優。

5. 「Level-2 單因子及 Level-1 雙因子之隨機模型 ( 無交互作用 )」適配好壞之 AIC 指標 = 4841.255，它又比「雙因子之隨機斜率模型」AIC 指標小，表示「Level-2 單因子及 Level-1 雙因子之隨機模型 ( 無交互作用 )」比較優。

## 5-1-6 Step 6：Level-2 單因子及 Level-1 雙因子之隨機模型 ( 有交互作用 )

Level-1 解釋變數及 Level-2 解釋變數之間的交互作用，是多層次分析最終的模型。「Level-2 單因子及 Level-1 雙因子之隨機模型 ( 有交互作用 )」(Slopes and Intercepts as Outcomes)，係比「雙因子之隨機斜率模型」多加 Level-2 的解釋變數，且 Level-2 解釋變數及 Level-1 解釋變數之間有交互作用。

在一個階層結構 (hierarchical structure) 的環境下，個體與社會脈絡是會交互影響的，個體不僅會受到其所屬的社會團體或脈絡所影響，社會團體也會受到其組成份子所影響 (Maas & Hox, 2005)，且個體與所屬環境是不斷交互作用的。

「隨機截距且隨機斜率模型」旨在檢驗「隨機斜率模型」中，納入的個體層次解釋變數的斜率是否為隨機係數，亦即探討個體層解釋變數們 (X1、X2、X3、X4) 對依變數 Y 的影響是否隨小群組的不同而變化。故在 Level-1 各解釋變數的效果為一常數項加上隨機效果項 ( 如 $u_{1j}$、$u_{2j}$、$u_{3j}$、$u_{4j}$)，會隨著小群組的不同而有所變化。當隨機效果的非條件變異數 ($\tau_{11}$、$\tau_{22}$、$\tau_{33}$、$\tau_{44}$) 未達顯著時，則表示其所對應的個體層次解釋變數的效果為隨機截距。當 Level-1 的斜率為隨機效果時，嗣後則需要在 Level-2 模型中納入脈絡變數以解釋其變異。由此可

知，「**隨機截距且隨機斜率模型**」的分析結果將有助於最終模型參數之設定。

當「**隨機截距且隨機斜率模型**」的分析結果顯示，個體層次解釋變數具有隨機效果，亦即個人層次變數的斜率會隨著小群組的不同而變化時，此時便有需要在相對應的 Level-2 模型中納入解釋變數，進行跨層級交互作用 (cross-level interactions) 檢驗，據以探討脈絡變數對個人層次解釋變數的調節 ( 干擾 ) 效果。由於「截距與斜率為結果的迴歸模型」是否有估計的必要，以及「**截距與斜率為結果的迴歸模型**」的模型設定均須視「**隨機截距且隨機斜率模型**」的結果而定。

假如 Level-2 解釋變數「X1 X2 X3」也同為 Level-1 解釋變數所聚合而成的群組組織 (Level-2 的單位 )，此種 Level-2 解釋變數亦稱「脈絡變數 Z1 Z2 Z3」(contextual variable)。

**Step 6**　Model 6：one Level-2 factor and two random Level-1 factors with interaction

人並非孤立的個體，而是整個社會中的一員，例如，學生層次的資料巢狀於高一層的分析單位 ( 如班級或學校 ) 之內，在同一個高階分析單位下的個體會因為相似的特質，抑或受到共享的環境脈絡所影響，造成個人層次資料間具有相依的性質，亦即存在著組內觀察資料不獨立的現象。由此可知，個體的行為或反應不僅會受到自身特性的影響，也會受到其所處的環境脈絡所影響。

假設群組層的解釋變數 Z，個體層的解釋變數 X，在 STaTa 中，要產生二者乘積之交互作用項「Z*X」，那你要另外做「變數變換」來產生此「Z*X」交互作用項。

假如你在 STaTa 指令「. mixed Y W X1 X2 W×X1 W×X2 || class: X1 X2」指令中，所有解釋變數「W X1 X2 W×X1 W×X2」，「|| class:」後面宣告「X1 X2」為隨機斜率 ( 即 Level-2：有斜率項 $u_{1j}$ 來預測 $\beta_{1j}$；$u_{2j}$ 來預測 $\beta_{2j}$)。由於 STaTa 指令「mixed…|| class」區間所代表的混合模型中，你有納入二個「W×X1、W×X2」交互作用項，故此模型即屬於雙因子有交互作用之隨機斜率模型。以結果變數 $Y_{ij}$ 之好人緣(popular)為例，其階層模型及混合模型如下圖。

由於 Level-1 個體層次之二個解釋變數「X1、X2」中心化 (centering) 後，其離均差之變數變換「$(X1_{ij} - \overline{X1})$、$(X2_{ij} - \overline{X2})$」亦充當 Level-2 群組層次之二個解釋變數「$(Z1_{ij} - \overline{Z1})$、$(Z2_{ij} - \overline{Z2})$」；但交互作用項「$(X1_{ij} - \overline{X1})\times(W_{ij} - \overline{W})$、$(X2_{ij} - \overline{X2})\times(W_{ij} - \overline{W})$」亦納入混合模型，則此雙層次模型即屬於有交互作用隨機斜率模型。以結果變數 $Y_{ij}$ 之好人緣(popular)為例，其階層模型及混合模型如下圖：

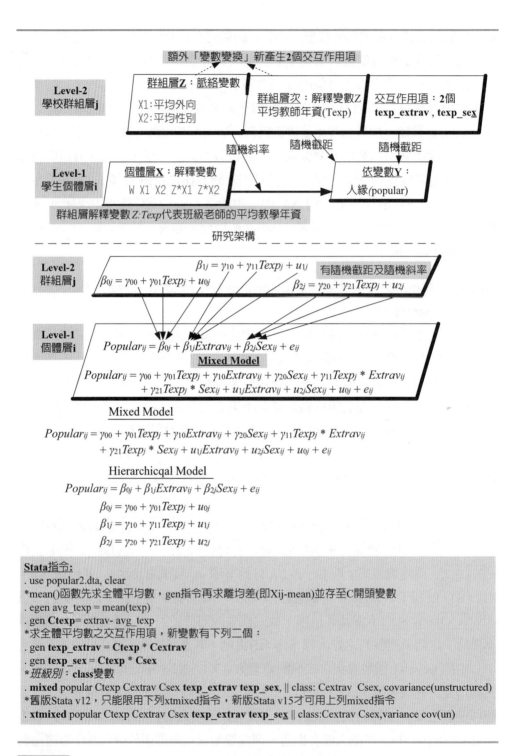

**圖 5-27** Model 6：One Level-2 Factor and Two Random Level-1 Factors with Interaction (Slopes and Intercepts as Outcomes)

Model 6 ：Level-2 單因子及 Level-1 雙因子之隨機模型 ( 交互作用 ) 之指令及結果

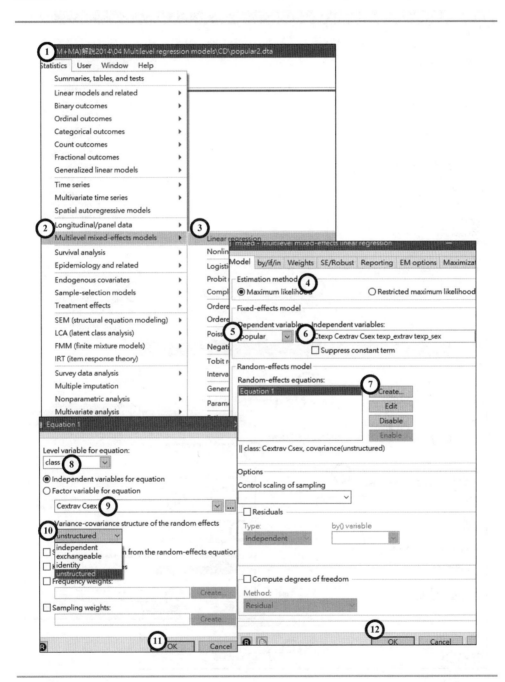

圖 5-28 「 mixed popular Ctexp Cextrav Csex **texp_extrav texp_sex,** ‖ class: **Cextrav Csex**, covariance(unstructured)」指令之畫面 (Slopes and Intercepts as Outcomes)

「xtmixed⋯‖ class」區間為混合模型；「‖ class」之後，宣告隨機斜率之變數有 Cextrav Csex 二個。**Ctexp**、**texp_extrav**、**texp_sex** 三變數為隨機截距。

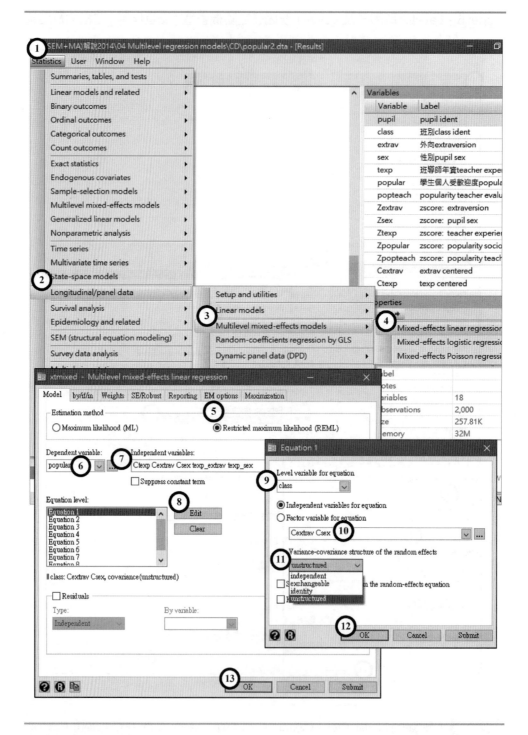

圖 5-29 「xtmixed popular Ctexp Cextrav Csex texp_extrav texp_sex ‖ class：Cextrav Csex,variance cov(un) reml」指令之畫面 (Slopes and Intercepts as Outcomes)

```
* 開啟資料檔
. use popular2.dta, clear
*mean() 函數先求全體平均數，gen 指令再求離均差 ( 即 Xij-mean) 並存至 C 開頭變數
. egen avg_sex = mean(sex)
. gen Csex = sex- avg_sex
. egen avg_extrav = mean(extrav)
. gen Cextrav = extrav- avg_extrav
. egen avg_texp = mean(texp)
. gen Ctexp= extrav- avg_texp

* 班級別：class 變數來分群組
*「xtmixed…|| class」區間為混合模型；「|| class」之後，宣告隨機斜率之變數有
Cextrav Csex 二個。Ctexp、texp_extrav、texp_sex 三變數為隨機截距。
. mixed popular Ctexp Cextrav Csex texp_extrav texp_sex, || class: Cextrav
Csex, covariance(unstructured)
*上式「mixed…|| class」區間為混合模型；「|| class」之後，宣告隨機斜率之變數
有二個。
*舊版 STaTa v12，只能限用下列 xtmixed 指令，新版 STaTa v15 才可用上列 mixed 指令
. xtmixed popular Ctexp Cextrav Csex texp_extrav texp_sex || class:Cextrav
Csex,variance cov(un)
*上式「xtmixed…|| class」區間為混合模型；「|| class」之後，宣告隨機斜率之變
數有二個。
```

```
. mixed popular Ctexp Cextrav Csex texp_extrav texp_sex, || class: Cextrav
Csex, covariance(unstructured)


Performing EM optimization:


Performing gradient-based optimization:


Computing standard errors:

Mixed-effects ML regression              Number of obs      =      2,000
Group variable: class                    Number of groups   =        100

                                         Obs per group:
                                                        min =         16
                                                        avg =       20.0
                                                        max =         26
```

```
                                          Wald chi2(5)      =      2229.33
Log likelihood = -2372.7015               Prob > chi2       =       0.0000

------------------------------------------------------------------------------
     popular |      Coef.   Std. Err.      z    P>|z|     [95% Conf. Interval]
-------------+----------------------------------------------------------------
       Ctexp |   .0971615    .0086143    11.28   0.000     .0802777    .1140453
     Cextrav |   .4505162     .017235    26.14   0.000     .4167363    .4842962
        Csex |   1.240235    .0368017    33.70   0.000     1.168105    1.312365
  texp_extrav |  -.0246732     .002537    -9.73   0.000    -.0296457   -.0197008
     texp_sex |  -.0017771    .0059143    -0.30   0.764     -.013369    .0098148
       _cons |   4.991484    .0561415    88.91   0.000     4.881448    5.101519
------------------------------------------------------------------------------

------------------------------------------------------------------------------
  Random-effects Parameters  |   Estimate   Std. Err.     [95% Conf. Interval]
-----------------------------+------------------------------------------------
class: Unstructured          |
             var(Cextrav)    |   .0048707          .            .           .
                var(Csex)    |   .0040052          .            .           .
               var(_cons)    |   .2804452          .            .           .
         cov(Cextrav,Csex)   |  -.0019087          .            .           .
        cov(Cextrav,_cons)   |  -.0038496          .            .           .
           cov(Csex,_cons)   |  -.0285507          .            .           .
-----------------------------+------------------------------------------------
             var(Residual)   |   .5516122          .            .           .
------------------------------------------------------------------------------
LR test vs. linear model: chi2(6) = 567.77               Prob > chi2 = 0.0000

Note: LR test is conservative and provided only for reference.
```

* 求本模型適配 IC 指標
. estat ic

```
------------------------------------------------------------------------------
       Model |     Obs    ll(null)   ll(model)     df         AIC         BIC
-------------+----------------------------------------------------------------
           . |    2000           .   -2372.701      6    4757.403    4791.008
------------------------------------------------------------------------------
       Note:  N=Obs used in calculating BIC; see [R] BIC note
```

**結果與討論：**

1. 「Level-2 單因子及 Level-1 雙因子之隨機模型 ( 有交互作用 )」，係比「雙因子之隨機斜率模型」多加 Level-2 的解釋變數，且 Level-2 解釋變數及 Level-1 解釋變數之間也有交互作用。

本例分析結果之 HLM 摘要表如下：

| Fixed Effects | Estimate | St. Error | z 值 | p-value |
|---|---|---|---|---|
| Intercept ($\gamma_{00}$) | **4.990** | 0.056 | 88.2 | < 0.001 |
| Extraversion ($\gamma_{10}$) | **0.451** | 0.017 | 26.2 | < 0.001 |
| Sex ($\gamma_{20}$) | 1.240 | 0.036 | 34.8 | < 0.001 |
| Teach Experience ($\gamma_{01}$) | 0.097 | 0.009 | 11.2 | < 0.001 |
| Texp Extrav ($\gamma_{11}$) | -0.025 | 0.002 | -10.3 | < 0.001 |
| Texp Sex ($\gamma_{21}$) | -0.002 | 0.006 | -0.3 | 0.762 |

| Variance Components | Estimate | St. Dev. * | Chi-square | p-value |
|---|---|---|---|---|
| Residual ($e_{ij}$) | 0.552 | 0.743 | | |
| Intercept ($u_{0j}$) | 0.280 | 0.535 | 743.5 | < 0.001 |
| Extraversion ($u_{1j}$) | 0.005 | 0.075 | 97.7 | 0.182 |
| Sex ($u_{2j}$) | 0.451 | 0.076 | 80.4 | >0.500 |

因為上面摘要表中，所有迴歸係數之顯著性檢定 (z 值 ) 都達顯著水準 (p<0.05)，表示你界定的本模型獲得支持。

2. 本模型 Level-2 代入 Level-1 的混合模型 (mixed model) 之迴歸式為：

$$popular_{ij} = \gamma_{00} + \gamma_{01}texp_{ij} + \gamma_{10}extrav_{ij} + \gamma_{20}sex_{ij} + \gamma_{11}texp_{ij} \times extrav_{ij} + \gamma_{21}tesp_{ij} \times sex_{ij}$$
$$+ u_{1j}extrav_{ij} + u_{2j}sex_{ij} + u_{0j} + e_{ij}$$

$$popular_{ij} = 4.99 + 0.097texp_{ij} + 0.451extrav_{ij} + 1.24sex_{ij} - 0.025texp_{ij} \times extrav_{ij}$$
$$- 0.002tesp_{ij} \times sex_{ij} + 0.005extrav_{ij} + 0.004sex_{ij} + 0.552 + 0.280$$

3. 本模型 Level-2 組合 Level-1 之階層模型 (hierarchical model) 之迴歸式為：

$$popular_{ij} = \beta_{0j} + \beta_{1j}Extrav_{ij} + \beta_{2j}Sex_{ij} + e_{ij}$$
$$\beta_{0j} = \gamma_{00} + \gamma_{01}Texp_j + u_{0j}$$
$$\beta_{1j} = \gamma_{10} + \gamma_{11}Texp_j + u_{1j}$$
$$\beta_{2j} = \gamma_{20} + \gamma_{21}Texp_j + u_{2j}$$

4. 上式混合模型，還原離均差 ( 中心化，centering) 之後，原始混合模型為：

$$popular_{ij} = \gamma_{00} + \gamma_{01}(Z_{ij} - \overline{Z}) + \gamma_{10}(X1_{ij} - \overline{X1}) + \gamma_{20}(X2_{ij} - \overline{X2}) + \gamma_{11}(Z_j - \overline{Z}) \times (X1_{ij} - \overline{X1})$$
$$+ \gamma_{21}(Z_j - \overline{Z}) \times (X2_{ij} - \overline{X2}) + u_{1j}(X1_{ij} - \overline{X1}) + u_{2j}(X2_{ij} - \overline{X2}) + u_{0j} + e_{ij}$$

$$popular_{ij} = 4.99 + 0.097(Z_{ij} - \overline{Z}) + 0.451(X1_{ij} - \overline{X1}) + 1.24(X2_{ij} - \overline{X2}) - 0.025(Z_j - \overline{Z})$$
$$\times (X1_{ij} - \overline{X1}) - 0.002(Z_j - \overline{Z}) \times (X2_{ij} - \overline{X2}) + 0.005(X1_{ij} - \overline{X1})$$
$$+ 0.004(X2_{ij} - \overline{X2}) + 0.552 + 0.280$$

其中：

個體層解釋變數 X1 代表好人緣 (popular)。

個體層解釋變數 X2 代表性別 (sex)。

群組層解釋變數 Z 代表班級老師的教學年資。

5. 「LR test vs. linear model: 」檢定結果，$\chi^2_{(3)}$ = 567.77 (p<0.05)，表示「Level-2 單因子及 Level-1 雙因子之隨機模型 ( 有交互作用 )」比單層線性 OLS 模型來得優。

6. 「Level-2 單因子及 Level-1 雙因子之隨機模型 ( 有交互作用 )」適配好壞之 AIC 指標 = 4757.403，它又比「Level-2 單因子及 Level-1 雙因子之隨機模型 ( 無交互作用 )」AIC 指標 4841.255 小，表示「Level-2 單因子及 Level-1 雙因子之隨機模型 ( 有交互作用 )」比「無交互作用」模型優。故整體多層次分析步驟，最終應選有「有交互作用」之「Level-2 單因子及 Level-1 雙因子之隨機模型」，當作最佳多層次模型。

## 5-2 多層次模型之 STaTa 練習題 ( 新版 mixed 指令，舊版 xtmixed 指令 )

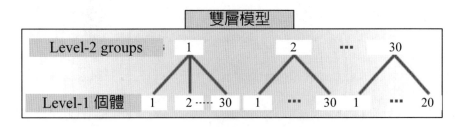

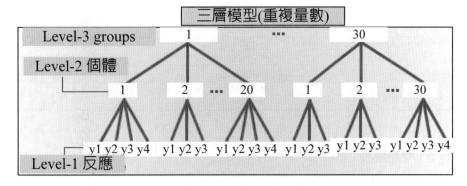

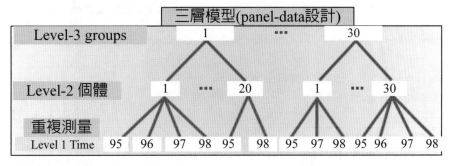

圖 5-30　雙層模型 vs. 三層模型

### 練習題 1：雙層模型

```
* 開啟資料檔
. webuse nlswork

*Random-intercept model, analogous to xtreg。「|| id: 」後面無隨機斜率
. mixed ln_w grade age c.age#c.age ttl_exp tenure c.tenure#c.tenure || id:

*Random-intercept and random-slope (coefficient) model。「|| id:」tenure 為隨
機斜率
. mixed ln_w grade age c.age#c.age ttl_exp tenure c.tenure#c.tenure || id:
tenure

*Random-intercept and random-slope (coefficient) model, correlated random ef-
fects
. mixed ln_w grade age c.age#c.age ttl_exp tenure c.tenure#c.tenure || id:
tenure, cov(unstruct)
```

### 練習題 2：雙層模型

```
* 開啟資料檔
. webuse pig

* Two-level model，內定用隨機截距
. mixed weight week || id:

*Two-level model with robust standard errors，內定用隨機截距
. mixed weight week || id:, vce(robust)
```

### 練習題 3：三層模型

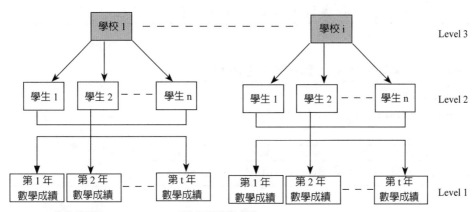

三層 Clustered-Longitudinal 資料
每年追蹤每位考生數學，眾多學生鑲套 (nested) 至學校

Level 1 變數係時變 (time-varying)：考生每年數學成績
Level 2 變數係非時變 (time-invarying)：學生種族特點、性別
Level 3 變數係非時變 (time-invarying)：學校規模大小、在學校層次的介入

**圖 5-31** Three-Level Clustered Data 之示意圖

```
* 開啟資料檔
. webuse productivity

*Three-level 巢狀模型 (nested model), observations nested within state nested
within region, fit by maximum likelihood
. mixed gsp private emp hwy water other unemp || region: || state:, mle

*Three-level nested random interactions model with ANOVA DF
. mixed gsp private emp hwy water other unemp || region:water || state:other,
dfmethod(anova)
```

### 練習題 4：雙因子交叉模型

```
* 開啟資料檔
. webuse pig

*Two-way crossed random effects
. mixed weight week || _all: R.id || _all: R.week
```

### 練習題 5：誤差變異數 $\sigma^2_{error}$ 具異質性之 HLM

```
* 開啟資料檔
. webuse childweight

*Linear mixed model with heteroskedastic error variances
. mixed weight age || id:age, residuals(independent, by(girl))
```

### 練習題 6：Random-intercept and random-slope model with Kenward-Roger DF

```
* 開啟資料檔
. webuse pig

* Random-intercept and random-slope model with Kenward-Roger DF
. mixed weight week || id:week, reml dfmethod(kroger)

*Display degrees-of-freedom table containing p-values
. mixed, dftable(pvalue)

*Display degrees-of-freedom table containing confidence intervals
. mixed, dftable(ci)
```

**練習題 7：重複測量之 HLM**

```
* 開啟資料檔
. webuse t43

* Repeated-measures model with the repeated DF
. mixed score i.drug || person:, reml dfmethod(repeated)

*Replay large-sample results
. mixed

*Replay small-sample results using the repeated DF
. mixed, small
```

Chapter

06

# 單層次 vs. 多層次：離散型依變數之 Poisson 迴歸

多層次分析模型旨在掌握人與環境 ( 如家庭、組織、醫院、社區、國家 ) 的巢狀 ( 巢狀的 ) 與相互作用關係。

## 6-1 單層次 Count 依變數：Zero-inflated Poisson 迴歸 vs. negative binomial 迴歸

Zero-inflated 迴歸的應用例子，包括：

1. 調整產險資料之過度分散。
2. 影響糖尿病、高血壓短期發生的相關危險因子探討。
3. 大臺北地區小客車肇事影響因素之研究。
4. 房屋貸款違約與提前清償風險因素之研究。
5. 從專利資訊探討廠商專利品質之決定因素。
6. 產險異質性─案例分析。
7. 應用零值膨脹卜瓦松模型於高品質製程管制圖之研究。
8. 智慧資本、專利品質與知識外溢：臺灣半導體產業之實證分析。
9. Zero-inflated Poisson 分配下計數值管制圖之經濟性設計。
10. 臺灣地區自殺企圖者之重複自殺企圖次數統計模型探討。
11. 應用技術模型分析機車肇事行為。
12. 平交道風險因素分析與其應用。
13. 過多零事件之成對伯努力資料在不同模型下比較之研究。

### 一、Counts 迴歸之 STaTa 指令

| STaTa 指令 | Counts 迴歸 | 選擇表之操作 |
|---|---|---|
| expoisson | Exact Poisson 迴歸 | Statistics > Exact statistics > Exact Poisson regression |
| nbreg | Negative binomial 迴歸 | **nbreg** |
| | | Statistics > Count outcomes > Negative binomial regression |
| gnbreg | | **gnbreg** |
| | | Statistics > Count outcomes > Generalized negative binomial regression |
| poisson | Poisson 迴歸 | Statistics > Count outcomes > Poisson regression |
| tnbreg | Truncated negative binomial 迴歸 | Statistics > Count outcomes > Truncated negative binomial regression |

| STaTa 指令 | Counts 迴歸 | 選擇表之操作 |
|---|---|---|
| tpoisson | Truncated Poisson 迴歸 | Statistics > Count outcomes > Truncated Poisson regression |
| zinb | Zero-inflated negative binomial 迴歸 | Statistics > Count outcomes > Zero-inflated negative binomial regression |
| zip | Zero-inflated Poisson 迴歸 | Statistics > Count outcomes > Zero-inflated Poisson regression |
| ztnb | Zero-truncated negative binomial 迴歸 | Statistics > Count outcomes > Zero-truncated negative binomial regression |
| ztp | Zero-truncated Poisson 迴歸 | Statistics > Count outcomes > Zero-truncated Poisson regression |
| xtmepoisson | Multilevel（多層次）mixed -effects Poisson 迴歸 | Statistics > Longitudinal/panel data > Multilevel mixed-effects models > Mixed-effects Poisson regression |

　　離散資料，這種非連續資料要改用 Poisson 分配、負二項 (negative binomial) 分配。

## 6-1-1 Poisson 分配

$$p\ (x;\ \lambda,\ t) = \Pr\ [X = x] = \frac{(\lambda t)^x e^{-\lambda t}}{x!} \quad x = 0,\ 1,\ 2,...$$

$P$：表示機率集結函數
$X$：卜瓦松機率事件可能次數之機率
$\lambda$：事件平均發生率
$t$：時間或空間區段數

### 一、Poisson 分配之公式推導

　　在任何一本統計學的書，我們可以看到 Poisson 分配的公式為

$$P\ (X = x) = \frac{e^{-\lambda} \cdot \lambda^x}{x!}$$

　　公式如何來的呢？

　　我們可將 Poisson 分配視為二項分配的極限狀況，我們知道二項分配的機率分配公式：

$$P\,(X=x)=C_x^n p^x\,(1-p)^{n-x}$$

$$\lambda=np \quad 機率\ p\ 極小，n\ 極大$$

$$p=\frac{\lambda}{n}$$

$$P\,(X=x)=\lim_{n\to\infty}C_x^n p^x\,(1-p)^{n-x}$$

$$=\lim_{n\to\infty}\frac{n(n-1)(n-2)\cdots 3\cdot 2\cdot 1}{x!(n-x)!}\left(\frac{\lambda}{n}\right)\left(1-\frac{\lambda}{n}\right)^{n-x}$$

$$=\lim_{n\to\infty}\frac{n(n-1)(n-2)\cdots(n-x+1)}{x!}\left(\frac{\lambda^x}{n^x}\right)\left(1-\frac{\lambda}{n}\right)^{n-x}$$

$$=\frac{\lambda^x}{x!}\lim_{n\to\infty}\frac{n(n-1)(n-2)\cdots(n-x+1)}{n^x}\left(1-\frac{\lambda}{n}\right)^{n-x}$$

$$=\frac{\lambda^x}{x!}\lim_{n\to\infty}\underbrace{\frac{n(n-1)(n-2)\cdots(n-x+1)}{n\cdot n\cdots\cdots\cdots\cdots\cdots n\cdot n}}_{x}\left(1-\frac{\lambda}{n}\right)^{n}\cdot\left(1-\frac{\lambda}{n}\right)^{-x}$$

$$\therefore \underbrace{\frac{n(n-1)(n-2)\cdots(n-x+1)}{n\cdot n\cdots\cdots\cdots\cdots\cdots n\cdot n}}_{x}\to 1$$

$$\left(1-\frac{\lambda}{n}\right)^{n}\to e^{-\lambda}$$

$$\left(1-\frac{\lambda}{n}\right)^{-x}\to 1$$

## 二、Poisson 迴歸分析之事後檢定

Poisson 迴歸分析之後，才可執行下列事後檢定，如下：

| STaTa 指令 | 說明 |
|---|---|
| contrast | contrasts and ANOVA-style joint tests of estimates |
| estat ic | Akaike's and Schwarz's Bayesian information criteria (AIC and BIC) |
| estat summarize | summary statistics for the estimation sample |
| estat vce | variance-covariance matrix of the estimators (VCE) |
| estat (svy) | postestimation statistics for survey data |
| estimates | cataloging estimation results |
| (1) forecast | dynamic forecasts and simulations |
| lincom | point estimates, standard errors, testing, and inference for linear combinations of coefficients |

| STaTa 指令 | 說明 |
|---|---|
| linktest | link test for model specification |
| (2) lrtest | likelihood-ratio test |
| margins | marginal means, predictive margins, marginal effects, and average marginal effects |
| marginsplot | graph the results from margins (profile plots, interaction plots, etc.) |
| nlcom | point estimates, standard errors, testing, and inference for nonlinear combinations of coefficients |
| predict | predictions, residuals, influence statistics, and other diagnostic measures |
| predictnl | point estimates, standard errors, testing, and inference for generalized predictions |
| pwcompare | pairwise comparisons of estimates |
| suest | seemingly unrelated estimation |
| test | Wald tests of simple and composite linear hypotheses |
| testnl | Wald tests of nonlinear hypotheses |

(1) forecast is not appropriate with mi or svy estimation results.
(2) lrtest is not appropriate with svy estimation results.

單位時間內「事件發生次數」的分配為卜瓦松分配 (Poisson distribution)。由法國數學家 Poisson 於 1838 年提出，是統計與機率學裡常見到的離散機率分配。

### 三、Poisson 的應用

在醫學、公共衛生及流行病學研究領域中，除了常用邏輯斯 (logistic regression) 及線性迴歸 (linear regression) 模型外，Poisson 迴歸模型也常應用在各類計數資料 (count data) 的模型建立上，例如估計疾病死亡率或發生率、細菌或病毒的菌落數及瞭解與其他相關危險因子之間的關係等，然而這些模型都是廣義線性模型 (generalized linear models) 的特殊情形。

Poisson 分布主要用於描述在單位時間 ( 空間 ) 中稀有事件的發生數。即需滿足以下四個條件：

1. 給定區域內的特定事件產生的次數，可以是根據時間、長度、面積來定義。
2. 各段相等區域內的特定事件產生的概率是一樣的。
3. 各區域內，事件發生的概率是相互獨立的。
4. 當給定區域變得非常小時，兩次以上事件發生的概率趨向於 0。例如：

(1) 放射性物質在單位時間內的放射次數；

(2) 在單位容積充分搖勻的水中的細菌數；

(3) 野外單位空間中的某種昆蟲數等。

　　**Poisson** 迴歸之應用例子，包括：

1. 領導校長型態 = 三總主任 ( 教務、訓導、總務 ) + 學校威望 + 年齡 + 工作年數 + 企圖心 + 結婚否

2. 個體意圖自殺次數 = 課業壓力 + 家庭 + 經濟 + 社會 + 感情 + 年齡

3. 社會經濟地位 ( 高中低 ) = 收入 + 支出 + 職業 + 理財 + 小孩 + 城市人口 %

4. 生小孩數目 = 職業 + 收入 + 外籍配偶 + 年齡 + 城鄉 + 富爸爸 + 畢業學校聲望

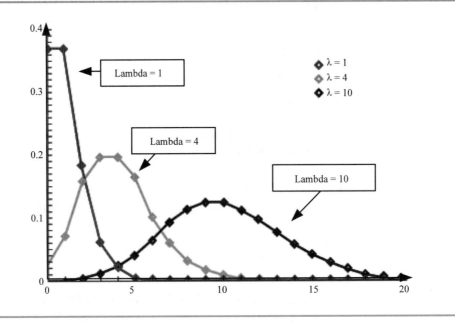

**圖 6-1** Poisson 分配

## 四、卜瓦松分配 (Poisson Distribution)

　　由法國數學家 Simon Denis Poisson 提出。卜瓦松分配之特性：

1. 在兩個不相交的時間間隔，特定事件發生變化的次數為獨立。

2. 在短時間間隔或小空間區域發生一次變化的機率，近乎與區間長度、面積或體積成正比。

3. 在同樣的一個短時間間隔，有兩個或以上的變化發生之機率近乎 0。滿足上述特性者，稱之為卜瓦松過程。若隨機變數 X 表示卜瓦松過程每段時間變化的次數，則 X 稱為卜瓦松隨機變數。

4. 發生於一段時間或某特定區域的成功次數之期望值為已知。

　　卜瓦松分配之推演：設 g(x,w) 表示在長 w 的時間內有 X 次變化的機率，則由卜瓦松過程知：

(1) 設 $X_1$ 表示在 $h_1$ 時間間隔內發生之次數，$X_2$ 表示在 $h_2$ 時間間隔內發生之次數，若 $h_1$、$h_2$ 不相交，則 $X_1$、$X_2$ 為隨機獨立。

(2) $g(1, h) = \alpha h + o(h)$，其中 $\alpha$ 為一常數，$h > 0$，且 $o(h)$ 表任何滿足：

$$\lim_{h \to 0} \frac{o(h)}{h} = 0 \quad \text{之函數}$$

(3) $\sum_{x=2}^{\infty} g(x,h) = o(h)$

　　由上述三個式子導出 X 的 pdf 為：

$$f(x) = \begin{cases} \dfrac{\lambda^x e^{-\lambda}}{x!} & x = 0,1,2,... \\ 0 & \text{其他} \end{cases}$$

　　此分配常以 $p(x, \lambda)$ 表示。

## 五、Poisson 分配的性質

1. Poisson 分配的均數與變異數相等，即 $\sigma^2 = m$。

2. Poisson 分配係可加性。

　　如果 $X_1, X_2, \cdots, X_k$ 相互獨立，且它們分別服從以 $\mu_1, \mu_2, \cdots, \mu_k$ 為參數的 Poisson 分配，則 $T = X_1 + X_2 + \cdots + X_k$ 也服從 Poisson 分配，其參數為 $\mu_1 + \mu_2 + \cdots + \mu_k$。

3. Poisson 分配的常態近似

　　m 相當大時，近似服從常態分配：N(m, m)

4. 二項分配與 Poisson 分配非常近似

　　設 $X_i \sim B(n_i \, \pi_i)$，則當 $n_i \to \infty$，$\pi_i$ 很小，且 $n_i \pi_i = \mu$ 保持不變時，可以證明 $X_i$ 的極限分配是以 $\mu$ 為參數的 Poisson 分配。

## 六、廣義 Poisson 分配

定義：equi-dispersion、over-dispersion、under-dispersion

在統計學上，過度分散 (overdispersion) 是數據集中存在更大的變異性 ( 統計離差 dispersion)，而不是根據給定的統計模型預期的。

應用統計中的一個常見任務是選擇一個參數模型來適配一組給定的經驗觀察值。此時你就需要評估所選模型的適用性。通常可以選擇模型參數，使得模型的理論總體平均值近似等於樣本平均值。但是，對於參數較少的簡單模型，理論預測可能與高 moments 的經驗觀測值不匹配。當觀察到的變異數高於理論模型的變異數時，就發生過度分散。相反，分散不足 (underdispersion) 意味著數據的變化性少於 (less variation) 預期。

過度分散是應用數據分析中的一個非常普遍的特徵，因爲在實務中，母群經常是異質 heterogeneous( 非均勻的 non-uniform)，它常違反常用的簡單參數模型中隱含假定 (assumptions)。

爲因應 Poisson 分配必須假定 (assumption) 在母體爲可數的 (equi-dispersion) 狀況下才能使用，Consul 和 Jain 於 1970 年首先提出廣義卜瓦松分配 (Generalized Poisson Distribution) 來處理資料中過度分散 (over-dispersion) 及不足分散 (under-dispersion) 的情形。

令 Y 爲單位時間內事件的發生次數，並且假設 Y 是一組服從廣義卜瓦松分配 GPoi($\lambda$, $\alpha$) 的隨機變數，其值爲非負整數，則其機率密度函數爲：

$$P_r(Y = y) = \frac{1}{y!}(\frac{\lambda}{1 + \alpha\lambda})^y (1 + \alpha y)^{y-1} \exp(-\frac{\lambda(1 + \alpha y)}{1 + \alpha\lambda}), y = 0,1,2,\cdots, \lambda > 0$$

其中：

$\lambda$ 爲單位時間內事件發生的平均次數，當 $\lambda$ 越大，其機率密度函數圖形有越平緩及衆數越往右移的狀況。

$\alpha$ 爲散布參數 (dispersion parameter)，當 $\alpha$ 越大，其機率密度函數圖形之散布程度越廣。

期望值及變異數分別爲：

$$E(Y) = \lambda \quad , \quad Var(Y) = \lambda(1 + \beta\lambda)^2$$

可看出

(1) 當 $\alpha = 0$ 時，即 equi-dispersion 狀況。

(2) 當 $\alpha > 0$ 時，即 over-dispersion 狀況。

(3) 當 $\alpha < 0$ 時，即 under-dispersion 狀況，也就是變異數小於平均數的情況，不過此機率密度函數只有在

$$1 + \alpha\lambda > 0 \text{ 且 } 1 + \alpha y > 0$$

才能成立。

當我們觀測到的是 t 個單位時間內事件發生的次數 $\mu$ 時，令 Y 為 t 個單位時間內事件的發生次數時，其機率密度函數為：

$$P_r(Y = y) = \frac{1}{y!}\left(\frac{\mu}{1+\alpha\mu}\right)^y \left(1+\alpha y\right)^{y-1} \exp\left(-\frac{\mu(1+\alpha y)}{1+\alpha\mu}\right)$$

$$= \frac{1}{y!}\left(\frac{\lambda t}{1+\alpha\lambda t}\right)^y \left(1+\alpha y\right)^{y-1} \exp\left(-\frac{\lambda t(1+\alpha y)}{1+\alpha\lambda t}\right), \quad y = 0,1,2,\cdots, \quad \lambda > 0$$

廣義 Poisson 分配可處理 equi-、over- 或是 under-dispersion 的情況，使用上較 Poisson 分配及負二項分配來得更具彈性。

## 6-1-2 負二項分配 (negative binomial distribution)

### 一、負二項分配

定義：在二項試驗中，若隨機變數 X 表示自試驗開始至第 r 次成功為止之試驗，則稱 X 為負二項隨機變數。設 p 為每次成功之機率，則 X 之 pdf 為：

$$f(x) = \begin{cases} \binom{x-1}{r-1} p^r\, q^{x-r} & x = r, r+1,\ldots \\ 0 & \text{其他} \end{cases}$$

當 $r = 1$ 時，$f(x) = p\, q^{x-1}$ $\quad x = 1, 2, 3\ldots$

稱為幾何分配。

## 二、二項 (binomial) 分配 vs. Poisson 分配

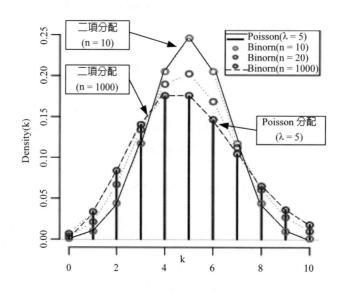

圖 6-2 二項分配 vs. Poisson 分配

　　負二項分配與 Poisson 的分配二者的關係為：

$$F_{Binomial}(k; n, p) \approx F_{Poisson}(k; \lambda = np)$$

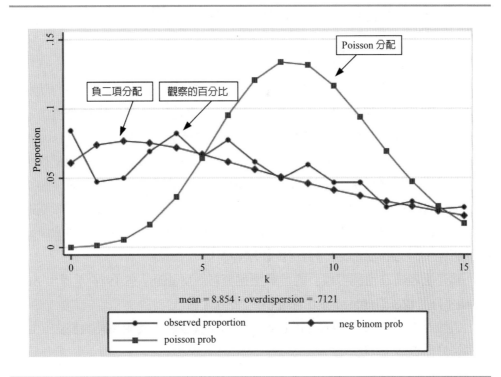

**圖 6-3** 負二項分配 vs. Poisson 分配

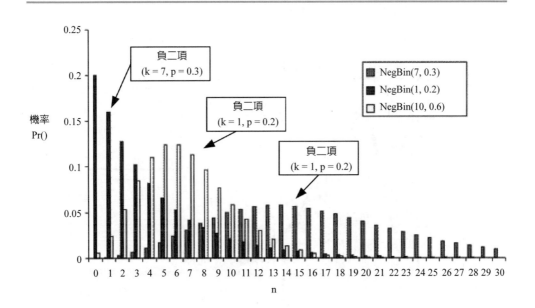

**圖 6-4** 負二項分配 (k,n,p) 三參數

## 6-1-3 零膨脹 (Zero-inflated) Poisson 分配

### 一、Zero-inflated 分配

在實際應用領域中的計數型態資料，常常有「零」值個案特別多的狀況，例如：在車禍意外研究中，未曾發生車禍之個案約為 47%，較其他值為多。在流行病學研究中，在針對各國的癌症登記資料檔進行標準化死亡率 (standard mortality ratio) 分析時，最大的特色是許多地區完全沒有惡性腫瘤的紀錄，以惡性腫瘤與白血病為例，分別約有 61% 與 79% 的地區呈現「零」個案的狀況 (Böhning, 1998)。由於高比例的「零」值導致許多資料在使用 Poisson 模型進行適配分析時，呈現適配不佳的情形，許多學者因此致力於此種資料型態模型適配的研究，而 Zero-inflated 迴歸分配便應運而生。

為了處理「高比例零值」的計數型態資料，Mullahy 在 1986 年提出 Zero-inflated 分配 (Zero-inflated distribution)。

假設 Y 是一組服從 Zero-inflated 分配的隨機變數，其值為非負整數，則其機率密度函數為：

$$g(Y=y) = \begin{cases} \omega + (1-\omega)\Pr(Y=0), & y=0 \\ (1-\omega)\Pr(Y=y), & y>0 \end{cases}$$

其中 $\omega$ 是一機率值，$\Pr(Y=y)$ 為計數型態分配之機率密度函數。

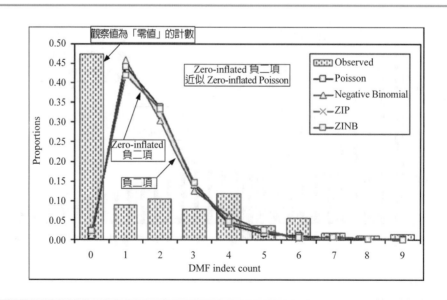

圖 6-5 Zero-inflated 分配

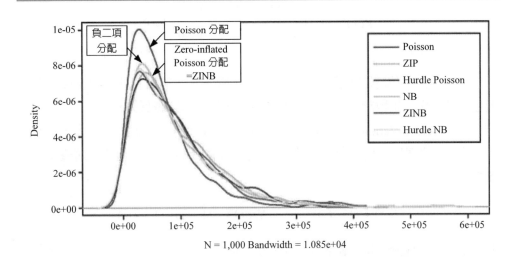

**圖 6-6** Poisson 分配及負二項分配在「有 vs. 無」Zero-inflated 之分配比較

## 二、Zero-inflated 卜瓦松分配

Lambert 在 1992 年提出 Zero-inflated 卜瓦松分配 (Zero-inflated Poisson distribution, ZIP)，並且應用在品質管理上，隨後便有許多學者紛紛引用此篇文章作爲迴歸模型分析之用。

針對「高比例零值」的計數型資料型態，Zero-inflated Poisson 分配的想法是既然資料「零值」的比例較卜瓦松分配爲高，於是便利用 Poisson 分配與「零」點的機率合成爲一個混合模型 (mixture model)。因此 Zero-inflated Poisson 隨機變數是由兩個部分組成，分別是一 Poisson 分配和一「零值」發生機率爲 $\omega$ 的伯努力分配 (Bernoulli distribution)。

可知「零值」比例的來源，除了 Poisson 分配爲零的機率還多加了伯努力分配中「零值」的機率 $\omega$，如此一來，「零值」比例也因爲 $\omega$ 的加入而提高許多，解決 Poisson 分配在適配「零值」比例過高的資料所出現的估計誤差，所以當計數型資料存在過多「零值」時，一般傾向使用 Zero-inflated Poisson 分配來作爲適配。

令 Y 爲單位時間內事件的發生次數，並且假設 Y 是一組服從 Zero-inflated 卜瓦松分配 ZIPoi $(\lambda, \omega)$ 的隨機變數，其值爲非負整數，則其機率密度函數爲：

$$\Pr(Y=y) = \begin{cases} \omega + (1-\omega)e^{-\lambda}, & y=0 \\ (1-\omega)\dfrac{\lambda^y e^{-\lambda}}{y!}, & y>0 \end{cases}, \lambda > 0$$

其中 $\lambda$ 為單位時間內事件發生的平均次數，當 $\lambda$ 越大，其機率密度函數圖形也有越平緩及眾數越往右移的狀況，零值比例也越來越低。

$\omega$ 為 Zero-inflation 參數 (Zero-inflation parameter)，可知當 $\omega$ 越大，其零值比例也越來越高，相較之下，其他反應變數值的比例就越來越低。期望值及變異數分別為：

$$E(Y) = (1-\omega)\lambda \quad , \quad Var(Y) = (1-\omega)\lambda(1+\omega\lambda)$$

當我們觀測到的是 t 個單位時間內事件發生的次數 $\mu$ 時，令 Y 為 t 個單位時間內事件的發生次數時，其機率密度函數為：

$$\Pr(Y=y) = \begin{cases} \omega + (1-\omega)e^{-\mu}, & y=0 \\ (1-\omega)\dfrac{\mu^y e^{-\mu}}{y!}, & y>0 \end{cases}, \mu > 0$$

$$= \begin{cases} \omega + (1-\omega)e^{-\lambda t}, & y=0 \\ (1-\omega)\dfrac{(\lambda t)^y e^{-\lambda t}}{y!}, & y>0 \end{cases}, \lambda > 0$$

就 Zero-inflated 分配最原始的想法來看，ZIPoi $(\lambda, \omega)$ 還是必須服從以下假定 (assumption)：

(1) 依變數「零」值比例較基準分配來得高。

(2) 依變數非「零」值的分配必須服從 Zero-truncated 卜瓦松分配 (Zero-truncated Poisson distribution)。

## 6-2 單層次：Zero-inflated Poisson 迴歸 vs. 負二項迴歸 (zip、zinb 指令)

Counts 迴歸，也是「Categorical and Limited 依變數之迴歸」之一。

## 一、範例：Counts 迴歸

### (一) 問題說明

　　為瞭解博士生發表論文篇數的原因有那些？

　　研究者先文獻探討以歸納出，影響「博士生發表論文篇數」的原因，並整理成下表，此「couart2_regression.dta」資料檔之變數如下：

| 變數名稱 | 博士生發表論文篇數的原因 | 編碼 Codes / Values |
|---|---|---|
| art | 最近三年 PhD 發表論文數 | 計數 (count) 資料 |
| fem | 1. 性別 | 1 = female. 0 = male |
| mar | 2. 已婚嗎 | 1 = yes. 0 = no |
| kid5 | 3. 小孩數 < 6 嗎？ | 1 = yes. 0 = no |
| phd | 4. PhD 學位的聲望 ( 名校之競爭力 ) | 連續變數 |
| ment | 5. 指導教授最近 3 年之論文數 | 連續變數 |

### (二) 資料檔之內容

　　「couart2_regression.dta」資料檔之內容如下圖。

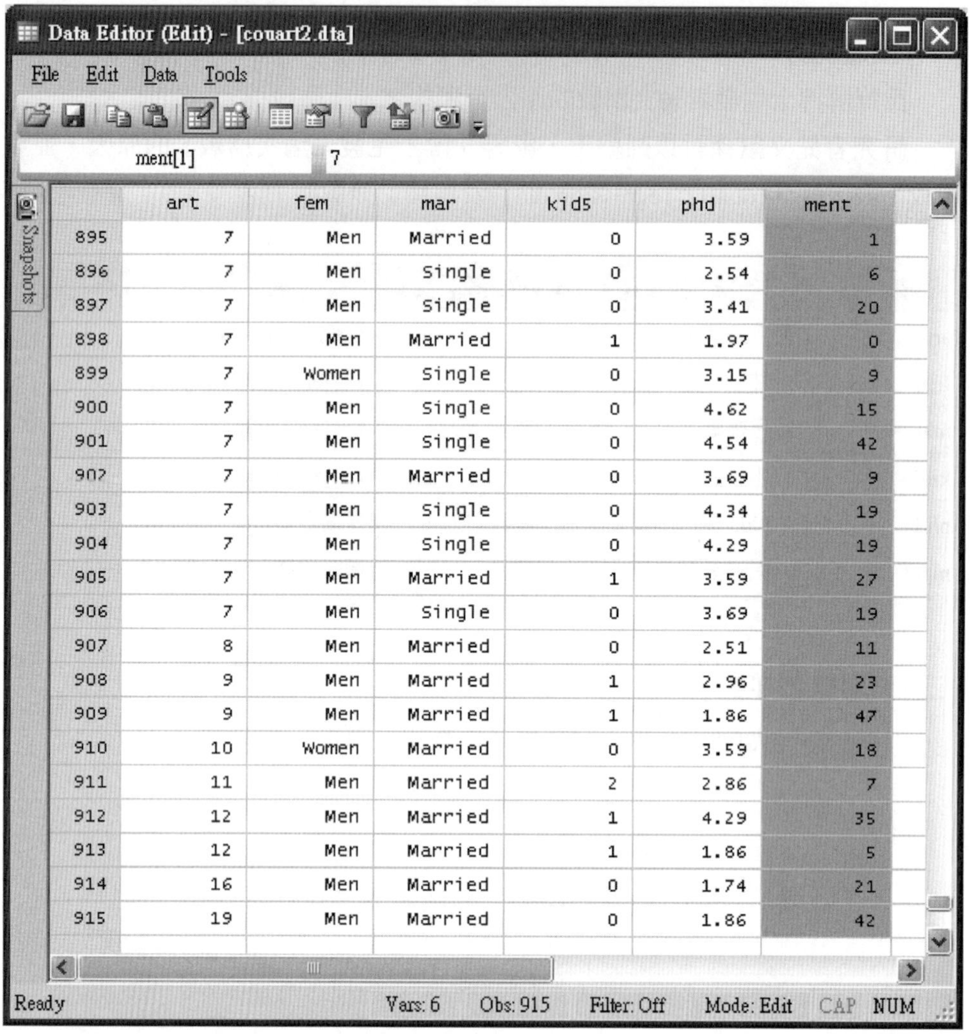

Data Editor (Edit) - [couart2.dta]

File Edit Data Tools

ment[1] 7

| | art | fem | mar | kid5 | phd | ment |
|---|---|---|---|---|---|---|
| 895 | 7 | Men | Married | 0 | 3.59 | 1 |
| 896 | 7 | Men | Single | 0 | 2.54 | 6 |
| 897 | 7 | Men | Single | 0 | 3.41 | 20 |
| 898 | 7 | Men | Married | 1 | 1.97 | 0 |
| 899 | 7 | Women | Single | 0 | 3.15 | 9 |
| 900 | 7 | Men | Single | 0 | 4.62 | 15 |
| 901 | 7 | Men | Single | 0 | 4.54 | 42 |
| 902 | 7 | Men | Married | 0 | 3.69 | 9 |
| 903 | 7 | Men | Single | 0 | 4.34 | 19 |
| 904 | 7 | Men | Single | 0 | 4.29 | 19 |
| 905 | 7 | Men | Married | 1 | 3.59 | 27 |
| 906 | 7 | Men | Single | 0 | 3.69 | 19 |
| 907 | 8 | Men | Married | 0 | 2.51 | 11 |
| 908 | 9 | Men | Married | 1 | 2.96 | 23 |
| 909 | 9 | Men | Married | 1 | 1.86 | 47 |
| 910 | 10 | Women | Married | 0 | 3.59 | 18 |
| 911 | 11 | Men | Married | 2 | 2.86 | 7 |
| 912 | 12 | Men | Married | 1 | 4.29 | 35 |
| 913 | 12 | Men | Married | 1 | 1.86 | 5 |
| 914 | 16 | Men | Married | 0 | 1.74 | 21 |
| 915 | 19 | Men | Married | 0 | 1.86 | 42 |

Ready Vars: 6 Obs: 915 Filter: Off Mode: Edit CAP NUM

**圖 6-7** 「couart2_regression.dta」資料檔 (N = 915, 6 variables)

## (三)count 迴歸之選擇表操作

```
    Statistics > Count outcomes > Poisson regression
nbreg
    Statistics > Count outcomes > Negative binomial regression
gnbreg
    Statistics > Count outcomes > Generalized negative binomial regression
```

## (四) 分析結果與討論

### Step1. 繪 Poisson 分配之機率圖

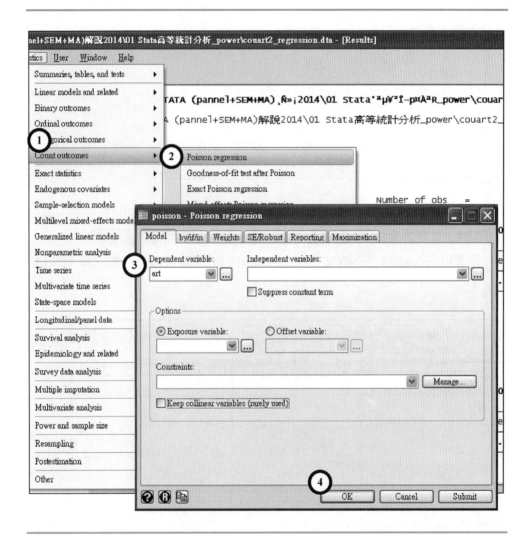

圖 6-8 圖 6-8　Poisson regression 之選擇表操作

```
* 存在「couart2_regression.do」指令檔
. use couart2_regression.dta
. poisson art

Iteration 0:   log likelihood = -1742.5735
```

```
Iteration 1:    log likelihood = -1742.5735

Poisson regression                              Number of obs   =        915
                                                LR chi2(0)      =       0.00
                                                Prob > chi2     =          .
Log likelihood = -1742.5735                     Pseudo R2       =     0.0000

--------------------------------------------------------------------------
        art |     Coef.   Std. Err.      z     P>|z|    [95% Conf. Interval]
----------- +-------------------------------------------------------------
      _cons |   .5264408  .0254082    20.72    0.000    .4766416      .57624
--------------------------------------------------------------------------
```

Poisson 迴歸分析，得標準化分數 Z = 20.72，p<0.05，達顯著水準，顯示 915 名博士生發表論文「不同篇數 k」之間的機率是符合 Poisson 分析。

接著用「prcounts」指令 (它存在 spostado 檔)，來繪 Poisson 分配之機率圖 (如下圖)。

```
* 最近一次 count 迴歸 (poisson, nbreg, zip, zinb. prcounts) 分析之後，用
prcounts 指令計來求
* 從 k = 0 到 k = 9 之預測比率及勝算機率。預測值暫存至「以 psn 開頭」的變數
. prcounts psn, plot max(9)
* 實際分配
 label var psnobeq "Observed Proportion"

* 用 Poisson 迴歸求得之預測值
 label var psnobeq "Poisson Prediction"

* 用 Poisson 迴歸求得之依變數的計數
 label var psnval "# of articles"

* 繪以上三者之散布圖
 graph twoway (scatter psnobeq psnpreq psnval, connect (1 1) xlabel(0(1)9)
ytitle("Proba bility"))
```

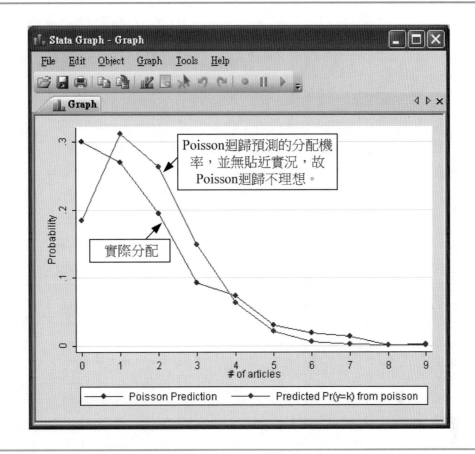

圖 6-9 繪 Poisson 分配之機率圖

瞭解各變數之特性：

```
* 因為 art 變數非常態分配，故取自然對數，產生新變數 lnart 就呈常態分配，再入
* 線性迴歸
. gen lnart = ln(art + .5)
* 新變數的註解
. label var lnart "Log of (Art + .5)"

* 查詢資料新增出來的變數
. describe

Contains data from J:\couart2_regression.dta
```

```
  obs:           915                    Academic Biochemists / S Long
  vars:           34                    20 Feb 2014 01:47
  size:      114,375 (98.9% of memory free)   (_dta has notes)
-----------------------------------------------------------------------

                storage  display   value
variable name   type     format    label    variable label
-----------------------------------------------------------------------
art             byte     %9.0g               最近三年 PhD 發表論文數
fem             byte     %9.0g     sexlbl    性別：1 = female 0 = male
mar             byte     %9.0g     marlbl    已婚嗎：1 = yes 0 = no
kid5            byte     %9.0g               小孩數 < 6 嗎
phd             float    %9.0g               PhD 學位的聲望
ment            byte     %9.0g               指導教授最近 3 年之論文數
psnratc         float    %9.0g               Predicted rate from poisson
psnpr0          float    %9.0g               Pr(y = 0) from poisson
psnpr1          float    %9.0g               Pr(y = 1) from poisson
psnpr2          float    %9.0g               Pr(y = 2) from poisson
psnpr3          float    %9.0g               Pr(y = 3) from poisson
psnpr4          float    %9.0g               Pr(y = 4) from poisson
psnpr5          float    %9.0g               Pr(y = 5) from poisson
psnpr6          float    %9.0g               Pr(y = 6) from poisson
psnpr7          float    %9.0g               Pr(y = 7) from poisson
psnpr8          float    %9.0g               Pr(y = 8) from poisson
psnpr9          float    %9.0g               Pr(y = 9) from poisson
psncu0          float    %9.0g               Pr(y = 0) from poisson
psncu1          float    %9.0g               Pr(y< = 1) from poisson
psncu2          float    %9.0g               Pr(y< = 2) from poisson
psncu3          float    %9.0g               Pr(y< = 3) from poisson
psncu4          float    %9.0g               Pr(y< = 4) from poisson
psncu5          float    %9.0g               Pr(y< = 5) from poisson
psncu6          float    %9.0g               Pr(y< = 6) from poisson
psncu7          float    %9.0g               Pr(y< = 7) from poisson
psncu8          float    %9.0g               Pr(y< = 8) from poisson
psncu9          float    %9.0g               Pr(y< = 9) from poisson
psnprgt         float    %9.0g               Pr(y>9) from poisson
psnval          float    %9.0g               # of articles
psnobeq         float    %9.0g               Poisson Prediction
psnpreq         float    %9.0g               Predicted Pr(y = k) from poisson
```

```
psnoble           float   %9.0g          Observed Pr(y< = k) from poisson
psnprle           float   %9.0g          Predicted Pr(y< = k) from poisson
lnart             float   %9.0g          Log of (Art + .5)
-------------------------------------------------------------------------
Sorted by:  art
    Note:  dataset has changed since last saved
```

```
* 大致查看一下，各機率值之 Mean, Min ,Max
. summarize

    Variable |    Obs        Mean    Std. Dev.        Min         Max
-------------+-------------------------------------------------------------
        art |    915    1.692896    1.926069           0          19
        fem |    915    .4601093    .4986788           0           1
        mar |    915    .6622951     .473186           0           1
       kid5 |    915     .495082      .76488           0           3
        phd |    915    3.103109    .9842491        .755        4.62
-------------+-------------------------------------------------------------
       ment |    915    8.767213    9.483916           0          77
     psnrate|    915    1.692896           0    1.692896    1.692896
     psnpr0 |    915    .1839859           0    .1839859    .1839859
     psnpr1 |    915     .311469           0     .311469     .311469
     psnpr2 |    915    .2636423           0    .2636423    .2636423
-------------+-------------------------------------------------------------
     psnpr3 |    915     .148773           0     .148773     .148773
     psnpr4 |    915    .0629643           0    .0629643    .0629643
     psnpr5 |    915    .0213184           0    .0213184    .0213184
     psnpr6 |    915     .006015           0     .006015     .006015
     psnpr7 |    915    .0014547           0    .0014547    .0014547
-------------+-------------------------------------------------------------
     psnpr8 |    915    .0003078           0    .0003078    .0003078
     psnpr9 |    915    .0000579           0    .0000579    .0000579
     psncu0 |    915    .1839859           0    .1839859    .1839859
     psncu1 |    915    .4954549           0    .4954549    .4954549
     psncu2 |    915    .7590972           0    .7590972    .7590972
-------------+-------------------------------------------------------------
     psncu3 |    915    .9078703           0    .9078703    .9078703
     psncu4 |    915    .9708346           0    .9708346    .9708346
```

| | | | | | |
|---|---|---|---|---|---|
| psncu5 | 915 | .992153 | 0 | .992153 | .992153 |
| psncu6 | 915 | .9981681 | 0 | .9981681 | .9981681 |
| psncu7 | 915 | .9996227 | 0 | .9996227 | .9996227 |
| psncu8 | 915 | .9999305 | 0 | .9999305 | .9999305 |
| psncu9 | 915 | .9999884 | 0 | .9999884 | .9999884 |
| psnprgt | 915 | .0000116 | 0 | .0000116 | .0000116 |
| psnval | 10 | 4.5 | 3.02765 | 0 | 9 |
| psnobeq | 10 | .0993443 | .1139905 | .0010929 | .3005464 |
| psnpreq | 10 | .0999988 | .1187734 | .0000579 | .311469 |
| psnoble | 10 | .8328962 | .2308122 | .3005464 | .9934426 |
| psnprle | 10 | .8307106 | .2791442 | .1839859 | .9999884 |
| lnart | 915 | .4399161 | .8566493 | -.6931472 | 2.970414 |

註：Statistics > Summaries, tables, and tests > Summary and descriptive statistics > Summary statistics

## Step2. 先做線性機率迴歸 ( 當做 count 迴歸之對照組 )

```
* 存在「couart2_regression.do」指令檔
. use couart2_regression.dta

* 線性機率迴歸之依變數 art，改用 Ln(art)
* 因為 art 變數非常態分配，故取自然對數，產生新變數 lnart 就呈常態分配，再入
. gen lnart = ln(art + .5)
* 新變數的註解
. label var lnart "Log of (Art + .5)"

* 查詢資料新增出來的變數
. describe

. poisson art

* 外掛指令 prcounts is from spostado，故要「findit prcounts」先安裝它
* prcounts 是以最近一次執行的迴歸參數「poisson art 」來計算
. findit prcounts
. prcounts psn, plot max(9)
. label var psnobeq "Observed Proportion"
. label var psnobeq "Poisson Prediction"
```

```
. label var psnval "# of articles"
. graph twoway (scatter psnobeq psnpreq psnval, connect (l l) xlabel(0(1)9)
ytitle(" 機率 "))
* prcounts 圖形如下：
```

```
* 線性迴歸
. quietly reg lnart fem mar kid5 phd ment

*可用「findit listcoef」指令，來外掛此 ADO命令檔之後，再執行「列出各迴歸係數」
. listcoef

regress (N = 915): Unstandardized and Standardized Estimates

 Observed SD: .8566493
 SD of Error: .81457396
```

| * | 未標準化迴歸係數 | | 顯著性 | 標準化迴歸係數 | | | |
|---|---|---|---|---|---|---|---|
| lnart | b | t | P>\|t\| | bStdX | bStdY | bStdXY | SDofX |
| fem | -0.13457 | -2.349 | 0.019 | -0.0671 | -0.1571 | -0.0783 | 0.4987 |
| mar | 0.13283 | 2.043 | 0.041 | 0.0629 | 0.1551 | 0.0734 | 0.4732 |
| kid5 | -0.13315 | -3.275 | 0.001 | -0.1018 | -0.1554 | -0.1189 | 0.7649 |
| phd | 0.02550 | 0.896 | 0.371 | 0.0251 | 0.0298 | 0.0293 | 0.9842 |
| ment | 0.02542 | 8.607 | 0.000 | 0.2411 | 0.0297 | 0.2814 | 9.4839 |

　　影響博士生論文發表篇數之預測變數，除了「就讀博士之學校權望 (phd)」沒顯著外，性別 (fem)、結婚否 (mar)、生的小孩數 <6(5)、及指導教授等四個變數，都可顯著預測出「博士生論文之發表篇數機率」。

**Step3.** 再做 Poisson 迴歸、負二項迴歸之預測度比較

**Step3-1.** 求 Poisson 迴歸、負二項迴歸之迴歸係數顯著性檢驗

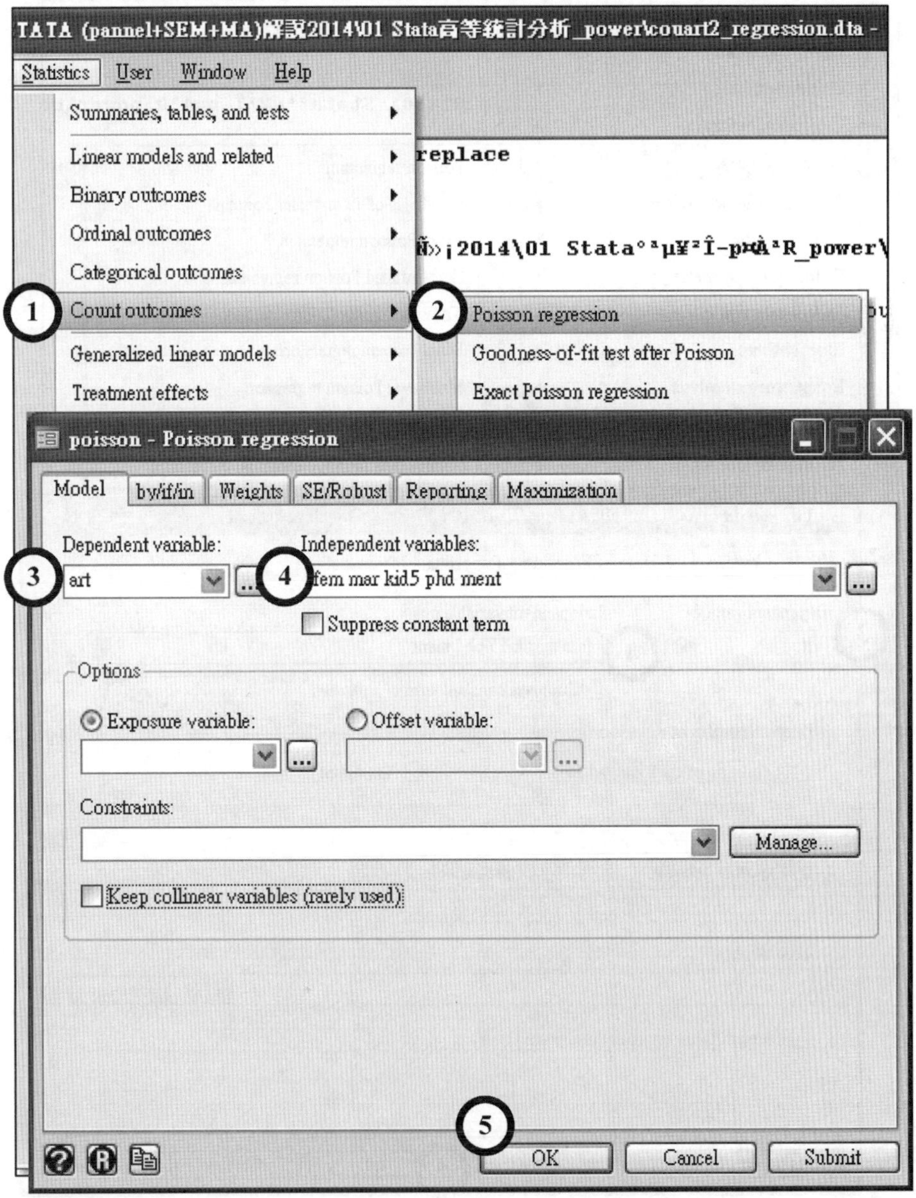

圖 6-10　Poisson 迴歸之選擇表操作

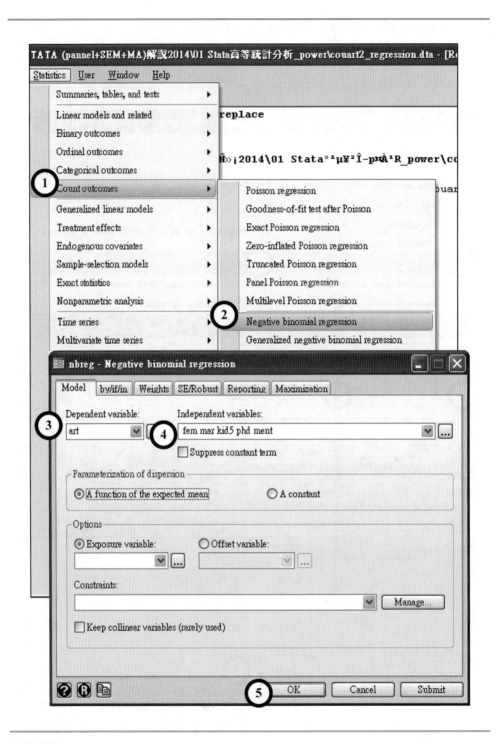

圖 6-11 負二項迴歸之選擇表操作

```
* 先做 poisson 迴歸，其依變數，可直接用「未經 ln( ) 變數變換之 art」
. quietly poisson art fem mar kid5 phd ment


. listcoef
poisson (N = 915): Factor Change in Expected Count

* 各自變數對依變數 (art) 預測 count 之變化
 Observed SD: 1.926069
-----------------------------------------------------------------
       art |      b         z     P>|z|     e^b     e^bStdX    SDofX
---------- + ----------------------------------------------------
       fem | -0.22459    -4.112   0.000    0.7988    0.8940    0.4987
       mar |  0.15524     2.529   0.011    1.1679    1.0762    0.4732
      kid5 | -0.18488    -4.607   0.000    0.8312    0.8681    0.7649
       phd |  0.01282     0.486   0.627    1.0129    1.0127    0.9842
      ment |  0.02554    12.733   0.000    1.0259    1.2741    9.4839
nbreg art fem mar kid5 phd ment, dispersion(constant)
. quietly nbreg art fem mar kid5 phd ment, dispersion(mean)
. listcoef


* 再負二項迴歸
nbreg (N = 915): Factor Change in Expected Count

Negative binomial regression               Number of obs   =        915
                                           LR chi2(5)      =      97.96
Dispersion     = mean                      Prob > chi2     =     0.0000
Log likelihood = -1560.9583                Pseudo R2       =     0.0304


-----------------------------------------------------------------
       art |   Coef.    Std. Err.     z     P>|z|    [95% Conf. Interval]
---------- + ----------------------------------------------------
       fem | -.2164184  .0726724   -2.98   0.003   -.3588537   -.0739832
       mar |  .1504895  .0821063    1.83   0.067   -.0104359    .3114148
      kid5 | -.1764152  .0530598   -3.32   0.001   -.2804105    -.07242
       phd |  .0152712  .0360396    0.42   0.672   -.0553652    .0859075
      ment |  .0290823  .0034701    8.38   0.000    .0222811    .0358836
     _cons |   .256144  .1385604    1.85   0.065   -.0154294    .5277174
---------- + ----------------------------------------------------
```

```
 /lnalpha |  -.8173044    .1199372                      -1.052377   -.5822318
---------- +  ---------------------------------------------------------------
    alpha |   .4416205    .0529667                       .3491069    .5586502
-------------------------------------------------------------------------------
Likelihood-ratio test of alpha = 0: chibar2(01) = 180.20 Prob> = chibar2 = 0.000
```

1. Poisson 迴歸分析結果與線性機率迴歸相同，但線性機率迴歸之依變數 art 是要事先用 Ln() 變數變換，但 Poisson 迴歸則否。
2. 負二項迴歸分析結果，與線性機率迴歸及 Poisson 迴歸分析相異，負二項迴歸將預測變數「結婚否 (mar)」剔除在模型之外 (z = 1.833, p>0.05)。故需再進一步比較：Poisson 迴歸 vs. 負二項迴歸，何者較佳？

**Step3-2. 繪 Poisson 迴歸、負二項迴歸之預測分配圖，看這二個迴歸誰較貼近事實？**

```
* 先求得 poisson 迴歸之 9 個勝算機率
. quietly poisson art fem mar kid5 phd ment
* 用「findit prcounts」來外掛此 ado 檔，download 內定存在「C:\ado\plus\p」資料料，
* 再將它用人工 copy 到你的工作目錄之後，即可執行它並產生 k = 1 to 9 的勝算機率
等變數
* 預測勝算機率等變數：以 psm 開頭來命名，連號共 9 個變數。
. prcounts psm, plot max(9)
. label var psmpreq "PRM"
. label var psmobeq "Observed"
. label var psmval "# of articles"

* 再求得負二項迴歸之 9 個勝算機率
. quietly nbreg art fem mar kid5 phd ment
. prcounts nbm, plot max(9)
. label var nbmpreq "NBM"

* 繪 poisson 迴歸 vs. 負二項迴歸之勝算機率的分配圖
. graph twoway (scatter psmobeq psmpreq nbmpreq psmval, connect(l l l) xla-
bel(0(1)9) ytitle("Probability"))
```

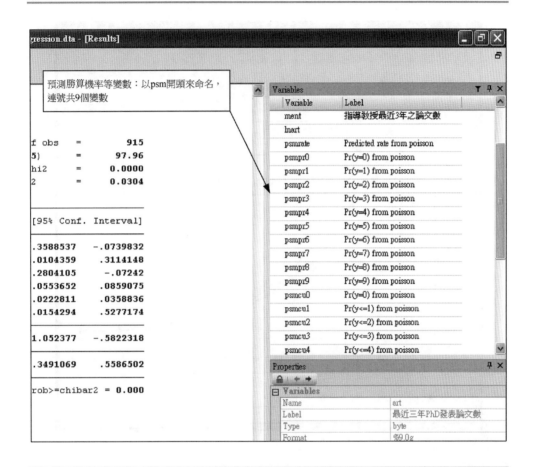

**圖 6-12** Poisson 迴歸用 prcounts 產生之連號共 9 個變數

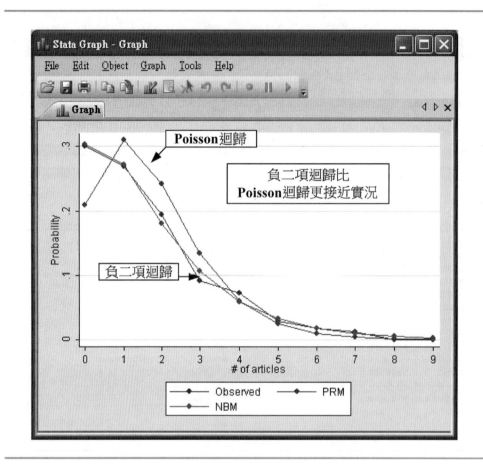

圖 6-13 Poisson 迴歸 vs. 負二項迴歸之預測精準度比較

**Step3-3. 以 phd 當 x 軸刻度，求 Poisson 迴歸、負二項迴歸之勝算機率**

由於本例自變數中，只有 phd 及 ment 二個是屬連續變數，但唯有 ment 在 Poisson 及負二項迴歸中都有顯著預測效果。故單獨求「ment 對 art」勝算機率，分別在 Poisson 迴歸、負二項迴歸各做一次。

```
* 先 Poisson 迴歸
. quietly poisson art fem mar kid5 phd ment
* 先用「findit prgen」指令來外掛 prgen.ado 此 packerage。
* 單獨求「ment 對 art」勝算機率之變數們 ( 命名以 pm 開頭，連號共 11 個 )，
. prgen ment, from(0) to(50) rest(mean) gen(pm) n(11)

poisson: Predicted values as ment varies from 0 to 50.
```

```
         fem        mar       kid5       phd        ment
x =   .46010929  .66229508  .49508197  3.1031093  8.7672131
. label var pmp0 "PRM"
```

```
*再 負二項迴歸
. quietly nbreg art fem mar kid5 phd ment

. * 單獨求「ment 對 art」勝算機率之變數們 ( 命名以 nb 開頭，連號共 11 個 )，
. prgen ment, from(0) to(50) rest(mean) gen(nb) n(11)

nbreg: Predicted values as ment varies from 0 to 50.

         fem        mar       kid5       phd        ment
x =   .46010929  .66229508  .49508197  3.1031093  8.7672131

. label var pmp0 "PRM"
```

```
*比較上述二個迴歸所求「ment 對 art」勝算機率，繪散布圖
. graph twoway (scatter pmp0 nbp0 nbx, c(l l l) xtitle("Mentor's Articles")
ytitle("Pr(Zero Articles)") msymbol(Sh Oh))
```

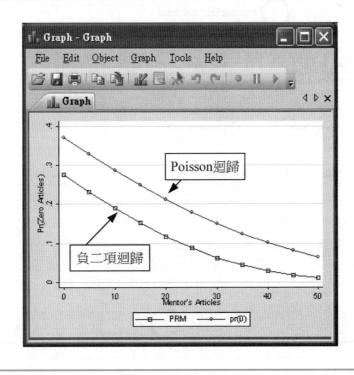

圖 6-14　比較二個迴歸所求「ment 對 art」預測機率所繪的散布圖

### Step 4. Zero-inflated Poisson 迴歸

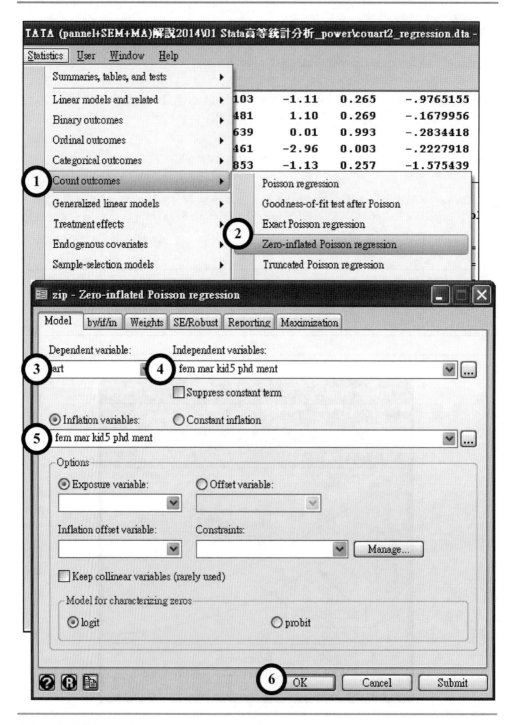

**圖 6-15** 「zip art fem mar kid5 phd ment, inflate(fem mar kid5 phd ment) nolog」畫面

```
* 先 Zero-inflated Poisson(zip) 迴歸
. zip art fem mar kid5 phd ment, inflate(fem mar kid5 phd ment) nolog

Zero-inflated Poisson regression              Number of obs   =       915
                                              Nonzero obs     =       640
                                              Zero obs        =       275

Inflation model = logit                       LR chi2(5)      =     78.56
Log likelihood = -1604.773                    Prob > chi2     =    0.0000

------------------------------------------------------------------------------
         art |      Coef.   Std. Err.      z    P>|z|     [95% Conf. Interval]
-------------+----------------------------------------------------------------
art          |
         fem | -.2091446   .0634047    -3.30   0.001    -.3334155   -.0848737
         mar |  .103751    .071111      1.46   0.145    -.035624     .243126
        kid5 | -.1433196   .0474293    -3.02   0.003    -.2362793   -.0503599
         phd | -.0061662   .0310086    -0.20   0.842    -.066942     .0546096
        ment |  .0180977   .0022948     7.89   0.000     .0135999    .0225955
       _cons |  .640839    .1213072     5.28   0.000     .4030814    .8785967
-------------+----------------------------------------------------------------
inflate      |
         fem |  .1097465   .2800813     0.39   0.695    -.4392028    .6586958
         mar | -.3540107   .3176103    -1.11   0.265    -.9765155    .2684941
        kid5 |  .2171001   .196481      1.10   0.269    -.1679956    .6021958
         phd |  .0012702   .1452639     0.01   0.993    -.2834418    .2859821
        ment | -.134111    .0452461    -2.96   0.003    -.2227918   -.0454302
       _cons | -.5770618   .5093853    -1.13   0.257    -1.575439    .421315
------------------------------------------------------------------------------
```

1. Zero-inflated 旨在將依變數 count = 0 之觀察值，排除在迴歸模型之分析中。
2. 就預測變數們之迴歸係數的 p 值而言，有沒有排除「Zero-inflated」，前後二次 Poisson 迴歸之分析結果，非常相近。
3. Zero-inflated 負二項迴歸模型為：

Pr(art) = F(–0.209 (fem) – 0. .143 (kid5) + 0.018 (ment) )

Pr( 博士生論文數 ) = F(–0.209( 女性 ) – 0.143 ( 小孩數 < 6 嗎 ) + 0.018 ( 指導教授近 3 年論文數 ))

註：Pr() 為預測機率。F(·) 為標準常態分配的累積分析函數。

4. 迴歸係數為「＋」就是正相關 (ment 與 art 為正相關 )；為「－」就是負相關 (fem、kid5 二者與 art 為負相關 )。

**Step 5. Zero-inflated negative binomial 迴歸**

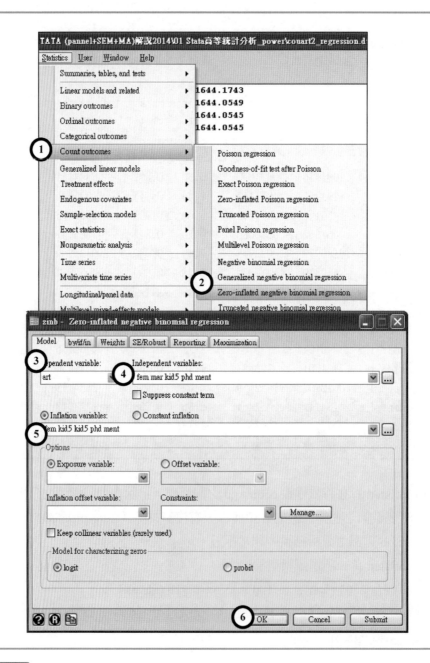

　　圖 6-16　Zero-inflated Poisson 迴歸之操作畫面

```
* 再 Zero-inflated negative binomial(zinb) 迴歸
. zinb art fem mar kid5 phd ment, inflate(fem mar kid5 phd ment) nolog

Zero-inflated negative binomial regression      Number of obs    =        915
                                                Nonzero obs      =        640
                                                Zero obs         =        275

Inflation model = logit                         LR chi2(5)       =      67.97
Log likelihood  = -1549.991                     Prob > chi2      =     0.0000

------------------------------------------------------------------------------
       art |      Coef.   Std. Err.      z    P>|z|     [95% Conf. Interval]
-----------+------------------------------------------------------------------
art        |
       fem | -.1955068   .0755926    -2.59   0.010    -.3436655   -.0473481
       mar |  .0975826   .084452      1.16   0.248    -.0679402    .2631054
      kid5 | -.1517325   .054206     -2.80   0.005    -.2579744   -.0454906
       phd | -.0007001   .0362696    -0.02   0.985    -.0717872    .0703869
      ment |  .0247862   .0034924     7.10   0.000     .0179412    .0316312
      _cons |  .4167466   .1435962     2.90   0.004     .1353032     .69819
-----------+------------------------------------------------------------------
inflate    |
       fem |  .6359328   .8489175     0.75   0.454    -1.027915    2.299781
       mar | -1.499469   .9386701    -1.60   0.110    -3.339228    .3402909
      kid5 |  .6284274   .4427825     1.42   0.156    -.2394105    1.496265
       phd | -.0377153   .3080086    -0.12   0.903     -.641401    .5659705
      ment | -.8822932   .3162276    -2.79   0.005    -1.502088   -.2624984
      _cons | -.1916865   1.322821    -0.14   0.885    -2.784368    2.400995
-----------+------------------------------------------------------------------
   /lnalpha | -.9763565   .1354679    -7.21   0.000    -1.241869   -.7108443
-----------+------------------------------------------------------------------
      alpha |  .3766811   .0510282                      .288844    .4912293
------------------------------------------------------------------------------
```

1. Zero-inflated 旨在將依變數 count = 0 之觀察值排除在迴歸模型之分析中。

2. 就預測變數們之迴歸係數的 p 值而言，有沒有排除「Zero-inflated」，前後二次負二項迴歸之分析結果，亦非常相近。

3. Zero-inflated 負二項迴歸模型為：

Pr(art) = F( –0.195(fem) – 0.151(kid5) + .0247(ment) )

Pr( 博士生論文數 ) = F(–0.195( 女性 ) – 0.151( 小孩數 <6 嗎 ) + .0247( 指導教授近 3 年論文數 ))

註：Pr() 為預測機率。F( · ) 為標準常態分配的累積分析函數。

4. 迴歸係數為「 + 」就是正相關 (ment 與 art 為正相關 )；為「 – 」就是負相關 (fem、kid5 二者與 art 為負相關 )。

## 6-3 三層次：Poisson 迴歸 (mepoisson 或 xtmepoisson 指令 )

　　在社會科學研究、生醫和其他領域中，研究的數據通常具有分層 (hierarchical) 結構的。也就是說，研究樣本可被分類或重新劃分到具有不同特性的分組中。

　　在這種情況下，個體可以被看成是研究的第一層 (Level-1) 單元，而那些區分開他們的組也就是第二層 (Level-2) 單元。它又可被進一步再分組，即第二層 (Level-2) 的單元又可被分類到第三層單元中。在這個方面很典型的示例：例如教育學 ( 學生位於第一層，學校位於第二層，學校分布是第三層 )，又例如社會學 ( 個體在第一層，相鄰個體在第二層 )。

## 6-3-1 多層次 Poisson 模型

multievel model Poisson
隨機效果之單一方程式

Random Coefficient Model ( 隨機係數模型 )

$$Y_{ij} = \beta_1 + \zeta_{1j} + \beta_2 X_{ij} + \zeta_{2j} X_{ij} + \varepsilon_{ij}$$

However, it is common to separate levels:

Level 1 equation

$$Y_{ij} = \beta_1 + \beta_2 X_{ij} + \varepsilon_{ij}$$

Intercept equation

$$\beta_1 = \gamma_1 + u_{1j}$$

Slope Equation

$$\beta_2 = \gamma_2 + u_{2j}$$

Gamma = constant ( 常數 )
u = random effect ( 隨機效果 )
Here, we specify a random component for
level-1 constant & slope

多層次 Poisson 迴歸模型，亦可表示為：

$$y_{ij} \sim Poisson(\lambda_{ij})$$

$$\log(\lambda_{ij}) = \log(\exp_{ij}) + X_{ij}\beta + u_j$$

$$u_j \sim N(0, \sigma_u^2)$$

圖 6-17　多層次 Poisson 模型之示意圖

## 6-3-2 三層次：Poisson 迴歸 (mepoisson 或 xtmepoisson 指令 )

本例想瞭解歐洲各國之皮膚癌死亡人數 (deaths)，是否受到紫外線劑量 (uv) 的影響？採三層之分層隨機抽樣，即觀察者鑲套到區域，區域鑲套到國家

(observations nested region nested within nation)。

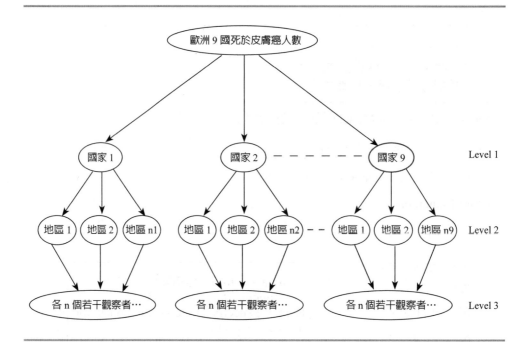

圖 6-18　三層次模型之樣本設計：堆疊 9 個國家

新版 STaTa v15 的 **mepoisson**、或新版的 **xtmepoisson** 指令旨在「Multilevel mixed-effects Poisson regression」。

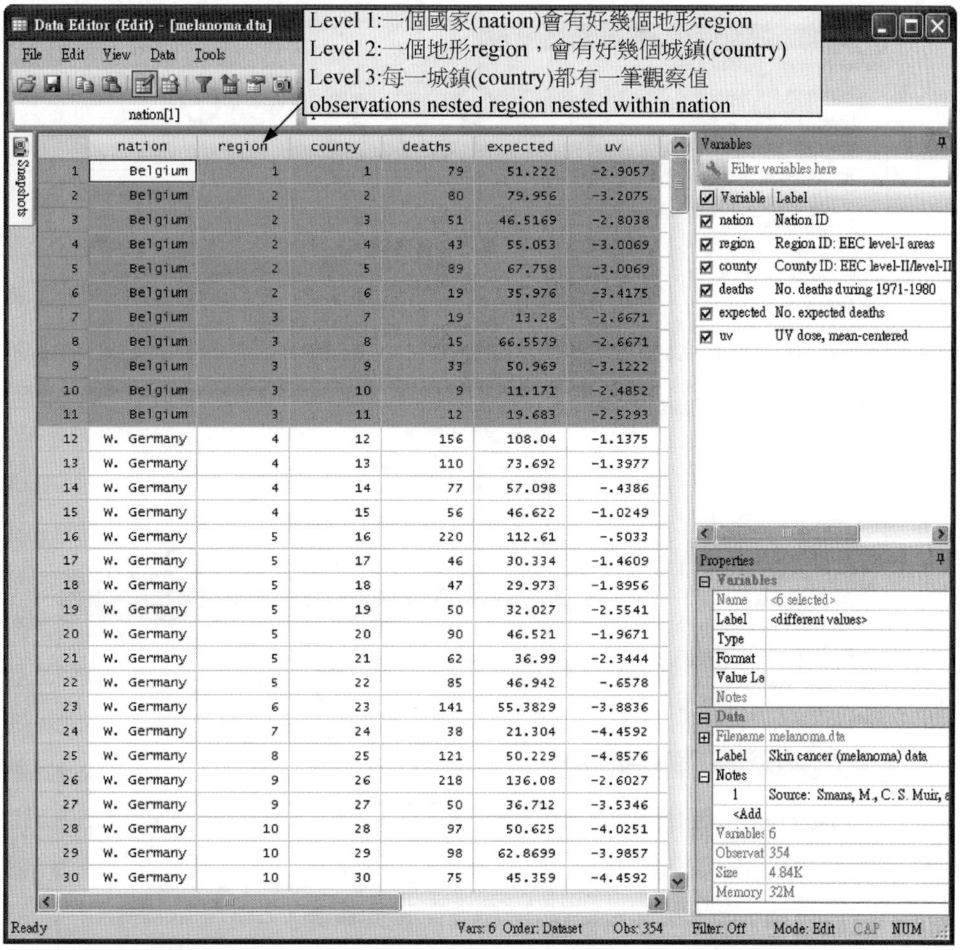


| | nation | region | county | deaths | expected | uv |
|---|---|---|---|---|---|---|
| 1 | Belgium | 1 | 1 | 79 | 51.222 | -2.9057 |
| 2 | Belgium | 2 | 2 | 80 | 79.956 | -3.2075 |
| 3 | Belgium | 2 | 3 | 51 | 46.5169 | -2.8038 |
| 4 | Belgium | 2 | 4 | 43 | 55.053 | -3.0069 |
| 5 | Belgium | 2 | 5 | 89 | 67.758 | -3.0069 |
| 6 | Belgium | 2 | 6 | 19 | 35.976 | -3.4175 |
| 7 | Belgium | 3 | 7 | 19 | 13.28 | -2.6671 |
| 8 | Belgium | 3 | 8 | 15 | 66.5579 | -2.6671 |
| 9 | Belgium | 3 | 9 | 33 | 50.969 | -3.1222 |
| 10 | Belgium | 3 | 10 | 9 | 11.171 | -2.4852 |
| 11 | Belgium | 3 | 11 | 12 | 19.683 | -2.5293 |
| 12 | W. Germany | 4 | 12 | 156 | 108.04 | -1.1375 |
| 13 | W. Germany | 4 | 13 | 110 | 73.692 | -1.3977 |
| 14 | W. Germany | 4 | 14 | 77 | 57.098 | -.4386 |
| 15 | W. Germany | 4 | 15 | 56 | 46.622 | -1.0249 |
| 16 | W. Germany | 5 | 16 | 220 | 112.61 | -.5033 |
| 17 | W. Germany | 5 | 17 | 46 | 30.334 | -1.4609 |
| 18 | W. Germany | 5 | 18 | 47 | 29.973 | -1.8956 |
| 19 | W. Germany | 5 | 19 | 50 | 32.027 | -2.5541 |
| 20 | W. Germany | 5 | 20 | 90 | 46.521 | -1.9671 |
| 21 | W. Germany | 5 | 21 | 62 | 36.99 | -2.3444 |
| 22 | W. Germany | 5 | 22 | 85 | 46.942 | -.6578 |
| 23 | W. Germany | 6 | 23 | 141 | 55.3829 | -3.8836 |
| 24 | W. Germany | 7 | 24 | 38 | 21.304 | -4.4592 |
| 25 | W. Germany | 8 | 25 | 121 | 50.229 | -4.8576 |
| 26 | W. Germany | 9 | 26 | 218 | 136.08 | -2.6027 |
| 27 | W. Germany | 9 | 27 | 50 | 36.712 | -3.5346 |
| 28 | W. Germany | 10 | 28 | 97 | 50.625 | -4.0251 |
| 29 | W. Germany | 10 | 29 | 98 | 62.8699 | -3.9857 |
| 30 | W. Germany | 10 | 30 | 75 | 45.359 | -4.4592 |

圖 6-19 「melanoma.dta」資料檔之內容

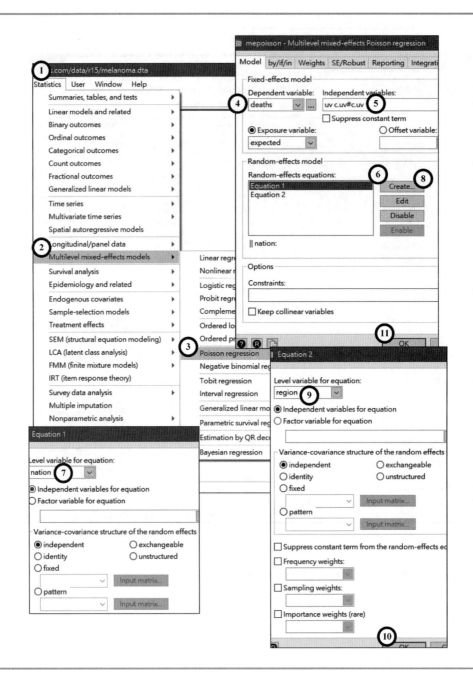

**圖 6-20** 「**mepoisson** deaths uv c.uv#c.uv, exposure(expected) ‖ **nation**： ‖ **region**： 」 畫面

註：新版 STaTa v15 以後才可用此 mepoisson 指令。

註："c." 宣告 uv 變數視為連續 (Continuous) 變數，"#" 為交互作用項。

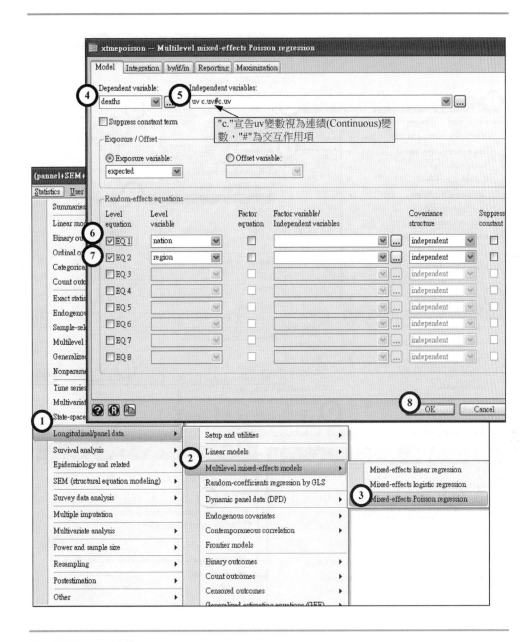

**圖 6-21** xtmepoisson 指令「三層次模型」之畫面 (observations nested region nested within nation)

註："c." 宣告 uv 變數視為連續 (Continuous) 變數，"#" 為交互作用項

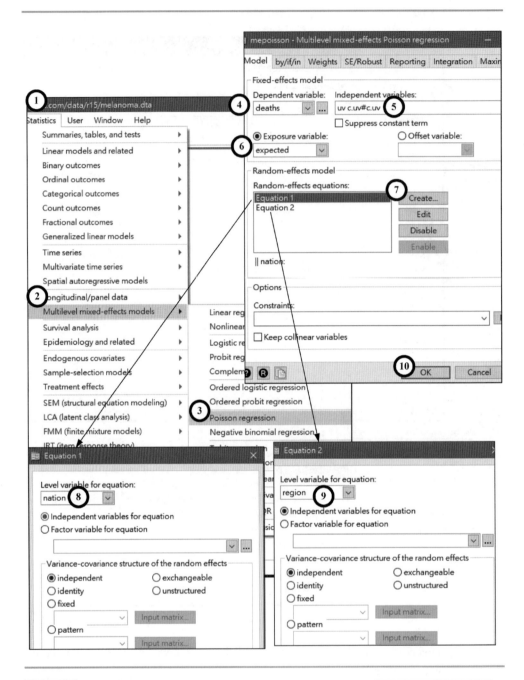

圖 6-22　「xtmepoisson deaths uv c.uv#c.uv, exposure(expected) ‖ nation：‖ region：」指令 (observations nested region nested within nation)

註 1：新版 stata v15 才可用 mepoisson 指令；舊版 stata v12 以後都可用 mepoisson 指令。

註 2：「‖ nation:」、「‖ region:」無變數，全部自變數「uv c.uv#c.uv」都為隨機截距。

```
* 存在「melanoma.do」指令檔
. webuse melanoma
( 皮膚癌 - 黑色素瘤 (melanoma) data)


* 各變數之特徵
. describe

Contains data from D:\melanoma.dta
  obs:           354                          皮膚癌 - 黑色素瘤 (melanoma) data
  vars:            6                          7 Jul 2014 22:20
  size:        4,956                          (_dta has notes)
-------------------------------------------------------------------------------
              storage   display    value
variable name   type    format     label      variable label
-------------------------------------------------------------------------------
nation         byte     %11.0g     n          Nation ID
region         byte     %9.0g                 Region ID: EEC level-I areas
county         int      %9.0g                 County ID: EEC level-II/level-III
                                              areas
deaths         int      %9.0g                 No. deaths during 1971-1980
expected       float    %9.0g                 No. expected deaths
uv             float    %9.0g                 UV dose( 紫外線劑量 ), mean-centered
-------------------------------------------------------------------------------
Sorted by:
```

\* Three-level nested model, observations nested region nested within nation
\* "c." 宣告 uv 變數視為連續 (Continuous) 變數，"#" 為交互作用項
\*「|| nation:」、「|| region:」無變數，全部自變數「uv c.uv#c.uv」都為隨機截距
. mepoisson deaths uv c.uv#c.uv, exposure(expected) || nation: || region:
\* 新版 stata v15 用上式指令；舊版 stata v12 以後都可用下式指令。
. xtmepoisson deaths uv c.uv#c.uv, exposure(expected) || nation: || region:

```
Mixed-effects Poisson regression                 Number of obs     =      354
```

| | No. of | Observations per Group | | | Integration |
|---|---|---|---|---|---|
| Group Variable | Groups | Minimum | Average | Maximum | Points |
|---|---|---|---|---|---|
| nation | 9 | 3 | 39.3 | 95 | 7 |
| region | 78 | 1 | 4.5 | 13 | 7 |

```
-------------------------------------------------------------------------
                                        Wald chi2(2)      =      25.69
Log likelihood =  -1089.411             Prob > chi2       =     0.0000

-------------------------------------------------------------------------
      deaths |     Coef.   Std. Err.      z    P>|z|    [95% Conf. Interval]
-------------+-----------------------------------------------------------
          uv |   .0056975   .0137931    0.41   0.680   -.0213364    .0327314
             |
  c.uv#c.uv  |  -.0058374    .001388   -4.21   0.000   -.0085579   -.0031169
             |
       _cons |   .1289976   .1581123    0.82   0.415   -.1808968    .4388919
ln(expected) |          1  (exposure)
-------------------------------------------------------------------------


-------------------------------------------------------------------------
 Random-effects Parameters  |   Estimate   Std. Err.    [95% Conf. Interval]
----------------------------+--------------------------------------------
nation: Identity            |
                 sd(_cons)  |   .4290363   .1101666    .2593733    .7096807
----------------------------+--------------------------------------------
region: Identity            |
                 sd(_cons)  |   .1956382   .0224569    .1562233    .2449974
-------------------------------------------------------------------------
LR test vs. Poisson regression:     chi2(2) =  1267.13   Prob > chi2 = 0.0000

Note: LR test is conservative and provided only for reference.


* Four-level nested model, fit using laplace
* mepoisson deaths uv c.uv#c.uv, exposure(expected) || nation: || region: ||
county:, laplace
*或
. xtmepoisson deaths uv c.uv#c.uv, exposure(expected) || nation: || region:
|| county:, laplace


Mixed-effects Poisson regression              Number of obs     =       354
```

```
----------------------------------------------------------------------------
              |   No. of     Observations per Group        Integration
Group Variable |   Groups    Minimum   Average   Maximum      Points
--------------+-------------------------------------------------------------
        nation |      9          3        39.3       95           1
        region |     78          1         4.5       13           1
        county |    354          1         1.0        1           1
----------------------------------------------------------------------------


                                         Wald chi2(2)      =      28.12
Log likelihood = -1078.8598             Prob > chi2       =     0.0000

----------------------------------------------------------------------------
      deaths |   Coef.   Std. Err.     z    P>|z|    [95% Conf. Interval]
------------+---------------------------------------------------------------
         uv |  .0043977  .0142978    0.31   0.758   -.0236254    .0324209
            |
  c.uv#c.uv | -.0058104  .0014047   -4.14   0.000   -.0085635   -.0030572
            |
       _cons |  .1127632  .1555189    0.73   0.468   -.1920482    .4175746
ln(expected) |        1  (exposure)
----------------------------------------------------------------------------


----------------------------------------------------------------------------
Random-effects Parameters  |  Estimate   Std. Err.    [95% Conf. Interval]
---------------------------+------------------------------------------------
nation: Identity           |
                sd(_cons)  |  .4192801   .1077696     .2533469    .6938934
---------------------------+------------------------------------------------
region: Identity           |
                sd(_cons)  |  .1704022   .0254158     .1272087    .2282619
---------------------------+------------------------------------------------
county: Identity           |
                sd(_cons)  |  .1220659   .0218334     .0859693    .1733187
----------------------------------------------------------------------------
LR test vs. Poisson model: chi2(3) = 1288.23      Prob > chi2 = 0.0000

Note: LR test is conservative and provided only for reference.
Note: Log-likelihood calculations are based on the Laplacian approximation.
```

1. 概似比 (LR) 檢定結果，$\chi^2_{(2)} = 1267.13$, p<0.05，故多層次混合 Poisson 迴歸顯著比單層次 Poisson 迴歸優。

## 6-4 練習題：雙層隨機截距模型之 Poisson 迴歸 (mepoisson 指令)

隨機截距模型就是允許各小組的截距是變動的，但斜率保持固定不動。因此，依變數在每個個體的預測值是來自不同群組的截距，且斜率保持固定不動的。

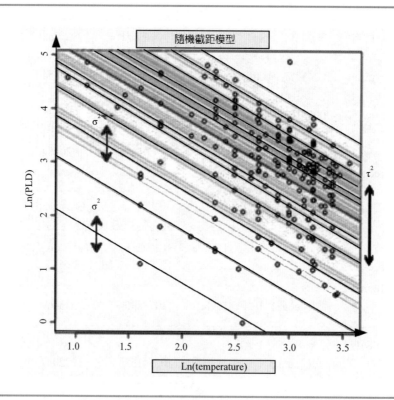

**圖 6-23** Random Intercept 示意圖：溫度 (temperature) 對浮游幼蟲持續時間 (planktonic larval duration, PLD) 的影響

以下範例，LR test 之卡方值都達到顯著 (p<0.05)，顯示下列範例，採用多層次模型會比單層次 OLS 佳。

## 本例

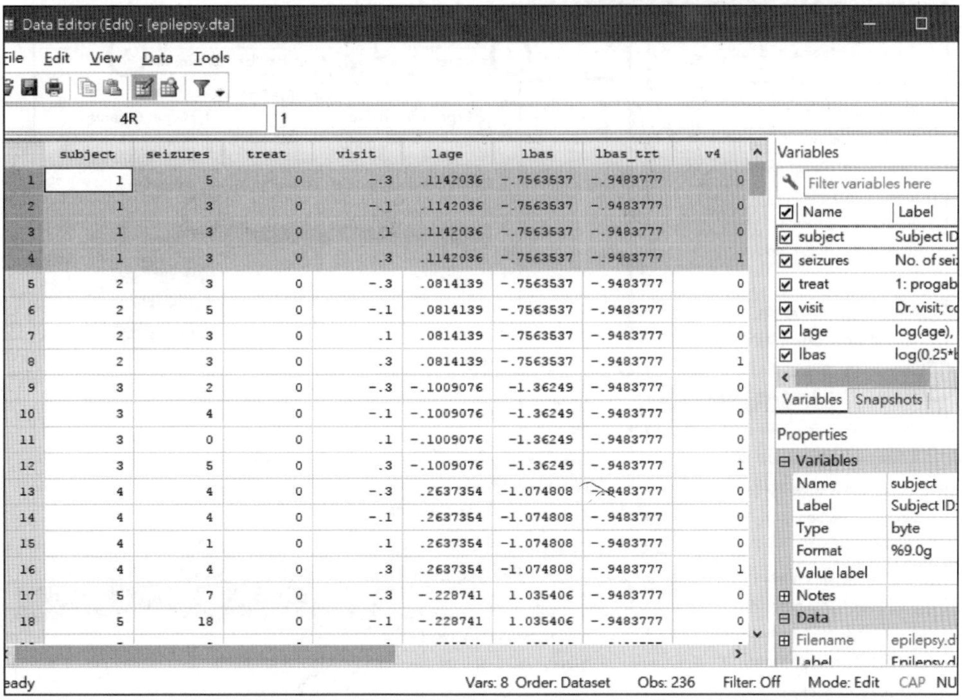


**圖 6-24** 「epilepsy.dta」資料檔內容

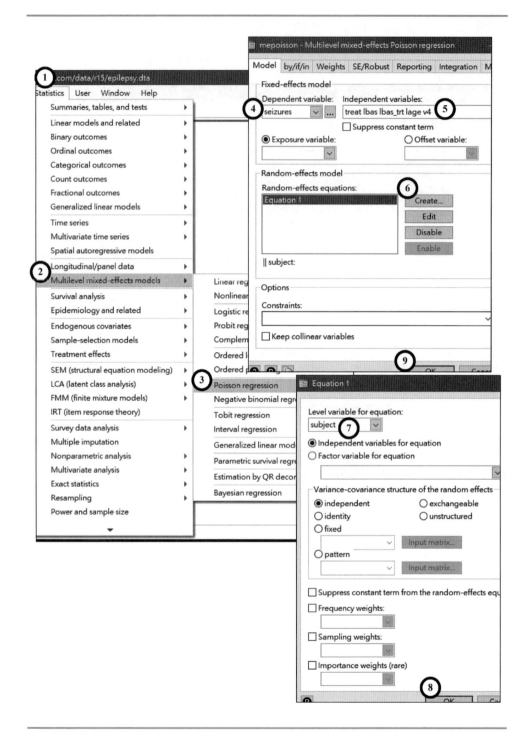

圖 6-25 「mepoisson seizures treat lbas lbas_trt lage v4 ‖ subject：」畫面

　　宣告「|| subject:」後面無變數為隨機斜率，其餘自變數「treat lbas lbas_trt lage v4」都為隨機截距。

範例：雙層隨機截距模型

```
* 存在「epilepsy.do」指令檔
* 開啟資料檔
. webuse epilepsy
* 宣告「|| subject:」後面無變數為隨機斜率，其餘自變數「treat lbas lbas_trt
lage v4」都為隨機截距。
* Two-level random-intercept model, analogous to xtpoisson

. mepoisson seizures treat lbas lbas_trt lage v4 || subject:

Fitting fixed-effects model:

Grid node 0:    log likelihood = -680.40523

Refining starting values (unscaled likelihoods):

Grid node 0:    log likelihood = -680.40523

Fitting full model:

Mixed-effects Poisson regression          Number of obs      =        236
Group variable:          subject          Number of groups   =         59

                                          Obs per group:
                                                        min =          4
                                                        avg =        4.0
                                                        max =          4

Integration method: mvaghermite          Integration pts.   =          7

                                          Wald chi2(5)       =     121.70
Log likelihood = -665.29067              Prob > chi2        =     0.0000
-------------------------------------------------------------------------
    seizures |    Coef.   Std. Err.      z    P>|z|    [95% Conf. Interval]
```

```
---------- + ----------------------------------------------------------
     treat |  -.9330306    .4007512    -2.33   0.020   -1.718489   -.1475727
      lbas |   .8844225    .1312033     6.74   0.000    .6272689    1.141576
   lbas_trt |   .3382561    .2033021     1.66   0.096   -.0602087    .736721
      lage |   .4842226    .3471905     1.39   0.163   -.1962582    1.164703
        v4 |  -.1610871    .0545758    -2.95   0.003   -.2680536   -.0541206
      _cons |   2.154578    .2199928     9.79   0.000      1.7234    2.585756
---------- + ----------------------------------------------------------
   subject  |
  var(_cons)|   .2528664    .0589844                     .1600801     .399434
---------- + ----------------------------------------------------------
LR test vs. Poisson model: chibar2(01) = 304.74      Prob > = chibar2 = 0.0000
```

* Two-level random-intercept and random-coefficient model

*宣告「|| subject:」後面變數 visit 為隨機斜率，其餘自變數「treat lbas lbas_trt lage」都為隨機截距。

. mepoisson seizures treat lbas lbas_trt lage visit || subject: visit

```
Mixed-effects Poisson regression          Number of obs     =       236
Group variable:          subject          Number of groups  =        59

                                          Obs per group:
                                                      min =         4
                                                      avg =       4.0
                                                      max =         4

Integration method: mvaghermite          Integration pts.  =         7

                                          Wald chi2(5)      =    116.09
Log likelihood = -655.68148              Prob > chi2       =    0.0000

---------- + ----------------------------------------------------------
  seizures |     Coef.    Std. Err.      z    P>|z|    [95% Conf. Interval]
---------- + ----------------------------------------------------------
     treat |   -.927375      .40015    -2.32   0.020   -1.711655   -.1430954
      lbas |   .8852199    .1310011     6.76   0.000    .6284623    1.141977
   lbas_trt |   .3371832    .2029518     1.66   0.097    -.060595    .7349614
      lage |   .4744547     .346636     1.37   0.171   -.2049394    1.153849
     visit |   -.264728    .1563127    -1.69   0.090   -.5710954    .0416393
      _cons |   2.098906    .2194032     9.57   0.000    1.668884    2.528928
```

```
---------- + -----------------------------------------------------------
subject    |
  var(visit)|  .5317038    .2292898                  .2283501   1.238051
  var(_cons)|  .2515154    .0588097                  .1590506   .3977351
---------------------------------------------------------------------------
LR test vs. Poisson model: chi2(2) = 324.53           Prob > chi2 = 0.0000

Note: LR test is conservative and provided only for reference.
```

* Two-level random-intercept and random-coefficient model, correlated random effects
. mepoisson seizures treat lbas lbas_trt lage visit || subject: visit, cov(unstructured) intpoints(9)

```
Mixed-effects Poisson regression          Number of obs      =      236
Group variable:          subject           Number of groups   =       59

                                           Obs per group:
                                                         min =        4
                                                         avg =      4.0
                                                         max =        4

Integration method: mvaghermite            Integration pts.   =        9

                                           Wald chi2(5)       =   115.56
Log likelihood = -655.68103                Prob > chi2        =   0.0000
---------------------------------------------------------------------------
  seizures |     Coef.   Std. Err.      z    P>|z|    [95% Conf. Interval]
---------- + --------------------------------------------------------------
     treat | -.9286592   .4021715    -2.31   0.021   -1.716901   -.1404175
      lbas |  .8849762   .1312535     6.74   0.000     .627724    1.142228
  lbas_trt |  .3379759   .2044471     1.65   0.098    -.062733    .7386849
      lage |  .4767192   .3536276     1.35   0.178   -.2163781    1.169817
     visit | -.2664098   .1647098    -1.62   0.106   -.5892352    .0564156
     _cons |  2.099555   .2203749     9.53   0.000    1.667629    2.531482
---------- + --------------------------------------------------------------
subject    |
  var(visit)|  .5314803    .229385                   .2280928   1.238405
```

```
         var(_cons)|  .2514923   .0587902                     .1590534    .3976549
-------------- +----------------------------------------------------------------
subject        |
cov(visit,_cons)|  .0028715   .0887037    0.03  0.974    -.1709846    .1767276
----------------------------------------------------------------------------------
LR test vs. Poisson model: chi2(3) = 324.54              Prob > chi2 = 0.0000

Note: LR test is conservative and provided only for reference.

*Replay results with incidence-rate ratios
. mepoisson, irr

Mixed-effects Poisson regression            Number of obs   =        236
Group variable:        subject              Number of groups =         59

                                            Obs per group:
                                                       min =          4
                                                       avg =        4.0
                                                       max =          4

Integration method: mvaghermite             Integration pts. =         9

                                            Wald chi2(5)    =     115.56
Log likelihood = -655.68103                 Prob > chi2     =     0.0000
----------------------------------------------------------------------------------
      seizures |      IRR  Std. Err.     z   P>|z|    [95% Conf. Interval]
-------------- +----------------------------------------------------------------
         treat |  .3950831  .1588912  -2.31  0.021    .1796219    .8689954
          lbas |  2.422927  .3180177   6.74  0.000    1.873342    3.133744
       lbas_trt|  1.402107  .2866567   1.65  0.098    .9391942    2.093181
          lage |  1.610781  .5696166   1.35  0.178    .8054307    3.221402
         visit |  .7661251  .1261884  -1.62  0.106    .5547514    1.058037
         _cons |  8.16254   1.798819   9.53  0.000    5.299586    12.57213
-------------- +----------------------------------------------------------------
subject        |
    var(visit)|  .5314803   .229385                    .2280928    1.238405
    var(_cons)|  .2514923   .0587902                    .1590534    .3976549
-------------- +----------------------------------------------------------------
```

```
subject          |
 cov(visit,_cons)|   .0028715   .0887037    0.03   0.974   -.1709846    .1767276
-------------------------------------------------------------------------------
Note: Estimates are transformed only in the first equation.
Note: _cons estimates baseline incidence rate (conditional on zero random ef-
fects).
LR test vs. Poisson model: chi2(3) = 324.54              Prob > chi2 = 0.0000

Note: LR test is conservative and provided only for reference.
```

# 單層次 vs. 雙層次：二元依變數之 Logistic 迴歸

除線性多層次模型 (mixed, xtmixed 指令 ) 外，HLM 約略可分成三大類：

**類 1.** Hierarchical Linear Model ( 多層次模型，HLM) 依變數是連續變數，STaTa 線性多層次模型之對應指令包括：(mixed、xtmixed)。

**類 2.** Hierarchical Generalized Linear Model ( 廣義多層次模型，HGLM) 依變數是類別型、計數型、次序型、離散型變數稱階層廣義線性模型，STaTa 線性多層次模型之對應指令包括：(menl、melogit、meprobit、mecloglog、meologit、meoprobit、mepoisson、menbreg、metobit、meintreg、meglm、mestreg、meqrlogit、meqrpoisson)。

**類 3.** Bayeisan 多層次迴歸包括：(bayes: mixed、bayes: metobit、bayes: meintreg、bayes: melogit、bayes: meoprobit、bayes: mecloglog、bayes: meologit、bayes: meoprobit、bayes: mepoisson、bayes: menbreg、bayes: meglm、bayes: mestreg)。

# 7-1 Logistic 迴歸之原理

過去已經有將 logit 模型應用到模型選擇的研究。然而，忽略了模型選擇資料中潛在的層級結構關係可能會造成一些限制，反映在巢狀資料的估計上。而多層次模型則可以克服這些限制，降低統計偏誤，提高統計檢定力。

多層次分析模型旨在掌握人與環境 ( 如家庭、組織、醫院、社區、國家 ) 的巢狀 ( 巢狀的 ) 與相互作用關係。

## 7-1-1 勝算比 (OR)

概率 (probbailities) 介於 0 和 1。比方說，成功的概率是 0.8，因此 P = 0.8。失敗的概率則是：Q = 1 − P = 0.2。

賠率是從 0 至無窮大概率和範圍來決定。比值被定義爲成功的概率的比率和故障的可能性。

成功的機率：**odds( 成功 )** = P /(1 − P) 或 P / Q = 0.8/0.2 = 4。

也就是說，成功的機率是 4 比 1。

失敗的機率：**odds( 失敗 )** = Q / P = 0.2/0.8 = 0.25。

它真正的意思是失敗的賠率是 1 至 4。成功和失敗的機率彼此是倒數，即 1/4 = 0.25 和 1/0.25 = 4。

接下來，我們將添加一個變數的公式，這樣我們可以計算勝算比。

這個例子是改編自 Pedhazur(1997)。假設十分之七的男性被錄取到一個工科學校，而十分之三的女性被錄取。故男性被錄取概率是：

P = 7/10 = 0.7，Q = 1 − 0.7 = 0.3

如果你是男性，被錄取的概率是 0.7，沒有被錄取的概率是 0.3。

相反地，女性被錄取的概率是：

P = 3/10 = 0.3，Q = 1 − 0.3 = 0.7

如果你是女性，被錄取的概率是 0.3，沒有被錄取的概率是 0.7。

現在我們可以用概率來計算錄取的機率為男性和女性，

**odds( 男 )** = 0.7/0.3 = 2.33333

**odds( 女 )** = 0.3/0.7 = 0.42857

接下來，被錄取的勝算比是：

OR = 2.3333/.42857 = 5.44

因此，對於男性，被錄取的 odds 為女性的 5.44 倍。

## 一、勝算比 (odds ratio, OR)、勝算比之自然對數 (natural log of odds ratio, LOR) 的定義

勝算比是試驗組的 odds 除以對照組的 odds。各組的 odds 為研究過程中各組發生某一事件 (event) 之人數除以沒有發生某一事件之人數。通常被使用於 case-control study 之中。當發生此一事件之可能性極低時，則 relative risk 幾近於勝算比。

下表 2×2 交叉表中，a,b,c,d 分別代表實驗組、控制組的成功失敗的細格人數 (cell frequenceies)。

**表 7-1** 2×2 交叉表之示意

| | 實驗組 (treated group) | 對照組 (not treated group) |
|---|---|---|
| 失敗 (Events) | $a_i$ 人 | $b_i$ 人 |
| 成功 (Non-Events) | $c_i$ 人 | $d_i$ 人 |

> 定義：勝算比 (odds ratio, OR)、勝算比之自然對數 (natural log of odds ratio, LOR)
>
> 以上面之 2×2 交叉表來說，勝算比 $(OR) = \dfrac{a \times d}{c \times b}$
>
> 勝算比之自然對數 $(LOR) = Ln(\dfrac{a \times d}{c \times b})$

## 二、勝算比 (OR)、勝算比之自然對數 (LOR) 的實例

**表 7-2** 以人數來計算 OR 及 LOR 之示意

| 公式 | $OR = \dfrac{a \times d}{c \times b}$ | $LOR = Ln(\dfrac{a \times d}{c \times b})$ |
|---|---|---|
| | 實驗組 (treated group) | 對照組 (not treated group) |
| 失敗 (Events) | $a_i$ 人 | $b_i$ 人 |
| 成功 (Non-Events) | $c_i$ 人 | $d_i$ 人 |

**實例 1**：實驗組與控制組之效果沒顯著差異

有關風險的計算，OR 及 LOR 的算法，如下二個表所示。

**表 7-3** OR 及 LOR 的計算值 ( 情況一，以「負面事件」人數來算 )

| 人數 | OR = 1, | LOR = 0 | OR = 1, | LOR = 0 |
|---|---|---|---|---|
| | Experimental group( 有處理 ) | Control group( 無處理 ) | Experimental group( 有處理 ) | Control group( 無處理 ) |
| 失敗 | 10 人 | 10 人 | 100 人 | 100 人 |
| 成功 | 5 人 | 5 人 | 50 人 | 50 人 |

**實例 2**：實驗組效果顯著優於控制組

**表 7-4** OR 及 LOR 的計算值 ( 情況二，以「成敗」人數來算 )

| 人數 | OR = 4 | LOR =1.39 | OR = 0.25 , | LOR = -1.39 |
|---|---|---|---|---|
| | 實驗組之處理 | 對照組 | 實驗組之處理 | 對照組 |
| 失敗 (Events) | 20 人 | 10 人 | 10 人 | 20 人 |
| 成功 (Non-Events) | 10 人 | 20 人 | 20 人 | 10 人 |

**實例 3**：機率來算 OR, LOR

相對地，若 2×2 交叉表，改以聯合機率分布 (population cell probabilities)，則其風險的計算，如下表所示。

**表 7-5** OR 及 LOR 的計算值 ( 情況三，以「成敗」機率來算 )

| 機率 | OR = 1 | LOR = 0 | OR = 16 | LOR = 2.77 |
| --- | --- | --- | --- | --- |
| | 實驗組之處理 | 對照組 | 實驗組之處理 | 對照組 |
| 失敗 (Events) | 0.4 | 0.4 | 0.4 | 0.1 |
| 成功 (Non-Events) | 0.1 | 0.1 | 0.1 | 0.4 |

**表 7-6** 實例：風險減少 ( ∵ 勝算比 < 1)

| | Experimental group (E) | Control group (C) | 合計 |
| --- | --- | --- | --- |
| Events(E) | EE = 15 | CE = 100 | 115 |
| Non-Events(N) | EN = 135 | CN = 150 | 285 |
| 合計 subjects(S) | ES = EE + EN = 150 | CS = CE + CN = 250 | 400 |
| Event rate (ER) | EER = EE / ES = 0.1, or 10% | CER = CE / CS = 0.4, or 40% | |

**表 7-7** 實例：風險增加 ( ∵ 勝算比 > 1)

| | Experimental group (E) | Control group (C) | 合計 |
| --- | --- | --- | --- |
| Events(E) | EE = 75 | CE = 100 | 175 |
| Non-Events(N) | EN = 75 | CN = 150 | 225 |
| 合計 subjects(S) | ES = 150 | CS = 250 | 400 |
| Event rate (ER) | EER = 0.5 (50%) | CER = 0.4 (40%) | |

# 7-1-1a 勝算比 (odds ratio) 之意義

定義：

1. 風險比率 (hazard ratio)：

   風險比率是兩個風險率 (hazard rate) 的比值。風險率是單位時間內發生的事件數占被試總體的百分比。瞬時風險率就是當時間間隔趨近於 0 時的風險率。

> 2. 勝算比 (odds ratio，OR)：又稱危險對比值
>
> 在病例對照研究中，實驗組中發生疾病的勝算或危險性／對照組中發生該疾病的勝算或危險性 (the ratio of the odds of having the target disorder in the experimental group relative to the odds in favour of having the target disorder in the control group)。
>
> 或暴露組罹患疾病的勝算或危險性／非曝露組罹患疾病的勝算或危險性 (the ratio of the odds in favour of being exposed in subjects with the target disorder divided by the odds in favour of being exposed in control subjects)。

　　Logistic 迴歸 (Logistic 指令 ) 旨在估計勝算比 (odds ratio)；Cox 迴歸 (stcox、svy: stcox 指令 ) 及參數存活模型 (streg、svy: streg、stcrreg、xtstreg、mestreg 指令 ) 旨在估計危險比 (hazard ratio)。

## 一、勝算比之應用例子

1. 以資訊風險管理來看資訊科技採用的效果。
2. 人類病毒疣 ( 經由人類乳突病毒引起 ) 可能為年輕患者的風險因子發生乳癌透過關聯性資料採礦。
3. 探討產險資料之交互作用。
4. 修正條件分布勝率矩陣時最佳參考點之選取方法。
5. 利用混合加權方法對於罕見遺傳變異進行關聯性分析。
6. Meta 分析在 HIV 與肺結核的關係。
7. 慢性病與大腸直腸癌及瘜肉之相關：以配對病例對照研究。
8. 人民幣國際化程度與前景的實證分析。
9. 外資評等對股價短期影響之研究。
10. 使用分枝與限制演算法分析乳癌中的單核苷酸多型性相互作用。
11. 應用跨研究之單核苷酸多態性標記子以建立整合性遺傳風險預測模型。
12. 探討國中教師工作倦怠因素之研究。
13. 應用資料探勘技術分析多重疾病間的共病現象。
14. 學用不符對就業滿意度的影響。
15. 從年齡動態網路探討疾病盛行率。
16. 二元配對資料下根據條件勝算比建構之正確非劣性檢定。
17. 山地鄉原住民兒童過動注意力缺損症盛行率及相關危險因子之臨床調查。

18. 父母親死亡對青少年自殺死亡影響之重疊病例對照研究。

19. 國中學生個人、家庭及學校生活與幸福感關係之研究。

20. 代謝異常指標的長期追蹤家庭資料之迴歸分析研究。

21. 乾癬患者合併症及醫療資源利用。

22. 男女在教育機會上是否平等—以國中升高中 ( 第一志願 ) 來探討。

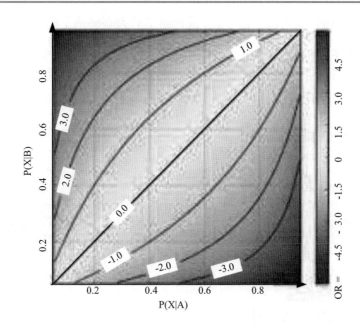

**圖 7-1** 勝算比 (Odds ratio) 之示意圖

舉例來說，如果今天我們想知道：吃了 A 家快餐店跟拉肚子有沒有相關性？

## 二、勝算比 (odds ratio) 原理

線性迴歸分析之依變數是由自所構成的直線函數，並加上一個誤差值得之
模型，其公式為：

$$Y = \beta_0 + \beta_1 X_1 + \beta_2 X_2 + \cdots + \beta_k X_k + \varepsilon$$

其中，$Y$ 是依變項、$X_i$ 是 $k$ 個自變項、$\beta$ 為權重係數、$\varepsilon$ 為隨機誤差項。

當依變數是類別的資料時，依變數若分為 2 群，則採用二元邏輯迴歸，目
標事件不發生時為 0，目標事件發生時則為 1。Logistic 迴歸分析是探討自變數

對二類別依變數的預測力或解釋力，並且藉由 Logistic 迴歸分析可以得勝算比 (odds ratio)，如下式。如果勝算小於 1，表示目標事件發生的機率少於目標事件不發生的機率；如果勝算大於 1，表示目標事件發生的機率多於目標事件不發生的機率。

$$勝算比 (odds ratio) = \frac{\pi(x)}{1-\pi(x)} = \exp(e^{b_0 + b_1 x})$$

其中，$X$ 是自變項，$\pi$ 為機率值，exp 為指數，$b_0$ 為常數項，$b_1$ 為權重係數。

從二元 Logistic 迴歸分析的整體模型適配度 (goodness of fit)，可瞭解自變數對依變數的貢獻程度。整體模型若達顯著，表示所有自變數中至少一個自變數對依變數的預測機率達顯著。

## 三、odds ratio 實例說明

表 7-8　odss ratio 之交叉表示意

| | D( 診斷出疾病的人 )<br>拉肚子 | D_bar( 沒有疾病的人 )<br>沒有拉肚子 |
|---|---|---|
| 實驗組：吃 A 家快餐店<br>E( 有暴露於危險因子的人 ) | a 人 | b 人 |
| 控制組：無吃 A 家快餐店<br>E_bar( 無暴露於危險因子的人 ) | c 人 | d 人 |

其中：

E：吃了 A 家快餐店的人數

E_bar：沒有吃 A 家快餐店的人數

D：有拉肚子的人數

D_bar：沒有拉肚子的人數

1. odds ratio 計算公式

對於吃了 A 家快餐店的人們，$\dfrac{有拉肚子人數}{沒拉肚子人數} = \dfrac{a}{b}$ 　　　　　(7-1)

沒吃 A 家快餐店的人們，$\dfrac{有拉肚子人數}{沒拉肚子人數} = \dfrac{c}{d}$ 　　　　　(7-2)

$$\text{Odds Ratio(OR)} = \frac{吃了A家快餐店拉肚子比率}{沒吃A家快餐店拉肚子比率} = \frac{a \times d}{c \times b}$$

(1) 若 Odds Ratio(OR) > 1，那就表示，吃了 A 家快餐店的人，拉肚子的 Odds 高於沒吃的人 ( 而且 OR 越高，這個趨勢越明顯 )。

(2) 若 Odds Ratio(OR) = 1，那就表示，有沒有吃 A 家快餐店跟拉肚子沒有什麼相關。兩者 Odds 一樣多嘛。

(3) 相反地，若 OR < 1，則吃 A 家快餐店的人，拉肚子的 Odds 低於沒吃的人。

2. 當我們藉由統計得出 Odds Ratio 之時，往往還要搭配信賴區間來看最後的結果。這是怎麼說呢？

承接本例子，如果我們不幸得出 OR = 1.5，單純看來，似乎 A 家快餐店不要吃比較好。

但是如果我們又算出了 95% 信賴區間是 [0.9, 2.1]，包含「OR = 1」點，所以有一定機率，A 家快餐店還是可以吃的 (OR =1，有沒有吃跟拉肚子沒有相關 )。

反之，如果今天 95%CI = [1.2, 1.8]，未含「OR = 1」點，則 A 家快餐店就不能吃了。

上述例子，A 家快餐店能不能吃，係實驗設計的 OR 值；相對地，OR 亦可應用至非實驗設計之調查法。例如，下表所示，OR = 0.436( < 1)，顯示隔代教養會提高「子女偏差行為」的風險比。

**表 7-9** 「odds ratio」交叉表的應用數據

| | 實地實驗組：隔代教養 | 對照組：正常家庭 | $\text{odds ratio} = \dfrac{1 \times 34}{39 \times 2} = 0.436$ |
|---|---|---|---|
| Event：偏差行為 | 已知 1 人 | 已知 2 人 | $\text{Ln(odds ratio)} = \text{Ln}(0.436) = -0.83$ |
| No Event：正常行為 | 推算 (40 − 1) = 39 | 推算 (36 − 2) = 34 | |
| 合計 | 已知 $N_E = 40$ | 已知 $N_E = 36$ | |

## 四、odds ratio 與 Logistic 迴歸模型的關係

Logistic 迴歸模型是用來處理依變數屬於類別變數的一種統計分析方法，因依變數可能包含多種可能狀態，常被用來分析一個二元的反應變數。其特性在於利用 logistic 變數轉換，使反應變數轉換為介於 0 到 1 之間的機率值，其中定義反應變數 Y 為 1 ( 代表事件發生 ) 和 0 ( 代表事件不發生 )。

在應用方面，<u>邏輯斯</u>迴歸可用來預測信用卡風險的方向，評估最能衡量個人信用、償債能力的預測變數，茲依照各個因素對於個人信用狀況的影響程度給予不同的權重，做出事前的風險量化研究，策略上評定是否發給個案信用卡，以期提高信用良好顧客比例，減少銀行呆帳的發生。有人先執行關聯性分析，發掘與顧客信用好壞有關的決定因素。進而透過以下這些<mark>解釋變數</mark>，納入勝算比 (OR) 觀念，<u>logistic</u> 指令來得<u>邏輯斯</u>迴歸係數的權重，依此建立女性信用卡持有人之信用風險較完整評估標準：

---

<mark>反應變數 (Y=1/0)</mark>：好／壞顧客，其中壞顧客定義：支票存款列為拒絕往來戶，12 個月內至少有一次信用紀錄繳款超過 30 天以上或消費額度已超過信用額度。

<mark>解釋變數 (X)</mark>：以直接取自信用卡申請書上的表列資料中的教育程度、婚姻狀況、職位、行業、自有住宅、年齡、年薪等為主。

---

若假設有 p-1 獨立的解釋變數，令其向量定義為 $x = (x_1, x_2, ..., x_{p-1})$，則反應變數的條件機率定義為 $P(Y = 1 \mid x) = \pi(x)$ 為申請人基本資料下好顧客之機率，

$$\pi(x) = \frac{e^{g(x)}}{1 + e^{g(x)}}，其中 0 \leq \pi(x) \leq 1$$

邏輯斯迴歸模式通常表示為：

$$g(x) = \ln\left[\frac{\pi(Y=1 \mid x)}{1 - \pi(Y=1 \mid x)}\right] = \beta_0 + \beta_1 x_1 + \cdots + \beta_{p-1} x_{p-1}$$

經過 logit 的轉換後，$g(x)$ 是參數的線性組合，與變數 X 呈線性關係且為單調遞增／遞減特性，更能處理 $P(Y = 1 \mid x) = \pi(x)$ 發生事件之機率範圍限制的問題。迴歸係數最大概似估計式，具有統計一致性與有效性的優點。且當 $g(x)$ 越大時，事件發生的機率越大，可另設定臨界機率值作為兩類顧客群判定標準：若申請人之機率大於臨界機率，則判定可正常授信客戶。

## 7-1-1bodds ratio 之 STaTa 實作

例如，傳統實驗設計，如表 7-10 所示，OR = 0.436( < 1)，顯示實驗處理「死亡率」event 低於控制組。

表 7-10 **Event( 死亡否 ) 與實驗組別 (treated) 之交叉表**

| 自變數<br>依變數 | 實驗組 (treated) | 對照組 (control) | 手算公式： |
|---|---|---|---|
| Event：<br>死亡 | A＝1 人 | B＝2 人 | odds ratio $= \dfrac{1 \times 34}{39 \times 2} = 0.436$ |
| No Event：<br>存活 | C＝39 人 | D＝34 人 | Ln(odds ratio) = Ln(0.436) = −0.83 |
| 合計 | 40 | 36 | |

## 一、範例 (「**Odds_ratio.dta**」 資料檔 )

表 7-11 「**Odds_ratio.dta**」 資料檔

| ID | 依變數<br>Event ( 死亡否 ) | 預測變數<br>組別 (treated) |
|---|---|---|
| 1 | 0 | 1 |
| 2 | 0 | 2 |
| 3 | 0 | 2 |
| 4 | 1 | 1 |
| 5 | 1 | 1 |
| 6 | 1 | 1 |
| 7 | 1 | 1 |
| 8 | 1 | 1 |
| 9 | 1 | 1 |
| 10 | 1 | 1 |
| 11 | 1 | 1 |
| 12 | 1 | 1 |
| 13 | 1 | 1 |
| 14 | 1 | 1 |
| 15 | 1 | 1 |
| 16 | 1 | 1 |
| 17 | 1 | 1 |
| 18 | 1 | 1 |

表 7-11 「**Odds_ratio.dta**」資料檔（續）

| ID | 依變數 | 預測變數 |
|:---:|:---:|:---:|
| | Event ( 死亡否 ) | 組別 (treated) |
| 19 | 1 | 1 |
| 20 | 1 | 1 |
| ⋮ | ⋮ | ⋮ |
| 68 | 1 | 2 |
| 69 | 1 | 2 |
| 70 | 1 | 2 |
| 71 | 1 | 2 |
| 72 | 1 | 2 |
| 73 | 1 | 2 |
| 74 | 1 | 2 |
| 75 | 1 | 2 |
| 76 | 1 | 2 |

## 二、STaTa 分析步驟

### Step1. 先探索兩個類別變數的「2×2 交叉表」

command 指令：**tabulate Event treated, chi2 column row**

選擇表 Menu：Statistics > Summaries, tables, and tests > Tables > Two-way
　　　　　 tables with measures of association
並選入：「Row variable」為 Event。「Column variable」為 treated。

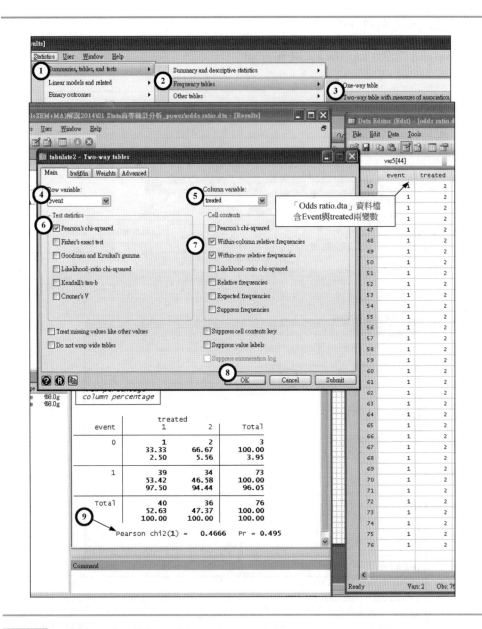

**圖 7-2** Event 與 treated 兩變數之交叉表

　　卡方檢定結果，得 $\chi^2_{(1)} = 0.4666$，p > 0.05，故接受虛無假設「$H_0$：兩類別變數無關聯」，故實驗組的處理 (vs. 對照組) 對 event( 死亡 vs. 存活 ) 無顯著影響效果。但是，從交叉表之細格百分比卻可看出，實驗處理的死亡率爲 33.33%，遠低於對照組 ( 吃安慰劑 ) 的死亡率爲 66.67%。由此可看出卡方檢定並非 robust( 結實的 )，故我們改以 odds ratio 來分析，比較它與卡方檢定的異同處。

### Step2. Logistic 迴歸分析

**command 指令：logistic event treated**

選擇表 Menu：Statistics > Binary outcomes > Logistic regression (reporting odds ratios)

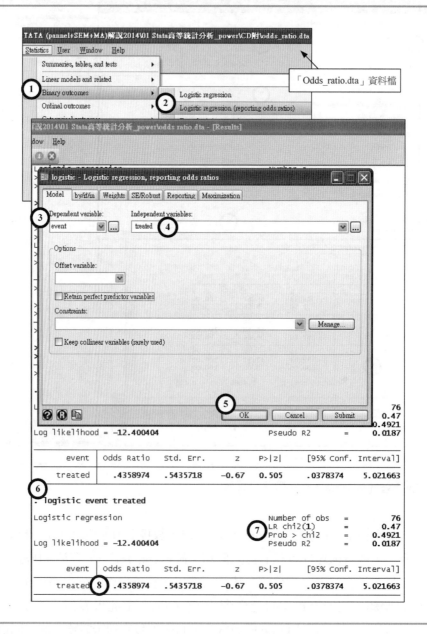

圖 7-3  Logistic 界定 Event 為依變數，treated 為自變數

Logistic 迴歸分析結果，得 odds ratio = 0.43589 < 1，即實驗組的效果 (effect)，即死亡率「低於」控制組 ( 只吃安慰劑 )，但 p > 0.05，表示實驗處理的效果仍未仍達 0.05 顯著性降低死亡率。雖然 $\chi^2_{(1)} = 0.47$，p = 0.49 > 0.05，亦未達 0.05 顯著水準。95%CI = [0.0378, 5.021]，未含「0」，顯示實驗組的效果，即存活率顯著高於控制組 ( 只吃安慰劑 )。

### Step3. 事後之線性假設的檢定

**command 指令：** **test (treated)**

選擇表：Statistics > Postestimation > Tests > Test linear hypotheses

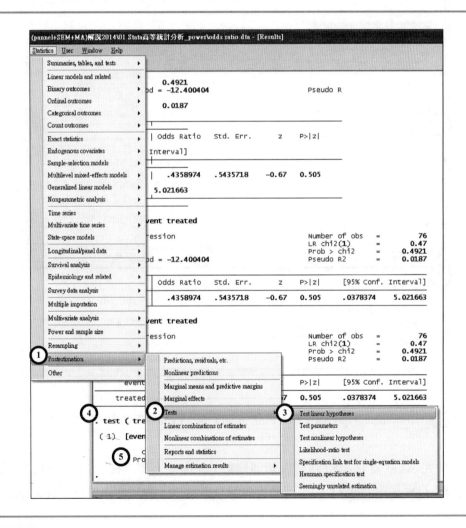

**圖 7-4** 選「Test linear hypothesis」

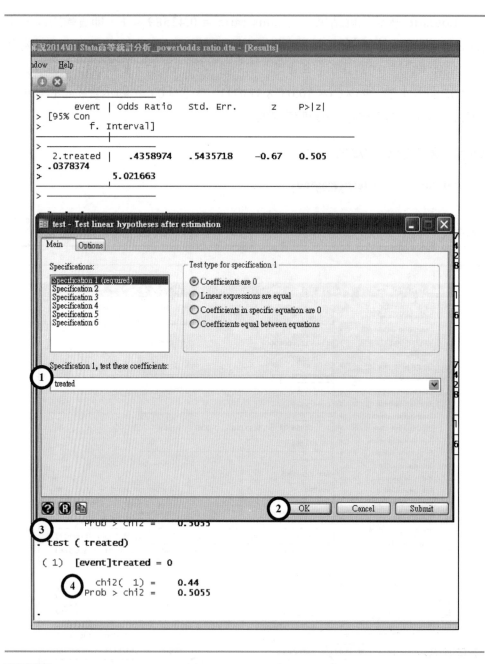

**圖 7-5** 「Test linear hypothesis after estimation」選：treated 係數為 0

　　做完 event 及 treated 這兩個類別變數 Logistic 迴歸之後，STaTa 會暫存此
資料檔「Odds ratio.dta」的最近一次迴歸分析結果，故我們再進行「Test linear

hypothesis after estimation」，結果如圖 7-5，得：$\chi^2_{(1)} = 0.44$，$p = 0.5055 > 0.05$，所以接受虛無假設「$H_0$：treated 係數爲 0」，即拒絕「$H_1$：treated 自變數來預測 event 依變數的線性關係不爲 0」。

## 7-2 單層次：Logistic 迴歸 (logit 指令 )

### 7-2-1 Logit 模型之解說

logit 迴歸執行之後，才可做下列指令的事後檢定。

| STaTa 指令 | 說明 |
| --- | --- |
| . boxtid | 進行自變數的幂次變換，並進行非線性檢定 (performs power transformation of independent variables and performs nonlinearity test) |
| . contrast | 進行 (contrasts and ANOVA-style joint tests of estimates) |
| . estat (svy) | 調查法之事後統計量 (postestimation statistics for survey data) |
| . estat ic | 印出 Akaike's and Schwarz's Bayesian information criteria (AIC and BIC) |
| . estat summarize | 印出樣本的描述統計量 (summary statistics for the estimation sample) |
| . estat vce | 求變異數—共變數矩陣 [variance-covariance matrix of the estimators (VCE)] |
| . estimates | 編目估算結果 (cataloging estimation results) |
| . fitstat | 計算各種適配度的後估計指令 (is a post-estimation command that computes a variety of measures of fit) |
| . forecast * | 動態預測及模擬 (dynamic forecasts and simulations) |
| . hausman * | Hausman's 界定檢定 |
| . ldfbeta 外掛指令 | 求出 influence of each individual observation on the coefficient estimate (not adjusted for the covariate pattern) |
| . lfit | 進行適配度檢定：performs goodness-of-fit test, calculates either Pearson chi-square goodness-of-fit statistic or Hosmer-Lemeshow chi-square goodness-of-fit depending on if the group option is used. |
| . lincom | 點估計、係數線性組合的檢定等 (point estimates, standard errors, testing, and inference for linear combinations of coefficients) |

| STaTa 指令 | 說明 |
|---|---|
| . linktest | 模型界定的連接檢定：performs a link test for model specification, in our case to check if logit is the right link function to use. This command is issued after the logit or logistic command. |
| . listcoef | 列出了各種迴歸模型的估計係數：lists the estimated coefficients for a variety of regression models, including logistic regression. |
| . lroc | 繪圖並求出 ROC 曲線面積 (graphs and calculates the area under the ROC curve based on the model) |
| . lrtest * | 概似比檢定 (likelihood-ratio test) |
| . lsens | 繪靈敏度和特異性與概率截止值 (graphs sensitivity and specificity versus probability cutoff) |
| . lstat | 顯示匯總統計 (displays summary statistics, including the classification table, sensitivity, and specificity) |
| . margins | 求邊際平均數等 (marginal means, predictive margins, marginal effects, and average marginal effects) |
| . marginsplot | 繪剖面圖 [graph the results from margins (profile plots, interaction plots, etc.)] |
| . nlcom | 點估計、係數線性組合的檢定等 (point estimates, standard errors, testing, and inference for nonlinear combinations of coefficients) |
| . predict | 存預測值、殘差值、影響值 (predictions, residuals, influence statistics, and other diagnostic measures) |
| . predict dbeta | 求出 Pregibon delta beta influence statistic |
| . predict dd | 儲存 Hosmer and Lemeshow change in deviance statistic |
| . predict deviance | 殘差的離均差 (deviance residual) |
| . predict dx2 | 儲存 Hosmer and Lemeshow change in chi-square influence statistic |
| . predict hat | 儲存 Pregibon leverage |
| . predict residual | 儲存 Pearson residuals; adjusted for the covariate pattern |
| . predict rstandard | 儲存 standardized Pearson residuals; adjusted for the covariate pattern |
| . predictnl | 求廣義預測值等 (point estimates, standard errors, testing, and inference for generalized predictions) |
| . pwcompare | 估計配對比較 (pairwise comparisons of estimates) |
| . scatlog | 繪出 produces scatter plot for logistic regression. |
| . suest | 似不相關估計 (seemingly unrelated estimation) |
| . test | 求出線性 Wald 檢定 (Wald tests of simple and composite linear hypotheses) |

| STaTa 指令 | 說明 |
|---|---|
| . testnl | 求出非線性 Wald 檢定 (Wald tests of nonlinear hypotheses) |

註：* forecast, hausman 及 lrtest 不適合在「svy：」開頭的迴歸。且 forecast 亦不適合在「mi」估計效果。

在定量分析的實際研究中，線性迴歸模型 (linear regression model) 是最流行的統計方式。但許多社會科學問題的觀察，都只是分類而非連續的，此時線性迴歸就不適用了

邏輯斯 (Logistic) 迴歸類似線性迴歸模型，但 Logistic 迴歸所探討問題的依變數是離散型，特別是其分類只有二類 ( 例如「公司破產 vs. 永續」、「是與否」、「男與女」、「成功與失敗」) 時。

例如，收集國內上市、上櫃公開發行之中小企業 ( 員工人數在 200 人以下或公司實收資本額新臺幣八千萬元以下或公司營業額在新臺幣一億元以下 ) 財務資料，將資料分類為財務健全公司 vs. 財務危機公司兩大群組，並針對 2000～2007 年之財務比率，即以下這五個自變數進行邏輯斯分析。

X1：稅後淨值報酬率 ( 獲利能力 )
X2：現金流量比率 ( 現金流量指標 )
X3：營收成長率 ( 成長率指標 )
X4：負債比率 ( 償債能力指標 )
X5：存貨週轉率 ( 經營能力指標 )

對於離散型 ( 類別 ) 變數有很多分析方法，有兩個原因使人會選擇邏輯斯迴歸：(1) 基於數學觀點，邏輯斯為一個極具彈性且容易使用的函數。(2) 適用於解釋生物 / 醫學上的意義。

利用邏輯斯迴歸的目的是在於建立一個最精簡和最能適配 (fit) 的分析結果，而且在實用上合理的模型，建立模型後可用來預測依變數與一組預測變數之間的關係。

Logistic 迴歸的應用例子，包括：

1. 臺南市空屋現象之觀察與分析。
2. 企業購買選擇行為與使用意願之研究—以網路電話閘道器為例。
3. 以二元資料迴歸方法建構建物震害危險度最適預測模型—以中興新村都市計畫區為例。

4. 應用邏輯斯迴歸構建銀行放款信用評等模型。

5. 營利事業所得稅逃漏稅預測模型之比較研究。

6. 從選擇權觀點探討我國上櫃公司違約距離與違約風險。

7. 信用卡資產組合風險之研究。

8. 上市公司財務危機與轉投資活動關係之研究。

9. 國軍主計財務軍官離職率模型構建之研究。

10. 汽車保險續保之研究—以汽車第三人責任保險為例。

11. 個人小額信用貸款授信模型之個案研究。

12. 人類免疫缺陷病毒之蛋白水解酶抑制劑其活性、分子接合能量與分子凸狀殼關係之研究。

13. 停經後婦女之腎虛症與骨質疏鬆症關聯性之研究。

14. 運用空間資訊技術建立崩塌地發生機率模型之研究—以雪霸國家公園為例。

15. 影響公務預算編用適切性認知之因素探討。

16. 來臺旅客參與觀光旅遊線之消費型態研究。

17. 溫泉休閒產業未來發展—以礁溪溫泉區為例。

18. 臺灣電腦廠商在中國大陸投資趨勢之研究—以區位選擇觀點分析。

19. 母女影響與消費者購買偏好關係之研究。

20. 投資型保險商品購買預測之研究。

## 一、Logistic 迴歸的假定

　　邏輯斯迴歸的基本假定 (assumption) 與其他多變數分析之假設不同，因為它不需要假定分配類型，在邏輯斯分配中，自變數對於依變數之影響方式是以指數的方式來變動。此意味著邏輯斯迴歸無需具有符合常態分配的假設，但是如果預測變數為常態分配的話，結果會比較可靠。在邏輯斯迴歸分析中，自變數可以是類別變數 (category variable)，也可以是連續變數。

## 二、Logistic 迴歸模型

　　如果依變數的編碼是二進制，例如違約 (Y = 1，不違約：Y = 0)，我們想知道的是預測違約的可能性，這就是典型邏輯斯迴歸，它於是創造一個潛在變數 (latent variable)Y*，令解釋變數只有一個 X，則二元資料的分析模型如下：

$$y_j^* = \beta_0 + \sum_{i=1}^{n} \beta_i x_{ij} + \varepsilon_j$$

$$\begin{cases} y_j = 1 \text{ if } y_j^* \geq \theta \\ y_j = 0 \text{ if } y_j^* < \theta \end{cases}$$

其中，$\theta$ 為決斷值。

## (一) Logit function 轉換

原始分數代入：

$$P = \frac{1}{1 + e^{-y^*}}$$

所得機率如下：

| 原始分數 $y^*$(score) | Prob (Default) |
|:---:|:---:|
| −8 | 0.03% |
| −7 | 0.09% |
| −6 | 0.25% |
| −5 | 0.67% |
| −4 | 1.80% |
| −3 | 4.74% |
| −2 | 11.92% |
| −1 | 26.89% |
| 0 | 50.00% |
| 1 | 73.11% |
| 2 | 88.08% |
| 3 | 95.26% |

Logit 迴歸就是利用 logit 函數來建立模型，如：

$$E(Y_i) = \frac{1}{1 + e^{-(\beta_0 + \beta_1 X_{1i} + \beta_2 X_{2i} + \cdots + \beta_k X_{ki})}} = \frac{e^{\beta_0 + \beta_1 X_{1i} + \beta_2 X_{2i} + \cdots + \beta_k X_{ki}}}{1 + e^{\beta_0 + \beta_1 X_{1i} + \beta_2 X_{2i} + \cdots + \beta_k X_{ki}}}$$

其對應的函數圖形如下圖，形狀類似 S 形，$E(Y_i)$ 其值界於 0 與 1 間，為推估 $Y_i$ 的機率值。由上式可以解決一般線性模型其 Y 值代表機率時，Y 值超過 0 或 1 的窘境，使 logit 模型非常適合解決應變數為分類變數情形。

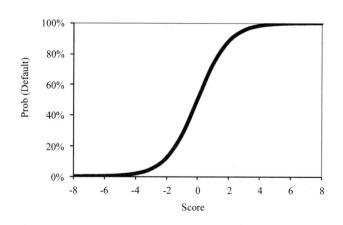

**圖 7-6** Prob() 之機率圖

### (二) Logistic 迴歸之學理

**1. 受限依變數的問題**

線性迴歸 ( 以下稱 OLS) 是所有迴歸分析的入門與基礎。可是 OLS 有許多前提與假定，只有當這些前提與假定都存在時，OLS 所估算的線性函數參數值才會準確。其中有一個條件是依變數必須是呈常態分布的連續變數 ( 如某個小學二年級學生第一次月考的數學成績、某一個國家的國民體重、臺灣國內所有護理之家的住民跌倒率等等 )，可是有很多時候我們研究或分析的依變數並非這種型態的變數，這時 OLS 便派不上用場。這些不符合 OLS 依變數條件要求的情況很多，計量經濟學通稱這些為「受限的依變數」(limited dependent variables, LDV)，針對不同的 LDV，統計學家與計量經濟學家大多已經發展出不同的模型去處理。

在研究上經常遇到的一種 LDV 情況，就是依變數是二元變數 (binary variable)，這類的變數的數值只有兩種可能，常見的例子比如：

(1) 公司財務健全 vs. 破產之預測。

(2) 市民罹患冠心病 (coronary heart disease, CHD) 的狀態 ( 有罹患或者沒有罹患 )。

(3) 應屆畢業大學生應徵職務的結果 ( 被錄取或者沒被錄取 )。

二元 Logistic 迴歸模型適合使用 Logistic 迴歸程序或多元 Logistic 迴歸程序。每種程序都有其他程序未提供的選項。理論上很重要的差異是 Logistic 迴歸程序

會產生所有的預測、殘差 (residual)、影響統計量 (Influence)、以及在個別觀察值等級使用資料的適配度測試，而不管資料是如何輸入的，以及共變數形式的數量是否小於觀察值的總數量。但是多元 Logistic 迴歸程序會內部整合觀察值以形成預測變數相同的共變異數形式的子母體，以產生預測、殘差、以及根據這些子母體的適配度測試。如果所有的預測變數都是類別變數，或是任何連續預測變數只具有有限的變數值。

(1) 以使每個共變數樣式中都有數個觀察值。

(2) 子母體方式可以產生有效的適配度檢定和情報殘差，但是個別觀察值等級方法則不能。

**2. 處理二元依變數的模型—Logit 模型與 Probit 模型**

解決這個問題的方法有好幾個，最常用的有兩種，第一種是「邏輯迴歸分析」(logistic regression，或稱為 logit model)，另一種是 probit model。這兩種方式都是透過非線性的函數去估算我們所感興趣的參數值，前者是使用 logit 函數，後者是使用常態分布的累積函數。這兩種非線性函數的共同點是它們的數值永遠界於 0 與 1 之間，因此我們所得到的迴歸預測值不會像線性迴歸所得到預測值有超過 1 或低於 0 的情況。其實這兩種函數值的分布情況很相似，不注意的話還看不出來它們的區別。下圖是 logit 函數值的分布圖。

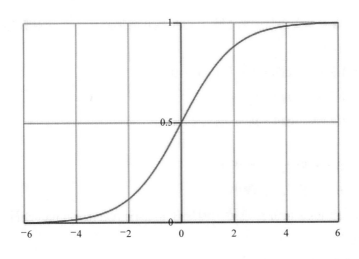

圖 7-7 logit 函數值的分布圖

### 3. Logistic 迴歸的基本原理

如果用 $\pi(x)$ 代表 logit 函數，其轉換公式為：

$$\pi(x) = \frac{1}{1 + e^{-x}}$$

(1) 當 x = 0 時，$e^{-x} = e^0 = 1$，因此 $\pi(0) = 1/(1 + 1) = 0.5$。

(2) 當 x = ∞ ( 無限大 ) 時，$e^{-x} = e^{-\infty} = 0$，因此 $\pi(\infty) = 1/(1 + 0) = 1$。

(3) 當 x = −∞ ( 負無限大 ) 時，$e^{-x} = e^{\infty} = \infty$，因此 $\pi(-\infty) = 1/(1 + \infty) = 0$。

相反地，$1 - \pi(x) = 1 - \dfrac{1}{1 + e^{-x}} = \dfrac{e^{-x}}{1 + e^{-x}}$

再對上面公式，取 odds ratio 之自然對數：$Log\left(\dfrac{\pi}{1 - \pi}\right) = \beta_0 + \beta_1 X + e_i$

此數學式即是 Logit 迴歸式，這些參數彼此關係如下。

$$\ln\left(\frac{P}{1 - P}\right) = a + bX$$

$$\frac{P}{1 - P} = e^{a + bX}$$

$$P = \frac{e^{a + bX}}{1 + e^{a + bX}}$$

註：P 成功率，(1-P) 失敗率，odds ratio＝P/(1-P)

(1) 當勝算機率 $\pi$ 從 0 增加到 1 時，odds 從 0 增加到 ∞，而分對數 logit 則從 −∞ 增加到 ∞。

(2) 當 $\pi$ = 1/2 時，odds = 1，而 logit = 0。

(3) 當 $\pi$ > 1/2 時，logit > 0。

(4) 當 $\pi$ < 1/2 時，logit < 0。

此外：

(1) 當 $\beta_1$ > 0，X 變大，$\pi$ 也變大。

(2) 當 $\beta_1$ < 0，X 變大，$\pi$ 變小。

(3) $|\beta_1|$ 越大，logistic 曲線越陡。但是在 logistic regression model 裡，這不是斜率的意思。

(4) 斜率會隨著 X 不同而不同。

如果 $\pi = 0.5$，則勝算比 (odds) 為 $\dfrac{\pi}{1 - \pi} = 1$，再取自然對數，可得：

$$Log\left(\frac{\pi}{1 - \pi}\right) = Log(1) = 0$$

即 $0 = \beta_0 + \beta_1 X$

所以 $X = -\beta_0 / \beta_1$

當 $X = -\beta_0 / \beta_1$，$\pi = 0.5$。

(5) $\beta_1 \times \pi(1 - \pi)$ 是 logistic 曲線在特定 $\pi$ 值時的切線斜率。

若自變項 X 預測得知 $\pi = 0.5$，則在這個 X 值上切線的斜率是 $0.25 \times \beta_1$。

當 $\pi = 1/2$ 時，切線斜率最大，logit = 0，也就是當 $X = -\beta_0 / \beta_1$ 時。

---

定義：單變數邏輯斯迴歸

假設 $\pi(x) = E(y \,|\, x)$，則模型表示如下：

$$\text{成功率 } \pi(x) = \frac{e^{(\beta_0 + \beta_1 x)}}{1 + e^{(\beta_0 + \beta_1 x)}}$$

若將 $\pi(x)$ 做邏輯斯轉換，可得下列表示式：

$$g(x) = Logit[\pi(x)] = Ln\left(\frac{\pi(x)}{1 - \pi(x)}\right) = \beta_0 + \beta_1 x + e$$

經由此轉換，g(x) 便符合線性迴歸模型的性質，此時 g(x) 就為連續變數

如果依變數為二分變項時，邏輯斯迴歸有以下特性：

1. 條件期望值的迴歸式必須介於 0～1 之間，即

$$0 \leq E(y \,|\, x) = \pi(x) = \frac{\exp(\beta_0 + \beta_1 x)}{1 + \exp(\beta_0 + \beta_1 x)} \leq 1$$

2. 其誤差分配是服從二項分配而不是服從常態分配。

3. 用來處理線性迴歸的分析原則也可以用在邏輯斯迴歸上。

---

　　例如，調查 125 名病人，年齡 (age) 與罹患冠心病 (CHD) 關係，收集數據如下圖。

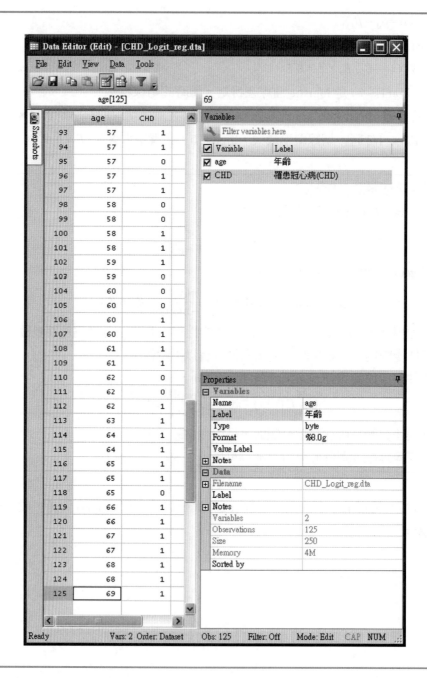

**圖 7-8** 年齡 (age) 與罹患冠心病 (CHD) 之資料檔「CHD_Logit_reg.dta」

倘若採傳統 OLS 的線性函數是：CHD $= \beta_0 + \beta_1 \times$ Age。OLS 的分析基礎，如下圖之散布圖所示，因為資料分散圖顯示二組群之分配並非常態，故採 OLS 迴歸分析，似乎不太合理。

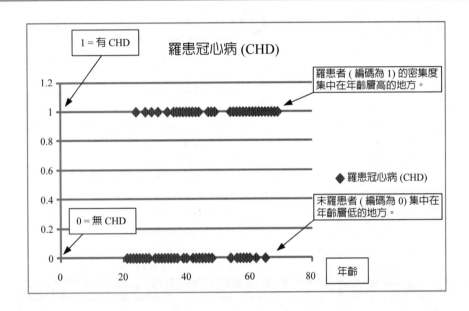

**圖 7-9** 年齡 (age) 與罹患冠心病 (CHD) 之散布圖

相對地，logit model 是透過 $\pi(\beta_0 + \beta_1 \times$ Age$)$ 來描述 Age 與 CHD 的關係，分析公式為：CHD$_i = \pi(\beta_0 + \beta_1 \times$ Age$_i) + e_i$ (i $= 1 \sim 125$)。我們的目的是要去估算或找到 $\beta_0$ 與 $\beta_1$ 這兩個值，使 $\pi(\beta_0 + \beta_1 \times$ Age$_i)$ 的 125 個數值最接近資料中這 N $=$ 125 個 CHD$_i$ 的值。

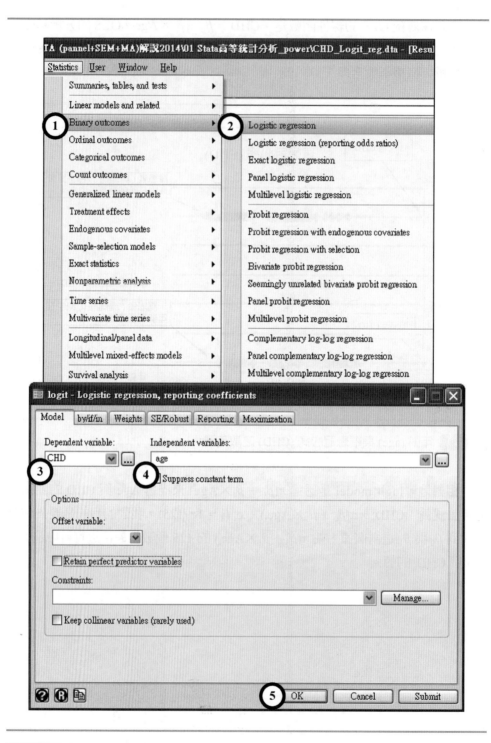

圖 7-10　年齡 (age) 與罹患冠心病 (CHD) 之 Logit 分析畫面

　　非線性迴歸分析 ( 如 logistic regression) 在估算或尋找參數值 ($\beta_0$ 與 $\beta_1$) 時，所用的數學原理不再是「最小平方和」，而是「最大可能性」(maximum likelihood)，意思是說所找到的這一組參數值，會使得所預測到的 N = 125 個 $\pi(\beta_0 + \beta_1 \times \text{Age}_i)$ 數值 ( 因為有 125 個年齡的值 ) 分別符合資料中 125 個 $\text{CHD}_i$ 值的整體可能性達到最大。有趣的是，線性迴歸的「最小平方和」恰好也符合非線性迴歸的「最大可能性」的原理，事實上「最小平方和」是「最大可能性」一種特殊情況。因此，線性關係中，使用「最小平方和」與「最大可能性」所估算的參數值會是一致的。不過「最大可能性」可以適用的不僅在線性關係，連非線性關係也可以運用，而「最小平方和」只適用於線性關係的分析。

　　OLS 在運用「最小平方和」估算參數值時有公式可以直接去計算，但是非線性模型在運用「最大可能性」原理時，並非直接去計算參數值，而是由電腦一再嘗試疊代運算 (iteration)，直到所找到的參數值達到最大可能性。所以一般電腦統計軟體在非線性迴歸模型的結果中都會呈現經過了幾次的疊代運算，才找到這組最理想 ( 最具代表性 ) 的參數值。

　　當我們找到參數值 ($\beta_0$ 與 $\beta_1$) 時，便可以去計算 $\pi(\beta_0 + \beta_1 \times \text{Age}_i)$ 的值，所得到的這 125 個數值其實就是代表各個年齡的人得到 CHD 的可能性。因此，logit 函數的好處，就是將原本是「有或無 CHD(0,1)」的結果，轉變成每一個年齡得到 CHD 的發生「機率」Pr(age)。針對上面的 125 位民眾的年齡與 CHD 的資料，我用 logit model 去分析，假設得到的結果是 $\beta_0 = -5.310$，$\beta_1 = 0.111$，我將此組 ($\beta_0$, $\beta_1$) 帶入 $\pi(-5.310 + 0.111 \times \text{Age}_i)$ 去計算各個年齡的人預期得到 CHD 的可能發生率：

年齡 X 與患心臟病機率的關係式為 $\Pr(age_i) = \pi = \dfrac{e^{-5.31 + 0.111 \times age_i}}{1 + e^{-5.31 + 0.111 \times age_i}}$

經過邏輯斯轉換後：$g(x) = Ln\left(\dfrac{\pi(x)}{1 - \pi(x)}\right) = b_0 + b_1 X$

$$Ln(\frac{\pi}{1 - \pi}) = -5.310 + 0.111( \text{年齡} )$$

則此時 CHD 與年齡就呈線性關係。

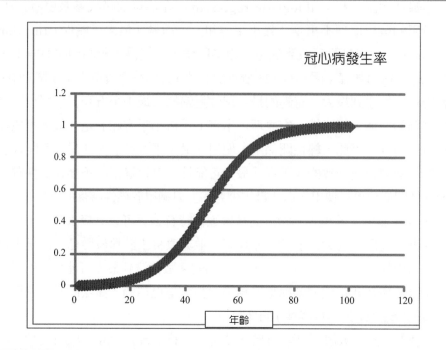

**圖 7-11** 年齡得到罹患冠心病之機率 Pr(x)

我們可以來比較用 logit model 所預估的各年齡的人得到 CHD 的可能性與前面用年齡分組所得到的結果，我們線性迴歸線畫在同一個散布圖，可以看到這兩種方式所得到的結果有重疊在一起，但是用 logit model 所得到的結果與實際的情況相當吻合。

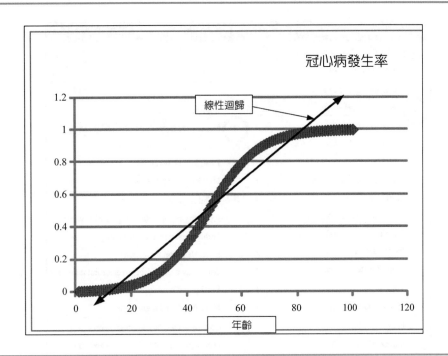

**圖 7-12** 線性機率迴歸 vs. Logistic 迴歸（當 $\beta > 0$ 時）

### 4. Logistic 迴歸的好處

在面對二元依變數的情況，logit model 可能是被運用得最廣的，特別是在生物統計、醫學與流行病學的研究方面，logit model 有其優勢存在，因爲 logit model 所得到的自變數的係數值透過簡單的換算，就可以得到生物醫學上常用到的一個指標值─「勝算比」(odds ratio)。在 logit model 中，如果我們使用的自變數也是二元變數，更能夠凸顯在結果解讀上的方便。

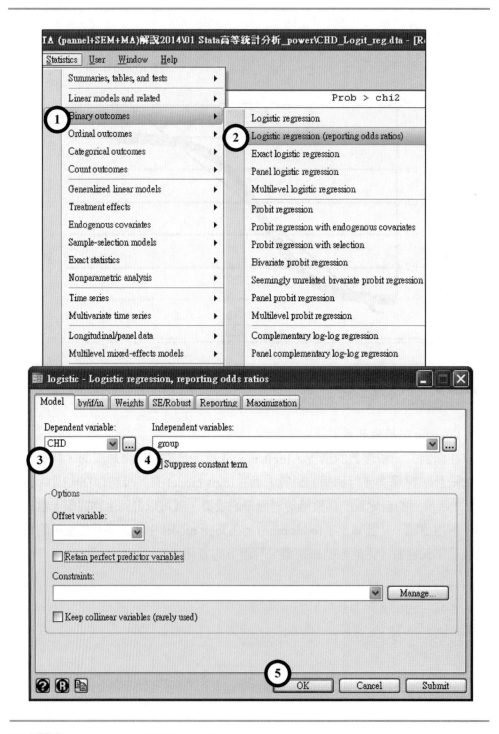

圖 7-13 Logistic 迴歸求勝算比之畫面

　　我們在將上述 125 筆資料根據年齡分成兩組 ( 如下表 )，第一組是年齡大於或等於 40 歲的人，另一組包含年齡小於 40 歲的人。我們用一個新變數 (group) 來代表這兩組，第一組是 group = 1，第二組是 group = 0。第一組中有 58.7% 的人得到 CHD，41.3% 的人沒有得到 CHD，其得到 CHD 的勝算 (odds，也就是這一組的人得到 CHD 的機會與沒得到 CHD 的機會的相對值 ) = 58.7%/41.3% = 1.423。較年輕組中有 16.2% 的人得到 CHD，83.8% 的人沒有得到 CHD，其得到 CHD 的勝算 = 16.2%/83.8% = 0.194。如果我們將第一組的勝算除以第二組的勝算，便可以得到這兩組得到 CHD 的勝算比值 (odds ratio)。此處所得到的結果告訴我們，年長組的人罹患 CHD 相較於沒有罹患 CHD 的情況，是年輕組的 7.353 倍。

```
--------------Group=1-------------Group=0
--------------Age>=40-------------Age<40
chd="1----------58.7%----------------16.2%"
chd="0----------41.3%----------------83.8%"
Odds-----------1.423-----------------0.194
Odds ratio------1.423/0.194=7.353
```

　　現在我們用 logit model 去分析 CHD 與這兩組的關係 ( 將自變數由 Age 改成 group)，所得到的 group 的參數是 1.995049。很有趣的是，當我們去取這個值的指數時，exp(1.995049) = 7.35256，剛好是等於前面計算出來的 odds ratio。

　　需要強調的是，odds ratio 並不是指這兩組人罹患 CHD 的平均可能性的比值。這兩組人的罹患 CHD 的平均可能性分別是 58.73% 與 16.22%，其比值是 3.62。

**5. Logistic 迴歸分析結果的解讀**

　　至於 logistic regression 結果的係數或勝算比值要如何解讀，這裡用一個簡例來說明：探討年齡與性別與冠心病發的關係，自變數分別是年齡 (1-100，連續變數 ) 與性別 ( 男與女，二元變數，女 = 1，男 = 0)。如果年齡與性別的係數分別是 0.1 與 −0.5，若直接從係數值來看，我們應該說冠心病發機率與年齡呈正相關，年齡愈大，冠心病發的機率愈大；冠心病發機率與女性的性別呈負相關，女性冠心病發機率要比男性來得小。

如果將係數轉換成勝算比值 (odds ratio)，年齡與性別的 odds ratio 分別為 1.105 與 0.6065(odds ratio = exp( 係數值 ))。解釋的方式是：年齡每增加 1 歲，冠心病發的勝算值 ( 病發機率 / 未病發機率的比值 ) 是未增加前的 1.105 倍。在二變數方面，會更容易解釋：女性冠心病發的勝算值 ( 病發機率 / 未病發機率的比值 ) 只有男性的 0.6065 倍。

此外，我們也可以說男性冠心病發的勝算值為女性的 1.648(1/0.6065) 倍 ($e^{-0.5}$ = 0.6065)。其實，如果我們將性別變數的男性改設定為 1，女性為 0，再跑一次 logistic regression，所得到的係數會是 0.5( 從 −0.5 變成 0.5)，而 odds ratio = $e^{0.5}$ = 1.648，意義完全一樣，只是比較的基礎不同而已。

如果要解釋 logit model 中乘積項或交互項 (interaction term) 的係數或勝算比值的意義，就比較複雜了，不過大體上的相關性說明原則應該是跟前面所說的一樣。比如有一個乘積項是性別 × 抽菸與否 ( 抽菸 = 1，未抽菸 = 0)，如果此乘積項的係數是 0.2 ( 正值，$e^{0.2}$ = 1.22)，可以解讀為：女性抽菸後得到冠心病的勝算率為男性的 1.22 倍；此即意謂：與男性相較之下，抽菸對女性 ( 性別：女 = 1，男 = 0) 得到冠心病發的影響要比抽菸對男性的影響來得大；或是：女性從不抽菸變成抽菸所帶來冠心病發的風險，要比男性從不抽菸變成抽菸所帶來冠心病發的風險來的高；也就是：女性性別與抽菸互動之下，與冠心病發機率有正相關。( 乘積項的勝算比率是女性抽菸得到冠心病的勝算比率 / 男性抽菸得到冠心病的勝算比率 )。

## 7-2-2 單層次：二元依變數之模型：Logistic 迴歸之實例

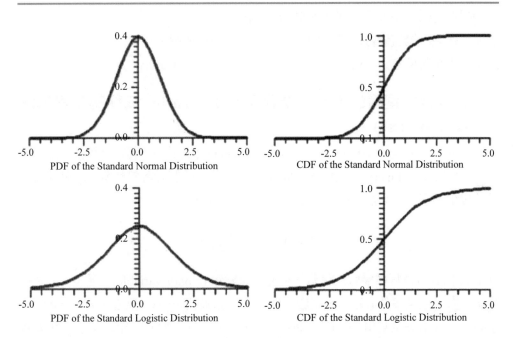

The Standard Normal and Standard Logistic Probability Distributions

圖 7-14　標準常態 vs. 標準 Logistic 分布圖

　　Logistic 迴歸旨在估計勝算比 (odds ratio)；Cox 迴歸旨在估計危險比 (hazard ratio)。Logistic 迴歸，也稱為 Logit 模型，用來模擬 binary 結果變數 ( 即依變數、反應變數 )。在 Logistic 迴歸模型中，依變數的 log odds，係是一群預測變數 (predictor variables) 的線性組合。

　　binary 是指「0、1」所組合的數據，故 STaTa 的 Logit 迴歸或 Logistic 迴歸，依變數的編碼，只限「0、1」，不可「1、2」。

　　對於較多變數且每個變數分成較多類組之資料，二元變數，其相對的列聯表 (contingency table) 會出現稀疏性，直接針對資料去找尋邏輯斯迴歸模型 (logistic regression model) 及對數線性模型 (log-linear model) 時，空細格 (empty cell) 會使參數估計值出現發散現象，因此使用 STaTa 一些統計方法做資料分析，要注細篩選出某些較為重要的變數及將變數類組合併，以降低稀疏性的發生

**621**

率，使我們得到收斂的結果。

## 一、邏輯斯迴歸分析之重點

1. 邏輯斯迴歸模型解釋、邏輯斯迴歸的推論。
2. 模型檢驗、屬質變數的邏輯值模型、多元邏輯斯迴歸。
3. 樣本大小與檢定力（power）。

## 二、Logistic 迴歸的原理：勝算比 (odds ratio) 或稱為相對風險 (relative risk)

以「受訪者是否 (0, 1) 發生某事件 (event)」( 死亡、病發、倒閉、犯罪被捕……) 之二元 (binary) 依變數爲例。Logistic 迴歸係假設解釋變數 (x) 與受試者是否發生某事件 (y) 之間必須符合下列 Logistic 函數：

$$P(y \mid x) = \frac{1}{1 + e^{-\sum b_i \times x_i}}$$

其中 $b_i$ 代表對應解釋變數的係數，y 屬二元變數 (binary variable)，若 y = 1 表示受訪者有發生某事件 ( 死亡、病發、倒閉、犯罪被捕……)；反之，若 y = 0 則表示該受訪者未發生某事件。因此 P(y = 1|x) 表示當自變數 x 已知時，該受訪者有發生某事件的機率；P(y = 0|x) 表示當自變數 x 已知時，該乘客受訪者未發生某事件的機率。

Logistic 函數之分子分母同時乘以 $e^{\sum b_i \times x_i}$ 後，上式變爲：

$$P(y \mid x) = \frac{1}{1 + e^{-\sum b_i \times x_i}} = \frac{e^{\sum b_i \times x_i}}{1 + e^{\sum b_i \times x_i}}$$

將上式之左右兩側均以 1 減去，可以得到：

$$1 - P(y \mid x) == \frac{1}{1 + e^{\sum b_i \times x_i}}$$

再將上面二式相除，則可以得到

$$\frac{P(y \mid x)}{1 - P(y \mid x)} == e^{\sum b_i \times x_i}$$

針對上式，兩邊同時取自然對數，可以得到：

$$Ln\left(\frac{P(y|x)}{1-P(y|x)}\right) == Ln\left(e^{\sum b_i \times x_i}\right) = \sum b_i \times x_i$$

經由上述公式推導可將原自變數非線性的關係，轉換成以線性關係來表達。其中 $\frac{P(y|x)}{1-P(y|x)}$ 可代表受訪者有發生某事件 (e.g. 死亡、病發、倒閉、犯罪被捕……) 的勝算比 (odds ratio) 或稱為相對風險 (relative risk)。

## 三、Cox 存活模型與 Logit 模型之比較

Noh 等人 (2005) 發現，Cox 模型具有較低的型 I 錯誤 ($\alpha$)。由於降低型 I 錯誤可以減少解釋變數 (e.g. 錯誤授信) 對結果變數的預測失準 (e.g. 金融機構所造成的損失)，而 Cox 存活模型係半參數模型，不必指心是否違反常態/韋伯/脆弱分布之假定 (assumption)。

舉例來說，金融放款違約問題，存活分析最主要的好處在於可以預測違約接近的時點，雖然 Logit 模型亦可預測出未來一段時間內的違約機率，但不能預測接近違約的時點。

Logistic 迴歸 (Logistic 指令) 旨在估計勝算比 (odds ratio)；Cox 迴歸 (stcox、svy: stcox 指令) 及參數存活模型 (streg、svy: streg、stcrreg、xtstreg、mestreg 指令) 旨在估計危險比 (hazard ratio)。

## 四、Logistic 迴歸的範例 (「binary_Logistic.dta」資料檔)

有 400 名學生申請入學資料，如表 7-12 所示。這個「binary_Logistic.dta」(dataset)，依變數 admit：代表入學申請是否被承認。預測變數有三個：GRE，GPA 和威望排名 (rank)，前二者是連續變數；rank 是類別變數代表你想就讀學院的學術威望(1 代表最高的威望，4 代表最低的威望)。共有 400 名入學申請名單。

表 7-12 400 名學生申請入學資料

| ID | 依變數 | 預測變數 | | |
|---|---|---|---|---|
| | Admit( 被承認 ) | GRE 成績 | GPA 成績 | Rank( 威望排名 ) |
| 1 | 0 | 380 | 3.61 | 3 |
| 2 | 1 | 660 | 3.67 | 3 |
| 3 | 1 | 800 | 4 | 1 |
| 4 | 1 | 640 | 3.19 | 4 |

表 7-12 **400 名學生申請入學資料（續）**

| ID | 依變數 | 預測變數 | | |
| --- | --- | --- | --- | --- |
| | Admit( 被承認 ) | GRE 成績 | GPA 成績 | Rank( 威望排名 ) |
| 5 | 0 | 520 | 2.93 | 4 |
| 6 | 1 | 760 | 3 | 2 |
| 7 | 1 | 560 | 2.98 | 1 |
| 8 | 0 | 400 | 3.08 | 2 |
| 9 | 1 | 540 | 3.39 | 3 |
| 10 | 0 | 700 | 3.92 | |
| 11 | 0 | 800 | 4 | 4 |
| 12 | 0 | 440 | 3.22 | 1 |
| 13 | 1 | 760 | 4 | 1 |
| 14 | 0 | 700 | 3.08 | 2 |
| 15 | 1 | 700 | 4 | 1 |
| 16 | 0 | 480 | 3.44 | 3 |
| 17 | 0 | 780 | 3.87 | 4 |
| 18 | 0 | 360 | 2.56 | 3 |
| 19 | 0 | 800 | 3.75 | 2 |
| 20 | 1 | 540 | 3.81 | 1 |
| … | … | … | … | … |
| 392 | 1 | 660 | 3.88 | 2 |
| 393 | 1 | 600 | 3.38 | 3 |
| 394 | 1 | 620 | 3.75 | 2 |
| 395 | 1 | 460 | 3.99 | 3 |
| 396 | 0 | 620 | 4 | 2 |
| 397 | 0 | 560 | 3.04 | 3 |
| 398 | 0 | 460 | 2.63 | 2 |
| 399 | 0 | 700 | 3.65 | 2 |
| 400 | 0 | 600 | 3.89 | 3 |

( 一 ) STaTa 分析步驟

先設定工作目錄，「File > Chang working directory」，指定 CD 所附資料夾

之路徑，接著再選「File > Open」，開啟「binary_Logistic.dta」資料檔。

**Step1. 先探索連續變數的平均數、標準差及類別變數的次數分布**

command 指令：**summarize gre gpa**

選擇表Menu：Statistics > Summaries, tables, and tests > Summary and descriptive statistics > Summary statistics
並選入：gre gpa

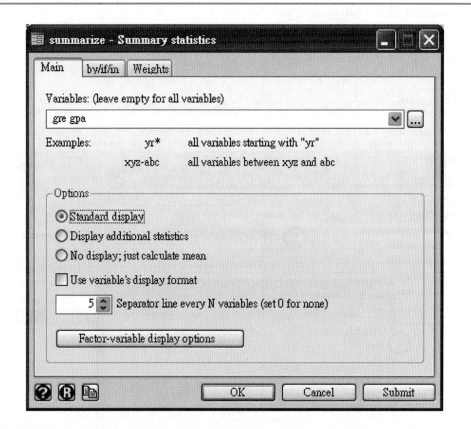

**圖 7-15** 連續變數之「Summary statistics」

連續變數之「Summary statistics」如下表：

```
use binary_Logistic.dta ,clear

    Variable |        Obs         Mean     Std. Dev.          Min          Max
-------------+-------------------------------------------------------------------
         gre |        400        587.7     115.5165          220          800
         gpa |        400       3.3899    .3805668         2.26            4
```

### step1-1 類別變數的次數分布

**command 指令：tabulate rank**

選擇表 Menu：Statistics > Summaries, tables, and tests > Frequency tables >
　　　　　　 One-way table
並選入：rank

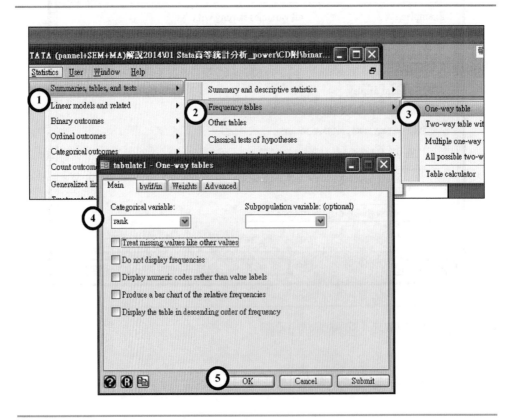

圖 7-16　類別變數之「One-way tables」

```
      rank |      Freq.     Percent        Cum.
-----------+----------------------------------------
        1 |         61       15.25       15.25
        2 |        151       37.75       53.00
        3 |        121       30.25       83.25
        4 |         67       16.75      100.00
-----------+----------------------------------------
     Total |        400      100.00
```

**command 指令：tab admit**

選擇表 Menu：Statistics > Summaries, tables, and tests > Tables > One-way
　　　　　　tables
並選入：admit

```
     admit |      Freq.     Percent        Cum.
-----------+----------------------------------------
        0 |        273       68.25       68.25
        1 |        127       31.75      100.00
-----------+----------------------------------------
     Total |        400      100.00
```

## step1-2 求兩類別變數之交叉表及卡方檢定

**command 指令：tabulate admit rank, chi2**

選擇表 Menu：Statistics > Summaries, tables, and tests > Tables > Two-way
　　　　　　tables with measures of association
並選入：「Row variable」為 admit。「Column variable」為 rank。

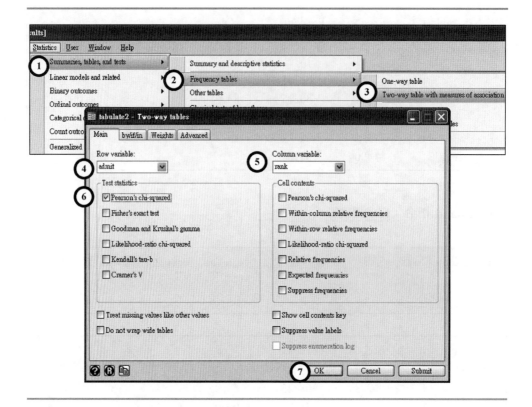

**圖 7-17** Admit 與 rank 兩變數之交叉表

```
        |                    rank
admit   |      1          2          3          4 |     Total
--------+--------------------------------------------+----------
    0 |     28         97         93         55 |       273
    1 |     33         54         28         12 |       127
--------+--------------------------------------------+----------
Total |     61        151        121         67 |       400

Pearson chi2(3) =  25.2421    Pr = 0.000
```

註：Admit 與 rank 兩變數達 0.05 顯著關聯性。

## Step2. 思考可用的分析法

1. Logistic 迴歸：本範例之解說重點。

2. Probit 迴歸：Probit 分析結果，類似 logistic 迴歸，這可依你個人偏好來選擇。

3. 最小平方法 (OLS) 迴歸：binary 反應變數，套在 OLS 迴歸，就變成條件機率所建構的「線性機率模型」。但誤差 ( 殘差 ) 就會違反「誤差同質性及常態性」的假定，導至結果產生無效的標準差及假設檢定。有關這類疑問，你可參考 Long (1997, p.38-40)。

4. Two-group 的區別 (discriminant) 分析：亦是二分依變數之多變量分析法。

5. Hotelling's T2：依變數「0/1」當作 grouping 變數。三個預測變數當作依變數。此法雖可行，但是只能求得「整體」檢定的顯著性，無法知道 3 個「個別」係數的顯著性，而且無法得知每個 "predictor" 調整後對其他二個 "predictor" 的影響力。

## Step3. Logistic 迴歸分析

**command 指令：logit admit gre gpa i.rank**

rank 變數前的「i」，宣告此變數爲 categorical 變數，故 STaTa 才會將 rank 視爲 logit 模型之一系列 Indicator 變數。

---

先在選擇表 Menu：Statistics > Binary outcomes > Logistic regression
再依下圖，分析界定二個連續變數爲自變數；一個類別變數爲 factor variable

---

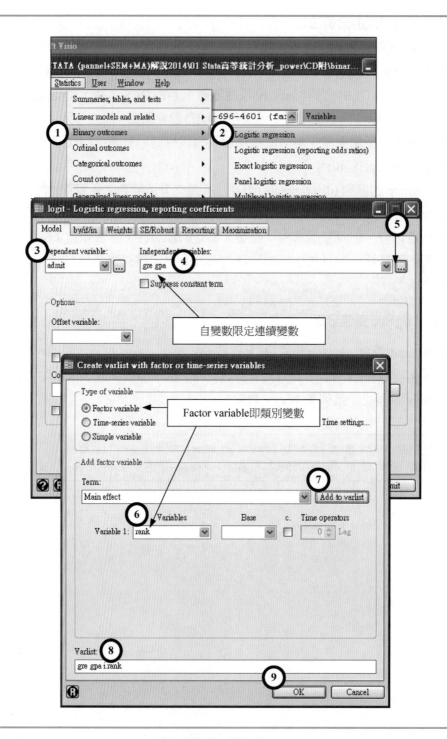

圖 7-18 logit 界定 gre 及 gpa 為自變數，rank 為「factor variable」

```
use binary_Logistic.dta ,clear

* 符號「i.」宣告類別之自變數，視為指標 (Indicator) 變數 , 並以 rank 的 lelve  1當
比較組
. logit admit gre gpa i.rank
Logistic regression                        Number of obs   =        400
                                           LR chi2(5)      =      41.46
                                           Prob > chi2     =     0.0000
Log likelihood = -229.25875                Pseudo R2       =     0.0829


--------------------------------------------------------------------------
     admit |     Coef.   Std. Err.      z    P>|z|     [95% Conf. Interval]
-----------+--------------------------------------------------------------
       gre |  .0022644    .001094     2.07   0.038     .0001202    .0044086
       gpa |  .8040377   .3318193     2.42   0.015     .1536838    1.454392
           |
      rank |
         2 | -.6754429   .3164897    -2.13   0.033    -1.295751   -.0551346
         3 | -1.340204   .3453064    -3.88   0.000    -2.016992   -.6634158
         4 | -1.551464   .4178316    -3.71   0.000    -2.370399   -.7325287
           |
     _cons | -3.989979   1.139951    -3.50   0.000    -6.224242   -1.755717
--------------------------------------------------------------------------
```

1. likelihood ratio chi-square = 41.46，p = 0.0001。顯示整體模型適配達 0.05 顯著水準。

2. 在上表，coefficients、standard errors、z-statistic、p-values 及 95%CI，都可看出 GRE 和 GPA 均達統計顯著性。

3. gre 每增加一單位，「log odds of admission(versus non-admission)」就增加0.002。

4. gpa 每增加一單位，「log odds of admission」就增加 0.804。

5. 指標變數 Rank( 你就讀學院的威望 )，由最高「Rank 1」降低一個單位，至「Rank 2」，就會降低「log odds of admission」0.675 單位。

6. Pseudo R-squared = 8.29%，很像 OLS 複迴歸之 R-squared 所代表的「變異數解釋量」。

7. 本例求得 Logistic 迴歸式為：

Pr(admit=1)=F(0.0026×gre+0.804×gpa-0.675×2.rank-1.34×3.rank-1.55×4.rank-3.989)

其中，F( · ) 爲累積 logistic 機率分布。

### Step4. 事後之線性假設的檢定：「迴歸係數爲 0」的檢定

由於 STaTa 會暫時保留「binary_Logistic.dta」資料檔的最近一次迴歸分析結果，故 STaTa 任何迴歸 ( 最小平方方法、Logistic、ARIMA、VAR、EVCM、survival、panels data 等迴歸 )，都可事後再檢定「迴歸係數 = 0 嗎？」，如下圖所示。

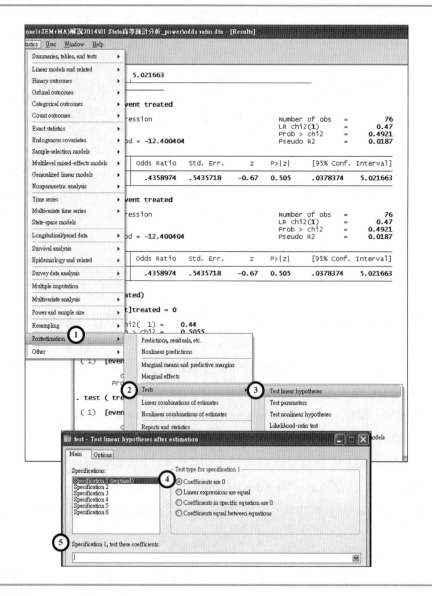

圖 7-19 STaTa 任何迴歸之事後再檢定

> test 選擇表：Statistics > Postestimation > Tests > Test linear hypotheses

### 1.「迴歸係數為 0」的檢定

使用 test 指令來檢定：四個 levels 之 Rank 類別變數的整體效果 (overall effect)。下列指令，就是變數 Rank 整體效果是否顯著的統計檢定。

**command 指令：test (2.rank 3.rank 4.rank)**

rank 變數前的「2」，宣告此變數為 categorical 變數 (Indicator 變數 )，其「rank 1 vs. rank 2」對 admit 變數的顯著。「3.rank」宣告「rank 2 vs. rank 3」對 admit 變數的顯著。「4.rank」宣告「rank 3 vs. rank 4」對 admit 變數的顯著。檢定結果，顯示「rank → admit」的「整體效果」達 0.05 水準顯著性，$\chi^2_{(3)} = 20.9(p = 0.001)$。

```
(1)   [admit]2.rank = 0
(2)   [admit]3.rank = 0
(3)   [admit]4.rank = 0

         chi2( 3) =    20.90
       Prob > chi2 =     0.0001
```

此外，我們亦可指定，不同「levels of rank」之間迴歸係數的假設。以下指令，就是檢定虛無假設 $H_0$：「rank = 2」與「rank = 3」兩者係數是相等的。結果得 $\chi^2_{(1)} = 5.51$，$p < 0.05$，故拒絕虛無假設，表示「rank = 2」與「rank = 3」兩者對 admit 影響效果達顯著差異。倘若我們係要檢定兩者係數的差，亦可改用 lincom 指令。

**command 指令：test (2.rank = 3.rank)**

```
(1)   [admit]2.rank - [admit]3.rank = 0

         chi2( 1) =     5.51
       Prob > chi2 =      0.0190
```

### Step5. odds ratio 分析

您也可以用 logistic 指令，指數化 (exponentiate) 此 binary 迴歸係數，當作 odds ratio 來解釋該迴歸模型。

前面的卡方檢定 ($\chi^2$= 25.2421, p = 0.05)，已可看出 admit 及 Rank 這兩個類別變數是高度關聯性。故在此，純粹改以「**odds ratio**」當作 logistic 檢定的單位。

**command 指令：logistic admit gre gpa i.rank**

先在選擇表 Menu：Statistics > Binary outcomes > Logistic regression (reporting odds ratios)
再依下圖，分析界定二個連續變數為自變數；一個類別變數為 factor variable

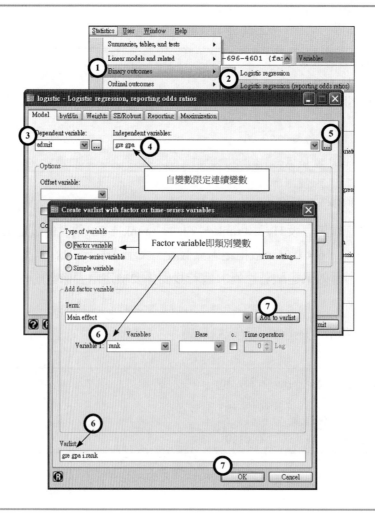

**圖 7-20** logistic 界定 gre 及 gpa 為自變數，rank 為「factor variable」

```
Logistic regression                          Number of obs    =      400
                                             LR chi2(5)       =    41.46
                                             Prob > chi2      =   0.0000
Log likelihood = -229.25875                  Pseudo R2        =   0.0829


-------------------------------------------------------------------------
    admit | Odds Ratio   Std. Err.      z    P>|z|    [95% Conf. Interval]
----------+--------------------------------------------------------------
      gre |  1.002267    .0010965     2.07   0.038    1.00012    1.004418
      gpa |  2.234545    .7414652     2.42   0.015    1.166122   4.281877
          |
     rank |
        2 |  .5089309    .1610714    -2.13   0.033    .2736922   .9463578
        3 |  .2617923    .0903986    -3.88   0.000    .1330551   .5150889
        4 |  .2119375    .0885542    -3.71   0.000    .0934435   .4806919
-------------------------------------------------------------------------
```

1. likelihood ratio chi-square = 41.46，p = 0.0001，顯示整體模型適配達 0.05 顯著水準。

2. 在上表，coefficients、standard errors、z-statistic、p-values 及 95%CI，都可看出 GRE 和 GPA 均達統計顯著性。

3. gpa 每增加一單位，「odds of admission」就增加 2.23 單位。

4. 指標變數 Rank( 你就讀學院的威望 )，由最高「Rank 1」降低一個單位，至「Rank 2」，就會增加「odds of admission」0.5089 單位。

## Step6. 機率預測

### 1. 類別變數之機率預測

使用「margins 指令」機率預測可讓你更瞭解迴歸模型。以下 margins 指令，係在所有變數 (2 個連續變數、4 個水準的類別變數 ) 保持在平均數 (at means) 時，預測「Rank 每一 level 對 admission」的機率。

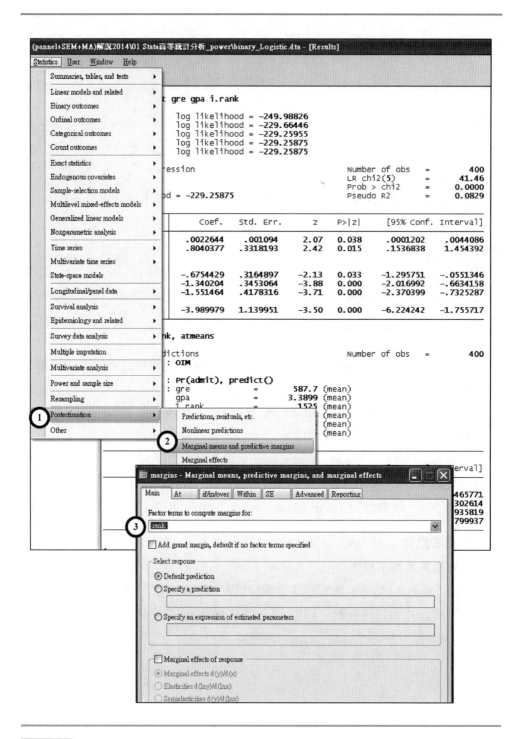

**圖 7-21** 「Rank 每一 level 對 admission」的機率預測

command 指令：**margins rank, atmeans**

選擇表Menu：
Statistics > Postestimation > Marginal means and predictive margins

Statistics > Postestimation > Marginal effects

```
Adjusted predictions                        Number of obs    =         400
Model VCE     : OIM


Expression   : Pr(admit), predict()
at           : gre             =       587.7 (mean)
               gpa             =      3.3899 (mean)
               1.rank          =       .1525 (mean)
               2.rank          =       .3775 (mean)
               3.rank          =       .3025 (mean)
               4.rank          =       .1675 (mean)


------------------------------------------------------------------------
             |            Delta-method
             |    Margin   Std. Err.      z    P>|z|    [95% Conf. Interval]
-------------+----------------------------------------------------------
        rank |
           1 |  .5166016   .0663153    7.79   0.000     .3866261    .6465771
           2 |  .3522846   .0397848    8.85   0.000     .2743078    .4302614
           3 |   .218612   .0382506    5.72   0.000     .1436422    .2935819
           4 |  .1846684   .0486362    3.80   0.000     .0893432    .2799937
------------------------------------------------------------------------
```

　　機率預測結果，顯示在「gre 及 gpa 都在平均水準 (at means)」程度的學生，學校威信最高等級 (rank = 1) 的名校學生，其申請入學 (admit) 的被錄取機率 0.51 最高。學校威信較差 (rank = 2) 的學生之錄取機率為 0.35。學校威信最差等級 (rank = 4) 的學生，錄取機率最低，只有 0.18。可見，你就讀學校是不是名校，確實會影響到研究所之申請錄取機率。

**2. 連續變數之機率預測**

　　倘若你要知道，gre 從 200 至 800 分之間同學，每次間隔 100，其申請錄取

機率為何？就可以下 margins 指令。由於你沒有對其他變數指定「**atmeans 或 at(...)**」，STaTa 自動內定以「平均數」程度來估計機率值。假設，平均 **gre = 200**，則系統係以 **gre = 200** 來預測「**gre 對 admit**」的機率值。

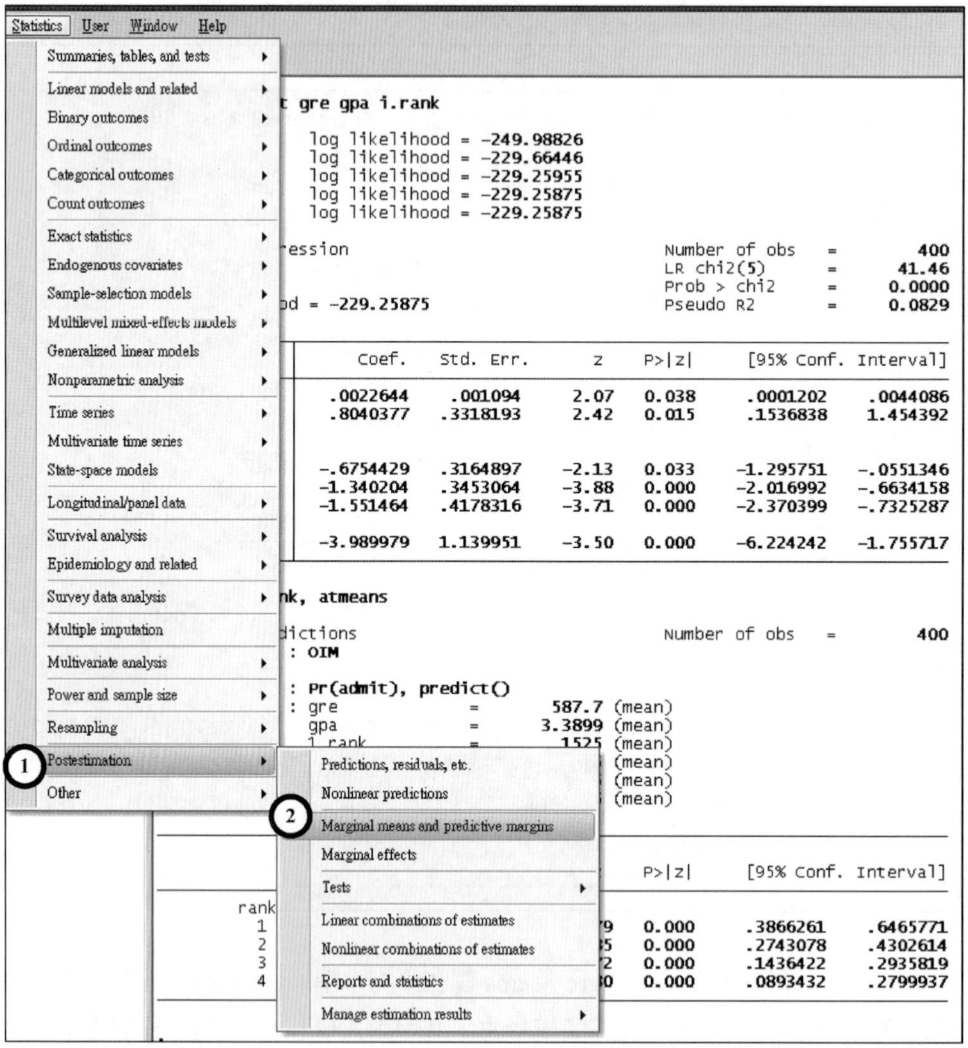

圖 7-22 選「機率預測」

**638**

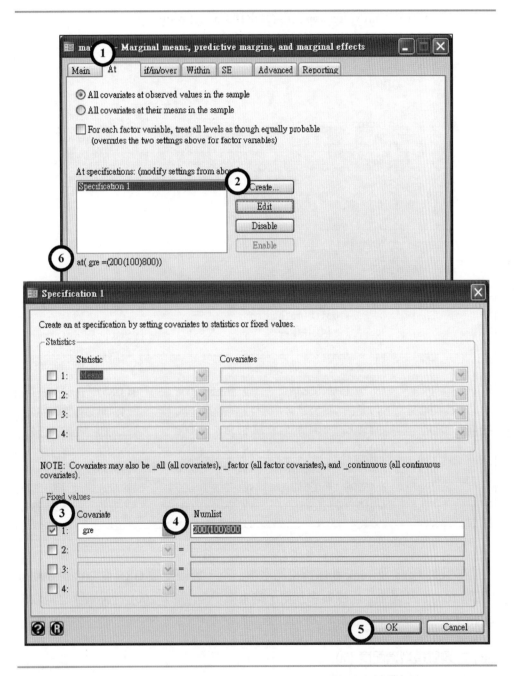

圖 7-23　連續變數 gre 從 200 至 800 分，每隔 100，對 Admit 之錄取率

command 指令：**margins , at(gre=(200(100)800))  vsquish**

```
Predictive margins                                Number of obs    =       400
Model VCE       : OIM

Expression      : Pr(admit), predict()
1._at           : gre            =           200
2._at           : gre            =           300
3._at           : gre            =           400
4._at           : gre            =           500
5._at           : gre            =           600
6._at           : gre            =           700
7._at           : gre            =           800

------------------------------------------------------------------------------
             |            Delta-method
             |    Margin   Std. Err.      z    P>|z|     [95% Conf. Interval]
-------------+----------------------------------------------------------------
         _at |
          1  |  .1667471   .0604432     2.76   0.006     .0482807    .2852135
          2  |   .198515   .0528947     3.75   0.000     .0948434    .3021867
          3  |  .2343805   .0421354     5.56   0.000     .1517966    .3169643
          4  |  .2742515   .0296657     9.24   0.000     .2161078    .3323951
          5  |  .3178483    .022704    14.00   0.000     .2733493    .3623473
          6  |  .3646908   .0334029    10.92   0.000     .2992224    .4301592
          7  |  .4141038   .0549909     7.53   0.000     .3063237    .5218839
------------------------------------------------------------------------------
```

在學生「gpa 及 rank 都保持平均水準」下，連續變數 GRE 從 200 至 800 分 ( 每隔 100)，對 Admit 之錄取率預測，結果顯示：(gre = 200) 對 Admit 之錄取率 爲 16.7%。

### Step7. 迴歸模型適配度 (fit)

分析完任何迴歸 (clogit, cnreg, cloglog, intreg, logistic, logit, mlogit, nbreg, ocratio, ologit, oprobit, poisson, probit, regress, zinb, 及 zip) 之後，最近一次的迴歸 分析會暫存在 STaTa 記憶體中，因此事後才可用「fitstat」指令，來檢定「最後 一次迴歸分析」的適配度。

如何安裝 STaTa 提供之外掛指令「fitstat」呢？其實很簡單，只要在 Command 區鍵入「findit fitstat」( 如下圖 )，即可完成外掛「fitstat」指令檔 ado。

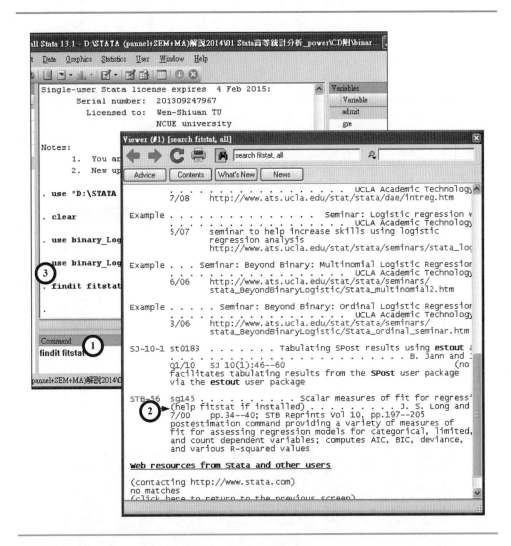

**圖 7-24** 外掛「fitstat」指令檔 ado 之操作畫面

「外掛 ado 指令檔 **fitstat**」時之畫面

STaTa 要先安裝「fitstat.pkg」，才可執行 fitstat：
Fitstat.ado from http://fmwww.bc.edu/RePEc/bocode/f
   'FITSTAT' : module to compute fit statistics for single equation regression
   models / fitstat is a post-estimation command that computes a variety of /

measures of fit for many kinds of regression models. It works / after the
following: clogit, cnreg, cloglog, intreg, logistic, / logit, mlogit,

--------------------------------------------------------------------------

INSTALLATION FILES          (click here to install)
    fitstat.ado
    fitstat.hlp

--------------------------------------------------------------------------

package installation

--------------------------------------------------------------------------

package name:  fitstat.pkg
  download from:  http://fmwww.bc.edu/RePEc/bocode/f/

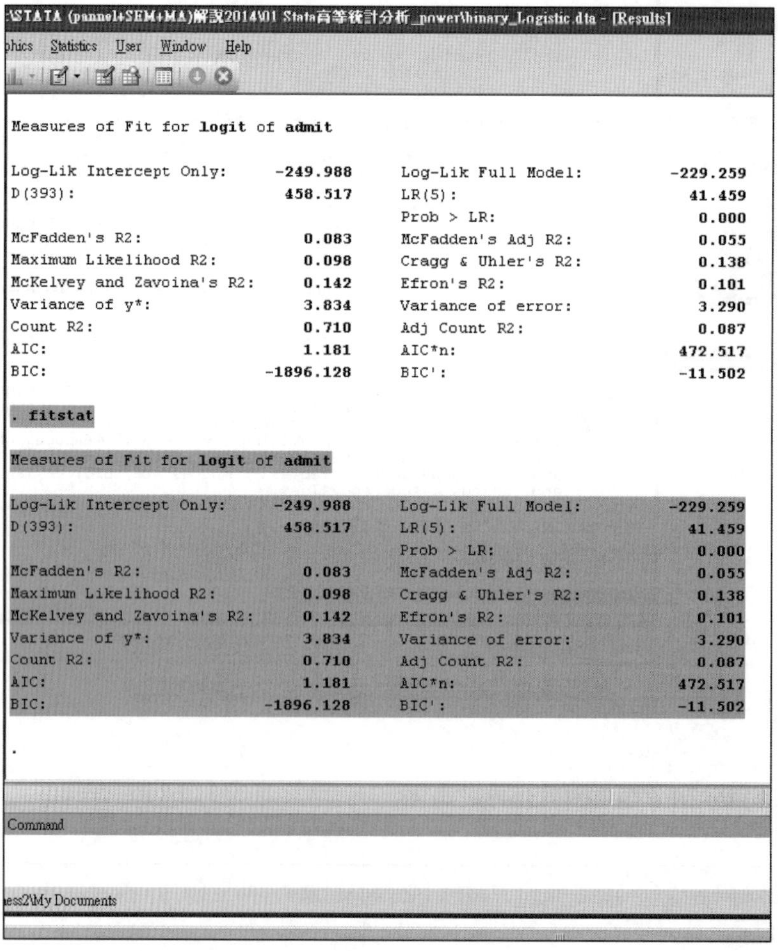

---

```
:\STATA (pannel+SEM+MA)解說2014V01 Stata高等統計分析_power\binary_Logistic.dta - [Results]
phics  Statistics  User  Window  Help

Measures of Fit for logit of admit

Log-Lik Intercept Only:      -249.988     Log-Lik Full Model:      -229.259
D(393):                       458.517     LR(5):                     41.459
                                          Prob > LR:                  0.000
McFadden's R2:                  0.083     McFadden's Adj R2:          0.055
Maximum Likelihood R2:          0.098     Cragg & Uhler's R2:         0.138
McKelvey and Zavoina's R2:      0.142     Efron's R2:                 0.101
Variance of y*:                 3.834     Variance of error:          3.290
Count R2:                       0.710     Adj Count R2:               0.087
AIC:                            1.181     AIC*n:                    472.517
BIC:                        -1896.128     BIC':                     -11.502

. fitstat

Measures of Fit for logit of admit

Log-Lik Intercept Only:      -249.988     Log-Lik Full Model:      -229.259
D(393):                       458.517     LR(5):                     41.459
                                          Prob > LR:                  0.000
McFadden's R2:                  0.083     McFadden's Adj R2:          0.055
Maximum Likelihood R2:          0.098     Cragg & Uhler's R2:         0.138
McKelvey and Zavoina's R2:      0.142     Efron's R2:                 0.101
Variance of y*:                 3.834     Variance of error:          3.290
Count R2:                       0.710     Adj Count R2:               0.087
AIC:                            1.181     AIC*n:                    472.517
BIC:                        -1896.128     BIC':                     -11.502

.

Command

ess2\My Documents
```

**圖 7-25** 執行「Fitstat.ado」指令檔之結果

1. 迴歸模型的評估常使用判定係數 (coefficient of determination) non-pseudo $R^2$ 公式：

$$\text{non-pseudo } R^2 = \frac{SS_R}{SS_T}$$

2. STaTa 八種 pseudo $R^2$ 計算公式，儘管與 non-pseudo $R^2$ 不同，但背後之解釋意義卻很相似。

3. 安裝 fitstat 指令檔之後，直接在 Command 鍵入「fitstat」，即可求得八種 pseudo $R^2$。$R^2$ 值愈大，表示你最近一次分析的迴歸解釋量就愈高。

4. AIC (Akaike information criterion)、BIC (Bayesian information criterion) 兩項資訊準則。AIC 與 BIC 所計算出來的值越小，則代表模型的適配度越佳。其中，

$$AIC = T \times Ln(SS_E) + 2k$$
$$BIC = T \times Ln(SS_E) + k \times Ln(T)$$

5. 判定係數 $R^2$、AIC 與 BIC，雖然是幾種常用的準則，但是卻沒有統計上所要求的『顯著性』。

6. 當我們利用判定係數或 AIC 與 BIC 找出一個適配度較佳的模型，但是我們卻不知道這個模型是否『顯著地』優於其他模型。

7. 適配度：概似比 Likelihood Ratio(LR) 檢定

例如，假設我們要檢定 AR(2) 模型是否比 AR(1) 模型來的好，因此我們可以分別算出兩個模型的最大概似值分別為 $L_u$ 與 $L_R$，則 $L_R$ 統計量為：

$$LR = -2(L_R - L_U) \sim 符合 \chi^2_{(m)} 分配$$

假如，$p < 0.05$ 表示達顯著的話，則表示 AR(2) 模型優於 AR(1) 模型。

以本例 Logistic 迴歸來說，結果得 LR(4) = 188.965, $p < 0.05$，表示我們界定的預測變數對依變數之模型，比「null model」顯著的好，即表示目前這個 Logistic 迴歸模型適配得很好。

## 7-3 範例：三層次:Logistic 迴歸 (melogit 或 xtmelogit 指令)

在社會科學研究、生醫和其他領域中，研究的數據通常具有分層 (hierarchical) 結構的。也就是說，研究樣本可被分類或重新劃分到具有不同特性的分組中。

在這種情況下，個體可以被看成是研究的第一層 (level-1) 單元，而那些區

分開他們的組也就是第二層 (level-2) 單元。它又可被進一步再分組，即第二層 (level-2) 的單元又可被分類到第三層單元中。在這個方面很典型的示例：例如教育學 ( 學生位於第一層，學校位於第二層，學校分布是第三層 )，又例如社會學 ( 個體在第一層，相鄰個體在第二層 )。

許多實證研究所處理的資料常具有階層性的巢狀結構，傳統上對於這類資料的處理，多以迴歸方法，利用「合計」或「散計」的技巧，將階層性的資料當成不相關的個體再加以處理。然而，迴歸獨立性的假定也因此忽略了同一階層內的資料存在的相依關係，使得分析結果不夠精確。近年來新興的階層線性模式（階層線性模型，HLM）有助於處理階層資料。階層線性模式就是針對各個階層分別建立迴歸模式，再將組內與組間的變異因素分別考慮，因此可以增進參數估計的精確度。

STaTa 之 melogit 指令、xtmelogit 指令旨在分析，多層次混合效果 logistic 迴歸 (multilevel mixed-effects logistic regression)，它可執行二元 (binary/binomial) 反應變數。混合效果係固定效果及隨機效果的混合，混合效果係類似 (analogous) 標準迴歸來估計係數。

雖然事後可求得隨機效果，但它係無法直接估計，它只能根據其變異數及共變數來彙整 (summarized)。隨機截距及隨機係數都是隨機效果形式之一。樣本之分組結構 (grouping structure) 便形成巢套組別的多層次 (multiple levels of nested groups)。其中，隨機截距模型 (random intercepts model) 是 STaTa 之 mixed、xtmixed、menl……等指令的內定估計法。

隨機效果分配係假定為高斯 (Gaussian) 常態分配。隨機效果之反應變數的條件分配係假定為 Bernoulli 分配，並由 logistic 累積分配 (c.d.f.) 來當作反應變數的成功機率。由於對數概似 (log likelihood) 無法求得模型近似解，故 xtmelogit 指令係採用適性高斯法 (adaptive Gaussian quadrature) 來求解 .

## 一、樣本資料之特徵

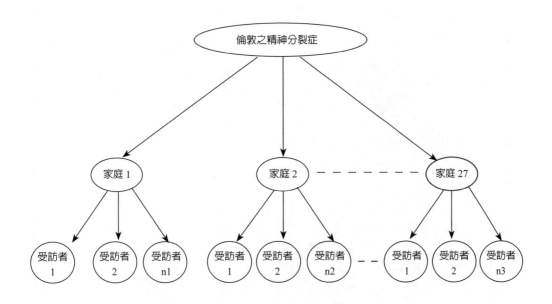

圖 7-26　三層次 logistic 模型：堆疊 27 個家庭精神分裂症

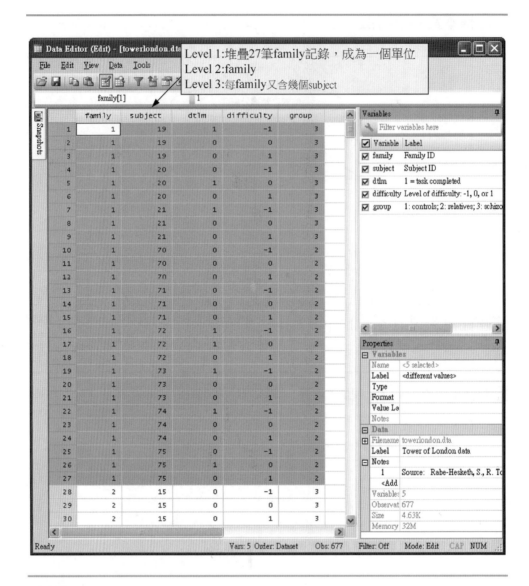

**圖 7-27** 「towerlondon.dta」資料檔之內容

```
* 存在「towerlondon.do」指令檔
. webuse towerlondon
(Tower of London data)

. note

_dta:
    1.  Source: Rabe-Hesketh, S., R. Touloupulou, and R. M. Murray.   2001.
Multilevel modeling of cognitive function in schizophrenics and their first
degree relatives.  Multivariate Behavioral Research 36:  279-298.

* 資料之特徵
. describe

Contains data from http://www.stata-press.com/data/r12/towerlondon.dta
  obs:          677                          Tower of London data
  vars:           5                          31 May 2011 10:41
  size:       4,739                          (_dta has notes)
--------------------------------------------------------------------
variable    storage   display    value
name        type      format     label         variable label
--------------------------------------------------------------------
family      int       %8.0g                    Family ID
subject     int       %9.0g                    Subject ID
dtlm        byte      %9.0g          1 = 任務完成 (task completed)
difficulty  byte      %9.0g          Level of difficulty: -1, 0, or 1
group       byte      %8.0g 1: controls; 2: relatives; 3: 精神分裂症 (schizo-
                                         phrenics)
--------------------------------------------------------------------
Sorted by:  family   subject
```

## 二、三層次 logistic 迴歸分析

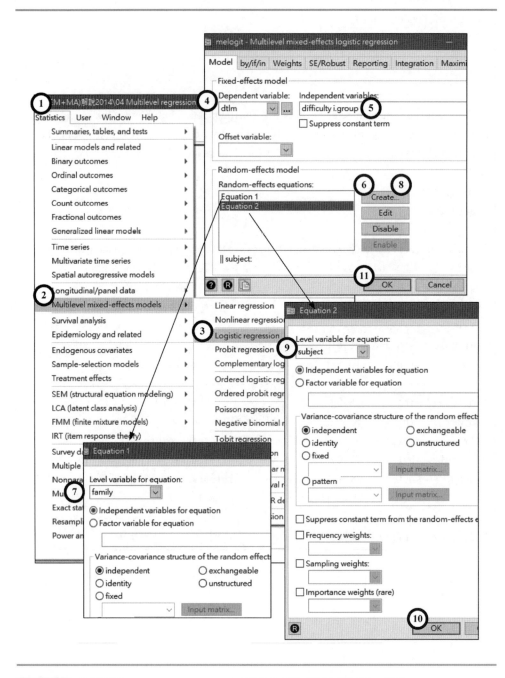

**圖 7-28** 「melogit dtlm difficulty i.group ‖ family： ‖ subject：」畫面

註：新版 STaTa v15 才可用 melogit 指令，xtmelogit 新舊版 STaTa 都可用指令。

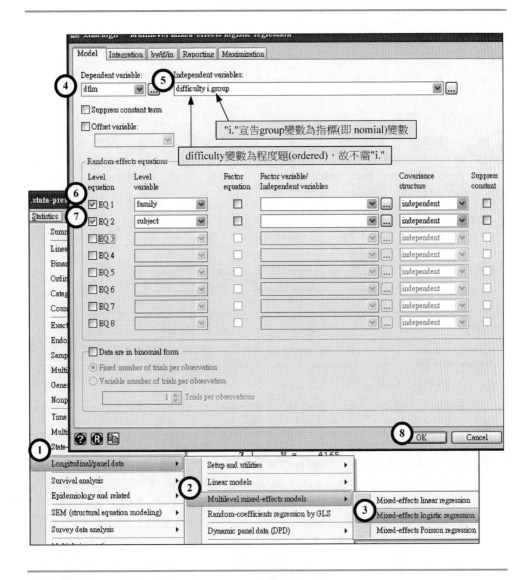

**圖 7-29** 「xtmelogit 指令⋯」三層次模型之畫面

## Step 1. 三層 logistic 模型分析

```
* Setup
. webuse towerlondon

* 計算 dtlm 在 group 各組之平均數
```

```
. oneway dtlm group, tabulate noanova

        1: |
 controls; |
        2: |
relatives; |
        3: |
schizophren |     Summary of 1 = task completed
     ics |       Mean    Std. Dev.     Freq.
------------+----------------------------------------
        1 |    .28350515   .45186554      194
        2 |    .26190476   .44042073      294
        3 |    .16402116   .3712783       189
------------+----------------------------------------
    Total |    .24076809   .4278659       677
```

\* Three-level nested model, subject nested within family
\* 因為 group 為類別變數，以「Indicator 變數」代入迴歸時，並以 group 1 為對照組
\* 隨機截距模型 (random intercepts model) 也是 STaTa 之 mixed、xtmixed、menl…等指令的內定估計法
\*「|| family:」「|| subject:」無變數為隨機斜率，故「difficulty i.group」為隨機截距
. melogit dtlm difficulty i.group || family: || subject:
\* 新版 STaTa v15 才可用指令，xtmelogit 新舊版 STaTa 都可用指令
. xtmelogit dtlm difficulty i.group || family: || subject:

```
Mixed-effects logistic regression            Number of obs    =       677


-------------------------------------------------------------------------------
                | No. of    Observations per Group     Integration
Group Variable  | Groups  Minimum   Average   Maximum    Points
----------------+--------------------------------------------------------------
       family |   118       2        5.7        27         7
      subject |   226       2        3.0        3          7
-------------------------------------------------------------------------------

                                             Wald chi2(3)    =      74.89
Log likelihood = -305.12043                  Prob > chi2     =      0.0000
```

```
-----------------------------------------------------------------------------
     dtlm |    Coef.   Std. Err.      z    P>|z|    [95% Conf. Interval]
----------+------------------------------------------------------------------
difficulty | -1.648506  .1932139   -8.53  0.000   -2.027198   -1.269814
           |
    group  |
        2  |  -.24868   .3544065    -0.70  0.483   -.943304    .445944
        3  |  -1.0523   .3999896    -2.63  0.009   -1.836265  -.2683348
           |
    _cons  | -1.485861  .2848469    -5.22  0.000   -2.04415   -.9275709
-----------------------------------------------------------------------------


-----------------------------------------------------------------------------
Random-effects Parameters  |  Estimate   Std. Err.    [95% Conf. Interval]
---------------------------+-------------------------------------------------
family: Identity           |
              sd(_cons) |   .7544416   .3457248   .3072984    1.852213
---------------------------+-------------------------------------------------
subject: Identity          |
              sd(_cons) |  1.066739   .3214235    .5909883    1.925472
-----------------------------------------------------------------------------
LR test vs. logistic regression:    chi2(2) =      17.54   Prob > chi2 = 0.0002

Note: LR test is conservative and provided only for reference.
```

1. 「Group 2 vs. group 1」之係數為 −0.24(p > 0.05)，表示組 2 完成任務 (dtlm) 並未顯著劣於組 1。再從 ANOVA 表，亦可看出，組 1 的任務完成率為 0.2835，略高於組 2 的任務完成率為 0.2619。

2. 概似比 (LR) 檢定結果，$\chi^2_{(2)} = 17.54$，p < 0.05，故多層次混合 logistic 迴歸顯著比單層次 logistic 迴歸優。

**Step 2. 勝算比 (odds ratios) 分析**

```
* Setup
. webuse towerlondon

*計算 dtlm 在 group 各組之平均數
```

```
. oneway dtlm group, tabulate noanova

          1: |
  controls; |
          2: |
relatives; |
          3: |
schizophren |    Summary of 1 = task completed
       ics |        Mean    Std. Dev.       Freq.
------------+-----------------------------------------
         1 |   .28350515    .45186554         194
         2 |   .26190476    .44042073         294
         3 |   .16402116     .3712783         189
------------+-----------------------------------------
     Total |   .24076809     .4278659         677
```

* Replaying fixed effects as odds ratios( 勝算比 )

```
. xtmelogit, or

Mixed-effects logistic regression            Number of obs      =        677


            | No. of     Observations per Group        Integration
Group Variable |  Groups    Minimum   Average   Maximum      Points
------------+-------------------------------------------------------
     family |    118         2        5.7        27           4
    subject |    226         2        3.0         3           5
-------------------------------------------------------------------


                                          Wald chi2(3)     =      74.96
Log likelihood = -305.12348               Prob > chi2      =     0.0000


       dtlm | Odds Ratio   Std. Err.      z    P>|z|     [95% Conf. Interval]
------------+----------------------------------------------------------------
 difficulty |   .1924004   .0371522    -8.54   0.000     .1317773    .2809127
            |
      group |
          2 |   .7797992   .2762588    -0.70   0.483      .389429    1.561483
```

```
        3  |   .3492078   .1396245   -2.63   0.009    .1594947   .7645776
           |
     _cons |   .2263964    .064446   -5.22   0.000    .1295885   .3955237
-------------------------------------------------------------------------

-------------------------------------------------------------------------
Random-effects Parameters  |  Estimate   Std. Err.    [95% Conf. Interval]
---------------------------+---------------------------------------------
family: Identity           |
              sd(_cons)  |   .754869   .3447301      .3084245   1.847542
---------------------------+---------------------------------------------
subject: Identity          |
              sd(_cons)  |  1.065219   .3199697      .5912288   1.919209
-------------------------------------------------------------------------
LR test vs. logistic regression:    chi2(2) =    17.53   Prob > chi2 = 0.0002

Note: LR test is conservative and provided only for reference.
```

1. 「Group 2 vs. group 1」之勝算比 (odds ratios) 為 0.779(< 1)，表示組 2 完成任務 (dtlm) 並未顯著劣於組 1。再從 ANOVA 表，亦可看出，組 1 的任務完成率為 0.2835，略高於組 2 的任務完成率為 0.2619。

2. 「Group 3 vs. group 1」之勝算比 (odds ratios) 為 0.349(< 1)，表示組 3 完成任務 (dtlm) 並未顯著劣於組 1。再從 ANOVA 表，亦可看出，組 1 的任務完成率為 0.2835，略高於組 3 的任務完成率為 0.164。

3. 概似比 (LR) 檢定結果，$\chi^2_{(2)} = 17.53$，$p < 0.05$，故多層次混合 logistic 迴歸顯著 比單層次 logistic 迴歸優。

## 7-4 練習題：雙層次 Logistic 迴歸 (melogit 指令 )

### 一、多層次模型之型態 (type) 可概分成三種

#### 1. 隨機截距模型 (random intercepts model)

隨機截距模型就是允許各小組的截距是變動的，但斜率保持固定不動。因 此，依變數在每個個體的預測值是來自不同群組的截距，且斜率保持固定不動 的。

2. 隨機斜率模型 (random slopes model)

隨機斜率模型就是允許各小組的斜率是變動的，但截距保持固定不動。因此，依變數在每個個體的預測值是來自不同群組的斜率，且截距保持固定不動的。

3. 隨機截距且隨機斜率模型 (random intercepts and slopes model)，又稱隨機係數模型

此模型包含：隨機截距、隨機斜率模型兩者特性，雖然它是最複雜，但卻最真實 (realistic)。

以下範例，LR test 之卡方值都達到顯著 (p < 0.05)，顯示下列範例，採用多層次模型會比單層次 OLS 佳。

範例 1：隨機截距模型 vs. 隨機係數模型之 Logistic 迴歸

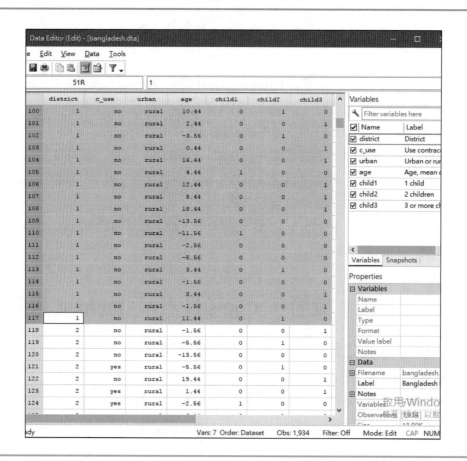

圖 7-30 「bangladesh.dta」資料檔內容

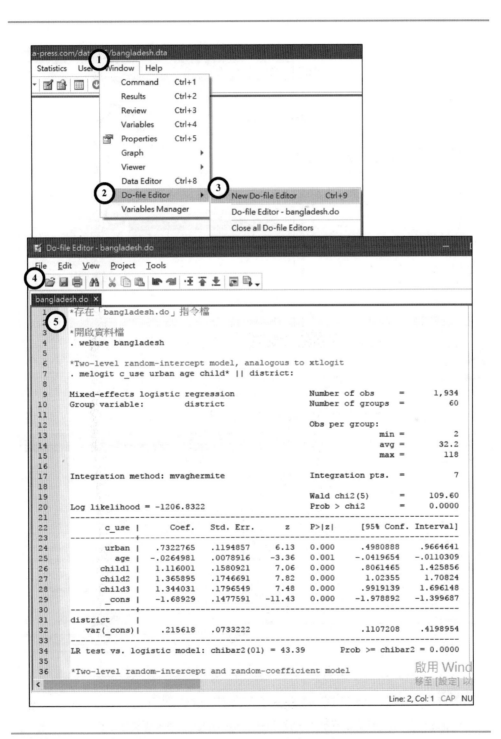

圖 7-31 「bangladesh.do」指令檔內容

655

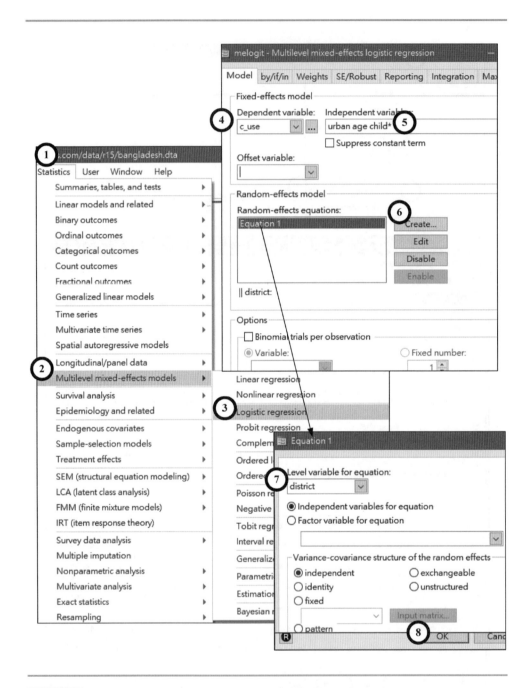

**圖 7-32** 「melogit c_use urban age child ＊ ‖ district：」畫面

註：「‖ district:」無變數為隨機斜率，故「urban age child*」都為隨機截距。

```
* 存在「bangladesh.do」指令檔

* 開啟資料檔
. webuse bangladesh

*Two-level random-intercept model, analogous to xtlogit
*「|| district:」無變數為隨機斜率，故「urban age child*」都為隨機截距
. melogit c_use urban age child* || district:

Mixed-effects logistic regression         Number of obs    =     1,934
Group variable:         district          Number of groups =        60

                                          Obs per group:
                                                        min =         2
                                                        avg =      32.2
                                                        max =       118

Integration method: mvaghermite           Integration pts. =         7

                                          Wald chi2(5)     =    109.60
Log likelihood = -1206.8322               Prob > chi2      =    0.0000
-----------------------------------------------------------------------
      c_use |    Coef.   Std. Err.      z    P>|z|   [95% Conf. Interval]
------------+----------------------------------------------------------
      urban |  .7322765  .1194857     6.13   0.000   .4980888   .9664641
        age | -.0264981  .0078916    -3.36   0.001  -.0419654  -.0110309
      child1 |  1.116001  .1580921     7.06   0.000   .8061465   1.425856
      child2 |  1.365895  .1746691     7.82   0.000    1.02355   1.70824
      child3 |  1.344031  .1796549     7.48   0.000   .9919139   1.696148
       _cons |  -1.68929  .1477591   -11.43   0.000  -1.978892  -1.399687
------------+----------------------------------------------------------
district    |
  var(_cons)|  .215618   .0733222                     .1107208   .4198954
-----------------------------------------------------------------------
LR test vs. logistic model: chibar2(01) = 43.39      Prob >= chibar2 = 0.0000

*Two-level random-intercept and random-coefficient model
. melogit c_use urban age child* || district: urban
```

657

```
Mixed-effects logistic regression          Number of obs    =     1,934
Group variable:        district            Number of groups =        60

                                           Obs per group:
                                                        min =         2
                                                        avg =      32.2
                                                        max =       118

Integration method: mvaghermite            Integration pts. =         7

                                           Wald chi2(5)     =     97.30
Log likelihood = -1205.0025                Prob > chi2      =    0.0000
-----------------------------------------------------------------------
     c_usc |     Coef.   Std. Err.      z    P>|z|    [95% Conf. Interval]
-----------+-----------------------------------------------------------
     urban |  .7143927   .1513595     4.72   0.000    .4177335   1.011052
       age | -.0262261   .0079656    -3.29   0.001   -.0418384  -.0106138
     child1 |  1.128973   .1599347     7.06   0.000    .815507   1.442439
     child2 |  1.363165   .1761804     7.74   0.000   1.017857   1.708472
     child3 |  1.352238   .1815608     7.45   0.000    .9963853  1.708091
      _cons | -1.698137   .1505019   -11.28   0.000   -1.993115  -1.403159
-----------+-----------------------------------------------------------
  district |
 var(urban)|  .2741013   .2131525                      .059701   1.258463
 var(_cons)|  .2390807   .0857012                      .1184191   .4826891
-----------------------------------------------------------------------
LR test vs. logistic model: chi2(2) = 47.05          Prob > chi2 = 0.0000

Note: LR test is conservative and provided only for reference.
```

*Two-level random-intercept and random-coefficient model, correlated random effects

*「|| district:」後面 urban 變數為隨機斜率，故「age child*」都為隨機截距
. melogit c_use urban age child* || district: urban, cov(unstruct)

```
Mixed-effects logistic regression          Number of obs    =     1,934
Group variable:        district            Number of groups =        60
```

```
                                        Obs per group:
                                                  min =          2
                                                  avg =       32.2
                                                  max =        118

Integration method: mvaghermite          Integration pts.  =       7

                                         Wald chi2(5)     =      97.50
Log likelihood = -1199.315               Prob > chi2      =     0.0000
------------------------------------------------------------------------
        c_use |    Coef.   Std. Err.     z    P>|z|   [95% Conf. In-
terval]
--------------+---------------------------------------------------------
        urban |  .8157875  .1715519    4.76   0.000   .4795519   1.152023
          age |  -.026415  .008023    -3.29   0.001  -.0421398  -.0106902
       child1 |  1.13252   .1603285    7.06   0.000   .818282    1.446758
       child2 |  1.357739  .1770522    7.67   0.000   1.010723   1.704755
       child3 |  1.353827  .1828801    7.40   0.000   .9953882   1.712265
        _cons |  -1.71165  .1605618  -10.66   0.000  -2.026345  -1.396954
--------------+---------------------------------------------------------
district      |
    var(urban)|  .6663237  .3224689                   .258074     720387
    var(_cons)|  .3897448  .1292463                   .203473   .7465413
--------------+---------------------------------------------------------
district      |
cov(urban,_cons) | -.4058861 .1755414  -2.31   0.021  -.7499408  -.0618313
------------------------------------------------------------------------
LR test vs. logistic model: chi2(3) = 58.42         Prob > chi2 = 0.0000

Note: LR test is conservative and provided only for reference.
```

範例 2：巢狀（nested）模型：三層次 Logistic 迴歸

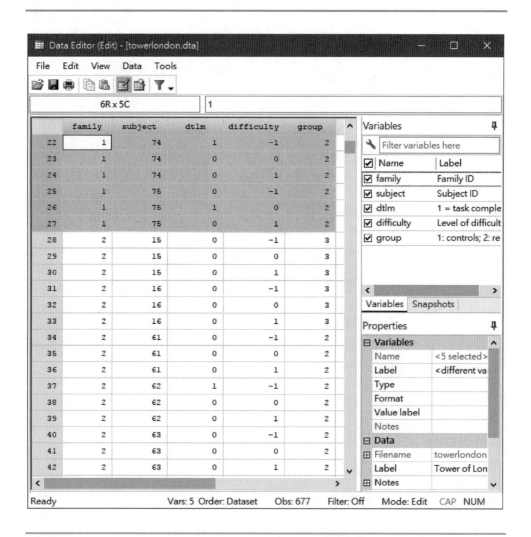

圖 7-33 「towerlondon.dta」資料檔內容

```
* 存在「towerlondon.do」指令檔

* 開啟資料檔
. webuse towerlondon

*Three-level nested model, subject nested within family
```

```
*「|| family:」「|| subject:」後面無變數為隨機斜率,「difficulty i.group」都為
隨機截距
. melogit dtlm difficulty i.group || family: || subject:


Mixed-effects logistic regression              Number of obs    =       677

------------------------------------------------------------------
            |    No. of      Observations per Group
Group Variable |  Groups   Minimum   Average   Maximum
---------------+--------------------------------------------------
     family |     118         2        5.7        27
    subject |     226         2        3.0         3
------------------------------------------------------------------

Integration method: mvaghermite                Integration pts.  =         7

                                               Wald chi2(3)      =     74.90
Log likelihood = -305.12041                    Prob > chi2       =    0.0000
------------------------------------------------------------------
       dtlm |    Coef.   Std. Err.     z    P>|z|    [95% Conf. Interval]
---------------+--------------------------------------------------
 difficulty | -1.648505  .1932075   -8.53  0.000   -2.027185  -1.269826
            |
      group |
          2 |  -.2486841  .3544076   -0.70  0.483   -.9433102   .445942
          3 |  -1.052306  .3999921   -2.63  0.009   -1.836276  -.2683357
            |
      _cons | -1.485863  .2848455   -5.22  0.000    -2.04415  -.9275762
---------------+--------------------------------------------------
family      |
   var(_cons)|  .5692105  .5215654                  .0944757  3.429459
---------------+--------------------------------------------------
family>subject |
   var(_cons)| 1.137917  .6854853                   .3494165  3.705762
------------------------------------------------------------------
LR test vs. logistic model: chi2(2) = 17.54         Prob > chi2 = 0.0002

Note: LR test is conservative and provided only for reference.
```

範例 3：二因子交叉隨機效果：Logistic 模型

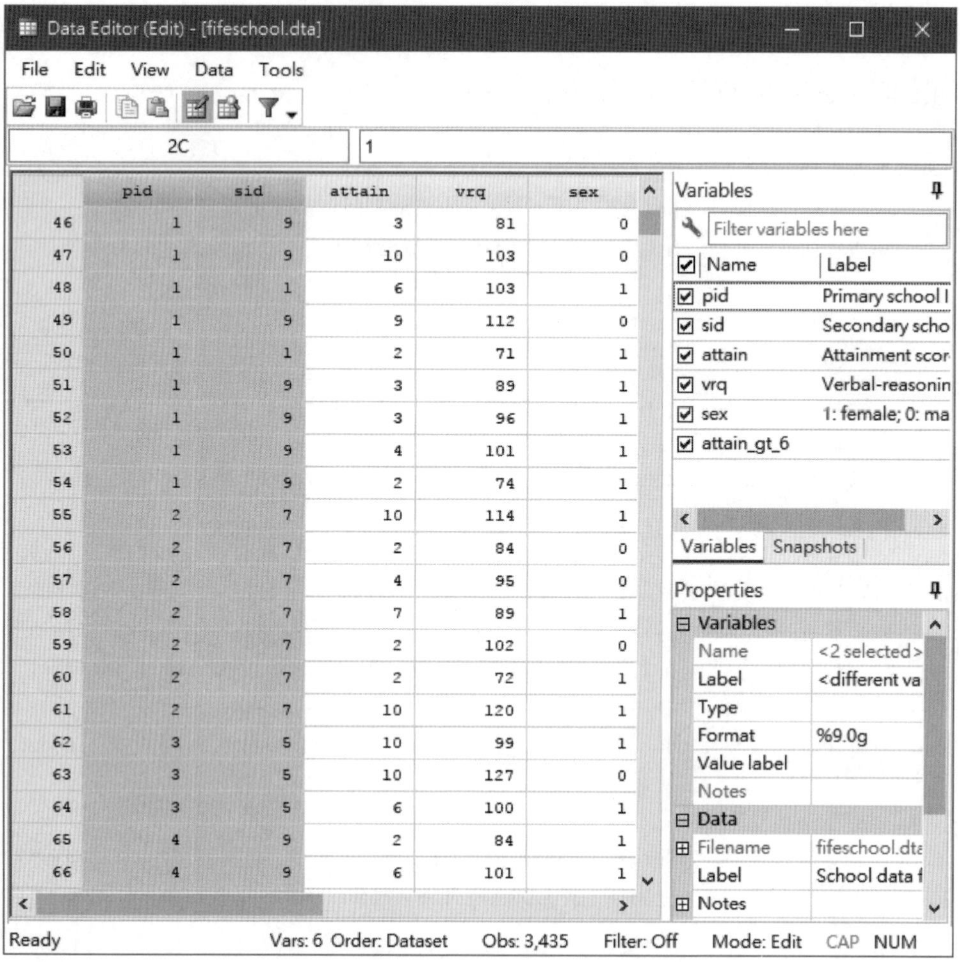

圖 7-34 「fifeschool.dta」資料檔內容

```
* 存在「fifeschoo.do」指令檔

* 開啟資料檔
. webuse fifeschool
* 若 attain > 6 則 attain_gt_6 值為 1，否則為 0
. gen byte attain_gt_6 = attain > 6

*Two-way crossed random effects

*「|| _all:R.sid」宣告 sid 為交叉隨機斜率
. melogit attain_gt_6 sex || _all:R.sid || pid:
Mixed-effects logistic regression              Number of obs      =      3,435


-------------------------------------------------------------------
               |   No. of       Observations per Group
 Group Variable |   Groups   Minimum   Average   Maximum
---------------+---------------------------------------------------
          _all |        1     3,435    3,435.0     3,435
           pid |      148         1       23.2        72
-------------------------------------------------------------------


Integration method:     laplace

                                        Wald chi2(1)       =      14.37
Log likelihood = -2220.0035             Prob > chi2        =     0.0002
-------------------------------------------------------------------
   attain_gt_6 |    Coef.    Std. Err.      z     P>|z|    [95% Conf. Interval]
---------------+---------------------------------------------------
           sex |  .2814996   .0742612    3.79    0.000    .1359502    .4270489
         _cons | -.6326875   .1149319   -5.50    0.000   -.8579499   -.4074251
---------------+---------------------------------------------------
_all>sid       |
      var(_cons)|  .1239691   .0692024                    .0415101    .3702319
---------------+---------------------------------------------------
pid            |
      var(_cons)|   .452034   .0951664                    .2992045    .6829266
-------------------------------------------------------------------
LR test vs. logistic model: chi2(2) = 195.80        Prob > chi2 = 0.0000

Note: LR test is conservative and provided only for reference.
```

# 範例：雙層次 vs. 三層次：線性多層次模型

除線性多層次模型 (mixed, xtmixed 指令 ) 外，HLM 約略可分成三大類：

類 1. Hierarchical Linear Model ( 多層次模型，HLM) 依變數是連續變數，STaTa 線性多層次模型之對應指令包括：(mixed、xtmixed)。

類 2. Hierarchical Generalized Linear Model ( 廣義多層次模型，HGLM) 依變數 是類別型、計數型、次序型、離散型變數稱階層廣義線性模型，STaTa 線 性多層次模型之對應指令包括：(menl、melogit、meprobit、mecloglog、 meologit、meoprobit、mepoisson、menbreg、metobit、meintreg、meglm、 mestreg、meqrlogit、meqrpoisson)。

類 3. Bayeisan 多層次迴歸 包括：(bayes: mixed、bayes: metobit、bayes: meintreg、bayes: melogit、bayes: meoprobit、bayes: mecloglog、bayes: meologit、bayes: meoprobit、bayes: mepoisson、bayes: menbreg、bayes: meglm、bayes: mestreg)。

# 8-1 雙層次混合 (multilevel mixed) 模型

多層次分析模型旨在掌握人與環境 ( 如家庭、組織、醫院、社區、國家 ) 的 巢狀 ( 巢狀的 ) 與相互作用關係。

## 8-1-1 雙層次：mixed 或 multilevel 或 hierarchical model (xtmixed 指令 )

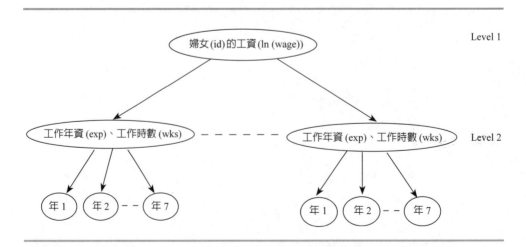

圖 8-1 雙層縱貫模型：追蹤婦女工資 7 年並以工作年資及工作時數來分層

## 範例：**工資** (lwage 變數) 之多層次迴歸，雙層 (Two level) 模型

各變數之資料特徵：

```
. webuse cornwell_panel.dta
. describe

Contains data from D:\cornwell_panel.dta
  obs:        4,165              (PSID wage data 1976-82 from Baltagi
                                 and Khanti-Akom (1990))
  vars:          15              3 Jul 2014 23:19
  size:     241,570              (_dta has notes)
-------------------------------------------------------------------
variable  storage  display  value
name       type    format   label     variable label
-------------------------------------------------------------------
exp        float    %9.0g              全職工作年資
wks        float    %9.0g              每週工作時數
occ        float    %9.0g              職業，occ == 1 if in a blue-collar
ind        float    %9.0g              製造業？ind == 1 if working in a manuf
south      float    %9.0g              居住在南方嗎？south == 1 if in the South area
smsa       float    %9.0g              smsa == 1 if in the Standard metropolita
ms         float    %9.0g              marital status
fem        float    %9.0g              女性嗎？
union      float    %9.0g              參加工會嗎？if wage set be a union contract
ed         float    %9.0g              教育年數
blk        float    %9.0g              黑人嗎？black
lwage      float    %9.0g              ln(工資)
t          float    %9.0g              時間，1976-82 PSID wage data
id         int      %8.0g              595 individuals
exp2       float    %9.0g              年資的平方
-------------------------------------------------------------------
Sorted by:  id  t

.
. xtset id t
       panel variable:  id (strongly balanced)
        time variable:  t, 1 to 7
               delta:  1 unit
```

```
.
. xtdescribe

        id:  1, 2, ..., 595                                            n =          595
        t:   1, 2, ..., 7                                              T =            7
             Delta (t) = 1 unit
             Span (t)  = 7 periods
             (id*t uniquely identifies each observation)


Distribution of T_i:   min        5%       25%         50%       75%       95%       max
                         7          7        7           7         7         7         7


     Freq.  Percent    Cum. |  Pattern
---------------------------|---------
      595    100.00   100.00 |  1111111
---------------------------+---------
      595    100.00          |  XXXXXXX
. xtsum


Variable        |     Mean    Std. Dev.       Min        Max |   Observations
----------------+-----------------------------------------------+----------------
exp   overall   |  19.85378   10.96637          1         51 |   N =      4165
      between   |             10.79018          4         48 |   n =       595
      within    |              2.00024   16.85378   22.85378 |   T =         7
                |                                              |
wks   overall   |  46.81152   5.129098          5         52 |   N =      4165
      between   |             3.284016   31.57143   51.57143 |   n =       595
      within    |             3.941881    12.2401   63.66867 |   T =         7
                |                                              |
occ   overall   |  .5111645   .4999354          0          1 |   N =      4165
      between   |              .469327          0          1 |   n =       595
      within    |             .1731615  -.3459784   1.368307 |   T =         7
                |                                              |
ind   overall   |  .3954382   .4890033          0          1 |   N =      4165
      between   |             .4648725          0          1 |   n =       595
      within    |              .152739  -.4617047   1.252581 |   T =         7
                |                                              |
```

| | | | | | | | | |
|---|---|---|---|---|---|---|---|---|
| south | overall | .2902761 | .4539442 | 0 | 1 | | N = | 4165 |
| | between | | .4489462 | 0 | 1 | | n = | 595 |
| | within | | .0693042 | -.5668667 | 1.147419 | | T = | 7 |
| | | | | | | | | |
| smsa | overall | .6537815 | .475821 | 0 | 1 | | N = | 4165 |
| | between | | .4601658 | 0 | 1 | | n = | 595 |
| | within | | .1223035 | -.2033613 | 1.510924 | | T = | 7 |
| | | | | | | | | |
| ms | overall | .8144058 | .3888256 | 0 | 1 | | N = | 4165 |
| | between | | .3686109 | 0 | 1 | | n = | 595 |
| | within | | .1245274 | -.0427371 | 1.671549 | | T = | 7 |
| | | | | | | | | |
| fem | overall | .112605 | .3161473 | 0 | 1 | | N = | 4165 |
| | between | | .3163754 | 0 | 1 | | n = | 595 |
| | within | | 0 | .112605 | .112605 | | T = | 7 |
| | | | | | | | | |
| union | overall | .3639856 | .4812023 | 0 | 1 | | N = | 4165 |
| | between | | .4543848 | 0 | 1 | | n = | 595 |
| | within | | .1593351 | -.4931573 | 1.221128 | | T = | 7 |
| | | | | | | | | |
| ed | overall | 12.84538 | 2.787995 | 4 | 17 | | N = | 4165 |
| | between | | 2.790006 | 4 | 17 | | n = | 595 |
| | within | | 0 | 12.84538 | 12.84538 | | T = | 7 |
| | | | | | | | | |
| blk | overall | .0722689 | .2589637 | 0 | 1 | | N = | 4165 |
| | between | | .2591505 | 0 | 1 | | n = | 595 |
| | within | | 0 | .0722689 | .0722689 | | T = | 7 |
| | | | | | | | | |
| lwage | overall | 6.676346 | .4615122 | 4.60517 | 8.537 | | N = | 4165 |
| | between | | .3942387 | 5.3364 | 7.813596 | | n = | 595 |
| | within | | .2404023 | 4.781808 | 8.621092 | | T = | 7 |
| | | | | | | | | |
| t | overall | 4 | 2.00024 | 1 | 7 | | N = | 4165 |
| | between | | 0 | 4 | 4 | | n = | 595 |
| | within | | 2.00024 | 1 | 7 | | T = | 7 |
| | | | | | | | | |
| id | overall | 298 | 171.7821 | 1 | 595 | | N = | 4165 |

| | | | | | | | | |
|---|---|---|---|---|---|---|---|---|
| | between \| | | 171.906 | | 1 | 595 \| | n = | 595 |
| | within \| | | 0 | 298 | | 298 \| | T = | 7 |
| | \| | | | | | \| | | |
| exp2 | overall \| | 514.405 | 496.9962 | | 1 | 2601 \| | N = | 4165 |
| | between \| | | 489.0495 | | 20 | 2308 \| | n = | 595 |
| | within \| | | 90.44581 | 231.405 | | 807.405 \| | T = | 7 |

本例共 15 個變數，連續 7 年，記錄著「婦女工資 (lwage)」及工作情境之成長變化過程，係屬 Longitudinal analysis。每個體 i (「婦女工資」) 都有 7 個觀察值再堆疊成一單位 (7 年之變化記錄)，謂之第一層 (level 1)。而每個婦女工資又會受到「工作年資 (exp)、工作時數 (wks)」的干擾影響，若你想「控制」這 2 個「工作年資 (exp)、工作時數 (wks)」外生變數，你可把它們當成「工資的子層次」，謂之第二層 (level 2)。

故本 panel 模型亦可當作 Longitudinal 的雙層次模型，並以 xtmixed 多層次指令來分析。

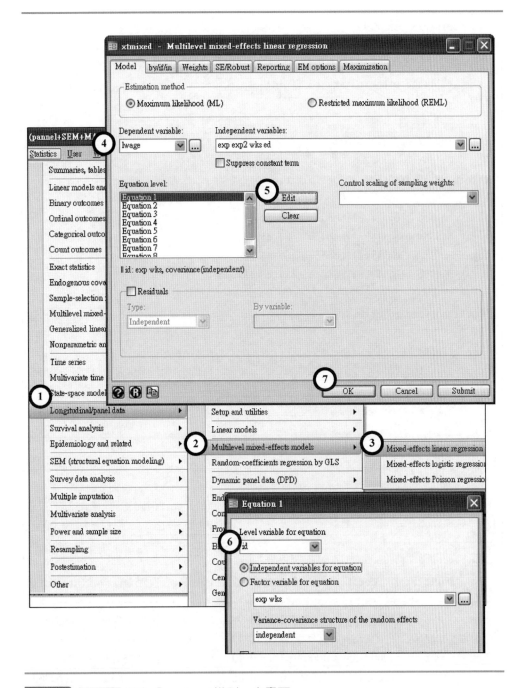

**圖 8-2** xtmixed 指令「two level 模型」之畫面

```
. use cornwell_panel.dta

*「|| id:」後面宣告 exp wks 為隨機斜率，其餘「exp2 ed」為隨機截距
. xtmixed lwage exp exp2 wks ed || id: exp wks, covar(unstructured) mle


Performing EM optimization:

Performing gradient-based optimization:

Iteration 0:    log likelihood =  486.59431
Iteration 1:    log likelihood =  487.45944
Iteration 2:    log likelihood =  487.46458
Iteration 3:    log likelihood =  487.46458

Computing standard errors:

Mixed-effects ML regression              Number of obs      =       4165
Group variable: id                       Number of groups   =        595

                                         Obs per group: min =          7
                                                        avg =        7.0
                                                        max =          7


                                         Wald chi2(4)       =    2329.75
Log likelihood =   487.46458             Prob > chi2        =     0.0000

-------------------------------------------------------------------------------
      lwage |     Coef.    Std. Err.      z     P>|z|    [95% Conf. Interval]
------------+------------------------------------------------------------------
        exp |   .0596164   .0031392    18.99    0.000     .0534636    .0657692
       exp2 |    .000783   .0000686    11.42    0.000     .0006486    .0009173
        wks |   .0007125   .0007193     0.99    0.322    -.0006974    .0021224
         ed |    .085466   .0105976     8.06    0.000     .0646951    .1062368
      _cons |   4.244821   .1475348    28.77    0.000     3.955658    4.533984
-------------------------------------------------------------------------------
```

```
-----------------------------------------------------------------------
Random-effects Parameters  |   Estimate   Std. Err.   [95% Conf. Interval]
---------------------------+-------------------------------------------
id: Independent            |
                 sd(exp) |   .0397696   .0019083    .0361998    .0436913
                 sd(wks) |   .0059424   .0006401    .0048115    .0073391
               sd(_cons) |   .4872653   .0393101    .4160015    .5707371
---------------------------+-------------------------------------------
            sd(Residual) |   .1336522   .0018328    .1301079    .1372932
-----------------------------------------------------------------------
LR test vs. linear regression:        chi2(3) =   4963.67   Prob > chi2 = 0.0000

Note: LR test is conservative and provided only for reference.
```

1 分析結果，固定效果為：

$$lwage_i = 4.24 \times \alpha_i + 0.06 \times \exp_i + 0.0008 \times (\exp_i)^2 + 0.0007 \times wks_i + 0.09 \times ed_i + \varepsilon_{it}$$

2. 概似比 (LR) 檢定結果，$\chi^2_{(2)} = 4963.67$，$p < 0.05$，故多層次混合模型顯著比 OLS 優。

## 8-1-2 雙層次：多層次成長模型 (xtmixed 指令)

**範例：混合效果最大概似 (ML) 迴歸，Two level 模型**

本例共三個變數記錄著，豬在成長過程之體重，係屬縱貫面分析 (Longitudinal analysis of pig weights)。個體 i( 每條豬為 level 1)，每個體 i 都有 9 個觀察值再堆疊成一單位 ( 整體豬之 9 個月成長記錄 )，謂之第二層 (level 2)。故本 panel 模型亦可當作 Longitudinal 的雙層次模型，並以 xtmixed 多層次指令來分析。

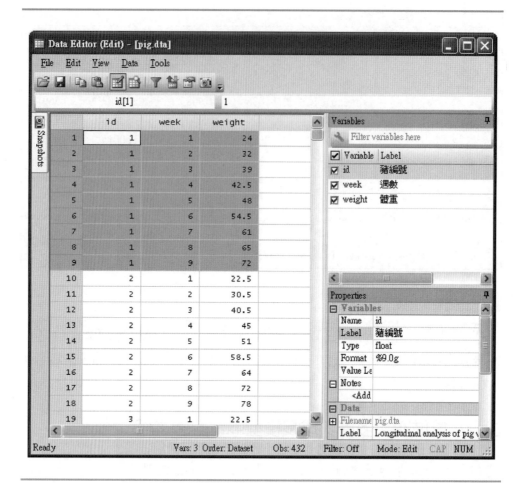

**圖 8-3** 「pig.dta」資料檔之內容

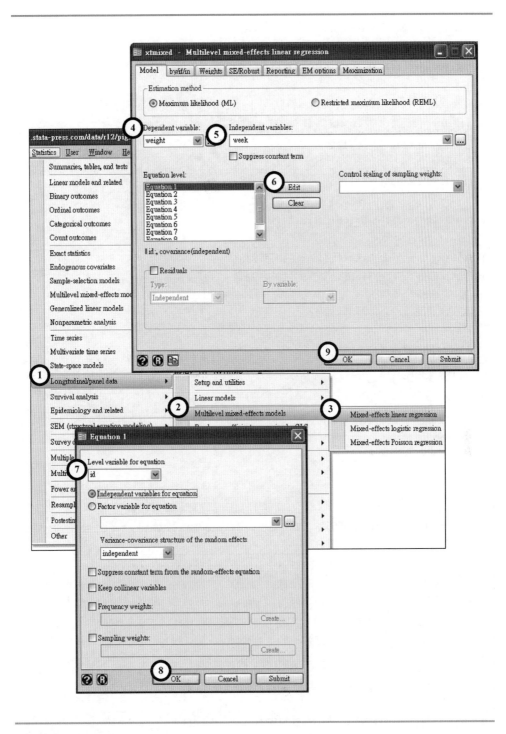

圖 8-4 「xtmixed … 」指令之畫面

```
* 開啟網路上 pig.dta 資料檔
. webuse pig, clear
(Longitudinal analysis of pig weights)


* 雙層次模型 (Two-level model)。符號「||」後面，設定 id 為 group 變數
*「|| id:」後面無變數為隨機斜率，week 為隨機截距
. xtmixed weight week || id:


Performing EM optimization:


Performing gradient-based optimization:


Iteration 0:    log likelihood = -1014.9268
Iteration 1:    log likelihood = -1014.9268


Computing standard errors:
```

| Mixed-effects ML regression | Number of obs | = | 432 |
|---|---|---|---|
| Group variable: id | Number of groups | = | 48 |
| | Obs per group: min = | | 9 |
| | avg = | | 9.0 |
| | max = | | 9 |
| | Wald chi2(1) | = | 25337.49 |
| Log likelihood = -1014.9268 | Prob > chi2 | = | 0.0000 |

| weight | Coef. | Std. Err. | z | P>|z| | [95% Conf. Interval] |
|---|---|---|---|---|---|
| week | 6.209896 | .0390124 | 159.18 | 0.000 | 6.133433    6.286359 |
| _cons | 19.35561 | .5974059 | 32.40 | 0.000 | 18.18472    20.52651 |

| Random-effects Parameters | | Estimate | Std. Err. | [95% Conf. Interval] |
|---|---|---|---|---|

```
id: Identity                    |
                 sd (_cons) |   3.849352    .4058119      3.130769    4.732866
--------------------------------+-------------------------------------------------
                 sd (Residual) |   2.093625    .0755472      1.95067     2.247056
--------------------------------------------------------------------------------
LR test vs. linear regression: chibar2(01) = 472.65 Prob > = chibar2 = 0.0000

* Two-level model with robust standard errors
. xtmixed weight week || id:, vce (robust)
```

1. 分析結果，固定效果為：$weight_{it} = 19.356 \times \alpha_i + 6.21 \times week_{it} + \varepsilon_{it}$

## 8-1-3 雙層次：多層隨機截距／隨機斜率模型 (xtmixed 指令)

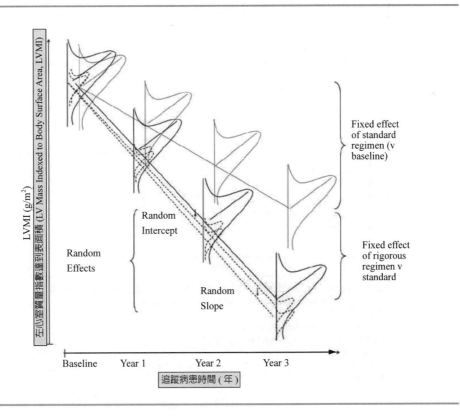

**圖 8-5** 固定效果＋隨機截距＋隨機斜率，三者關係圖

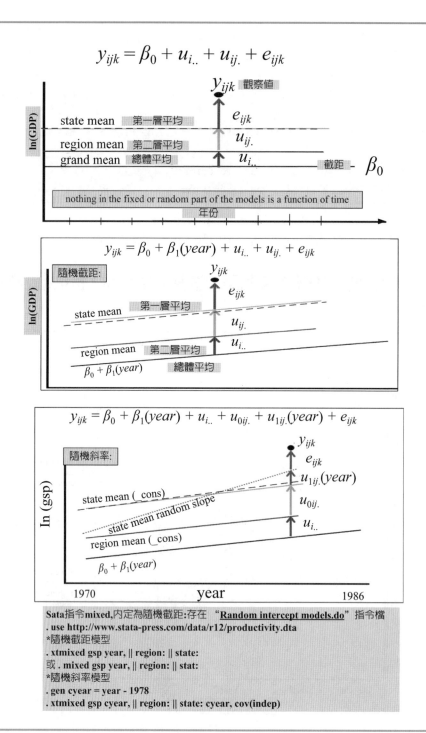

$$y_{ijk} = \beta_0 + u_{i..} + u_{ij.} + e_{ijk}$$

$$y_{ijk} = \beta_0 + \beta_1(year) + u_{i..} + u_{ij.} + e_{ijk}$$

$$y_{ijk} = \beta_0 + \beta_1(year) + u_{i..} + u_{0ij.} + u_{1ij.}(year) + e_{ijk}$$

Sata指令mixed,內定為隨機截距:存在 "**Random intercept models.do**" 指令檔
. use http://www.stata-press.com/data/r12/productivity.dta
*隨機截距模型
. xtmixed gsp year, || region: || state:
或 . mixed gsp year, || region: || stat:
*隨機斜率模型
. gen cyear = year - 1978
. xtmixed gsp cyear, || region: || state: cyear, cov(indep)

**圖 8-6** Random intercept model vs. Random slope models 示意圖二 ( 存在 "**Random intercept models.do**" 指令檔 )

## 範例：隨機截距且隨機斜率之模型

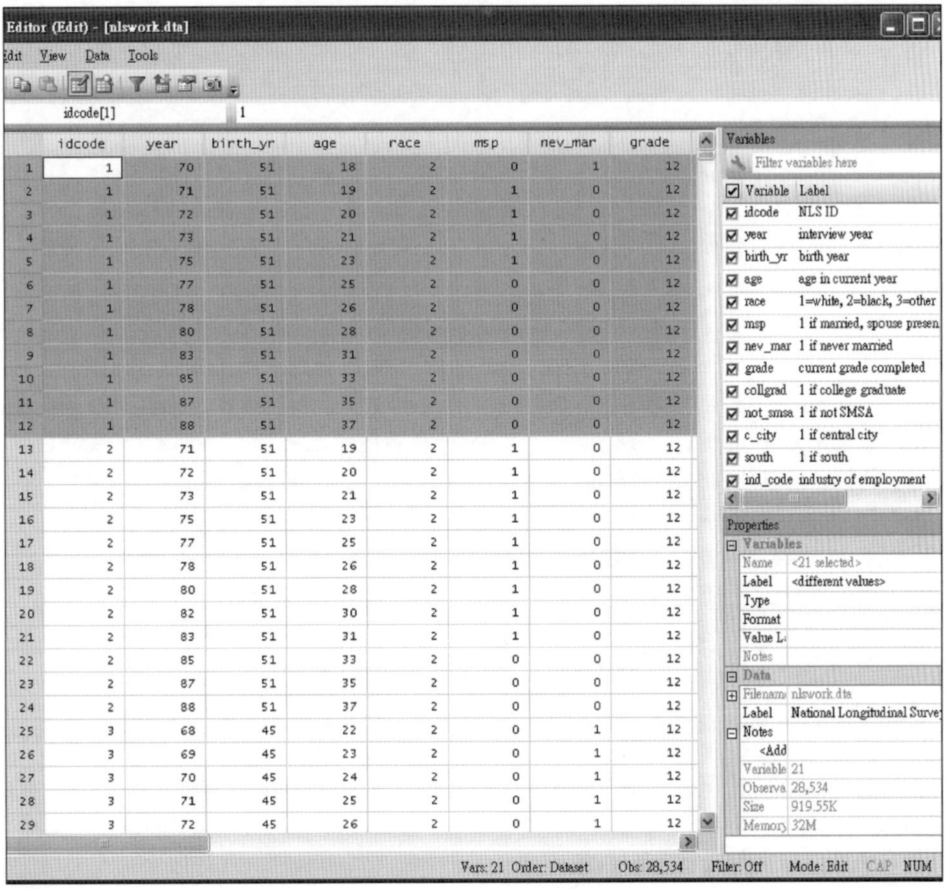

**圖 8-7** 「nlswork.dta」資料檔之內容

### 各變數之資料特徵：

```
. webuse nlswork
(National Longitudinal Survey.  Young Women 14-26 years of age in 1968)

. describe


Contains data from http://www.stata-press.com/data/r12/nlswork.dta
```

```
    obs:        28,534              National Longitudinal Survey.
                                    Young Women 14-26 years of age in
                                    1968
    vars:          21               7 Dec 2010 17:02
    size:       941,622
--------------------------------------------------------------------------
variable        storage  display   value
name            type     format    label    variable label
--------------------------------------------------------------------------
idcode          int      %8.0g              NLS ID
year            byte     %8.0g              interview year
birth_yr        byte     %8.0g              birth year
age             byte     %8.0g              age in current year
race            byte     %8.0g              1 = white, 2 = black, 3 = other
msp             byte     %8.0g              1 if married, spouse present
nev_mar         byte     %8.0g              1 if never married
grade           byte     %8.0g              current grade completed
collgrad        byte     %8.0g              1 if college graduate
not_smsa        byte     %8.0g              1 if not SMSA
c_city          byte     %8.0g              1 if central city
south           byte     %8.0g              1 if south
ind_code        byte     %8.0g              industry of employment
occ_code        byte     %8.0g              occupation
union           byte     %8.0g              1 if union
wks_ue          byte     %8.0g              weeks unemployed last year
ttl_exp         float    %9.0g              total work experience
tenure          float    %9.0g              job tenure, in years
hours           int      %8.0g              usual hours worked
wks_work        int      %8.0g              weeks worked last year
ln_wage         float    %9.0g              ln (wage/GNP deflator)
--------------------------------------------------------------------------
Sorted by: idcode  year

.
. xtset idcode year
        panel variable:  idcode (unbalanced)
         time variable:  year, 68 to 88, but with gaps
                 delta:  1 unit
```

```
. xtdescribe

 idcode:  1, 2, ..., 5159                                    n =      4711
   year:  68, 69, ..., 88                                    T =        15
          Delta (year) = 1 unit
          Span (year)  = 21 periods
          (idcode*year uniquely identifies each observation)

Distribution of T_i:     min      5%     25%      50%     75%     95%      max
                           1       1       3        5       9      13       15


     Freq.  Percent   Cum. | Pattern
 ---------------------------+------------------------
      136     2.89    2.89 | 1.....................
      114     2.42    5.31 | ....................1
       89     1.89    7.20 | ................1.11
       87     1.85    9.04 | ...................11
       86     1.83   10.87 | 111111.1.11.1.11.1.11
       61     1.29   12.16 | .............11.1.11
       56     1.19   13.35 | 11...................
       54     1.15   14.50 | .............1.1.11
       54     1.15   15.64 | .......1.11.1.11.1.11
     3974    84.36  100.00 |(other patterns)
 ---------------------------+------------------------
     4711   100.00         | XXXXXX.X.XX.X.XX.X.XX

. xtsum

 Variable      |     Mean   Std. Dev.       Min        Max |  Observations
 --------------+--------------------------------------------+----------------
 idcode overall| 2601.284  1487.359          1       5159 |  N =      28534
        between |          1487.57           1       5159 |  n =       4711
         within |                0     2601.284  2601.284 | T-bar = 6.05689
                |                                          |
 year   overall | 77.95865  6.383879         68         88 |  N =      28534
        between |          5.156521          68         88 |  n =       4711
         within |          5.138271   63.79198   92.70865 | T-bar = 6.05689
                |                                          |
```

| | | | | | | | |
|---|---|---|---|---|---|---|---|
| birth_yr | overall | 48.08509 | 3.012837 | 41 | 54 | N = | 28534 |
| | between | | 3.051795 | 41 | 54 | n = | 4711 |
| | within | | 0 | 48.08509 | 48.08509 | T-bar = | 6.05689 |
| | | | | | | | |
| age | overall | 29.04511 | 6.700584 | 14 | 46 | N = | 28510 |
| | between | | 5.485756 | 14 | 45 | n = | 4710 |
| | within | | 5.16945 | 14.79511 | 43.79511 | T-bar = | 6.05308 |
| | | | | | | | |
| race | overall | 1.303392 | .4822773 | 1 | 3 | N = | 28534 |
| | between | | .4862111 | 1 | 3 | n = | 4711 |
| | within | | 0 | 1.303392 | 1.303392 | T-bar = | 6.05689 |
| | | | | | | | |
| msp | overall | .6029175 | .4893019 | 0 | 1 | N = | 28518 |
| | between | | .3982385 | 0 | 1 | n = | 4711 |
| | within | | .3238927 | -.3304159 | 1.536251 | T-bar = | 6.05349 |
| | | | | | | | |
| nev_mar | overall | .2296795 | .4206341 | 0 | 1 | N = | 28518 |
| | between | | .3684416 | 0 | 1 | n = | 4711 |
| | within | | .2456558 | -.7036538 | 1.163013 | T-bar = | 6.05349 |
| | | | | | | | |
| grade | overall | 12.53259 | 2.323905 | 0 | 18 | N = | 28532 |
| | between | | 2.566536 | 0 | 18 | n = | 4709 |
| | within | | 0 | 12.53259 | 12.53259 | T-bar = | 6.05904 |
| | | | | | | | |
| collgrad | overall | .1680451 | .3739129 | 0 | 1 | N = | 28534 |
| | between | | .4045558 | 0 | 1 | n = | 4711 |
| | within | | 0 | .1680451 | .1680451 | T-bar = | 6.05689 |
| | | | | | | | |
| not_smsa | overall | .2824441 | .4501961 | 0 | 1 | N = | 28526 |
| | between | | .4111053 | 0 | 1 | n = | 4711 |
| | within | | .1834446 | -.6461273 | 1.215777 | T-bar = | 6.05519 |
| | | | | | | | |
| c_city | overall | .357218 | .4791882 | 0 | 1 | N = | 28526 |
| | between | | .4271586 | 0 | 1 | n = | 4711 |
| | within | | .2490022 | -.5761154 | 1.290551 | T-bar = | 6.05519 |
| | | | | | | | |
| south | overall | .4095562 | .4917605 | 0 | 1 | N = | 28526 |
| | between | | | .4667982 | 0 | 1 | n = | 4711 |

| | | | | | | | |
|---|---|---|---|---|---|---|---|
| | within \| | | .1597932 | -.5237771 | 1.34289 \| | T-bar = | 6.05519 |
| | \| | | | | \| | | |
| ind_code | overall \| | 7.692973 | 2.994025 | 1 | 12 \| | N = | 28193 |
| | between \| | | 2.542844 | 1 | 12 \| | n = | 4695 |
| | within \| | | 1.708429 | -1.507027 | 17.12154 \| | T-bar = | 6.0049 |
| | \| | | | | \| | | |
| occ_code | overall \| | 4.777672 | 3.065435 | 1 | 13 \| | N = | 28413 |
| | between \| | | 2.86512 | 1 | 13 \| | n = | 4699 |
| | within \| | | 1.650248 | -5.522328 | 15.44434 \| | T-bar = | 6.04661 |
| | \| | | | | \| | | |
| union | overall \| | .2344319 | .4236542 | 0 | 1 \| | N = | 19238 |
| | between \| | | .3341803 | 0 | 1 \| | n = | 4150 |
| | within \| | | .2668622 | -.6822348 | 1.151099 \| | T-bar = | 4.63566 |
| | \| | | | | \| | | |
| wks_ue | overall \| | 2.548095 | 7.294463 | 0 | 76 \| | N = | 22830 |
| | between \| | | 5.181437 | 0 | 76 \| | n = | 4645 |
| | within \| | | 6.054 | -33.95191 | 64.38143 \| | T-bar = | 4.91496 |
| | \| | | | | \| | | |
| ttl_exp | overall \| | 6.215316 | 4.652117 | 0 | 28.88461 \| | N = | 28534 |
| | between \| | | 3.724221 | 0 | 24.7062 \| | n = | 4711 |
| | within \| | | 3.484133 | -9.642671 | 20.38091 \| | T-bar = | 6.05689 |
| | \| | | | | \| | | |
| tenure | overall \| | 3.123836 | 3.751409 | 0 | 25.91667 \| | N = | 28101 |
| | between \| | | 2.796519 | 0 | 21.16667 \| | n = | 4699 |
| | within \| | | 2.659784 | -14.27894 | 15.62384 \| | T-bar = | 5.98021 |
| | \| | | | | \| | | |
| hours | overall \| | 36.55956 | 9.869623 | 1 | 168 \| | N = | 28467 |
| | between \| | | 7.846585 | 1 | 83.5 \| | n = | 4710 |
| | within \| | | 7.520712 | -2.154726 | 130.0596 \| | T-bar = | 6.04395 |
| | \| | | | | \| | | |
| wks_work | overall \| | 53.98933 | 29.03232 | 0 | 104 \| | N = | 27831 |
| | between \| | | 20.64508 | 0 | 104 \| | n = | 4686 |
| | within \| | | 23.96999 | -18.43924 | 131.156 \| | T-bar = | 5.93918 |
| | \| | | | | \| | | |
| ln_wage | overall \| | 1.674907 | .4780935 | 0 | 5.263916 \| | N = | 28534 |
| | between \| | | .424569 | 0 | 3.912023 \| | n = | 4711 |
| | within \| | | .29266 | -.4077221 | 4.78367 \| | T-bar = | 6.05689 |

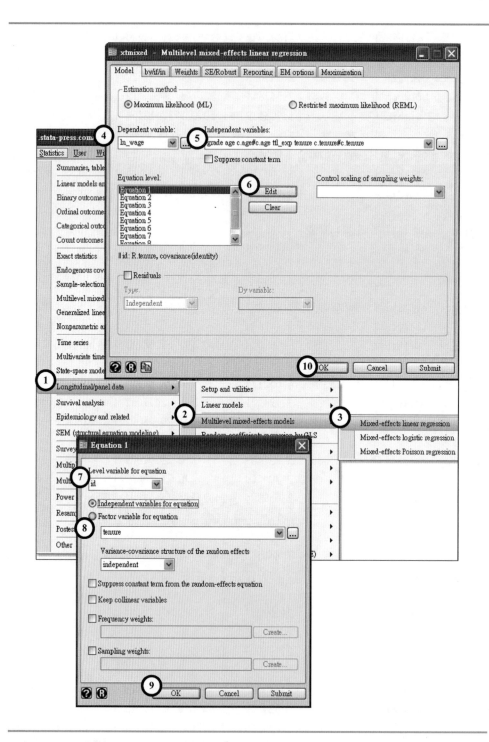

**圖 8-8** xtmixed 指令「*Random-intercep* 且 *random-slope*(coefficient) model」

```
* 開啟網路上 nlswork 資料檔
. webuse nlswork

* Random-intercept model，類似 xtreg 指令。
* 符號「||」後面，設定 id 為 group 變數
*「|| id:」後面無變數為隨機斜率，故「grade age c.age#c.age ttl_exp tenure
  c.tenure#c.tenure」都為隨機截距。
. xtmixed ln_w grade age c.age#c.age ttl_exp tenure c.tenure#c.tenure || id:

* Random-intercept and random-slope (coefficient) model
. xtmixed ln_w grade age c.age#c.age ttl_exp tenure c.tenure#c.tenure || id: tenure

Performing EM optimization:

Performing gradient-based optimization:

Iteration 0:    log likelihood = -8981.3001
Iteration 1:    log likelihood = -8969.2762
Iteration 2:    log likelihood = -8968.8788
Iteration 3:    log likelihood = -8968.8786

Computing standard errors:

Mixed-effects ML regression              Number of obs      =      28099
Group variable: idcode                   Number of groups   =       4697

                                         Obs per group: min =          1
                                                        avg =        6.0
                                                        max =         15


                                         Wald chi2(6)       =    6741.77
Log likelihood = -8968.8786              Prob > chi2        =     0.0000

-------------------------------------------------------------------------
   ln_wage |      Coef.   Std. Err.      z    P>|z|    [95% Conf. Interval]
-----------+-------------------------------------------------------------
     grade |   .0692975   .0017897    38.72   0.000    .0657898    .0728053
       age |   .0322958    .002803    11.52   0.000    .0268019    .0377896
```

```
                   |
      c.age#c.age |   -.000659    .0000468   -14.08   0.000    -.0007508   -.0005673
                   |
          ttl_exp |   .0350363    .0011357    30.85   0.000     .0328104    .0372622
           tenure |    .039317    .0017335    22.68   0.000     .0359194    .0427146
                   |
 c.tenure#c.tenure |  -.0019637   .0001251   -15.69   0.000     -.002209   -.0017185
                   |
            _cons |   .1573508    .0450891     3.49   0.000     .0689777    .2457238
---------------------------------------------------------------------------------------


---------------------------------------------------------------------------------------
 Random-effects Parameters  |   Estimate   Std. Err.     [95% Conf. Interval]
----------------------------+----------------------------------------------------------
 idcode: Independent         |
               sd (tenure) |   .0241096   .0011279      .0219974    .0264247
                sd (_cons) |   .2561875   .0037219      .2489957    .2635871
----------------------------+----------------------------------------------------------
             sd (Residual) |   .2849873   .0013794      .2822966    .2877037
---------------------------------------------------------------------------------------
 LR test vs. linear regression:       chi2(2) =  9162.24   Prob > chi2 = 0.0000

 Note: LR test is conservative and provided only for reference.

 * Random-intercept and random-slope (coefficient) model, correlated random effects
 *「 || id:」後面 tenure 變數為隨機斜率，其餘「grade age c.age#c.age ttl_exp
 c.tenure#c.tenure」都為隨機截距。
 . xtmixed ln_w grade age c.age#c.age ttl_exp tenure c.tenure#c.tenure || id:
   tenure , cov (unstruct)
```

1. 概似比 (LR) 檢定結果，$\chi^2_{(2)} = 9162.24$，$p < 0.05$，故多層次混合模型顯著比 OLS 優。

## 8-1-4 雙層次：異質性誤差之隨機截距或混合效果模型 (**xtmixed** 指令 )

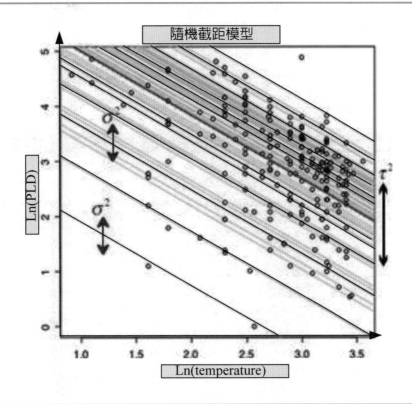

**圖 8-9** Random Intercept 示意圖：溫度 (temperature) 對浮游幼蟲持續時間 (planktonic larval duration, PLD) 的影響

在適配模型時，常遇到其中某一個 ( 以上 ) 變數會影響其「期望平均值 (expected mean)」。同理，若你遇到某一變數會影響模型的變異數，這就是「a model with heteroskedastic errors」。就如，階層式 (hierarchical model) 模型 ( 又稱多層次混合模型 )，假如模型誤差變異數在跨某一類別 (categorical) 變數 (e.g., gender) 係變動的 ( 非固定的 )。或者像，縱向模型下，某變數在跨時間軸之誤差是起伏變動的，這都是「誤差異質性 (heteroskedastic errors)」之問題，它們都不能以正常的迴歸直接來分析。

### 範例：群組間異質性誤差之隨機截距或混合效果模型 (random intercept or mixed effects model with heteroskedastic errors)

這可能的說法：multi-level model( 或 a single level model) 容許各群組 (group) 之間的誤差係不相同，此事就同等：multi-group 結構方程模型 (SEM) 裡，模型中所有參數 ( 除誤差項 ) 都可被限制為相同值。

多層次的模型 ( 或單層次模型 )，允許不同的誤差項類似組之間在所有這些模型中的所有參數都限制在平等除了多組結構方程模型誤差項。

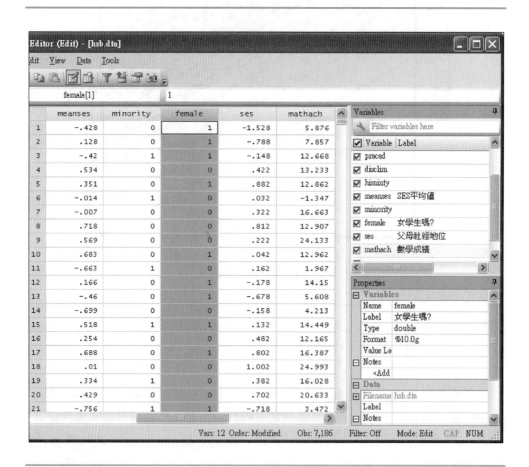

**圖 8-10** 「hsb.dta」資料檔之內容

本範例以 HLM( 階層線性模型 ) 來說，樣本取自 160 所學校 (school) 共 7,185 學生 (students)。依變數 mathach 為數學成就成績。自變數 female 是二元 (binary)

變數 (1=female;0=male)。變數 id 為 school identifier。

以下指令係假定 (assumes) 男生組及女生組的誤差變異是相等的。但結果係錯誤的。

```
use http://www.ats.ucla.edu/stat/stata/faq/hsb, clear

. describe

Contains data from D:\hsb.dta
  obs:        7,186
  vars:          12                          8 Jul 2014 20:48
  size:     610,810
-------------------------------------------------------------------------------
              storage  display   value
variable name  type    format    label      variable label
-------------------------------------------------------------------------------
size          double  %10.0g               學校大小
sector        double  %10.0g
pracad        double  %10.0g
disclim       double  %10.0g
himinty       double  %10.0g
meanses       double  %10.0g               SES 平均值
minority      double  %10.0g
female        double  %10.0g               女學生嗎？
ses           double  %10.0g               父母社經地位
mathach       double  %10.0g               數學成績
_merge        byte    %8.0g
id            float   %9.0g                學校編號
-------------------------------------------------------------------------------

* 假定 (assumes) 男生組及女生組的誤差變異是相等的
*「|| id:」後面無變數為隨機斜率，其餘自變數 (female) 為隨機截距
. xtmixed mathach female || id:, var mle

Mixed-effects ML regression                 Number of obs    =    7185
Group variable: id                          Number of groups =     160

                                            Obs per group: min =      14
```

```
                                                      avg =     44.9
                                                      max =       67


                                          Wald chi2(1)      =    62.89
Log likelihood =  -23526.66               Prob > chi2       =   0.0000

-----------------------------------------------------------------------------
     mathach |     Coef.    Std. Err.      z     P>|z|    [95% Conf. Interval]
-------------+---------------------------------------------------------------
      female |   -1.35939   .1714111     -7.93   0.000    -1.695349   -1.02343
       _cons |   13.34526   .2539356     52.55   0.000    12.84756    13.84297
-----------------------------------------------------------------------------


-----------------------------------------------------------------------------
Random-effects Parameters  |   Estimate   Std. Err.    [95% Conf. Interval]
---------------------------+-------------------------------------------------
id: Identity               |
              var(_cons)   |   8.109025   1.018281     6.339865    10.37187
---------------------------+-------------------------------------------------
            var(Residual)  |   38.84481   .6555315     37.58101    40.15111
-----------------------------------------------------------------------------
LR test vs. linear regression: chibar2(01) =    936.66 Prob >= chibar2 = 0.0000
```

為了符合「異質性誤差」，以上模型可修改為：

$$y_{ij} = b0 + b1*x_{ij} + u_i + e_{ij} \qquad 或$$
$$mathach_{ij} = b0 + b1*female_{ij} + u_i + e_{ij}$$

(8-1)

此模型假定：

$$e_{ij} \sim N(0, s^2)$$
$$u_i \sim N(0, t^2)$$

其中，$e_{ij}$ 是 level 1 errors(i.e., residuals)。$u_i$ 是 random intercept across classrooms(i.e., the level 2 variance)，我們想要允許「variance of $e_{ij}$」(i.e., s2) 在男生組及女生組係不同的。故第一種做法就是，如下置換 $e_{ij}$ 項，使得在男女二組的誤差 $s^2$ 是不一樣：

$$e_{ij} = e\,(m)_{ij}*male + e\,(f)_{ij}*female \tag{8-2}$$

(8-2) 式中，male 及 female 都是 dummy variable。$e(m)_{ij}$ 是「error term for males」。(8-2) 式亦可改寫為：

$$e_{ij} \sim 符合 \begin{cases} N(0, s_1^2) & ，\ male \\ N(0, s_2^2) & ，\ female \end{cases}$$

第二種做法就是，任一組當參考組，並估計男女二組變異數的差異。如下置換 $e_{ij}$ 項：

$$e_{ij} = e(m)_{ij} + e\,(f)_{ij}*female \tag{8-3}$$

其中，$e(m)_{ij}$ 是男生組誤差項；$e(f)_{ij}$ 是「男女誤差的差異 (the difference between the errors for males and females)」。因此再改寫為：

$$e_{ij} \sim N(0,\ s^2 + s_2^2 \times female)$$

第三種做法就是，將誤差項重新解構為異質性。

(8-3) 式表示，殘差 (residual) 變異視為「a function of gender」，故它亦可再改寫 $r_{ijk}$，其中，$i$ is the group，$j$ is the subject，$k$ is the gender。

$$mathach_{ij} = b_0 + b_1*female + u_i + r_{ijk} \tag{8-4}$$

為求得模組本例子模型，我們再加一個層次，將原本 level 2「classrooms」提升為 (level 3)；原本 level 1「students」提升為 (level 2)；level 1 為每一「student」內之單一觀察值。level 1 唯一隨機效果是 gender(even the intercept is fixed)。故新模型為：

$$mathach_{ij} = b_0 + b_1*female_{ij} + u_i + e_{ij}*female + r_{ij0}$$

$$r_{ijk} = \begin{cases} r_{ij0} & ，\ male \\ r_{ij1} & ，\ female + e_{ij} + r_{ij0} \end{cases}$$

其中，$r_{ij0}$ 為 level one 誤差。因為 males 在本模型的隨機部分是被遺漏的類別 (omitted category)，r_ij0 的變異就是男生組誤差的變異 (i.e., **female=0**)。這樣可解讀為，**$b_0$** 是 males 的 ( 固定 ) 截距，儘管他們是被遺漏的類別。$e_{ij}$ 為男生組與女生組的差距之誤差項，故女生組誤差項為「$r_{ij} + e1_{ij}$」。

最後，STaTa 在估計「誤差異質性」時，為了要限制「誤差變異」> 0，因此，需將變異數最小的那一組當成 omitted category( 省略組 )，即可確保各組的「誤差變異」為正值。如何得知那一組的變異數最小呢？你可檢視「without heteroskedastic errors」的結果。以本例來說，females 的殘差變異比 males 小。

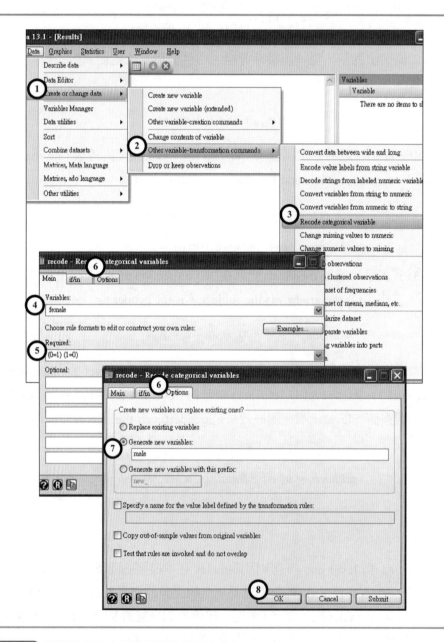

图 8-11　recode 指令之畫面 (male 為新產生 dummy variable)

以下指令，旨在產生二個新變數：dummy 變數 male，觀察值編號 nid。

```
* male 為新產生 dummy variable，它為 female(0,1) 值的對調。
. recode female(0=1)(1=0), gen(male)
* 新變數 nid 為系統變數 _n( 觀察值編號 )，即 nid 是 he identifier for the student.
. gen nid = _n
```

觀察值編號 nid 如下：

```
     id    nid
    1224     1
    1224     2
    1224     3
     ...
    1288    48
    1288    49
    1288    50
     ...
    1296    73
    1296    74
    1296    75
```

一旦，我們已備足必需的變數之後，即可以下列指令來執行「男生組與女生組之誤差變異數同質性」模型。其中，你仍必需用「nocons」選項來抑制「random intercept at level 2」, so that the only random effect at level 2 is gender(i.e., male)。

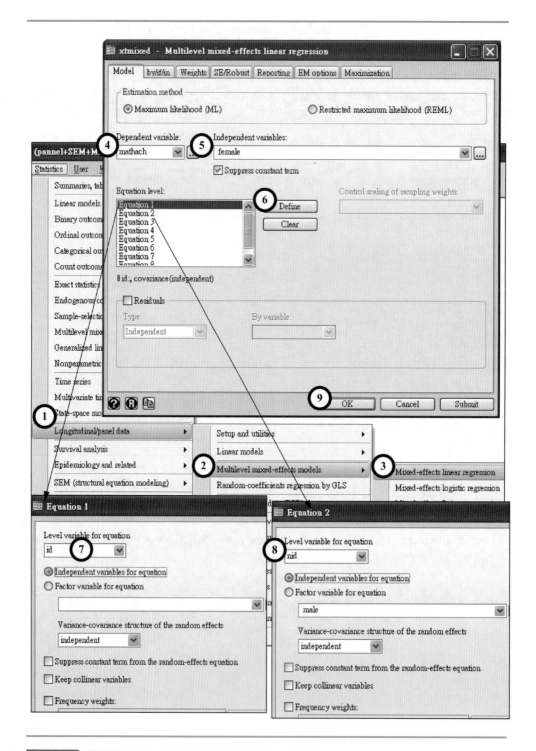

**圖 8-12** xtmixed 指令「誤差同質性之模型」之畫面

```
. use http://www.ats.ucla.edu/stat/stata/faq/hsb, clear

*「|| id:」後面宣告 male 為隨機斜率，其餘 female 為隨機截距
. xtmixed mathach female || id: || nid: male, nocons var mle

Performing EM optimization:

Performing gradient-based optimization:

Iteration 0:    log likelihood = -23595.781
Iteration 1:    log likelihood = -23523.201
Iteration 2:    log likelihood = -23522.951
Iteration 3:    log likelihood = -23522.932
Iteration 4:    log likelihood = -23522.932

Computing standard errors:

Mixed-effects ML regression                  Number of obs    =      7185

-------------------------------------------------------------
                |  No. of      Observations per Group
 Group Variable |  Groups   Minimum   Average   Maximum
----------------+--------------------------------------------
            id  |     160        14      44.9        67
           nid  |    7185         1       1.0         1
-------------------------------------------------------------

                                   Wald chi2(1)     =     63.03
Log likelihood = -23522.932        Prob > chi2      =    0.0000

-------------------------------------------------------------------
    mathach  |    Coef.   Std. Err.     z    P>|z|   [95% Conf. Interval]
------------+------------------------------------------------------
     female  | -1.363968  .1718025   -7.94   0.000  -1.700695  -1.027241
      _cons  | 13.34707   .2548632   52.37   0.000   12.84755   13.84659
-------------------------------------------------------------------

-------------------------------------------------------------------
Random-effects Parameters  |  Estimate  Std. Err.    [95% Conf. Interval]
```

```
----------------------------+----------------------------------------------------
id: Identity                |
               var(_cons) |   8.090631    1.016474      6.324715    10.34961
----------------------------+----------------------------------------------------
nid: Identity               |
                var(male) |   3.622525    1.333398      1.760745    7.452914
----------------------------+----------------------------------------------------
            var(Residual) |   37.13821    .8657822      35.47949    38.87448
----------------------------+----------------------------------------------------
LR test vs. linear regression:        chi2(2) =    944.12  Prob > chi2 = 0.0000

Note: LR test is conservative and provided only for reference.
```

1. 上表印出 random effects。

2. females 的殘差變異數 = var(Residuals) = 37.138。

3. males 的變異數 = var(Residuals) + var(male) = 37.138 + 3.622 = 40.7503。

4. 由於 var(male) 的 95% CI = [1.76, 7.45] 未含 0 點，故男生組與女生組變異數達 0.05 顯著水準。

　　傳統上多層次模型 ( 像 HLM 軟體 )，有異質性誤差模型中，其變異數可寫成下列參數式：

$$s_{ij}^2 = \exp(a_0 + a_1 * x_{ij})$$

　　其中，$s_{ij}^2$ 為殘差的變異數。$x_{ij}$ 是「二分變數 (dichotomous variable) equal to one for one group and zero for the other」，而 $a_0$ 及 $a_1$ 分別二分之變異數，當「$x_{ij} = 0$」求得變異數為 $a_0$；$a_1$ 為二組之間變異數的差。你若使用 STaTa 指令，則需做下列轉換：

$$s_{ij}^2 = \text{var (Residuals)} + \text{var }(x_{ij}) * x_{ij}$$

　　其中，**var(Residuals)** 是誤差的變異數。**var ($x_{ij}$)** 是虛擬變數 **$x_{ij}$** 的隨機效果。下列是 STaTa 指令的算法：

$$s_{ij}^2 = \exp(2 * \text{lnsd\_0}) + \exp(2 * \text{lnsd\_1}) * x_{ij}$$

　　其中，lnsd_0 是 level-1 誤差之 Ln( 標準差 )(is the natural log of the standard deviation of the level-1 errors)。lnsd_1 是 level-2 隨機效果之 Ln( 標準差 ) (is the natural log of the standard deviation of the level 2 random effect)。你可再使用下列指令的變數變換，來算出 $a_0$ 及 $a_1$：

```
a0 = ln(var(Residuals))
a0 = ln(exp(2*lnsd_0))

a1 = ln(var(Residuals)+var(x_ij)) - ln(var(Residuals))
a1 = ln[exp(2*lnsd_0) + exp(2*lnsd_1)] - ln[exp(2*lnsd_0)]
```

接著再用 **di splay** 指令，來印出上述 a0 及 a1 值。STaTa stores the ln(sd) for the level 1 residuals as **[lnsig_e]_cons**, and the ln(sd) of the random effect of male in **[lns2_1_1]_cons**.

```
. di "a0=" ln(exp(2 * [lnsig_e]_cons))
a0=3.6146464

* 顯示「display」指令
. di "a1=" ln(exp(2 * [lnsig_e]_cons)+exp(2 * [lns2_1_1]_cons)) - ln(exp(2 *
       [lnsig_e]_cons))
a1=.09307287
```

1. $a_0 = 3.61$，代表「$x_{ij} = 0$」時，即 male = 0( 女性組 ) 求得變異數為 3.61；$a_1$ 為男女二組之間變異數的差為 0.093。

## 8-1-5 雙層次：雙層次混合 Logistic 迴歸 (**xtmelogit** 指令 )

試問影響婦女避孕因素，是否為：城鄉文化、年齡、生 1 個小孩、生 2 個小孩、生 3 個小孩。為了「控制」61 個縣市差距的干擾因素，本例擬以各縣市 (district) 當作分層隨機抽樣的分層，每個縣市各抽 30 名左右婦女。

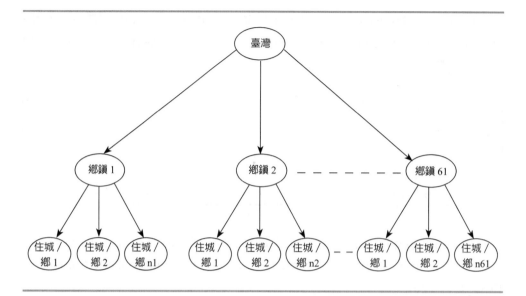

**圖 8-13** 非平衡之分層隨機抽樣設計

## 一、樣本資料之特徵

```
  use bangladesh, clear
* 或網上擷取資料檔 bangladesh.dta
. use http://www.stata-press.com/data/r10/bangladesh.dta
(Bangladesh Fertility Survey, 1989)

. describe c_use urban age child1 child2 child3

              storage   display      value
variable name   type    format       label       variable label
-------------------------------------------------------------------------
_use            byte    %9.0g        yesno       避孕嗎？(Use contraception)
urban           byte    %9.0g        urban       住城市 / 農村 (Urban or rural)
age             float   %6.2f                    年齡，平均為中心 (Age, mean centered)
child1          byte    %9.0g                    1 child
child2          byte    %9.0g                    2 children
child3          byte    %9.0g                    3 or more children

* 查看本例非平衡之分層樣本設計
. tabulate district urban
```

```
          |  城市 / 農村 (Urban or
          |      rural)
District  |   rural      urban |    Total
----------+--------------------+----------
       1 |     54        63 |      117
       2 |     20         0 |       20
       3 |      0         2 |        2
       4 |     19        11 |       30
       5 |     37         2 |       39
       6 |     58         7 |       65
       7 |     18         0 |       18
       8 |     35         2 |       37
       9 |     20         3 |       23
      10 |     13         0 |       13
      11 |     21         0 |       21
      12 |     23         6 |       29
      13 |     16         8 |       24
      14 |     17       101 |      118
      15 |     14         8 |       22
      16 |     18         2 |       20
      17 |     24         0 |       24
      18 |     33        14 |       47
      19 |     22         4 |       26
      20 |     15         0 |       15
      21 |     10         8 |       18
      22 |     20         0 |       20
      23 |     15         0 |       15
      24 |     14         0 |       14
      25 |     49        18 |       67
      26 |     13         0 |       13
      27 |     39         5 |       44
      28 |     45         4 |       49
      29 |     25         7 |       32
      30 |     45        16 |       61
      31 |     27         6 |       33
      32 |     24         0 |       24
      33 |      7         7 |       14
      34 |     26         9 |       35
```

| | | | |
|---|---:|---:|---:|
| 35 | 28 | 20 | 48 |
| 36 | 14 | 3 | 17 |
| 37 | 13 | 0 | 13 |
| 38 | 7 | 7 | 14 |
| 39 | 24 | 2 | 26 |
| 40 | 12 | 29 | 41 |
| 41 | 23 | 3 | 26 |
| 42 | 6 | 5 | 11 |
| 43 | 28 | 17 | 45 |
| 44 | 27 | 0 | 27 |
| 45 | 34 | 5 | 39 |
| 46 | 74 | 12 | 86 |
| 47 | 9 | 6 | 15 |
| 48 | 26 | 16 | 42 |
| 49 | 4 | 0 | 4 |
| 50 | 15 | 4 | 19 |
| 51 | 20 | 17 | 37 |
| 52 | 42 | 19 | 61 |
| 53 | 0 | 19 | 19 |
| 55 | 0 | 6 | 6 |
| 56 | 24 | 21 | 45 |
| 57 | 23 | 4 | 27 |
| 58 | 20 | 13 | 33 |
| 59 | 10 | 0 | 10 |
| 60 | 22 | 10 | 32 |
| 61 | 31 | 11 | 42 |
| Total | 1,372 | 562 | 1,934 |

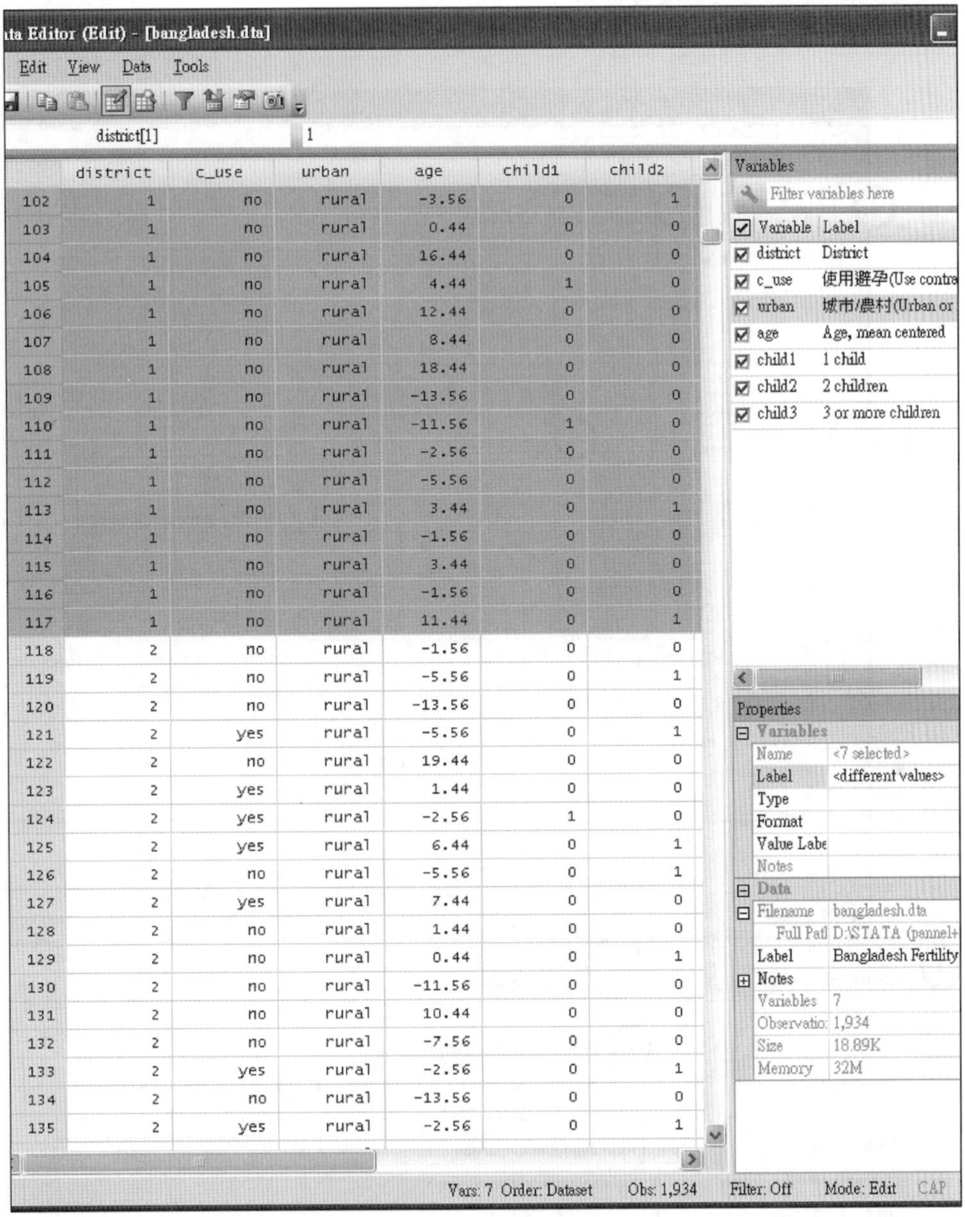


| | district | c_use | urban | age | child1 | child2 |
|---|---|---|---|---|---|---|
| 102 | 1 | no | rural | -3.56 | 0 | 1 |
| 103 | 1 | no | rural | 0.44 | 0 | 0 |
| 104 | 1 | no | rural | 16.44 | 0 | 0 |
| 105 | 1 | no | rural | 4.44 | 1 | 0 |
| 106 | 1 | no | rural | 12.44 | 0 | 0 |
| 107 | 1 | no | rural | 8.44 | 0 | 0 |
| 108 | 1 | no | rural | 18.44 | 0 | 0 |
| 109 | 1 | no | rural | -13.56 | 0 | 0 |
| 110 | 1 | no | rural | -11.56 | 1 | 0 |
| 111 | 1 | no | rural | -2.56 | 0 | 0 |
| 112 | 1 | no | rural | -5.56 | 0 | 0 |
| 113 | 1 | no | rural | 3.44 | 0 | 1 |
| 114 | 1 | no | rural | -1.56 | 0 | 0 |
| 115 | 1 | no | rural | 3.44 | 0 | 0 |
| 116 | 1 | no | rural | -1.56 | 0 | 0 |
| 117 | 1 | no | rural | 11.44 | 0 | 1 |
| 118 | 2 | no | rural | -1.56 | 0 | 0 |
| 119 | 2 | no | rural | -5.56 | 0 | 1 |
| 120 | 2 | no | rural | -13.56 | 0 | 0 |
| 121 | 2 | yes | rural | -5.56 | 0 | 1 |
| 122 | 2 | no | rural | 19.44 | 0 | 0 |
| 123 | 2 | yes | rural | 1.44 | 0 | 0 |
| 124 | 2 | yes | rural | -2.56 | 1 | 0 |
| 125 | 2 | yes | rural | 6.44 | 0 | 1 |
| 126 | 2 | no | rural | -5.56 | 0 | 1 |
| 127 | 2 | yes | rural | 7.44 | 0 | 0 |
| 128 | 2 | no | rural | 1.44 | 0 | 0 |
| 129 | 2 | no | rural | 0.44 | 0 | 1 |
| 130 | 2 | no | rural | -11.56 | 0 | 0 |
| 131 | 2 | no | rural | 10.44 | 0 | 0 |
| 132 | 2 | no | rural | -7.56 | 0 | 0 |
| 133 | 2 | yes | rural | -2.56 | 0 | 1 |
| 134 | 2 | no | rural | -13.56 | 0 | 0 |
| 135 | 2 | yes | rural | -2.56 | 0 | 1 |

圖 8-14 「bangladesh.dta」資料檔之內容 (61 個 )

## 二、多層 Logistic 迴歸分析

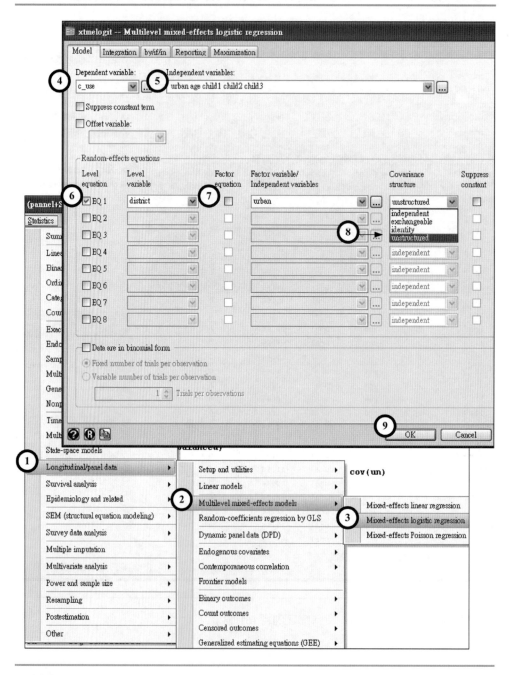

```
use bangladesh, clear

* 宣告 panel 資料檔，沒有時間 t，只有個體 district
. xtset district
        panel variable:  district(unbalanced)
*「|| district:」後面宣告 urban 為隨機斜率，其餘「age child1 child2 child3」都
  為隨機截距
. xtmelogit c_use urban age child1 child2 child3 || district: urban ,
  cov(unstructured)


Refining starting values:


Iteration 0:    log likelihood = -1215.8594 (not concave)
Iteration 1:    log likelihood = -1204.0802
Iteration 2:    log likelihood = -1199.7987


Performing gradient-based optimization:


Iteration 0:    log likelihood = -1199.7987
Iteration 1:    log likelihood = -1199.4774
Iteration 2:    log likelihood = -1199.3158
Iteration 3:    log likelihood =  -1199.315
Iteration 4:    log likelihood =  -1199.315
```

| Mixed-effects logistic regression | | Number of obs | = | 1934 |
|---|---|---|---|---|
| Group variable : district | | Number of groups | = | 60 |

```
                                        Obs per group: min =          2
                                                       avg =       32.2
                                                       max =        118

Integration points =   7              Wald chi2(5)      =      97.50
Log likelihood =  -1199.315           Prob > chi2       =     0.0000
```

| c_use | Coef. | Std. Err. | z | P>\|z\| | [95% Conf. Interval] | |
|---|---|---|---|---|---|---|
| urban | .8157872 | .1715519 | 4.76 | 0.000 | .4795516 | 1.152023 |

| | | | | | | |
|---|---|---|---|---|---|---|
| age \| | -.026415 | .008023 | -3.29 | 0.001 | -.0421398 | -.0106902 |
| child1 \| | 1.13252 | .1603285 | 7.06 | 0.000 | .818282 | 1.446758 |
| child2 \| | 1.357739 | .1770522 | 7.67 | 0.000 | 1.010724 | 1.704755 |
| child3 \| | 1.353827 | .1828801 | 7.40 | 0.000 | .9953881 | 1.712265 |
| _cons \| | -1.71165 | .1605617 | -10.66 | 0.000 | -2.026345 | -1.396954 |

```
-------------------------------------------------------------


-------------------------------------------------------------
Random-effects Parameters |  Estimate     Std. Err.   [95% Conf. Interval]
----------------------------+--------------------------------------------
district: Unstructured      |
                sd (urban) |  .8162856    .1975237    .5080068    1.31164
                sd (_cons) |  .6242943    .1035135    .451079    .8640247
             corr (urban,_cons) | -.7964729   .1151556   -.9361775   -.4394904
-------------------------------------------------------------
LR test vs. logistic regression:    chi2(3) =     58.42   Prob > chi2 = 0.0000
Note: LR test is conservative ( 保守的 ) and provided only for reference.
```

1. 雙層 Logistic 模型為：

$c\_use = -1.7 + 0.82urban - 0.03age + 1.13child1 + 1.36child2 + 1.35child3$
有避孕嗎 $= -1.7 + 0.82$ 住城 / 鄉 $- 0.03$ 年齡 $+ 1.13$ 生一子 $+ 1.36$ 生二子 $+ 1.35$ 生三子以上

2. 概似比 (LR) 檢定結果，$\chi^2_{(2)} = 58.42$，$p < 0.05$，故多層 Logistic 模型顯著比單層 Logistic 模型優。

3. 隨機截距模型，你可用單層次 xtlogit 指令或多層 xtmelogit 指令，但二者是不相同，因為 xtlogit 指令的內定整合點 (integration points) 是 12；多層次 xtmelogi 指令內定整合點 (integration points) 是 7。

## 8-1-6　雙層次：潛在成長曲線 (xtmixed + nlcom 指令)

在結構方程模型之成長曲線模型，係不允許時段 (different across time points) 的誤差變異數都不相同。即不同時段的誤差變異數要同質。但在縱貫面 (longitudinal) 模型中允許不同時段的誤差變異數係不同的。如同，成長曲線模

型，(除了誤差項外)在不同時段所有參數都要限制爲相等的。以下範例，旨在：不同時段的誤差變異數如何允許不一樣？

下面我們將展示如何允許跨越時間點不同誤差變異數，以及如何檢定是否誤差變異數明顯不同於對方。

本樣本包含 239 受試者數據。每個受試者在 5 個時段都連續被記錄，總共 1,079 個觀察值。變數 id 係受訪者唯一的編號。Time 變數記錄 5 個不同時段的發生點，值爲「0~4」。

xtmixed 指令搭配 nlcom 指令，即可算出潛在成長曲線模型 (growth curve model)，詳情請看網站：http://www.ats.ucla.edu/stat/stata/faq/hetero_resid_var.htm

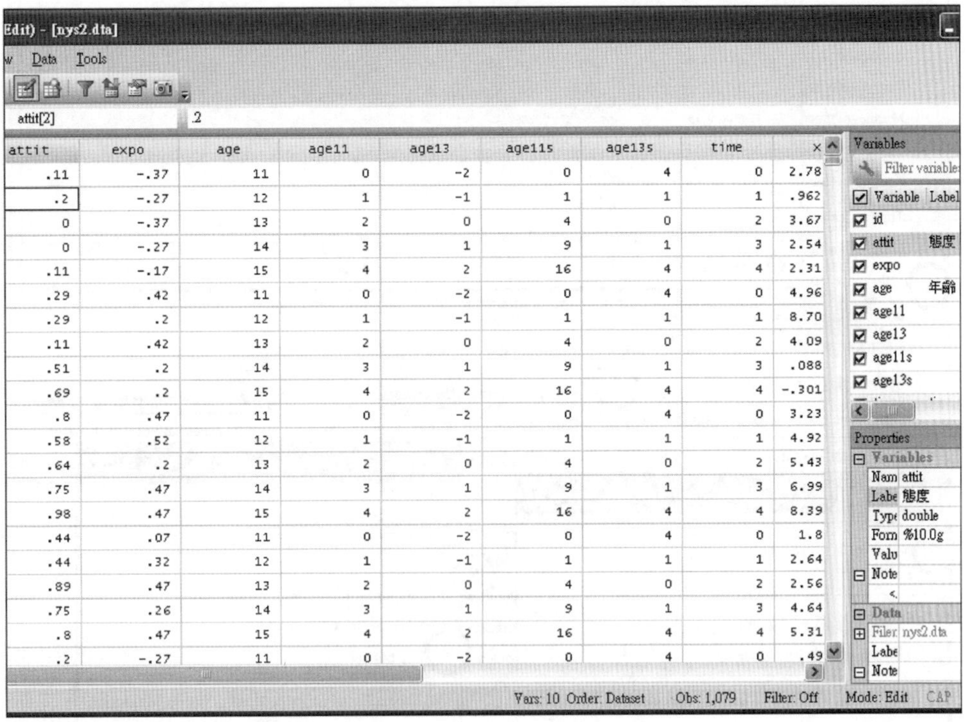

| attit | expo | age | age11 | age13 | age11s | age13s | time | x |
|---|---|---|---|---|---|---|---|---|
| .11 | -.37 | 11 | 0 | -2 | 0 | 4 | 0 | 2.78 |
| .2 | -.27 | 12 | 1 | -1 | 1 | 1 | 1 | .962 |
| 0 | -.37 | 13 | 2 | 0 | 4 | 0 | 2 | 3.67 |
| 0 | -.27 | 14 | 3 | 1 | 9 | 1 | 3 | 2.54 |
| .11 | -.17 | 15 | 4 | 2 | 16 | 4 | 4 | 2.31 |
| .29 | .42 | 11 | 0 | -2 | 0 | 4 | 0 | 4.96 |
| .29 | .2 | 12 | 1 | -1 | 1 | 1 | 1 | 8.70 |
| .11 | .42 | 13 | 2 | 0 | 4 | 0 | 2 | 4.09 |
| .51 | .2 | 14 | 3 | 1 | 9 | 1 | 3 | .088 |
| .69 | .2 | 15 | 4 | 2 | 16 | 4 | 4 | -.301 |
| .8 | .47 | 11 | 0 | -2 | 0 | 4 | 0 | 3.23 |
| .58 | .52 | 12 | 1 | -1 | 1 | 1 | 1 | 4.92 |
| .64 | .2 | 13 | 2 | 0 | 4 | 0 | 2 | 5.43 |
| .75 | .47 | 14 | 3 | 1 | 9 | 1 | 3 | 6.99 |
| .98 | .47 | 15 | 4 | 2 | 16 | 4 | 4 | 8.39 |
| .44 | .07 | 11 | 0 | -2 | 0 | 4 | 0 | 1.8 |
| .44 | .32 | 12 | 1 | -1 | 1 | 1 | 1 | 2.64 |
| .89 | .47 | 13 | 2 | 0 | 4 | 0 | 2 | 2.56 |
| .75 | .26 | 14 | 3 | 1 | 9 | 1 | 3 | 4.64 |
| .8 | .47 | 15 | 4 | 2 | 16 | 4 | 4 | 5.31 |
| .2 | -.27 | 11 | 0 | -2 | 0 | 4 | 0 | .49 |

圖 8-16 「nys2.dta」資料檔之內容

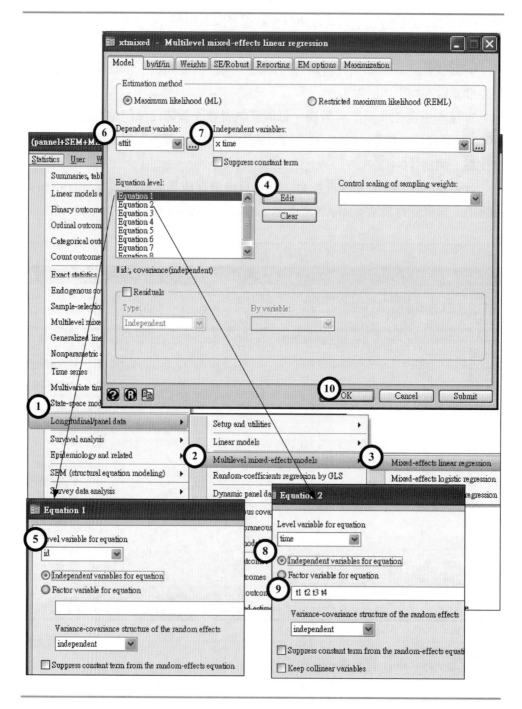

圖 8-17  xtmixed 指令「a model where the variables x and time predict the variable attit」

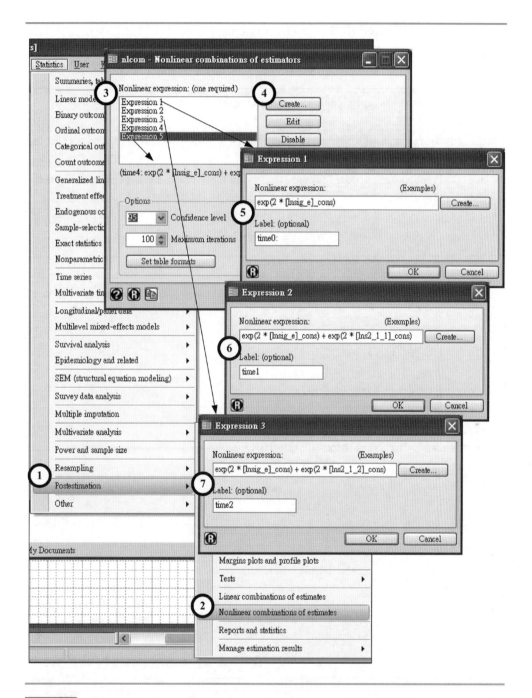

圖 8-18　nlcom「Nonlinear combinations of estimators」指令之畫面 (test whether the estimated variances are different either from zero)

以下第一個 xtmixed 指令，係假定 (assumes) 不同時段發生之誤差變異數是相同的，其中，x 及 time 為解釋變數，attit 為依變數。

```
. use http://www.ats.ucla.edu/stat/stata/faq/nys2, clear

*xtmixed to fit a model where the variables x and time predict the variable
attit.
* use xtmixed to fit a model where the variables x and time predict the vari
  able attit
* 假定 (assumes) 不同時段發生之誤差變異數是相同的
*「|| id:」後面宣告 無變數 為隨機斜率，time 為隨機截距
. xtmixed attit x time || id:, var mle

Note: single-variable random-effects specification; covariance structure set
to identity

Performing EM optimization:

Performing gradient-based optimization:

Iteration 0:   log likelihood =  140.31043
Iteration 1:   log likelihood =  140.31043

Computing standard errors:

Mixed-effects ML regression                     Number of obs     =      1079
Group variable: id                              Number of groups  =       239

                                                Obs per group: min =         1
                                                               avg =       4.5
                                                               max =         5

                                                Wald chi2(2)      =    324.65
Log likelihood =  140.31043                     Prob > chi2       =    0.0000

------------------------------------------------------------------------------
      attit |    Coef.   Std. Err.     z    P>|z|   [95% Conf. Interval]
------------+-----------------------------------------------------------------
```

```
         x |   .0241245    .0033107    7.29    0.000    .0176357    .0306134
      time |   .0600884    .0039557   15.19    0.000    .0523353    .0678415
     _cons |   .1191882    .0184893    6.45    0.000    .0829498    .1554267
----------------------------------------------------------------------

----------------------------------------------------------------------
  Random-effects Parameters |   Estimate   Std. Err.   [95% Conf. Interval]
------------------------------+---------------------------------------
id: Identity                  |
                  sd(_cons) |   .1756518    .0100568    .1570067    .1965112
------------------------------+---------------------------------------
               sd(Residual) |   .1763891    .0043098    .1681411    .1850418
----------------------------------------------------------------------
LR test vs. linear regression: chibar2(01) =    324.66 Prob >= chibar2 = 0.0000
--------------------------------------------

. gen t1 =(time==1)

. gen t2 =(time==2)

. gen t3 =(time==3)

. gen t4 =(time==4)
--------------------------------------------
```

以上模型，可寫成：

$$attit_{it} = b0 + b1*x_{it} + b2*time_{it} + u_i + e_{it} \qquad (8\text{-}5)$$

它係假定：

$$\begin{cases} 殘差 e_{it} \sim N(0, s^2) \\ 跨個體之隨機截距 u_i \sim N(0, t^2) \end{cases}$$

其中，$u_i$ 為跨個體之隨機截距 (i.e., the level 2 variance)。殘差 $e_{it}$ 為 level 1 誤差 (i.e., residuals)。我們想允許 $e_{it}$ 在不同時段都不相同的，其方法就是置換 $e_{it}$ 項，使得每個時段的誤差都分別計算。即：

$$e_{it} = e_{i0}*t0 + e_{i1}*t1 + e_{i2}*t2 + e_{i3}*t3 + e_{i4}*t4$$

其中，t0 是虛擬變數 (dummy variable) [ 即第一個時間點 t0=1，否則 t0=0。$e_{i0}$ 是第一次測量 (time=0) 的誤差 ]。同理，虛擬變數 (t1~t4) 依序代表「time points 1 to 4」。誤差項 ($e_{i1}$~$e_{i4}$) 依序代表時段 1 至時段 4 的誤差。

為了表達異質性誤差 (heteroskedastic errors)，新模型再加第 3 層次 (previously level 2)。第 2 層次為 time points(previously level 1)，第 3 層次為 single case within each time point。Since the effect of time is in the level at model 2, only random effects for time are included at level 1. 故新模型可再改寫為：

$$attit_{kit} = b0 + b1*x_{it} + b2*time_{it} + e_{i1}*t1 + e_{i2}*t2 + e_{i3}*t3 + e_{i4}*t4 + r_{it0}$$

其中：

$r_{it0}$ 為「level one error」，因為「time = 0」係被省略 (omitted) 類別。$r_{it0}$ 的變異數就是 time = 0 的誤差變異數。隨機效果「$e_{i1}$~$e_{i4}$」分別代表 4 個不同時段的誤差。

為了適配「具有異質性誤差」模型，我們仍需下列虛擬變數來分別記錄不同時段的發生點：

```
. gen t1 =(time==1)
. gen t2 =(time==2)
. gen t3 =(time==3)
. gen t4 =(time==4)
```

接著用下列 xtmixed 指令，並搭配「**nocons**」來抑制「random intercept at level 2」的統計報表印出。

```
. use http://www.ats.ucla.edu/stat/stata/faq/nys2, clear

*fit model using xtmixed. The nocons option suppresses the random intercept
 at level 2.
*「|| time:」後面宣告 t1 t2 t3 t4 為隨機斜率，其餘自變數「x time」都為隨機截距
. xtmixed attit x time || id: || time: t1 t2 t3 t4, nocons var mle

Performing EM optimization:

Performing gradient-based optimization:

Iteration 0:    log likelihood =  59.513535 (not concave)
```

```
Iteration 1:    log likelihood =  59.607841 (not concave)
(略 )
Iteration 19:  log likelihood =  143.67787
Iteration 20:  log likelihood =  143.67787


Computing standard errors:

Mixed-effects ML regression                    Number of obs      =      1079


-------------------------------------------------------------------
                |  No. of        Observations per Group
Group Variable  |  Groups    Minimum    Average    Maximum
----------------+--------------------------------------------------
            id  |    239         1         4.5         5
          time  |   1079         1         1.0         1
-------------------------------------------------------------------


                                            Wald chi2(2)       =     319.37
Log likelihood =  143.67787                 Prob > chi2        =     0.0000


-------------------------------------------------------------------
      attit  |    Coef.    Std. Err.      z     P>|z|    [95% Conf. Interval]
------------+------------------------------------------------------
         x  |  .0238029   .0033059     7.20    0.000    .0173235    .0302823
      time  |  .0597567   .0039638    15.08    0.000    .0519878    .0675256
      _cons |    .1208    .0178047     6.78    0.000    .0859035    .1556965
-------------------------------------------------------------------


-------------------------------------------------------------------
  Random-effects Parameters  |  Estimate   Std. Err.    [95% Conf. Interval]
-----------------------------+-------------------------------------
id: Identity                 |
                  var(_cons) |  .0280981   .0034551    .0220805    .0357557
-----------------------------+-------------------------------------
time: Independent            |
                    var(t1)  |  .0027798   .0046901    .0001018    .0758863
                    var(t2)  |  .0058393   .0053178    .0009799    .0347969
                    var(t3)  |  .0125841   .0060606    .0048964    .0323421
                    var(t4)  |    .01354   .0059784    .0056988    .0321702
```

```
---------------------------+-----------------------------------------------------
              var(Residual) |   .0247609   .0033388      .0190103      .0322509
---------------------------------------------------------------------------------
LR test vs. linear regression:          chi2(5) =     331.40   Prob > chi2 = 0.0000

Note: LR test is conservative and provided only for reference.
---------------------------------
*we want to test whether the estimated variances are different either from
zero
. nlcom (time0: exp(2 * [lnsig_e]_cons))
        (time1: exp(2 * [lnsig_e]_cons) + exp(2 * [lns2_1_1]_cons))
        (time2: exp(2 * [lnsig_e]_cons) + exp(2 * [lns2_1_2]_cons))
        (time3: exp(2 * [lnsig_e]_cons) + exp(2 * [lns2_1_3]_cons))
        (time4: exp(2 * [lnsig_e]_cons) + exp(2 * [lns2_1_4]_cons))


---------------------------------------------------------------------------------
       attit |     Coef.   Std. Err.      z    P>|z|     [95% Conf. Interval]
-------------+-------------------------------------------------------------------
       time0 |   .0247609   .0033388    7.42   0.000      .018217    .0313047
       time1 |   .0275406   .0034705    7.94   0.000     .0207386    .0343427
       time2 |   .0306002   .0035976    8.51   0.000     .0235491    .0376513
       time3 |    .037345   .0044345    8.42   0.000     .0286536    .0460364
       time4 |   .0383009   .0044824    8.54   0.000     .0295155    .0470863
---------------------------------------------------------------------------------
*use nlcom to estimate the difference in the variance between time points
. nlcom(t4_t1: exp(2 * [lns2_1_4]_cons) - exp(2 * [lns2_1_1]_cons))


---------------------------------------------------------------------------------
       attit |     Coef.   Std. Err.      z    P>|z|     [95% Conf. Interval]
-------------+-------------------------------------------------------------------
       t4_t1 |   .0107602    .006054    1.78   0.076    -.0011055    .0226259
```

## 8-2 三層次混合 (multilevel mixed) 模型

### 8-2-1 三層次脈絡模型：線性混合迴歸 (xtmixed 指令 )

**範例：** 學生數學成績 (math 變數 ) 之多層次迴歸，雙層 (Two level) 模型

本例只考慮「學生鑲套在學校內 (students are nested within school)」，若你想一併探討潛在變數 school 層次之「學校與學校之間的效果 (school-by-school effects)」，請見作者《廣義線性結構》第 5 章「5-3-1 雙層次測量模型 ( 廣義反應變數 )」。

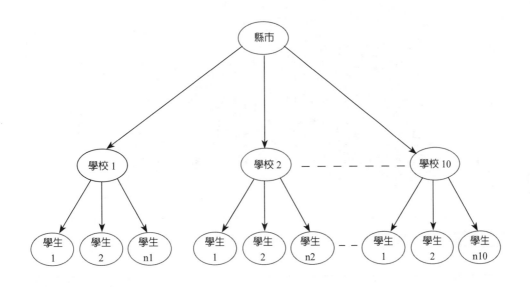

**圖 8-19** 不同層次 ( 階層 ) 的資料 ( 學生鑲套在學校內 (students are nested within school))

本例係以學校來分層 (multilevel)，同一學校內變異視爲固定不變；不同學校之間變異是變動的。

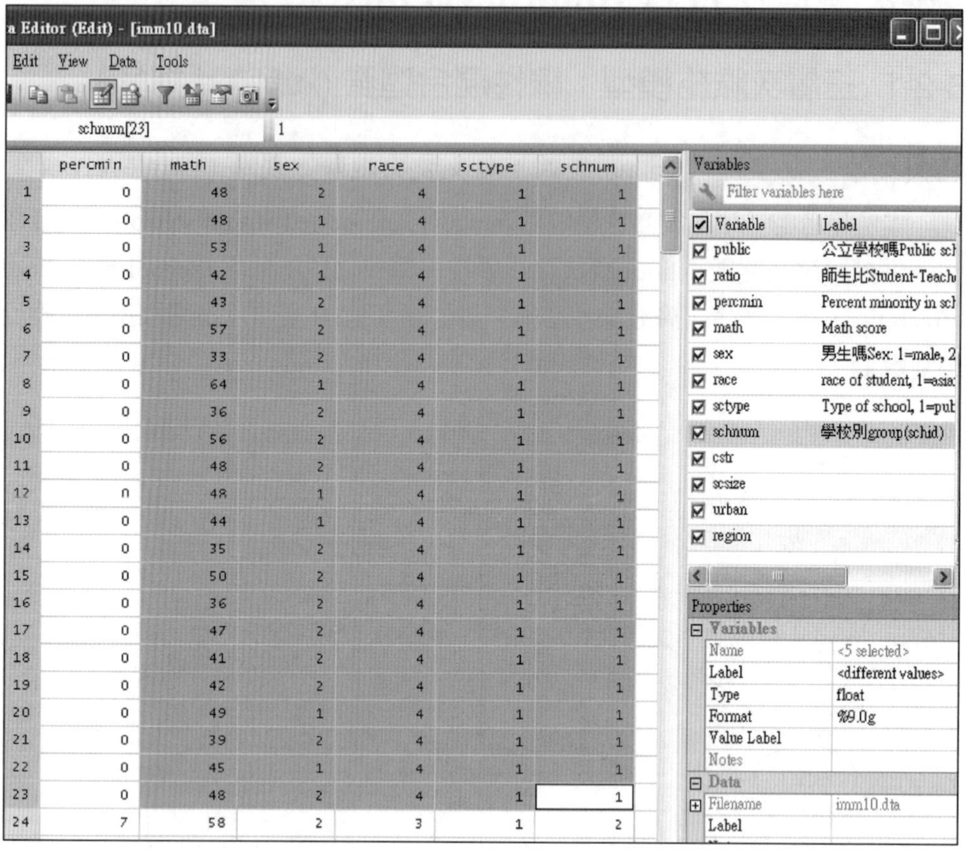

**圖 8-20** 「imm10.dta」資料檔內容 ( 共 10 所學校 )

```
. use imm10.dta, clear
* 或 use http://www.ats.ucla.edu/stat/stata/examples/mlm_imm/imm10, clear

. describe math homework schnum parented

              storage   display     value
variable name  type    format      label       variable label
---------------------------------------------------------------------
math           float    %9.0g                   Math score
homework       float    %9.0g                   每週在數學作業的花費時間
                                                Time spent on math homework each week
schnum         float    %9.0g                   學校別 group(schid)
```

```
parented              float   %9.0g                     父學歷 Parents highest education level
*10 所學校之樣本數
. tabulate schnum


學校別 group |
     (schid) |     Freq.      Percent         Cum.
------------+-----------------------------------
          1 |        23         8.85          8.85
          2 |        20         7.69         16.54
          3 |        24         9.23         25.77
          4 |        22         8.46         34.23
          5 |        22         8.46         42.69
          6 |        20         7.69         50.38
          7 |        67        25.77         76.15
          8 |        21         8.08         84.23
          9 |        21         8.08         92.31
         10 |        20         7.69        100.00
------------+-----------------------------------
      Total |       260       100.00   .
```

### Step 1. 零模型 (null)，ICC 若大於 12%，則雙層比單層模型優

若你在 STaTa「xtmixed Y *無解釋變數* || class: *無隨機斜率*」指令中，都無界定任何解釋變數 X 或 Z，且無界定「*無隨機斜率*」變數 ，則此雙層次模型即屬於零模型 (null model )。

```
. use imm10.dta, clear

* 零模型：旨在求出 ICC
*「|| schnum:」後面宣告無變數為隨機斜率
. xtmixed math || schnum: , variance

Performing EM optimization:

Computing standard errors:

Mixed-effects ML regression                    Number of obs     =        260
```

```
Group variable: schnum                        Number of groups   =        10

                                              Obs per group: min =        20
                                                             avg =      26.0
                                                             max =        67


                                              Wald chi2(0)       =         .
Log likelihood = -937.38956                   Prob > chi2        =         .

------------------------------------------------------------------------------
        math |    Coef.   Std. Err.      z    P>|z|    [95% Conf. Interval]
-------------+----------------------------------------------------------------
       _cons |  48.87206  1.835121    26.63   0.000    45.27529    52.46883
------------------------------------------------------------------------------


------------------------------------------------------------------------------
  Random-effects Parameters  |   Estimate   Std. Err.    [95% Conf. Interval]
-----------------------------+------------------------------------------------
schnum: Identity             |
                 var(_cons)  |  30.54173   14.49877     12.04512    77.44192
-----------------------------+------------------------------------------------
               var(Residual) |  72.23582   6.451525     60.63594    86.05481
------------------------------------------------------------------------------
. LR test vs. linear regression: chibar2(01) =    115.35 Prob >= chibar2 = 0.0000
```

1. 概似比 (LR) 檢定，得 $\bar{\chi}^2_{(1)}$ = 115.35, $p < 0.05$，表示採雙層混合模型會比線性 OLS 模型來得優。

2. 當零模型分析得 ICC > 12% 具有跨組高相關時，則巢狀 (nested) 的資料結構所帶來的影響必須納入估計 (Luke, 2004)。

   代入 ICC 公式：

   本例，$\rho = \dfrac{\sigma^2_{u0}}{\sigma^2_{u0} + e^2_e} = \dfrac{30.54}{30.54 + 72.24} = 29.71\%$，遠高 ICC 臨界值 12%，故本例應採多層次模型，而捨棄單層次固定效果之 OLS 迴歸。

## Step 2a. 單一自變數之多層次模型

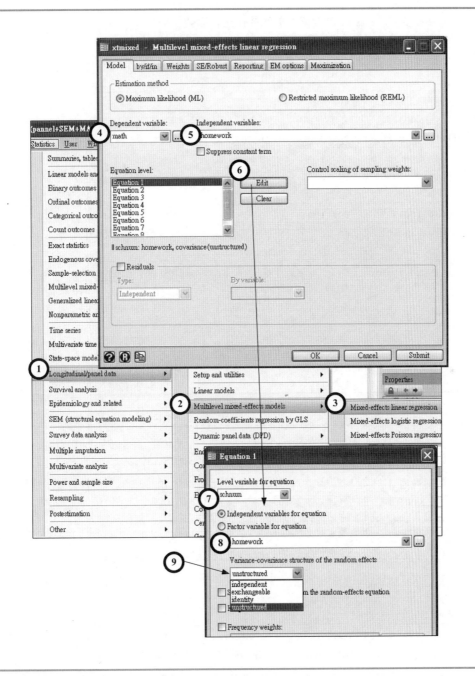

圖 8-21 「**xtmixed** math homework || **schnum:**homework , variance covar(un) mle」畫面

```
. use imml0.dta, clear

* 多層次模型：以 homework 自變數來預測 math 依變數
*「|| schnum:」後面宣告 homework 為隨機斜率，無變數為隨機截距
. xtmixed math homework, || schnum: homework, covariance(unstructured)


Performing EM optimization:

Performing gradient-based optimization:

Computing standard errors:

Mixed-effects ML regression              Number of obs      =       260
Group variable: schnum                   Number of groups   =        10

                                         Obs per group: min =        20
                                                        avg =      26.0
                                                        max =        67


                                         Wald chi2(1)       =      1.94
Log likelihood = -884.69291              Prob > chi2        =    0.1641

------------------------------------------------------------------------------
        math |      Coef.   Std. Err.      z    P>|z|     [95% Conf. Interval]
-------------+----------------------------------------------------------------
    homework |   2.048702    1.47223     1.39   0.164    -.8368155    4.93422
       _cons |   44.77263   2.603197    17.20   0.000     39.67046    49.8748
------------------------------------------------------------------------------


------------------------------------------------------------------------------
  Random-effects Parameters  |   Estimate   Std. Err.     [95% Conf. Interval]
-----------------------------+------------------------------------------------
schnum: Unstructured         |
           sd(homework)      |   4.469748   1.097249     2.762658    7.231676
              sd(_cons)      |   7.861683    1.89991     4.895625    12.62475
     corr(homework,_cons)    |   -.804226   .1191864    -.9438074   -.4211726
-----------------------------+------------------------------------------------
```

```
          sd(Residual) |   6.562542    .2993635        6.001266    7.176313
-----------------------------------------------------------------------------
LR test vs. linear regression:           chi2(3) =    146.97   Prob > chi2 = 0.0000

Note: LR test is conservative and provided only for reference.
```

\* 偵測雙層模型之模型適配度：information criteria(ic, 資訊準則 )
. estat ic

```
-----------------------------------------------------------------------------
      Model |    Obs    ll(null)    ll(model)      df           AIC          BIC
------------+----------------------------------------------------------------
          . |    260         .      -884.6929       6      1781.386      1802.75
-----------------------------------------------------------------------------
          Note:  N=Obs used in calculating BIC; see [R] BIC note
```

1. 線性：雙層混合模型為

   $math_i = 44.77 + 2.049homework_i + \varepsilon_i$

   數學成績 $_i$ = 44.77 + 2.048 作數學功課時間長短 $_i$ + $\varepsilon_i$

2. 概似比檢定，得 $\chi^2_{(3)} = 146.97$，$p < 0.05$，表示採雙層混合模型會比線性 OLS 模型來得優。

### Step 2b. 單自變數之多層次模型

```
. use imm10.dta, clear

* 多層次模型：以 homework 自變數來預測 math 依變數
.quietly xtmixed math homework, || schnum: homework, covariance(unstructured)

* 偵測雙層模型之模型適配度：information criteria(ic, 資訊準則 )
. estat ic

-----------------------------------------------------------------------------
      Model |    Obs    ll(null)    ll(model)      df           AIC          BIC
------------+----------------------------------------------------------------
          . |    260         .      -884.6929       6      1781.386      1802.75
-----------------------------------------------------------------------------
          Note:  N=Obs used in calculating BIC; see [R] BIC note
```

1. 模型適配度，除了 $R^2$ 值愈大愈佳之外，另一模型適配度之指標就是 AIC 及 BIC，這二個資訊準則 (information criteria) 值愈小，表示模型適配度愈佳。
2. 單自變數 (homework) 來預測 math 依變數，其 AIC = 1781.386 又比前面「無自變數」math 依變數之模型 (AIC = 1880.779) 來得小，表示本次，我們認定的模型又比前次「無自變數」來得佳。

### Step 3. 雙自變數之多層次模型

```
. use imm10.dta, clear
*「|| schid:」後面宣告 homework 為隨機斜率，parented 為隨機截距
. xtmixed math homework parented || schid: homework , variance covar(un)


Performing EM optimization:


Performing gradient-based optimization:


Computing standard errors:


Mixed-effects ML regression              Number of obs     =        260
Group variable: schid                    Number of groups  =         10

                                         Obs per group: min =         20
                                                        avg =       26.0
                                                        max =         67

                                         Wald chi2(2)      =      24.11
Log likelihood = -875.24984              Prob > chi2       =     0.0000


------------------------------------------------------------------------------
        math |     Coef.    Std. Err.      z     P>|z|   [95% Conf. Interval]
-------------+----------------------------------------------------------------
    homework |   1.844116   1.385668     1.33    0.183   -.8717444    4.559976
    parented |   1.762018    .3767523    4.68    0.000    1.023597    2.500439
       _cons |   40.25653   2.511272    16.03    0.000    35.33452    45.17853
------------------------------------------------------------------------------


------------------------------------------------------------------------------
  Random-effects Parameters  |   Estimate   Std. Err.    [95% Conf. Interval]
```

```
-----------------------------+----------------------------------------------------
schid: Unstructured          |
             var(homework) |   17.58718    8.703176        6.667627    46.38964
                var(_cons) |   48.01667    23.92497        18.08294    127.5014
       cov(homework,_cons) |  -25.59563     13.4741       -52.00437    .8131211
-----------------------------+----------------------------------------------------
             var(Residual) |   41.06192    3.757881        34.31938    49.12912
-----------------------------+----------------------------------------------------
LR test vs. linear regression:        chi2(3) =      79.50    Prob > chi2 = 0.0000

Note: LR test is conservative and provided only for reference.
```

* 以下事後指令，來求得本次模型之適配度
. estat ic

```
------------------------------------------------------------------------------
     Model |    Obs    ll(null)    ll(model)      df          AIC          BIC
-----------+------------------------------------------------------------------
         . |    260           .    -875.2498       7       1764.5     1789.424
------------------------------------------------------------------------------
          Note:  N=Obs used in calculating BIC; see [R] BIC note
```

1. 線性：雙層混合模型為

   $math_i = 40.26 + 1.84homework_i + 1.76parented_i + \varepsilon_i$

   數學成績 $_i$ = 40.26 + 1.84 作數學功課時間長短 $_i$ + 1.76 父親學歷 $_i$ + $\varepsilon_i$

2. 概似比檢定，得 $\chi^2_{(3)}$ = 79.50，$p < 0.05$，表示採雙層混合模型會比線性 OLS 模型來得優。

3. 本次模型，AIC = 1764.5，又比前次模型 (AIC = 1781.38) 來得小，表示本次，我們認定的模型又比前次來得佳。

## 8-2-2 三層次：隨機截距 / 隨機斜率模型 (xtmixed 指令)

**範例：混合效果最大概似 (ML) 迴歸，公部門資本生產力 (public capital prouductivity) 之 three level 模型**

以下範例，它共有 11 個變數，記錄著美國各州長達 16 年堆疊而成之公部門資本生產力，它亦可使用 xtmixed 三層次指令視同縱貫面 (longitudinal) 來分析。個體 $i$( 每州為 level 1)，每個體 $i$ 都有 17( 年 ) 觀察值再堆疊成一單位 ( 整體州有 17( 年 ) 個記錄 )，謂之第 2 層 (level 2)。每州又分 1-9 種都會區域 (region) 類型，即第 3 層 (level 3)。

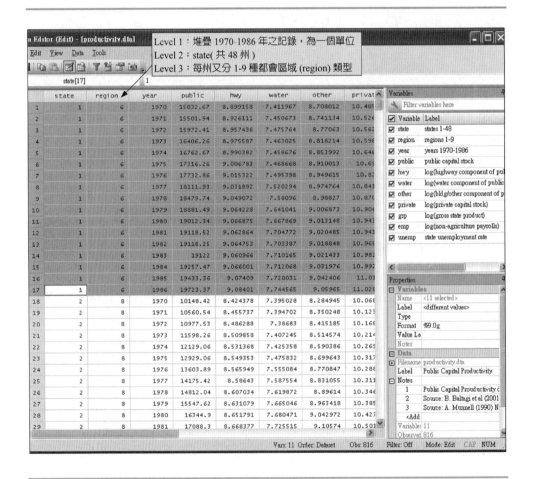

**圖 8-22** 「productivity.dta」資料檔之內容

**各變數之資料特徵：**

```
. webuse productivity
. note

_dta:
  1.  Public Capital Prouductivity data
  2.  Source: B. Baltagi et al(2001) Journal of Ecnometrics 101:357-381
  3.  Source: A. Munnell(1990) New England Economic Review 3-22

. describe

Contains data from D:\ productivity.dta
  obs:          816                     Public Capital Productivity
  vars:          11                     7 Jul 2014 02:13
  size:      29,376                     (_dta has notes)
-------------------------------------------------------------------------------
              storage  display    value
variable name  type    format     label  variable label
-------------------------------------------------------------------------------
state         byte    %9.0g             states 1-48
region        byte    %9.0g             regions 1-9
year          int     %9.0g             years 1970-1986
public        float   %9.0g             public capital stock
hwy           float   %9.0g             log(highway component of public)
water         float   %9.0g             log(water component of public)
other         float   %9.0g             log(bldg/other component of public)
private       float   %9.0g             log(private capital stock)
gsp           float   %9.0g             log(gross state product)
emp           float   %9.0g             log(non-agriculture payrolls)
unemp         float   %9.0g             state unemployment rate
-------------------------------------------------------------------------------
Sorted by:

. xtset state year
       panel variable:  state(strongly balanced)
        time variable:  year, 1970 to 1986
              delta:  1 unit
```

```
. xtdescribe

    state:  1, 2, ..., 48                                          n =        48
     year:  1970, 1971, ..., 1986                                  T =        17
            Delta(year) = 1 unit
            Span(year)  = 17 periods
            (state*year uniquely identifies each observation)

Distribution of T_i:     min      5%      25%      50%      75%      95%     max
                          17      17       17       17       17       17      17


     Freq.  Percent    Cum. |  Pattern
    ---------------------------+-------------------
       48    100.00  100.00 |  11111111111111111
    ---------------------------+-------------------
       48    100.00         |  XXXXXXXXXXXXXXXXX

. xtsum

Variable           |      Mean   Std. Dev.      Min        Max | Observations
-------------------+-----------------------------------------------+---------------
state    overall |      24.5    13.8619         1         48 |   N =      16
         between |                 14           1         48 |   n =       8
         within  |                  0        24.5       24.5 |   T =       7
                 |                                           |
region   overall |  4.958333   2.459134         1          9 |   N =      16
         between |             2.483634         1          9 |   n =       8
         within  |                  0    4.958333   4.958333 |   T =       7
                 |                                           |
year     overall |      1978   4.901984      1970       1986 |   N =       6
         between |                  0        1978       1978 |   n =       8
         within  |             4.901984      1970       1986 |   T =       7
                 |                                           |
public   overall |  25036.66    27780.4    2627.12   140217.3 |   N =      16
         between |             27905.86    2958.63   137537.4 |   n =       8
         within  |              2881.21   3838.101   40962.47 |   T =       7
                 |                                           |
hwy      overall |  8.900425   .8076845   7.510507   10.77267 |   N =      16
```

| | | | | | | | |
|---|---|---|---|---|---|---|---|
| | between | | .8125209 | 7.561374 | 10.72465 | n = | 8 |
| | within | | .0715884 | 8.436539 | 9.081937 | T = | 7 |
| | | | | | | | |
| water | overall | 7.599807 | 1.137335 | 5.431361 | 10.11019 | N = | 16 |
| | between | | 1.13408 | 5.629409 | 9.966927 | n = | 48 |
| | within | | .1806682 | 7.007889 | 8.119298 | T = | 17 |
| | | | | | | | |
| other | overall | 8.73635 | 1.099917 | 6.288769 | 11.29884 | N = | 16 |
| | between | | 1.100846 | 6.622053 | 11.22377 | n = | 48 |
| | within | | .147469 | 8.166707 | 9.316076 | T = | 17 |
| | | | | | | | |
| private | overall | 10.55946 | .9246962 | 8.307141 | 12.83559 | N = | 16 |
| | between | | .918806 | 8.540068 | 12.56343 | n = | 48 |
| | within | | .1656262 | 10.11966 | 10.98374 | T = | 17 |
| | | | | | | | |
| gsp | overall | 10.50885 | 1.021132 | 8.37885 | 13.04882 | N = | 816 |
| | between | | 1.019747 | 8.592964 | 12.75149 | n = | 48 |
| | within | | .1524501 | 10.06271 | 11.04328 | T = | 17 |
| | | | | | | | |
| emp | overall | 6.978498 | 1.018488 | 4.684905 | 9.328835 | N = | 816 |
| | between | | 1.018907 | 5.11799 | 9.089035 | n = | 48 |
| | within | | .1397412 | 6.510214 | 7.403816 | T = | 17 |
| | | | | | | | |
| unemp | overall | 6.602206 | 2.233217 | 2.8 | 18 | N = | 816 |
| | between | | 1.274937 | 4.082353 | 9.694118 | n = | 48 |
| | within | | 1.842201 | 2.455147 | 15.33162 | T = | 17 |

1. 由於任何「線性迴歸」，都會要求其變數們都要符合「常態性」這項假定 (assumption)，這些變數 (hwy、water、other、private、gsp、emp、unemp) 若採用 jb 指令，發現其違反常態性之假定，通常最快的方法，就是取 log(x) 變數變換之後，再代入線性迴歸模型中。

2. 本例屬 three level 模型：個體 i 連續 17 年資料的堆疊、48 個州、每州又分 1-9 種都會區域 (region) 類型。

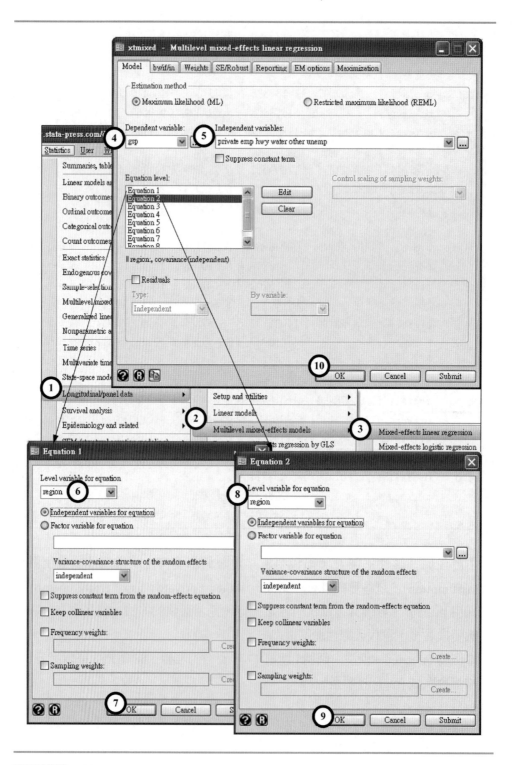

圖 8-23　xtmixed 指令「Three level model」之畫面

```
. webuse productivity
(Public Capital Productivity)


*「|| state:」後面宣告 無變數 為隨機斜率，其餘自變數「private emp hwy water oth-
er unemp」都為隨機截距
. xtmixed gsp private emp hwy water other unemp || region: || state:, mle


Performing EM optimization:


Performing gradient-based optimization:


Computing standard errors:


Mixed-effects ML regression                    Number of obs      =      816
```

| Group Variable | No. of Groups | Observations per Group |   |   |
|---|---|---|---|---|
|   |   | Minimum | Average | Maximum |
| region | 9 | 51 | 90.7 | 136 |
| state | 48 | 17 | 17.0 | 17 |

```
                                              Wald chi2(6)     = 18829.06
Log likelihood =   1430.5017                  Prob > chi2      =   0.0000
```

| gsp | Coef. | Std. Err. | z | P>|z| | [95% Conf. Interval] | |
|---|---|---|---|---|---|---|
| private | .2671484 | .0212591 | 12.57 | 0.000 | .2254814 | .3088154 |
| emp | .754072 | .0261868 | 28.80 | 0.000 | .7027468 | .8053973 |
| hwy | .0709767 | .023041 | 3.08 | 0.002 | .0258172 | .1161363 |
| water | .0761187 | .0139248 | 5.47 | 0.000 | .0488266 | .1034109 |
| other | -.0999955 | .0169366 | -5.90 | 0.000 | -.1331906 | -.0668004 |
| unemp | -.0058983 | .0009031 | -6.53 | 0.000 | -.0076684 | -.0041282 |
| _cons | 2.128823 | .1543854 | 13.79 | 0.000 | 1.826233 | 2.431413 |

```
--------------------------------------------------------------------------
  Random-effects Parameters |    Estimate   Std. Err.    [95% Conf. Interval]
-----------------------------+--------------------------------------------
region: Identity             |
                sd(_cons) |     .038087    .0170591      .0158316    .091628
-----------------------------+--------------------------------------------
state: Identity              |
                sd(_cons) |    .0792193    .0093861      .0628027   .0999273
-----------------------------+--------------------------------------------
             sd(Residual) |    .0366893     .000939      .0348944   .0385766
--------------------------------------------------------------------------
LR test vs. linear regression:         chi2(2) =  1154.73   Prob > chi2 = 0.0000

Note: LR test is conservative and provided only for reference.
```

1. 三層次混合模型為：

$$gsp = 2.13 + 0.27private + 0.75emp + 0.07hwy + 0.08water - 0.099other - 0.006umemp$$

2. 概似比 (LR) 檢定結果，$\chi^2_{(2)} = 1154.73$，$p < 0.05$，故多層次混合模型顯著比 OLS 優。

# 09

單層 vs. 雙層：Cox 存活分析：臨床最重要統計法

　　數學／統計學，「一般」函數 (function) 都以隨機變數 x 之 f(x)、s(x) 型式來表示。但存活期間改以隨機變數 T(Time) 爲主，暗指以時間爲基礎所構成的函數，故隨機密度函數 (PDF) 改以小寫 f(t) 型式來呈現，小寫 s(t) 代表存活機率函數；相對地，大寫 F(t)、S(t) 型式分別代表「累積」隨機密度函數 (CDF) 及「累積」存活機率函數。

　　存活分析 (survival analysis) 通常用以探討特定危險因子與存活時間之關聯性的技術，主要是發展自醫學、生物科學領域，旨在探討生存機率、預測反映機率、平均壽命以及比較實驗動物或病人的存活分布等方面。近幾年來，在社會、經濟科學中亦廣泛地應用，像是「可靠度」研究電子設備的壽命、首次婚姻的持續時間、重罪犯人的假釋時間；或者應用在人們的就業／失業期間、居住期間、廠商生命以及廠商加入與退出行爲、信用卡破產等方面，皆可看到存活分析。

# 9-1 存活分析 (survival analysis) 介紹

　　相較於其他模型 (OLS, Logit, SEM⋯)，Cox 比例存活模型有較低的 Type I 誤差 ($\alpha$)。存活分析法又稱「危險模型」(hazard model)，亦稱作「存續期間模型」(duration model)，或簡稱「Cox 模型」。Cox 模型應用，以加速失敗時間模型 (accelerated failure time model, AFT) 及比例危險模型 (proportional hazard model, PHM) 最廣被使用 (Noh et al., 2005)。

1. 加速失敗時間模型 (AFT) 強調的是一個停留狀態下 ( 例如，人活到 80 歲會加速死亡 )，有關 AFT 與存活函數的搭配。請見《生物醫學統計分析》一書「第 3 章參數存活模型」介紹。

2. Cox 比例危險模型 (PHM)：個體之間的危險函數呈比率關係，此 Cox 比例危險模型是屬半參數 (semi-parameter) 模型，故函數 f(t) 木身並未假定 (assmuption) 存活函數要屬那一種分布 ( 常態／韋伯⋯)。請見本章節的介紹。

　　存活分析旨在探討事件發生所需的時間 (time to event)，即評估從初始事件到終止事件間經歷的期間。舉例來說，癌症試驗之整體存活期 (overall survival) 常以隨機分派時間點爲起點 (STaTa 系統變數爲 $\_t_0$)，以死亡事件 (STaTa 系統變數爲 $\_t$) 爲終點之評估指標；相反地，無惡化存活期 (progression-free survival) 是以隨機分派時間點爲起點，以疾病惡化或死亡事件發生爲終點的評估指標。雖然所評估的依變數值是時間 ($\_t_0$ 至 $\_t$)，但是常用之 t-test、ANOVA 或無母數

的 Wilcoxon rank sum test 都不適用，原因是在存活分析係有設限資料 (censored data) 的問題。

由於設限資料是不完整資料 (incomplete data)，為省事，有些人在分析時就將設限資料當成是完整資料來分析，這是不恰當的！因為這是會低估整體存活期的。那是不是可以將設限資料直接排除不算呢？這也是不恰當的，因為設限資料即使只提供部分資料，有時也是很重要的。舉例來說，若一組受試者在三個月內都死亡，另一組每位受試者在一年後死亡事件都沒有發生 ( 即都設限在一年 )，很明顯的第二組整體存活期比第一組好，若忽略這部分訊息，很容易做出錯誤的判斷的。因此一旦有設限資料出現，宜採用存活分析，存活分析與傳統統計方法不同就是能處理資料中有完整資料與設限資料的統計方法。

以臺灣企業赴大陸投資之決策因素為例，在過去的相關研究裡，很少有研究採用含「時間因素」為基礎的比例危險模型 (proportional hazard model, PHM) 來進行分析。事實上，時間在投資決策中扮演相當重要的角色，而且可以提供較多的訊息，進而提升分析之有效性 (Kuo & Li, 2003)。

存活分析源自於臨床 (clinical) 和流行病 (epidemiological) 追蹤型 (follow-up) 的研究，後來延伸至其他領域，包括社會學、工程學、經濟學、教育 / 心理學、行銷學……，不管是哪個領域，存活分析研究中的實驗目標不只是要研究事件是否發生 (what 結果 )，而且是何時發生 (when)。舉例來說，實驗對象在手術後 1 年死亡和在手術後 1 個月死亡的，雖然都是「死亡」，但是存活的時間不同，一個存活了「一年」之久，另一個只存活了「一個月」。因此若像區別分析、Logit 模型只單純紀錄是否死亡 (binary variable)，則忽略了「存活時間多寡」的重要資訊。

除了預測「時間」之事件發生機率外，存活分析也可研究時間以外的結果變數 (outcome variable)。舉例來說，「可靠度」工程師想要計算會使輪胎爆胎的里程數或是引擎需要修理的里程數 ( 壽命 )。這些研究有同樣的重點就是可靠度研究結果都要直到事件 ( 死亡 ) 發生，但測量的結果變數未必是時間，在工程師的例子中測量的是「里程數」。範例請見作者《生物醫學統計分析》一書「9-6-3 配對後 Weibull 存活模型搭配 accelerated failure time：發電機壽命 (streg 指令 )」。

## 9-1-1 存活分析之定義

存活分析是分析事件發生前的「期間」之統計方法 (the length of time until

an event occurs)。例如，脫離貧窮前的時間長度。出院發生前的時間長度。倒閉發生前的時間長度。復發發生前的時間長度。結婚發生前的時間長度。

　　早期某些研究雖然與存活無關，但由於研究中隨訪資料常因失訪等原因而造成某些資料觀察不完全，為了量身定做這種壽命資料的分析，因而統計學家發明了生存分析、存活分析，又稱存活率分析。

　　存活分析 (survival analysis) 是指根據試驗或調查得到的數據對生物或人的存活時間進行分析和推斷，研究存活時間和結局與眾多影響因素間關係及其程度大小的方法，也稱存活率分析。

　　存活分析涉及有關疾病的癒合、死亡，或者器官的生長發育等時效性指標。

　　某些研究雖然與存活無關，但由於研究中隨訪資料常因失訪等原因造成某些數據觀察不完全，要用專門方法進行統計處理，這類方法起源於對壽命資料的統計分析，故也稱為生存分析。

　　存活分析 (survival analysis) 又稱「事件—時間」分析 (time-to-event analysis)。存活分析涉及有關疾病的癒合、死亡，或者器官的生長發育等時效性指標，主要用來探討群體內樣本在某段時間過程中，發生特定事件的機率與影響的危險因子，根據試驗 (trial) 法或調查法來蒐集設限資料，再對生物／人的存活時間進行分析和推斷，研究存活時間／結局與影響因素之間關係強度。

　　存活分析旨在分析「直到我們所想觀察之事件發生的時間」的資料。從觀察樣本開始，到樣本發生事件，這段期間即稱為存活時間 (survival time) 或失敗時間 (failure time)，相對地，事件的發生則稱為死亡 (death)，由於早期應用在醫學領域，觀察病人的死亡率，因而稱之為失敗 (failure)。這些時間變數通常是連續變數而且能以日期、星期、月、年等單位來測量，而事件可能是指死亡、疾病的開始、結婚、逮捕、違約等二元 (binary) 結果變數。存活分析特別的是，即使被觀察的對象沒有發生該事件，被觀察的對象在研究中存活的時間或觀察的時間長度都會被列入計算。

　　例如，研究不同診所照護下的存活時間，直到事件 ( 死亡 ) 發生 ( _t )。若到研究時間結束，研究對象的事件 ( 死亡 ) 尚未發生，存活時間仍列入計算。

## 一、存活函數 S(t) 與危險函數 h(t) 之關係

1. 存活是危險的函數 (survival as a function of hazard)

$$S(t) = \exp\left[-\int_0^t h(s)ds\right]$$

2. 危險是存活的函數 (hazard as a function of survival)

$$h(t) = -\frac{d}{dt}\log S(t)$$

3. 下圖範例：危險固定時 constant hazard $h(t) = \lambda$

$$S(t) = \exp[-\lambda \times t]$$

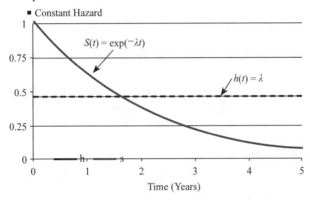

**圖 9-1** 指數分布之存活函數 $S(t)$ 與危險函數 $h(t)$ 之關係

註：$S(t) = \exp(-\lambda t)$   $\log(S(t)) = -\lambda t$

存活分析中的幾個函數，都可由 S(t) 函數轉換，如下所示：

---

定義：存活函數 S(t)

$S(t) = Pr(T > t)$，t 表示某個時間點，T 表示存活的期間 ( 壽命 )，Pr 表示機率。

存活函數 S(t) 就是壽命 T 大於 t 的機率。

舉例來說，人群中壽命 T 超過 60 歲 ( 時間 t) 的人在所有人中的機率是多少，就是存活函數要描述的。

假定 t=0 時，也就是壽命超過 0 的機率為 1；t 趨近於無窮大，存活機率為 0，沒有人有永恆的生命。如果不符合這些前提假定，則不適應 survival analysis，而使用其他的方法。

由上式可以推導：存活函數是一個單調 (mono) 非增函數。時間點 t 越大，S(t) 值越小。

---

衍生函數：F(t)
生命分布函數，lifetime distribution function F(t) = 1-S(t) = Pr(T ≤ t)
F(t) 即壽命 T 小於等於 t 的機率

---

機率密度函數 (probability density function, pdf)：f(t)

$$f(t) = \frac{d(F(t))}{dt} = \frac{d[1-S(t)]}{dt} = -\frac{dS(t)}{dt}$$

$f(t) = \dfrac{d(F(t))}{dt}$，又叫 event density，單位時間事件 event t( 可以是死亡、機器失效、違約、倒閉 ) 的機率，是存活函數 S(t) 的導數 ( 一階微分 )。

$$s(t) = \frac{d(S(t))}{dt} = -f(t)$$

機率密度函數 f(t) 的性質：
事件密度函數 f(t) 總是非負數 ( 因為沒有人可以死而復生 )。函數曲線下方面積 ( 從 0 到無窮大積分 ) 為 1。

---

危險函數 (hazard function)：符號 λ(t) 或 $h$(t)，如下圖所示。

定義：hazard function, $h$(t) = $\lim\limits_{\Delta t \to 0} \dfrac{p(t \le T < t + \Delta t \mid T \ge t)}{\Delta t} = \dfrac{f(t)}{S(t)} = -\dfrac{d \log_e(t)}{dt}$

　　hazard function 的分子是條件機率，也就是在存活時間 t 到 Δt 間發生事件的機率，為了要調整時間區間，hazard function 的分母是 Δt，讓 hazard function 是比率 (rate) 而不是機率 (probability)，最後，為了能精準表示在時間 t 的比率，公式用時間區間趨近於 0 來表示。

　　hazard function 與存活函數不同，hazard function $h$(t) 並不從 1 開始到 0 結束，它可以從任何時間開始，可以隨時間上下任何方向都可以，其他特性如它總是非負的且沒有上限，它也有與存活函數很明確定義的關係，所以你可以根據 hazard function 得到存活函數，反之亦然。

　　危險函數引入分母 S(t)。其物理意義是，如果 t = 60 歲，λ(t) 就是事件機率 ( 死亡 ) 除以 60 歲時的存活函數。因為年齡 t 越大，分母存活函數 S(t) 越小，假定死亡機率密度 f(t) 對任何年齡一樣 ( 這個不是 survival analysis 的假

設 )，那麼危險函數 λ(t) 值越大，預期存活時間短。綜合很多因素，賣人身保險的對年齡大的收費越來越高。嬰兒的死亡機率密度相對高一些，雖然分母存活函數 S(t) 大，λ(t) 值還是略微偏高，繳交的人身保險費也略偏高。

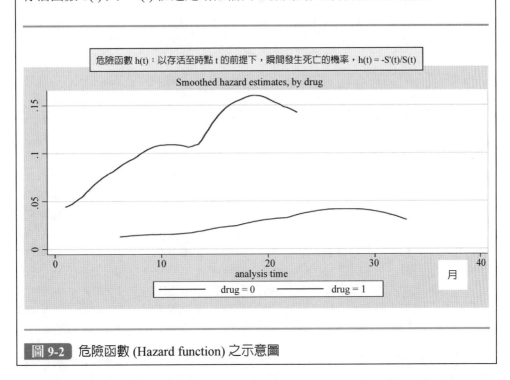

危險函數 h(t)：以存活至時點 t 的前提下，瞬間發生死亡的機率，h(t) = -S'(t)/S(t)

**圖 9-2** 危險函數 (Hazard function) 之示意圖

```
* 存活函數之示範例子
. webuse stan3

* Suppress showing of st settings，指令語法：「stset timevar failure fail-
  var」指令
. stset, noshow


** 印出存活函數 S(t) ,survivor function
. sts list

        failure _d:  died
  analysis time _t:  t1
               id:  id
```

| Time | Beg. Total | Fail | Net Lost | Survivor Function | Std. Error | [95% Conf. Int.] | |
|------|------------|------|----------|-------------------|------------|------------------|--------|
| 1 | 103 | 1 | 0 | 0.9903 | 0.0097 | 0.9331 | 0.9986 |
| 2 | 102 | 3 | 0 | 0.9612 | 0.0190 | 0.8998 | 0.9852 |
| 3 | 99 | 3 | 0 | 0.9320 | 0.0248 | 0.8627 | 0.9670 |
| 5 | 96 | 1 | 0 | 0.9223 | 0.0264 | 0.8507 | 0.9604 |
| 5.1 | 95 | 1 | 0 | 0.9126 | 0.0278 | 0.8388 | 0.9535 |
| 6 | 94 | 2 | 0 | 0.8932 | 0.0304 | 0.8155 | 0.9394 |
| 8 | 92 | 1 | 0 | 0.8835 | 0.0316 | 0.8040 | 0.9321 |
| 9 | 91 | 1 | 0 | 0.8738 | 0.0327 | 0.7926 | 0.9247 |
| 11 | 90 | 0 | 1 | 0.8738 | 0.0327 | 0.7926 | 0.9247 |
| 12 | 89 | 1 | 0 | 0.8640 | 0.0338 | 0.7811 | 0.9171 |
| 16 | 88 | 3 | 0 | 0.8345 | 0.0367 | 0.7474 | 0.8937 |
| 17 | 85 | 1 | 0 | 0.8247 | 0.0375 | 0.7363 | 0.8857 |
| 18 | 84 | 1 | 0 | 0.8149 | 0.0383 | 0.7253 | 0.8777 |
| 21 | 83 | 2 | 0 | 0.7952 | 0.0399 | 0.7034 | 0.8614 |
| 28 | 81 | 1 | 0 | 0.7854 | 0.0406 | 0.6926 | 0.8531 |
| 30 | 80 | 1 | 0 | 0.7756 | 0.0412 | 0.6819 | 0.8448 |
| 31 | 79 | 0 | 1 | 0.7756 | 0.0412 | 0.6819 | 0.8448 |
| 32 | 78 | 1 | 0 | 0.7657 | 0.0419 | 0.6710 | 0.8363 |
| 35 | 77 | 1 | 0 | 0.7557 | 0.0425 | 0.6603 | 0.8278 |
| 36 | 76 | 1 | 0 | 0.7458 | 0.0431 | 0.6495 | 0.8192 |
| 37 | 75 | 1 | 0 | 0.7358 | 0.0436 | 0.6388 | 0.8106 |
| 39 | 74 | 1 | 1 | 0.7259 | 0.0442 | 0.6282 | 0.8019 |
| (略………) | | | | | | | |
| 733 | 16 | 1 | 0 | 0.2699 | 0.0485 | 0.1802 | 0.3676 |
| 841 | 15 | 0 | 1 | 0.2699 | 0.0485 | 0.1802 | 0.3676 |
| 852 | 14 | 1 | 0 | 0.2507 | 0.0487 | 0.1616 | 0.3497 |
| 915 | 13 | 0 | 1 | 0.2507 | 0.0487 | 0.1616 | 0.3497 |
| 941 | 12 | 0 | 1 | 0.2507 | 0.0487 | 0.1616 | 0.3497 |
| 979 | 11 | 1 | 0 | 0.2279 | 0.0493 | 0.1394 | 0.3295 |
| 995 | 10 | 1 | 0 | 0.2051 | 0.0494 | 0.1183 | 0.3085 |
| 1032 | 9 | 1 | 0 | 0.1823 | 0.0489 | 0.0985 | 0.2865 |
| 1141 | 8 | 0 | 1 | 0.1823 | 0.0489 | 0.0985 | 0.2865 |
| 1321 | 7 | 0 | 1 | 0.1823 | 0.0489 | 0.0985 | 0.2865 |
| 1386 | 6 | 1 | 0 | 0.1519 | 0.0493 | 0.0713 | 0.2606 |
| 1400 | 5 | 0 | 1 | 0.1519 | 0.0493 | 0.0713 | 0.2606 |
| 1407 | 4 | 0 | 1 | 0.1519 | 0.0493 | 0.0713 | 0.2606 |

| 1571 | 3 | 0 | 1 | 0.1519 | 0.0493 | 0.0713 | 0.2606 |
| 1586 | 2 | 0 | 1 | 0.1519 | 0.0493 | 0.0713 | 0.2606 |
| 1799 | 1 | 0 | 1 | 0.1519 | 0.0493 | 0.0713 | 0.2606 |

```
-------------------------------------------------------------------
* Graph the survivor function
. sts graph

* Create survf containing the survivor function
. sts gen survf = s

* Sort on the time variable
. sort t1

* List part of the data
. list t1 survf in 1/10


     +------------------+
     | t1      survf |
     |------------------|
  1. |  1   .99029126 |
  2. |  1   .99029126 |
  3. |  1   .99029126 |
  4. |  1   .99029126 |
  5. |  2   .96116505 |
     |------------------|
  6. |  2   .96116505 |
  7. |  2   .96116505 |
  8. |  2   .96116505 |
  9. |  2   .96116505 |
 10. |  2   .96116505 |
     +------------------+
```

註：存活分析設定 (「stset *timevar* failure *failvar*」 指令) 之後，會新產生 3 個系統變數 (_t_0; _t;
_d)，其中：

1. _t_0 是觀察的開始時間，_t_0 ≥ 0。

2. _t 是觀察的結束時間，_t ≥ _t_0。

3. _d 是失敗指標 (indicator for failure), _d ∈ {0,1}。

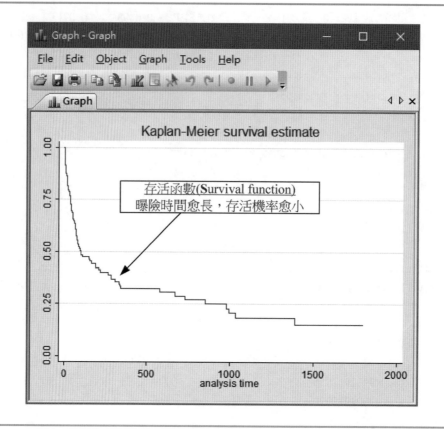

**圖 9-3** 存活函數 (Survival function) 之示意圖，「sts graph」指令

註：Statistics > Survival analysis > Graphs > Survivor and cumulative hazard functions

　　處理組及控制組，兩組「life tables」範例如下：

```
* Setup
. webuse rat, clear


* List some of the data
. list in 1/5
* Display separate life tables for each group and aggregate into 30-day in-
tervals
. ltable t died, by(group) interval(30)
```

|  | | Beg. | | | | Std. | | |
| Interval | | Total | Deaths | Lost | Survival | Error | [95% Conf. Int.] | |
| --- | --- | --- | --- | --- | --- | --- | --- | --- |
| group = 1（控制組生命表） | | | | | | | | |
| 120 | 150 | 19 | 1 | 0 | 0.9474 | 0.0512 | 0.6812 | 0.9924 |
| 150 | 180 | 18 | 1 | 0 | 0.8947 | 0.0704 | 0.6408 | 0.9726 |
| 180 | 210 | 17 | 6 | 0 | 0.5789 | 0.1133 | 0.3321 | 0.7626 |
| 210 | 240 | 11 | 6 | 1 | 0.2481 | 0.1009 | 0.0847 | 0.4552 |
| 240 | 270 | 4 | 2 | 1 | 0.1063 | 0.0786 | 0.0139 | 0.3090 |
| 300 | 330 | 1 | 1 | 0 | 0.0000 | . | . | . |
| group = 2（處理組生命表） | | | | | | | | |
| 120 | 150 | 21 | 1 | 0 | 0.9524 | 0.0465 | 0.7072 | 0.9932 |
| 150 | 180 | 20 | 2 | 0 | 0.8571 | 0.0764 | 0.6197 | 0.9516 |
| 180 | 210 | 18 | 2 | 1 | 0.7592 | 0.0939 | 0.5146 | 0.8920 |
| 210 | 240 | 15 | 7 | 0 | 0.4049 | 0.1099 | 0.1963 | 0.6053 |
| 240 | 270 | 8 | 2 | 0 | 0.3037 | 0.1031 | 0.1245 | 0.5057 |
| 270 | 300 | 6 | 4 | 0 | 0.1012 | 0.0678 | 0.0172 | 0.2749 |
| 300 | 330 | 2 | 1 | 0 | 0.0506 | 0.0493 | 0.0035 | 0.2073 |
| 330 | 360 | 1 | 0 | 1 | 0.0506 | 0.0493 | 0.0035 | 0.2073 |

## 二、存活分析的特性 (characteristic)

研究某一樣本的存活經驗通常是有價值，若研究樣本是某一龐大母體的代表，則這樣的存活經驗特別有用，因爲研究樣本的存活經驗就是龐大母體存活經驗的估計值。存活分析法是爲了充分運用時間相依變數中獨有的特徵，以及研究特別的個體因子及環境因子是否顯著地危險性。概括來說，存活分析的特性如下：

1. 存活資料與其他型態資料的最大差異，在於設限 (censored) 的現象，設限資料是指我們無法完全得到事件發生時間的觀測值，而妨礙我們使用標準的統計方法及推論，尤其是右設限資料描述了實際未觀測事件時間的下界，若依變數或結果變數是事件的時間，你要如何處理這樣的實例？

2. 母體的存活時間通常是偏態分配，在大多的統計推論中異於高斯（常態）分配，許多標準或近似統計方法，就無法精確描述這樣的資料。

3. 咱們通常對於整體存活時間的分配有興趣，許多標準的統計方法以平均存活

時間 μ 和標準差 s 作為推論的方向。但是，「事件—時間」在分配之極端處的百分位值表現，通常是存活分析中令人較感興趣的，舉例而言，許多人希望自己能夠活到第 95 百分位以上，而不是只活到第 50 個百分位以上的存活時間。存活分析中，關注於每個個體在治療或手術後單位時間事件的發生率。

4. 研究過程中某些解釋變數 (regressors)，例如膽固醇、血糖、血壓值、年齡，都會隨著時間改變，你如何利用迴歸分析中的概念，處理這些解釋變數與其他的時間相依的共變數 (time-dependent covariates) 呢？

以上問題的最佳解法，就是存活分析。

## 三、為何不可用 t 檢定 (ANOVA) 或迴歸，而須改用存活分析的理由？

1. 發生事件前的時間都是非負值隨機變數。

2. 發生某事件前的時間多呈右偏分配。

3. 有部分樣本無法完整觀察到發生事件前的時間長度 ( 設限資料 censored data)：例如，痊癒病患不知何時死亡。企業永續經營不知何時會倒閉。癌症病患不知何時出院。

## 9-1-2 為何存活分析是臨床研究最重要的統計法？

### 一、存活時間 (survival times) 分析之三種方法

探討樣本事件的再發生 ( 疾病復發、假釋犯再被捕…) 狀況，常用統計有三種分析：存活迴歸模型 (survival regression regression) 與 Logistic 迴歸、Poisson 模型。三者的功能看似相似，但這三種統計分析方法仍有所區別。首要之處必須避免 Type 0 錯誤：「無法辨別出研究問題本身的型態」。也要避免 Type III 錯誤：「正確的答案回答錯誤的研究問題」。更要避免 Type IV 錯誤：「錯誤的答案回答錯誤的研究問題」。你若想要研究事件的發生率 (incidence)，資料包含個體追蹤以及記錄事件的發生與否時，可有三種選擇：

1. 存活迴歸分析，旨在產生存活曲線的估計值及每單位時間事件發生率。故 Logistic 迴歸 (Logistic 指令 ) 旨在估計勝算比 (odds ratio)；Cox 迴歸 (stcox、svy: stcox 指令 ) 及參數存活模型 (streg、svy: streg、sterreg、xtstreg、mestreg 指令 ) 旨在估計危險比 (hazard ratio)。

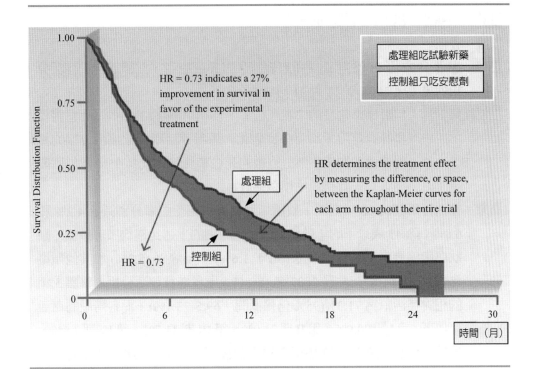

**圖 9-4** Hazard Ratio(HR) 之示意圖

　　例如，糖尿病比健康組患失明機率高出 20 倍 (HR=20)。又如，喝酒易臉紅，因缺「酶」，故其中風比率是健康組的 2 倍 (HR=2)。

2. Logistic 迴歸分析，旨在發生或是未發生的事件分率 (event proportion) 之估計值。Logistic 範例請見「Logistic Regression with Categorical Predictors.do」執行檔。

3. Poisson 迴歸，旨在產生每單位時間事件發生比率 (event rate) 的估計值。範例請見「poisson.do」、「Zero-inflated Poisson Regression.do」執行檔。

---

Poisson 迴歸範例

主題：1997 至 2006 年香港子宮頸癌患者的發病率、死亡率和癌症分期存活率：以人口為基礎的研究。

目的：透過涵蓋全港人口為本的癌症登記資料庫數據，檢視 1997 至 2006 年期間確診子宮頸癌患者的發病率和死亡率的趨勢，並描述患者的分期存活率。

---

**設計**：回顧性、以人口為基礎的研究。

**安排**：香港。

**患者**：患者 1997 至 2006 年期間所有確診子宮頸癌患者，並跟進合乎存活分析的患者至 2007 年 12 月 31 日。

**主要結果測量**：年齡標準化發病率和死亡率，及利用卜瓦松 (Poisson) 迴歸模型計算年度平均百分比變化。患者存活率則按癌症分期的相對存活率顯示。部分變數的死亡率風險比及其 95% 置信區間則以 Cox 比例風險模型估計。

**結果**：在進行研究的 10 年期間，整體年度發病率和死亡率分別減低 4.2% 和 6.0%。除 45 歲以下的年齡組別，其他組別的上述比率均顯著減低。鱗狀細胞癌發病率減低的幅度 ( 每年 3.6%) 不及腺癌 (5.2%) 和其他類型癌腫 (6.8%)。研究共為 3807 名 (86.4%) 患者進行存活分析。整體 5 年的相對存活率為 71.3%(95% 信賴區間：69.5-73.1%)，而各階段的存活率如下：第 I 期 90.9%、第 II 期 71.0%、第 III 期 41.7%、第 IV 期 7.8%。年齡、癌症分期和癌腫類型是獨立預後因素。第 IA 期患者存活率理想，跟一般人口相若。

**結論**：香港子宮頸癌的發病率和死亡率正逐漸改善，情況跟其他工業化國家相若。這是首個以全港人口為基礎及按癌症分期的存活率研究，並可視作癌症控制的指標。公營和私營機構的合作可進一步強化隨訪期數據，提供更加全面的監測信息。

---

註：所謂預後 (prognosis) 是指根據經驗預測的疾病發展情況。

以上三種統計，我們該挑選哪一個迴歸呢？就應考量你研究問題的本質：

1. 使用存活迴歸的條件為：每位個體追蹤不同的一段時間，且每位個體的時間原點可能並沒有明確定義，且事件發生比率 (HR) 在追蹤期間會隨著時間而改變，通常會有失去追蹤或是設限的線索。故長期追蹤適合使用存活分析，因為事件發生比率 (HR) 可能會在一個長期的時間區段變化。

2. 使用 Logistic 迴歸的條件為：每位個體追蹤一段相同的時間，並且對於時間原點有明確定義，僅對事件第一次發生感到興趣，當事件在時間原點之後，很快就發生時 ( 例如，腎臟病發生後 5 年內死亡 vs. 仍活著 )，通常使用此方法 ( 見第 1 章 )。

3. 使用 Poisson 迴歸的條件為：每位個體的追蹤週期不同，追蹤過程中事件率 (HR) 是一常數 ( 因此時間原點不是問題 )。例如：估計疾病死亡率或發生率、細菌數 (count) 或病毒的菌落數及瞭解與其他相關危險因子之間的關係等，通常是建立在 Poisson 分析之上。範例請見「poisson.do」、「Zero-inflated Poisson Regression.do」兩個指令批次檔的解說 ( 如下圖 )。

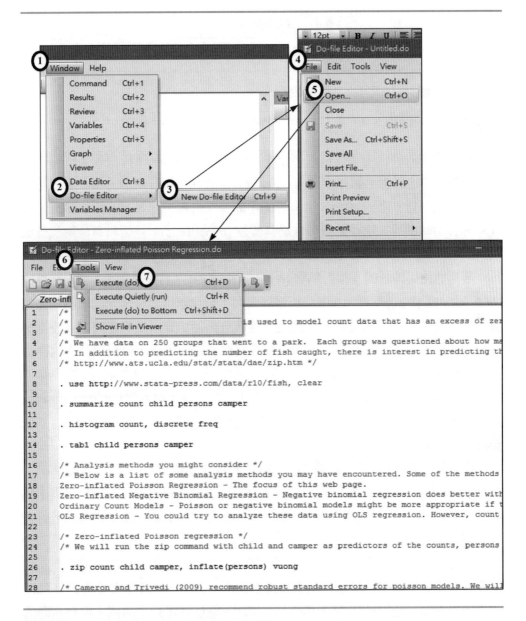

圖 9-5 「Zero-inflated Poisson Regression.do」指令檔內容

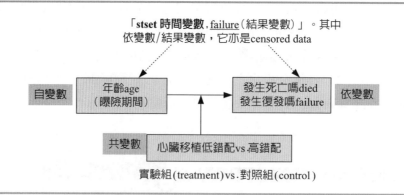

**圖 9-6** 心臟移植存活分析之研究架構

註：*stcox*, *streg*, *stcrreg* 指令都將「Failure variable:」中你指定變數當作依變數。

在臨床療效評估中我們常用死亡率或復發率等指標來比較療效。例如史丹佛大學醫學中心針對心臟移植手術 65 位病人的存活情況作統計分析，資料蒐集包括：存活狀態 ( 死 vs. 活 )、手術時的年齡、「供者—受者」的組織錯配分數 (T5) 和存活時間等。這些數據再檢驗其假設 (hypothesis)：是否具有低錯配分數 ( 低組，T5 < 1.1) 的案例比高錯配分數者 ( 高組，T5 > 1.1) 有較佳的存活率？

若單純使用傳統的「相對風險 (relative risk, RR)」(stcox 指令 ) 或「勝算比 (odds ratio)」(logistic 指令 ) 來分析這類問題，只會求得到二組死亡率的相對危險比很低 (HR 只有 1.18 倍 )。因為這種傳統分析無法提供足夠證據來支持本例之相關性假設。因此，若我們再深入檢查資料這二個族群，會發現其平均存活時間卻有顯著差異 ( 低 T5 = 477 天；高 T5 = 286 天 )。這時可考慮用「人—年」方法 (person-time approach)，「人—年」方法的計算是個案追蹤時間的和 [xtstreg, shared(panel 變數 ) 指令 ] 或對族群來說是族群大小乘以平均觀察時間 (「svy: streg」指令 )。

相對地，若將存活時間 ( 觀察時間 ) 的平均差異也納入考慮 (「svy: streg」指令 )，卻求得二組相對危險性 HR 為 2.21 倍 ( 傳統相對危險性分析只得到 1.18 倍 )，此法提供相當的證據去支持假設：具有低錯配分數的個案比高錯配分數者有較好的存活率。

由此可見，只看結果好壞 ( 死亡率高低 )，不計算出現結果前所歷經的存活時間長短，其比較的結果常常是會扭曲真象的。故存活時間的長短在許多臨床研究中是必須考慮的一個重要因素。換言之，雖然同是死亡病例，但存活時間

長短不一樣，病人的預後或療效就有差別。

概括來說，常見臨床資料不宜單純使用 死亡率 (HR) 來計算，更不能單純只計算 存活時間的平均值。例如「人一年」分析法，只單純地計算兩組病人的平均存活期，這樣的計算結果並不恰當。因平均存活期與資料何時被分析有關，它會隨分析時的時間點而變化，一直到當全部個案死亡之時刻爲止。亦即，只有當全部個案死亡時計算平均存活期才有價值，然而當今研究者欲分析他們的資料都在那 時間點 之前。因此若不愼使用這些方法都會扭曲結果的原貌。故唯有正確的存活分析 (Cox proportional hazards model, stcox 指令 )，才能結合兩者 ( 死亡率、存活時間的平均值 ) 優點，準確地反映預後的好壞程度，所謂 預後 (prognosis) 是指根據經驗預測的疾病發展情況；亦即必須使用存活率分析方法作爲臨床醫師評估病人預後之用。

## 9-1-3 存活分析之三種研究目標

**1.** 存活率的 估算

存活率的計算主要是用來描述一群病人經過一段時間的追蹤之後，尚有多少人存活 ( 如一年存活率或五年存活率 )，臨床醫師可選用 Kaplan-Meier 法；但如果所研究的病人數大於 30 例，則考慮使用生命表法 (life table method) 來計算存活率較方便。

**2.** 存活曲線的 比較法

(1) 二種不同治療方式下 ( 如新療法與傳統標準療法 ) 存活曲線差異的統計檢定，在 STaTa 可使用 stmh 指令 (Tabulate Mantel-Haenszel rate ratios)、strate 指令 (Tabulate failure rates and rate ratios)、stmc 指令 (Tabulate Mantel-Cox rate ratios)。

(2) 存活曲線的繪製，在 STaTa 可使用 sts graph 指令 (Graph the survivor and cumulative hazard functions)、ltable( 繪生命表 ) 或 sts list 指令 (List the survivor or cumulative hazard function)。

(3) 多群組之間存活時間的中位數 / 平均數，其 95% 信賴區間，則可用 stci 指令 (Confidence intervals for means and percentiles of survival time)。

**3.** 多種預後因子 的存活分析

爲了瞭解每一個預後因子對存活率的影響力，存活資料的蒐集，除了存活時間外，尚須包括許多預後因子如個案的特性 ( 年齡、性別、種族 ) 及疾病狀況

( 疾病嚴重等級、腫瘤大小及轉移範圍 ) 等時間相依之共變數，然後採用 Cox 比例危險型 (stcox 指令 ) 分析來處理這些預後因子。

## 9-1-4 存活分析之研究議題

存活分析旨在對生命時間 ( 失敗時間 ) (life time，failure time) 的分布做研究。存活分析是一個籠統定義的統計名詞，此名詞包含分析各種正的隨機變數 (positive random variable) 的統計技巧。通常，此隨機變數的數值是一個初始事件到某些終止事件的期間 T，如從出生之時間點 $t_0$( 或治療開始的時間點 ) 到死亡 $t$ ( 或疾病復發的時間點 t)。

這類事件發生時間 (time-to-event) 的資料常出現在不同領域中。譬如醫學中的存活率 (survival rate)、公共衛生中的死亡率 (mortality)、流行病學中的生命量表 (life table)、保險統計學及人口統計學中的生命統計資料 (vital statistics)、工程學中的可靠度分析 (reliability)、社會學中的事件歷史分析 (event history analysis)、市場中的消費者對特定商品購買時間、公司企業的存活時間、以及經濟學中的失業率等。

近年存活分析已在統計學上發展成為一支重要學問，成為臨床研究分析資料時不可或缺的主要工具之一。其應用十分廣泛，舉凡慢性病，如癌症、心血管疾病、高血壓等治療效果的分析。迄今，存活分析己被其他領域廣泛應用，包括社會科學、工程學、經濟學、行銷學、教育 / 心理學等。在我們周圍，「時間—事件 (time-to-event)」的二維平面之資料常出現在不同領域中，包括：

(1) 公共衛生中的死亡率。

(2) 生物醫藥領域中的癌症存活率。

(3) 流行病學中的生命量表。

(4) 商業研究中，市場研究之消費者對特定商品購買時間，客戶忠誠度的時間。或者商業上客戶資料管理、行銷、企業倒閉、員工離職。

(5) 公司企業的存活時間。

(6) 保險統計學及人口統計學中的生命統計資料。

(7) 社會學中的事件歷史分析，研究結婚時間到離婚時間，到再婚時間，人口居住時間與流動時間。

(8) 法學研究中，犯罪嫌疑人從犯罪時間到被捕時間，犯罪嫌疑人從被捕時間到起訴時間，從起訴時間到定罪時間，從假釋時間到再犯時間等。

(9) 工程學中的 可靠度分析、工業製成、產品 cycle。

(10) 經濟研究中的失業，從就業時間到失業時間，到 再就業時間 等。

(11) 教育領域，老師離職、學生休退學 / 吸毒等。

　　具體來說，使用存活分析之 研究議題 範圍很廣，包括下列領域：

──────| 教育 / 心理類 |──────

1. 學生的攻擊行為與其 初次使用菸和酒時間 之關係。

國外研究兒童及青少年初次使用菸酒「時間」有關之危險因子之統計法，已從 邏輯斯 迴歸或線性迴歸分析，改成存活分析來探討 初次使用菸酒的時間，如：Chilcoat 及 Anthony(1996) 即利用存活分析來探討父母監督程度的高低是否能延後兒童初次使用非法藥物的時間；Kosterman(2000) 亦利用存活分析來探討影響青少年初次飲酒及使用大麻時間之因素。

---

**目標**：臺灣兒童與青少年，5-14 歲的人，吸菸和飲酒更是常見的健康危害行為。本文旨在瞭解學生的攻擊行為與其初次使用菸和酒時間之關係。

**方法**：應用兒童與青少年行為之長期發展研究 (Child and Adolescent Behaviors in Long-term Evolution 計畫 ) 的資料進行分析。樣本選取於 2001 年就讀國小四年級之世代且完整追蹤至 2006 年者為分析樣本，共 1,486 人。主要變數為攻擊行為 ( 分成口語攻擊、肢體攻擊和破壞物品 ) 與初次使用菸和酒之時間。利用統計軟體，執行存活分析。

**結果**：(1) 研究樣本自陳初次吸菸與初次飲酒的時間，平均為 8.34 年級和 6.65 年級。(2) 研究樣本初次使用菸和酒的可能性在國中階段有明顯上升的情況。(3) 以攻擊行為隨時間變化 (time-varying) 的變數值分析後，自陳有口語攻擊行為者相對於無此行為者，於往後年度發生初次吸菸 ( 相對風險為 1.86) 或初次飲酒 ( 相對風險為 1.44) 的可能性較高；自陳有破壞物品行為者，於次年出現初次飲酒的風險為無此行為者的 1.39 倍。

**結論**：攻擊行為中的「口語攻擊」與「破壞物品」兩種類型是預測學生初次使用菸酒時間之顯著因子。建議相關單位及人員重視國小學生中有攻擊行為者，且相關之預防教育及介入計畫宜在國小階段開始，除降低攻擊行為的發生外，也可預防或延遲兒童與青少年初次使用菸和酒的時間。(《臺灣衛誌》2008；27(6), 530-542)

---

2. 貧窮持續時間的動態分析。

> 影響脫離貧窮的因素：
>
> 什麼樣的家戶或個人特質會影響其停止貧窮的時段？針對這樣的問題，除了檢視固定時間內，計算貧窮家戶或人口數以及這些貧窮人口特質的討論之外，最常被用以分析持續貧窮的模型，是以貧窮時間爲依變數進行存活分析 (survival analysis)，或稱事件歷史分析 (event-history analysis)。
>
> 有關影響脫離貧窮的研究部分，Hutchens(1981) 曾經使用 PSID 的資料，選擇 20 個州的女性家戶爲樣本，估計所得等相關因素對於進入與脫離福利方案的影響。Plotnick(1983) 則是使用事件歷史的分析技術分析影響使用福利方案的動態。
>
> Hutchens(1981) 利用 logistic 模型的分析，發現進入福利方案時的所得有很重要的影響，也支持經由提高工資可以降低對福利方案的依賴。所以在政策面上，政府可致力於工資的提高時，將有助於人們福利的依賴。高期望的薪資會提高福利依賴人口的脫離機率。但家庭規模和種族對於進入與脫離倡利方案並沒重要的作用。其他影響脫離貧窮的變數尚包括年齡、身心障礙地位、過去的福利依賴經驗與非倖存薪資所得等。

3. 以存活分析法分析學生離退率之相關因素。

> 例如比較有學貸與無學貸者之存活率。有人發現：男生第一年離退風險比女生高，女生離退現象較緩和。但在第二或第三年女生離退現象比男生高，尤其甲班最爲明顯。以入學方式來說，申請入學的學生在第一年離退風險比其他入學方式較高，技藝優良甄試入學的學生離退現象較其他入學方式入學的學生穩定。

4. 運用存活分析探討護理人員離職之相關因素，來比較已婚與未婚者之存活率。

> 有人發現，護理人員存活率爲 53.78%，其中存活之 50 百分位爲 12 個月，離職人員之存活時間平均爲 2 個月，離職高風險時期爲 1-3 個月之組織契合時期。

5. 教育組織的存活分析：以師資培育中心的創設和退場為例，來比公私立學校存活率。有人發現制度正當性是決定教育組織群體增長的主要因素。

6. 家戶購屋與生育行為關係：資源排擠與動機刺激。

有人發現生育後家戶之購屋機率以遞減方式在增加，購屋後家戶之生育機率則隨著時間遞減，說明資源排擠與動機刺激隨時間改變作用，且對於購屋與生育行為發生次序及事件發生於高房價時期之作用力亦不同，進而影響家庭行為。

———| 行銷類 |———

7. 上市櫃公司首次出現繼續經營疑慮之後動態分析。

8. 先前租買經驗對自住者購屋搜尋行為之影響－存活分析之應用。

9. 遊客參與節慶活動擁擠成本與滿意度之市場區隔分析。

10. 公車動態資訊服務對乘客使用公車習慣之影響以及使用者特性分析。

11. 實質選擇權對土地開發時機及其價值影響。
   本文探討不確定性對於未開發土地價值及開發時機之影響。唯土地開發為一動態過程，因而改採等比例危險模型 (proportional hazard model, PHM)。

———| 交通 / 工科 / 警政類 |———

12. 國道高速公路交通事故持續時間分析與推估：脆弱性存活模型之應用。

13. 應用存活分析法於機車紅燈怠速熄火行為之研究。

14. 機車紅燈怠速熄火節能減碳效果評估。

15. 對被釋放的假釋者，測量他們從被釋放到又被逮捕的時間。

———| 商業類 |———

16. 存活分析模型應用在信用卡使用者之違約風險研究。

17. 房屋交易市場上銷售期間：存活分析之應用。

18. 由工商普查時間數列資料探討企業存活及產業變遷。

19. 營建產業景氣指標與營建公司存活機率關係。

20. 銀行購併及存活研究。

21. 應用存活分析於企業財務危機之預測—以臺灣地區上市櫃公司為例。

22. 臺灣紡織廠商退出與轉業行爲。

影響廠商存活的時間模型，若以半參數模型方法比參數模型方法爲佳，而且
利用員工人數、廠齡、資本總額建立的指數迴歸模型可以有效地估計廠商存
活的狀況。

23. 公司可能破產的時間。

————| 醫學類 |————

24. 臺灣的存活曲線矩型化與壽命延長。

25. 影響臺灣不同世代老人存活相關因子探討。

26. 醫院對急性白血病人保護隔離之成本效益研究。

27. 加速失敗時間模型分析新發乳癌病患併發血栓栓塞對其存活的影響。

28. 醫師的遵循行爲可促進病患的存活嗎？以臺灣非小細胞肺癌病患爲例。

29. 對手術後的病人進行追蹤，測量這些病人在手術後可存活多久？

30. 新治療方法，對白血病病人追蹤他們疾病徵候減少的時間。

31. 得到卵巢癌的存活率。

32. 到院前心臟停止病患之存活分析。有人研究連續 3 年追蹤消防隊 1,122 位
OHCA 個案，存活分析發現反應時間以及急救時間與存活率有明顯的相關性。

33. 外掛程式對玩家線上娛樂行爲的影響。可使用存活分析方法，來瞭解不公平
因素對玩家遊戲持續的影響。

34. 細胞存活率分析，即是一種用於測量細胞的活性之試驗。

35. 探討膀胱尿路上皮癌的預後因子。

36. 長期吃胃藥 (treatment) 會導致骨質疏鬆 (failure)。

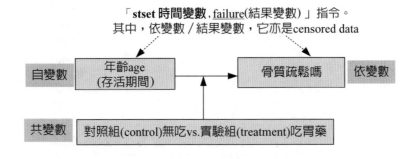

圖 9-7 吃胃藥是否導致骨質疏鬆之研究架構

37. 胃癌序貫篩查實施現場胃癌患者術後存活分析：11 年隨訪。

38. 常吃咖哩可以降低罹患老人癡呆症的風險，因為咖哩含有薑黃。

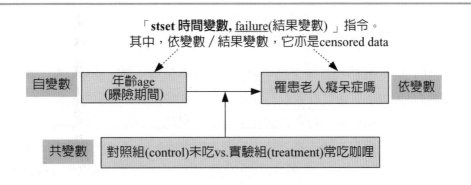

圖 9-8 常吃咖哩是否可降低罹患老人癡呆症之研究架構

———— 政治類 ————

39. 制度因素與非制度因素對民主崩潰的影響：46 個半總統制國家的經驗研究。

40. 菁英輪廓與黨國體制的存續：中共與國民黨的比較。

———— 財經／其他類 ————

41. 臺灣製造業廠商對外投資時機。

42. 臺灣農業部門就業期間之研究 1980-2002。

43. 油煙空氣污染 (PM2.5) 會提升肺癌發生率。

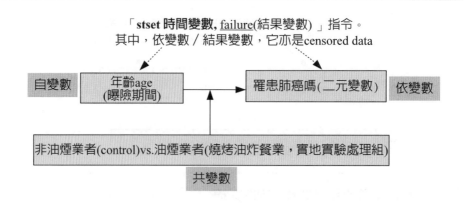

「**stset 時間變數,** failure(結果變數)」指令。
其中，依變數／結果變數，它亦是censored data

圖 9-9　油煙空氣污染會提升肺癌發生率之研究架構

44. 輪胎爆胎的里程數或是引擎需要修理的里程數。

## 9-1-5　設限資料 (censored data)

　　臨床 (clinical) 研究常以人為對象，不是像在做動物實驗那麼簡單，為了顧及醫學倫理前提下，研究計劃執行過程會出現某些無法完全掌控的情況，譬如研究開始時有一萬個人，現在到底在那裏？是死是活？因人會到處跑來跑去，很難追蹤，也經常有人會失去聯絡 ( 如病人搬家或死於與研究之疾病無關的原因 )，或因服藥產生副作用不願容忍而中途退出研究。又因每個案例 (case) 的發病時間不一，每一案例往往以不同的時間點被納入研究，因此每位個案被觀察時間長短亦會不同；此外，因研究計劃常有一定的期限，若在研究終了時，用來估算存活率的事件 ( 如死亡或疾病復發 ) 尚未發生，因此這些人正確的存活期無法得知，進而導致追蹤資料不完整，這些數據稱為「設限資料」(censored data)。

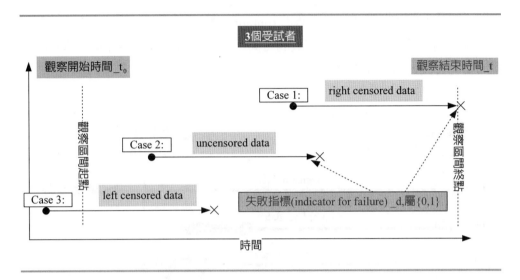

**圖 9-10** censored data 之示意圖

註：存活分析設定 (「stset *timevar* failure *failvar*」指令 ) 之後，會新產生 3 個系統變數 (_t₀; _t; _d)，其中：

1. _t₀ 是觀察的開始時間，_t₀ ≥ 0;
2. _t 是觀察的結束時間，_t ≥ t₀;
3. _d 是失敗指標 (indicator for failure), _d ∈ {0,1}。

存活分析又稱為「時間—事件分析」(time-event analysis)，是利用統計方法研究族群中的個體在經過「特定期間」後，會發生某種「特定事件」(event) 的機率。然而於實際研究情況當中，往往因為觀察期間或技術上的限制，而無法觀察研究樣本之確切存活時間。存活分析資料因事件的發生與否被分為二類，一是完整資料 (complete data)，指在觀察期間提供了事件發生的時間點；另一是設限資料 (censored data)，指在觀察期間失去聯絡或者在觀察結束時仍未發生事件。例如在醫學或流行病學常以死亡、疾病發生、疾病復發代表「特定事件」；反之若在「特定時間」上並未發生「特定事件」則稱為設限 (censored)。這些設限資料於統計上仍有其貢獻存在，若忽略設限資料，則可能造成統計上之偏誤。

以「公車即時資訊服務對乘客使用公車行為之影響」為例。研究定義的分析年期 (duration) 係自臺北市公車資訊服務啟用開始 (2005 年 ) 至問卷調查日期 (2015 年 ) 為止，共計 10 年期間。故受訪者以公車為主要交通工具的期間 (duration) 代表「存活時間 T」，而「特定事件」則是指受訪者不再以公車為主要交通工具。

在研究期間，乘客使用公車年期 (duration) 將受到「開始使用公車的時間」以及「不再以公車爲主要交通工具的時間」兩項因素影響，共計有 4 種不同形態及計算方式，如下圖所示：

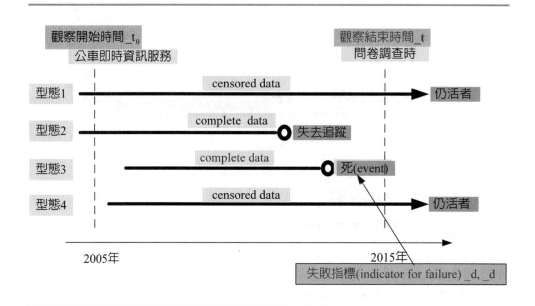

**圖 9-11** 乘客使用公車年期 (duration) 之不同型態示意圖

註：存活分析設定 (「stset *timevar* failure *failvar*」指令 ) 之後，會新產生 3 個系統變數 (_t_0; _t; _d)，其中：
1. _t_0 是觀察的開始時間，_t_0 ≥ 0;
2. _t 是觀察的結束時間，_t ≥ _t_0;
3. _d 是失敗指標 (indicator for failure), _d ∈ {0,1}。

型態 1：受訪者在系統服務啓用前即開始搭乘公車，且在問卷調查時仍持續以公車爲主要交通工具。該受訪者使用公車之年期 = ( 問卷調查時間 ) – ( 系統啓用時間 )，由於特定事件並未出現，因此這些樣本屬於「右設限」資料。它又屬左設限。

型態 2：受訪者在系統服務啓用前即開始使用公車，但在問卷調查時間前已不再以公車爲主要交通工具。特定事件出現在該受訪者使用公車之年期 = ( 不再以公車爲主要交通工具之時間 ) – ( 系統啓用時間 )，故該樣本屬於「失敗」資料。它亦屬左設限。

型態 3：系統服務啓用後才開始使用公車，但在問卷調查前已不再以公車爲主要

交通工具。該受訪者使用公車之年期 = ( 不再以公車為主要交通工具之時間 ) – ( 開始使用公車之時間 )，這些樣本屬於「失敗」資料。它亦屬完全資料 (complete data)。

型態 4：系統服務啟用後才開始使用公車，且在問卷調查時仍持續以公車為主要交通工具。該受訪者使用公車之年期 = ( 問卷調查時間 ) – ( 開始使用公車之時間 )，這些樣本屬於「右設限」資料。

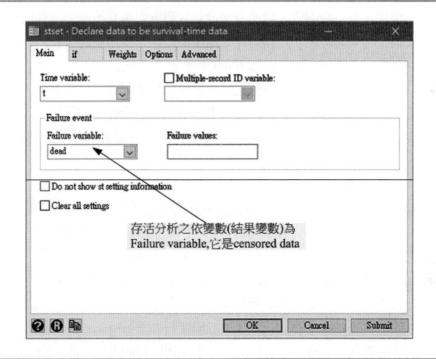

圖 9-12　存活分析之依變數 ( 結果變數 ) 為「Failure event」( 它是 censored data)

註：存活分析設定 (「stset *timevar* failure *failvar*」指令 ) 之後，會新產生 3 個系統變數 (_t_0; _t; _d)，其中：

1. _t_0 是觀察的開始時間，_t_0 $\geq$ 0;
2. _t 是觀察的結束時間，_t $\geq$ _t_0;
3. _d 是失敗指標 (indicator for failure)，_d $\in$ {0,1}。

## 一、右設限 vs. 左設限資料

一般而言，資料的設限型態有兩種情況：左設限 (left censoring) 及右設限 (right censoring)。左設限指的是樣本於觀察期間開始時即已存在可能發生事件之

風險，也就是說左設限之樣本之實際存活時間要比觀察到之存活時間較長。而右設限即觀察客體於觀察期間結束時仍然存活，因而研究者無法得知其事件發生時間。

### 1. 右設限資料 (right censored data)

右設限資料相對於左設限資料，是對於失敗時間點的「未知」，樣本實際存活時間亦大於研究所能得之的存活時間。當我們只知道某個研究對象的存活時間會比某個 t 時間多時，這筆資料就是右設限資料。也就是該研究對象因為失聯、退出而停止追蹤時間時，我們無法看到該研究對象實際發生事件的時間，只能確定真正發生的時間一定超過停止追蹤的時間。換句話說，我們只知道所要觀察的事件一定是在未來的某段時間發生。

例如：病人在手術後，因為轉院關係而導致失去追蹤，又或者病人因為交通意外事故，而導致死亡……等；又或者，受限於研究經費的限制，因此研究時間有限，倘若有病人沒有在研究時間內發生我們感興趣的事件，亦稱為右設限資料。

### 2. 左設限資料 (left censored data)

所觀察的樣本在觀察時間起點開始之前，即「已存在」，謂之左設限資料。此類資料由於起始點在研究觀察起點之前，因此其實際存活時間必大於對此樣本的可觀察到存活時間，但由於起始時間未知，或觀察期間開始前對此樣本存續狀態相關資訊亦無從瞭解，因此左設限資料的研究存活時間，是從觀察期間起點到此樣本失敗事件發生的經過時間。

如下圖，對於 Case 5 個體來說，左設限資料 (left censored data) 就是，我們知道他們在研究截止前發生了事件，但是不知道確切的事件時間。例如 Case 5 HIV 陽性的病人，我們可能會記錄個案檢測出陽性的時間，卻無法正確的知道第一次暴露 HIV 病毒的時間。

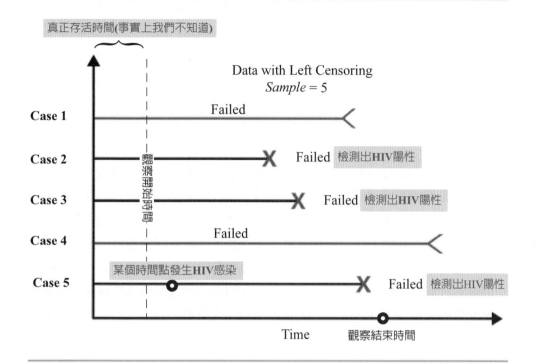

**圖 9-13** Left Censored Data 之示意圖

## 二、如何界定存活模型的存活期間 **T**？

當人們想探討，個人貧窮持續時間的存活分析，若採用 Cox 存活分析的模型，即可解決兩個問題：(1) 個人在貧窮時段內的某一年脫離貧窮的條件機率，這樣的問題可能經由貧窮家戶停留在貧窮狀態的分布加以估計。(2) 這些貧窮家戶中，何種因素會影響他們停留在貧窮的時間？是戶長個人特質、家戶的因素、外在經濟因素、或者是國家的福利政策呢？

以「貧窮持續時間」分析為例，其計算「貧窮時段」持續貧窮時間的方法，有三種：

1. Duncan 等人 (1984) 的估計法，係觀察時間內的貧窮年數，而未修正樣本截斷後產生的誤差。這種處理時間的方法有很大的問題，由於有些貧窮家戶在開始觀察之前就已經是貧窮，產生所謂 left censoring 的情形，而且在觀察結束時，有一些人尚未脫離貧窮，而有所謂 right censoring，以致其觀察的部分貧窮的歷程並未完成。這樣結果對於研究者在其觀察的期間，所認定的持續貧

窮者而言是較不客觀的，因為他們可能低估實際持續貧窮的真正人口規模。

2. Levy(1977) 的估計法，係以某一年的貧窮人口為觀察對象，追蹤人民脫離貧窮的情況。他以 PSID 第一年的貧窮人口為觀察的對象，追蹤 (panel-data) 他們往後各年脫離貧窮的狀況 ( 他觀察了 7 年 )，這種處理貧窮時間的方法雖然也會面臨左邊截斷的問題，但是對政策目的而言是較為有用的，此存活分析法可瞭解在補求政策實施之後，當前的貧窮人口中未來會持續貧窮的比率為多少。

3. Bane & Ellwood(1986) 的估計法，係以「貧窮時段」為分析單位，對於 left censoring 的家戶，其處理的方式是去除左邊設限的個案，如此不管觀察的對象在觀察期間的哪一年落入貧窮，其貧窮時段均以他們在觀察期間落入貧窮的第一年開始計算，所以每個貧窮者至少都可以觀察得到他們開啓貧窮時段的起點。此法考慮到無法觀察到所有貧窮者的時段，故他們在進行貧窮持續時間的計算時，利用生命表 (ltable 指令 ) 的方式計算各年的脫離貧窮機率與貧窮年數。Bane & Ellwood 的方法同時免除左邊與右邊設限的問題，往後多數相關研究也採用此方法。

## 9-1-6 存活時間 T 之機率函數

存活函數的表達與失敗機率函數的表達有一定的關係。所謂存活函數 S(t) 是個體可以存活的時間大於時間點 t 的機率，另 T 代表個體存活時間之隨機變數，且 S(t)=P(T>t) 代表存活函數，可說明如下：

$$S(t) = \Pr(T \le t) = \int_0^t f(X)dx = 1 - F(t)$$
$$\text{其中 } S(0) = 1 \ ; \ S(\infty) = 0$$

任何樣本資料在失敗事件發生前的存活時間 T，假設 T 為非負值的隨機變數，並有其對應的機率分布。存活時間 T，不管適用何種模型對應何種機率分布，基本上依定義方式，機率函數可分為兩種型態，分別為連續型態 (continuous) 和離散型態 (discrete)，分述如下：

### 一、連續型態

令 T 為樣本個體存活時間，T 之累積分布函數 $F(t)$(cumulative distribution function，c.d.f)，表示樣本存活時間 T 小於或等於特定時間點 t 之累積機率，定

義如下：

$$F(t) = \Pr(T \leq t), \, \forall \, t \geq 0$$

而個體存活時間 T 超過時間點 t 的機率函數 S(t)，稱爲存活函數 (survival function)，定義如以下所述：

$$S(t) = P(T > t) = 1 - F(t), \, \forall \, t \geq 0$$

由於存活時間 T 必爲非負值，因此 S(0) = 1，表示存活時間超過 0 的機率爲 1；$S(\infty) = \lim\limits_{t \to \infty} S(t) = 0$，表示存活時間無限大的機率爲 0。

對 $F(t)$ 作一階微分，可以得到存活時間 T 的機率密度函數 (probability density function，p.d.f)，可定義爲：

$$f(t) = \frac{dF(t)}{dt} = -\frac{dS(t)}{dt} = \lim\limits_{\Delta t \to 0} \frac{\Pr(t \leq T < t + \Delta t)}{\Delta t}, \, \forall \, t \geq 0$$

然而，存活分析中，機率密度函數係很重要，它描述樣本在 t 時點仍存活，因此在之後極小時間單位瞬間失敗的機率函數，稱爲危險函數 (hazard function) 或危險率 (hazard rate) 以 $h(t)$ 表示如下：

$$h(t) = \lim\limits_{\Delta t \to 0} \frac{\Pr(t \leq T < t + \Delta t | T \geq t)}{\Delta t} = \frac{f(t)}{S(t)}$$

由上式得知，$f(t) = -S'(t)$，因此上式可轉換爲：

$$h(t) = \frac{f(t)}{S(t)} = -\frac{dS(t)/dt}{S(t)} = -\frac{d\log S(t)}{dt}, \, \forall \, t \geq 0$$

將上式兩邊同時積分並取指數形式，可將存活函數轉換如下：

$$\int_0^1 h(x)dt = -\log S(t)$$
$$\Rightarrow S(t) = \exp\left(-\int_0^1 h(x)dx\right)$$

另外，$f(t)$ 可整理成

$$f(t) = h(t)S(t) = h(t)\exp\left(-\int_0^1 h(x)dx\right), \, \forall \, t \geq 0$$

## 二、離散型態

令 T 為某樣本個體存活時間隨機變數，以 $t_1, t_2, t_3\cdots$ 表示，其中，$0 \leq t_1 \leq t_2 \leq t_3 \leq \cdots$，其機率密度函數如下所示：

$$P(t_j) = \Pr(T = t_j), \quad j = 1, 2, 3, ......$$

樣本存活時間超過時間存活函數為 t 之存活函數 $S(t)$ 可表示如下：

$$S(t) = \Pr(T \geq t) = \sum_{j:t_j \geq t} P(t_j)$$

由於存活時間 T 必為非負值，因此 $S(0)=1$，表示存活時間超過 0 的機率為 1；$S(\infty) = \lim_{t \to \infty} S(t) = 0$，表示存活時間無限大的機率為 0。

危險函數 $h(t)$ 則可定義如下：

$$h(t) = \Pr(T = t_j | T \geq t_j) = \frac{P(t_j)}{S(t_j)}, \quad j = 1, 2, 3, ......$$

由於 $P(t_j) = S(t_j) - S(t_{j+1})$

則上式可改寫為以下公式：

$$h(t_j) = 1 - \frac{S(t_{j+1})}{S(t_j)}, \quad j = 1, 2, 3, ......$$

即存活函數 $S(t) = \prod_{j:t_j < t} [1 - h(t_j)], \quad j = 1,2,3,...$

# 9-1-7 Cox 存活分析 vs. Logit 模型 /probit 模型的差異

## 一、Cox 存活分析 vs. Logit 模型 /probit 模型

### (一) 存活分析如何應用在財金業

存活分析法在財務金融研究亦有實務應用的價值。因為往昔信用卡使用者之違約風險評估，多數研究皆在固定時點判定未來一段特定期間內是否會發生違約 ( 如區別分析 ) 或發生違約的機率 ( 如 Logit 模型以及 Probit 模型 )，無法提供持卡人在未來不同時點的違約機率 ( 或存活率 )。應用在醫學及精算領域廣為使用的存活分析，透過與信用卡使用者違約相關的可能因素，來建立預警模型及或存活率表，銀行即能以更長期客觀的方式來預估客戶未來各時點發生違約的機率，進而降低後續處理違約的成本。

有鑑於，區別分析法必須假定 (assumption) 自變數為常態分布。對銀行業而言，其結果看不出程度上的差別 ( 只有違約或不違約 )；而 Logit 模型以及 Probit 模型之信用評分方法，就改進了區別分析法對於處理名目變數和分布假定上的缺點，但仍無法提供金融檢查主管單位在未來不同時點的違約機率 ( 或存活率 )。若能以醫學領域的存活分析法，來建立一完整之銀行之客戶危機模型、存活率表 (survival table)，存活分析法即能應用於金融監理與風險的預測。

故銀行業，若能用醫學、財金、會計及行銷領域使用的存活分析 (survival analysis)，透過違約相關的可能因素，建立預警模型及或存活率表，即能使銀行以更客觀的方式，來預估客戶未來各時點發生違約的機率，即可降低處理違約的後續成本。

## ( 二 ) 二元依變數 (binary variable) 的統計法

對二元 (binary) 依變數而言，其常用統計法的優缺點如下表。

| 研究方法 | 基本假定 (assumption) | 優點 | 缺點 |
|---|---|---|---|
| 多變量區別分析 | 1. 自變數符合常態性<br>2. 依變數與自變數間具線性關係<br>3. 自變數不能有共線性存在<br>4. 變異數同質性 | 1. 同時考慮多項變數，對整體績效衡量較單變量客觀<br>2. 可瞭解哪些財務變數最具區別能力 | 1. 較無法滿足假定<br>2. 無法有效處理虛擬變數<br>3. 模型設立無法處理非線性情形<br>4. 樣本選擇偏差，對模型區別能力影響很大<br>5. 使用該模型時，變數須標準化，而標準化使用之平均數和變異數，係建立模型時以原始樣本求得，使用上麻煩且不合理 |
| 存活分析：比例危險模型 (PHM) | 1. 假定時間分布函數與影響變數之間沒有關係<br>2. 假定各資料間彼此獨立 | 1. 模型估計不須假定樣本資料之分布型態<br>2. 同時提供危險機率與存續時間預測 | 模型中的基準危險函數為樣本估計得出，樣本資料須具有代表性 |

| 研究方法 | 基本假定 (assumption) | 優點 | 缺點 |
|---|---|---|---|
| Probit 模型 | 1.殘差項須為常態分布<br>2.累積機率分布函數為標準常態分布<br>3.自變數間無共線性問題<br>4.樣本個數必須大於迴歸參數個數<br>5.各群預測變數之共變數矩陣為對角化矩陣 | 1.可解決區別分析中自變數非常態之分類問題<br>2.求得之機率值介於 0 與 1 之間，符合機率論之基本假定<br>3.模型適用於非線性情形<br>4.可解決區別分析中非常態自變數之分類問題。<br>5.機率值介於 0 與 1 之間，符合機率假定之前題模型適用於非線性狀況 | 1.模型使用時，必須經由轉換步驟才能求得機率<br>2.計算程序較複雜 |
| Logit 模型 | 1.殘差項須為韋伯分布<br>2.累積機率分布函數為 Logistic 分布<br>3.自變數間無共線性問題<br>4.樣本個數必須大於迴歸參數個數<br>5.各群預測變數之共變數矩陣為對角化矩陣 | 同 Probit 模型 | 同 Probit 模型 |
| 類神經網路 | 無 | 1.具有平行處理的能力，處理大量資料時的速率較快<br>2.具有自我學習與歸納判斷能力<br>3.無須任何機率分析的假定<br>4.可作多層等級判斷問題 | 1.較無完整理論架構設定其運作<br>2.其處理過程有如黑箱，無法明確瞭解其運作過程<br>3.可能產生模型不易收斂的問題 |
| CUSUM 模型 | 不同群體間其共變數矩陣假定為相同 | 1.考慮前後期的相關性<br>2.採用累積概念，增加模型的敏感度<br>3.不須作不同時點外在條件仍相同的不合理假定 | 計算上較複雜 |

註：本章 2-4 節，單獨介紹「Cox 比例危險模型 (proportional hazards model)」

## 二、線性迴歸 (linear regression) 的侷限性

1. 無法處理設限資料

   例如：研究不同診所照護下的存活情形，若病人轉診或失去追蹤，就會把這筆資料當作遺漏 (missing) 值。

2. 無法處理和時間相依的共變數 ( 個人 / 家族之危險因子、環境之危險因子 )。

3. 因爲事件發生的時間多數屬非常態分布情形，例如，韋伯 / Gamma / 對數常態，或脆弱模型、加速失敗時間模型，故並不適合以下線性模型：OLS、線性機率迴歸 (probit regression)、廣義線性模型 (generalized linear models)、限制式線性迴歸 (constrained linear regression)、廣義動差法 (generalized method of moments estimation, GMM)、多變量迴歸 (multivariate regression)、Zellner's seemingly unrelated regression、線性動態追蹤資料 (linear dynamic panel-data estimation) 等。

## 三、Logistic 迴歸的原理

### ( 一 )Logistic 迴歸的侷限性

1. 忽略事件發生時間的資訊

   例如：研究不同診所照護下的是否存活或死亡，無法看到存活期間多長？

2. 無法處理「時間相依的共變數」，由於邏輯斯迴歸都是假設變數不隨時間變動。

   例如：研究心臟病移植存活情形，等待心臟病移植時間 ($x_1$ 變數 ) 是心臟病移植存活情形的共變數，若要考慮等待心臟病移植的時間 ($x_1$ 變數 )，來看心臟病移植存活 (censored data) 情形，那 Logistic 迴歸無法處理這樣的時間相依的共變數。

### ( 二 )Logistic 迴歸的原理：勝算比 (odds ratio) 或稱為相對風險 (relative risk, RR)

以「受訪者是否 (0,1) 使用公車資訊服務」之二元 (binary) 依變數爲例。Logistic 迴歸係假設解釋變數 ($x_1$) 與乘客是否使用公車資訊服務 ($y$) 之間必須符合下列 Logistic 函數：

$$P(y \mid x) = \frac{1}{1 + e^{-\Sigma b_i \times x_i}}$$

其中 $b_i$ 代表對應解釋變數的參數，y 屬二元變數 (binary variable)。若 y = 1，表示該乘客有使用公車資訊服務；反之，若 y = 0，則表示該乘客未使用公車資訊服務。因此 P(y=1|x) 表示當自變數 x 已知時，該乘客使用公車資訊服務的機率；P(y=0|x) 表示當自變數 x 已知時，該乘客不使用公車資訊服務的機率。Logistic 函數之分子分母同時乘以 $e^{\Sigma b_i \times x_i}$ 後，上式變為：

$$P(y \mid x) = \frac{1}{1 + e^{-\Sigma b_i \times x_i}} = \frac{e^{\Sigma b_i \times x_i}}{1 + e^{\Sigma b_i \times x_i}}$$

將上式之左右兩側均以 1 減去，可以得到：

$$1 - P(y \mid x) = \frac{1}{1 + e^{\Sigma b_i \times x_i}}$$

再將上面二式相除，則可以得到

$$\frac{P(y \mid x)}{1 - P(y \mid x)} = e^{\Sigma b_i \times x_i}$$

針對上式，兩邊同時取自然對數，可以得到：

$$Ln\left(\frac{P(y \mid x)}{1 - P(y \mid x)}\right) = Ln\left(e^{\Sigma b_i \times x_i}\right) = \sum b_i \times x_i$$

經由上述公式推導可將原自變數非線性的關係，轉換成以線性關係來表達。其中 $\frac{P(y \mid x)}{1 - P(y \mid x)}$ 可代表乘客使用公車資訊服務的勝算比 (odds ratio, OR) 或稱為相對風險 (relative risk, RR)。

## (三) 醫學期刊常見的風險測量 (risk measure in medical journal)

在醫學領域裡頭常常將依變數 (dependent variable/outcome) 定義為二元的變數 (binary/dichotomous)，有一些是天生的二元變數，例如病人死亡與否、病人洗腎與否；有些則是人為定義為二元變數，例如心臟科常將病人的左心室射血分數 (left ventricular ejection fraction, LVEF) 小於 40% (or 35%) 為異常，或腎臟科將病人的腎絲球過濾率 (estimated Glomerular filtration rate, eGFR) 定義為小於 60% 為異常。

醫學領域之所以會如此將 outcome 作二分化的動作，有個主要原因是可以簡化結果的闡釋，例如可直接得到以下結論：「糖尿病病人比較容易會有 eGFR 異常，其相對風險 (relative risk, RR) 為 3.7 倍」或是：「飯前血糖每高 1 單位，

則病人的 eGFR 異常的勝算比 (odds ratio, OR) 會低 1.5%」，因此可針對其他可能的影響因子作探討，並且得到一個「風險測量」。

---

定義：相對風險 (relative risk, RR)，又稱相對危險性

---

在流行病統計學中，相對風險 (relative risk) 是指暴露在某些條件下，一個 (產生疾病的) 事件的發生風險。相對風險概念即是指一暴露群體與未暴露群體發生某事件的比值。

相對風險，其計算方式請見下表，簡單來說一開始就先把受試者分成暴露組 (exposed group) 與非暴露組 (unexposed group)，然後向前追蹤一段時間，直到人數達到原先規劃的條件。

|  | Disease | No Disease | |
|---|---|---|---|
| Exposed | A | B | N1 |
| Unexposed | C | D | N2 |
| | N3 | N4 | Total N |

$$RR = \frac{\text{Incidence}_{\text{Exposed}}}{\text{Incidence}_{\text{Unexposed}}} = \frac{A/N_1}{C/N_2}$$

此時暴露組發生事件的比例為 A/N1，非暴露組發生事件的比例為 C/N2，此時兩者相除即為相對風險 (RR)，假使相對風險顯著地大於 1 就代表暴露組的風險顯著地比非暴露組更高，例如之前舉例抽煙與肺癌的世代研究，抽煙組發生肺癌的比例為 3% 而未抽煙組罹患肺癌比例為 1%，此時相對風險即為 $\frac{3\%}{1\%} =$ 3，代表抽煙罹患肺癌的風險是沒有抽煙者的 3 倍之多，也可說抽煙罹患肺癌的風險相較於沒有抽煙者多出 2 倍 (3-1=2)。

---

定義：勝算比 (odds ratio, OR)

---

勝算比，其計算方式如下表。首先要先瞭解何謂「勝算」(odds)，勝算定義是「兩個機率相除的比值」，以下表的疾病組 (disease group) 為例，A/N3 表示疾病組中有暴露的機率，C/N3 指的是健康組中有暴露的機率，因此此兩者相除

即爲疾病組中有暴露的勝算 (A/C)；同樣地，B/D 即爲健康組中有暴露的勝算，此時將 A/C 再除以 B/D 即爲「疾病組相對於健康組，其暴露的勝算比」，也就是說兩個勝算相除就叫做勝算比。

|  | Disease | No Disease |  |
|---|---|---|---|
| Exposed | A | B | N1 |
| Unexposed | C | D | N2 |
|  | N3 | N4 | Total N |

$$OR = \frac{[(A/N_3)/(C/N_3)]}{[(B/N_4)/(D/N_4)]} = \frac{A/C}{B/D} = \frac{A \times D}{B \times C}$$

很多人在解釋勝算比的時候都會有錯誤，最常見的錯誤就是誤把勝算比當成相對風險來解釋，以之前舉例抽煙跟肺癌的病例對照研究爲例，50 位肺癌組中有 70% 曾經抽煙而 150 位健康組中 ( 即對照組 ) 僅有 40% 曾經抽過煙，此時勝算比即爲 $\frac{70\%}{40\%}$ = 1.75。這個 1.75 的意義其實不容易解釋，它並非表示抽煙組罹患肺癌的風險是未抽煙組的 1.75 倍，而是肺癌組有抽煙的勝算 ( 但它不是機率 ) 是健康組的 1.75 倍，而這個勝算指的又是「有抽煙的機率除以，沒有抽煙的機率」。總而言之，我們還是可以說肺癌跟抽煙具有相關性，也可以說抽煙的人比較容易會有肺癌罹患風險，但是不要提到多出多少倍的風險或機率就是了。

一般而言在醫學期刊勝算比出現的機會比相對風險多，一部分原因當然是大家較少採用耗時又耗力的前瞻性研究 ( 只能用相對風險 )，另外一個原因是勝算比可用在前瞻性研究也可用在回溯性研究，而且它的統計性質 (property) 比較良好，因此統計學家喜歡用勝算比來發展統計方法。

> **小結**
>
> 勝算比是試驗組的勝算 (odds) 除以對照組的勝算 (odds)。各組的 odds 爲研究過程中各組發生某一事件 (event) 之人數除以沒有發生某一事件之人數。通常被使用於 case-control study 之中。當發生此一事件之可能性極低時，則 relative risk 幾近於勝算比 (odds ratio)。

## 9-2 STaTa 存活分析／繪圖表之對應指令、新增統計功能

### 一、STaTa 存活分析的分類

#### 1. 非參數 ( 又稱半參數 ) 的存活分析之程序

存活一般較常用的都是半參數 Cox 比例危險模型，亦稱無母數的統計；因爲當我們要進行存活函數估計時，常常被研究事件並沒有很好的參數模型可以適配，這時我們會利用無母數方法來分析它的存活特徵，例如 Kalpan-Meier 法、生命表 (life table) (ltable 指令 )、或計算平均存活期 (stci 指令 )。進一步要「比較處理組 (treatment)vs. 對照組 (control)」存活機率曲線的差別時，也可利用 failure rates(strate、stmh、stmc 指令 ) and rate ratios((ir、cs、cc、mcc、tabodds) 指令 )、Mantel-Haenszel rate ratios(stmh 指令 )、Mantel-Cox rate ratios(stmc 指令 ) 等各種檢定／繪圖法 (ltable 等指令 )。複雜點的話，例如要調整其他變數效應，再求取預後因子的效應，那就可以用 Cox proportional hazards model(stcox 指令 )。

#### 2. 參數存活分析之程序 (streg 指令 )

參數存活分析之自變數，又分成 6 種分布搭 2 種脆弱模型。

## 二、STaTa 存活分析的選擇表之對應指令

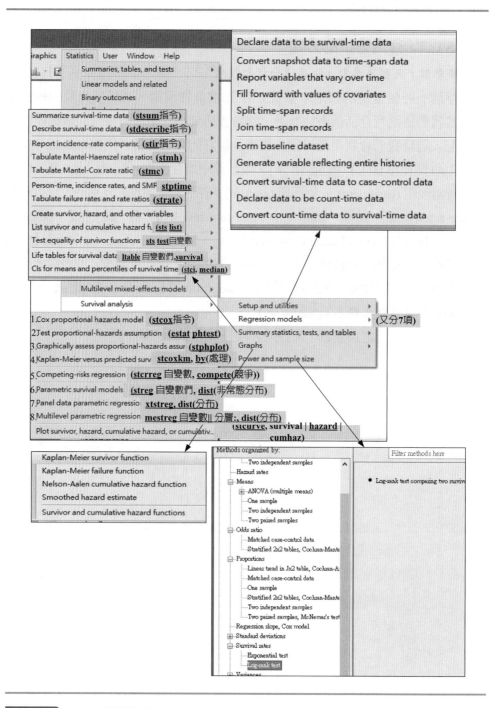

圖 9-14　STaTa 存活分析之 menu

768

STaTa 常見的存活分析，包括：Cox 模型 (STaTa 已用 stcox 指令取代 )、Cox 比例危險模型 (Proportional Hazards Model, PHM) (stcox、streg 指令 )、Kaplen-Meier 存活模型 (stcoxkm 指令 )、競爭風險存活模型 (stcrreg 指令 )、參數存活模型 (streg 指令 )、panel-data 存活模型 (xtstreg 指令 )、多層次存活模型 (mestreg 指令 )、調查法之 Cox 比例危險模型 ((svy:stcox, strata() 指令 )、調查法之參數存活模型 (svy:streg, dist( 離散分布 ) 指令 ) ( 如下圖 )。

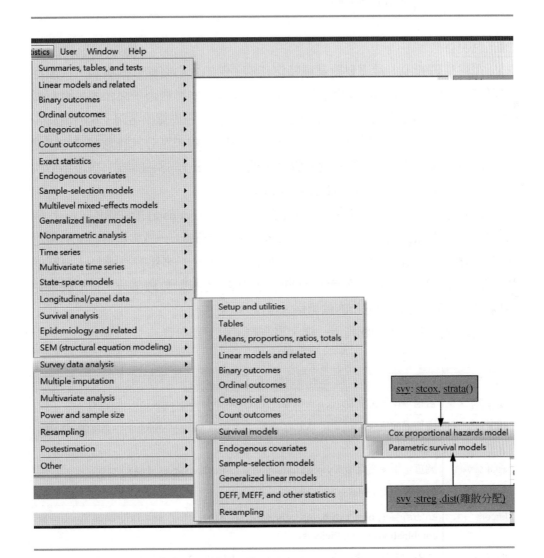

圖 9-15 STaTa 調查法之存活分析 menu

## 三、stcox 指令的事後指令 (postestimation commands)

| 指令 | 說明 |
|---|---|
| estat concordance | 求得一致性 c 機率 (compute the concordance probability)。(It is not appropriate after estimation with svy). |
| stcurve | 繪存活圖、危險圖、累積危險圖 (plot the survivor, hazard, and cumulative hazard functions) |

補充說明 :

在醫學研究中，常需要對某種特定疾病 ( 例如，心血管方面疾病，代謝症候群等 ) 找出其顯著的影響因子，再進一步地以這些影響因子來預測是否有得病。就常用的邏輯斯迴歸 (logistic regression) 而言，它先算出各因子組合 (factor analysis) 而成的危險分數 (risk score)，再以危險分數來區分其有得病或是沒得病，此時用來評估其區分精確度的數量，就是「estat concordance」事後指令所印出之一致性統計量 (Concordance statistics)。

存活分析 ( 有病與否和時間長短有關；time to event data) 所使用的 Cox 比例危險模型，其 stcox 指令之事後指令「estat concordance」一致性統計量 c 的用途很廣，它可以算出一致性 c 統計量，並將敵對模型——來比較不同 Cox 迴歸模型 ( 影響因子選擇不同 )，何者的預測能力更佳。在統計軟體部分，目前較常見用來進行一致性統計量分析的軟體為 STaTa, SAS, R。

stcox 指令和其他迴歸指令一樣，事後亦可用下列指令：

| 事後指令 | 說明 |
|---|---|
| contrast | 各組平均數的對比 (contrasts and ANOVA-style joint tests of estimates) |
| estat | 模型適配度：AIC, BIC, VCE, and estimation sample summary。AIC 愈小，解釋能力愈佳。 |
| estat svyset | 調查法事後檢定 ((svy)postestimation statistics for survey data) |
| estimates | 類別的估計 (cataloging estimation results) |
| lincom | 點估計等 (point estimates, standard errors, testing, and inference for linear combinations of coefficients) |
| linktest | 你界定模型之連結檢定 (link test for model specification) |
| lrtest | 兩個敵對模型誰優？Likelihood-ratio test。(lrtest is not appropriate with svy estimation results) |

| 事後指令 | 說明 |
|---|---|
| margins | 邊際平均數 (marginal means), predictive margins, marginal effects, and average marginal effects |
| marginsplot | 繪邊際圖 (graph the results from margins (profile plots, interaction plots, etc.)) |
| nlcom | 點估計等 (point estimates, standard errors, testing, and inference for nonlinear combinations of coefficients) |
| predict | 求預測值並存至新變數中 (predictions, residuals, influence statistics, and other diagnostic measures) |
| predictnl | 點估計等 (point estimates, standard errors, testing, and inference for generalized predictions) |
| pwcompare | 配對比較之估計 (pairwise comparisons of estimates) |
| test | Wald 檢定 (Wald tests of simple and composite linear hypotheses) |
| testnl | 非線性假設之 Wald 檢定 (Wald tests of nonlinear hypotheses) |

## 9-3 存活分析範例：除草有助幼苗存活率嗎？

存活分析 Cox 模型所採用半參數迴歸的統計法，它可解決生態學上相關領域存活資料 ( 例如：病蟲害林木、植物開花與結實、苗木等存活時間 ) 的分析與研究。存活資料 (Survival data) 係收集一段時間長度的資料，由起點 $\_t_0$ 到某個「事件」(event) 發生 $\_t$ 時間長短 ( 例如：種子萌發到幼苗死亡的時間 )，這類研究的主要特徵包括：

(1) 資料多呈非常態的分布 (non-normal distribution)。

(2) 正偏態 (positively skewed)，分布的尾巴向右。

(3) 具有設限現象 (censoring)，因此傳統的統計方法，假設資料爲常態性分布，估算平均值與標準差作爲推論方向，容易產生估算的誤差。

### 9-3-1 生命表 (life table)

存活分析又叫精準分析或生命表分析，早在 17 世紀天文學家 Halley 應用生命表方法來估計小鎮居民的存活時間。之後，生命表就被廣泛地應用，例如壽險公司採用生命表來估計保戶的保險金等。因爲每個人，不一樣同壽命地死，在生和死的中間存活時間，就是每個人的生命，雖然有長有短，但都是一樣

地，可以以時間的長短就可以表示出來。生命表有關的統計就是著眼在這一樣
的情況下，而發展出來的存活分析。

# 一、族群在時間上的變異 ( 生命表 )

## ( 一 ) 生命表 (life table) 介紹：兔子為例

| 年齡<br>age | 存活隻數<br>$n_x$ | 存活比率<br>$I_x$ | 死亡率<br>$d_x$ | 年比死亡率<br>$q_x$ | 平均存活率<br>$L_x$ | 累積平均存活率<br>$T_x$ |
|---|---|---|---|---|---|---|
| 0~1 | 530 | 1.0 | 0.7 | 0.7 | 0.650 | 1.090 |
| 1~2 | 159 | 0.3 | 0.15 | 0.5 | 0.225 | 0.440 |
| 2~3 | 80 | 0.15 | 0.06 | 0.4 | 0.120 | 0.215 |
| 3~4 | 48 | 0.09 | 0.05 | 0.55 | 0.065 | 0.095 |
| 4~5 | 21 | 0.04 | 0.03 | 0.75 | 0.025 | 0.030 |
| 5~6 | 5 | 0.01 | 0.01 | 1.0 | 0.005 | 0.005 |

➢ 死亡率 (mortality rate, $q_x$)：族群在時間上的死亡率
➢ 存活率 (survival rate, $I_x$)：存活隻數 / 開始隻數
　　在 1–2 年 $I_x$ = 159/530 = 0.3
　　在 2–3 年 $I_x$ = 80/530 = 0.15
➢ 死亡率 (mortality rate, $d_x$)：該期間死亡率 $d_x = I_x - I_{x+1}$
　　在0–1年$d_x$ = 1.0 − 0.3 = 0.7
　　在1–2年$d_x$ = 0.3 − 0.15 = 0.15
　　在2–3年$d_x$ = 0.15 − 0.09 = 0.06
➢ 年比死亡率 (age-specific mortality rate, $q_x = d_x/I_x$)
　　在0–1年$q_x$ = 0.7 / 1.0 = 0.7
　　在1–2年$q_x$ = 0.15 / 0.3 = 0.5
　　在2–3年$q_x$ = 0.06 / 0.15 = 0.4
➢ 平均存活率 (average survival rate, $L_x = (I_x+I_{x+1})/2$
　　在0–1年$L_x = \dfrac{1.0+0.3}{2} = 0.65$
　　在1–2年$L_x = \dfrac{0.3+0.15}{2} = 0.225$
　　在2–3年$L_x = \dfrac{0.15+0.09}{2} = 0.12$

➢ 累積平均存活率 (Sum averaged survival rate, $T_x = \sum L_x$)

在0－1年$T_x = 0.65 + 0.225 + 0.12 + 0.065 + 0.025 + 0.005 = 1.09$

在1－2年$T_x = 0.225 + 0.12 + 0.065 + 0.025 + 0.005 = 0.44$

➢ 期待存活率 (life expectancy, $e = T_x / I_x$

在0－1年$e_x = 1.09 / 1 = 1.09$

在1－2年$e_x = 0.44 / 0.3 = 1.47$

在2－3年$e_x = 0.125 / 0.15 = 1.43$

## (二) 繁殖表 (fecundity table)

| 年齡 | 存活比率 ($I_x$) | 繁殖率 ($b_x$) | 年比出生率 ($I_x b_x$) |
|---|---|---|---|
| 0~1 | 1 | 0 | 0 |
| 1~2 | 0.3 | 2 | 0.6 |
| 2~3 | 0.15 | 3 | 0.45 |
| 3~4 | 0.09 | 3 | 0.27 |
| 4~5 | 0.04 | 2 | 0.08 |
| 5~6 | 0.01 | 0 | 0 |
| sum | | 10.0 | 1.40 |

➢ 每年能夠繁殖的隻數 (birth rate, $b_x$)

$\sum b_x$：一隻母兔子一生最高繁殖 10 隻

➢ 年比出生率 (age-specific schedule of births, $I_x b_x$)

0－1年　$b_x I_x = 1.0 \cdot 0 = 0$

1－2年　$b_x I_x = 0.3 \cdot 2 = 0.6$

2－3年　$b_x I_x = 0.15 \cdot 3 = 0.45$

$R_o = \sum b_x I_x = 1.40 > 1$, 族群具有繁殖增加能力

$R_o = 1$, 　族群數目在六年後不增不減

$R_o < 1$, 　族群數目在六年後減少

## (三) 存活表 (survival table)

| 年齡 | 存活比率 ($I_x$) | 年比死亡率 ($q_x$) | 存活率 ($s_x$) | 繁殖率 ($b_x$) |
|---|---|---|---|---|
| 0~1 | 1 | 0.7 | 0.3 | 0 |

| 年齡 | 存活比率 ($I_x$) | 年比死亡率 ($q_x$) | 存活率 ($s_x$) | 繁殖率 ($b_x$) |
|------|------------------|---------------------|----------------|----------------|
| 1~2 | 0.3 | 0.5 | 0.5 | 2 |
| 2~3 | 0.15 | 0.4 | 0.6 | 3 |
| 3~4 | 0.09 | 0.55 | 0.45 | 3 |
| 4~5 | 0.04 | 0.75 | 0.25 | 2 |
| 5~6 | 0.01 | 1 | 0 | 0 |

➢ 存活率 (survival rate, $s_x$) = $1 - q_x$

　　$0-1$年　$s_x = 1 - 0.7 = 0.3$

　　$1-2$年　$s_x = 1 - 0.5 = 0.5$

　　$2-3$年　$s_x = 1 - 0.4 = 0.6$

## (四) 族群在時間之預測變化表 (population projection table)

➢ 族群在時間上的變化由存活率 ($s_x$) 與繁殖率 ($b_x$) 兩個因子決定

[ 例題 ] 年齡結構表

有一森林有若干隻公兔子與 10 隻一歲母兔子移入

| 兔子年齡 | 年 ( 族群數目 ) | | |
|----------|:---:|:---:|:---:|
| | 0 | 1 | 2 |
| 0 | 20 | 27 | 34.2 |
| 1 | 10 | 6 | 8.1 |
| 2 | 0 | 5 | 3 |
| 3 | 0 | 0 | 3 |
| 4 | 0 | 0 | 0 |
| 5 | 0 | 0 | 0 |
| Total | 30 | 38 | 48.3 |
| λ | 1 | 1.27 | 1.27 |
| 0 | 20 | 27 | 34.2 |

0 年→剛移入 10 隻一歲母兔子，一歲的母兔子每隻一年生兩隻，

　　　所以在 0-1 歲的兔子 10×2 = 20 隻，總數將爲 10 + 20 = 30 隻

1 年→ 20 隻 0-1 歲的兔子，在第一年存活率爲 0.3，

所以 1-2 歲爲 20×0.3 = 6 隻，10 隻 1-2 歲的兔子，

在第二年存活率 0.5，所以 2-3 歲爲 10×0.5 = 5 隻

新出生爲 6 隻 ×2 + 5 隻 ×3 = 27 隻，總數 6 + 5 + 27 = 38 隻，

年變化（Lambda）= 38/30 = 1.27

2 年→ 1-2 歲的隻數 27×0.3 = 8.1

2-3 歲的隻數 6×0.5 = 3.0

3-4 歲的隻數 5×0.6 = 3.0

0-1 歲的隻數 8.1×2 + 3×3 + 3×3 = 34.2

## 9-3-2 存活分析範例 [ 依序 (estat phtest、sts graph、ltable 或 sts list、stci、stmh、stcox 指令 )]

存活分析具有設限資料現象的特徵，所謂右設限爲在觀測時間內，研究對象因某些因素失去追蹤、損毀或觀測時間內「事件」未發生，主要是因爲追蹤觀測資料不完整而產生。一般設限現象主要爲右設限 (right censored)，即在最後一次的觀測中觀測體仍「存活」的個體。

### 一、Cox proportional hazard regression

Cox 迴歸模型 (Cox's regression model) 又稱爲對比涉險模型 (proportional hazard model)，屬於無母數分析方法的一種，不需要對依變數作統計機率分布的假定 (assumption)，以危險函數 [hazard function；$\lambda(t)$ 或 $h(t)$] 建立預後因子和存活率之關係，預測個體失敗時間點的機率，並探討特定的因子或變數與存活時間之關聯性。

以 Cox regression 檢定連續型變數在存活時間及風險上的預測情形是否達顯著差異，此爲存活分析之單變量分析 (univariate Cox regression)；針對於單變量存活分析達顯著者 ($p < 0.05$)，你可將達顯著的自變數一併納入 Cox 模型中，以 Cox proportional hazard model 來檢驗在控制 (adjust / control) 其他變數的影響效果之下，建立某症候群之存活預測模型，此爲多變量存活分析 (multivariate Cox regression)。

例如，藥物反應研究中，爲了探討某一種藥物的效果，經常進行數個不同的治療方式當作處理組 (treatment group) 和一個對照組 (control group) 來做比較。醫學上所蒐集到的資料經常出現右設限資料，導致分析的困難，針對右設

限存活資料，當兩組存活函數呈現交叉時，通常不會檢定兩組的存活函數有無差異，而是針對特定的時間點下兩組存活函數是否有差異。此外，藥物的藥效可能隨時間而改變，具相同條件的病人，其療效也不相同。

## 二、範例 處理組 (treatment group) 和對照組 (control group) 的存活函數之危險率比較：除草 vs. 無除草對幼苗存活率的比較

### (一) 問題說明

下表分析的資料為植物幼苗在有沒有除草的處理 (treat 變數：除草：YES，沒除草：NO) 下，存活的天數 (day)，其中狀態 (status) 為幼苗是否在觀察期間發生死亡 (死亡：1，存活 0)。

事件 (event) 變數是用來表示觀察時間是否為存活時間的指標 ( 又稱設限變數 )。若「是」的話，事件變數值定義為「1」，表示觀察時間資料是完整的存活資料；若「不是」的話，則定義為「0」，表示觀察到的時間資料是不完整的設限資料。通常事件變數值為「1」時，又稱為一個事件 (e.g. 死亡 )，「0」時稱為設限 (censored)，即未發生事件 (e.g. 仍活著 )。

| 幼苗 no | day 存活的天數 | Status 發生死亡嗎 | Treat 除草否？ | 幼苗 no | day 存活的天數 | Status 發生死亡嗎 | Treat 除草否？ |
|---|---|---|---|---|---|---|---|
| 1 | 5 | 1 | NO | 19 | 9 | 1 | YES |
| 2 | 7 | 1 | NO | 20 | 11 | 1 | YES |
| 3 | 9 | 1 | NO | 21 | 14 | 1 | YES |
| 4 | 11 | 1 | NO | 22 | 14 | 1 | YES |
| 5 | 12 | 1 | NO | 23 | 15 | 1 | YES |
| 6 | 13 | 1 | NO | 24 | 22 | 1 | YES |
| 7 | 14 | 1 | NO | 25 | 36 | 1 | YES |
| 8 | 15 | 1 | NO | 26 | 59 | 0 | YES |
| 9 | 19 | 1 | NO | 27 | 62 | 0 | YES |
| 10 | 20 | 1 | NO | 28 | 76 | 0 | YES |
| 11 | 22 | 1 | NO | 29 | 88 | 0 | YES |
| 12 | 30 | 1 | NO | 30 | 35 | 0 | YES |
| 13 | 35 | 1 | NO | 31 | 55 | 0 | YES |
| 14 | 55 | 1 | NO | 32 | 18 | 0 | YES |

| 幼苗 no | day 存活 的天數 | Status 發生死亡嗎 | Treat 除草否？ | 幼苗 no | day 存活 的天數 | Status 發生死亡嗎 | Treat 除草否？ |
|---|---|---|---|---|---|---|---|
| 15 | 18 | 0 | NO | 33 | 100 | 0 | YES |
| 16 | 100 | 0 | NO | 34 | 125 | 0 | YES |
| 17 | 108 | 0 | NO | 35 | 163 | 0 | YES |
| 18 | 152 | 0 | NO | 36 | 152 | 0 | YES |

存在 CD 檔中：除草可助存活嗎 .xls、除草可助存活嗎 .dta

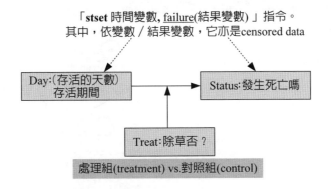

「**stset** 時間變數, failure(結果變數)」指令。
其中，依變數 / 結果變數，它亦是censored data

**圖 9-16** 存活分析之研究架構

註 1：*stcox*, *streg*, *stcrreg* 指令都將「Failure variable:」中你指定變數當作依變數。

註 2：存活分析設定(「stset *timevar* failure *failvar*」指令)之後，會新產生 3 個系統變數 (_t$_0$; _t; _d)，其中：

　　1. _t$_0$ 是觀察的開始時間，_t$_0 \geq 0$;

　　2. _t 是觀察的結束時間，_t $\geq$ _t$_0$;

　　3. _d 是失敗指標 (indicator for failure), _d $\in \{0,1\}$。

## (二) 建資料檔

　　將上述表格，依圖 9-17 程序來建資料檔。

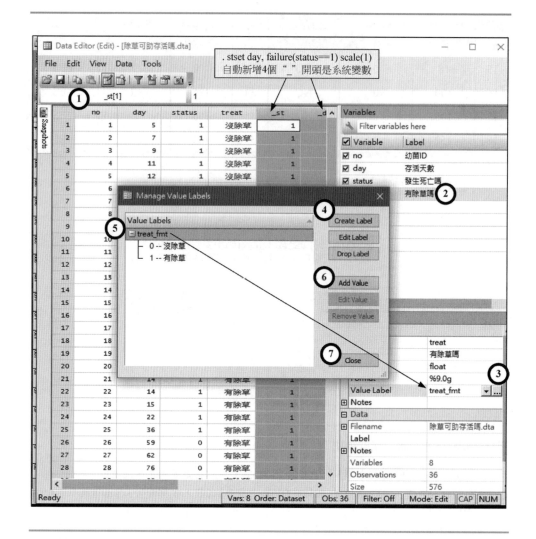

圖 9-17 「除草可助存活嗎 .dta」資料檔

## (三)STaTa 存活分析

存活分析的目標包括：

1. 從存活資料中預估和解釋存活情形和危險函數 (hazard function)。

2. 比較不同群體存活和危險函數 (hazard function) 的情形。

3. 評估對於存活時間而言，時間和解釋變數爲相互獨立 (time-independent) 或相依 (time-dependent) 的關係。

執行相關之存活分析指令，依序爲：主觀的 Kaplan Meier graphic (「sts

graph」指令 )、描述性之 life tables for survival data (ltable 指令 )、客觀的
Mantel-Haenszel rate ratios 檢定 (stmh 指令 )、客觀的 Cox proportional hazards
model (stcox 指令 ) 等步驟。

**Step 1.** 界定存活—時間資料 **declare data to be survival-time data (stset 指令 )**

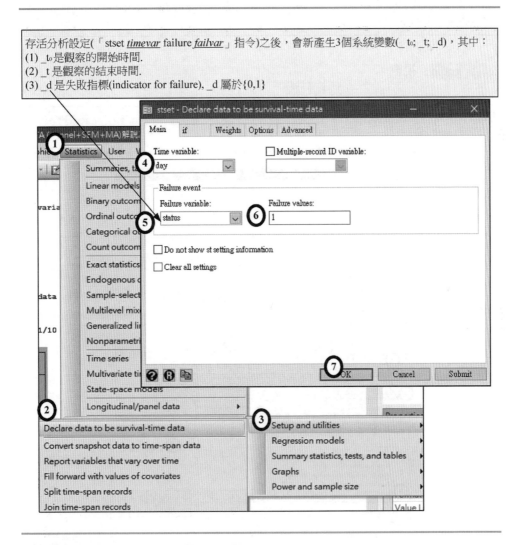

存活分析設定(「stset *timevar* failure *failvar*」指令)之後，會新產生3個系統變數(_ t₀; _t; _d)，其中：
(1) _t₀是觀察的開始時間.
(2) _t 是觀察的結束時間.
(3) _d 是失敗指標(indicator for failure), _d 屬於{0,1}

圖 **9-18** 「stset 指令」畫面

1.「stset 指令 -- Declare data to be survival-time data」視窗：

> 存活時間變數 (Survival Time Variable) 應選存活時間 (day)，故在「Time variable」
> 選入 day.
> 失敗變數「Failure variable」選入 status；「Failure value」填入 1，因為狀態 (Sta-
> tus；死亡：1，存活 0)。
> 設定完畢，則按下「OK」確定

2.「sts graph」視窗：

> 群組 (Grouping variable)：「處理組 ( 有除草 )vs. 控制組 ( 沒除草 )」treat 變數

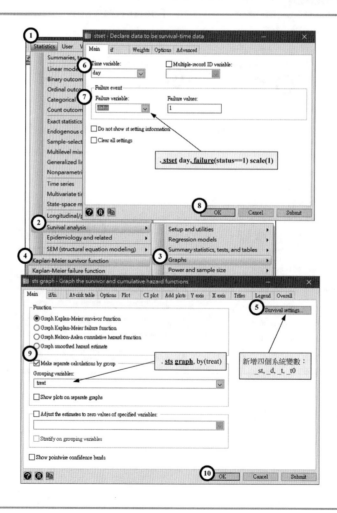

　圖 9-19　Kaplen-Meier 存活函數之選擇表

註：Statistics > Survival analysis > Graphs > Survivor and cumulative hazard functions

STaTa 之 Survival Time(st 開頭之指令 ) 設定指令爲 **stset**。

```
* 開啟資料檔
. use 除草可助存活嗎 .dta
* 設定 Survival Time(st 開頭之指令 )
* stset 會自動新增四個系統變數：_st, _d, _t, _t0
* stset 時間變數 , failure() 讓你宣告：依變數 / 結果變數，它亦是 censored data

. stset day, failure(status==1)scale(1)

    failure event:   status == 1
obs. time interval:  (0, day]
 exit on or before:  failure

------------------------------------------------------------
    36   total obs.
     0   exclusions
------------------------------------------------------------
    36   obs. remaining, representing
    21   failures in single record/single failure data
  1699   total analysis time at risk, at risk from t =        0
                       earliest observed entry t =            0
                          last observed exit t =            163
```

**Step 2-1** 方法一 . **graphically assess proportional-hazards assumption(stphplot 指令 )**

存活資料分析的第一步是檢視存活時間的分布，這能利用做存活圖 (**stphplot** 指令 ) 和 hazard function(**stphplot** 指令 ) 來完成，另一步是做能形容存活時間分布和解釋變數關係的模型，在分析存活資料時，評估模型的適合度和計算調整的存活分析也是很重要的步驟。

Cox 比例危險模型 (proportional hazard model) 雖可以檢定你實驗的處理效果 (treatment effect)( 即 hazard ratio) 是否比控制組優。但 Cox 迴歸與其他迴歸一樣，都有一事先條件，就是要符合其假定 (assumption)：風險比 (risk ratio)( 或者 the ratio of event rates) 爲一常數，不會變動的。因此不論是治療後一個月，還是治療後 1 年、2 年，此一比率 (ratio) 乃維持固定 (fixed)。此 Cox 假定有三種檢定法：

方法 1. 圖示法：若 proportional hazard assumption 成立下，log(-log(K-M 曲線 )) versus log(survival time) 會呈現近似兩條平行線，若是兩條線不平行或是有交叉，則表示違反 proportional hazard 的假定。STaTa 提供了 **stphplot** 指令來檢定。

方法 2. 在 Cox 模型中加入一個時間相依 (time-dependent) 變數，即「treatment ×log(survival time)」，再檢定這個變數是否顯著 ( 即 p-value 是不是很小 )，p-value 若越小，顯示 HR 越會隨時間變動，而不是一個常數。但 STaTa 另外提供了「estat concordance」指令之一致性 C 值來替代，此值越大，代表該模型越準確。

方法 3. 根據 Schoenfeld 殘差 (residual) 來判斷 (Grambsch & Therneau, 1994). STaTa 提供「**estat phtest**」卡方檢定。$\chi^2$ 檢定之 p-value 若越小，顯示 HR 越會隨時間變動，而不是一個常數。

---

　　STaTa 提供「estat phtest」、「estat concordance」、「stphplot, by( 組別 )」、「sts graph」等指令，讓你檢定是否違反 Cox 迴歸之事先假定「$H_0$：隨時間變化，處理組與控制組之間風險比 (risk ratio、the ratio of event rates) 為固定 (constant)」。若違反 Cox 模型此假定 (assumption) 時，stcox 指令應改成參數存活模型 (streg 指令 ) 並外加下列二個模型之一：

1. 納入脆弱模型

　當蒐集的資料為長期追蹤之臨床數據，治療效果通常隨時間降低，此時很容易違反風險為「固定」比例的假定 (assmuption)，此時韋伯 / 指數等 6 種分布就可搭配脆弱模型 (frailty model) 來適配此類的臨床數據。即存活資料模型中，若滲有隨機因素時，Cox 模型就須改用 streg 指令來納入脆弱模型。

2. 納入 accelerated failure time(AFT)

　以圖 9-39「乳癌患者併發 TEEs 對存活影響」來說，Allison(2004) 發現 Kaplan-Meier method, Log-minus-log 及 like tim-interaction test 等檢定，當遇時變 (time-varying) 之解釋變數，包括：TEEs、年齡、手術、放射治療、化療、荷爾蒙治療等變數，就會違反 Cox proportional hazard model 等比例風險的假定 (assumption)，因為這些個人因子、環境因子多數存在「時間相依性之共變數 (time-dependent covariance)」問題，故應改以 accelerated failure time Model 來克服。

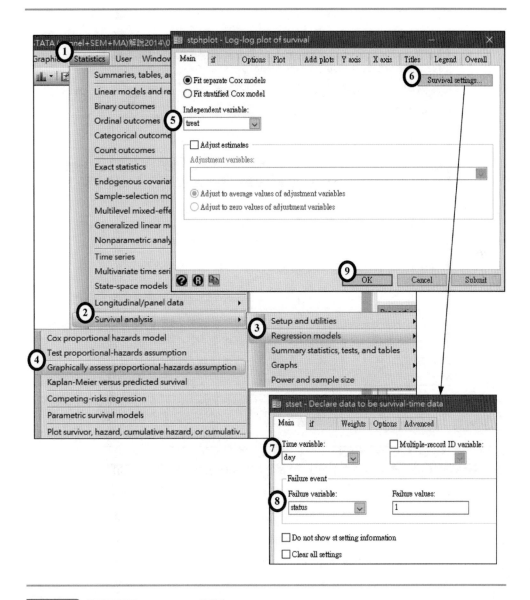

**圖 9-20** 「stphplot, by(treat)」畫面

註：Statistics > Survival analysis > Regression models > Graphically assess proportional-hazards assumption

```
* Graphically assess proportional-hazards assumption
. stphplot, by(treat)
```

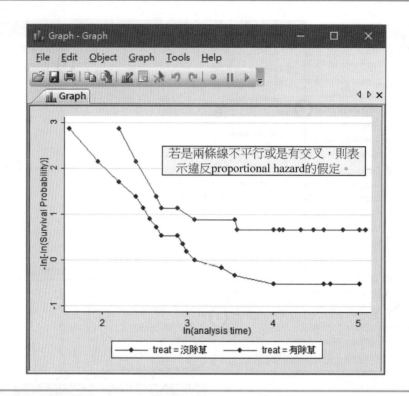

**圖 9-21** 「stphplot, by(treat)」結果圖

註 1：二條線未交叉，表示未違 Cox 迴歸的假定，故你可放心執行 Cox 迴歸。
註 2：ln-ln(x)=0.65，無除草之存活時間 =2.6 個月；有除草存活時間 =5 個月。

Step 2-2 方法二. **Tests of proportional-hazards assumption(estat concordance 指令 )**

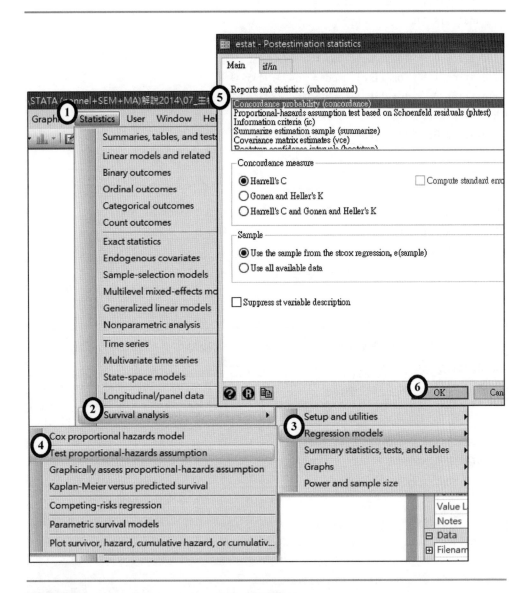

圖 9-22 一致性統計量 C 之「estat concordance」畫面

註：Statistics > Survival analysis > Regression models > Test proportional-hazards assumption

```
. stcox treat

        failure _d:  status == 1
   analysis time _t:  day


Iteration 0:   log likelihood =  -67.06486
Iteration 1:   log likelihood = -64.379435
Iteration 2:   log likelihood = -64.379419
Refining estimates:
Iteration 0:   log likelihood = -64.379419


Cox regression -- Breslow method for ties

No. of subjects =            36              Number of obs   =          36
No. of failures =            21
Time at risk    =          1699
                                             LR chi2(1)      =        5.37
Log likelihood  =  -64.379419               Prob > chi2     =      0.0205

-------------------------------------------------------------------------------
        _t |  Haz. Ratio   Std. Err.      z    P>|z|     [95% Conf. Interval]
-----------+-------------------------------------------------------------------
     treat |   .3526075    .1644947    -2.23   0.025     .1413182    .8798022
-------------------------------------------------------------------------------

* compute the concordance probability
. estat concordance


        failure _d:  status == 1
   analysis time _t:  day


  Harrell's C concordance statistic

  Number of subjects (N)            =         36
  Number of comparison pairs (P)    =        500
  Number of orderings as expected (E) =      194
  Number of tied predictions (T)    =        235
```

```
Harrell's C = (E + T/2) / P =      .623
              Somers' D =          .246
```

1. Harrell's C 指數，又稱 concordance C 值，它被廣泛用來測量二個存活分布的區分度 (as a measure of separation of two survival distributions)。C-index 在 0.50~0.70 為較低準確度；在 0.71~0.90 之間為中等準確度。本例 Cox 模型之區分度：Harrell's C 為 0.623，是屬低準確度。

---

定義：一致性 C 指數 (index of concordance)

一般評價模型的好壞主要有兩個方面：(1) 模型的適配度 (goodness of fit)，常見的評價指標主要有 $R^2$，$-2logL$，AIC，BIC(AIC、BIC 愈小，解釋能力愈佳) 等；(2) 預測精確度，主要就是模型的真實值與預測值之間的差的大小 ($Y-\hat{Y}$)、誤差變異數 $\varepsilon_{\sigma^2}$、相對誤差等。對臨床的應用，我們更重視預測精確度，因統計建模主要是用於預測。而從 C-index 的概念，亦屬於評比模型精確度的指標，此指標比適配度指標更實用。

C-index，C 指數即一致性指數，用來評價模型的預測能力。C 指數是資料所有病人配對中預測結果與實際結果一致的配對所占的比例。它估計了預測結果與實際觀察到的結果相一致的概率。以生存分析為例，對於一對病人，如果預測較長壽者的生存時間真的比另一位活得久，或預測的生存概率高者之生存時間長於生存概率低的另一位，則稱之為預測結果與實際結果一致。

所謂 C-index，即 concordance index( 一致性指數 )，最早由範德堡大學 (Vanderbilt University) 生物統計教授 Frank E Harrell Jr (1996) 提出，也稱為 Harrell's concordance index，主要用於計算生存分析中的 Cox 模型預測值與真實之間的區分度 (discrimination)；C-index 也廣泛應用在腫瘤患者預後模型的預測精確度。

C-index 本質上是估計了預測結果與實際觀察到的結果相一致的概率，即資料所有病人配對中預測結果與實際結果一致的配對所占的比例。有點類似於 ROC 曲線下面積。

C-index 的計算方法是：把所研究的資料中的所有研究對象隨機地兩兩組成配對。以生存分析為例，對於一對病人，如果生存時間較長的一位，其預

---

測生存時間長於生存時間較短的一位，或預測的生存概率高的一位的生存時間長於生存概率低的另一位，則稱之為預測結果與實際結果一致。

C 指數的計算方法是：先把樣本資料中的所有研究對象隨機地兩兩組成配對。接著計算步驟為：

(1) 產生所有的病例配對。若有 n 個觀察個體，則所有的配對數為 $\binom{n}{2}$。

(2) 排除下面兩種配對：配對中具有較小觀察時間的個體沒有達到觀察終點及配對中兩個個體都沒達到觀察終點。剩餘的為有用配對。

(3) 計算有用配對中，預測結果和實際相一致的配對數，即具有較壞預測結果個體的實際觀察時間較短。

(4) 計算，$C = \dfrac{\text{一致配對數}}{\text{有用配對數}}$

由上述公式可看出，C-index 在 0.5~1 之間。0.5 為完全不一致，說明該模型沒有預測作用；1 為完全一致，說明該模型預測結果與實際完全一致。在實際應用中，很難找到完全一致的預測模型。既往文獻認為，C-index 在 0.50~0.70 為較低準確度；在 0.71~0.90 之間為中等準確度；而高於 0.90 則為高準確度。

當 C-index 檢驗若都由同一樣本來建構模型則容易造成偏誤，因此改採 Bootstrap 即可無偏誤的檢驗預測模型的準確度。Bootstrap 它是非參數統計中一種重要的估計統計量、變異數進而進行區間估計的統計法。

Bootstrap 方法核心思想和基本步驟如下：

(1) 採用重抽樣技術：從原始樣本中抽取一定數量的樣本，此過程允許重複抽樣。

(2) 根據抽出的樣本計算給定的統計量 T。

(3) 重複上述 N 次 ( 一般大於 1000)，得到 N 個統計量 T。

(4) 計算上述 N 個統計量 T 的樣本變異數，得到統計量的變異數。

**Step 2-3** 方法三 . **tests of proportional-hazards assumption(estat phtest 指令 )**

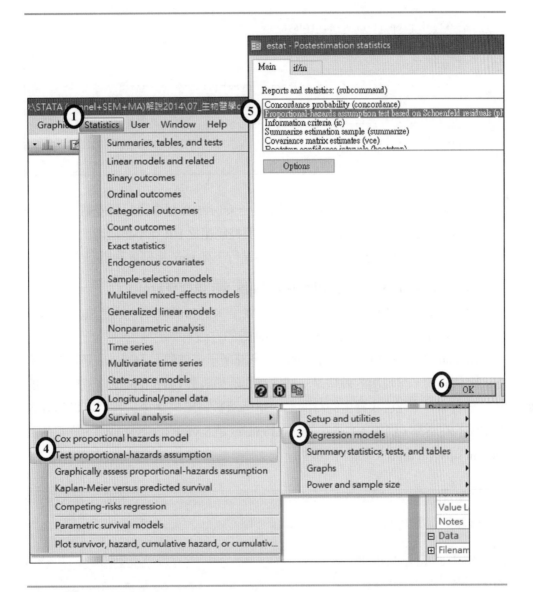

圖 9-23 「**estat phtest**」畫面

註：Statistics > Survival analysis > Regression models > Test proportional-hazards assumption

```
.estat phtest

    Test of proportional-hazards assumption

    Time:  Time
    -----------------------------------------------------------------
              |             chi2        df        Prob>chi2
    ----------+------------------------------------------------------
    global test |            0.75         1          0.3871
    -----------------------------------------------------------------
```

1. 「estat phtest」卡方檢定，p-value 若越小，顯示 HR 越會隨時間變動，而不是一個常數。故本例 Cox 模型中，處理組與控制組之 HR 並不會隨時間而變動，並未違反 Cox 模型的假定，故你可放心進行下列 Cox 比例危險模型的分析。

**Step 3.　Kaplen-Meier 存活函數 [sts graph, by( 處理變數 )]**

存活分析最重要的分析方法之一，就是 Kaplan-Meier 估計法，又稱爲 "product-limit" 估計法，是用來估計存活曲線的方法。

Kaplan-Meier(K-M) survival curve 如下圖所示，這個 K-M curve 是以無母數方式來估計的。呈現出的圖型是一個遞減的階梯函數 (step function)，有 step 的部分是有事件 ( 死亡 ) 發生的時間點。這個函數畫出來之後，我們可以估計各時間點的存活率 ( 例如：1-year survival rate 或是 5-year survival rate)，亦可估計 median survival time(X 軸的中間點 )。

```
* 開啟資料檔
. use 除草可助存活嗎 .dta

* 求 Kaplen-Meier 存活函數
. sts graph, by(treat)

        failure _d:  status == 1
   analysis time _t:  day
```

執行 STaTa 繪圖之 (**sts graph**) 指令，即會跳出 Kaplan Meier graphic 視窗 (**Graph the survivor and cumulative hazard functions**)，再依下圖之操作程序，

將每一個欄位填入相對應的變數。

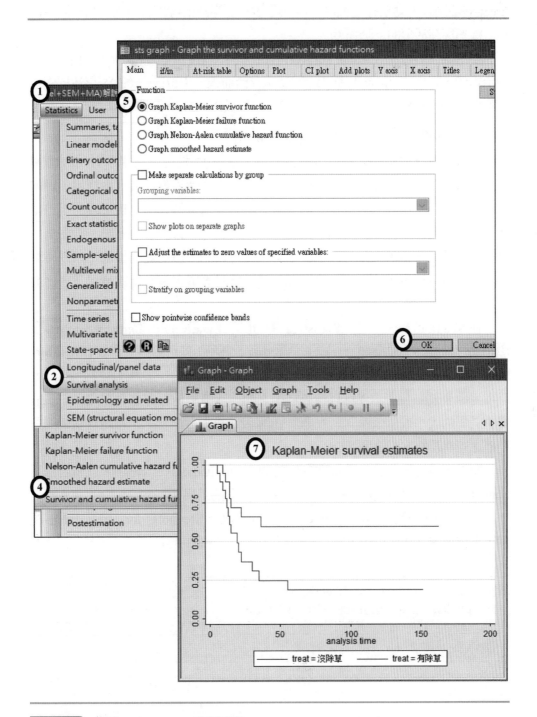

圖 9-24 求得 Kaplen-Meier 存活函數

註：Statistics > Survival analysis > Graphs > Survivor and cumulative hazard functions

如上圖之存活率曲線圖，曲線圖中分別顯示除草 (treat=1, 紅線 ) 與沒除草 (treat=0, 藍線 ) 的幼苗存活曲線。故在存活率曲線圖中可以看到在不同時間點的存活機率與存活率的下降速度。

中位數存活時間 (median survival time，係 X 軸的中間點 100( 時間單位 )。顯示本例，有除草 (treat=1, 紅線 ) 的幼苗存活曲線，中位數為 0.625 存活機率。沒除草 (treat=0, 藍線 ) 的幼苗存活曲線，中位數為 0.21 存活機率。

**Step 4. 生命表分析 ( 同質性檢定 )(ltable 指令 )**

存活分析又叫精準分析或生命表分析，早在 17 世紀天文學家 Halley 應用生命表方法來估計小鎮居民的存活時間。之後，生命表就被廣泛地應用，例如壽險公司採用生命表來估計保戶的保險金等。因為每個人都一樣生，而不一樣死，在生和死的中間存活時間，就是每個人的生命，雖然有長有短，其生活內容卻千變萬化，有人人生是彩色的，有人是黑白的，但均是一樣地可以以時間的長短就可以表示出來。生命表有關的統計就是著眼在這一樣的情況下，而發展出來的存活分析。

在 STaTa 選擇表，選「Statistics > Survival analysis > Summary statistics, tests, and tables > Life tables for survival data」選項，即可繪製生命表 **(life tables for survival data)**。

生命表 (ltable 指令 ) 可以檢查群組之間存活機率是否有差異存在，但不能提供差異的大小或信賴區間，故仍須 stmh 及 stci 指令配合，來檢定實驗組與對照組之差異及 95% 信賴區間。

值得一提的是，當存活曲線相互交錯時 (survival curves cross)，就須再採用 Mantel-Haenszel 檢定 (stmh 指令 ) 來檢定群組間的差異。

執行 STaTa 繪生命表之 **ltable** 指令，即會跳出 life tables for survival data 視窗，再依下圖之操作程序，將每一個欄位填入相對應的變數：

---

群組 (Group Variable) -> 處理 (treat)。

存活時間變數 (Time Variable) -> 存活時間 (day)。

失敗變數 (Failure Variable) -> 狀態 (Status；死亡：1，存活 0)。

設定完畢 -> 按下「ok」確定。

---

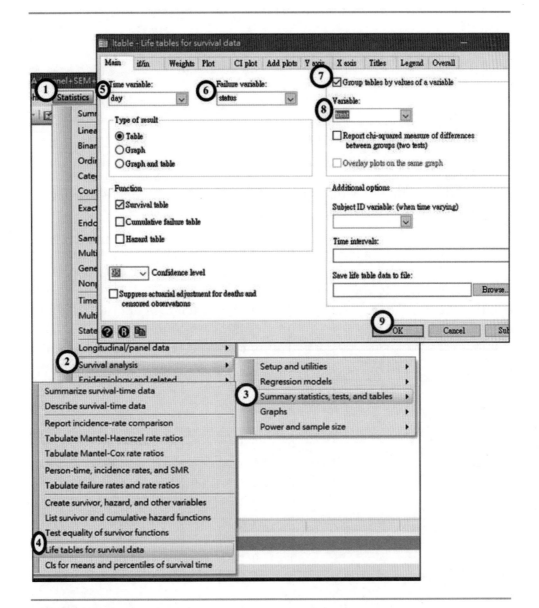

**圖 9-25** **ltable** 指令之選擇表 (Life tables for survival data)

註：Statistics > Survival analysis > Summary statistics, tests, and tables > Life tables for survival data

```
*開啟資料檔
. use 除草可助存活嗎 .dta


. set more off


*同質性檢定
. ltable day status, survival by(treat)
```

| 存活天數<br>Interval | | Beg.<br>Total | Deaths | Lost | Survival | Std.<br>Error | [95% Conf. Int.] | |
|---|---|---|---|---|---|---|---|---|
| 沒除草 | | | | | | | | |
| 5 | 6 | 18 | 1 | 0 | 0.9444 | 0.0540 | 0.6664 | 0.9920 |
| 7 | 8 | 17 | 1 | 0 | 0.8889 | 0.0741 | 0.6242 | 0.9710 |
| 9 | 10 | 16 | 1 | 0 | 0.8333 | 0.0878 | 0.5677 | 0.9430 |
| 11 | 12 | 15 | 1 | 0 | 0.7778 | 0.0980 | 0.5110 | 0.9102 |
| 12 | 13 | 14 | 1 | 0 | 0.7222 | 0.1056 | 0.4562 | 0.8738 |
| 13 | 14 | 13 | 1 | 0 | 0.6667 | 0.1111 | 0.4035 | 0.8343 |
| 14 | 15 | 12 | 1 | 0 | 0.6111 | 0.1149 | 0.3532 | 0.7921 |
| 15 | 16 | 11 | 1 | 0 | 0.5556 | 0.1171 | 0.3051 | 0.7475 |
| 18 | 19 | 10 | 0 | 1 | 0.5556 | 0.1171 | 0.3051 | 0.7475 |
| 19 | 20 | 9 | 1 | 0 | 0.4938 | 0.1193 | 0.2516 | 0.6972 |
| 20 | 21 | 8 | 1 | 0 | 0.4321 | 0.1193 | 0.2021 | 0.6438 |
| 22 | 23 | 7 | 1 | 0 | 0.3704 | 0.1171 | 0.1566 | 0.5873 |
| 30 | 31 | 6 | 1 | 0 | 0.3086 | 0.1127 | 0.1152 | 0.5275 |
| 35 | 36 | 5 | 1 | 0 | 0.2469 | 0.1057 | 0.0782 | 0.4641 |
| 55 | 56 | 4 | 1 | 0 | 0.1852 | 0.0956 | 0.0463 | 0.3964 |
| 100 | 101 | 3 | 0 | 1 | 0.1852 | 0.0956 | 0.0463 | 0.3964 |
| 108 | 109 | 2 | 0 | 1 | 0.1852 | 0.0956 | 0.0463 | 0.3964 |
| 152 | 153 | 1 | 0 | 1 | 0.1852 | 0.0956 | 0.0463 | 0.3964 |
| 有除草 | | | | | | | | |
| 9 | 10 | 18 | 1 | 0 | 0.9444 | 0.0540 | 0.6664 | 0.9920 |
| 11 | 12 | 17 | 1 | 0 | 0.8889 | 0.0741 | 0.6242 | 0.9710 |
| 14 | 15 | 16 | 2 | 0 | 0.7778 | 0.0980 | 0.5110 | 0.9102 |
| 15 | 16 | 14 | 1 | 0 | 0.7222 | 0.1056 | 0.4562 | 0.8738 |
| 18 | 19 | 13 | 0 | 1 | 0.7222 | 0.1056 | 0.4562 | 0.8738 |
| 22 | 23 | 12 | 1 | 0 | 0.6620 | 0.1126 | 0.3963 | 0.8321 |
| 35 | 36 | 11 | 0 | 1 | 0.6620 | 0.1126 | 0.3963 | 0.8321 |
| 36 | 37 | 10 | 1 | 0 | 0.5958 | 0.1192 | 0.3314 | 0.7845 |

| 55 | 56 | 9 | 0 | 1 | 0.5958 | 0.1192 | 0.3314 | 0.7845 |
| 59 | 60 | 8 | 0 | 1 | 0.5958 | 0.1192 | 0.3314 | 0.7845 |
| 62 | 63 | 7 | 0 | 1 | 0.5958 | 0.1192 | 0.3314 | 0.7845 |
| 76 | 77 | 6 | 0 | 1 | 0.5958 | 0.1192 | 0.3314 | 0.7845 |
| 88 | 89 | 5 | 0 | 1 | 0.5958 | 0.1192 | 0.3314 | 0.7845 |
| 100 | 101 | 4 | 0 | 1 | 0.5958 | 0.1192 | 0.3314 | 0.7845 |
| 125 | 126 | 3 | 0 | 1 | 0.5958 | 0.1192 | 0.3314 | 0.7845 |
| 152 | 153 | 2 | 0 | 1 | 0.5958 | 0.1192 | 0.3314 | 0.7845 |
| 163 | 164 | 1 | 0 | 1 | 0.5958 | 0.1192 | 0.3314 | 0.7845 |

- - - - - - - - - - - - - - - - - - - - - - - - - - - - - - - - - - - - - - - - -

上述生命表 (life table)，不同研究期間都顯示有除草 (treat=1) 比無除草 (treat=1)，更能延長幼苗的存活天數 Interval ( 變數 day).

### Step 5.　Mantel-Haenszel rate ratios 檢定：stmh 指令

先前的『Kaplan-Meier 存活函數估計』，只能提供一組或多組的樣本存活函數估計，但並未進一步檢定各組存活函數有無差異。此時就須執行 Mantel-Haenszel rate ratios 檢定。

在 STaTa 選擇表上，選「Statistics > Survival analysis > Summary statistics, tests, and tables > Tabulate Mantel-Haenszel rate ratios」功能選項，即可執行 Mantel-Haenszel rate ratios 檢定。

Mantel-Haenszel rate ratios 檢定，旨在檢查群組之間存活機率的差異。生命表僅能檢定群組間是否有顯著的差異性存在，並不能提供差異的大小或信賴區間，仍須 stmh 及 stci 指令分別來檢定實驗組與對照組之差異及 95% 信賴區間。

值得一提的是，當存活曲線相互交錯時 (survival curves cross)，Mantel-Haenszel rate ratios 檢定，就不適合用來檢定群組間的差異。

當跳出「stset – Declare data to be survival-time data」的視窗，再依下圖之操作程序，將每一個欄位填入相對應的變數：

群組 (Group Variable) -> 處理 (treat)。
存活時間變數 (Time Variable) -> 存活時間 (day)。
失敗變數 (Failure Variable) -> 狀態 (Status；死亡：1，存活 0)。
設定完畢 -> 按下「ok」確定。

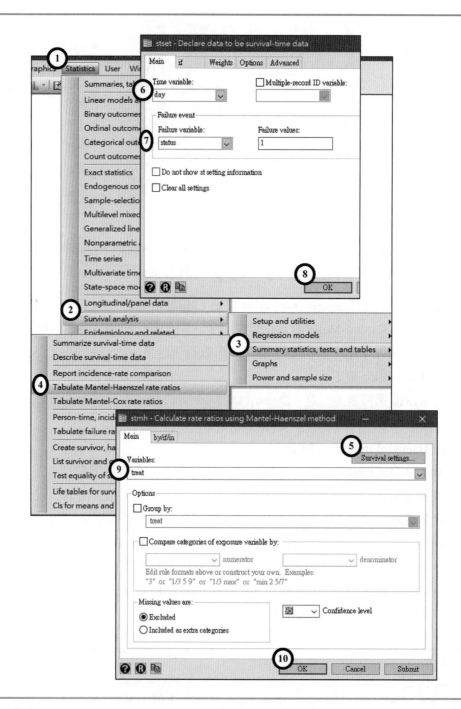

圖 9-26 Mantel-Haenszel rate ratios(stmh) 指令之選擇表

註：選「Statistics > Survival analysis > Summary statistics, tests, and tables > Tabulate Mantel-Haenszel rate ratios」

　　此外，藥物反應研究中，為了探討某一種藥物的效果，經常進行數個不同的治療方式當作處理組 (treatment group) 和一個對照組 (control group) 來做比較。醫學上所蒐集到的資料經常出現右設限資料，導致分析的困難，針對右設限存活資料，當兩組存活函數呈現交叉時，通常不會檢定兩組的存活函數有無差異，而是針對特定的時間點下兩組存活函數是否有差異。此外，藥物的藥效可能隨時間而改變，具相同條件的病人，其療效也不相同。

```
* 開啟資料檔
. use 除草可助存活嗎 .dta

* 設定 Survival Time(st 開頭之指令 )
* stset 會自動新增四個系統變數：_st, _d, _t, _t0
* failure() 讓你宣告：依變數 / 結果變數，它亦是 censored data

. stset day, failure(status==1) scale(1)


     failure event:   status == 1
obs. time interval:   (0, day]
 exit on or before:   failure


-------------------------------------------------------------
      36   total obs.
       0   exclusions
-------------------------------------------------------------
      36   obs. remaining, representing
      21   failures in single record/single failure data
    1699   total analysis time at risk, at risk from t =          0
                             earliest observed entry t =          0
                                  last observed exit t =        163

* 執行 Mantel-Haenszel rate ratios(stmh) 指令
. stmh treat

        failure _d:   status == 1
   analysis time _t:   day

Maximum likelihood estimate of the rate ratio
  comparing treat==1 vs. treat==0
```

```
RR estimate, and lower and upper 95% confidence limits

         ------------------------------------------------------------
           RR         chi2        P>chi2       [95% Conf. Interval]
         ------------------------------------------------------------
          0.306       7.35        0.0067        0.123        0.758
         ------------------------------------------------------------
```

1. 執行 Mantel-Haenszel rate ratios(stmh) 指令，結果顯示有除草 vs. 沒除草處理「treat==1 vs. treat==0」，對幼苗的存活曲線有顯著差異 ($\chi^2$=7.35,p<0.05)。且 95% 信賴區間為 [0.123,0.758] 亦未含無差異之零值，這也顯示 treat( 二組 ) 之處理效果 ( 延長存活天數 day) 對幼苗的存活曲線有顯著差異。

2. Mantel-Haenszel 比值檢定，係可發現多組 ( 如實驗組 vs. 對照組 ) 存活函數有無差異 (comparison for two or more survival functions)。

### Step 6. Cox proportional hazards model (stcox 指令 )

存活分析，除了期望瞭解不同的干擾因子 ( 有沒有除草之處理 treat) 對於兩個或多個群體的存活結果有何種影響外，另外研究者有興趣的部分是預測「這一組變數值」之下的時間分布，在存活分析中最常使用的迴歸分析，就是 Cox 比例風險模型 (Cox proportional hazards model)。

當跳出「Cox proportional hazards model」的視窗，請依下圖之操作程序，將每一個欄位填入相對應的變數：

```
存活時間 (Time)  ->存活時間 (day)
狀態 (Status)  ->狀態 (Status；死亡：1，存活 0)
群組 (Group)  ->處理 (treat)
```

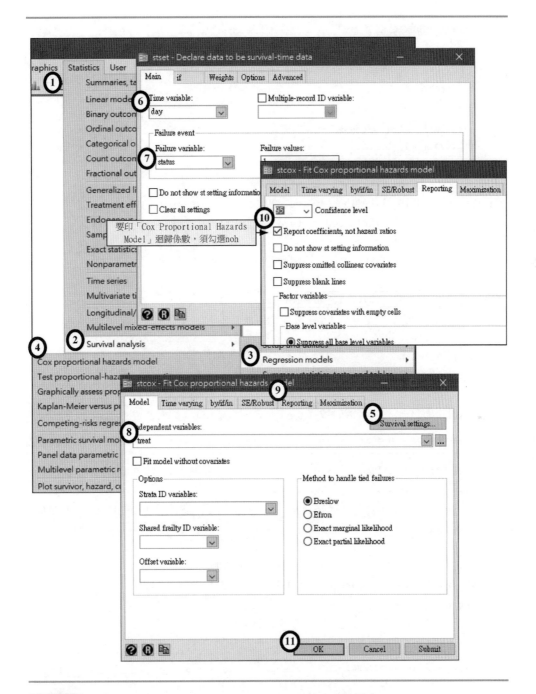

圖 9-27 「Cox Proportional Hazards Model」的選擇表 (**stcox** 指令 )

註：Statistics > Survival analysis > Regression models > Cox proportional hazards model

```
. use 除草可助存活嗎 .dta

* 進行 Cox Proportional Hazards 分析：先求 RR 值
. stcox treat


        failure _d:  status == 1
  analysis time _t:  day


Iteration 0:   log likelihood =  -67.06486
Iteration 1:   log likelihood = -64.379435
Iteration 2:   log likelihood = -64.379419
Refining estimates:
Iteration 0:   log likelihood = -64.379419

Cox regression -- Breslow method for ties

No. of subjects =          36              Number of obs   =         36
No. of failures =          21
Time at risk    =        1699
                                           LR chi2(1)      =       5.37
Log likelihood  =   -64.379419             Prob > chi2     =     0.0205

------------------------------------------------------------------------------
         _t | Haz. Ratio   Std. Err.      z    P>|z|     [95% Conf. Interval]
------------+-----------------------------------------------------------------
      treat |   .3526075   .1644947    -2.23   0.025     .1413182    .8798022
------------------------------------------------------------------------------

* 進行 Cox Proportional Hazards 分析：再求迴歸係數
* 要印「Cox Proportional Hazards Model」迴歸係數，要勾選 nohr
. stcox treat, nohr


        failure _d:  status == 1
  analysis time _t:  day


Iteration 0:   log likelihood =  -67.06486
Iteration 1:   log likelihood = -64.379435
Iteration 2:   log likelihood = -64.379419
```

```
Refining estimates:
Iteration 0:    log likelihood = -64.379419

Cox regression -- Breslow method for ties

No. of subjects =          36              Number of obs   =          36
No. of failures =          21
Time at risk    =        1699
                                           LR chi2(1)      =        5.37
Log likelihood  =   -64.379419             Prob > chi2     =      0.0205

------------------------------------------------------------------------------
        _t |     Coef.   Std. Err.      z    P>|z|     [95% Conf. Interval]
-----------+------------------------------------------------------------------
     treat |   -1.0424   .4665094    -2.23   0.025    -1.956741   -.1280582
------------------------------------------------------------------------------

* 執行事後指令：C 一致性統計量
. estat concordance

        failure _d:  status == 1
     analysis time _t:   day

  Harrell's C concordance statistic

Number of subjects (N)            =          36
Number of comparison pairs (P)    =         500
Number of orderings as expected (E) =       194
Number of tied predictions (T)    =         235

        Harrell's C = (E + T/2) / P =     .623
                      Somers' D =         .246
```

1. 此時，「在某個時間點之下給定 X 值的 event 風險比」，取 $\log_e(x)$ 後，得：

$$\log[HR(x)] = \log_e\left(\frac{h(t \mid x)}{h_0(t)}\right) = \beta_1 x_1 + \beta_2 x_2 + \cdots + \beta_p x_p$$

其中，

**801**

$h_0(t)$：在第 t 個時間點時，當所有預測變數 (predictors) 為 0 時之基線危險 (baseline hazard, 無研究意義 )。

$h(t|x)$：在第 t 個時間點時，給定 x 值時的危險 (hazard)。

$\log_e\left(\dfrac{h(t\mid x)}{h_0(t)}\right)$：「在某個時間點之下，當所有預測變數 (predictors) 為 0 時的危險比」。

上式，$e^{\beta}$ ( 或 exp(β)) 型式稱做 risk ratio 或 hazard ratio(RR)。一般在解讀 Cox 迴歸分析之報表時，係以解釋 RR 或 HR 為主。

本例 HR = 0.35，表示實驗處理 ( 除草 ) 可有效改善 65% 幼苗的存活。

2. 本例較為單純，僅觀察除草是否對於苗木的存活有無影響，因此配適的 Cox PH 模型為 h(t)=$h_0$(t)exp($\beta_1$×treat)。由於 $\log_e(x)$ 的反函數為 exp(x)。故 $\log_e(x)$ 值代入 exp(x) 後即為 1。

本例 STaTa 求得危險比 hazard ratio =0.3526 (z=-2.23，p=0.025)，顯示：有除草處理 (treat=1) 的小苗相對有較低的死亡風險，大約是沒除草處理 (treat=0) 組別的 0.3526 倍 (exp(coef)=0.3526，或是將 $\beta_1$ 取 exp，亦可求得 risk ratio 值為 exp($\beta_1$)=exp(-1.0423)= 0.3526。

3. 「. stcox treat, nohr」指令，求得迴歸係數 $\beta_1$：

接著再本檢定虛無假設 $H_0$：$\beta_1$=0 的結果。本例求得 $\beta_1$=-1.0424 (se=0.4665，p=0.025<0.05)，故應拒絕 $\beta_1$=0 的虛無假設，表示本例可適配下列式子：

$$\log_e[HR(x)] = \ln\left(\frac{h(t\mid x)}{h_0(t)}\right) = \beta_1 x_1 + \beta_2 x_2 + \cdots + \beta_p x_p$$

4. Harrell's C 一致性統計量 (concordance statistic)=0.623，表示我們可用 treat( 有無除草 )62.3% 正確地辨識幼苗之存活時間。

5. hazard ratio(HR) 意義說明：

要估計處理組的效果 (treatment effect)，常用的 Cox 比例危險模型，其主要假定 (assumption) 為「處理組 vs. 對照組 (control)」兩組間危險函數比 ( 值 ) 與時間無關，它是常數且固定 (constant) 的。這個常數謂之危險 (hazard ratio, HR)。HR 值大小有下表所列三種情況。基本上，Cox 模型檢定是 $H_0$：$HR$=1 vs. $H_1$：$HR \neq 1$；或是 $H_0$：係數 $\beta = 0$ vs. $H_1$：$\beta \neq 0$。

| Hazard ratio (HR) | $\log(HR) = \beta$ | 說明 |
|---|---|---|
| HR = 1 | $\beta = 0$ | 兩組存活經驗相同 (Two groups have the same survival experience) |
| HR > 1 | $\beta > 0$ | 控制組存活較優 (Survival is better in the control group) |
| HR < 1 | $\beta < 0$ | 處理組存活較優 (Survival is better in the treatment group) |

7. 本例對數概似比 $\boxed{\log \text{ likelihood} = -64.379419}$，對數概似值越大，表示該模型越佳。其公式為：

$$\log L = \sum_{j=1}^{D} \left[ \sum_{i \in D_j} \mathrm{x}_j \beta - d_j \log \left\{ \sum_{k \in R_j} \exp(x_k \beta) \right\} \right]$$

其中，j 為 ordered failure times $t_{(j)}$, j = 1,2,$\cdots$,D。$D_j$ 是第 $d_j$ 觀察值在時間 $t_{(j)}$ 失敗時之集合。$d_j$ 是在時間 $t_{(j)}$ 失敗的數目。$R_j$ 觀察值 k 在時間 $t_{(j)}$ 的集合 ( 即所有 k，都滿足 $t_{0k} < t_{(j)} < t_k$)。

8. 資料檔樣本為 i=1,2,3,$\cdots$,N, 其中，第 i 個觀察值而言，其存活期間為 $\{t_{0i}, t_i\}$，共變數之向量為 $x_i$。此時 **stcox** 指令係求下列公式「partial log-likelihood function」之最大值，來求得係數 $\hat{\beta}$ 估計值：

$$\log L = \sum_{j=1}^{D} \left[ \sum_{i \in D_j} \mathrm{x}_j \beta - d_j \log \left\{ \sum_{k \in R_j} \exp(x_k \beta) \right\} \right]$$

9. 當二個以上觀察值同分時 (tied values)，stcox 指令共有 4 個處理法，公式如下：

(1) $\log L_{\text{breslow}} = \sum_{j=1}^{D} \sum_{i \in D_j} \left[ w_i(\mathrm{x}_i \beta + \text{offset}_i) - w_i \log \left\{ \sum_{\ell \in R_j} w_\ell \exp(x_\ell \beta + \text{offset}_\ell) \right\} \right]$

(2) $\log L_{\text{efron}} = \sum_{j=1}^{D} \sum_{i \in D_j} \left[ \mathrm{x}_i \beta + \text{offset}_i - d_j^{-1} \sum_{k=0}^{d_j-1} \log \left\{ \sum_{\ell \in R_j} \exp(x_\ell \beta + \text{offset}_\ell) - kA_j \right\} \right]$

   $A_j = d_j^{-1} \sum_{\ell \in D_j} \exp(\mathrm{x}_\ell \beta + \text{offset}_\ell)$

(3) $\log L_{\text{exactm}} = \sum_{j=1}^{D} \log \int_0^{\infty} \prod_{\ell \in D_j} \left\{ 1 - \exp\left( -\frac{e_\ell}{s} t \right) \right\}^{w\ell} \exp(-t) dt$

   $e_\ell = \exp(\mathrm{x}_\ell \beta + \text{offset}_\ell)$

   $s = \sum_{\substack{k \in R_j \\ k \notin D_j}} w_k \exp(\mathrm{x}_k \beta + \text{offset}_k) = \text{sum of weighted nondeath risk scores}$

(4) $\log L_{\text{exactp}} = \sum_{j=1}^{D} \left\{ \sum_{i \in R_j} \delta_{ij}(\mathrm{x}_i \beta + \text{offset}_i) - \log f(r_j, d_j) \right\}$

$$f(r, d) = f(r-1, d) + f(r-1, d-1)\exp(\mathrm{x}_k\beta + \mathrm{offset}_k)$$

$\quad k = r^{\text{th}}$ observation in the set $R_j$

$\quad r_j =$ cardinality of the set $R_j$

$$f(r, d) = \begin{cases} 0 & \text{if} \quad r < d \\ 1 & \text{if} \quad d = 0 \end{cases}$$

其中：$\delta_{ij}$ is an indicator for failure of observation $i$ at time $t_{(j)}$。

# 9-4 Cox 比 例 危 險 模 型 (proportional hazards model)(stcox 指令 )

比例危險 (proportional hazards) 之意涵如下圖。

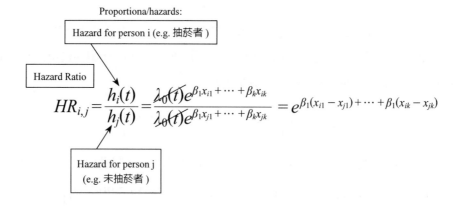

圖 9-28　比例危險 (proportional hazards) 之示意圖

假定：hazard functions 必須嚴格平行 (strictly parallel)

上圖顯示「抽菸是肺癌的危險率」為：

$$HR_{\text{肺癌|有抽菸}} = \frac{h_i(t)}{h_j(t)} = \frac{\lambda_0(t)e^{\beta_{smoking}(1) + \beta_{age}(70)}}{\lambda_0(t)e^{\beta_{smoking}(0) + \beta_{age}(70)}} = e^{\beta_{smoking}(1-0)}$$

$$HR_{\text{肺癌|有抽菸}} = e^{\beta_{smoking}}$$

抽菸是肺癌的危險因子之外；假設共變數 (age) 也是危險因子之一，那麼菸齡每增加 10 年，其增加肺癌的危險率為：

$$HR_{lung\,cancer\,/\,10-years\,increase\,in\,age} = \frac{h_i(t)}{h_j(t)} = \frac{\lambda_0(t)e^{\beta_{smoking}(0)+\beta_{age}(70)}}{\lambda_0(t)e^{\beta_{smoking}(0)+\beta_{age}(60)}} = e^{\beta_{age}(70-60)}$$

$$HR_{lung\,cancer\,/\,10-years\,increase\,in\,age} = e^{\beta_{age}(10)}$$

## 9-4-1 f(t) 機率密度函數、S(t) 存活函數、h(t) 危險函數、H(t) 累積危險函數

數學／統計學，「一般」函數 (function) 都以 f(x)、s(x) 型式來表示。但存活期間之隨機變數 T(Time)，暗指以時間爲基礎所構成的函數，故隨機密度函數 (PDF) 改以小寫 f(t) 型式來呈現，小寫 s(t) 代表存活機率函數；相對地，大寫 F(t)、S(t) 型式分別代表「累積」隨機密度函數 (CDF) 及「累積」存活機率函數。

### 一、前言

Cox(1972) 首先提出存活分析是一種無母數分析方法，不需對自變數作統計機率分布假設，也不需對母數做假定 (assumption) 檢定，即可預測個體失敗時點的機率，以幫助個體的「醫者／經營者」能及早對危險因子設法予以降低或消除。其研究方法是觀察某一個體在連續時間過程中，存活、死亡或轉移狀態的情形，因此是一種動態分析方法，利用存活函數 (survival function) 和危險函數 (hazard function) 來估計存活的機率以及死亡的機率。爲了定義存活函數與危險函數，令 T 爲存活的期間，T 爲一非負數之隨機變數，個體在 T 時段發生事件的機率密度函數爲 f(t)，累積密度函數爲 F(t)，關係如下：

(1) 令 T 爲一段時間，其測量從一個明確的定義的時間零點，到一個明確定義特殊事件的發生點。令 T ≥ 0 且 f(t) 爲一個機率密度函數。

f(t) 密度函數：超過任一時刻之瞬間內狀態發生變化物件的百分比或機率。

$$f(T=t) = \lim_{\Delta t \to 0} \frac{P(t \le T \le t+\Delta t)}{\Delta t} = \frac{dF(t)}{dt}$$

(2) S(t) 存活函數：一個個體的存活時間超過時間 t 的機率，也就是在時間 t 之後發生事件的機率。

$$S(t) = P(T > t) = \int_t^\infty f(t)dt$$

存活函數是一個單調遞減函數，其在時間零等於 1，S(0)=1，在無窮大時

會近似於零，故 S(∞)=0，所以當 $t_1<t_2$ 則 S(t$_1$)>S(t$_2$)，若母體的一些成員最後都會發生事件則 S(∞)=0，若母體的一些成員絕不會發生某事件，則存活曲線可能不會隨時間增加而趨近於 0。實務上，一個實用的存活曲線估計式 (e.g. 存活率) 並不需要求到達 0 值，當 T 為一連續隨機變數，則存活函數為累積機率分布函數 (cumulative distribution function) 的餘集 (complement)，存活曲線通常以離散的時間點或年齡來繪製。

(3) h(t) 危險函數：當給定存活時間 T 大於或等於 t 為條件時，在 T=t 的狀態發生改變機率。

$$h(x) = \lim_{\Delta t \to 0} \frac{P(t \le T < t + \Delta t \mid T \ge t)}{\Delta t} = \frac{f(t)}{s(t)}$$

即 f(t)=h(t)s(t)

(4) 累積危險函數 $H(t) = \int_0^t h(u)du$

危險函數是描述失敗過程中性質的資訊，放在決定適當的失敗分布時特別有用，當事件發生經歷跟隨時間改變時，此危險函數是有用的，危險率唯一的限制就是它是非負值的 (nonnegative)，即 h(t) ≥ 0。當追蹤一位觀察對象到時間 t，並不再計算他的死亡，則累積危險函數 H(t) 是事件的期望次數 (expected event counts)，使用累積危險函數讓我們容易估計 S(t)，使用圖表可以簡單的檢查累積危險函數的形狀，可告訴我們累積危險函數資訊，例如斜率。

分析存活時間資料時，除了時間的變數外，常伴隨與存活時間相關的解釋因子，影響事故存活或排除的因素有許多，將這些「解釋變數 / 共變數」因素 (x) 放入存活函數或危險函數中，存活函數則由 S(t) 變為 S(t;x)，危險函數由 h(t) 變為 h(t;x)。

---

函數之符號解說：

假設某一 pdf 函數，係由一個以上參數 (parameters) 來描述其特性 (characterized)，則其符號記為：

$$f(x; \theta) = \frac{1}{\theta}e^{-x/\theta}$$

random variable     parameter

---

假如 $P(x|\theta)$ 是參數 $\theta$ 的函數，則概似 (likelihood) 記為：

$L(\theta) = P(x|\theta)$（ 表示資料 x 為固定值 (Data x fixed)；視 $L$ 為 $\theta$ 的函數 (treat $L$ as function of $\theta$))

Cox(1972) 比例危險模型，主要優點為：(1) 不用假設存活時間 t 屬於何種參數型分布，及能估算個體行為對存活時間的影響；(2) 可處理具有設限觀察值資料的模型與參數估計；(3) 共變數向量可以是連續、間斷、時間相關或虛擬變數；(4) 模型考慮到存活時間與設限之資料，避免與 Logit 迴歸只有使用 (0,1) 忽略時間與設限資料的缺點。

Cox(1972) 將危險率定義為：$h(t|x) = h_0(t)\exp(\beta X_T)$

其中，$h_0(t)$ 為基準危險函數（base line hazard function），$\beta$ 為解釋變數估計值之矩陣。Cox 認為 $h_0(t)$ 並非 T 的平滑函數，換言之，$h_0(t)$ 是被允許任意值屬於無母數形式，Cox 認為基準危險函數可以有任何形式，可不對其做假設，亦即不需對基準危險函數作任何設定就可以估計參數，因為 Cox 認為任何樣本的危險率與其他樣本成固定比例的關係，所以 Cox 的危險函數，稱為比例危險函數 (proportional hazard function)，Cox 建議模型參數值可採用偏概似函數，即：

$$L(\beta) = \prod_{j=1}^{k} \frac{e^{x_{(j)}\beta}}{\sum_{l \in R_j} e^{x_l\beta}}$$

相對風險 (relative risk, RR) 或稱危險比 (hazard ratio)，用以表示死亡風險或危險之預期改變量，即解釋變數 X 值改變時，對事故排除時間之影響大小，其定義如下：

$$HR = \frac{h(t|X^*,\beta)}{h(t|X,\beta)} = \frac{h_0(t)e^{X\beta}}{h_0(t)e^{X^*\beta}} = e^{(X^*-X)\beta} = e^{\sum_{i=1}^{k}\beta_i(X_i^*-X_i)}$$

其中，X($j$) 是事故發生排除之解釋變數向量，$\beta$ 為所對應之待校估參數向量。危險比 (hazard ratio)，用以表示死亡風險或危險之預期改變量，於本研究中則表示解釋變數值改變時，對事故排除風險之影響大小。若危險比大於 1 時則表示每增加 1 單位的變數值其事故發生排除的機率上升也就是事故排除時間會減短。若危險比等於 1 時，事故發生排除的機率不變，事故排除時間不變。若危險比小於 1 時則事故發生排除的機率下降，事故排除時間會增長。

## 二、函數之定義

---

定義：存活函數 (**S**urvival function)：

S(t)=Pr(T > t)，t 表示某個時間，T 表示存活的時間 ( 壽命 )，Pr 表示機率。

存活函數 S(t) 就是壽命 T 大於 t 的機率。

舉例來說，人群中壽命 T 超過 60 歲 ( 時間 t) 的人在所有人中的機率是多少，就是存活函數要描述的。

假定 t=0 時，也就是壽命超過 0 的機率為 1；t 趨近於無窮大，存活機率為 0，沒有人有永恆的生命。如果不符合這些前提假定，則不適用 Survival analysis，而使用其他的方法。

由上可以推導：存活函數是一個單調 (mono) 非增函數。t 越大，S(t) 值越小。

---

危險函數 (hazard function)：符號 $\lambda(t)$ 或 $h(t)$

定義：hazard function, $h(t) = \lim\limits_{\Delta t \to 0} \dfrac{p(t \le T < t + \Delta t \mid T \ge t)}{\Delta t}$

hazard function 的分子是條件機率，也就是在存活時間 t 到 $\Delta t$ 間發生事件的機率，為了要調整時間區間，hazard function 的分母是 $\Delta t$，讓 Hazard function 是比率 (rate) 而不是機率 (probability)，最後，為了能精準表示在時間 t 的比率，公式用時間區間趨近於 0 來表示。

定義：存活函數，$S(t) = \Pr(T > t)$

hazard function 與存活函數不同，hazard function 並不從 1 開始到 0 結束，它可以從任何時間開始，可以隨時間上下任何方向都可以，其他特性如它總是非負的且沒有上限，它也有與存活函數很明確定義的關係，所以你可以根據 hazard function 得到存活函數，反之亦然。

$$h(t) \text{ 或 } \lambda(t) = \frac{f(t)}{S(t)} = \frac{\text{事件密度函數}}{\text{存活函數}} = -\left[ \frac{\dfrac{d(F(t))}{dt}}{S(t)} \right]$$

危險函數引入分母 S(t)。其物理意義是，如果 t = 60 歲，$\lambda(t)$ 就是事件機率 ( 死亡 ) 除以 60 歲時的存活函數。因為年齡 t 越大，分母存活函數 S(t) 越小，假定死亡機率密度 f(t) 對任何年齡一樣 ( 這個不是 survival analysis 的假設 )，那麼危險函數 $\lambda(t)$ 值越大，預期存活時間短。

綜合很多因素，賣人身保險的對年齡大的收費越來越高。嬰兒的死亡機率密度相對高一些，雖然分母存活函數 S(t) 大，$\lambda(t)$ 值還是略微偏高，交的人身保

---

險費也略偏高。

上式 hazard function，h(x) 等於負存活函數 S(t) 對時間作一次微分，並除以存活函數。

以 exp() 與 $\log_e$() 互爲反函數來看，hazard function 來表示存活函數的公式爲：

$$S(t) = e^{-\int_0^t h(u)du}$$

公式顯示存活函數等於指數的負 hazard function 對時間作積分，積分的範圍從 0 到 t。

---

Cox 危險 (hazard) 模型適配度之槪似比 (likehood ratio, LR)：

Cox 模型之適配度是以槪似比 LR-test 來檢定：

$$\chi_{LR}^2 = -2\log\left(\frac{\text{max}.likehood \text{ without the variable}}{\text{max}.likehood \text{ with the variable}}\right)$$

若 $\chi_{LR}^2 > \chi_\alpha^2(v)$，則拒絕 $H_0$：迴歸係數 $\beta = 0$，其中 $v$ 爲自由度。此外，LR 亦可適用於敵對二個模型的優劣比較、或某一模型的整體適配度 (overall fitness)、個別迴歸係數 $\beta$ 的顯著性檢定。

---

比例危險模型 (proportional hazards model, PHM) 是 Cox(1972) 所提出，在統計學領域尤其是存活分析研究，最被廣泛應用。

因此，透過 cox-regression 的方式校正研究中的干擾因子，以 hazard ratio 報告干擾因子的影響程度。

相對於其他模型 ( 如 logit model、probit model、生命表法、加速失敗時間模型 )，比例危險模型由於不必對資料或殘差項假設服從某機率分布，限制較少；另一方面，比例危險模型除了可以涵蓋不會因時間經過而改變其值的變數，同時也相當適合處理會隨時間改變變數值的共變數 (time-dependent covariates)、時變共變數 (time-varying covariates)。

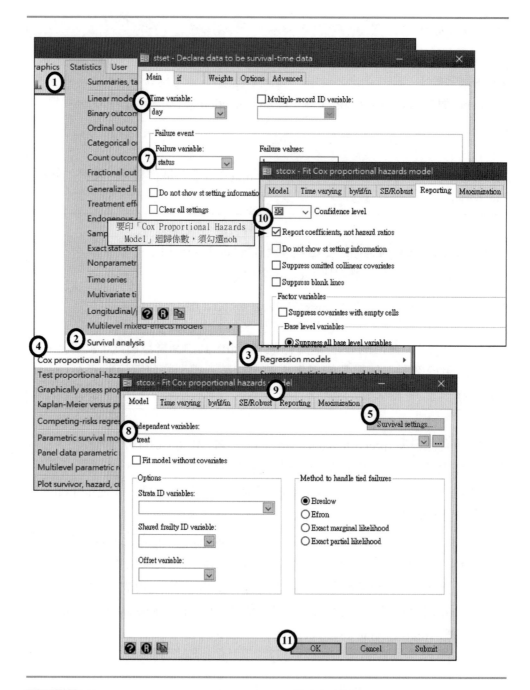

**圖 9-29** 「Cox Proportional Hazards Model」的選擇表 (**stcox** 指令 )

註：Statistics > Survival analysis > Regression models > Cox proportional hazards model

## 三、stcox 指令之功能

| STaTa 指令 (stcox) | 新增功能 |
|---|---|
| Cox 比例風險 (Cox proportional hazard) | 時變共變數、設限 (Time-varying covariates and censoring) |
| | 時變共變數 Continuously time-varying covariates |
| | STaTa 提供 4 種資料重複 (ties) 處理方式：Breslow 法、精確部分概似 (exact partial likelihood)、精確邊際概似 (exact marginal likelihood 及 Efron 法。 |
| | □ 迴歸之強健誤差 (Robust), cluster–robust, bootstrap 及 jackknife standard errors |
| | □ 分層估計法 (Stratified estimation) |
| | □ 搭配 2 種脆弱模型 (Shared frailty models) |
| | □ 調查資料及抽樣加權 (Sampling weights and survey data) |
| | □ 遺漏值的插補法 (Multiple imputation) |
| | □ Martingale, 高效得分 (efficient score), Cox–Snell, Schoenfeld, 及偏差殘差 (deviance residuals) |
| | □ 概似位移值 (Likelihood displacement values), LMAX 值及 DFBETA 影響值的測量 (influence measures) |
| | □ Harrell's C, Somers' D 及 Gönen and Heller's K statistics |
| | □ 測量的一致性 (measuring concordance) |
| | □ 比例風險的檢定 (Tests for proportional hazards) |
| | □ 繪存活函數，危險函數及累積風險函數之圖 (Graphs of estimated survivor, hazard 及 cumulative hazard functions) |

## 四、舉例：Cox 比例危險迴歸

研究控制其他預後因子 ( 或共變數 ) 後，血管內皮生長因素 (vascular endothelial growth factor, VEGF) 是否是大腸直腸癌的預後因子。

此研究假設切片的腫瘤上有過度表現的 VEGF 時，表示腫瘤增生的活動力很強，由此可以預估預後情形會不理想。樣本是在成大醫院做過治療的大腸直腸癌病人，並用回溯性方法回顧這些人的醫療紀錄。預後情形分爲下列兩種：無病存活 (disease-free survival) 時間定義爲手術治療後到第一次復發的時間；整體存活 (overall survival) 時間定義爲手術治療後到死亡的時間。人口學資料包括年齡、性別以及腫瘤特性 ( 包括 location,differentiation, and Dukes staging)，在此研究皆爲控制變數。此研究樣本有些人在終止觀察之前並未死於大腸直腸癌，但卻因爲失去追蹤或死於其他原因而結束觀察這些樣本，在估計存活函數時必

須考慮到上述所提的 censored data，因此可以用 Kaplan Meier method 來估計。

## 五、偏概似估計法 (partial likelihood, PL)：Kaplan Meier 估計

假設有 m 個 event times( 如 Kaplan-Meier 法 )，第 i 個 event times 之偏概似 $L_i$ 為：

$$L_p(\beta) = \prod_{i=1}^{m} L_i$$

假設有六位男性 (subjects j=1-6) 煙齡資料為：1, 3, 4, 10, 12, 18，則

The Likelihood for each event

$$L_p(\beta) = \prod_{i=1}^{m} L_i = \left( \frac{h_1(1)}{h_1(1) + h_2(1) + h_3(1) + h_4(1) + h_5(1) + h_6(1)} \right) \times$$

$$\left( \frac{h_2(3)}{h_2(3) + h_3(3) + h_4(3) + h_5(3) + h_6(3)} \right) \times \left( \frac{h_3(4)}{h_3(4) + \cdots + h_6(4)} \right)$$

$$\times \left( \frac{h_5(12)}{h_5(12) + h_6(12)} \right) \times \left( \frac{h_6(18)}{h_6(18)} \right)$$

Given that a death occurred at time = 3, this is the probability that it happened to subject 2 rather than to one of the other subjects at risk.

偏概似 (PL) 為

$$L_p(\beta) = \prod_{i=1}^{m} L_i =$$

$$\left( \frac{\lambda_0(t=1)e^{\beta x_1}}{\lambda_0(1)e^{\beta x_1} + \lambda_0(1)e^{\beta x_2} + \lambda_0(1)e^{\beta x_3} + \lambda_0(1)e^{\beta x_4} + \lambda_0(1)e^{\beta x_5} + \lambda_0(1)^{\beta x_6}} \right) \times \cdots \times \left( \frac{\lambda_0(18)e^{\beta x_6}}{\lambda_0(18)e^{\beta x_6}} \right)$$

$$\therefore L_p(\beta) = \prod_{i=1}^{m} L_i = \left( \frac{e^{\beta x_1}}{e^{\beta x_1} + e^{\beta x_2} + e^{\beta x_3} + e^{\beta x_4} + e^{\beta x_5} + e^{\beta x_6}} \right) \times \cdots$$

$$\therefore L_p(\beta) = \prod_{i=1}^{m} \left( \frac{e^{\beta x_j}}{\sum_{j \in R(t_i)} e^{\beta x_j}} \right)^{\delta_j}$$

其中，$\delta_j$ 為 censoring 變數 (1=if event, 0 if censored)，$R(t_i)$ 是時間點 $t_i$ 的風險集合 (risk set)。

$$\therefore \log L_p(\beta) = \sum_{i=1}^{m} \delta_j [\beta x_j - \log( \sum_{j \in R(t_i)} e^{\beta x_j} )]$$

將上式 log PL 取一階微分，並令其值為 0，所求的 $\beta$ 係數值，即最大概似估計 (maximum likelihood estimation)。

## (一) 虛無假設檢定：H₀：係數 $\beta = 0$

1. Wald 檢定：

$$Z = \frac{\hat{\beta} - 0}{\text{asymptotic standard error}(\hat{\beta})}$$

2. 概似比檢定 (likelihood ratio test)：

$$-2\ln\frac{L_p(reduced)}{L(full)} = -2\ln\frac{L_p(\text{縮減模型})}{L(\text{完整模型})}$$

$$= 2\ln(L_p(reduced)) - [-2\ln(L_p(full))] \sim \text{符合 } \chi_r^2 \text{ 分布}$$

## 六、存活函數以 Kaplan Meier 方式估計

Kaplan-Meier 估計方式是先將所有觀察的時間由小排到大，若有資料重複 (ties) 的情形發生，uncensored data 要放在前面，censored data 排在後面。

為此，STaTa 提供 4 種資料重複 (ties) 處理方式：Breslow 法、精確偏概似 (exact partial likelihood)、精確邊際概似 (exact marginal likelihood) 及 Efron 法。

排序之後，每個死亡時間 (uncensored data) 有 $t_{(i)}$ 代表第 i 個死亡時間，$n_i$ 代表尚處在風險的樣本數，$d_i$ 代表死亡數。

存活函數以 Kaplan-Meier 方式估計為：

$$\hat{S}_{KM}(t) = \prod_{t:t_{(i)} \leq t} \frac{n_i - d_i}{n_i}$$

$\hat{S}_{KM}(t)$ 代表存活函數的 Kaplan-Meier 估計式

$$S(t) = \Pr(T > t)$$

$\hat{S}_{KM}(t)$ 的樣本變異數為

$$\text{Var}(\hat{S}_{KM}(t)) = [\hat{S}_{KM}(t)]^2 \sum_{t:t_{(i)} \leq t} \frac{d_i}{n_i(n_i - d_i)}$$

## 9-4-2 Cox 比例危險模型之迴歸式解說

　　一般較常用的都是非參數的分析，也就是無母數的統計；因為當我們要進行存活函數估計時，常常被研究事件並沒有很好的參數模型可以適配，這時我們會利用無母數方法來分析它的存活特徵，例如 Kalpan-Meier 法、生命表 (life table) (ltable 指令 )、或計算平均存活期 (stci 指令 )。進一步要比較存活機率曲線的差別時，我們也可利用 failure rates and rate ratios(strate 指令 )、Mantel-Haenszel rate ratios(stmh 指令 )、Mantel-Cox rate ratios(stmc 指令 ) 等各種檢定 /繪圖法。複雜點的話，例如要調整其他變數效應，再求取預後因子的效應，那就可以用 Cox proportional hazards model (stcox 指令 )。

　　要認識 Cox 比例危險模型 (Cox proportional hazard model)，就必須把它的統計式 ( 也可說為迴歸方程式 ) 列出來，下列公式「HR」就是「**H**azard **R**atio」，表示在某個時間點之下會發生事件 (event) 的風險比。因此 HR(x) 就是表示在給定 x 值的情況之下會發生某事件的風險比，所謂的 x 值指的就是自變數 (independent variable/covariate) 的數值，例如年齡 50 歲就是一個 x。不過我們可以從最右側的公式發現，其實它跟 linear regression 的迴歸方程式很相近，只是左邊的所要求的數值有差別。

　　下式還不是我們所要的迴歸方程式，因此我們繼續使用 log() 轉換公式，經過一系列的轉換，即可發現現在迴歸方程式已經很好解釋了，

　　不過它跟所有的迴歸模型一樣，這就是截距項 (intercept)，一般我們是不解釋截距項的，重點是右邊的迴歸方程式就跟 linear / Logistic 迴歸一樣。

$$h(t\,|\,x) = h_0(t)\exp(\beta_1 X_1 + \beta_2 X_2 + \cdots + \beta_p X_p)$$
$$= h_0(t)\mathrm{HR}(x)$$
$$\log[h(t\,|\,x)] = \log[h_0(t)] + \boxed{\beta_1} X_1 + \boxed{\beta_2} X_2 + \cdots + \beta_p X_p$$

Exp($\beta_1$)：當 $X_1$ 每增加一單位時，所增加的危險比 (hazard ration)，要注意是發生危險的「比率」而非機率

假使 $X_2 = 1$ 代表男性，$X_2 = 0$ 代表女性則 Exp($\beta_2$)：男性相對於女性的危險比

那麼迴歸係數數值如何解釋呢，假使說 $X_1$ 是連續變數 ( 年齡 )，那麼年齡增加 1 歲時則危險比會變成 $\exp(\beta_1)$ 單位，因此也可以說增加 1 歲則危險比會增加 $\exp(\beta_1) - 1$ 倍，不過需注意，如果年齡增加 10 歲那麼危險比會如何變化呢？這邊很容易會有同學搞錯，假設迴歸係數 $\beta = 0.35$，那麼 $\exp(0.35) = 1.42$，也就是說當年齡增加 1 歲時則風險比為原本的 1.42 倍 ( 或者說當年齡增加 1 歲時風險比增加了 $1.42 - 1 = 0.42$ 倍 )。不過年齡增加 10 歲時的風險比可不是直接將 $10 \times 1.42 = 14.2$ 喔！而是 $\exp(10 \times \beta_1)$，也就是 $\exp(10 \times 0.35) = 33.1$ 倍，而這個數字會剛好等於原本的 $\exp(0.35)$ 的 10 次方。

也就是說在 Cox model 裡，增加 1 歲時的危險比為 $\exp(\beta_1)$，但增加 n 歲時的危險比是 $\exp(\beta_1 \times n)$。這種風險比呈現加乘性 (multiplicative) 的效應，是跟 Logit model 一樣的。

預測的自變數若再加 $X_2$( 性別 )，$X_2 = 1$ 代表男性，$X_2 = 0$ 代表女性，此時的 $\exp(\beta_2)$ 就代表男性相對於女性的風險比，若 HR 顯著超過 1 則表示男性的風險比較高。

---

**小結**

此時，「在某個時間點之下給定 X 值的 event 風險比」，取 $\log(x)$ 後，得：

$$\log_e[HR(x)] = \log_e\left(\frac{h(t \mid x)}{h_0(t)}\right) = \beta_1 x_1 + \beta_2 x_2 + \cdots + \beta_p x_p$$

其中，

$h_0(t)$：在第 t 個時間點時，當所有預測變數 (predictors) 為 0 時之基線危險 (baseline hazard, 無研究意義 )。

$h(t \mid x)$：在第 t 個時間點時，給定 x 值時的危險 (hazard)。

$\log_e\left(\frac{h(t \mid x)}{h_0(t)}\right)$：「在某個時間點之下，當所有 predictors 為 0 時的危險比」。

---

補充說明：

假設 $S_0(t)$ 是女性肺癌病人存活時間的曲線，$S_1(t)$ 是男性肺癌病人存活時間的曲線，Cox 迴歸的模型假設 $S_1(t) = S_0^\lambda(t)$，而 $\lambda$ 就是肺癌病人中男性相對於女性的風險比 (RR)。

若風險比 $\lambda$ 值大於 1 的話，表示男性在任何時間點上的存活率都比女性低；反之，$\lambda$ 值小於 1 的話，表示男性在任何時間點上的存活率都比女性高。$\lambda$ 值等於 1 的話，表示男性在任何時間點上的存活率都和女性一樣。

「風險比」的意義和 Logistic 迴歸中的「勝算比」意義相似但不相同。我們都用 $\beta$ 來表示 $\log_e \lambda$，即 $\lambda = e^\beta$，或用 $\log_e HR(x) = \beta \times x$，x = gender 來表示不同 gender 相對於女性的 log- 風險比。

Case 1：當 gender=1 時，$\log_e HR(x = 1) = \beta \times 1$，表示男性相對於女性的 log-風險比為 $\beta$ 或風險比為 $e^\beta$。

Case 2：當 gender=0 時，$\log_e HR(x = 0) = 0$，即是說女性相對於女性的 log-風險比為 0 或是說風險比為 $e^0 = 1$。

以上的風險比是以女性存活為比較基線 (baseline，定義為 x=0) 而定義的，我們稱 x=0 為基線條件。

---

## 9-4-3 危險函數的估計 (hazard function)

### 一、模型建立

首先，Cox 將危險函數定義如下：

$$h_i(t) = \lambda_0(t)\psi(z)$$

危險函數 $h_i(t)$，除了代表死亡率外，亦可能是倒閉、提前清償或違約危險率，以條件機率來衡量在給定某一房貸樣本在尚未發生提前清償或違約的條件下，瞬間發生提前清償或違約的機率，所表達出的就是一種風險概念。

$\lambda_0(t)$ 為基準危險函數 (baseline hazard function)，亦可用符號「$h_0(t)$」表示。

$\psi(z)$ 為共變數函數。

共變數函數 $\psi(z)$ 中，z 為觀察樣本危險因子 ( 或解釋變數 ) 向量。

所謂 $\lambda_0(t)$ 基準危險函數是指當危險因子 z = 0 時，觀察樣本的基準危險。Cox 認

爲 $\lambda_0(t)$ 並非 t 的平滑函數，意即 $\lambda_0(t)$ 被允許爲任意值，屬於無母數形式。而共變數 $\psi(z)$ 是一個 $\psi(0) = 1$ 的函數。因爲 $\psi(z; \beta) \geq 0$，$\psi(z; \beta)$ 爲非負形式，且 $\psi(0; \beta) = 1$，所以 Cox 設定 $\psi(z; \beta) = \exp(\sum_{k=1}^{n} \beta_k x_k) = \exp(\beta_1 x_1 + \beta_2 x_2 + \cdots \beta_n x_n)$。

危險函數則變爲：

$$h_i(t) = \lambda_0(t)\exp(\beta_1 x_{i1} + \beta_2 x_{i2} + \cdots\cdots + \beta_k x_{ik})$$

再根據下式，

$$S(t) = \exp\left(-\int_0^t h(x)dx\right)$$

存活函數則可改寫爲：

$$S(t) = \exp\left(-\int_0^t h(x)dx\right)$$
$$= \exp\left(-\int_0^t \lambda_0(x)\psi(z)dx\right)$$
$$= [S_0(t)]^{\psi(z)}$$
$$= [S_0(t)]^{\exp\left(\sum_{k=1}^{n}\beta_k x_k\right)}$$

其中，

$S_0(t) = \exp\left(-\int_0^t \lambda_0(x)dx\right)$ 是相對於 $\lambda_0(t)$ 的基準存活函數，而 $-\int_0^t \lambda_0(x)dx$ 之數值必小於或等於 0，所以基準存活率 $S_0(t)$ 必然小於或等於 1。因此當 $\exp(\sum_{k=1}^{n} \beta_k x_k)$ 越大時，造成存活機率越小，也就是 $\beta$ 值爲正的條件下，變數值愈大，存活機率愈小。

另外，爲什麼這模型稱爲比例危險模型，主要是因爲任何樣本的危險率與其他樣本成固定比例關係，例如樣本 $i$ 和樣本 $j$ 關係如下：

$$\frac{h_i(t)}{h_j(t)} = \exp[\beta_1(x_{i1} - x_{j1}) + \cdots + \beta_k(x_{ik} - x_{jk})]$$

基準危險函數 $\lambda_0(t)$ 在兩樣本間的危險比率中都被消掉了，因此，在觀察期間內兩樣本的危險比率固定不變，如下圖所示：

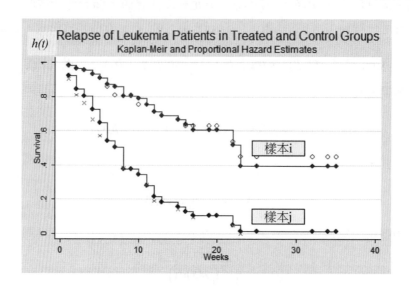

圖 9-30　比例危險之示意圖

　　Cox 認為基準危險函數可以有任何形式，因此不對其做任何假設，在下一部分介紹的偏概似估計 (partial likelihood) 中即不需要對基準危險函數做任何設定就可以估計參數，描述危險率和解釋變數之間的關係。因為基準危險函數可以是任意分布，所以 Cox 的比例危險模型屬於非參數模型 (nonparametric model)，但在模型中要估計解釋變數 ( 自變數 ) 的參數值，亦屬於參數模型 (parametric model)，綜合兩種性質，Cox 比例危險模型一般被學者歸為半參數模型 (semi-parametric model)。

## 二、偏概似函數 (partial likelihood)

　　假設有資料如下：

表 9-1　概似估計之範例

| subject | 失敗順序<br>( 事件發生即為失敗 ) | 存活時間<br>（ 天 ） | 失敗為 1<br>censored data 為 0 |
|---|---|---|---|
| 1 | 1 | 5 | 1 |
| 2 | 2 | 9 | 1 |
| 3 | 3 | 12 | 1 |

表 9-1 概似估計之範例（續）

| subject | 失敗順序<br>（事件發生即為失敗） | 存活時間<br>（天） | 失敗為 1<br>censored data 為 0 |
|:---:|:---:|:---:|:---:|
| 4 | . | 16 | 0 |
| 5 | . | 17 | 0 |
| 6 | 4 | 18 | 1 |
| 7 | 5 | 19 | 1 |
| 8 | 5 | 19 | 1 |
| 9 | 5 | 19 | 1 |
| 10 | 8 | 22 | 1 |
| 11 | 9 | 24 | 1 |
| 12 | 10 | 30 | 1 |
| 13 | 11 | 36 | 1 |
| 14 | 12 | 55 | 1 |
| 15 | 13 | 62 | 1 |

第一位失敗事件發生者為 1 號樣本，存活時間為 5 天，則在樣本群中有多個至少活到第 5 天的樣本條件下，1 號樣本或首先發生失敗事件者，發生失敗的機率為：

$$L_1 = \frac{h_1(5)}{h_1(5) + h_2(5) + \cdots + h_{15}(5)}$$

第二位失敗者為 2 號樣本，存活時間 9 天，在樣本群中有多個至少活到第 9 天的樣本條件下，1 號樣本已不在條件內，因此 2 號樣本事件發生的機率為：

$$L_2 = \frac{h_2(5)}{h_2(5) + h_3(5) + \cdots + h_{15}(5)}$$

　　從上面二式可以明顯看出，這兩個方程式都是條件機率的概念，分子是發生事件樣本尚存活到時間 t 但隨即瞬間發生失敗事件的危險率，而分母是群體中其他 ( 含分子部分 ) 至少存活到時間 t 的樣本集合，同樣也是以瞬間發生事件的危險率來表示，而分母的樣本組合即稱為風險集合 (risk set)。此條件機率的意義即表示，在所有至少存活到時間點 t 且瞬間可能發生失敗事件的樣本風險集合中，某樣本真正在時間點 t 發生失敗事件的機率。

　　然而，在群體中，可能會有兩個以上的樣本存活時間相同如表 9-1 所示，7

至 9 號三個樣本的存活時間相同，這些樣本，即爲同分數值 (tied data)。在大部分的情況，由於資料取得的限制以及時間單位的衡量方式，無法很確切地知道三者發生失敗事件的實際順序，而在偏概似估計中，基本上這三個樣本所有可能排列的順序都要考慮，三個樣本就有六種排列順序 (3! = 6, $A_1 \sim A_6$)：

$A_1$: {7, 8, 9}

$$\Pr(A_1) = \left(\frac{h_7(19)}{h_7(19) + h_8(19) + \cdots + h_{15}(19)}\right)\left(\frac{h_8(19)}{h_8(19) + h_9(19) + \cdots + h_{15}(19)}\right)$$

$$\left(\frac{h_9(19)}{h_9(19) + h_{10}(19) + \cdots + h_{15}(19)}\right)$$

$A_2$: {8, 7, 9}

$$\Pr(A_2) = \left(\frac{h_8(19)}{h_7(19) + h_8(19) + \cdots + h_{15}(19)}\right)\left(\frac{h_7(19)}{h_7(19) + h_9(19) + \cdots + h_{15}(19)}\right)$$

$$\left(\frac{h_9(19)}{h_9(19) + h_{10}(19) + \cdots + h_{15}(19)}\right)$$

類推計算出 $A_1 \sim A_6$ 得到

$$L_5 = \sum_{i=1}^{6} \Pr(A_i)$$

而 $L_1$ 可改寫爲：

$$L_1 = \frac{\lambda_0(5)e^{\beta x_1}}{\lambda_0(5)e^{\beta x_1} + \lambda_0(5)e^{\beta x_2} + \cdots + \lambda_0(5)e^{\beta x_{15}}}$$

$$= \frac{e^{\beta x_1}}{e^{\beta x_1} + e^{\beta x_2} + \cdots + e^{\beta x_{15}}}$$

根據上式，在轉換過程中基準危險函數被消除掉 $\lambda_0(t)$，呼應 Cox 估計 $\beta$ 係數不必預先設定基準危險函數的方式。

由上式類推導出其他不同存活時間的機率方程式，可將比例危險模型的部分概似函數一般化如下：

$$PL = \prod_{i=1}^{n} \left[\frac{e^{\beta x_i}}{\sum_{j=1}^{n} Y_{ij} e^{\beta x_j}}\right]^{\delta_i}$$

當 $t_j \geq t_i$，$Y_{ij} = 1$；反之，當 $t_j < t_i$，$Y_{ij} = 0$。

此則若群體中某樣本 $j$ 的存活時間 $t_j$ 小於所計算樣本 $i$ 特定時間 $t_i$，則樣本 $i$ 不

再出現於函數分母的風險集合中，會被剔除掉。至於 $\delta_i$ 則在所計算樣本 $i$ 非為受限資料時，也就是有觀察到失敗事件何時發生，那麼 $\delta_i = 1$，會計算出條件機率，若樣本 $i$ 為受限資料，則不知有無發生失敗事件，$\delta_i = 0$，不會算出條件機率。

## 三、參數估計

首先將部分概似函數 ( 上式 ) 取對數，可求得：

$$\log PL = \sum_{i=1}^{n} x_i \beta - \sum_{i=1}^{n} \delta_i \log\left[\sum_{j=1}^{n} e^{\beta x_j}\right]$$

為估計 $\beta$ 值，將上式取一階偏微分，可得：

$$U(\beta) = \frac{\partial \log PL}{\partial \beta}$$

$$= \sum_{i=1}^{n} x_i - \sum_{i=1}^{n} \delta_i \frac{\sum_{i=1}^{n} x_i e^{\beta x_j}}{\sum_{i=1}^{n} e^{\beta x_j}}$$

$$= \sum_{i=1}^{n} \left[ x_i - \delta_i \frac{\sum_{i=1}^{n} x_i e^{\beta x_j}}{\sum_{i=1}^{n} e^{\beta x_j}} \right]$$

再取 $\log PL$ 的二階偏微分矩陣，可得：

$$I(\beta) = \frac{\partial^2 \log PL}{\partial \beta \partial \beta'}$$

欲估計 $\beta$ 值，則必須使部分概似函數最大化，令上式等於 0。由於部分概似估計為非線性函數，因此可以數值方法 (numerical method) 來求解，如牛頓－拉弗森演算法 (Newton-Raphson algorithm)：

$$\beta_{j+1} = \beta_j - I^{-1}(\beta_j) U(\beta_j)$$

任意選取起始參數值 $\beta_0$ 代入上式，得出第一個結果 $\beta_1$，然後再將 $\beta_1$ 代入，得到 $\beta_2$，如此不斷地重複，直到所得出的參數值幾乎等於上一個代入的參數值，重複的步驟就可以停止，表示已達收斂狀態，得到最佳估計參數值 $\beta$。

## 9-4-4　Cox 比例危險模型之適配度檢定

### 一、Cox 模型應用在交通運輸領域

自 1972 年 Cox PHM 問世以來，存活分析法開始受到普遍地應用。在交通運輸領域方面，亦不例外。Tiwari(2007) 等人選定印度新德里 7 個路口。使用攝影機拍攝行人穿越路口之行為，旨在依據記錄資料以 Kaplan-Meier 法建立存活模型，分析行人穿越路口之存活率。結果顯示，行人於路口願意等候的時間越長，存活率即越高，但男性之存活率低於女性。陳怡君 (2008) 選取飛行班次、可售座位數、載客人數、商務航線以及與高鐵重複航線之起迄點作為變數，利用存活分析法探究影響國內航線營運之存活因素。結果發現，可售座位數、商務航線以及與高鐵重複航線之起迄點三者，為影響國內航線營運生存之重要因素。

蕭羽媛 (2009) 採用條件評估法設計問卷進行調查，並將調查所得機車騎士紅燈願意熄火時間作為存活分析之觀測時間，結合相關熄火意願變因建構 Cox PHM。研究結果得知，全球暖化認知、熄火降低排碳傾向、執法規範信念、熄火依從信念、年齡以及家庭人數 6 個因素，對熄火風險具有顯著的影響。蘇股甲 (2010) 延續上述方法，擴大調查分析影響機車騎士紅燈怠速熄火意願之變數，並進步採用 Cox 分層方法 (stratified Cox procedure) 建構比例危險之關係。研究結果顯示，節能減碳認知、機車使用特性、健康認知以及個人屬性 4 大類變數，確實能夠有效解釋機車騎士紅燈怠速熄火之意願；同時，並由模型推估出解釋變數值，即機車怠速熄火意願改變後，熄火時間可能增加之效益。接著，吳健生等人 (2011) 繫合上述兩項研究結果，校估出顯著影響紅燈怠速熄火意願之 6 個變數，即全球暖化認知、紅燈怠速熄火降低污染意願、執法規範信念、熄火依從信念、年齡以及家庭人數；並藉由對相對風險 (relative risk) 概念及問卷調查結果，分析變數值改變後，全體機車騎士熄火意願改變之比例。

### 二、Cox 比例危險模型之適配度檢定

以機車紅燈怠速熄火行為之研究為例，Cox 比例危險模型之參數 $\beta$ 值，可採用最大概似法加以推定。假設 n 個觀測樣才中立，有 m 個被觀測到發生事件 ( 願意紅燈熄火 )。此 m 個樣本之存活 ( 不熄火 ) 時間依序為：$t_1 < t_2 < t_3 < \cdots\cdots < t_m$。令 $R(t_i)$ 表時間為 $t_i$ 時之風險集合 (risk set)，即紅燈熄火發生時間大於或等於 $t_i$ 之所有觀測樣本所組成之集合，或紅燈持續不熄火時間小於 $t_i$ 之所有觀測

樣本所組成之集合，$R(t_i) = \{j|t_j \geq t_i\}$。若受訪機車騎士 $i$ 時間 $t_i$ 時願意熄火，則其熄火機率占整個風險集合熄火機率之比例為：

$$P(\text{樣本 } i \text{ 熄火} \mid R(t_i) \text{ 集合中所有樣本熄火}) = \frac{h(t_i|X_i)}{\sum\limits_{j \in R(t_i)} h(t_j|X_j)} = \frac{e^{x_i(t_i)\beta}}{\sum\limits_{j \in R(t_i)} e^{x_j(t_i)\beta}}$$

式中 $x_i(t_i)$ 表樣本 $i$ 在時間 $t_i$ 時之解釋變數值向量，$x_i(t_i) = [x_1(t_i), x_2(t_i), \cdots\cdots, x_k(t_i)]$；而 $\beta$ 則為解釋變數參數之向量，$\beta' = [\beta_1, \beta_2, \cdots\cdots, \beta_k]$，$k$ 為解釋變數之個數。

　　Cox 建議採用偏概似函數 (partial likelihood function) 來校估參數 $\beta$ 值，此一函數為上述 $m$ 個獨立觀測樣本熄火機率比之聯合機率分布，即：

$$L(\beta) = \prod_{i=1}^{m} \frac{e^{x_i(t_i)\beta}}{\sum\limits_{j \in R(t_i)} e^{x_j(t_i)\beta}}$$

取其對數後，得對數概似函數 (log likelihood function) 如下：

$$LL = \ln L(\beta) = \sum_{i=1}^{m} \left( x_i(t_i)\beta - \ln\left[\sum_{j \in R\{t_1\}} e^{x_j(t_i)\beta}\right] \right)$$

解其一階與二階微分式，即可得 $\beta$ 值。

Cox 迴歸模型係採用概似比檢定統計量 (likelihood ratio test statistic, LRT) 來進行模型之配合適合度檢定，其式如下：

$$\chi^2_{LRT} = -2\ln\frac{(\max.\mathit{likelihood\ without\ the\ variable})}{(\max.\mathit{likelihood\ with\ the\ variable})} = -2\left[\ln L(\hat{\beta}_0) - \ln L(\hat{\beta})\right]$$

式中 $\hat{\beta}$ 與 $\hat{\beta}_0$ 分別表全模式 (full model) 與縮減模式 (reduced model) 下所求出之最大概似估計值向量。若 $\chi^2_{LR} > \chi^2_{LR}(v)$，表示在顯著水準 $\alpha$ 之下，拒絕虛無假設 (null hypothesis) $H_0 : \beta = 0$，其中 $v$ 為自由度。

此檢定方法適用於整個模型或個別係數 $\beta$ 之檢定，主要包括以下三種：(1) 整體模型之適配，檢定模式所有參數是否均為 0，亦即檢定 $H_0 : \beta = 0$，其中 $\beta$ 為模式參數向量；(2) 個別參數之適配，檢定是否須增減某一參數，亦即檢定 $H_0 : \beta_i = 0$，其中 $\beta_i$ 為參數 $i$；(3) 不同模式間適配之比較，檢定參數不同時，模式間是否存在顯著的差異，亦即檢定 $H_0 : M_m = M_n$，其中 $M_m$ 與 $M_n$ 分別表示參數數目為 $m$ 與 $n$ 之 Cox 模式。

## 9-5 單層次：具脆弱性 Cox 模型 (Cox regression with shared frailty)

有關脆弱性模型的範例，詳情請見作者生物醫學一書「9-6-1 脆弱性 (frailty) 模型」。所謂「脆弱性模型 (shared-frailty model)」，如同「隨機效果」線性迴歸一樣，其「誤差 $\varepsilon$ 與解釋變數 $X_i$ 的相關是很低的」；反之若「誤差 $\varepsilon$ 與解釋變數 $X_i$ 是高相關」則屬固定效果。以本例來說，每個洗腎機都「隨機」記錄每一個洗腎病患二筆「非同質」就醫記錄，故可視為「誤差 $\varepsilon$ 與解釋變數 $X_i$ 是低相關」。故每個病人的二筆資料內具有相關 (非同質) 的特性。

Case 1：乘法「脆弱性模型 (shared-frailty model)」，在 Cox 模型中，假設有群組 $i = 1, 2, \cdots, n$；每個群組 i 都有 j 個人，$j = 1, 2, \cdots, n_i$。故群組 i 的第 j 個受試者，其危險 (hazard) 為：

$$h_{ij}(t) = h_0(t)\alpha_i \exp(x_{ij}\beta)$$

其中，$\alpha_i$ 是群組層的脆弱性 (group-level frailty)。脆弱性是不可觀察之正數，並假設其平均數為 1、變異數為 $\theta$。STaTa 係用「*stcox, shared(脆弱變數)*」指令來指定脆弱模型。

Case 2：加法「脆弱性模型 (shared-frailty model)」也是「組內相關 (within-group correlation)」模型之一。當無脆弱性，$\theta = 0($ 同質性 ) 時，脆弱性模型即退化成標準的 Cox 模型。

令對數脆弱性 $v_i = \log\alpha_i$，則第 i 群組第 j 個觀察值之危險函數 (hazard) 為：

$$h_{ij}(t) = h_0(t)\exp(x_{ij}\beta + v_i)$$

這裡，對數脆弱性 (log frailties)$\log(v_i)$，很像標準線性模型裡的隨機效果。

## 9-5-1 脆弱性之 Cox 模型：「stcox, shared(脆弱變數)」指令

### 範例：追蹤資料，每個洗腎病人都有二筆記錄是否被感染？

#### (一) 問題說明

本例旨在分析 38 名腎臟透析病人 (kidney dialysis patients)，接受導管插入期間 (**catheter** insertions) 之感染復發時間 (recurrence times)。故分析對象是「導管插入」，而不是病人本身。

本例分析對象為洗腎機，洗腎風險開始點是在導管插入時，而不是患者進入該研究入院時。故每個 patient ( 病人 ) 住院都有二筆受試者 ( 導管插入 ) 的數據。因此，每一次導管插入結果有二種情況：有感染 (infect==1) 或無感染 (right-censoring) (infect==0)。

本例追蹤資料之存活分析有三種解法：

1. 具有 **inverse-Gaussian shared frailty** 之 **Weibull** 模型。

2. panel-data 存活模型：請見本書「9-7-2 追蹤資料 (panel-data) 存活分析 [xtstreg, shared(panel 變數 ) 指令 ]」。此外，作者《panel-dada 迴歸模型》一書，有更多範例來介紹 panel 迴歸分析。

3. 脆弱性 Cox 模型 ( 內定「Gamma shared frailty」)：請見本例的介紹。

以上三種模型適配度之優劣比較，係評比該模型之概似比「log likelihood」值誰大？概似比值越大，代表該型越佳。

本例旨在瞭解接受暴露 (e.g. 導管插入 ) 是否會提升腎臟透析病人之感染 (infect) 發生率？( 分析對象：導管插入 )

研究者收集數據並整理成下表，此「catheter.dta」資料檔內容之變數如下：

| 變數名稱 | 說明 | 編碼 Codes/Values |
|---|---|---|
| 連續變數：patient | 疾病人數 | 1~38 個病人 |
| 類別變數：infect | 暴露否 (e.g. 有被感染嗎 ) | 0,1 (censored data) |
| 時間變數：time | 人在暴露環境期間多長才被感染 | |

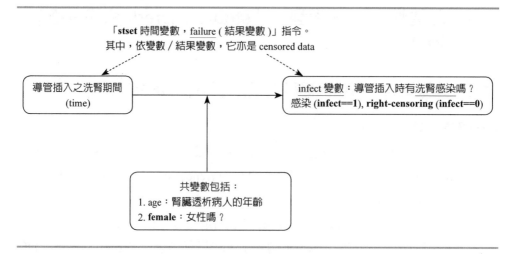

圖 9-31 「導管插入」對腎臟透析病人之感染復發的 panel 存活分析之研究架構

## (二) 資料檔之内容

**觀察資料之特徵：**

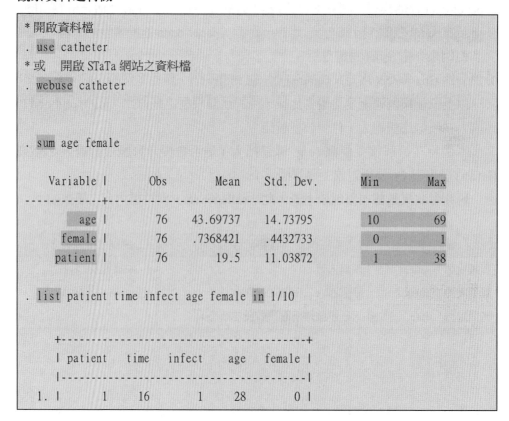

```
* 開啟資料檔
. use catheter
* 或  開啟 STaTa 網站之資料檔
. webuse catheter


. sum age female


    Variable |      Obs        Mean     Std. Dev.      Min        Max
-------------+---------------------------------------------------------
         age |       76    43.69737     14.73795       10         69
      female |       76    .7368421     .4432733        0          1
     patient |       76        19.5     11.03872        1         38

. list patient time infect age female in 1/10


     +---------------------------------------------+
     | patient   time   infect    age    female |
     |---------------------------------------------|
  1. |       1     16        1      28        0 |
```

```
  2. |      1       8       1      28       0 |
  3. |      2      13       0      48       1 |
  4. |      2      23       1      48       1 |
  5. |      3      22       1      32       0 |
     |-------------------------------------------|
  6. |      3      28       1      32       0 |
  7. |      4     318       1    31.5       1 |
  8. |      4     447       1    31.5       1 |
  9. |      5      30       1      10       0 |
 10. |      5      12       1      10       0 |
     +-------------------------------------------+
```

「catheter.dta」資料檔內容如下圖。

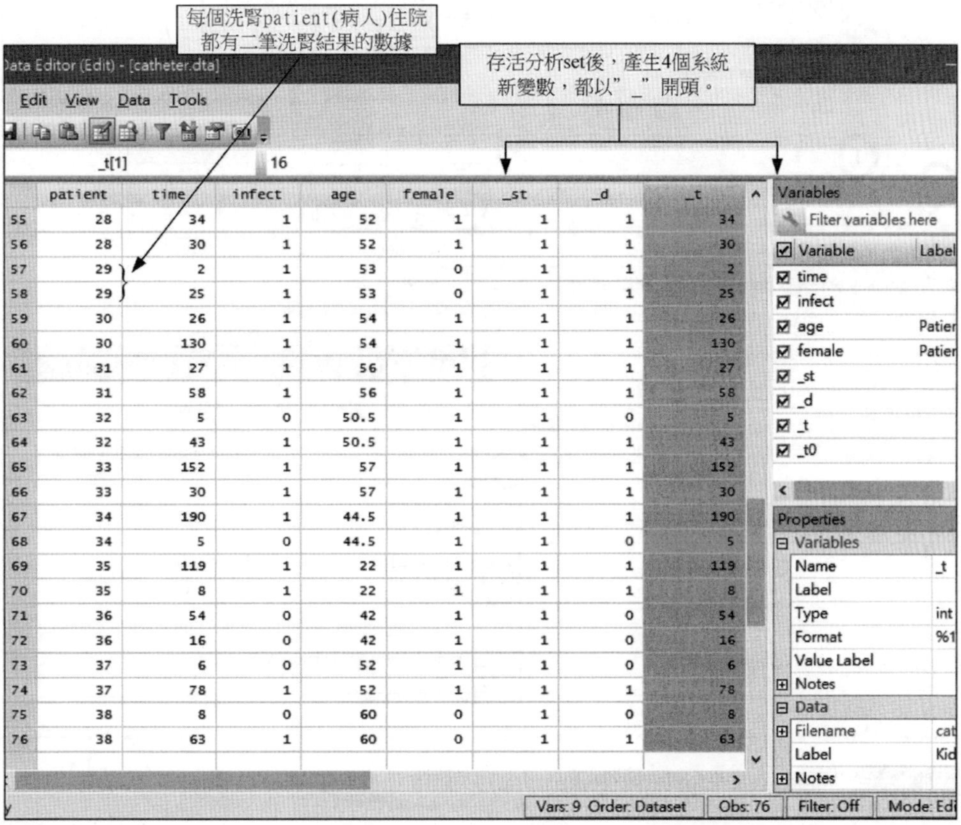

每個洗腎patient(病人)住院都有二筆洗腎結果的數據

存活分析set後，產生4個系統新變數，都以" _ " 開頭。

圖 **9-32** 「catheter.dta」資料檔內容 (N=38 人，每 patient 都記錄二筆 data)

## (三) 分析結果與討論

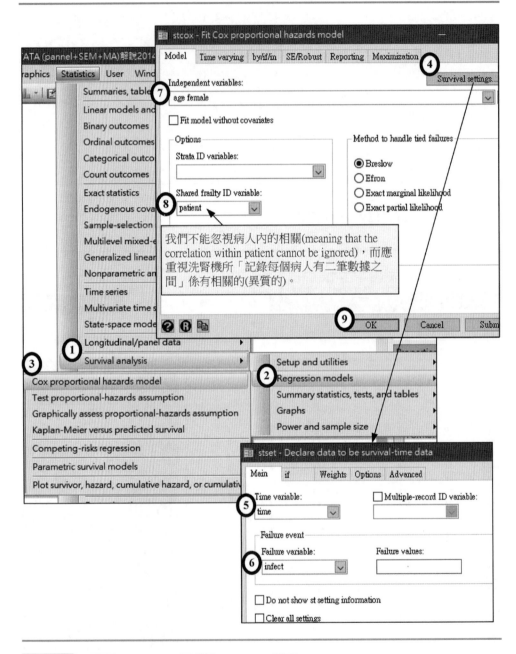

圖 9-33 「stcox age female, shared(patient)」畫面

```
* 開啟資料檔
. webuse catheter.dta

. stset time, fail(infect)
(output omitted )
. stcox age female, shared(patient)


        failure _d:  infect
   analysis time _t:  time


Fitting comparison Cox model:

Estimating frailty variance:

Iteration 0:    log profile likelihood = -182.06713
Iteration 1:    log profile likelihood =  -181.9791
Iteration 2:    log profile likelihood = -181.97453
Iteration 3:    log profile likelihood = -181.97453

Fitting final Cox model:

Iteration 0:    log likelihood = -199.05599
Iteration 1:    log likelihood = -183.72296
Iteration 2:    log likelihood = -181.99509
Iteration 3:    log likelihood = -181.97455
Iteration 4:    log likelihood = -181.97453
Refining estimates:
Iteration 0:    log likelihood = -181.97453


Cox regression  --
        Breslow method for ties        Number of obs      =        76
        Gamma shared frailty           Number of groups   =        38
Group variable: patient

No. of subjects =         76            Obs per group: min =         2
No. of failures =         58                          avg =         2
Time at risk    =       7424                          max =         2
```

```
                                            Wald chi2(2)       =      11.66
Log likelihood  =    -181.97453             Prob > chi2        =     0.0029


-------------------------------------------------------------------------
        _t | Haz. Ratio   Std. Err.      z    P>|z|    [95% Conf. Interval]
-----------+-------------------------------------------------------------
       age |  1.006202    .0120965     0.51   0.607    .9827701    1.030192
    female |  .2068678    .095708     -3.41   0.001    .0835376    .5122756
-----------+-------------------------------------------------------------
     theta |  .4754497    .2673107

-------------------------------------------------------------------------
Likelihood-ratio test of theta=0: chibar2(01) =     6.27 Prob>=chibar2 = 0.006

Note: standard errors of hazard ratios are conditional on theta.
```

1. 求得脆弱性的變異數 $\hat{\theta} = 0.475$、$\hat{\theta}$ 標準誤 = 0.267。

2. likelihood-ratio 虛無假設「$H_0 : \theta = 0$」；或「$H_0 :$ 模型無脆弱性」，卡方檢定結果求得 $\overline{\chi}^2_{01} = 6.27$ (p < 0.05)，故應拒絕「$H_0 : \theta = 0$」，即本例應接受 Cox 模型具有顯著脆弱性。表示我們不能忽視病人內的相關 (meaning that the correlation within patient cannot be ignored)，而應重視洗腎機所「記錄每個病人有二筆數據之間」係有相關的 ( 異質的 )。

3. 本例若改用「Weibull and lognormal shared-frailty models」，亦可發現：韋伯分布模型就應搭配脆弱模型，但對數常態模型則不必搭配脆弱模型 (Weibull and lognormal shared-frailty models. For Weibull, there was significant frailty; for lognormal, there was not)。請情請見本書「9-7-2 追蹤資料 (panel-data) 存活分析 [xtstreg, shared(panel 變數 ) 指令 ]」。

4. 整體適配度：log likelihood = -181.97453，它可當作二個敵對模型的評比，看那一個較優？通常概似比 (LR) 越大者，該模型越佳。

5. 對 shared-frailty 模型而言，假定樣本分成 G 群組 (t = 1, 2, …, G)，第 i 個群組有 $n_i$ 人。Therneau 與 Grambsch(2000, 253-255) 透過 log likelihood 的最大化來估計脆弱性 ($\theta$) 值。對固定 $\theta$ 而言，係數 $\beta$ 值及 $v_1, v_2, \cdots\cdots, v_G$ 的估計，係求下列公式之最大值：

$$\log L(\theta) = \log L_{\text{cox}}(\beta, v_1, ..., v_G) + \sum_{i=1}^{G} \left[ \frac{1}{\theta} \{v_i - \exp(v_i)\} + \left( \frac{1}{\theta} + D_i \right) \right.$$

$$\left. \left\{ 1 - \log\left( \frac{1}{\theta} + D_i \right) \right\} - \frac{\log\theta}{\theta} + \log\Gamma\left( \frac{1}{\theta} + D_i \right) - \log\Gamma\left( \frac{1}{\theta} \right) \right]$$

其中，$D_i$ 是第 i 群組之死亡人數。

$L_{Cox}(\beta, v_1, ..., v_G)$ 是標準 Cox 模型之 partial log likelihood。

$v_i$ 是界定群組之指標變數的係數。

故第 i 群組第 j 個觀察值的對數危險 (log relative hazard) 為 $x_{ij}\beta + v_i$。最後再估計係數 $\beta$，係將 $\log L(\theta)$ 公式求其最大值。

## 9-6 帶偏態之依變數：參數存活分析 (streg 指令 )

存活分析與 logic/probit/OLS 迴歸最大的不同點，在於過去之 logic/probit/OLS 迴歸分析多數以每個時間點 t 資料為一樣本點。存活分析則預先設定一段觀察期間 ( 觀察結束 _t一觀察開始 _t₀)，並觀察此期間內各單獨樣本之存活時間長短及相對應之解釋變數，加以分析以斷定解釋變數 ( 自變數 ) 與二元依變數與否間之關係，並以機率的方式呈現若該解釋變數每增加一單位，則二元依變數 (e.g. 選擇土地開發 ) 的比率增加或降低多少 ( 即 HR 迴歸係數或係數 $\beta$ 值 )？

例如，糖尿病比健康組患失明機率高出 20 倍 (HR=20)。又如，喝酒易臉紅，因缺「酶」，故其中風比率是健康組的 2 倍 (HR=2)。

Cox 迴歸 (stcox、svy: stcox 指令 ) 及參數存活模型 (streg、svy: streg、stcrreg、xtstreg、mestreg 指令 ) 旨在估計危險比 (hazard ratio)。Logistic 迴歸 (Logistic 指令 ) 旨在估計勝算比 (odds ratio)。

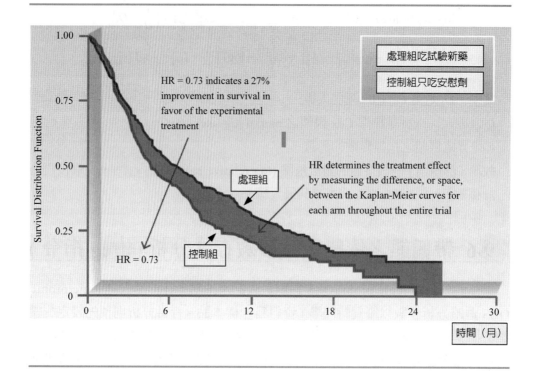

**圖 9-34** Hazard Ratio(HR) 之示意圖

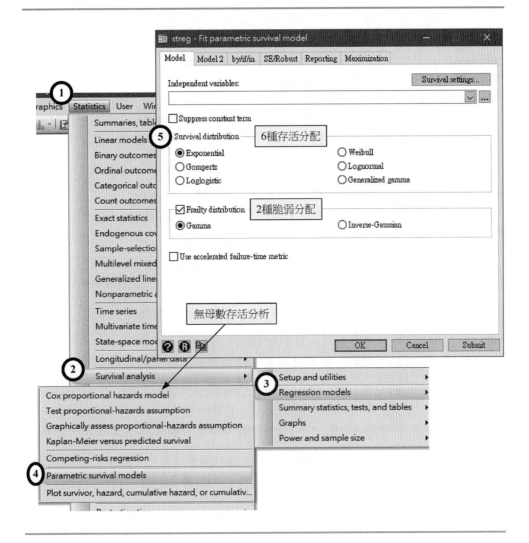

**圖 9-35** Parametric survival models 之 STaTa 對應的偏態分布 (streg 指令 )

註 1：以上 STaTa 有 6 種存活分布，這 6 種模型都可搭配 2 種脆弱分布。

註 2：韋伯及對數模型二者才可勾不勾選「accelerated failure-time」模型。其餘 4 種模型，內定都有「accelerated failure-time」模型

　　*streg* 指令旨在建構參數存活模型 (parametric survival models)。其指令*語法*為：*streg* [*varlist*] [*if*] [*in*] [, *options*]，指令中 *options* 可搭配的依變數之分布，如下表。

| options | 說明 |
|---|---|
| 模型 | |
| noconstant | 不印常數項 (suppress constant term) |
| distribution(exponential) | 指數 (exponential) 存活分布 |
| distribution(gompertz) | Gompertz 存活分布 |
| distribution(loglogistic) | 對數邏輯斯 (loglogistic survival distribution) |
| distribution(llogistic) | 自然對數邏輯斯分布 (synonym for distribution) |
| distribution(weibull) | 韋伯 (Weibull) 存活分布 |
| distribution(lognormal) | 對數常態 (lognormal) 存活分布 |
| distribution(lnormal) | 自然對數常態分布 (synonym for distribution) |
| distribution(gamma) | 廣義 gamma(generalized gamma) 存活分布 |
| frailty(gamma) | gamma 脆弱 (frailty) 分布 |
| frailty(invgaussian) | 反高斯分布 (inverse-Gaussian distribution) |
| *time* | 選配「(accelerated failure time, AFT)」 |

不同研究問題，各有適合的分布。例如，製程能力指標 (process capability indices, *PCIs*) 是常被用來衡量控管製程產出的產品是否達到業者所需要求之有效工具。而壽命性能指標 $C_L$ 就常被用來當作測量產品性能的方法，其中 L 是下規格界限 (lower specification limit)。通常製程能力指標都會假設產品品質特性 ( 例如，壽命、抗耐力等等 ) 來自常態分布。然而，那是一個不合理的假定。實際上，一般產品之壽命分布較符合指數分布或與其有關的非常態分布如廣義指數分布 (generalized exponential distribution)、gamma 分布或 Weibull 分布等等。另外，在某些現實情況下我們只關心下次發生產品壽命高於之前的紀錄時才需記錄。

## 9-6-1 脆弱性 (frailty) 模型

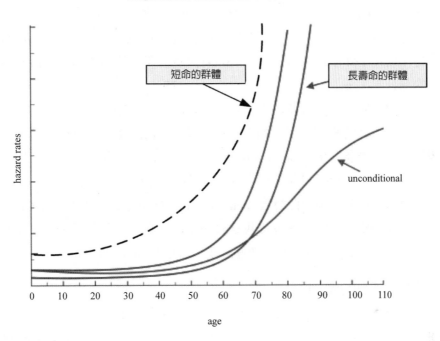

Conditional and unconditional hazard rates

**圖 9-36** 脆弱模型之示意圖

## 一、脆弱模型的緣起

「脆弱」(frailty) 一詞源自於老年病學上，用來描述身體較虛弱的老年人在一些疾病的發病率以及死亡率有較多的風險 (Gillick, 2001)。脆弱的定義也不限於個人，也可應用到較高等級的群體，例如多個醫學中心合作的臨床實驗，某個醫學中心平均存活時間或許比其他醫學中心來的長。所以脆弱可以視為一個群體內個體共同擁有且觀測不到的隨機效果項 (random effect)。

在存活分析的研究中，一般都會將兩組群體的基準風險 $h_0(t)$ 假定為相同。Clayton (1978) 認為在家族之中因為遺傳與環境的關係，家族中的每個成員得到疾病與否的相關性是非常大的，他提出這種相關性可以由一個觀察不到的變數控制，並假設這個變數服從 Gamma 分布，這個模型就是現在許多人常用的

Clayton model。但 Vaupel，Manton and Stallard (1979) 認為長壽的群體和短命的群體之間的風險是不相同的，可由一個脆弱參數來控制，因此提出脆弱模型。Oakes(1992) 提出使用脆弱模型來解釋復發事件之間的相關性。緊接著各個學者提出各種服從不同分布的脆弱模型，Hougaard(1986) 提出 Positive Stable 分布的脆弱模型，Crowder(1989) 提出 PVF 分布的脆弱模型，McGilchrist & Aisbett (1991) 提出 Gaussian 分布的脆弱模型。Klein(1992)、Guo & Rodriguez(1992) 分別都提出使用 EM 演算法 (EM algorithm) 來估計脆弱模型的脆弱參數及共變數參數的部分。

Liang & Zeger (1995) 探討在多重失敗 (multiple failure) 時間資料當中使用脆弱模型。在這樣的設定之下，如果假設在群體之內的個體擁有相同脆弱參數的值，稱為共同脆弱模型 (shared frailty models)。Yashin 等人 (1995) 將模型拓展到在同一個群體內的觀測者擁有不同但相關的脆弱參數。Therneau & Grambsch (2000) 提出使用懲罰偏概似函數 (penalized likelihood) 的方法來估計 Gamma 和 Gaussian 脆弱模型的脆弱參數及共變數 (e.g. 個人因子、環境危險因子 ) 參數，這個方法比使用 EM 演算法來的快速許多，節省很多的計算時間。

## 二、脆弱模型的應用領域

在醫藥研究中，針對具共變數 (e.g. 個人因子、環境危險因子 ) 的右設限存活資料中，又以 Cox(1972) 比例風險模型 (proportional hazards model) 最常被使用來描述病人的存活情形。但實際上，「健康組與疾病組」二組病人之共變數，不見得符合虛無假設「$H_0$：隨時間增長，處理組與控制組的風險都成固定 (constant) 比例」，況且藥效會隨時間遞減。甚至具相同條件的病人，其療效也不見得相同，原因是病人本身的異質性所造成，我們稱此因素為脆弱效果。

例如，囊狀纖維化病患常有復發情況，變異的因素不易觀察得到，目前學者最常用的統計法就是脆弱模型 (frailty model) 和邊際模型 (marginal model) 來處理此類問題。

又如，「恐怖主義」議題就屬可重複事件，此類事件又和單一事件有所不同，因為其特點在於一個分析對象可能重複發生同樣的事件，若忽略了這種重複性，等於是假設每個事件之間完全獨立，這是一種薄弱的假定，故面對這類的重複事件資料需要做額外的處理。一般有兩種方式來處理重複事件 (Box-Steffensmeier & Jones, 2004: 158-166)：

(1) 採取變異數修正模型 (variance- corrected model)，此類模型藉由將個體群集

在一起來調整參數估計的變異數，以符合重複事件之間的相關性。

(2) 採用脆弱性模型，也就是隨機係數 (random coefficient) 模型，這也是 STaTa 的做法。此種模型是假定某些觀察值或群體較易或較不易發生事件，故在其風險率中包含了一個隨機效果 (random effect) 項，而將此種效果的分布估計出來。若應用在團體層次的脆弱性模型稱作共同脆弱性模型 (shared-frailty model)，也就是假定團體 $i$ 中的事件 $j$ 有共同的脆弱性 $\alpha_i$，在 Cox 模型中即是將風險率轉化如下：

$$h_{ij}(t) = h_0(t)\exp(x_{ij}\beta + v_i)$$

其中 $\exp(v_i) = \alpha_i$，並且被預設平均數為 1，變異數為 $\theta$，若 $\theta = 0$ 時，此模型就回復成標準的 Cox 模型。

在處理重複事件或多項事件時，共同脆弱性模型是一個很好的選擇，因為若將一個觀察對象視為是一個團體，其所遭遇的每一次事件就成為可能具有相關性的一群個案，故將這些發生在同個觀察值上的重複事件歸為一個集群，可以避免假定事件間是獨立的錯誤假設，而若脆弱性變異數 $\theta$ 檢定結果為 0 時，就代表集群中的個案並無顯著關聯，此時則使用標準的 Cox 模型來分析即可。

---

脆弱模型 (frailty model) 之另一應用例子

膀胱癌為臺灣地區最常見的泌尿系統癌症且為國人主要癌症死亡排名第十三位。表淺型膀胱癌多為低惡性度癌症，大部分可以經尿道切除術切除，並輔以膀胱內灌注法預防腫瘤復發。本例旨在探討膀胱癌輔以膀胱內灌注 Thiotepa 對於膀胱癌病患復發事件之療效，樣本取自退伍軍人管理局合作泌尿學研究團隊 86 個膀胱癌病患資料。為了研究膀胱內灌注 Thiotepa 療程，對於膀胱癌病患復發的次數以及存活時間的影響，就須使用三種邊際模型 ( 三種 marginal model：AG、PWP、WLW) 及脆弱模型這兩種多維度存活分析的方法來比較這資料，以便探討使用某一療法對於某一檢驗呈陽性到某病病發，及病發後到死亡這兩段時間療效之差異。

---

## 三、伽瑪 (Gamma) 脆弱模型理論

在醫學藥物試驗當中，在患者接受藥物治療結束後，會持續追蹤患者存活情形，但是治療效果會隨著時間而降低。不同共變數的病人其風險不見得成比

例，且藥效會隨時間遞減。甚至具相同條件的病人，其療效也不見得相同，原因是病人本身的異質性所造成，而引起此變異的因素也不見得觀察得到，我們稱此因素為脆弱效果。通常脆弱因子是個隱藏的效果，難以觀察得出來，因此通常會假設一穩定且合理的機率分布來描述他的影響。最常用的為伽瑪分布，因為伽瑪分布之脆弱模型可藉由拉普拉斯 (Laplace transform) 變換，輕易的導出存活函數與累積危險函數，迄今已被廣泛使用在各領域。

---

定義：拉普拉斯 (Laplace transform) 變換

主要公式為

$$L\{f(t)\} = \int_0^\infty e^{-st} f(t) dt$$

Laplace 變換之原理為：

1. 利用拉普拉斯轉換將原始問題轉換到 $S$ 空間。

2. 代入初始條件。

3. 在 $S$ 空間上以代數方法求得問題解。

4. 再利用反拉普拉斯轉換將 $S$ 空間上的解逆轉換到原始空間，得到解 $y$。

此外，Laplace Transform 其他相關的公式，整理如下：

| Differentiation | |
|---|---|
| $L\{f^{(n)}(t)\} =$ | $s^n F(s) - s^{n-1} f(0) - s^{n-2} f'(0) - \cdots\cdots - sf^{(n-2)}(0) - f^{(n-1)}(0)$ |
| Multiplication by $t$ $L\{t^n f(t)\} =$ | $(-1)^n \dfrac{d^n}{ds^n} F(s)$ |
| Integration | $L\left\{\int_0^t f(\tau)d\tau\right\} = \dfrac{F(s)}{s}$ |
| Multiplication by exp | $L\{e^{at} f(t)\} = F(s-a)$ |
| Translation (I) | $L\{f(t-a)u(t-a)\} = e^{-as} F(s)$ |
| Translation (II) | $L\{g(t)u(t-a)\} = e^{-as} L\{g(t+a)\}$ |
| Convolution property | convolution: $y(t) = f(t)*g(t) = \int_0^t f(\tau)g(t-\tau)d\tau$ $L\{y(t)\} = F(s)G(s)$ |

| Differentiation | |
|---|---|
| Periodic input <br> If $f(t) = f(t + T)$ | $L\{f(t)\} = \dfrac{1}{1 - e^{-sT}} \displaystyle\int_0^T e^{-st} f(t)\,dt$ |
| $L\{1\} =$ | $1/s$ |
| $L\{u(t)\} =$ | $1/s$ |
| $L\{t^n\} =$ | $\dfrac{n!}{s^{n+1}}$ |
| $L\{\exp(at)\} =$ | $\dfrac{1}{s - a}$ |
| $L\{\sin(kt)\} =$ | $\dfrac{k}{s^2 + k^2}$ |
| $L\{\cos(kt)\} =$ | $\dfrac{s}{s^2 + k^2}$ |
| $L\{\sinh(kt)\} =$ | $\dfrac{k}{s^2 - k^2}$ |
| $L\{\cosh(kt)\} =$ | $\dfrac{s}{s^2 - k^2}$ |
| $L\{u(t - t_0)\} =$ | $\dfrac{e^{-t_0 s}}{s}$ |
| $L\{\delta(t)\} =$ | $1$ |

基於上述理由，Jeong et al. (2003) 在研究第三期乳癌之長期追蹤臨床試驗資料 (NSABP) 時，其發現模型適配係違反比例風險模型的假定，因而提出 Gamma 脆弱模型的估計與推論，如下所示。

假設 T 為死亡時間，C 為設限時間 (censored time)，且右設限資料為 $X_i = \min(T_i, C_i)$ 及 $\delta_i = I(T_i \le C_i)$。則在脆弱模型的假設下，第 $i$ 個個體的危險函數可定義為：

$$h(t; w, z_i) = h_0 \times w \times e^{\beta z_i}$$

其中，$w$ 為脆弱因子，$h_0(t)$ 為未知的基準風險函數，$z_i$ 即為每個個體的共變數。因此，存活函數可寫為

$$S(t \mid w, z_i) = \exp\{-w \exp(\beta z_i) u(t)\}$$

其中，$u(t)$ 為基準累積危險函數。當假設脆弱因子為伽瑪分布，即 $w \sim \Gamma(\dfrac{1}{\gamma}, \dfrac{1}{\gamma})$ $E(w) = 1$。再令基準病人存活時間為 Weibull $(\rho, \kappa)$，其中 $\rho > 0$，$\kappa > 0$ 分別為韋伯分布的尺度參數 (scale parameter) 及形狀參數 (shape parameter)。因此累積基

準風險 $u(t) = (\rho t)^\kappa$，則脆弱模型下的邊際存活函數為

$$S(t \mid z_i) = E_w\left(e^{-\exp(\beta z_i)u(t)W}\right) = \left\{1 + \gamma(\rho t)^k \exp(\beta z_i)\right\}^{-1/\gamma}$$

且在此模型下，有兩個良好的性質：

1. 當 $\gamma = 1$ 時，符合比例勝算 (proportional odds) 的特性，即

$$\frac{1 - S(t \mid z_i = 1)}{S(t \mid z_i = 1)} = e^\beta \frac{1 - S(t \mid z_i = 0)}{S(t \mid z_i = 0)}$$

2. 當 $\gamma \to 0^+$ 時，符合比例勝算的特性，即

$$-\log\{S(t \mid z = 1)\} = -e^\beta \log\{S(t \mid z = 0)\}$$

$$\Rightarrow H(t \mid z = 1) = e^\beta H(t \mid z = 0)$$

假設 $T$ 表示存活時間，$C$ 表示設限時間，定義 $X_i = \min(T_i, C_i)$；$\delta_i = I(T_i \leq C_i)$；$\phi = (\gamma, \beta, \rho, \kappa)$。對數概似函數（log-likelihood）可寫成

$$L(\phi) = \sum_{i=1}^n \delta_i \log\{h(x_i \mid \phi, z_i)\} + \sum_{i=1}^n \log\{S(x_i \mid \phi, z_i)\}$$

其中：

$$\log\{h(x_i \mid \phi, z_i)\} = \beta z_i + \log(\rho) + (\kappa - 1)\log(\rho x_i) - \log\{1 + \gamma(\rho x_i)^\kappa \exp(\beta z_i)\} + \log(\kappa)$$

和

$$\log\{S(x_i \mid \phi, z_i)\} = (-1/\gamma)\log\{1 + \gamma(\rho x_i)^\kappa \exp(\beta z_i)\}$$

可藉由對 $L(\phi)$ 的一階和二階偏微分及參數估計值分別得到分數函數 (score function) 和觀察資訊矩陣 (observed information matrix)。利用數值分析的方法求得到 $\phi$ 的最大概似估計為 $\hat{\phi} = (\hat{\gamma}, \hat{\beta}, \hat{\kappa}, \hat{\rho})$，把估計出來的 $\hat{\phi}$ 代入上式 $S(t|z_i)$，可求得在時間點 $t$ 的存活函數：

$$\hat{S}(t \mid z_i, \phi) = \{1 + \hat{\gamma}(\hat{\rho} t)^{\hat{k}} \exp(\hat{\beta} z_i)\}^{-1/\hat{\gamma}}$$

再藉由 delta-method 估算存活函數的變異數為：

$$\widehat{\mathrm{var}}\{\hat{S}(t; z_i, \hat{\phi})\} = \left(\frac{\partial S(t; z_i, \phi)}{\partial \phi}\right)\bigg|_{\phi = \hat{\phi}} I^{-1}(\hat{\phi}) \left(\frac{\partial S(t; z_i, \phi)}{\partial \phi}\right)^T \bigg|_{\phi = \hat{\phi}}$$

其中：

$$\left(\frac{\partial S(t; \phi, z_i)}{\partial \phi}\right) = \left(\frac{\partial S(t; \phi, z_i)}{\partial \gamma}, \frac{\partial S(t; \phi, z_i)}{\partial \beta}, \frac{\partial S(t; \phi, z_i)}{\partial \kappa}, \frac{\partial S(t; \phi, z_i)}{\partial \rho}\right)$$，是存活函數一

階偏微分，為一個向量。

且 $I^{-1} = (\hat{\phi})$ 是由 $i_{ij} = \dfrac{\partial l(\phi)}{\partial \phi_i} \dfrac{\partial l(\phi)}{\partial \phi_j}$ 所計算出來的觀察訊息 (Information) 矩陣。

在 Jeong et al. (2003) 文中有更詳細的推導及計算過程。

因此，在時間點 $t$ 的 $S(t \mid z_i, \phi)$ 之存活機率的 95% 信賴區間為：

$$\hat{S}(t; z_i, \hat{\phi}) \pm 1.96 \times \sqrt{\hat{\mathrm{var}}\{\hat{S}(t; z_i, \hat{\phi})\}}$$

## 四、脆弱參數分布與懲罰函數

統計學者在原本的比例危險函數中加入一個隨機效果項 $\varsigma_i$ (9-1 式 ) 來表示觀測不到的潛在效果，而這個隨機效果項對於原本的事件風險具有加乘效果。假設在給定隨機效果分布之下，將個體間的異質性或事件之間的相關性合併到基準風險的參數估計當中 (9-2 式 $\tau_i = e^{\varsigma_i}$ )，所以每一個觀測者的基準風險是不相同的 (9-3 式 )，便能以獨立多重事件時間的方式來分析非獨立多重事件時間的相互關係。

$$\lambda_i(t) = \lambda_0(t)e^{\beta' z_i + \varsigma_i} \tag{9-1}$$

$$\lambda_i(t) = \tau_i \lambda_0(t)e^{\beta' z_{ii}} \tag{9-2}$$

$$\lambda_i(t) = \lambda_{0i}(t)e^{\beta' z_i} \tag{9-3}$$

而這個隨機效果項 $\varsigma_i$ 是一個連續變數，用來描述某個特定的類別如個體或者家庭，對於事件的發生具有過多的風險 (excess risk) 或者較脆弱的性質，主要的概念在於具有較大脆弱特性 ( 脆弱參數值較大 ) 的個體或者家庭與其他個體相較起來，有著較高的事件風險，相對的也較容易有事件發生。

脆弱模型在分析個體單一存活時間例如死亡或者第一次發病，脆弱參數主要在解釋蒐集資料過程中，個體間無法觀測到的共變數因子對於存活時間的影響，如果忽略這些影響，所得到的分析結果可能會有誤差；另一類較為常用的稱作共同脆弱 (shared frailty) 模型，主要應用在多重失敗時間，主要特色為同一群體內的個體擁有對危險函數相同的未知影響，也就是同一個群體內的個體擁有相同的脆弱參數。共同脆弱模型主要用來分析個體或群體擁有多重存活時間，例如同一家族之間某種疾病的發生時間或者同一個癌症病患腫瘤的復發事件。如下式，$\lambda_{i(j)}(t)$ 為第 $j$ 個群體中第 $i$ 個個體發生事件 ( 或者第 $j$ 個個體發生第 $i$ 次事件 ) 的危險函數，$\varsigma_i$ 為因群體而不同的脆弱參數，所以同一個群體內個體有相同的基準風險 $\lambda_0(t)\tau_j$。

$$\lambda_{i(j)}(t) = \lambda_0(t)e^{\beta'z_{i(j)}(t)+\varsigma_j}$$
$$= \lambda_0(t)\tau_j e^{\beta'z_{i(j)}(t)+\varsigma_j}$$

其中一個重點是在於參數 $\tau_j$ 的部分，由於危險函數一定是正的，所以 $\tau_j$ 的選擇必定爲一個大於 1 的變數，爲解釋方便起見，會假設 $\tau_j$ 爲一個平均爲 1，變異數爲 $\theta$ 的變數。在模型中，若 $\tau_j > 1$，則表示此群體的個體相對於其他群體的個體有較大的風險，即較容易有事件發生的可能；若 $\tau_j < 1$，則表示此群體的個體相對於其他群體的個體有較小的風險；若 $\tau_j = 1$，則表示群體間個體的事件都是互相獨立的。Aalen(1994) 曾提出，若對於 $\tau_j$ 使用一個有母數的模型，不僅在參數的估計上較爲簡便，更能明確的描述 $\tau_j$ 對於事件風險的影響。

Box-Steffensmeier & Suzanna(2006) 指出部分的邊際模型將事件相關性藉由允許基準危險函數隨著事件次數改變來解釋，所以也將脆弱模型依事件來分層，並使用限制的涉險集合以及間隔時間來記錄涉險區間，提出一個改良的模型稱爲條件脆弱模型，係可以應用在分析復發事件資料。

## 9-6-2 加速失敗時間 (accelerated failure time) 模型

STaTa 提供「estat phtest」、「estat concordance」、「stphplot, by( 組別 )」、「sts graph」等指令，讓你檢定是否違反 Cox 迴歸之事先假定「$H_0$：隨時間變化，處理組與控制組之間風險比 (risk ratio、the ratio of event rates) 爲固定 (constant)」。若違反 Cox 模型此假定 (assumption) 時，stcox 指令應改成參數存活模型 (streg 指令 ) 並外加下列二個模型之一：

方法一：納入脆弱模型

當蒐集的資料爲長期追蹤之臨床數據，治療效果通常隨時間降低，此時很容易違反風險爲「固定」比例的假定 (assmuption)，此時韋伯或指數等 6 種分布就可搭配脆弱模型 (frailty model) 來適配此類的臨床數據。即存活資料模型中，若滲有隨機因素時，Cox 模型就須改用 streg 指令來納入脆弱模型。

方法二：納入 accelerated failure time(AFT)

以圖 9-39「乳癌患者併發 TEEs 對存活影響」來說，Allison(2004) 發現 Kaplan-Meier method, Log-minus-log 及 like tim-interaction test 等檢定，當遇時變 (time-varying) 之解釋變數，包括：TEEs、年齡、手術、放射治療、化療、荷爾蒙治療等變數，就會違反 Cox proportional hazard model 等比例風險的假定 (assumption)，因爲這些個人因子、環境因子多數存在「時間相依性之共變數 (time-dependent covariance)」問題，故應改以 accelerated failure time model 來克服。

## 一、STaTa 六種分布都可搭配加速失敗時間 (AFT)

右設限存活資料分析中的參數化加速失敗時間 (AFT) 模型，經常假設其存活分布爲韋伯分布、對數常態分布或對數 Logit 分布。在上述分布之下，對數線性來建模所剩的誤差分布則呈極值分布、常態分布或 Logit 分布……。

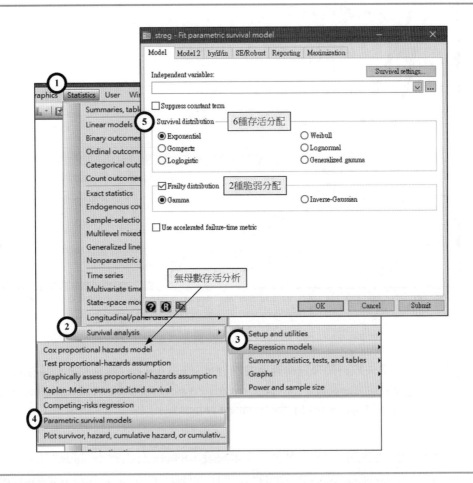

**圖 9-37** Parametric survival models 之 STaTa 對應的偏態分布 (streg 指令 )

註 1：以上 STaTa 有 6 種存活分布，這 6 種模型都可搭配 2 種脆弱分布。

註 2：韋伯及對數模型二者才可勾不勾選「accelerated failure-time」模型。其餘 4 種模型，內定都有「accelerated failure-time」模型

如下圖所示，加速失敗時間模型 (accelerated failure time model)，簡稱為 AFT 模型 (Cox and Oakes, 1984; Kalbfleisch and Prentice, 2002)，此模型是以取過對數後的表現型來模型化，迴歸係數 β 與一般線型迴歸解釋相似。

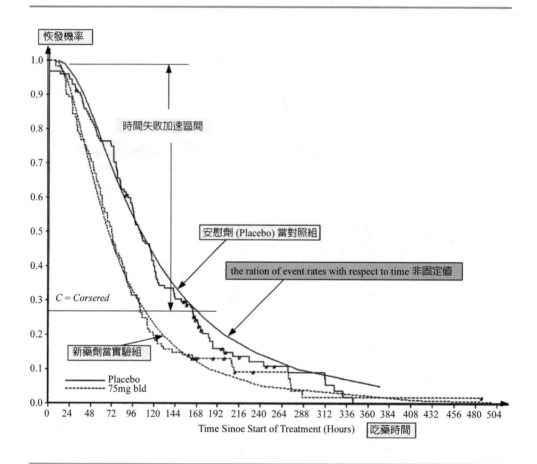

圖 9-38 以加速失敗時間來建構存活曲線 (Fitted survival curves from the accelerated failure time model at 'average' covariate values for each treatment group and Kaplan-Meier curves for the treatment groups.)

存活分析法依據不同的機率函數分布假設，STaTa 有相對不同的模型。包括屬於半參數 (semi-parameter) 形式的 Cox 等比例危險 (Cox proportional hazard) 模型及參數形式：包括 exponential 分布模型、Weibull 分布存活模型、Log-Logistic 存活模型等 6 種模型可供建立模型。通常選擇何種模型必須依據研究對象之性質，例如以人的一生為觀察期進行某種病毒造成死亡事件之發生之研究，原本

在不考慮該病毒的情況下，小孩及老人死亡機率原本就較高。因此研究某一課題必須選擇類似盆狀分布 ( 兩邊高一邊低 ) 之基準 (baseline) 危險函數分布模型方為適用。若能明確知道危險率隨時間不變、遞增、遞減或先遞增後遞減之特定型態函數，則可將危險函數界定為指數 (exponential)、韋伯 (Weibull) 或對數常態 (lognormal) 型態之模型。可惜一般情況下並無法確定某一課題 (e.g. 土地開發行為 ) 之正確函數型態，因此一般分析常用 Cox 等比例危險模型構建存活模型，其優點為不必對危險機率函數 (hazard function) 強烈地假定其必須符合某種分布，雖然可能因而喪失一些校估方面的準確度，但在事前未知危險機率密度函數之分布的情況下，使用 Cox 等比例危險模型進行存活分析應為最適當的方法，原因是使用 Cox 等比例危險模型分析時，若實際情況之機率分布為某一類型分布 ( 例如韋伯分布 )，則 Cox 等比例危險模型所估計出的機率密度函數分布，亦會趨近於該分布 (Weibull 分布 ) 的情況。

## 二、存活模型為何須搭配加速失敗時間 (AFT)

存活理論之基本組成包括「存活時間」、「存活函數」及「危險函數」，假設存活期間 T 為非負值之隨機變數，T 代表研究母體中某一個個體的壽命 (lifetime)。令 f(t) 為 T 之機率密度函數，而 T 之累積機率密度函數為：

$$F(t) = \Pr(T < t) = \int_0^t f(x)dx$$

其中，T 為存活時間，而 t 則為存活時間內的某一個特定時點。因此某一個體存活至 t 之機率稱之為存活函數 (survival function)：

$$S(t) = \Pr(T > t) = \int_0^\infty f(x)dx$$

其中，$S(t)$ 為單調遞減之連續函數，並具有如下特性：

$$S(0) = 1, \quad S(\infty) = \lim_{t \to \infty} S(t) = 0$$

由於研究時間不可能為無限長，因此一般而言 $S(t) > 0$。危險函數 (hazard function) 則被定義為：

$$h(t) = \lim_{\Delta t \to 0} \frac{\Pr(t \le T < t + \Delta t)}{\Delta t} = \frac{f(t)}{S(t)}$$

危險函數表示研究個體存活至 t，而死於 t 之機率。在許多分析過程中，累積危險 (cumulative hazard) 常被使用，其定義為：

$$H(t) = \int_0^t h(x)dx$$

有鑑於，每個研究個體之壽命往往受到不同危險因子 $X_i$ (risk components) 而有不同的影響，因此危險函數通常表示成 h(t|X)，其中 X 爲一組給定 (given) 危險因子所成之向量。在生物統計學文獻中，最常見危險函數之形式包括：加法危險模型 (additive hazard model)、乘法危險模型 (multiplicative hazard model)、及加速失敗時間模型 (accelerated failure time model) 三種。分述如下：

1. **加法危險模型** (additive hazard model)

其基本形式爲：$h(t|X) = h_0(t) + K(X)$

其中，$h_0(t)$ 是基礎危險函數，$K(X) = 0$ 稱爲干擾危險 (nuisance hazard)。當 $K(X) = 0$ 時之危險值，可視爲如同線性迴歸模型中之常數項，也就是在未考慮危險因子之危險值，其表示不同 $X$ 組合之等差距增加值。不論 $K(X)$ 之函數形式爲何，上式意味著危險因子帶來之危險值，與干擾危險因子 $K(X)$ 全然無關，故乃以附加的方式進入模型中。

2. **乘法危險模型** (multiplicative hazard model)

其基本形式爲：$h(t | X) = h_0(t) \times \gamma(X)$

其干擾危險係以 $\gamma(X)$ 爲基礎。

其中，$h_0(t)$ 是基礎危險函數，$\gamma(X)$ 則是共變數的函數，其基礎危險係以 $X = 0$ 或 $\gamma(X) = 1$ 爲基礎。故乘法危險之精神爲：假設危險因子以一種放大或縮小之效果來影響干擾危險，因而必須保證 $\gamma(X)$ 爲正值。此外乘法危險函數具有等比例危險之關係。即不同危險因子向量 $X_1$ 與 $X_2$ 對干擾危險所造成之效果爲固定比例，其關係如下：

$$\frac{h(t | X_1)}{h(t | X_2)} = \frac{\gamma(X_1)}{\gamma(X_2)}$$

此種乘法危險模型又稱爲等比例危險模型 (proportional hazard model)。此危險模型隱函危險因子所帶來之危險值增／減量可隨存活時間改變之假設，即在「高干擾危險值」加入某一危險因子後，其所增加之危險值將高於「低干擾危險值」。Cox 曾爲乘法危險模型中之 g(X) 建議一種特定之函數型式如下：

$$h(t | X) = h_0(t) \times e^{(\beta X)}$$

其中，$\beta X = \beta_1 X_1 + \beta_2 X_2 + \cdots\cdots + \beta_k X_k$，而 $\beta_i$ 爲未知之參數 (i = 1, 2, 3, $\cdots$, k)。上

述之函數型式很自然地保證 $\gamma(X)$ 值為正。上式在生物醫學之統計分析上，廣被用來分析病人之壽命與致死原因，因而稱為 Cox 模型。

3. **加速失敗時間之另一延伸模型** (accelerated failure time model)

一般型式為：

$$h(t \mid X) = h_0(t \times p(X)) \times \theta(X)$$

該模型基本上是乘法危險模型之延伸，危險因子的介入不僅加速高干擾危險之到臨，亦全面放大或縮減干擾危險。加速失敗時間模型中如果 P(X)=1，則將成為乘法危險模型。

4. **AFT 主流模型有二**

AFT 模型，常用的主流有 exponential model 及 weibull model 二種。

(1) 指數 (exponential) 分布之加速失敗時間模型

其危險函數公式為：

$$h(t \mid X) = \lambda \text{，其中 } \lambda = \exp\left(-\sum_{i=1}^{p} \gamma_i \chi_i\right)$$

此模型之危險函數保持一固定值，並不會隨時間改變。

期望值公式為：

$$E(T) = e^{\beta X}$$

其累積機率密度函數公式為：

$$1 - e^{(-e^{-\beta X_i})}$$

(2) Weibull 分布之加速失敗時間模型

其危險函數公式為：

$$h(t \mid X) = \frac{\lambda^{\frac{1}{\sigma}} t^{\frac{1}{\sigma}-1}}{\sigma}$$

期望值公式為：

$$E(T) = \Gamma(1+\sigma) e^{\beta X}$$

其累積機率密度函數公式為：

$$1 - e^{(-e^{-(\beta X)a_t{}^\alpha})}$$

其中 $\frac{1}{\sigma}$ 必須大於 0，當 $\frac{1}{\sigma}$ 等於 1 時，則模式簡化成 exponential model，其危險數會隨時間的改變而改變；當 $\frac{1}{\sigma} > 1$ 時，則會隨時間而增加；當 $\frac{1}{\sigma} < 1$ 時，則會隨時間而減少。

由於 STaTa 軟體本身可以校正上述參數值，並且檢定出參數的顯著性及模型適配度「log likehihood」值。

## 三、回溯性世代研究：常須搭配加速失敗時間 (accelerated failure time)

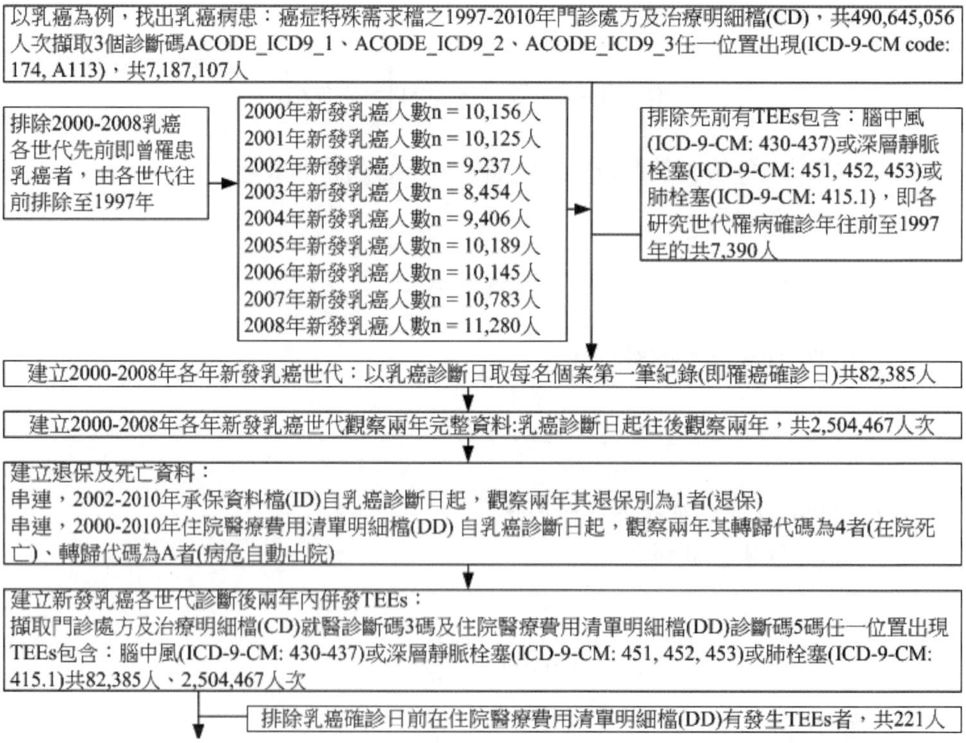

以乳癌為例，找出乳癌病患：癌症特殊需求檔之1997-2010年門診處方及治療明細檔(CD)，共490,645,056人次擷取3個診斷碼ACODE_ICD9_1、ACODE_ICD9_2、ACODE_ICD9_3任一位置出現(ICD-9-CM code: 174, A113)，共7,187,107人

排除2000-2008乳癌各世代先前即曾罹患乳癌者，由各世代往前排除至1997年

2000年新發乳癌人數n = 10,156人
2001年新發乳癌人數n = 10,125人
2002年新發乳癌人數n = 9,237人
2003年新發乳癌人數n = 8,454人
2004年新發乳癌人數n = 9,406人
2005年新發乳癌人數n = 10,189人
2006年新發乳癌人數n = 10,145人
2007年新發乳癌人數n = 10,783人
2008年新發乳癌人數n = 11,280人

排除先前有TEEs包含：腦中風(ICD-9-CM: 430-437)或深層靜脈栓塞(ICD-9-CM: 451, 452, 453)或肺栓塞(ICD-9-CM: 415.1)，即各研究世代罹病確診年往前至1997年的共7,390人

建立2000-2008年各年新發乳癌世代：以乳癌診斷日取每名個案第一筆紀錄(即罹癌確診日)共82,385人

建立2000-2008年各年新發乳癌世代觀察兩年完整資料:乳癌診斷日起往後觀察兩年，共2,504,467人次

建立退保及死亡資料：
串連，2002-2010年承保資料檔(ID)自乳癌診斷日起，觀察兩年其退保別為1者(退保)
串連，2000-2010年住院醫療費用清單明細檔(DD)自乳癌診斷日起，觀察兩年其轉歸代碼為4者(在院死亡)、轉歸代碼為A者(病危自動出院)

建立新發乳癌各世代診斷後兩年內併發TEEs：
擷取門診處方及治療明細檔(CD)就醫診斷碼3碼及住院醫療費用清單明細檔(DD)診斷碼5碼任一位置出現TEEs包含：腦中風(ICD-9-CM: 430-437)或深層靜脈栓塞(ICD-9-CM: 451, 452, 453)或肺栓塞(ICD-9-CM: 415.1)共82,385人、2,504,467人次

排除乳癌確診日前在住院醫療費用清單明細檔(DD)有發生TEEs者，共221人

圖 9-39 回溯性世代研究之資料擷取流程圖 (乳癌患者併發 TEEs 之加速失敗時間模型)

病患特性：
1.<u>年齡</u>：自確診日當時年齡為就醫日期(首次診斷乳癌門診日期)減掉出生日期
2.<u>共存疾病指數(CCI)</u>：擷取個案診斷日前一年在門診處方及治療明細檔(CD)，國際疾病分類代號3碼任一位置出現Charlson Comorbidity Index 建議之診斷
3.<u>高血壓疾病史</u>：擷取乳癌確診日期前一年診斷，國際疾病分類代號碼3碼任一位置出現高血壓(ICD-9-CM: 401-405, A26)
4.<u>手術</u>：擷取主手術(處置)一~四，乳癌確診日後觀察一年內任一位置是否有出現乳癌手術(MRM: 85.4, BCT: 82.2)
5.<u>放射治療及化療</u>：擷取門診處方及治療明細檔(CD)之特定治療項目代號一~四欄位代碼為D1及D2或12
6.<u>荷爾蒙治療</u>：串連，癌症特殊需求檔之2000-2010年門診處方醫令明細檔(OO)擷取藥品(項目)代號並以健保代碼參考表格

建立2000-2008年新發乳癌世代醫院特性：串連，2000-2010年醫事機構基本資料檔(HOSB)以截取醫院層級別(HOSP_CONT_TYPE)。研究樣本共82,164人、2,499,302人次

排除醫院層級別非醫學中心、區域醫院、地區醫院的個案共1,158人

建立2000-2008年完整新發乳癌研究世代：排除各世代跨年度及時間不明確共76人，以及ID、ID_BIRTHDAY取第一筆紀錄擷取輸入錯誤或重複共332人；最後共80,598人納入本研究排除醫院層級別非醫學中心、區域醫院、地區醫院的個案共1,158人

計算併發TEEs 0-6個月、7-12個月、2年之發生密度及累積發生率有併發TEEs共1436人，未併發共79162人

建立有無發生TEEs病例組與對照組：根據年齡、共病症指數來匹配以1:5方式區分有併發TEEs及未併發兩組

2000-2008各年新發乳癌世代：匹配後有併發TEEs的乳癌患者共1,432人；未併發者共7,160人

存活者共7,607人，死亡者共985人

圖 9-39 回溯性世代研究之資料擷取流程圖 ( 乳癌患者併發 TEEs 之加速失敗時間模型 )（續）

小結

　　STaTa 共有 6 種分布可搭配其加速失敗時間，選擇分布的方式為：以 maximum likelihood 及 aic 值來判讀，在這 6 種分布存活分析裡，看那一個模型最大概似 (maximum likelihood) 估計值越低，就表示其機率分布越接近常態分布；或者改用資訊準則 AIC (Akaike's information criteria)，用以判斷存活模型 / 時間序列整體適配度 (overall fitness)，AIC 值越低代表模型適配度越好。故 STaTa 參數存活分析必須進行 6 種加速失敗時間模型的評比，分別是 exponential、Weibull、log-normal、log-logistic、Gamma 及 gompertz 分布。

### 四、加速失敗時間模型：在劑量 d 水準

以醫學臨床治療來說，在加速失敗時間 (AFT) 模型下，劑量水準為 $d$ 時，時間變數 $T$ 的風險函數 $h(t; d)$ 與基準風險函數 $h_0(t)$ 的關係為：

$$h(t; d) = h_0(te^{-g(d)})e^{-g(d)}$$

其中，$g(d) = \alpha_1 d + \cdots\cdots + \alpha_p d^p$，$\exp(-g(d))$ 稱為加速因子 (acceleration factor)。上述 AFT 模型也可用對數線性模型加以描述：

$$\log T = \alpha_0 + g(d) + \sigma\varepsilon$$

其中，$\alpha_0$ 為截距參數，$\sigma$ 為尺度參數，$\varepsilon$ 則為誤差項。當劑量水準為 $d$ 時，$T$ 的存活函數為：

$$S(t; d) = \Pr(T > t) = \Pr(e^{\alpha_0 + g(d) + \sigma\varepsilon} > t) = \Pr(e^{\alpha_0 + \sigma\varepsilon} > te^{-g(d)})$$

劑量 $d = 0$ 時的基準存活函數則為：

$$S_0(t) = \Pr(T > t) = \Pr(e^{\alpha_0 + \sigma\varepsilon} > t)$$

因此，

$$S(t; d) = S_0(te^{-g(d)})$$

進一步得知其機率密度函數關係為：

$$f(t; d) = f_0(te^{-g(d)})e^{-g(d)}$$

令 $t_p(d)$ 是劑量水準 $d$ 時，時間變數 $T$ 的 $100p$ 百分位數，$0 \le p \le 1$，則

$$t_p(d) = e^{-g(d)}t_p(0)$$

亦即在 AFT 模型之下，劑量水準 $d$ 之下的任何百分位時間與基準組之下的同一百分位時間成比例。

## 9-7 雙層次：panel-data 參數存活模型 [xtstreg, shared(panel 變數) 指令]

### 前言

在臨床療效評估中我們常用死亡率或復發率等指標來比較療效。例如史丹佛大學醫學中心針對心臟移植手術 65 位病人的存活情況作統計分析，資料蒐集包括：存活狀態 ( 死 vs. 活 )，手術時的年齡、「供者—受者」的組織錯配分數 (T5) 和存活時間等。這些數據再檢驗其假設 (hypothesis)：是否具有低錯配分數 ( 低組，T5 < 1.1) 的案例比高錯配分數者 ( 高組，T5 > 1.1) 有較佳的存活率？

若單純使用傳統的相對危險性 (stcox、streg 指令 ) 未分組來分析這類問題。只會求得到二組死亡率的相對危險比很低 (HR 只有 1.18 倍 )。因為這種傳統分析無法提供足夠證據來支持本例之相關性假設。因此，若我們再深入檢查資料這二個族群，會發現其平均存活時間卻有顯著差異 ( 低 T5 =477 天；高 T5 =286 天 )。這時可考慮用「人—年」方法 (person-time approach)，「人—年」方法的計算是個案追蹤時間的和 [xtstreg, shared(panel 變數) 指令 ] 或對族群來說是族群大小乘以平均觀察時間 (svy: streg 指令 )。

相對地，若將存活時間 ( 觀察時間 ) 的平均差異也納入考慮 (svy: streg 指令 )，卻求得二組相對危險性 HR 為 2.21 倍 ( 傳統相對危險性分析只得到 1.18 倍 )，此法提供相當的證據去支持假設 (hypothesis)：具有低錯配分數的個案比高錯配分數者有較好的存活率。

由此可見，只看結果好壞 ( 死亡率高低 )，不計算出現結果前所歷經的存活時間長短，其比較的結果常常是會扭曲真相的。故存活時間的長短在許多臨床研究中是必須考慮的一個重要因素。換言之，雖然同是死亡病例，但存活時間 T 長短不一樣，病人的預後或療效就有差別。

## 9-7-1 追蹤資料 (panel-data)

### 一、追蹤資料之研究架構

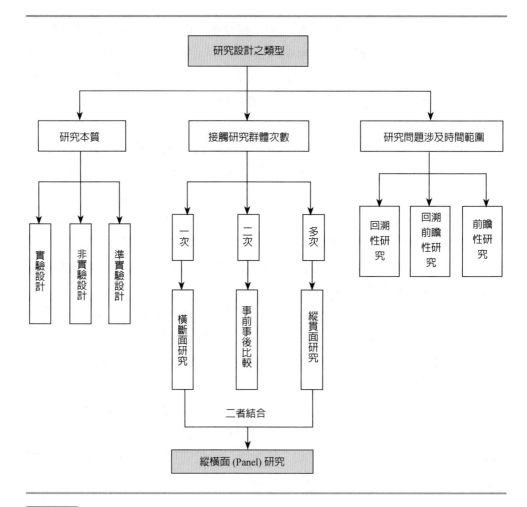

圖 9-40 研究設計類型

### 二、追蹤資料之優缺點

過去研究多考量橫斷面的樣本或時間面的樣本，多考量單一面向，並未考量樣本與樣本間同時期與跨時期影響效果。追蹤資料 ( 縱橫資料 ) 分析法同時考慮橫斷面 ( 不同個體 ) 與縱斷面 ( 時間面 ) 資料，再依最適模型之適配、估計方法、與檢定方法後，再進行分析，以確保找到眞正影響之因素。

Hill，Guay 與 Lim(2008) 認爲追蹤資料有三大優點是可解決長期的時間序列動態分析，又可處理大量的數據且可以保留原有的特質，較不易有變異異質性 (heterogeneity) 發生。

使用追蹤資料分析有下列優點，分述如下：

1. 可以控制個體差異性，反映橫斷面的個體特性差異。

2. 追蹤資料的樣本數較多，故可以透過增加自由度來減低變數間之共線性問題，能提升估計值之效果。

3. 能同時具有橫斷面所代表之個體差異與時間序列面所代表之動態性的兩項功能，故較能更有效的反應動態調節過程，諸如經濟政策變化量 ($\Delta x_t$) 對股市變化量 ($\Delta y_t$) 的影響等問題。例如 CD 片中，「fatality.ppt 及 fatality.do 檔」，純橫斷面分別分析美國 1982 年及 1988 年，可得「啤酒稅增加，交通造成死亡人數亦增加」這種不合理現象；但用 panel 固定效果模型，即可得「啤酒稅增加，交通造成死亡人數會減少」的合理現象。

4. 可以控制橫斷面、時間序列模型觀察不到的因子，減少估計偏誤。

5. 相對於橫斷面和時間序列，panel 可以建構和檢定更複雜的模型和假設 (hypothesis)。

6. 以計量模型誤差項的可能來源區分，如特定個體之誤差 (individual-specific error term)、特定時間之誤差項 (time-specific error term) 與隨機誤差項 (random error term)，此可減少估計偏誤，以提升結果準確性。

7. 縱橫資料迴歸模型乃綜合時間序列與橫斷面二者進行分析之組成模型，因此在資料型態上除具有豐富性和多變性之特性外，尚有自由度高、效率性佳的優點，更可控制橫斷面資料上之異質性與時間序列上之自我相關性的問題。另外，對於一些較複雜或屬於個體層次的資料，亦可利用組成模型來建構樣本資料，並進行動態調整分析，以獲取最佳的研究結果。

易言之，追蹤資料分析的功用爲：

1. 控制個體行爲之差異

追蹤資料資料庫顯示個體 ( 包括個人、企業、組織、地區或國家 ) 之間存在差異，而單獨的時間序列和橫斷面並不能有效反映這種差異。如果只是簡單使用時間序列和橫斷面分析結果，就可能會有偏頗。此外，追蹤資料分析能夠控制在時間序列和橫斷面研究中不能控制的涉及地區和時間爲常數的情況。也就是說，當個體在時間或地區分布中存在著非時變的變數 ( 例如受教育程度、電視廣告等 ) 時，如果在模型中不考慮這些變數，有可能會得到有偏頗

結果。追蹤資料分析能夠控制時間或地區分布中的恆變數，而普通時間序列和橫斷面研究中則不能做到。

2. 追蹤資料能夠提供更多資訊、更多變化性、更少共線性、更多自由度和更高效率。反觀時間序列經常受多重共線性的困擾。

3. 追蹤資料能夠更好地研究動態調節，從橫斷面分布看上去相對穩定但卻隱藏了許多變化，追蹤資料由於包含較長時間，能夠弄清，諸如經濟政策變化對失業狀況的影響等問題。

4. 追蹤資料能更好地識別和度量純時間序列和純橫斷面資料，所不能發現的影響因素。

5. 相對於純橫斷面和純時間序列資料而言，追蹤資料能夠構造和檢定更複雜的行為模型。

6. 通常，追蹤資料可以收集到更準確的微觀單位 ( 個人、企業、家庭 ) 的情況。由此得到的總體資料可以消去測量誤差的影響。

## 三、panel 資料型態及其模型分類

1. 實證上資料類型可分為三類，分別是時間序列 (time series)、橫斷面 (cross section) 與 panel data 類型三種。

2. 時間序列的資料是樣本的觀察期間是以時間點的不同來作區隔的。
   例如，一段期間 ( 如 1990-2000 年 ) 的大盤指數日資料。

3. 若資料不是以時間點來作區隔，則可稱之為橫斷面資料。一般橫斷面資料比較是指一固定時點的不同觀察值。例如，上個月不同縣市的失業率。

4. panel 資料則同時包含了二種資料特性。例如，過去一年每個縣市的每月失業率就同時包含了時間與橫斷面的特性。不過，一般而言，panel 資料是指「大」的橫斷面與「短 (Short)」的時間序列。

   (1) 短 (short) panel：$T < \infty$，$N \to \infty$。

   (2) 長 (long) panel：$T \to \infty$，$N < \infty$。

5.「小」的橫斷面與「長 (long)」的時間序列的資料型態，則一般只是稱為混合資料 (pooled data)。在分析上，主要以所謂「系統模型」來處理。

6. 而 panel 資料則會以所謂的「panel 資料模型 ( 追蹤資料 (panel-data) models)」來分析。

## 四、panel 資料檔之格式

就自變數 (independent variables) 的個數，迴歸模型可分：

1. 簡單迴歸模型 (simple regression model)：即僅一個解釋變數。

例如：

$$y_t = \beta_1 + \beta_2 x_t + \varepsilon_t$$

2. 複迴歸模型 (multiple regression)：亦即解釋變數數目超過一個以上。

追蹤資料 (panel-data) 的基本模型為：

$$Y_{it} = \alpha_i + \beta_1 X_{1it} + \beta_2 X_{2it} + \cdots + \beta_k X_{kit} + \varepsilon_{it}$$

$$Y_{it} = \alpha + \sum_{k=1}^{K} \beta_k X_{kit} + \varepsilon_{it}$$

其中，個體數 i = 1, 2, ⋯, N，它代表同一時期不同 individual/ entity。時段 t = 1, 2, ⋯, T，它為研究之期間。

$$Y_{T \times 1} = \begin{bmatrix} y_{i1} \\ y_{i2} \\ \vdots \\ y_{iT} \end{bmatrix}, \; \varepsilon_{T \times 1} = \begin{bmatrix} e_{i1} \\ e_{i2} \\ \vdots \\ e_{iT} \end{bmatrix}, \; X_{T \times K} = \begin{bmatrix} x'_{i1} \\ x'_{i2} \\ \vdots \\ x'_{iT} \end{bmatrix}$$

其中：

(1) 依變數矩陣 $Y_{it}$：第 i 個體 (individual, entity) 在時間點 t 之反應變數。

(2) 向量 $\alpha_i$：截距項，為固定常數。

(3) (K×1) 向量 $\beta = (\beta_1, \beta_2, \cdots, \beta_K)'$：所有解釋變數之參數，為固定係數向量。

(4) 解釋變數 (regressors) 矩陣 $X_{it}$：第 i 個體 (individual, entity) 在時間點 t 之解釋變數。k = 1, 2, ⋯, K 表示有 K 個解釋變量。

(5) 向量 $\varepsilon_{it}$：第 i 個體 (individual, entity) 在時間點 t 之隨機誤差項。

(6) $X_{kit}$：為第 i 個 individual/ entity 於第 t 期第 k 個解釋變數的值，

(7) $\varepsilon_{it}$：為殘差項，$E(\varepsilon_{it})=0$，$E(\varepsilon_{it}, \varepsilon_{it}) = \sigma^2$，$\varepsilon_{it}$ 符合 $^{iid}$ $N(0, \sigma^2)$ 分配。

panel 資料檔之格式如下表：

| 依變數 | 解釋 (explanatory) 變數 | 隨機誤差 |
|---|---|---|
| $y_{1,1}$ | $X_{1,1}$ | $e_{1,1}$ |
| $\vdots$ | $\vdots$ | $\vdots$ |
| $y_{1,T}$ | $X_{1,T}$ | $e_{1,T}$ |
| $y_{2,1}$ | $X_{2,1}$ | $e_{2,1}$ |
| $\vdots$ | $\vdots$ | $\vdots$ |
| $y_{2,T}$ | $X_{2,T}$ | $e_{2,T}$ |
| $y_{N,1}$ | $X_{N,1}$ | $e_{N,1}$ |
| $\vdots$ | $\vdots$ | $\vdots$ |
| $y_{N,T}$ | $X_{N,T}$ | $e_{N,T}$ |

上式，假設我們「將每個個體堆疊成一個資料檔 (stacking the entire data set by individuals)」，它亦可用矩陣形式來表示：

$$y_{NT \times 1} = \begin{bmatrix} y_1 \\ y_2 \\ \vdots \\ y_N \end{bmatrix}, \; \varepsilon_{NT \times 1} = \begin{bmatrix} e_1 \\ e_2 \\ \vdots \\ e_N \end{bmatrix}, \; X_{NT \times K} = \begin{bmatrix} X_1 \\ X_2 \\ \vdots \\ X_N \end{bmatrix}, \; 並定義 \; \alpha_{N \times 1} = \begin{bmatrix} \alpha_1 \\ \alpha_2 \\ \vdots \\ \alpha_N \end{bmatrix}$$

方程式亦可改寫成矩陣形式：

$$y = X\beta + D\alpha + \varepsilon$$

其中，$\underset{NT \times N}{D} = I_N \otimes V_T$。

在 panel 模型中，個體截距項 $\alpha_i$ 代表「所有未可觀測之解釋變數的效果」，簡稱「特定個體 i(individual-specific)」效果。

## 五、線性追蹤資料 (panel-data) 模型

追蹤資料的內容十分豐富，這裏以 Matyas 和 Sevestre(1996) 再版的書爲框架，主要從研究這種時空資料的模型角度，簡單回顧一下研究追蹤資料方法的發展：

## 線性 panel 模型的分類

### 基本線性 panel 模型

---

· Pooled model (or population-averaged)

混合資料模型（樣本平均） $\quad y_{it} = \alpha + X'_{it}\beta + u_{it}$ (9-4)

· Two-way effects model allows intercept to vary over $i$ and $t$

雙因子效果模型 $\qquad\qquad y_{it} = \alpha_i + \gamma_t + X'_{it}\beta + \varepsilon_{it}$ (9-5)

· Individual-specific effects model

特定個體效果模型 $\qquad\qquad y_{it} = \alpha_i + X'_{it}\beta + \varepsilon_{it}$ (9-6)

where $\alpha_i$ may be fixed effect or random effect.

· Mixed model or random coefficients model: allows slopes to vary over $i$

混合 / 隨機係數模型 $\qquad y_{it} = \alpha_i + X'_{it}\beta_i + \varepsilon_{it}$ (9-7)

---

### 1. 單變數模型

(1) 固定效果和固定係數模型 (fixed effect models and fixed coefficient models)：

$$\text{固定效果：} y_{it} = \underbrace{\alpha_i}_{\text{它與解釋變數} x_{it} \text{有相關}} + \underbrace{X'_{it}}_{\text{它亦可為內生解釋變數}} \beta + \underbrace{\varepsilon_{it}}_{\text{殘差項} \sim N(0,\sigma^2)}$$

STaTa 以 F 檢定來判定採用混合資料 OLS 或「xtreg…,fe」固定效果來估計。固定效果包括時間效果以及「時間和個體之二因子」效果。倘若你進一步放寬 panel 條件，允許誤差有異質變異、自我相關性等情況下，則可改用「xtgls…,panels(iid) corr(independent)」來估計。

(2) 隨機效果，又稱誤差成分模型 (error components models)

$$\text{隨機效果：} y_{it} = \underbrace{\alpha}_{\substack{\text{純隨機} \sim N(0,\sigma_\alpha^2), \text{它與解釋變數} x_{it} \text{無相關}}} + \underbrace{X'_{it}}_{\text{外生解釋變數}} \beta + \underbrace{u_{it}}_{\text{個體間誤差}} + \underbrace{\varepsilon_{it}}_{\text{個體內誤差}}$$

除 OLS 迴歸、GLS 迴歸模型外，STaTa 亦針對不同樣本特徵分別提供：組內估計 (within estimator) 或「xtreg…,re」隨機效果等估計法，甚至你若考慮誤差成分中的個體效果、或個體和時間效果，亦可用「xtgls…, panels(hetero) corr(ar1)」指令，將誤差自我相關和異質變異一併納入迴歸分析。

例如，STaTa 以「xtreg…,re」指令先執行隨機效果，再 xttest0 事後指令之 Lagrange 乘數 (multiplier) 檢定，來偵測「隨機效果 vs. OLS」模型，何者較適合？

(3) 隨機係數模型 (random coefficient models)

$$y_{it} = \alpha_i + X'_{it} \underbrace{\beta_i}_{每一個體\,i\,的斜率都不相同} + \underbrace{u_{it}}_{殘差項\sim N(0,\sigma^2)}$$

請見《Panel-data 迴歸模型》一書第「5-7」章節 xtrc 指令，係隨機效果 (random coefficients regression by GLS) 模型。

若模型解釋變數 (regressors) 的係數包含時間效果或個體效果，再加上一個亂數，係數通常用抽樣方法或者 Bayesian 方法來估計。

(4) 帶有隨機解釋變數 (with random regressors) 的線性模型

請見《Panel-data 迴歸模型》一書第 6 章 xtivreg( 工具變數兩階段最小平方法 panel-data 模型 ) 及 ivregress( 單一方程式工具變數迴歸 )、外掛指令 xtcsd( 追蹤資料模型之橫斷面相依性 )、第「8-5-2」章節 xtmixed( 多層次混合之線性迴歸 )、xtrc( 隨機係數模型 )。有關 xtrc 指令之範例，請見第 5、8 章的介紹。

(5) 動態線性模型 (dynamic linear models)

請見《Panel-data 迴歸模型》一書第 9 章 xtdpd、xtdpdsys 指令來執行動態 panel 模型。

該模型同樣又包含固定效果自迴歸模型 ( 通常用 LSDV 估計、Within 估計、IV 估計法估計參數 )、動態誤差成分模型 (λ- 類估計、IV 估計、GMM 估計和最大概似估計等方法估計參數 ) 以及帶有異質性的動態線性模型 ( 聯立估計、組均值估計和橫斷面估計等方法估計參數，並檢定異質性 )，成為近來追蹤資料 (panel-data)、單根 (unit root) 和共整合 (cointegration) 理論發展的基礎。

## 9-7-2 追蹤資料 (panel-data) 存活分析 [ `xtstreg`, `shared`(panel 變數 ) 指令 ]

<u>脆弱性模型</u>

所謂「脆弱性模型 (shared-frailty model)」，如同「隨機效果」線性迴歸一樣，其誤差 $\varepsilon$ 與解釋變數 $X_i$ 的相關是非固定的，即本節範例中，每個洗腎機都「隨機」記錄每一個腎病患二筆「非同質」就醫記錄。這二筆資料內具有相關 ( 非同質 ) 的特性。在 Cox 模型中，假設有群組 $i = 1, 2, \cdots, n$；每個群組 i 都有 j 個人，$j = 1, 2, \cdots, n_i$。故群組 $i$ 的第 $j$ 個受試者，其危險 (hazard) 爲：

$$h_{ij}(t) = h_0(t)\alpha_i \exp(x_{ij}\beta)$$

其中，$\alpha_i$ 是群組層的脆弱性 (group-level frailty)。脆弱性是不可觀察之正數，並假設其平均數爲 1、變異數爲 $\theta$。STaTa 係用「 `stcox, shared( 脆弱變數 )` 」指令來界定脆弱模型，請見「9-5-1 脆弱性 Cox 模型「 `stcox, shared( 脆弱變數 )` 」範例。

「脆弱性模型」也是「組內相關 (within-group correlation)」模型之一。當 $\theta = 0$ ( 同質性 )，脆弱性模型即退化成標準的 Cox 模型。

令對數脆弱性 $v_i = \log\alpha_i$，則 hazard 可改爲：

$$h_{ij}(t) = h_0(t)\exp(x_{ij}\beta + v_i)$$

這裡，對數脆弱性 (log frailties)$v_i$，很像標準線性模型裡的隨機效果。

### 範例：追蹤資料，每個洗腎病人都有二筆記錄是否被感染？

**( 一 ) 問題說明**

本例旨在分析 38 名腎臟透析病人 (kidney dialysis patients)，接受導管插入期間 (catheter insertions) 之感染復發時間 (recurrence times)。故分析對象是「導管插入」，而不是病人本身。

本例分析對象爲洗腎機，洗腎風險開始點是在導管插入時，而不是患者進入該研究入院時。故每個 panel( 病人 ) 都有二筆受試者 ( 導管插入 ) 的數據。因此，每一次導管插入結果有二種情況：有感染 (infect==1) 或無感染 (right-censoring) (infect==0)。

本例追蹤資料之存活分析有二種解法：

**1. 具有 inverse-Gaussian shared frailty 之 Weibull 模型**

2. panel-dada 存活模型：請見以下分析。

此外，作者《Panel-dada 迴歸模型》一書，有更多範例來介紹 panel 迴歸分析。

本例旨在瞭解接受暴露 (e.g. 導管插入 ) 是否會提升腎臟透析病人之感染 (infect) 發生率？( 分析對象：導管插入 )

研究者收集數據並整理成下表，此「catheter.dta」資料檔內容之變數如下：

| 變數名稱 | 說明 | 編碼 Codes/Values |
|---|---|---|
| 連續變數：patient | 疾病編號 | 1~38 個病人 |
| 類別變數：infect | 暴露否 (e.g. 是否有感染嗎 ) | 0,1 (censored data) |
| 時間變數：time | 洗腎時導管插入期間多久才被感染？ | 存活時間 |

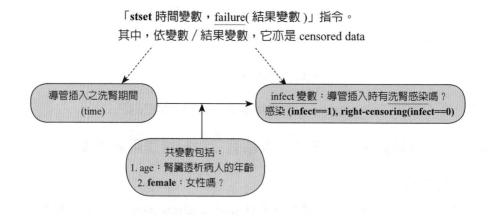

圖 9-41　「導管插入」對腎臟透析病人之感染復發的 panel 存活分析之研究架構

## (二) 資料檔之內容

觀察資料之特徵：

```
* 開啟 STaTa 網站之資料檔
. webuse catheter


. sum age female


    Variable |     Obs        Mean   Std. Dev.       Min        Max
-------------+--------------------------------------------------------
         age |      76    43.69737    14.73795        10         69
      female |      76     .7368421    .4432733         0          1
     patient |      76        19.5    11.03872         1         38

. list patient time infect age female in 1/10


     +------------------------------------------+
     | patient    time    infect    age   female |
     |------------------------------------------|
  1. |       1      16         1     28        0 |
  2. |       1       8         1     28        0 |
  3. |       2      13         0     48        1 |
  4. |       2      23         1     48        1 |
  5. |       3      22         1     32        0 |
     |------------------------------------------|
  6. |       3      28         1     32        0 |
  7. |       4     318         1   31.5        1 |
  8. |       4     447         1   31.5        1 |
  9. |       5      30         1     10        0 |
 10. |       5      12         1     10        0 |
     +------------------------------------------+
```

「catheter.dta」資料檔內容如下圖。

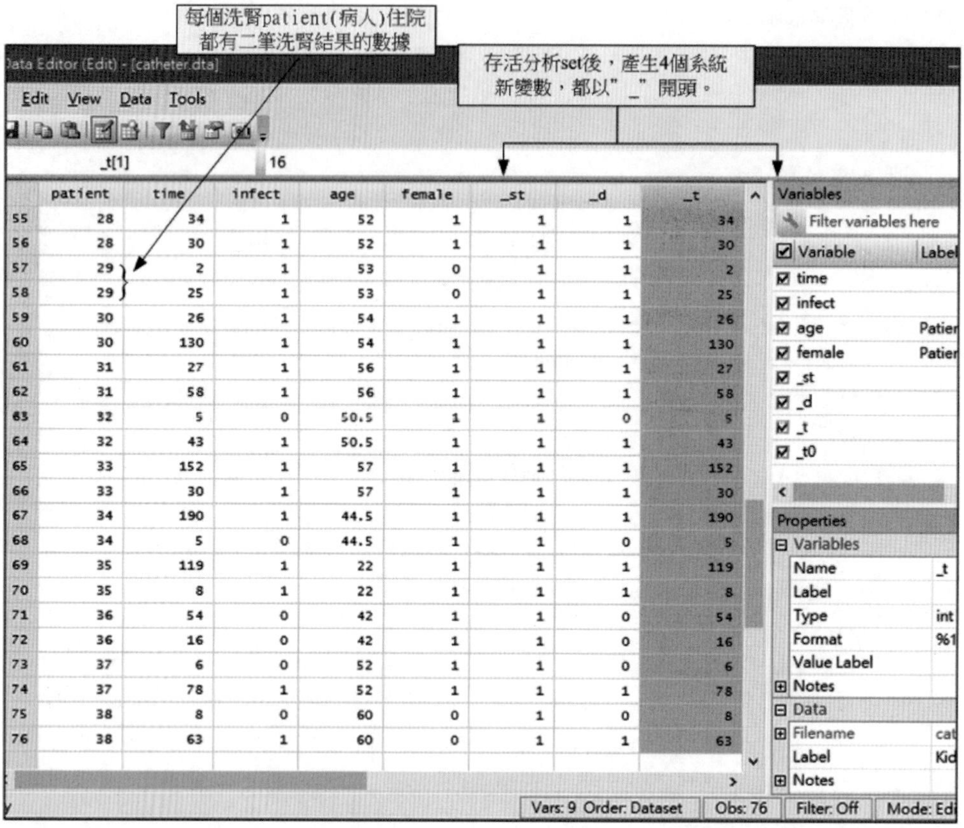


| | patient | time | infect | age | female | _st | _d | _t |
|---|---|---|---|---|---|---|---|---|
| 55 | 28 | 34 | 1 | 52 | 1 | 1 | 1 | 34 |
| 56 | 28 | 30 | 1 | 52 | 1 | 1 | 1 | 30 |
| 57 | 29 | 2 | 1 | 53 | 0 | 1 | 1 | 2 |
| 58 | 29 | 25 | 1 | 53 | 0 | 1 | 1 | 25 |
| 59 | 30 | 26 | 1 | 54 | 1 | 1 | 1 | 26 |
| 60 | 30 | 130 | 1 | 54 | 1 | 1 | 1 | 130 |
| 61 | 31 | 27 | 1 | 56 | 1 | 1 | 1 | 27 |
| 62 | 31 | 58 | 1 | 56 | 1 | 1 | 1 | 58 |
| 63 | 32 | 5 | 0 | 50.5 | 1 | 1 | 0 | 5 |
| 64 | 32 | 43 | 1 | 50.5 | 1 | 1 | 1 | 43 |
| 65 | 33 | 152 | 1 | 57 | 1 | 1 | 1 | 152 |
| 66 | 33 | 30 | 1 | 57 | 1 | 1 | 1 | 30 |
| 67 | 34 | 190 | 1 | 44.5 | 1 | 1 | 1 | 190 |
| 68 | 34 | 5 | 0 | 44.5 | 1 | 1 | 0 | 5 |
| 69 | 35 | 119 | 1 | 22 | 1 | 1 | 1 | 119 |
| 70 | 35 | 8 | 1 | 22 | 1 | 1 | 1 | 8 |
| 71 | 36 | 54 | 0 | 42 | 1 | 1 | 0 | 54 |
| 72 | 36 | 16 | 0 | 42 | 1 | 1 | 0 | 16 |
| 73 | 37 | 6 | 0 | 52 | 1 | 1 | 0 | 6 |
| 74 | 37 | 78 | 1 | 52 | 1 | 1 | 1 | 78 |
| 75 | 38 | 8 | 0 | 60 | 0 | 1 | 0 | 8 |
| 76 | 38 | 63 | 1 | 60 | 0 | 1 | 1 | 63 |

圖 9-42 「catheter.dta」資料檔內容 (N=38 人，每個 patient 都記錄二筆資料 )

## (三) 分析結果與討論

**Step 1** 方法一對照組做法：具有 **inverse-Gaussian shared frailty** 之 **Weibull** 模型

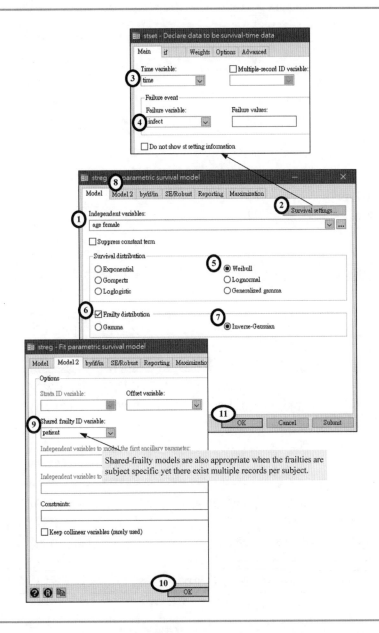

圖 9-43 「streg age female, dist(weibull) frailty(invgaussian) shared(patient) nolog」畫面

註：Statistics > Survival analysis > Regression models > Parametric survival models

```
* 開啟 STaTa 網站之資料檔
. webuse catheter

. streg age female, dist(weibull) frailty(invgaussian) shared(patient) nolog

        failure _d:  infect
   analysis time _t:  time


Weibull regression --
          log relative-hazard form              Number of obs     =      76
          Inverse-Gaussian shared frailty       Number of groups  =      38
Group variable: patient

No. of subjects =       76              Obs per group: min =        2
No. of failures =       58                            avg =        2
Time at risk    =     7424                            max =        2

                                              LR chi2(2)      =      9.84
Log likelihood  =   -99.093527                Prob > chi2     =    0.0073


------------------------------------------------------------------------------
        _t |  Haz. Ratio   Std. Err.      z    P>|z|     [95% Conf. Interval]
-----------+------------------------------------------------------------------
       age |   1.006918    .013574     0.51   0.609     .9806623    1.033878
    female |   .2331376    .1046382    -3.24   0.001     .0967322    .5618928
     _cons |   .0110089    .0099266    -5.00   0.000     .0018803    .0644557
-----------+------------------------------------------------------------------
     /ln_p |   .1900625    .1315342     1.44   0.148    -.0677398    .4478649
   /ln_the |   .0357272    .7745362     0.05   0.963    -1.482336     1.55379
-----------+------------------------------------------------------------------
         p |   1.209325    .1590676                      .9345036    1.564967
       1/p |   .8269074    .1087666                       .638991    1.070087
     theta |   1.036373    .8027085                      .2271066    4.729362
------------------------------------------------------------------------------
Likelihood-ratio test of theta=0: chibar2(01) =      8.70 Prob>=chibar2 = 0.002
```

1. 本例 female 之 HR = 0.23，表示女性比男性有 77% 的存活。

2. 求得脆弱性的變異數 $\hat{\theta}$ = 1.036、$\hat{\theta}$ 標準誤 = 0.802。

3. likelihood-ratio 虛無假設「$H_0 : \theta = 0$」；或「$H_0 : $ 模型無脆弱性」，卡方檢定結果求得 $\overline{\chi}^2_{01}$ = 8.70 (p < 0.05)，故應拒絕「$H_0 : \theta = 0$」，即本例應接受存活模型具有顯著脆弱性。表示我們不能忽視病人內的相關 (meaning that the correlation within patient cannot be ignored)，而應重視洗腎機所「記錄每個病人有二筆數據之間」係有相關的 ( 異質的 )。

4. 本例若改用「Weibull and lognormal shared-frailty models」，亦可發現：韋伯分布模型就應搭配脆弱模型，但對數常態模型則不必搭配脆弱模型 (Weibull and lognormal shared-frailty models. For Weibull, there was significant frailty; for lognormal, there was not)。

5. 此時，「在某個時間點之下給定 X 值的 event 風險比」，取自然對數函數 ln(x) 後，得：

$$\ln[HR(x)] = \ln\left(\frac{h(t\mid x)}{h_0(t)}\right) = \beta_1 x_1 + \beta_2 x_2 + \cdots + \beta_p x_p$$

其中，

$h_0(t)$：在第 t 個時間點時，當所有預測變數 (predictors) 為 0 時之基線危險 (baseline hazard，無研究意義 )。

$h(t|x)$：在第 t 個時間點時，給定 x 值時的危險 (hazard)。

$\ln\left(\dfrac{h(t\mid x)}{h_0(t)}\right)$：「在某個時間點之下，當所有預測變數 (predictors) 為 0 時的危險比」。

上式，$e^\beta$( 或 exp($\beta$)) 稱做 risk ratio 或 hazard ratio(RR)。一般在解讀 Cox 迴歸分析之報表時，係以解釋 RR 或 HR 為主。

6. 本例，觀察「導管插入」對腎臟透析病人之感染復發的 panel 存活分析，因此適配的 Cox PH 模型為 h(t) = $h_0(t)$exp($\beta_1$×age + $\beta_2$×female)。由於 ln(x) 的反函數為 exp(x)。故 ln($x$) 值代入 exp(x) 後即為 1。

本例 STaTa 求得危險比：age 的 hazard ratio = 1.0069 (z = 0.51，p = 0.609 > 0.05)，顯示：年齡不會影響腎臟透析病人的感染風險。

相對地，female 的 hazard ratio = 0.233 (z= -3.24，p<0.05)，顯示：有女性病患 (female=1) 的洗腎者比男性有較不易的洗腎感染風險，她的危險比只是男病患 (female=0) 組別的 0.233 倍 (exp(coef)= 0.233，或是將 $\beta_2$ 取 exp，亦可求得

risk ratio 值為 $\exp(\beta_2) = \exp(-1.456) = e^{-1.456} = 0.233$。

7. 「. streg age female, d(weibull) frailty(invgauss) shared(patient) nohr」指令，求得迴歸係數 $\beta_1$、$\beta_2$：

接著再檢驗本檢定虛無假設 $H_0$：$\beta_1 = 0$ 的結果。本例求得 age 的 $\beta_1 = 0.00689$ (p = 0.609 > 0.05)，故應接受 $\beta_1 = 0$ 的虛無假設；female 的 $\beta_2 = -1.456$ 故應拒絕 $\beta_2 = 0$ 的虛無假設，表示本例可適配下列式子：

$$\ln[HR(x)] = \ln\left(\frac{h(t\,|\,x)}{h_0(t)}\right) = \beta_1 x_1 + \beta_2 x_2 + \cdots + \beta_p x_p$$

8. 整體模型適配度的概似比 (LR)，旨在比較二個敵對模型的 Log likelihood 值，LR 值愈大，代表模型愈佳。本例，韋伯存活模型 Log likelihood 為 -99.09。

**Step 2** 方法二 **panel 存活模型**：每一 **patient** 層，係具有常態分布之隨機
效果韋伯分布 **(fit a random-effects Weibull model with normally
distributed random effects at the patient level)**

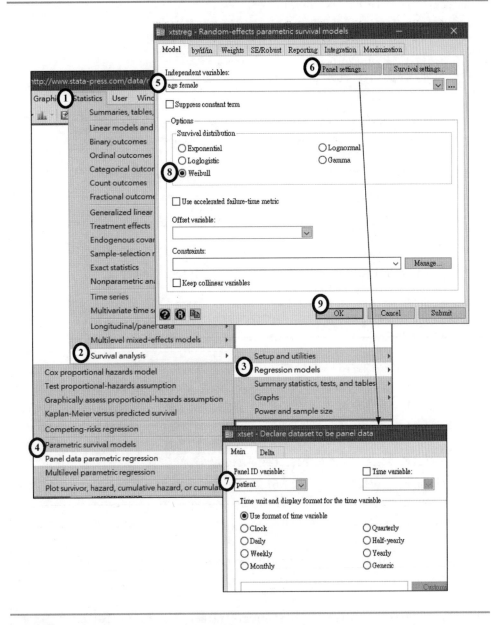

圖 9-44 「xtstreg age female, distribution(weibull)」畫面 ( 舊版 STaTa v12)

註：Statistics > Longitudinal/panel data > Parametric survival regression

```
* 開啟 STaTa 網站之資料檔
. webuse catheter
. xtset patient

* Random-effects Weibull survival model
. xtstreg age female, distribution(weibull)

        failure _d:  infect
   analysis time _t:  time


Random-effects Weibull regression        Number of obs    =        76
Group variable:          patient          Number of groups =        38

                                          Obs per group:
                                                       min =         2
                                                       avg =       2.0
                                                       max =         2

Integration method: mvaghermite          Integration pts. =        12

                                          Wald chi2(2)     =     10.17
Log likelihood =  -98.74355               Prob > chi2      =    0.0062
-----------------------------------------------------------------------------
        _t |  Haz. Ratio   Std. Err.      z    P>|z|     [95% Conf. Interval]
-----------+-----------------------------------------------------------------
       age |   1.007329    .0137828     0.53   0.594     .9806742    1.034708
    female |   .1910581    .0999004    -3.17   0.002     .0685629    .5324042
     _cons |   .0073346    .0072307    -4.99   0.000     .0010623    .0506427
-----------+-----------------------------------------------------------------
     /ln_p |   .222825     .1386296     1.61   0.108    -.0488841     .494534
-----------+-----------------------------------------------------------------
  /sigma2_u |  .8234584    .4812598                      .2619194    2.588902
-----------------------------------------------------------------------------
LR test vs. Weibull model : chibar2(01) = 9.40          Prob >= chibar2 = 0.0011


*--------------------------------------------------------------------
* Replay results, but display coefficients rather than hazard ratios
. xtstreg, nohr
```

```
Random-effects Weibull regression              Number of obs      =        76
Group variable:          patient               Number of groups   =        38

                                               Obs per group:
                                                          min =           2
                                                          avg =         2.0
                                                          max =           2

Integration method: mvaghermite                Integration pts.   =        12

                                               Wald chi2(2)       =     10.17
Log likelihood =  -98.74355                    Prob > chi2        =    0.0062
------------------------------------------------------------------------------
         _t |      Coef.   Std. Err.      z    P>|z|     [95% Conf. Interval]
------------+-----------------------------------------------------------------
        age |   .0073022   .0136825     0.53   0.594    -.019515    .0341194
     female |  -1.655178   .5228797    -3.17   0.002    -2.680003   -.6303523
      _cons |  -4.915148   .9858287    -4.99   0.000    -6.847337    -2.98296
------------+-----------------------------------------------------------------
     /ln_p  |    .222825   .1386296     1.61   0.108    -.0488841    .494534
------------+-----------------------------------------------------------------
  /sigma2_u |   .8234584   .4812598                      .2619194    2.588902
------------------------------------------------------------------------------
LR test vs. Weibull model: chibar2(01) = 9.40          Prob >= chibar2 = 0.0011
```

1. 檢定虛無假設 $H_0 : \beta_1 = 0$ 的結果。本例求得 age 的 $\beta_1 = 0.0073$ (p = 0.594 > 0.05)，故應接受 $\beta_1 = 0$ 的虛無假設，故年齡不會影響腎臟透析病人的感染風險。

2. female 的 $\beta_2 = $ -1.655 故應拒絕 $\beta_2 = 0$ 的虛無假設，顯示：女性病患 (female=1) 的洗腎者比男性有較不易的洗腎感染風險，她的危險比只是男病患 (female =0) 組別的 0.233 倍 (exp(coef) = $e^{-1.655}$ = 0.233)。

3. 本例可適配下列式子：

$$\log_e[HR(x)] = \log_e\left(\frac{h(t\,|\,x)}{h_0(t)}\right) = \beta_1 x_1 + \beta_2 x_2 + \cdots + \beta_p x_p$$

4. 整體模型適配度的概似比 (LR)，旨在比較二個敵對模型的 Log likelihood 值，

LR 值愈大，代表模型愈佳。本例前一次分析，韋伯存活模型 $\boxed{\text{Log likelihood}}$ 爲 $\boxed{\text{-99.09}}$。這一次分析，panel 存活模型 $\boxed{\text{Log likelihood}}$ 爲 $\boxed{\text{-98.74}}$，評比結果 panel 存活模型優於韋伯存活模型。

5. $\boxed{\text{xtstreg}}$ 所適配 PH 模型，其危險函數之共變數有相乘效果 (the covariates have a multiplicative effect on the hazard function)，其公式爲：

$$h(t_{ij}) = h_0(t_{ij})\exp(x_{ij}\beta + v_i)$$

其中，$h_0(t)$ 爲基準危險函數。

# 9-8 多層次：參數存活模型 (mestreg、「sttocc clogit」指令 )

在社會科學研究、生醫和其他領域中，研究的數據通常具有分層 (hierarchical) 結構的。也就是說，研究樣本可被分類或重新劃分到具有不同特性的分組中。在這種情況下，個體可以被看成是研究的第一層 (level-1) 單元，而那些區分開他們的組也就是第二層 (level-2) 單元。它又可被進一步再分組，即第二層 (level-2) 的單元又可被分類到第三層單元中。在這個方面很典型的示例：例如教育學 ( 學生位於第一層，學校位於第二層，學校分布是第三層 )，又例如社會學 ( 個體在第一層，相鄰個體在第二層 )。

## 9-8-1 multilevel 存活模型

### 一、階層 (hierarchical) 線性模型的抽樣

由於個體受到次文化的影響 ( 文化巢狀 )，不同層次 (e.g. 地區文化 ) 就會潛移默化影響受訪者的認知。故你可用階層線性模型的抽樣法，來控制「層次 (multi level)」此干擾變數，進而可省去「需統計法再控制它」的麻煩。常見的 multi level，就是「個體∈家庭∈學校∈社會」。

Multilevel modeling 旨在分析樣本中不同群組 (groups) 的隨機效果 (random effects)，不同群組的評分者亦稱不同 levels。例如，要研究「學生偏差行爲」，你可分層次來調查：(1) 學生問卷的自評。(2) 父母的看法。(3) 醫生診斷的意見。這種三角驗證法，即可平衡受訪者的主觀偏見 / 偏誤。這種主觀互驗調查

法可平衡機構的不可測量的效果。因爲有些學校「學生偏差行爲」比別校更好，但有些學校則更糟糕。相同地，在醫院臨床診斷方面，這些不可測效果 (unmeasured effects) 亦可用潛在變數來參數化，因爲不可測效果在機構內是固定值，但在跨機構之間是變動的。

## 二、多層次模型的分析法

1. Regression 法：HLM、多層次參數存活模型
   (1) 以多元迴歸分析爲基礎。
   (2) 變數爲顯性變數。
   (3) 重視干擾效果 (moderated effect)。
2. 潛在變數法 (SEM 法)，詳見作者《STaTa 在結構方程模型及試題反應理論的應用》一書。
   (1) 以因素分析爲基礎。
   (2) 變數爲潛在變數。
   (3) 重視構念的定義與變異數萃取。
   例如，考慮「學生鑲套在學校內 (students are nested within school)」，一併探討潛在變數 school 層次之「學校與學校之間的效果 (school-by-school effects)」。

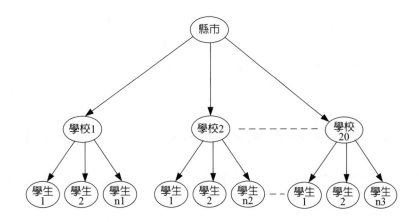

圖 9-45 不同層次 ( 階層 ) 的資料 ( 學生鑲套在學校內 (students are nested within school))

## 三、STaTa 多層次 (multilevel) 存活模型的功能

1. 隨機截距及隨機係數 (random intercepts and random coefficients)。
2. 二層、三層、四層存活模型 (two-, three-, and higher-level models)。
3. 交叉隨機效果 (crossed random effects)。
4. 右設限 (right-censoring)。
5. 每一受試者可單筆、多筆記錄 (single- and multiple-record data)。
6. 參數存活模型可搭配 (exponential、loglogistic、Weibull、lognormal 及 gamma 分布 (distributions)。
8. 支援複雜之調查資料 ( 分層、篩選條件、加權 )(Support for complex survey data)。
9. 可繪邊際存活曲線 (graphs of marginal survivor)。
10. 累積危險、危險函數 (cumulative hazard, and hazard functions)。

## 四、SEM 存活模型 (structural equation models with survival outcomes)

1. 存活模型結果之潛在變數預測 (latent predictors of survival outcomes)。
2. 徑路模型、成長曲線模型……(path models, growth curve models, and more)。
3. 廣義線性結構模型，搭配 Weibull, exponential, lognormal, loglogistic, or gamma 分布。
4. 帶其他結果之存活依變數 (survival outcomes with other outcomes)。
5. 樣本可加權、調查法存活分析 (sampling weights and survey data)。
6. 邊際預測 (marginal predictions and marginal means)。
   有關 SEM 介紹，請看作者 **SEM** 一書。

## 9-8-2 多層次參數存活模型 (mestreg… || 分層變數 )

## 範例：病人年齡及性別，都會影響洗腎感染 (infect) 危險率嗎？mestreg 指令

### ( 一 ) 問題說明

為瞭解接受暴露 (e.g. 洗腎期間 ) 及二個共變數 (age,female)，都會影響洗腎感染 (infect) 危險率嗎？( 時間單位：月 )

研究者收集數據並整理成下表，此「catheter.dta」資料檔內容之變數如下：

| 變數名稱 | 說明 | 編碼 Codes/Values |
|---|---|---|
| 分層變數：patient | 平衡外部變數 | 1~38 病人 |
| 類別依變數：infect | 洗腎感染嗎 | 0,1 (binary data) |
| 連續變數：age | 病人年齡 | 10~69 歲 |
| 類別變數：female | 女性嗎 | 0,1 (binary data) |
| 時間變數：time | 洗腎期間 | 2~562 月 |

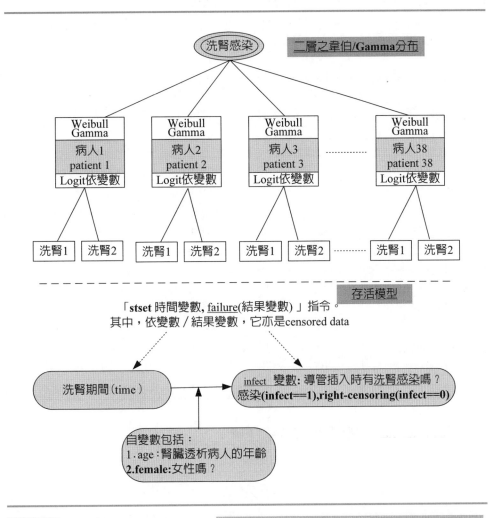

圖 9-46　洗腎感染之分層存活模型 [每個病人(patient)都有二次洗腎的紀錄是否感染]

## (二) 資料檔之內容

觀察資料之特徵：

```
* 開啟 STaTa 網站之資料檔
. webuse catheter

. summarize time infect age female

    Variable |     Obs        Mean     Std. Dev.      Min        Max
-------------+--------------------------------------------------------
        time |      76    97.68421    128.3424          2        562
      infect |      76    .7631579    .4279695          0          1
         age |      76    43.69737    14.73795         10         69
      female |      76    .7368421    .4432733          0          1

. list time infect age female patient in 1/10

     +------------------------------------------------+
     |  time    infect    age    female    patient |
     |------------------------------------------------|
  1. |    16         1     28         0          1 |
  2. |     8         1     28         0          1 |
  3. |    13         0     48         1          2 |
  4. |    23         1     48         1          2 |
  5. |    22         1     32         0          3 |
     |------------------------------------------------|
  6. |    28         1     32         0          3 |
  7. |   318         1   31.5         1          4 |
  8. |   447         1   31.5         1          4 |
  9. |    30         1     10         0          5 |
 10. |    12         1     10         0          5 |
     +------------------------------------------------+
```

「catheter.dta」資料檔內容內容如下圖。

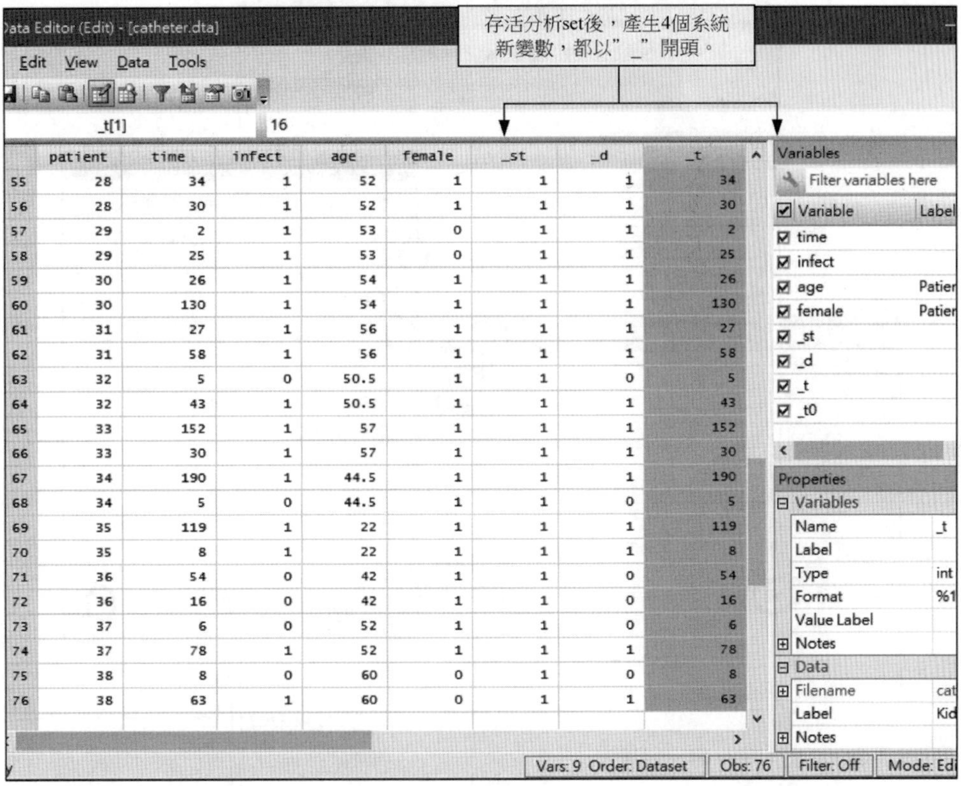


| | patient | time | infect | age | female | _st | _d | _t |
|---|---|---|---|---|---|---|---|---|
| 55 | 28 | 34 | 1 | 52 | 1 | 1 | 1 | 34 |
| 56 | 28 | 30 | 1 | 52 | 1 | 1 | 1 | 30 |
| 57 | 29 | 2 | 1 | 53 | 0 | 1 | 1 | 2 |
| 58 | 29 | 25 | 1 | 53 | 0 | 1 | 1 | 25 |
| 59 | 30 | 26 | 1 | 54 | 1 | 1 | 1 | 26 |
| 60 | 30 | 130 | 1 | 54 | 1 | 1 | 1 | 130 |
| 61 | 31 | 27 | 1 | 56 | 1 | 1 | 1 | 27 |
| 62 | 31 | 58 | 1 | 56 | 1 | 1 | 1 | 58 |
| 63 | 32 | 5 | 0 | 50.5 | 1 | 1 | 0 | 5 |
| 64 | 32 | 43 | 1 | 50.5 | 1 | 1 | 1 | 43 |
| 65 | 33 | 152 | 1 | 57 | 1 | 1 | 1 | 152 |
| 66 | 33 | 30 | 1 | 57 | 1 | 1 | 1 | 30 |
| 67 | 34 | 190 | 1 | 44.5 | 1 | 1 | 1 | 190 |
| 68 | 34 | 5 | 0 | 44.5 | 1 | 1 | 0 | 5 |
| 69 | 35 | 119 | 1 | 22 | 1 | 1 | 1 | 119 |
| 70 | 35 | 8 | 1 | 22 | 1 | 1 | 1 | 8 |
| 71 | 36 | 54 | 0 | 42 | 1 | 1 | 0 | 54 |
| 72 | 36 | 16 | 0 | 42 | 1 | 1 | 0 | 16 |
| 73 | 37 | 6 | 0 | 52 | 1 | 1 | 0 | 6 |
| 74 | 37 | 78 | 1 | 52 | 1 | 1 | 1 | 78 |
| 75 | 38 | 8 | 0 | 60 | 0 | 1 | 0 | 8 |
| 76 | 38 | 63 | 1 | 60 | 0 | 1 | 1 | 63 |

圖 9-47 「catheter.dta」資料檔內容 (N=38 人，每 patient 二筆 data)

## (三) 分析結果與討論

**Step 1** 方法一：二層隨機截距 **(two-level random-intercept)Weibull** 存活模型

為增加內部效度，故每個病人 (patient) 都有二次洗腎的紀錄是否感染 (infect)。

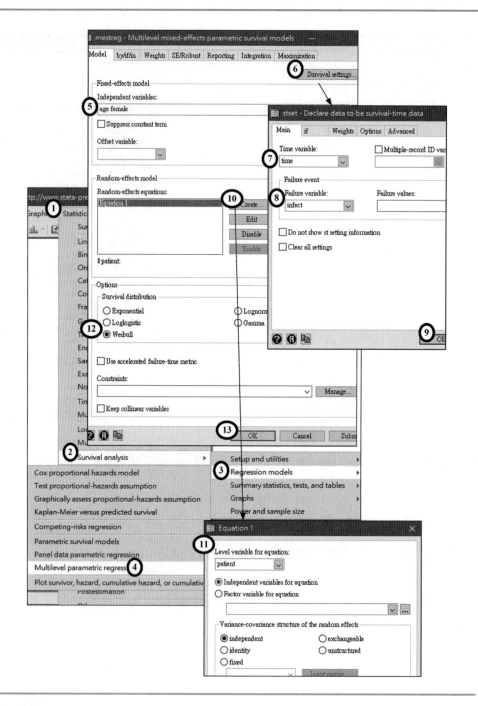

**圖 9-48** 「mestreg age female II patient：, distribution(weibull)」畫面 (STaTa v12)

註：Statistics > Multilevel mixed-effects models > Parametric survival regression

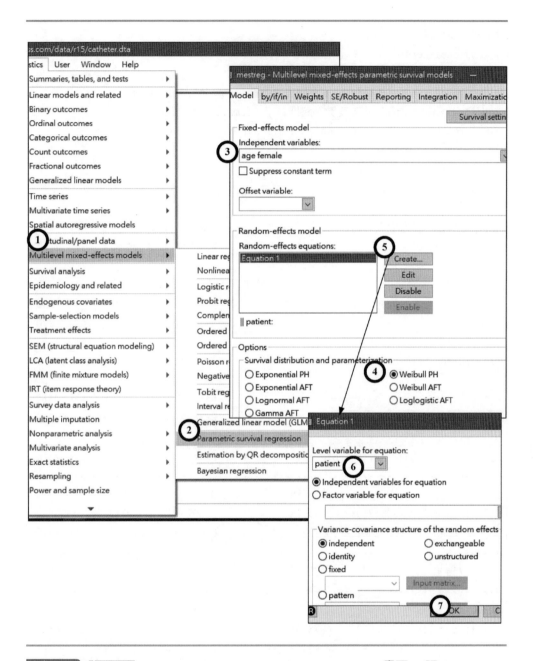

圖 9-49 「mestreg age female II patient：, distribution(weibull)」畫面 2( 限 STaTa v15)

```
* 開啟 STaTa 網站之資料檔
. webuse catheter

* Two-level random-intercept Weibull survival model, analogous to xtstreg
*「|| patient:」後面宣告 無變數 為隨機斜率，female 為隨機截距
. mestreg age female || patient:, distribution(weibull)

        failure _d:  infect
   analysis time _t:  time

Mixed-effects Weibull regression          Number of obs    =      76
Group variable:           patient         Number of groups =      38

                                          Obs per group:
                                                       min =       2
                                                       avg =     2.0
                                                       max =       2
Integration method: mvaghermite           Integration pts. =       7

                                          Wald chi2(2)     =   10.12
 Log likelihood = -98.742496              Prob > chi2      =  0.0063
-------------------------------------------------------------------------------
        _t |  Haz. Ratio  Std. Err.      z    P>|z|    [95% Conf. Interval]
-----------+-------------------------------------------------------------------
       age |    1.007348   .013788     0.53   0.593    .9806827   1.034737
    female |    .1904719   .0999918   -3.16   0.002    .0680733   .5329482
     _cons |    .0072901   .0072274   -4.96   0.000    .0010444   .0508879
-----------+-------------------------------------------------------------------
     /ln_p |    .2243249   .1402794    1.60   0.110   -.0506177   .4992675
-----------+-------------------------------------------------------------------
patient    |
 var(_cons)|    .8308563   .4978461                    .2567373   2.688827
-------------------------------------------------------------------------------
LR test vs. Weibull model: chibar2(01) = 9.40       Prob >= chibar2 = 0.0011
```

1. 本範例，LR test 之卡方值 =9.40，達到顯著 (p<0.05)，顯示本例，採用多層次模型會比單層次 OLS 佳。

2. 本例 female 之 HR=0.19，表示洗腎女性比男性更具 81% 的存活率。

3. 整體模型適配度的概似比 (LR)，旨在比較二個敵對模型的 Log likelihood 值，LR 值愈大，代表模型愈佳。本例，混合效果多層次韋伯模型 Log likelihood 為 -98.74 。

4. 「Haz. Ratio」欄中，當參數 p>1 時，表示結果變數係隨時間增加而顯著增加其危險率。本例參數 $p = exp(ln\_p) = e^{0.224} = 2.718^{0.224} = 1.251$，故暴露 100 小時，結果變數 ( 洗腎感染 ) 的失效 (fail) 的比率，是暴露 10 小時的 1.782 倍。因為 $\frac{100^{p-1}}{10} = \frac{100^{1.251-1}}{10} \approx 1.782$。因此像本例，若參數 p 值愈大，你就愈要考慮納入「加速失敗時間 (accelerated failure time)」。

5. 若違反 Cox 迴歸假定：「隨時間變化，處理組與控制組之間風險比 (risk ratio、the ratio of event rates) 為一常數」時，存活模型有外加二個處理方法：

Method 1 ：納入脆弱模型

當蒐集的資料為長期追蹤之臨床數據，治療效果通常隨時間降低，此時很容易違反風險為「固定」比例的假定 (assmuption)，此時韋伯 / 指數等 6 種分布就可搭配脆弱模型 (frailty model) 來適配此類的臨床數據。即存活資料模型中，若摻有隨機因素時，Cox 模型就須改用 streg 指令來納入脆弱模型。

Method 2 ：納入 accelerated failure time(AFT)

以圖 9-39「乳癌患者併發 TEEs 對存活影響」來說，Allison(2004) 發現 Kaplan-Meier method, Log-minus-log 及 like tim-interaction test 等檢定，當遇時變 (time-varying) 之解釋變數，包括：TEEs、年齡、手術、放射治療、化療、荷爾蒙治療等變數，就會違反 Cox proportional hazard model 等比例風險的假定，因為這些個人因子、環境因子多數存在「時間相依性之共變數 (time-dependent covariance)」問題，故應改以 accelerated failure time model 來克服。

| Step 2 | 方法二：帶加速失敗時間 (accelerated failure-time) 之二層隨機截距 (two-level random-intercept)Weibull 存活模型

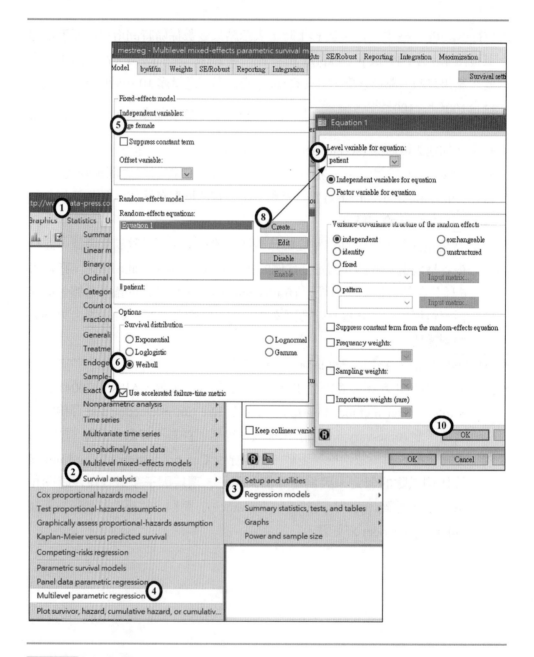

**圖 9-50** 「mestreg age female II patient：，distribution(*weibull*) *time*」畫面 (STaTa v12 版)

註：Statistics > Multilevel mixed-effects models > Parametric survival regression

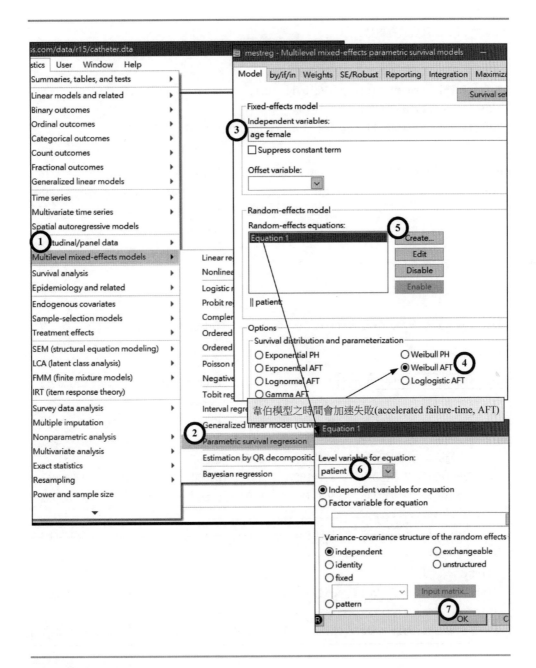

**圖 9-51** 「mestreg age female II patient：，distribution(*weibull*) *time*」畫面 2(STaTa v15 版)

```
* 開啟 STaTa 網站之資料檔
. webuse catheter


* Two-level random-intercept Weibull survival model in the accelerated fail-
ure-time metric
. mestreg age female || patient:, distribution(weibull) time


Mixed-effects Weibull regression -- AFT      Number of obs     =        76
Group variable:          patient             Number of groups  =        38

                                             Obs per group:
                                                        min =          2
                                                        avg =        2.0
                                                        max =          2

Integration method: mvaghermite              Integration pts.  =         7

                                             Wald chi2(2)      =     13.00
Log likelihood = -98.742495                  Prob > chi2       =    0.0015
------------------------------------------------------------------------------
         _t |      Coef.   Std. Err.      z    P>|z|     [95% Conf. Interval]
------------+-----------------------------------------------------------------
        age | -.0058496    .010872    -0.54   0.591    -.0271585    .0154592
     female |  1.325034   .3719102     3.56   0.000     .596103    2.053964
      _cons |  3.932346   .5663757     6.94   0.000     2.82227    5.042422
------------+-----------------------------------------------------------------
      /ln_p |  .2243237   .1402794     1.60   0.110    -.0506189    .4992663
------------+-----------------------------------------------------------------
patient     |
 var(_cons) |  .5304902   .2343675               .2231626    1.261053
------------------------------------------------------------------------------
LR test vs. Weibull model: chibar2(01) = 9.40        Prob >= chibar2 = 0.0011
```

1. mestreg 指令內定分析：指數係數當作危險比 (exponentiated coefficients-hazard ratios)。

   相對地，「mestreg…, d(weibull) time」改求韋伯模型之時間會加速失敗 (accelerated failure-time, AFT)。

2. 「Coef.」欄中，發現：洗腎病人年齡有感染率負相關 ( 但仍未達顯著性 )，故韋伯 /Gamma 存活模型要考量 (accelerated failure-time, AFT)。女性比男性有更高洗腎感染率 ( 正相關 )。

3. 整體模型適配度的概似比 (LR)，旨在比較二個敵對模型的 Log likelihood 值，LR 值愈大，代表模型愈佳。本例，混合效果多層次韋伯模型 Log likelihood 為 -98.74 。相對地，韋伯模型納入加速失敗時間，概似比 Log likelihood 仍為 -98.74 。評比結果，混合效果多層次韋伯模型，有沒有納入加速失敗時間，二者整體模型適配度都一樣棒。

4. 「Haz. Ratio」欄中，當參數 p>1 時，表示結果變數係隨時間增加而顯著增加其危險率。本例參數 $p=exp(ln\_p) = e^{0.224} = 2.718^{0.224} = 1.251$，故暴露 100 小時，結果變數 ( 洗腎感染 ) 的失效 (fail) 的比率，是暴露 10 小時的 1.782 倍。因為 $\frac{100^{p-1}}{10} = \frac{100^{1.251-1}}{10} \approx 1.782$。因此像本例，若參數 p 值愈大，你就愈要考慮納入「加速失敗時間 (accelerated failure time)」。

Step 3 方法三：**two-level random-intercept *gamma* survival model**

「mestreg…, d(gamma) time」改求 Gamma 模型之時間會加速失敗 (Accelerated failure-time, AFP)。

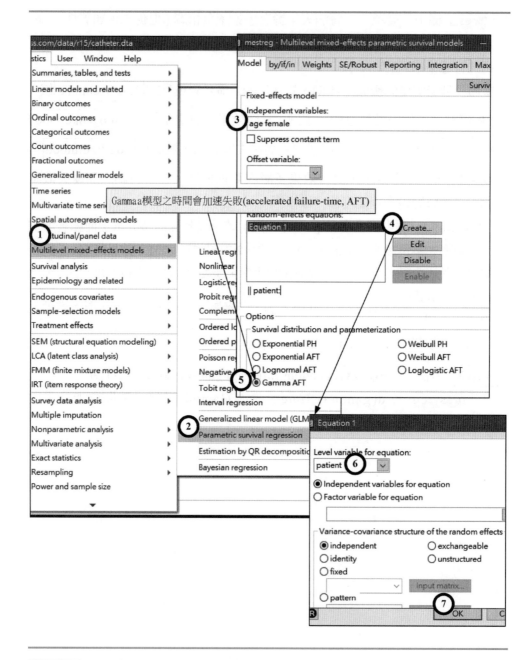

**圖 9-52** 「mestreg age female ‖ patient：, distribution(*gamma*) time」畫 面 ( 新 版 STaTa v15)

```
* 開啟 STaTa 網站之資料檔
. webuse catheter


* Two-level random-intercept gamma survival model（勾選 AFT）
. mestreg age female || patient:, distribution(gamma) time

        failure _d:  infect
   analysis time _t:  time

Fitting fixed-effects model:

Mixed-effects gamma regression              Number of obs     =        76
Group variable:          patient            Number of groups  =        38

                                            Obs per group:
                                                        min =         2
                                                        avg =       2.0
                                                        max =         2

Integration method: mvaghermite             Integration pts.  =         7

                                            Wald chi2(2)      =     13.23
Log likelihood = -329.52634                 Prob > chi2       =    0.0013
------------------------------------------------------------------------------
        _t |      Coef.   Std. Err.      z    P>|z|     [95% Conf. Interval]
-----------+------------------------------------------------------------------
       age | -.0060276   .0108267    -0.56   0.578    -.0272475    .0151924
    female |  1.324745   .3685132     3.59   0.000     .6024726    2.047018
     _cons |  3.873854   .5628993     6.88   0.000     2.770592    4.977117
-----------+------------------------------------------------------------------
     /logs | -.1835075   .1008892    -1.82   0.069    -.3812467    .0142317
-----------+------------------------------------------------------------------
patient    |
 var(_cons)|  .5071823   .2241959                      .213254    1.206232
------------------------------------------------------------------------------
LR test vs. gamma model: chibar2(01) = 11.13          Prob >= chibar2 = 0.0004
```

1. 整體模型適配度的概似比 (LR)，旨在比較二個敵對模型的 $\boxed{\text{Log likelihood}}$ 值，LR 值愈大，代表模型愈佳。本例，多層次韋伯存活模型 $\underline{\boxed{\text{Log likelihood}}}$ 爲 -98.742。

2. 相對地，Gamma 失敗時間加速模型之 $\boxed{\text{Log likelihood}}$ 爲 $\boxed{-329.526}$。評比結果，多層次韋伯存活模型比 Gamma 加速失敗時間模型來得優。

3. 本例 $\boxed{\text{Log likelihood} = -329.526}$，擬眞概似值愈高，代表該模型愈優。雙層存活模型之加權後 log pseudolikelihood 公式爲：

$$L(\beta, \Sigma) = \sum_{j=1}^{M} \omega_j \log \int_{-\infty}^{\infty} \exp\left\{ \sum_{i=1}^{n_j} w_{i|j} \log f(t_{ji}|\eta_{ji}) \right\} \phi(v_{j1}) dv_{j1}$$

其中，$w_j$ 第 j 個 cluster 之條件機率的倒數 (the inverse of the probability of selection for the *jth* cluster)。$w_{i|j}$ 是集群 $j$ 中個體 $i$ 之條件機率的倒數 (the inverse of the conditional probability of selection of individual $i$, given the selection of cluster j)。

# 9-9 巢狀型病例－對照研究法 (nested case-control) (先 sttocc 再 clogit 指令)

## 一、巢狀型病例對照研究法

巢狀型病例對照研究法 (nested case-control study, NCC)，或譯爲重疊病例對照研究法。其設計概念是將病例對照研究「嵌入」於世代研究 (cohort study) 當中，而此處所謂的世代，可以是前瞻性或追蹤性的，也可以是回溯性的 ( 見下圖 )。如果時間點的「現在」是①，則此研究屬前瞻性的；如果時間點的「現在」是②，則此研究是回溯性的。根據此圖，我們無需針對所欲研究的整個 cohort( 稱之爲 full cohort) 裡面的所有成員進行實質追蹤或資料的紀錄與蒐集，只在有案例 case( 以底線字表示 ) 發生的時間點，針對可能的 risk set 抽取 m 個 control (m=1,2,…)，並進行量測與資料蒐集即可。

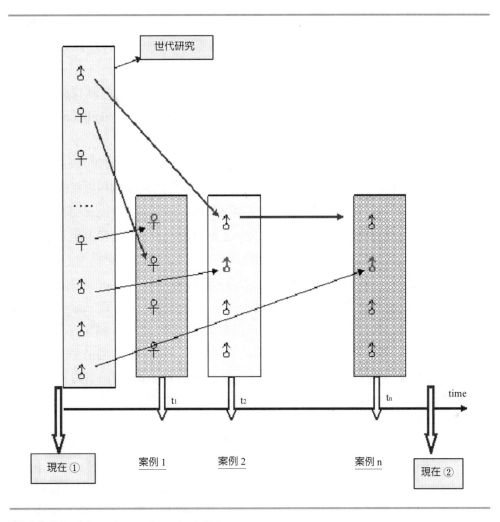

圖 9-53　巢狀型病例－對照之示意圖

　　以上圖爲例，若第一個時間點 ($t_1$)、第二個時間點 ($t_2$)…乃至第 n 個時間點 ($t_n$) 皆有一個病例 (case) 發生，並且他 ( 她 ) 們分別爲女性、男性…男性等，我們便在該時間點由所有仍「涉險」("at risk") 之同性別的個體所成之集合 ( 稱之爲 risk set) 中，抽出數個對照者 (control)。在這個意義上，case 與 control 之間具有性別上的耦配 (gender matching) 與時間上的耦配 (time matching) 的特性。當然除了性別外，可以有其他或更多的變數作爲耦配的基礎。由於耦配基本上是將整個 cohort 或 risk set 做分層，因此在某些特定的耦配狀況下，很可能研究本身所欲探討的主要因子 ( 稱之爲 exposure) 在不同層之間的分布 ( 樣本

數 ) 極不平均，導致統計估計的效率嚴重降低。此時可以強迫不同層之間曝露組 (exposure) 與未曝露組 (non-exposure) 的樣本數一致，而進行所謂的反耦配 (counter-matching) 以增進估計效率。

統計估計上，NCC 設計的推論方法類似於條件式邏輯斯迴歸 (conditional logistic regression)，均須建立一個條件式概似函數 (conditional likelihood)，說明如下。

假設第 i 個時間點 $t_i$ 時發生了一個 case, i=1,2…n，並且所有的 case 的發生時間 (incidence time) 或多或少都有一點差異。若令與該時間點相對應的 risk set 爲 R(i)，並且自 R(i) 中隨機抽取出之 m 個 control 與該第 i 個 case 共同組成了一個集合 r(i)。令對應於某一解釋變數 Z( 這是一個向量 ) 的個體其發展成 case 的發生率爲 λ(z)，或者簡單地將 r(i) 中的 m + 1 個人的發生率記爲 $λ_{i0}$, $λ_{i1}$, ……, $λ_{im}$；$λ_{i0}$ 表對應於 case 的發生率，而 $λ_{i1}$,…,$λ_{im}$ 表對應於 m 個 control 的發生率。所謂條件式概似函數，就這第 i 個時間點而言，乃是設想：在時間 time = $t_i$- 時 ( 亦即 $t_i$ 的前一刹那 )，在已知有一個 case 即將發生的條件之下，結果在 $t_i$ 時看到的是編號 (index) 爲 0 的那個人發生 case，其他的人 (index=1,…,m) 則沒有發生 case，這樣的瞬時條件機率 (instantaneous conditional probability)。把 i = 1, 2, …, n 這些時間點的瞬時條件機率連乘起來，得到以下的條件式概似函數：

$$L = \prod_i \frac{λ_{i0}}{λ_{i1} + \cdots + λ_{in}}$$

顯然，這個概似函數 L 中包含解釋變數 Z 的效果 (effect, $β$) 的估計訊息 (information)。一般地，我們可以合理地選用 Poisson 型的發生率模型去描述 λ，這種做法會跟以 Cox 的正比例涉險模型 (proportional hazards model) 描述 λ 有著相同的結果。

## 二、NCC 範例

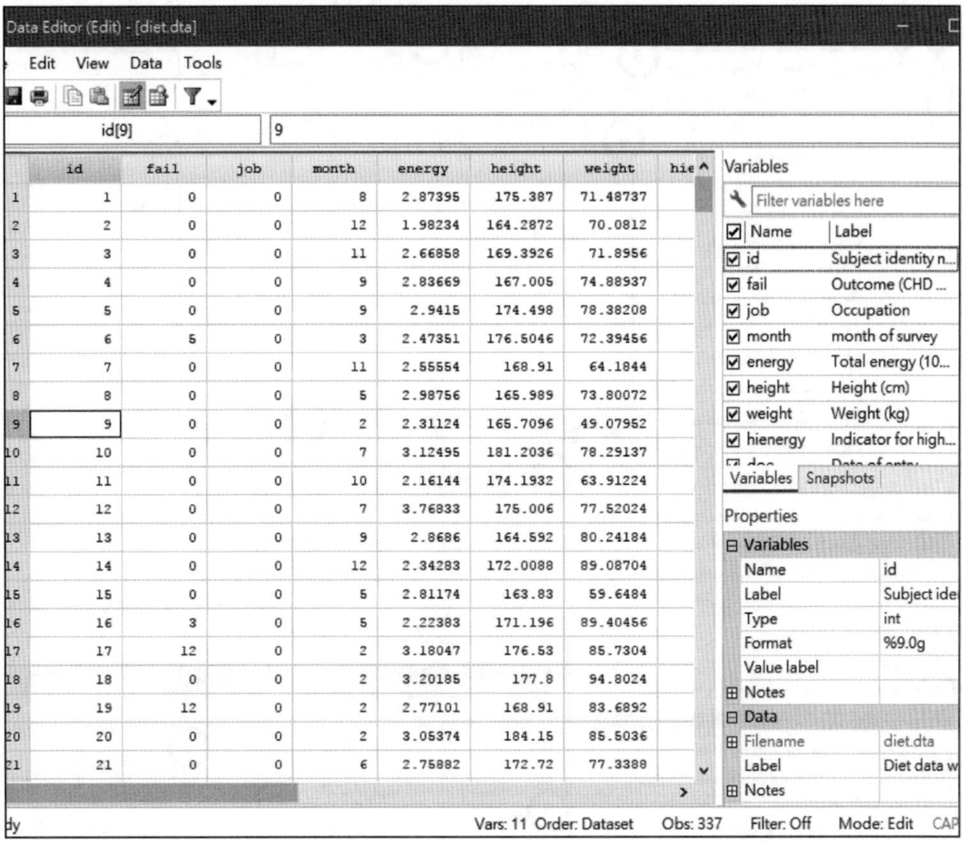


圖 9-54 「diet.dta」資料檔內容

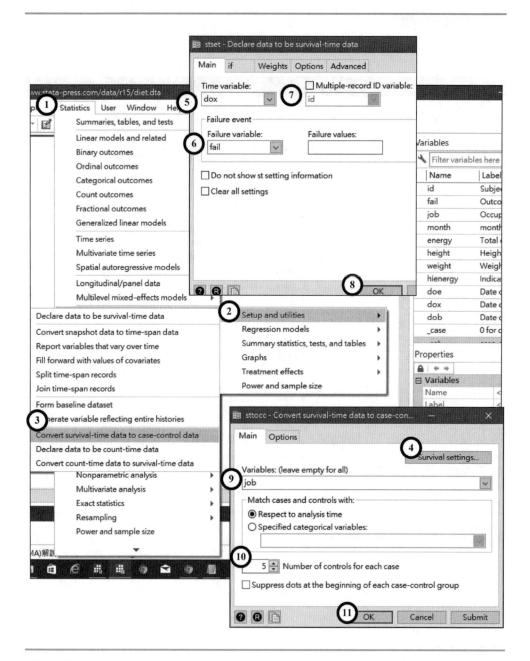

**圖 9-55** 「sttocc, match(job) n(5)」畫面

註：Statistics > Survival analysis > Setup and utilities > Convert survival-time data to case-control data

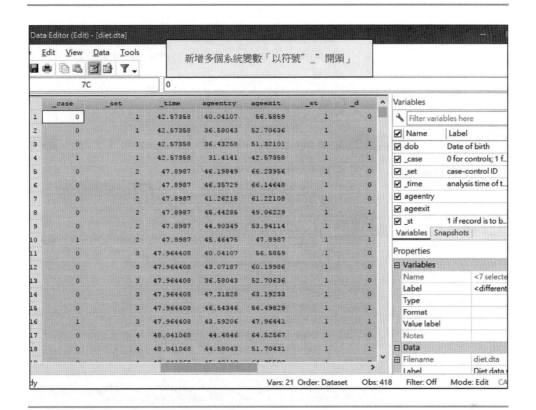

**圖 9-56** 「sttocc, match(job) n(5)」執行結果，新增多個系統變數「以符號"_"開頭」

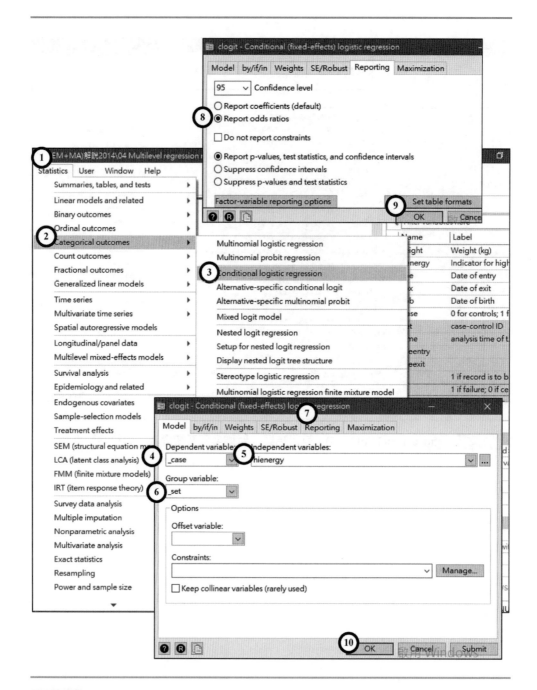

圖 9-57 「**clogit** _case hienergy, group(_set) or」畫面

註：**clogit** 是 Conditional (fixed-effects) logistic regression
Statistics > Categorical outcomes > Conditional logistic regression

```
. webuse diet
(Diet data with dates)


* 宣告資料為 survival-time data
. stset dox, failure(fail) enter(time doe) id(id) origin(time dob)
  scale(365.25)


                id:  id
     failure event:  fail != 0 & fail < .
obs. time interval:  (dox[_n-1], dox]
 enter on or after:  time doe
 exit on or before:  failure
    t for analysis:  (time-origin)/365.25
            origin:  time dob


-------------------------------------------------------------------
      160   total observations
       37   multiple records at same instant            PROBABLE ERROR
            (dox[_n-1]==dox)
-------------------------------------------------------------------
      123   observations remaining, representing
      123   subjects
       70   failures in single-failure-per-subject data
1,326.905   total analysis time at risk and under observation
                                      at risk from t =           0
                              earliest observed entry t =    31.4141
                                  last observed exit t =    69.99863


* Convert survival-time data to case-control data, matching cases and con-
  trols on both time and job and using 5 controls for each case
. sttocc, match(job) n(5)


       failure _d:  fail
    analysis time _t:  (dox-origin)/365.25
            origin:  time dob
 enter on or after:  time doe
                id:  id
       matching for:  job
(37 missing values generated)
```

```
(37 missing values generated)
(37 missing values generated)

There were 2 tied times involving failure(s)
  - failures assumed to precede censorings,
  - tied failure times split at random

There are 70 cases
Sampling 5 controls for each case

* We can verify that the controls were correctly selected:
. gen ageentry=(doe-dob)/365.25

. gen ageexit=(dox-dob)/365.25

. sort _set _case id

. list _set id _case _time ageentry ageexit job, sepby(_set)

    +-------------------------------------------------------------+
    | _set    id   _case      _time    ageentry    ageexit   job |
    |-------------------------------------------------------------|
 1. |    1    57       0   42.57358    40.04107    56.5859     0 |
 2. |    1    73       0   42.57358    36.58043   52.70636     0 |
 3. |    1    93       0   42.57358    36.43258   51.32101     0 |
 4. |    1    90       1   42.57358     31.4141   42.57358     0 |
    |-------------------------------------------------------------|
 5. |    2   195       0    47.8987    46.19849   66.23956     2 |
 6. |    2   202       0    47.8987    46.35729   66.14648     2 |
 7. |    2   203       0    47.8987    41.26215   61.22108     2 |
 8. |    2   248       0    47.8987    45.44285   49.06229     2 |
 9. |    2   330       0    47.8987    44.90349   53.94114     2 |
10. |    2   196       1    47.8987    45.46475    47.8987     2 |
    |-------------------------------------------------------------|
11. |    3    57       0  47.964408    40.04107    56.5859     0 |
12. |    3    64       0  47.964408    43.07187   60.19986     0 |
13. |    3    73       0  47.964408    36.58043   52.70636     0 |
14. |    3    85       0  47.964408    47.31828   63.19233     0 |
15. |    3    89       0  47.964408    46.54346   56.49829     0 |
```

```
16. |    3      62       1    47.964408    43.59206    47.96441      0 |
    |------------------------------------------------------------------|
17. |    4     190       0    48.041068     44.4846    64.52567      2 |
18. |    4     235       0    48.041068    44.58043    51.70431      2 |
19. |    4     253       0    48.041068    45.48118    64.35592      2 |
20. |    4     266       0    48.041068    46.89117    49.97673      2 |
21. |    4     306       0    48.041068    42.02327    58.89938      2 |
22. |    4     305       1    48.041068     46.5462    48.04107      2 |
    |------------------------------------------------------------------|
23. |    5     147       0    48.741958    43.78097    54.25325      1 |
```
°°°°°°（其餘略）

. clogit _case hienergy, group(_set) or


Iteration 0:    log likelihood = -124.29375
Iteration 1:    log likelihood = -124.29373
Iteration 2:    log likelihood = -124.29373


Conditional (fixed-effects) logistic regression

```
                                    Number of obs    =      418
                                    LR chi2(1)       =     1.45
                                    Prob > chi2      =   0.2289
Log likelihood = -124.29373         Pseudo R2        =   0.0058


-------------------------------------------------------------------------
   _case | Odds Ratio   Std. Err.     z    P>|z|    [95% Conf. Interval]
---------+---------------------------------------------------------------
hienergy |   .7323806   .1905644   -1.20   0.231    .4398001    1.219603
-------------------------------------------------------------------------
```

# 9-10 練習題：三層次之對數常態存活模型 (mestreg 指令)

以下範例，LR test 之卡方值達到顯著 (p<0.05)，顯示下列範例，採用多層次模型會比單層次 OLS 佳。

## 範例：三層次之對數常態存活模型 (lognormal survival model)

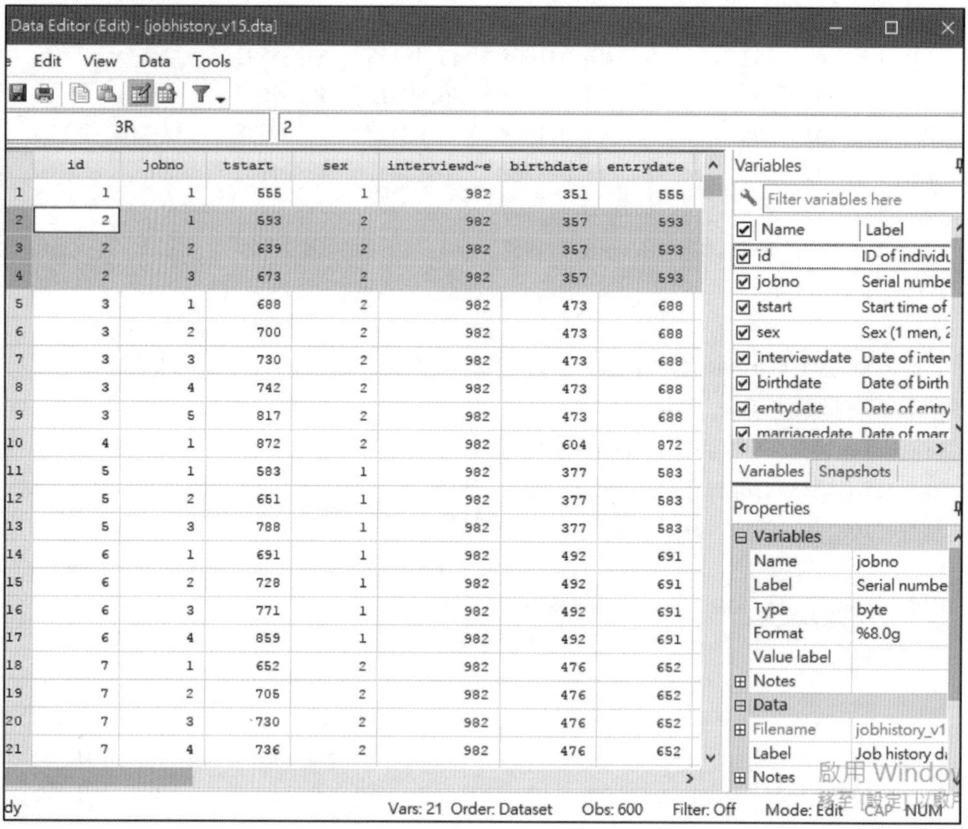


| | id | jobno | tstart | sex | interviewd~e | birthdate | entrydate |
|---|---|---|---|---|---|---|---|
| 1 | 1 | 1 | 555 | 1 | 982 | 351 | 555 |
| 2 | 2 | 1 | 593 | 2 | 982 | 357 | 593 |
| 3 | 2 | 2 | 639 | 2 | 982 | 357 | 593 |
| 4 | 2 | 3 | 673 | 2 | 982 | 357 | 593 |
| 5 | 3 | 1 | 688 | 2 | 982 | 473 | 688 |
| 6 | 3 | 2 | 700 | 2 | 982 | 473 | 688 |
| 7 | 3 | 3 | 730 | 2 | 982 | 473 | 688 |
| 8 | 3 | 4 | 742 | 2 | 982 | 473 | 688 |
| 9 | 3 | 5 | 817 | 2 | 982 | 473 | 688 |
| 10 | 4 | 1 | 872 | 2 | 982 | 604 | 872 |
| 11 | 5 | 1 | 583 | 1 | 982 | 377 | 583 |
| 12 | 5 | 2 | 651 | 1 | 982 | 377 | 583 |
| 13 | 5 | 3 | 788 | 1 | 982 | 377 | 583 |
| 14 | 6 | 1 | 691 | 1 | 982 | 492 | 691 |
| 15 | 6 | 2 | 728 | 1 | 982 | 492 | 691 |
| 16 | 6 | 3 | 771 | 1 | 982 | 492 | 691 |
| 17 | 6 | 4 | 859 | 1 | 982 | 492 | 691 |
| 18 | 7 | 1 | 652 | 2 | 982 | 476 | 652 |
| 19 | 7 | 2 | 705 | 2 | 982 | 476 | 652 |
| 20 | 7 | 3 | 730 | 2 | 982 | 476 | 652 |
| 21 | 7 | 4 | 736 | 2 | 982 | 476 | 652 |

圖 9-58 「jobhistory.dta」資料檔內容

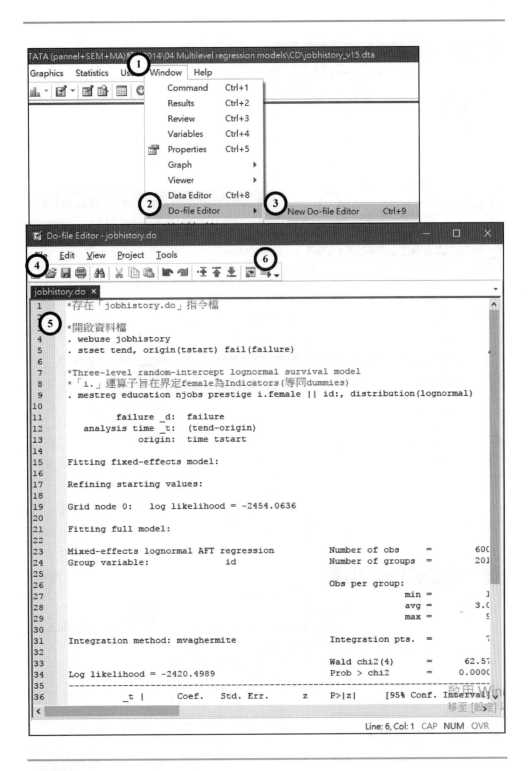

**圖 9-59** 「jobhistory.do」指令檔內容

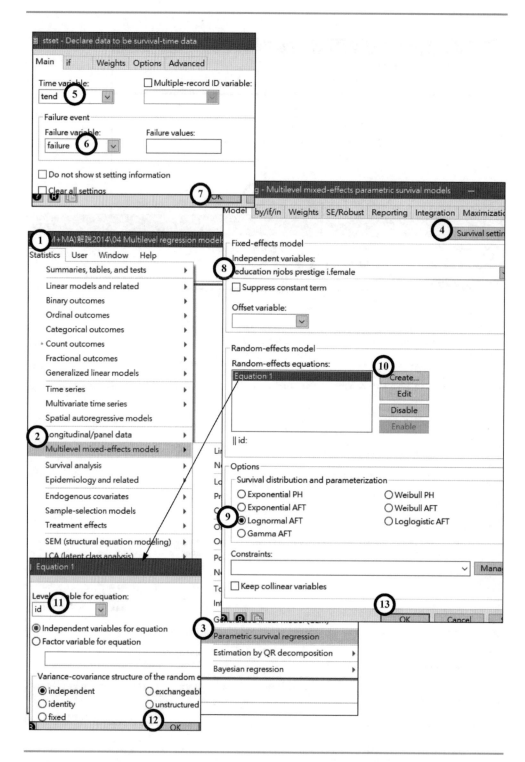

圖 9-60 「**mestreg** education njobs prestige i.female ‖ id：, distribution(lognormal)」畫面

```
* 存在「jobhistory.do」指令檔

* 開啟資料檔
. webuse jobhistory
. stset tend, origin(tstart) fail(failure)

* Three-level random-intercept lognormal survival model
* 「i.」運算子旨在界定 female 為 Indicators( 等同 dummies)
* 「|| id:」後面宣告無變數為隨機斜率，其餘「njobs prestige i.female」都為隨機
  截距
. mestreg education njobs prestige i.female || id:, distribution(lognormal)


        failure _d:  failure
   analysis time _t:  (tend-origin)
            origin:  time tstart


Fitting fixed-effects model:

Refining starting values:

Grid node 0:    log likelihood = -2454.0636

Fitting full model:

Mixed-effects lognormal AFT regression     Number of obs      =        600
Group variable:                id          Number of groups   =        201

                                           Obs per group:
                                                        min =          1
                                                        avg =        3.0
                                                        max =          9

Integration method: mvaghermite             Integration pts.  =          7

                                           Wald chi2(4)       =      62.57
Log likelihood = -2420.4989                Prob > chi2        =     0.0000
```

```
--------------------------------------------------------------------------------
          _t |      Coef.   Std. Err.      z    P>|z|     [95% Conf. Interval]
-------------+------------------------------------------------------------------
   education | -.0866016    .0329382    -2.63   0.009    -.1511592    -.022044
      njobs |  .2067308    .0407204     5.08   0.000     .1269202    .2865413
    prestige |  .0258271    .0060693     4.26   0.000     .0139316    .0377227
    1.female | -.381721     .1410584    -2.71   0.007    -.6581904   -.1052515
       _cons |  3.932176    .3783532    10.39   0.000     3.190618    4.673735
-------------+------------------------------------------------------------------
       /logs |  .056575     .041812                      -.0253751    .1385251
-------------+------------------------------------------------------------------
id           |
  var(_cons)|  .4603601    .1095539                       .2887577    .7339421
--------------------------------------------------------------------------------
LR test vs. lognormal model: chibar2(01) = 32.55      Prob >= chibar2 = 0.0000
```

# 非線性：多層次混合效果模型 (menl 指令)

　　迴歸分析 (regression analysis) 是一種統計學上分析數據的方法，目的在於瞭解兩個或多個變數間是否相關、相關方向與強度，並建立數學模型以便觀察特定變數來預測研究者感興趣的變數。更具體的來說，迴歸分析可以幫助人們瞭解在只有一個自變數變化時依變數的變化量。一般來說，通過迴歸分析我們可以由給出的自變數估計依變數的條件期望。

　　迴歸分析是建立依變數 $Y$( 或稱依變數，反應變數 ) 與自變數 $X$( 或稱獨立變數，解釋變數 ) 之間關係的模型。簡單線性迴歸使用一個自變數 $X$；複迴歸使用超過一個自變數 $(X_1, X_2 ... X_p)$。

　　線性迴歸模型，是假定是指解釋變數 ( 群組層 $Z$, 個體層 $X$) 與依變數 $(Y)$ 是直線關係，即係數「$\beta_1, \beta_2 ... \beta_p$」是線性 ( 一次方 )，而非曲線 ( 二次方、指數次方…) 或 U 型關係。反之，就是非線性迴歸模型，旨在做曲線適配 (curve fitting)。

　　線性 vs. 非線性迴歸模型之分析流程如下圖。

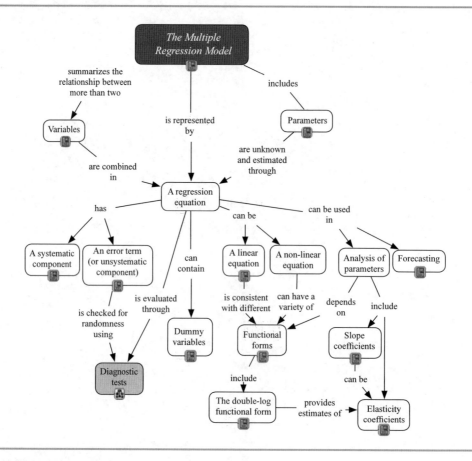

　圖 10-1　多元迴歸模型之分析流程

定義：混合效果

　　混合效果 = 固定效果 + 隨機效果

固定效果 (fixed effect) 是所有組中效果都相同 (which are the same in all groups)。

隨機效果 (random effect) 是各組之間的隨機呈現效果 ( 都不同 )(which vary across groups)。

在混合模型 (mixed models) 中，每個 levels 都很明確存在隨機和系統 ( 固定 ) 效果。

迴歸分析旨在探討並建立兩變數間的直線關係，但若兩變數之間並非直線關係，而是具有其他非線性的函數關係時，我們又該如何處理呢？一般來說，我們可以直接將其中一個變數做數值的轉換，使轉換後的變數間可以呈現直線的關係，然後再進行線性迴歸分析；亦或是，我們在一開始建立資料間的數學模式時，即設定為非線性的關係，如倒數、指數等函數關係。

例如，股票市場的預測 (Matias & Reboredo, 2012)，就可應用非線性模型。此外，Multilevel Model of Nonlinear Models (NLME) 模型，在藥代動力學、生物測定、生物和農業生長過程研究以及其他應用亦很受歡迎。

## 一、介紹

STaTa menl 指令旨在適配「非線性混合效果模型」，其中，有些 ( 或全部 ) 固定效果和隨機效果納入非線性 (nonlinearly)。這些模型又稱為「多層非線性模型 (multilevel nonlinear models)」或階層 (hierarchical) 非線性模型。非線性混合效果模型的總體誤差 (overall error distribution) 符合高斯 (Gaussian) 分布。menl 指令有提供不同的共變數結構 (covariance structures) 來模擬隨機效果，並模擬最低層級組別 (lowest-level groups) 內的異質性誤差和相關性。

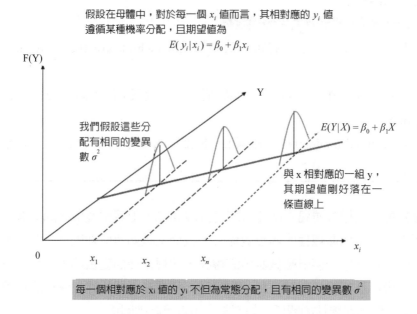

假設在母體中，對於每一個 $x_i$ 值而言，其相對應的 $y_i$ 值遵循某種機率分配，且期望值為
$$E(y_i|x_i) = \beta_0 + \beta_1 x_i$$

我們假設這些分配有相同的變異數 $\sigma^2$

$$E(Y|X) = \beta_0 + \beta_1 X$$

與 x 相對應的一組 y，其期望值剛好落在一條直線上

每一個相對應於 $x_i$ 值的 $y_i$ 不但為常態分配，且有相同的變異數 $\sigma^2$

**圖 10-2** 殘差同異性之示意圖

在社會現實經濟生活中，很多現象之間的關係並不是線性關係，對這種類型現象的分析預測一般要應用非線性迴歸預測，通過變數代換，可以將很多的非線性迴歸轉化為線性迴歸。因而，可以用線性迴歸方法解決非線性迴歸預測問題。

選擇合適的曲線類型不是一件輕而易舉的工作，主要依靠專業知識和經驗。常用的曲線類型有 power 函數、指數函數、拋物線函數、對數函數和 S 型函數。

## 二、常見的非線性函數形式

非線性迴歸是一種尋找依變數及一組自變數之間關係非線性模型的方法。不像僅限於估計線性模型的傳統線性迴歸，非線性迴歸尚可用來估計依變數及自變數之間的任意關係模式。這是使用疊代的估計演算法來完成的。請注意，對 $Y = a + bX^2$ 形式的簡單多項式模式而言，這項程序並不是必要的。因為我們可藉由定義 $Z = X^2$，並使用傳統方法（如線性迴歸程序）就可估計得到的簡單

線性模型 $Y = a + bZ$ 模式。

常見的非線性函數形式，包括：

1. 拋物線函數：$Y = a + bX + cX^2$

2. 雙曲線函數：$Y = a + b(\frac{1}{X})$

3. 冪 (power) 函數：$Y = a \times X_1^{b1} X_2^{b2} \cdots X_k^{bk}$

4. 指數函數：$Y = a \times e^{bX}$

5. 對數函數：$Y = a + b \times \ln(X)$

6. S 形曲線函數：$Y = a \times e^{\frac{b}{x}}$

   其中，$L$，$a, b > 0$，稱該函數為邏輯曲線。

7. 多項式方程：

   非線性迴歸函數模型常常採用將其線性化後，採用線性方程形式進行估計的。常用的變換方法有如下幾種：

   (1) 倒數變換

   　　如，對雙曲線函數，設 $Z = 1/X$，則原函數化為如下線性形式：

   　　　$Y = a + bZ$

   (2) 半對數變換

   　　如，對對數函數，設 $Z = \ln X$，則原函數變換為：

   　　　$Y = a + bZ$

   　　選擇迴歸函數的具體形式應遵循以下原則：

1. 函數形式應與經濟學的基本理論相一致。

   如：生產函數常採用冪函數的形式；成本函數常採用多項式方程的形式等。

2. 方程式有較高的擬合 (fitting) 優度；說明函數形式選取較為適當。

3. 函數的形式儘可能簡單。

## 三、化非線性迴歸為線性迴歸

　　在實際問題中，當變數之間的相關關係不是線性相關關係時，不能用線性迴歸方程描述它們之間的相關關係，需要進行非線性迴歸分析，然而，非線性迴歸方程一般很難求，因此，把非線性迴歸化為線性迴歸應該說是解決問題的好方法。

首先，所研究對象的物理背景或散點圖可幫助我們選擇適當的非線性迴歸方程。

$$\hat{y} = \mu\,(x;\,a,\,b)$$

其中 $a$ 及 $b$ 爲未知參數 ( 在此僅討論含兩個參數的非線性迴歸方程 )，爲求參數 $a$ 及 $b$ 的估計值，往往可以先通過變數置換，把非線性迴歸化爲線性迴歸，再利用線性迴歸的方法確定參數及 $b$ 的估計值。

下面列出常用的曲線方程及其圖形，並給出相應的化爲線性方程的變數置換公式，以幫助我們觀察散點圖確定迴歸方程的類型。不過，值得注意的是，散點圖畢竟只是相關關係的粗略表示，有時散點圖可能與幾種曲線都很接近，這時建立相應的迴歸方程可能都是合理的，但一個非線性迴歸問題，由於選擇不同的非線性迴歸，得到同一個問題的多個不同迴歸方程，哪一個迴歸方程最優呢？對於能化爲一元線性迴歸的問題，可通過計算樣本相關係數的辦法來解決，樣本相關係數的絕對值最大的對應最優的方程。

| 曲線方程 | 變換公式 | 變換後之線性方程 | 曲線圖形 |
|---|---|---|---|
| $\frac{1}{y} = a + \frac{b}{x}$ | $X = \frac{1}{x}$ <br> $Y = \frac{1}{y}$ | $Y = a + bx$ | 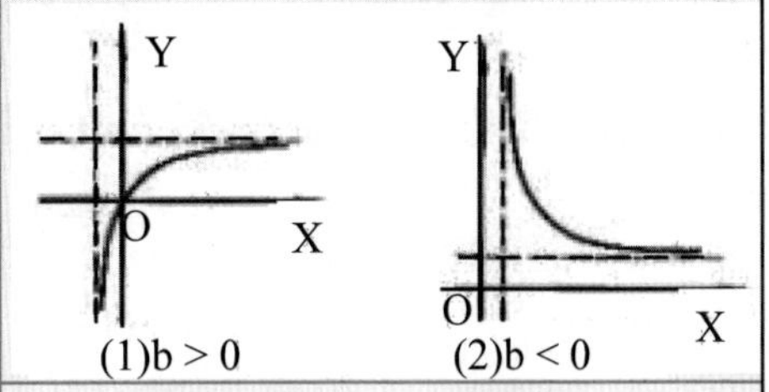 Y<br>O<br>X<br>(1)b > 0<br>(2)b < 0 |
| $y = a \times x^{b}$ | $X = \ln x$ <br> $Y = \ln y$ | $Y = a' + bx$ <br> $(a' = \ln x)$ | 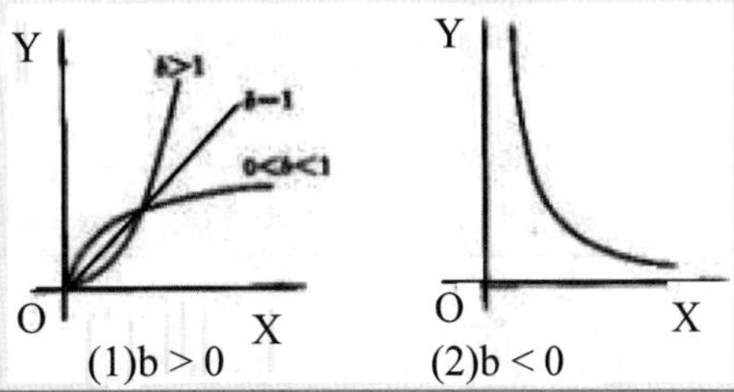 Y<br>b>1<br>b=1<br>0<b<1<br>O<br>X<br>(1)b > 0<br>(2)b < 0 |
| $y = a + b\ln(x)$ | $X = \ln x$ <br> $Y = y$ | $Y = a + bx$ | 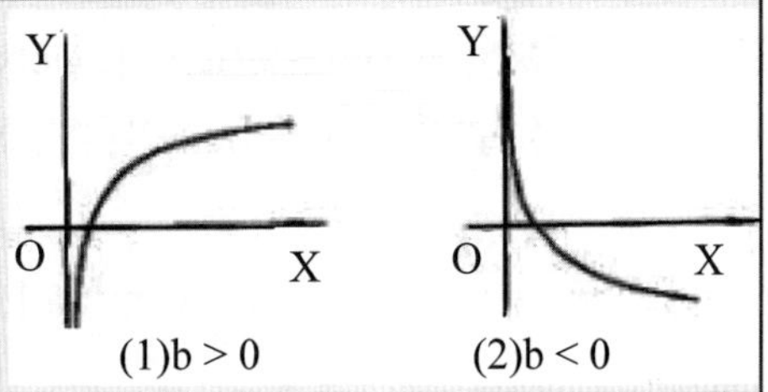 Y<br>O<br>X<br>(1)b > 0<br>(2)b < 0 |
| $y = a \times e^{bx}$ | $X = x$ <br> $Y = \ln y$ | $Y = a' + bx$ <br> $(a' = \ln x)$ | 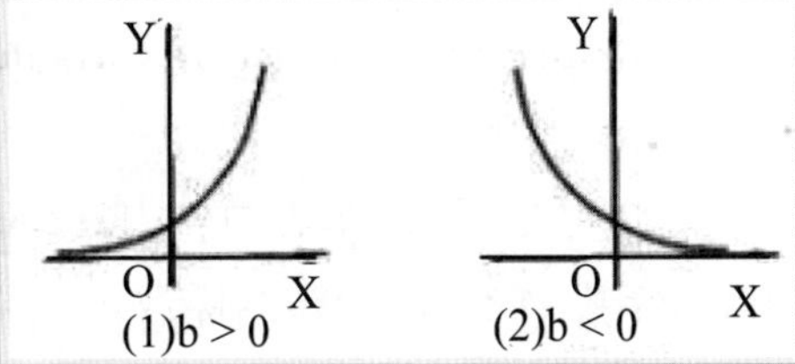 Y<br>O<br>X<br>(1)b > 0<br>(2)b < 0 |
| $y = a \times e^{\frac{b}{x}}$ | $X = \frac{1}{x}$ <br> $Y = \ln y$ | $Y = a' + bx$ <br> $(a' = \ln x)$ | 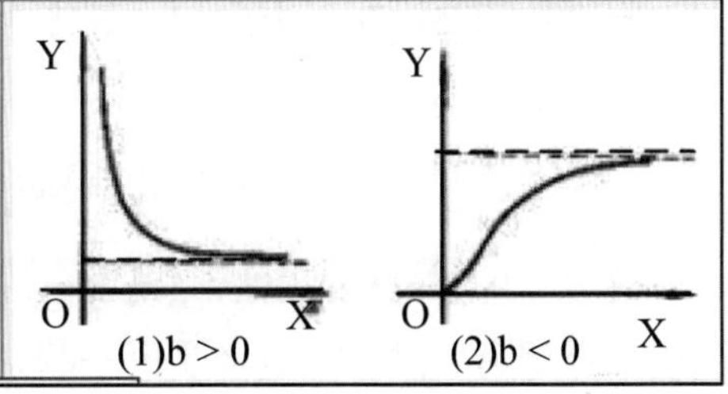 Y<br>O<br>X<br>(1)b > 0<br>(2)b < 0 |

圖 10-3 非線性轉成線性之變換公式及圖形

## 四、線性組合之 STaTa 指令語法

非線性迴歸分析是線性迴歸分析的擴展，也是傳統計量經濟學的結構模型法分析。

非線性函數通常包含變數的線性組合，非線性函數之替代式 (substitutable) 為：

$$y_{ij} = \alpha \left(1 - e^{-(\beta_0 + \beta_1 x_{1ij} + \beta_2 x_{2ij})}\right) + \varepsilon_{ij}$$

上式為指數函數之線性組合。其對應的 menl 指令為：

```
. menl y = {a}*(1 - exp(-({lc: x1 x2})))
```

{lc:x1 x2}：你命名 lc 線性組合為包含「x1 x2」的函數。此時，menl 將新產生三個參數「{lc: cons},{lc:x1}, {lc:x2}」。

通常，定義某一線性組合的語法為：

{*eqname*: *varspec* [, xb noconstant]}

其中，*varspec* 包含「a list of variables (*varlist*)」，或 a list of random-effects terms，或二者都包含。

例如：{lc: x1, xb} 等同於 {lc: cons} + {lc:x1}*x1，而 {lc：x1} 是指組名 lc 的自由參數 x1 或 x1 變數的係數。

假設我們要適配以下模型，其中「x1、$\beta 1$」係數，都出現在兩個運算式中：

$$y_{ij} = \frac{1}{(1 + \beta_1 x_{1ij} + \beta_2 x_{2ij} + \beta_3 x_{3ij})} \exp\{-(\alpha_0 + \alpha_1 z_{ij})/(1 + \beta_1 x_{4ij})\} + \varepsilon_{ij}$$

接著，用 {lc1: x1 x2 x3, noconstant} 來界定第 1 個線性組合。你亦可用 xb 選項來界定第 1 個線性組合「只一個共變數 z」。此時，上式對應指令為：

```
. menl y = 1/(1+{lc1: x1 x2 x3, noconstant})*exp(-{lc2: z, xb}/(1+{lc1:x1}*x4))
```

## 五、隨機效果之指令語法

menl 指令，界定隨機效果之語法為：

{U1[id]}, {U2[id1>id2]}, {c.x1#U3[id]}, and {2.f1#U4[id]}.

上式，代表：在層次 id 之隨機截距、在層次「id2-within-id1」之隨機截距；連續變數 x1 的隨機斜率、因子變數 f1 的隨機斜率。

一般隨機效果之界定指令 *respec*，其語法如下：

| *respec* | 說明 |
|---|---|
| {*rename* [*levelspec*]} | Random intercets *rename* at hierarchy *levelspec* |
| {c.*varname*#*rename* [*levelspec*]} | Random coefficients *rename* for continuous variable *rename* |
| {#.*fvvarname*#*rename* [*levelspec*]} | Random coefficients *rename* for the #th level of factor variable *fvvarname* |

*rename* 是隨機效果的命名。*levelspec* 則是定義階層的 level，語法如下：

| *levelspec* | 說明 |
|---|---|
| *levelvar* | variable identifying the group structure for the random effect at that level |
| *lv2* > *lv1* | two-level nesting: levels of variable *lv1* are nested within *lv2* |
| *lv3* > *lv2* > *lv1* | three-level nesting: levels of variable *lv1* are nested within *lv2*, which is nested within *lv3* |

例如，隨機效果之雙層次模型：

$$y_{ij} = \frac{\alpha z_{ij} + u_{0j}}{1 + \exp\{-(\beta_0 + \beta_1 x_{1ij})\}} + \varepsilon_{ij}$$

假設以變數 id 來分組，這些隨機截距用 {U0[id]} 來命名，則對應的指令為：

```
. menl y = ({a}*z+{U0[id]})/(1+exp(-({b0}+{b1}*x1)))
```

或

```
. menl y = {lc1: z U0[id], nocons}/(1+exp(-{lc2: x1, xb}))
```

又如

$$y_{ij} = \frac{\alpha z_{ij} + u_{0j}}{1 + \exp\{-(\beta_0 + \beta_1 x_{1ij} + u_{0j})\}} + \varepsilon_{ij}$$

上式對應的指令為：

```
. menl y = {lc1: z U0[id], nocons}/(1+exp(-{lc2: x1 U0}))
```

## 六、STata 指令：快速入門

例如，非線性混合效果迴歸中，自變數「x1、x2 預測依變數 y」係具有 id
分組之隨機變數 B0 (y on x1 and x2 with random intercepts B0 by id)。其指令為：

```
. menl y = {a}*(1-exp(-({b0}+{b1}*x1+{b2}*x2+{B0[id]})))
```

上式，亦可改使用更有效率的線性組合：

```
. menl y = {a}*(1-exp(-{xb: x1 x2 B0[id]}))
```

上式，亦可改用 define() 來界定線性組合 (linear combination)：

```
. menl y = {a}*(1-exp(-{xb:})), define(xb: x1 x2 B0[id])
```

上式，是用最大概似法 (maximum likelihood)，但亦可改成受限最大概似法
(restricted maximum-likelihood, reml)，如下：

```
. menl y = {a}*(1-exp(-{xb:})), define(xb: x1 x2 B0[id]) reml
```

界定您自己的固定效果的初始值，但使用內定的期望最大化 (expectation-
maximization, EM) 方法來求取隨機效果參數的初始值。

```
. menl y = {a}*(1-exp(-{xb:})), define(xb: x1 x2 B0[id])
     initial({a} 1 {xb:x1} 1 {xb:x2} 0.5 {xb: cons} 2, fixed)
```

以 id 分組之隨機截距 A0，它允許參數 a 在 id 分組之間變化，並指定 xb 子
選項來指示 a「包含線性組合而不是純量參數」。

```
. menl y = {a:}*(1-exp(-{xb:})), define(xb: x1 x2 B0[id]) define(a: A0[id], xb)
```

在線性組合中，納入連續變數 x2 的隨機斜率，並允許隨機斜率 B1 和截距
B0 之間有相關。

```
. menl y = {a}*(1-exp(-{xb:})), define(xb: x1 x2 B0[id] c.x2#B1[id])
        covariance(B0 B1, unstructured)
```

界定受試者內誤差變異數具有異質性，其變化為 x2 的指數次方 (Specify a
heteroskedastic within-subject error variance that varies as a power of x2)。

```
. menl y = {a}*(1-exp(-{xb:})), define(xb: x1 x2 B0[id] c.x2#B1[id])
        covariance(B0 B1, unstructured) resvariance(power x2)
```

印出隨機效果和組內誤差參數作為標準差和相關性。

```
. menl, stddeviations
```

具有「隨機截距」by lev3「時間變數及因子變數 f 預測依變數 y」，且「W0
by lev2 nested within lev3」，並允許殘差具有 1 階自我迴歸模型「AR(1)」相關。

```
. menl y = {phi1:}+{phi2:}*exp(-{phi3}*time), define(phi1: i.f S0[lev3])
        define(phi2: i.f W0[lev3>lev2]) rescorrelation(ar 1, t(time))
```

具有隨機截距 W0 及斜率 W1 之「x1 預測 y」三層次模型，且「帶 random
intercepts S0 and slopes S1 on x1 by lev2 nested within lev3。W0 及 W1 使用
unstructured covariance 誤差、S0 及 S1 使用 exchangeable covariance 誤差」。

```
. menl y = {phi1:}+{b1}*cos({b2}*x1), define(phi1:x1 W0[lev3] S0[lev3>lev2]
    c.x1#(W1[lev3] S1[lev3>lev2])) covariance(W0 W1, unstructured)
    covariance(S0 S1, exchangeable)
```

如上式，但殘差是 independent，男女二組的變異數不相同。

```
. menl y = {phi1:}+{b1}*cos({b2}*x1), define(phi1:x1 W0[lev3] S0[lev3>lev2]
    c.x1#(W1[lev3] S1[lev3>lev2])) covariance(W0 W1, unstructured)
    covariance(S0 S1, exchangeable) rescovariance(identity, by(female))
```

# 10-1 非線性縱貫面資料：隨機截距之多層次模型—獨角獸

本例是 Zootopia 的獨角獸健康縱向研究的數據，其中，包含 30 隻新生男性獨角獸的腦重量 ( 體重 ) 和 30 隻新生雌性獨角獸。在出生後的前 2 年 ( 時間 )，每 2 個月收集 13 次測量。基於以前的研究，認為獨角獸顱腦收縮的模型是：

$$\text{weight}_{ij} = \beta_1 + (\beta_2 - \beta_1) \exp(-\beta_3 \text{time}_{ij}) + \varepsilon_{ij} \quad i = 1, 2, \cdots, 13 \quad ; \quad j = 1, 2, \cdots, 60$$

其中

參數 $\beta_1$ 表示隨著 $\text{time}_{ij}$ 增加到無限遠，獨角獸的平均腦重。

參數 $\beta_2$ 表示 (at $\text{time}_{ij} = 0$) 時，獨角獸的平均腦重。

參數 $\beta_3$ 是一個比例參數，用於確定獨角獸的平均腦重量接近漸近重量 $\beta_1$( 衰減率 ) 的速率。

接著用 menl 指令來適配此雙層次模型，並允許漸近線參數 $\beta_1$ 在獨角獸之間變化，故將上述運算式中的 $\beta_1$ 替換為「$\beta_1 + u_{0j}$」：

$$\text{weight}_{ij} = \beta_1 + u_{0j} + (\beta_2 - \beta_1 - u_{0j}) \exp(-\beta_3 \text{time}_{ij}) + \varepsilon_{ij}$$

其中，$\beta_1$、$\beta_2$、$\beta_3$ 都是固定效果之待估參數。$u_{0j}$ 是在層次 id 中隨機截距。$u_{0j}$ 符合常態分布 $N(0, \sigma_u^2)$。

上式可以寫成兩階段模型：

$$\text{weight}_{ij} = \phi_{1j} + (\phi_{2j} - \phi_{1j}) \exp(-\phi_{3j} \text{time}_{ij}) + \varepsilon_{ij}$$

具有以下第 2 階段規定：

$$\phi_{1j} = \beta_1 + u_{0j}$$

$$\phi_{2j} = \beta_2$$

$$\phi_{3j} = \beta_3$$

參數 $\phi_{1j}$、$\phi_{2j}$、$\phi_{3j}$ 旨在描述第 $j$ 隻獨角獸。例如，$\phi_{ij}$ 代表第 $j$ 個獨角獸的腦重，隨著 $\text{time}_{ij}$ 的推移至無限久。

範例：非線性雙層次模型：隨機截距模型—重複測量 13 次

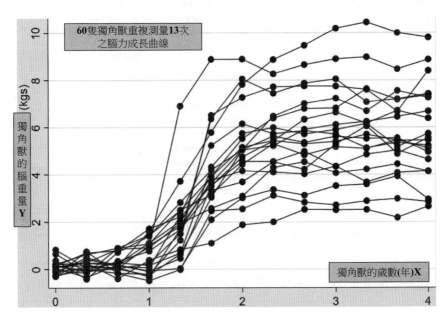

$$\text{weight}_{ij} = \phi_{1j} + (\phi_{2j} - \phi_{1j}) \exp(-\phi_{3j} \text{time}_{ij}) + \varepsilon_{ij}$$
$$\phi_{1j} = \beta_1 + u_{0j}$$
$$\phi_{2j} = \beta_2$$
$$\phi_{3j} = \beta_3$$

**Stata**指令如下：

```
. menl weight = {b1}+{U0[id]}+({b2}-{b1}-{U0[id]})*exp(-{b3}*time)
```

圖 10-4 非線性多層次混合效果模型之示意圖 3( 內定之隨機截距 (Random intercepts))

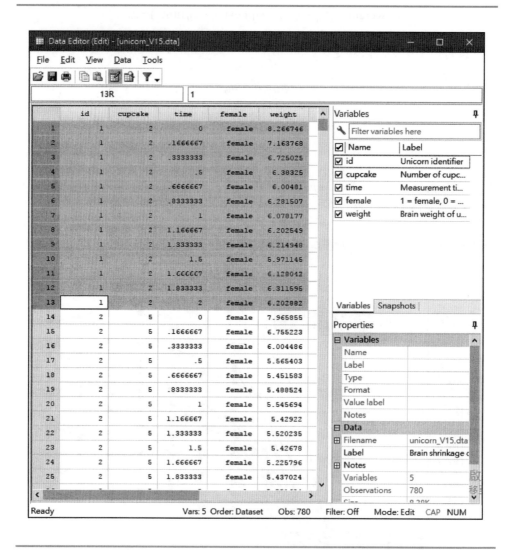

**圖 10-5** 「unicorn.dta」資料檔內容 (Obs=780，60 隻獨角，重複測量 13 次)

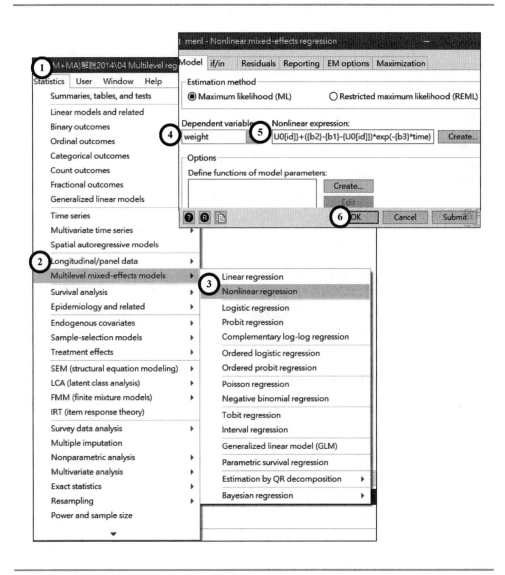

圖 10-6 「**menl** weight = {b1}+{U0[id]}+({b2}-{b1}-{U0[id]}) * exp(-{b3} * time)」
畫面

方法1 簡單雙層模型 (simple two-level model)

```
* https://www.stata.com/new-in-stata/nonlinear-multilevel-mixed-effects-models/
*開啟資料檔
. webuse unicorn

. des
  obs:           780                    Brain shrinkage of unicorns in the
  land of Zootopia
  vars:            5                    16 Aug 2017 15:56
  size:        8,580
-------------------------------------------------------------------------------
             storage   display    value
variable name  type    format    label    variable label
-------------------------------------------------------------------------------
id           byte     %9.0g                Unicorn identifier
cupcake      byte     %9.0g                Number of cupcakes consumed at birth
time         float    %9.0g                Measurement times in years after
  birth
female       byte     %9.0g      femlbl    1 = female, 0 = male
weight       float    %9.0g                Brain weight of unicorn in kgs
-------------------------------------------------------------------------------
```

*如下雙層次模型，用 menl 來適配，menl 內定為隨機截距

$$\text{weight}_{ij} = \beta_1 + u_{0j} + (\beta_2 - \beta_1 - u_{0j}) \exp(-\beta_3 \text{time}_{ij}) + \varepsilon_{ij}$$

```
. menl weight = {b1}+{U0[id]}+({b2}-{b1}-{U0[id]})*exp(-{b3}*time)

Obtaining starting values by EM:

Alternating PNLS/LME algorithm:

Computing standard errors:

Mixed-effects ML nonlinear regression      Number of obs    =       780
Group variable: id                         Number of groups =        60

                                           Obs per group:
                                                        min =        13
                                                        avg =      13.0
                                                        max =        13

Linearization log likelihood = -56.97576
-------------------------------------------------------------------------------
      weight |     Coef.    Std. Err.      z     P>|z|    [95% Conf. Interval]
-------------+-----------------------------------------------------------------
         /b1 |   4.707954    .1414511    33.28   0.000    4.430715    4.985193
         /b2 |   8.089432    .0260845   310.12   0.000    8.038307    8.140556
         /b3 |    4.13201    .0697547    59.24   0.000    3.995293    4.268726
-------------------------------------------------------------------------------
```

```
------------------------------------------------------------------------
Random-effects Parameters  |  Estimate   Std. Err.  [95% Conf. Interval]
---------------------------+--------------------------------------------
id: Identity               |
                 var(U0)   |  1.189809   .2180067   .8308316    1.70389
---------------------------+--------------------------------------------
           var(Residual)   |  .0439199   .0023148   .0396095   .0486995
------------------------------------------------------------------------
```

「. **menl** weight = {b1}+{U0[id]}+({b2}-{b1}-{U0[id]})*exp(-{b3}*time)」指令中：

1. 反應變數 weight 在等號 (assign) 的左側，要估計的參數在等號的右側，即大括號 {b1}，{b2} 和 {b3} 中。

2. {U0[id]} 界定 random intercept，由組變數 id 來界定 level-2( 即獨角獸之層次 )。

3. 報表印出 "Mixed-effects ML nonlinear regression"，它顯示，我們的模型是適配使用 ML 此內定估計法。若選改受限概似 (REML) 估計法，請改用 reml 選項。

4. menl 報表頭很像 mixed 指令，但 menl 報表會印出 $\chi^2$ 值來表示所有固定效果參數 ( 除常數項 ) 的聯合顯著性檢定，它可能與非線性模型無關。

5. 估計求得：$\beta_1 = 4.71(p < 0.05)$、$\beta_2 = 8.09(p < 0.05)$、$\beta_3 = 4.13(p < 0.05)$。

6. menl 報表印出所有固定效果參數的 z 檢定、P 值，但它們可能不全然適合非線性模型的參數。

7. 本例印出唯一個隨機效果 $u_{0j}$，var(U0) = 1.19, $u_{0j}$ 的標準誤爲 0.22。

8. 誤差項之全體誤差變異「var(Residual)」，印出：$\widehat{\text{Var}}(\varepsilon_{ij}) = \hat{\sigma}_\varepsilon^2 = 0.044$。

方法 2  雙層模型當作爲兩階段模型 **(two-level model as a two-stage model)**，使用 **define()** 選項

承上例，雙層模型爲：

$$\text{weight}_{ij} = \phi_{1j} + (\phi_{2j} - \phi_{1j}) \exp(-\phi_{3j} \text{time}_{ij}) + \varepsilon_{ij}$$
$$\phi_{1j} = \beta_1 + u_{0j}$$
$$\phi_{2j} = \beta_2$$
$$\phi_{3j} = \beta_3$$

選項 define() 旨在界定較複雜式子。例如「**define(phi1: {b1}+{U0[id]})**」，

界定漸近之自由參數 $\phi_{1j}$、**phi2** 為自由參數 $\phi_{2j}$、**phi3** 為自由參數 $\phi_{3j}$。

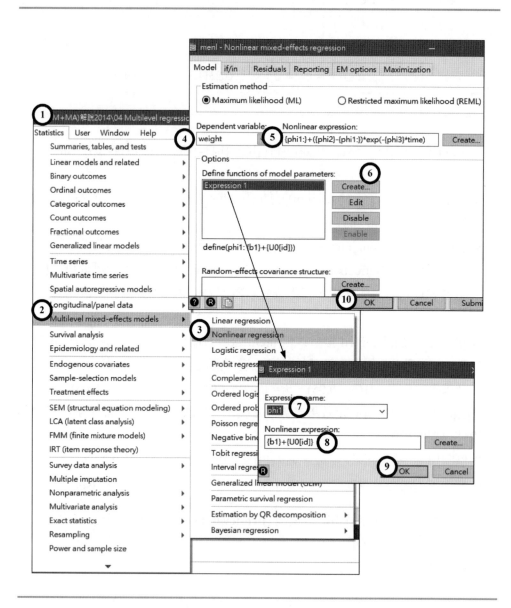

**圖 10-7** 「**menl** weight = {phi1：}+({phi2}-{phi1：}) * exp(-{phi3} * time), **define(phi1：{b1}+{U0[id]})**」

```
* 開啟資料檔
. webuse unicorn
```

*第 1 模型
```
. menl weight = {phi1:}+({phi2}-{phi1:})*exp(-{phi3}*time), define(phi1:
    {b1}+{U0[id]})
```


Obtaining starting values by EM:


Alternating PNLS/LME algorithm:


Iteration 1:     linearization log likelihood = -56.9757597


Computing standard errors:


Mixed-effects ML nonlinear regression          Number of obs    =        780
Group variable: id                             Number of groups =         60

                                               Obs per group:
                                                          min =         13
                                                          avg =       13.0
                                                          max =         13

Linearization log likelihood =   -56.97576

        phi1:  {b1}+{U0[id]}


-----------------------------------------------------------------------------

    weight |     Coef.    Std. Err.      z     P>|z|    [95% Conf. Interval]
-----------+-----------------------------------------------------------------
      /b1 |   4.707954    .1414511    33.28    0.000     4.430715    4.985193
    /phi2 |   8.089432    .0260845   310.12    0.000     8.038307    8.140556
    /phi3 |   4.13201     .0697547    59.24    0.000     3.995293    4.268726
-----------------------------------------------------------------------------


-----------------------------------------------------------------------------
 Random-effects Parameters  |  Estimate  Std. Err.    [95% Conf. Interval]
----------------------------+------------------------------------------------
id: Identity                |
```
```

```
            var(U0) |   1.189809    .2180067     .8308316     1.70389
-----------------------------+------------------------------------------------
         var(Residual) |    .0439199    .0023148     .0396095    .0486995
------------------------------------------------------------------------------
. estat ic

Akaike's information criterion and Bayesian information criterion
------------------------------------------------------------------------------
        Model |        Obs   ll(null)  ll(model)       df        AIC         BIC
-----------------------------+------------------------------------------------
           . |        780          .  -56.97576        5     123.9515     147.248
------------------------------------------------------------------------------
```

1. 本例用 define() 選項之分析結果與上例一樣。

2. 你亦可在主算式中直接定義 phi1，而捨棄 define() 選項，如下：

```
. menl weight = {phi1:{b1}+{U0[id]}}+({phi2}-{phi1:})*exp(-{phi3}*time)
```

3. 第 1 模型：無共變數 cupcake，模型適配結果，得 AIC=123.95。它再跟下列模型做對比。

方法 3　雙層次模型 + 共變數 cupcake (two-level model containing covariates)

在過去二十年裡，腦體重減輕一直是 Zootopia 動物園的重要研究主題。科學家認為，出生後立即多吃彩虹杯蛋糕可能有助減緩大腦的疲勞。

承上例，比例參數 $\phi_{3j}$ 是第 $j$ 隻獨角獸的腦重量減少到其漸近值 $\phi_{1j}$。因此，共變數 cupcake( 出生後消費的彩虹蛋糕的數量 ) 被添加到 $\phi_{3j}$ 的等式中。此外，我們還要調查漸近線「$\phi_{1j}$」是否具有 gender 特徵，故你將因子變數 (factor variable)female$_j$ 再納入 $\phi_{1j}$ 等式中。虛擬變數 female$_j$ = 1，若第 $j$ 隻獨角獸為 female。

$$weight_{ij} = \phi_{1j} + (\phi_{2j} - \phi_{1j}) \exp(-\phi_{3j} time_{ij}) + \varepsilon_{ij}$$
$$\phi_{1j} = \beta_1 + u_{0j}$$
$$\phi_{2j} = \beta_2$$
$$\phi_{3j} = \beta_3$$

因此，爲了加入「共變數 cupcake」及 gender 因子，上式第二階段仍須改爲：

$$\phi_{1j} = \beta_{10} + \beta_{11}\,\text{female}_j + u_{0j}$$
$$\phi_{2j} = \beta_2$$
$$\phi_{3j} = \beta_{30} + \beta_{31}\,\text{cupcake}_j$$

define() 是可重複定義上述 $\phi_{1j}$、$\phi_{2j}$、$\phi_{3j}$，成爲：

```
. menl weight = {phi1:}+({phi2:}-{phi1:})*exp(-{phi3:}*time),
      define(phi1: {b10}+{b11}*1.female+{U0[id]})
      define(phi2: {b2})
      define(phi3: {b30}+{b31}*cupcake)
```

```
* 開啟資料檔
. webuse unicorn

. des cupcake

              storage   display   value
variable name  type     format    label       variable label
-------------------------------------------------------------------
cupcake        byte     %9.0g                 Number of cupcakes consumed at birth
*==================================================
```
* 第 2 模型
* 用 define() 定義替代式。以下 4 行指令，要全部縮成一行，STaTa 才會執行
```
. menl weight = {phi1:}+({phi2:}-{phi1:})*exp(-{phi3:}*time),
      define(phi1: {b10}+{b11}*1.female+{U0[id]})
      define(phi2: {b2})
      define(phi3: {b30}+{b31}*cupcake)
Obtaining starting values by EM:

Alternating PNLS/LME algorithm:

Iteration 1:    linearization log likelihood = -29.0149875

Computing standard errors:
```

```
Mixed-effects ML nonlinear regression          Number of obs    =       780
Group variable: id                             Number of groups =        60

                                               Obs per group:
                                                          min =        13
                                                          avg =      13.0
                                                          max =        13

Linearization log likelihood = -29.014987

        phi1:   {b10}+{b11}*1.female+{U0[id]}
        phi2:   {b2}
        phi3:   {b30}+{b31}*cupcake

------------------------------------------------------------------------------
      weight |      Coef.   Std. Err.      z    P>|z|     [95% Conf. Interval]
-------------+----------------------------------------------------------------
        /b10 |   4.072752   .1627414    25.03   0.000     3.753785    4.39172
        /b11 |   1.264407   .2299723     5.50   0.000     .8136695   1.715144
         /b2 |   8.088102   .0255465   316.60   0.000     8.038032   8.138172
        /b30 |   4.706926   .1325714    35.50   0.000      4.44709   4.966761
        /b31 |  -.2007309   .0356814    -5.63   0.000    -.2706651  -.1307966
------------------------------------------------------------------------------


------------------------------------------------------------------------------
  Random-effects Parameters  |   Estimate   Std. Err.     [95% Conf. Interval]
-----------------------------+------------------------------------------------
id: Identity                 |
                   var(U0)   |   .7840578   .1438923      .547184    1.123473
-----------------------------+------------------------------------------------
               var(Residual) |   .0420763   .0022176     .0379468    .0466551
------------------------------------------------------------------------------
. estat ic

Akaike's information criterion and Bayesian information criterion

------------------------------------------------------------------------------
       Model |        Obs   ll(null)  ll(model)      df          AIC        BIC
-------------+----------------------------------------------------------------
           . |        780          .  -29.01499       7     72.02997    104.645
------------------------------------------------------------------------------
```

1. 參數 b10、b11 分別代表 $\phi_{1j}$ 等式中，"1.female" 的常數項及係數。

   $\phi_{1j} = 4.07 + 1.26\text{female}_j + u_{0j}$

2. b2 是 $\phi_{2j} = 8.088$。b30 是 $\beta_{30}$, b31 是 $\beta_{31}$。代入等式得：

   $\phi_{3j} = 4.70 - 0.26\text{cupcake}_j$

3. 將上面參數值全代入下式，即「**雙層次模型 + 共變數 cupcake**」：

   $\text{weight}_{ij} = \phi_{1j} + (\phi_{2j} - \phi_{1j}) \exp(-\phi_{3j}\text{time}_{ij}) + \varepsilon_{ij}$

   $$\phi_{1j} = \beta_{10} + \beta_{11}\,\text{female}_j + u_{0j}$$

   $$\phi_{2j} = \beta_2$$

   $$\phi_{3j} = \beta_{30} + \beta_{31}\,\text{cupcake}_j$$

4. 第 1 模型：雙層次模型，模型適配度 AIC = 123.95。

5. 第 2 模型：雙層次模型 + 共變數 cupcake，模型適配度 AIC = 72.029，其 AIC 較小，故第 2 模型比第 1 模型優。

## 10-2 非線性範例：誤差無共變結構之雙層模型—橘子樹

　　如果您的模型具有自然物理解釋的參數，您可能可以從數據圖中獲取起始值。

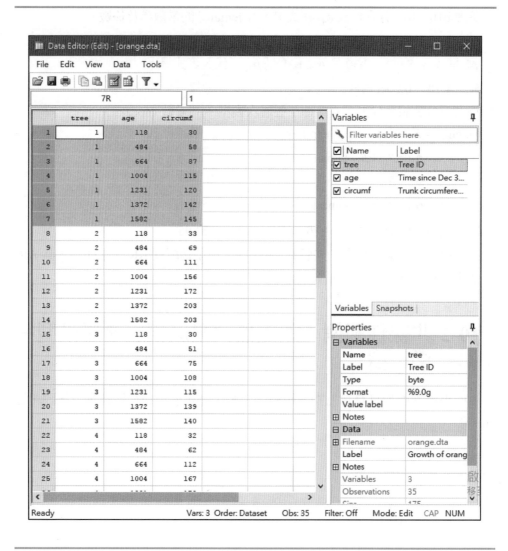

**圖 10-8** 「orange.dta」資料檔內容 (N=35 棵橘子樹，每棵重複測量 13 次成長)

根據 Draper 和 Smith(1998) 研究的樣本數據，它在七個不同的時間點 (time) 測量五個不同的橙樹的樹幹圓周長 (circumf (in mm))。接著，Pinheiro and Bates (2000) 建議用下列公式來建模：

$$\text{circumf}_{ij} = \frac{\phi_{1j}}{1 + \exp\{-(\text{age}_{ij} - \phi_{2j})/\phi_{3j}\}} + \varepsilon_{ij} \tag{10-1}$$

其中，$\phi_{1j}$ 是第 $j$ 棵樹在樹齡「$age_{ij} \to \infty$」之漸近樹幹圓周長。

$\phi_{2j}$ 是第 $j$ 棵樹達到其漸近樹幹周長 $\phi_{1j}$ 的樹齡一半。

$\phi_{3j}$ 是純量 ( 非變數 ) 參數。

由於模型參數可由圖形來肉眼解釋，因此我們可以繪製數據並從圖中獲取初始值。

Step-1a 先繪圖來人工判定模型之初始值 (initial values) vs. STaTa 系統內定初始值估計：二者結果一樣

```
*存在「orange.do」指令檔
*開啟資料檔
. webuse orange
Contains data from http://www.stata-press.com/data/r15/orange.dta

. des
 obs:            35                    Growth of orange trees (Draper and
 Smith, 1998)
 vars:            3                    16 Feb 2017 17:36
 size:           175
-------------------------------------------------------------------------
             storage   display    value
variable name  type     format    label    variable label
-------------------------------------------------------------------------
tree          byte     %9.0g               Tree ID
age           int      %9.0g               Time since Dec 31, 1968 (days)
circumf       int      %9.0g               Trunk circumference (mm)
-------------------------------------------------------------------------
*以下 4 行指令要全排成一行，STaTa 才可執行。結果如下圖：
. twoway connected circumf age, connect(L) yline(175) xline(1582)
 yline(87.5, lpattern(dash)) xline(700, lpattern(dash))
 yline(131.25, lpattern("-...")) xline(1000, lpattern("-..."))
 xlabel(0 118 484 700 1000 1372 1582) ylabel(#5 87.5 131.25 175)
```

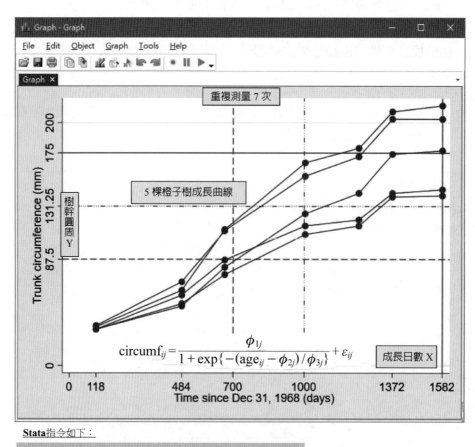

**Stata**指令如下：

```
.menl circumf = {phi1: U1[tree], xb}/(1+exp(-(age-{phi2})/{phi3})),
       initial(phi1:_cons 175 /phi2 700 /phi3 300, fixed)
```

**圖 10-9** 非線性多層次混合效果模型之示意圖

　　根據上圖，可看出：平均漸近軀幹周長可以估計為 175 公分 ( 周長值的平均值 )，大約是植栽 1582( 天 )。樹齡大約 700( 天 )，樹木可達到漸近樹幹周長的一半。故設定初始：漸近的樹幹周長 $\beta_1 = 175($ 公分 $)$、$\beta_2 = 700($ 天 $)$。

　　為求出 (10-1) 式中 $\beta_3$ 值，令 $age = \beta_2 + \beta_3$，則

$$E(circumf_{ij}) = \beta_1 / \{1 + \exp(-1)\} = 0.73\beta_1$$

為了繪圖的目的，我們將設定近似為 $0.75\beta_1$。也就是說，邏輯 (logistic) 曲線達

到其漸近值的 3/4(0.75×175 = 131.25)，在 age = $\beta_2 + \beta_3$。上圖建議，樹木達到約 1000 天的最後樹幹周長的 3/4(= $\beta_2 + \beta_3$)，因此，設定 $\beta_3$ 初始值爲「1000 – 700 = 300」。

　　有了以上三個參數「$\beta_1$、$\beta_2$、$\beta_3$」之初始值，將它們代入「initial()」選項。

```
. webuse orange

. menl circumf = {phi1: U1[tree], xb}/(1+exp(-(age-{phi2})/{phi3})),
     initial(phi1:_cons 175 /phi2 700 /phi3 300, fixed)

Mixed-effects ML nonlinear regression          Number of obs     =        35
Group variable: tree                           Number of groups  =         5

                                               Obs per group:
                                                         min =             7
                                                         avg =           7.0
                                                         max =             7

Linearization log likelihood = -131.58458

      phi1:  U1[tree], xb


------------------------------------------------------------------------------
      circumf |    Coef.    Std. Err.     z    P>|z|    [95% Conf. Interval]
--------------+---------------------------------------------------------------
phi1          |
        _cons |  191.049    16.15403   11.83   0.000    159.3877    222.7103
--------------+---------------------------------------------------------------
        /phi2 |  722.556    35.15082   20.56   0.000    653.6616    791.4503
        /phi3 | 344.1624    27.14739   12.68   0.000    290.9545    397.3703
------------------------------------------------------------------------------


------------------------------------------------------------------------------
Random-effects Parameters  |   Estimate    Std. Err.   [95% Conf. Interval]
---------------------------+--------------------------------------------------
tree: Identity             |
                   var(U1) |  991.1514     639.4636    279.8776    3510.038
---------------------------+--------------------------------------------------
             var(Residual) |  61.56371     15.89568    37.11466    102.1184
------------------------------------------------------------------------------
```

1. 第 1 模型，無界定「隨機截距 U1 和 U2 的相關性 (correlation between random intercepts U1 and U2)」，結果 AIC = **273.1692**，它再與下列模型做適配度比較。

Step-1b 　　對照組 用 STaTa 內定初始值自動估計：無誤差共變結構之雙層模型
　　內定初始值自動估計法與人工繪圖判定模型初始值，二者分析結果一樣，
可見 STaTa 已具有相當智慧分析。

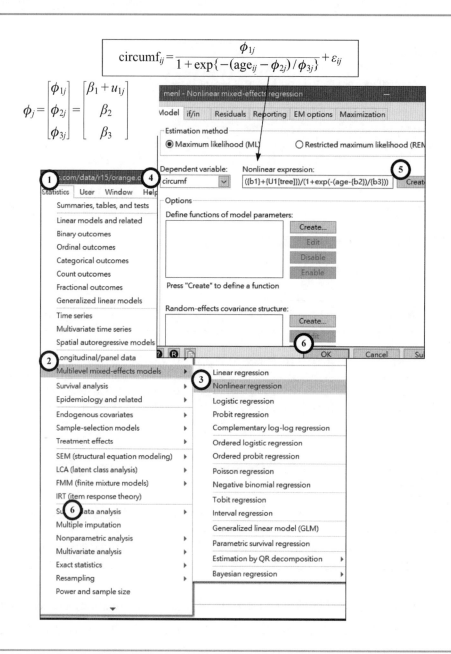

圖 10-10 「**menl** circumf = ({b1}+{U1[tree]})/(1+exp(-(age-{b2})/{b3}))」畫面

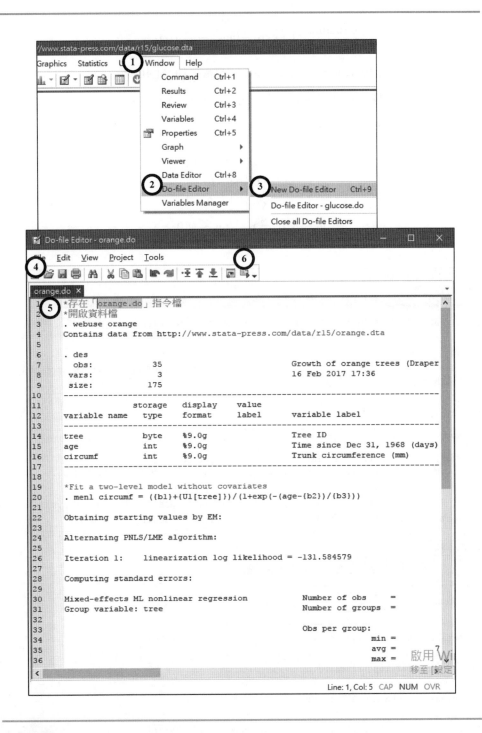

圖 10-11 「orange.do」指令檔內容

$$\text{circumf}_{ij} = \frac{\phi_{1j}}{1 + \exp\{-(\text{age}_{ij} - \phi_{2j})/\phi_{3j}\}} + \varepsilon_{ij}$$

其中，$\phi_{1j}$ 是第 $j$ 棵樹在樹齡「$age_{ij} \to \infty$」之漸近樹幹圓周長。

$\phi_{2j}$ 是第 $j$ 棵樹達到其漸近樹幹周長 $\phi_{1j}$ 的樹齡一半。

$\phi_{3j}$ 是純量 ( 非變數 ) 參數。

$$\phi_j = \begin{bmatrix} \phi_{1j} \\ \phi_{2j} \\ \phi_{3j} \end{bmatrix} = \begin{bmatrix} \beta_1 + u_{1j} \\ \beta_2 \\ \beta_3 \end{bmatrix}$$

$$u_{1j} \sim N(0, \sigma_{u_1}^2) \quad , \quad \varepsilon_{ij} \sim N(0, \sigma_{\varepsilon}^2)$$

```
*存在「orange.do」指令檔
*開啟資料檔
. webuse orange
Contains data from http://www.stata-press.com/data/r15/orange.dta

. des
 obs:              35              Growth of orange trees (Draper and
 Smith, 1998)
 vars:              3              16 Feb 2017 17:36
 size:            175
-------------------------------------------------------------------------
              storage   display    value
variable name  type     format     label     variable label
-------------------------------------------------------------------------
tree           byte     %9.0g                Tree ID
age            int      %9.0g                Time since Dec 31, 1968 (days)
circumf        int      %9.0g                Trunk circumference (mm)
-------------------------------------------------------------------------
*第 1 模型
*Fit a two-level model without covariates
```

$$\text{circumf}_{ij} = \frac{\phi_{1j}}{1 + \exp\{-(\text{age}_{ij} - \phi_{2j})/\phi_{3j}\}} + \varepsilon_{ij}$$

```
. menl circumf = ({b1}+{U1[tree]})/(1+exp(-(age-{b2})/{b3}))

Obtaining starting values by EM:

Alternating PNLS/LME algorithm:

Iteration 1:    linearization log likelihood = -131.584579

Computing standard errors:
```

```
Mixed-effects ML nonlinear regression          Number of obs    =        35
Group variable: tree                           Number of groups =         5

                                               Obs per group:
                                                           min =         7
                                                           avg =       7.0
                                                           max =         7
Linearization log likelihood = -131.58458
```

| circumf | Coef. | Std. Err. | z | P>\|z\| | [95% Conf. Interval] | |
|---|---|---|---|---|---|---|
| /b1 | 191.049 | 16.15403 | 11.83 | 0.000 | 159.3877 | 222.7103 |
| /b2 | 722.556 | 35.15082 | 20.56 | 0.000 | 653.6616 | 791.4503 |
| /b3 | 344.1624 | 27.14739 | 12.68 | 0.000 | 290.9545 | 397.3703 |

| Random-effects Parameters | Estimate | Std. Err. | [95% Conf. Interval] | |
|---|---|---|---|---|
| tree: Identity | | | | |
| var(U1) | 991.1514 | 639.4636 | 279.8776 | 3510.038 |
| var(Residual) | 61.56371 | 15.89568 | 37.11466 | 102.1184 |

. estat ic

Akaike's information criterion and Bayesian information criterion

| Model | Obs | ll(null) | ll(model) | df | AIC | BIC |
|---|---|---|---|---|---|---|
| . | 35 | . | -131.5846 | 5 | 273.1692 | 280.9459 |

*Same as above, but use **define()** to simplify model specification and highlight the
 2-stage model formulation
. menl circumf = {phi1:}/(1+exp(-(age-{b2})/{b3})), define(phi1:{b1}+{U1[tree]})
*納入「**define()**」分析結果仍一樣

*第2模型
*Add a **random intercept**, {U2[tree]}, in the exponent and allow correlation between
 random intercepts U1 and U2
. menl circumf = {phi1:}/(1+exp(-(age-{phi2:})/{b3})), define(phi1:{b1}+{U1[tree]})
 define(phi2:{b2}+{U2[tree]}) covariance(U1 U2, unstructured)

```
Mixed-effects ML nonlinear regression          Number of obs    =        35
Group variable: tree                           Number of groups =         5
```

```
                                               Obs per group:
                                                      min =            7
                                                      avg =          7.0
                                                      max =            7
Linearization log likelihood = -130.90177

       phi1:  {b1}+{U1[tree]}
       phi2:  {b2}+{U2[tree]}

--------------------------------------------------------------------------------
     circumf |     Coef.    Std. Err.      z     P>|z|    [95% Conf. Interval]
-------------+------------------------------------------------------------------
         /b1 |   189.8349   17.20035    11.04    0.000     156.1228    223.5469
         /b2 |   709.5333   37.24229    19.05    0.000     636.5397    782.5268
         /b3 |   340.4731   25.52176    13.34    0.000     290.4514    390.4948
--------------------------------------------------------------------------------


--------------------------------------------------------------------------------
  Random-effects Parameters   |    Estimate   Std. Err.     [95% Conf. Interval]
------------------------------+-------------------------------------------------
tree: Unstructured            |
                   var(U1)    |   1180.097    775.0819      325.7264    4275.458
                   var(U2)    |   1469.879    2777.132      36.22884    59636.01
                cov(U1,U2)    |   1015.504    1124.568     -1188.609    3219.617
------------------------------+-------------------------------------------------
             var(Residual)    |   56.07332    16.20294      31.82681    98.79144
--------------------------------------------------------------------------------
```

*你若界定「correlation between random intercepts **U1** and **U2**」，結果會略為不同
. estat ic

Akaike's information criterion and Bayesian information criterion

```
--------------------------------------------------------------------------------
     Model |      Obs   ll(null)  ll(model)      df         AIC          BIC
-----------+--------------------------------------------------------------------
         . |       35         .   -130.9018       7     275.8035     286.691
--------------------------------------------------------------------------------
```

1. 第 1 模型，無界定「correlation between random intercepts U1 and U2」，結果
   AIC=**273.1692**。

2. 第 2 模型，無界定「correlation between random intercepts U1 and U2」，結果
   AIC=275.8035。

3. 由於第 1 模型的 AIC 值比第 1 模型小，故它比較優。

Step-2 再求出各種模型的組合，看那個模型 AIC 值最小，該模型適配就最佳

```
*存在「orange.do」指令檔
*開啟資料檔
. webuse orange
Contains data from http://www.stata-press.com/data/r15/orange.dta
```

$$\text{circumf}_{ij} = \frac{\phi_{1j}}{1 + \exp\{-(\text{age}_{ij} - \phi_{2j})/\phi_{3j}\}} + \varepsilon_{ij}$$

*第 3 模型
```
*Assume independent random intercepts U1 and U2, and specify a heteroskedastic
 within-subject error variance that varies as a power of predicted mean values _yhat
. menl circumf = {phi1:}/(1+exp(-(age-{phi2:})/{b3})), define(phi1:{b1}+{U1[tree]})
  define(phi2:{b2}+{U2[tree]}) covariance(U1 U2, independent) resvariance(power
  _yhat, noconstant)
*結果略
. estat ic
```

Akaike's information criterion and Bayesian information criterion

| Model | Obs | ll(null) | ll(model) | df | AIC | BIC |
|---|---|---|---|---|---|---|
| . | 35 | . | -130.9093 | 7 | 275.8186 | 286.706 |

*第 4 模型
```
*As above, but perform restricted maximum-likelihood estimation instead of the default
 maximum-likelihood estimation
. menl circumf = {phi1:}/(1+exp(-(age-{phi2:})/{b3})), define(phi1:{b1}+{U1[tree]})
  define(phi2:{b2}+{U2[tree]}) covariance(U1 U2, independent) resvariance(power
  _yhat, noconstant) reml
*結果略
. estat ic
```

Akaike's information criterion and Bayesian information criterion

| Model | Obs | ll(null) | ll(model) | df | AIC | BIC |
|---|---|---|---|---|---|---|
| . | 35 | . | -118.972 | 7 | 251.944 | 262.8314 |

```
*Display standard deviations and correlations instead of default variances and
 covariances
. menl, stddeviations
```

1. 第 1 模型，無界定「correlation between random intercepts U1 and U2」，結果 AIC=**273.1692**.

2. 第 2 模型，無界定「correlation between random intercepts U1 and U2」，結果 AIC=275.8035.

3. 第 3 模型，無界定「correlation between random intercepts U1 and U2」，結果 AIC=275.8186.

4. 第 4 模型，無界定「correlation between random intercepts U1 and U2」，結果 AIC=251.944.

5 模型適配度 AIC 評比結果，第 4 模型 AIC 最小，故你應挑第 4 模型「改用 restricted maximum-likelihood 法來取代系統內定的 maximum-likelihood 估計法」。

## 10-3 非線性多層次模型：群組內之誤差相關結構—ovary

　　Pinheiro & Bates(2000) 分析了母馬發情週期的研究數據。數據包含在排卵前 3 天內至 3 天之後的卵泡數量大於 10 毫米的排卵記錄。每個母馬的測量時間是純量 (scaled)，使得每個母馬的排卵發生在時間 0 和 1，並記錄在變數 stime 中。其方程式為：

$$\text{follicles}_{ij} = \phi_{1j} + \phi_{2j}\sin(2\pi\phi_{3j}\,\text{stime}_{ij}) + \phi_{4j}\cos(2\pi\phi_{3j}\,\text{stime}_{ij}) + \varepsilon_{ij}$$

其中，$\phi_{1j}$ 是截距。$\phi_{3j}$ 是第 $j$ 隻母馬 sine 震動波的頻率。$\phi_{2j}$、$\phi_{4j}$ 分別是第 $j$ 隻母馬 sine 震動波的振幅和相位 (amplitude and phase)，然後，$\phi_{2j} = a_j\cos(p_j)$、$\phi_{4j} = a_j\sin(p_j)$。

範例：群組内之誤差相關結構 (within-group error correlation structure)

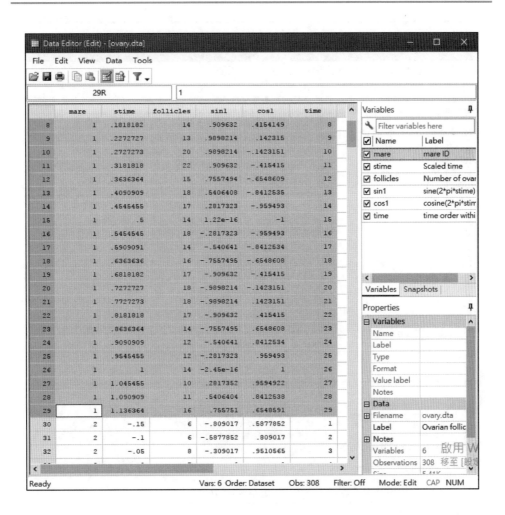

圖 10-12 「ovary.dta」資料檔內容 (N=308)

Step-1 殘差變異之自我迴歸 (autoregressive residual variance structure)(mixed
指令 )

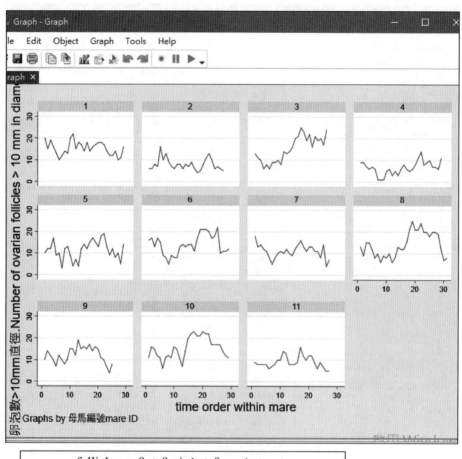

$$follicles_{ij} = \beta_0 + \beta_1 \sin1_{ij} + \beta_2 \cos1_{ij} + u_j + \varepsilon_{ij}$$

**Stata**指令如下：

```
. mixed follicles sin1 cos1 || mare:, reml residuals(ar 2, t(time))
```

圖 10-13 繪圖「. twoway (line follicles time, sort), by(mare)」之結果

本模型建構式為：

$$follicles_{ij} = \beta_0 + \beta_1 \sin1_{ij} + \beta_2 \cos1_{ij} + u_j + \varepsilon_{ij}$$

上述模型將數據的週期性歸結為影響總體平均卵泡數，且包括特定母馬之

隨機效果 $u_j$。由我們經驗告之，每隻母馬中的前後期的震動測量是相關的，因此建模時會納入誤差 AR(2)「within-mare errors as being AR of order 2」。其對應的程式如下。

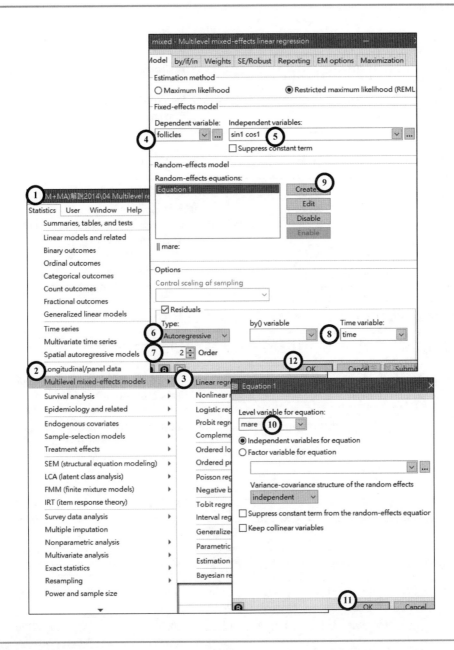

圖 10-14　「**mixed** follicles sin1 cos1 || **mare:**, reml **residuals(ar 2**, t(**time**))」畫面

值得一提，**mixed** 指令亦可分析 **menl**、**meprobit**、**melogit** 指令的功能，可見 **mixed** 指令是廣義的多層次功能。

```
*開啟資料檔
. webuse ovary

. des
Contains data from http://www.stata-press.com/data/r15/ovary.dta
  obs:           308                      母馬卵巢卵泡 Ovarian follicles in
  mares
  vars:            6                      2 Sep 2017 15:16
  size:        5,544                      (_dta has notes)
--------------------------------------------------------------------------------
               storage   display   value
variable name    type     format   label        variable label
--------------------------------------------------------------------------------
mare            byte      %9.0g                  母馬編號 mare ID
stime           float     %9.0g                  縮放時間 Scaled time
follicles       byte      %9.0g                  卵泡數>10mm 直徑.Number of ovarian follicles >
                                                 10 mm in diameter
sin1            float     %9.0g                  sine(2*pi*stime)
cos1            float     %9.0g                  cosine(2*pi*stime)
time            float     %9.0g                  time order within mare
--------------------------------------------------------------------------------
```

第 1 模型：AR(2)誤差
* 「‖ mare:」後面無隨機斜率，故「mixed …‖」之間自變數「sin1 cos1」內定隨機截距
```
. mixed follicles sin1 cos1 ‖ mare:, reml residuals(ar 2, t(time))

Mixed-effects REML regression                   Number of obs     =        308
Group variable: mare                            Number of groups  =         11

                                                Obs per group:
                                                              min =         25
                                                              avg =       28.0
                                                              max =         31

                                                Wald chi2(2)      =      34.72
Log restricted-likelihood = -772.59855          Prob > chi2       =     0.0000

--------------------------------------------------------------------------------
  follicles |     Coef.   Std. Err.       z    P>|z|    [95% Conf. Interval]
------------+-------------------------------------------------------------------
       sin1 | -2.899227   .5110786    -5.67    0.000    -3.900923   -1.897532
       cos1 | -.8652936   .5432925    -1.59    0.111    -1.930127    .1995402
       _cons |  12.14455   .9473712    12.82    0.000    10.28774    14.00136
--------------------------------------------------------------------------------
```

```
---------------------------------------------------------------------
  Random-effects Parameters |   Estimate    Std. Err.     [95% Conf. Interval]
------------------------------+--------------------------------------
mare: Identity                |
                  var(_cons) |   7.092607    4.402031     2.101392    23.93892
------------------------------+--------------------------------------
Residual: AR(2)               |
                       phi1 |   .5386104    .0624897     .4161329     .661088
                       phi2 |   .1446712    .0632039     .0207939    .2685486
                     var(e) |   14.25104    2.435233     10.19512    19.92052
---------------------------------------------------------------------
LR test vs. linear model: chi2(3) = 251.67              Prob > chi2 = 0.0000
```

Note: LR test is conservative and provided only for reference.

. estat ic

Akaike's information criterion and Bayesian information criterion

```
---------------------------------------------------------------------
     Model |      Obs   ll(null)   ll(model)      df       AIC         BIC
-----------+---------------------------------------------------------
         . |      308       .     -772.5986       7    1559.197    1585.308
---------------------------------------------------------------------
```

第 2 模型：AR(1)誤差
* Pinheiro and Bat(2000) 建議用：AR (1) correlation structure
*「‖ mare:」後面無隨機斜率，故「mixed …‖」之間自變數「sin1 cos1」內定隨機截距
. mixed follicles sin1 cos1 ‖ mare:, reml residuals(ar 1, t(time))
*結果略

. estat ic

Akaike's information criterion and Bayesian information criterion

```
---------------------------------------------------------------------
     Model |      Obs   ll(null)   ll(model)      df       AIC         BIC
-----------+---------------------------------------------------------
         . |      308       .     -775.2233       6    1562.447    1584.827
---------------------------------------------------------------------
```

1. 第 1 模型「AR(2) 誤差」之適配度 AIC=1559.197，它比第 2 模型 AIC 小，故「AR(2) 誤差」比「AR(1) 誤差」優。

2. 第 2 模型「AR(1) 誤差」之適配度 AIC=1562.447。

Step-2 群組內之誤差相關結構 (within-group error correlation structure)-ovary

Pinheiro and Bates (2000) 建議用：AR(1) correlation structure，指令為「rescorrelation(ar 1, t(time))」。

此外，我們還考慮了幾個隨機效果結構，發現我們只需要一個隨機截距來建模 $\phi_{1j}$。其對應的混合模型為：

$$\text{follicles}_{ij} = \phi_{1j} + \phi_{2j}\sin(2\pi\phi_{3j}\,\text{stime}_{ij}) + \phi_{4j}\cos(2\pi\phi_{3j}\,\text{stime}_{ij}) + \varepsilon_{ij}$$

$$\phi_j = \begin{bmatrix} \phi_{1j} \\ \phi_{2j} \\ \phi_{3j} \\ \phi_{4j} \end{bmatrix} = \begin{bmatrix} \beta_1 + u_{1j} \\ \beta_2 \\ \beta_3 \\ \beta_4 \end{bmatrix}$$

其中

$$\mathbf{u}_j = u_{1j} \sim N(0, \sigma_u^2) \quad , \quad \varepsilon_j \sim N(0, \sigma_\varepsilon^2 \mathbf{\Lambda}_j)$$

$$\sigma_\varepsilon^2 \mathbf{\Lambda}_j = \sigma_\varepsilon^2 \begin{bmatrix} 1 & \rho & \rho^2 & \cdots & \rho^{n_j-1} \\ \rho & 1 & 1 & \cdots & \rho^{n_j-2} \\ \rho^2 & \rho & \rho & \cdots & \rho^{n_j-3} \\ \vdots & \vdots & \vdots & \ddots & \vdots \\ \rho^{n_j-1} & \rho^{n_j-2} & \rho^{n_j-3} & \cdots & 1 \end{bmatrix}$$

此混合模型之對應指令如下：

```
*開啟資料檔
. webuse ovary

第3模型：群組內之誤差相關結構-AR(1)
. menl follicles = {phi1: U1[mare], xb} + {phi2}*sin(2*_pi*stime*{phi3})
  +{phi4}*cos(2*_pi*stime*{phi3}), rescorrelation(ar 1, t(time))

Mixed-effects ML nonlinear regression          Number of obs    =      308
Group variable: mare                            Number of groups =       11

                                                Obs per group:
                                                         min =         25
                                                         avg =       28.0
                                                         max =         31
Linearization log likelihood = -789.43439

        phi1:  U1[mare], xb
```

```
-------------------------------------------------------------------------------
    follicles |      Coef.   Std. Err.       z    P>|z|     [95% Conf. Interval]
--------------+----------------------------------------------------------------
phi1          |
        _cons |   11.98929   .9055946    13.24   0.000     10.21436    13.76422
--------------+----------------------------------------------------------------
        /phi2 |   .2226033   .3290159     0.68   0.499    -.4222559    .8674626
        /phi3 |    4.18747   .2746499    15.25   0.000     3.649166    4.725774
        /phi4 |    .279653   .3223277     0.87   0.386    -.3520977    .9114036
-------------------------------------------------------------------------------


-------------------------------------------------------------------------------
  Random-effects Parameters  |   Estimate   Std. Err.     [95% Conf. Interval]
-----------------------------+-------------------------------------------------
mare: Identity               |
                    var(U1)  |   4.935352   3.967838     1.020902      23.859
-----------------------------+-------------------------------------------------
Residual: AR(1),             |
    time time                |
                    var(e)  |   20.14587   3.492938     14.34177    28.29888
                     corr   |   .7332304   .0463231     .6287332    .8117157
-------------------------------------------------------------------------------

. estat ic

Akaike's information criterion and Bayesian information criterion

-------------------------------------------------------------------------------
     Model |      Obs   ll(null)   ll(model)      df        AIC         BIC
-----------+-------------------------------------------------------------------
         . |      308          .   -789.4344       7    1592.869    1618.979
-------------------------------------------------------------------------------
```

第 4 模型：群組內之誤差相關結構-AR(2)

. menl follicles = {phi1: U1[mare], xb} + {phi2}*sin(2*_pi*stime*{phi3})
  +{phi4}*cos(2*_pi*stime*{phi3}), rescorrelation(ar 2, t(time))
*結果略

. estat ic

Akaike's information criterion and Bayesian information criterion

```
-------------------------------------------------------------------------------
     Model |      Obs   ll(null)   ll(model)      df        AIC         BIC
-----------+-------------------------------------------------------------------
         . |      308          .   -786.7715       8    1589.543    1619.384
-------------------------------------------------------------------------------
```

1. menl 指令分析：第 3 模型「組內之誤差相關結構 AR(1)」之 AIC=1592.869。

2. menl 指令分析：第 4 模型「組內之誤差相關結構 AR(2)」之 AIC=1589.543，其 AIC 比第 3 模型小，故第 4 模型「組內之誤差相關結構 AR(2)」較優。

3. 用此結果印出之估計值 $\phi_{2j}(= 0.2226)$、$\phi_{4j}(= 0.2796)$ 即可預測第 $j$ 隻母馬的 sin 波的振幅和相位。且所有母馬的振幅和相位是相同的。例如，振幅 $a_j$ 是 $\sqrt{\phi_{2j}^2 + \phi_{4j}^2}$，因為：

$$\phi_{2j}^2 + \phi_{4j}^2 = a_j^2 \{\sin^2(p_j) + \cos^2(p_j)\} = a_j^2$$

相位 $p_j = a\tan\left(\dfrac{\phi_{4j}}{\phi_{2j}}\right)$，因為其公式是：

$$\phi_{4j}/\phi_{2j} = \{a_j\sin(p_j)\}/\{a_j\cos(p_j)\} = \tan(p_j)$$

接著，我們可以使用 nlcom 來計算振幅和相位。以第 3 模型 (AR1) 來說：

```
. nlcom (amplitude: sqrt(_b[/phi2]^2 + _b[/phi4]^2)) (phase: atan(_b[/phi4]/_
b[/phi2]))


  amplitude:  sqrt(_b[/phi2]^2 + _b[/phi4]^2)
      phase:  atan(_b[/phi4]/_b[/phi2])



------------------------------------------------------------------------------
  follicles |     Coef.   Std. Err.      z    P>|z|    [95% Conf. Interval]
------------+-----------------------------------------------------------------
   mplitude |   .3574325   .2451183    1.46   0.145   -.1229904    .8378555
      phase |   .8985001   1.090985    0.82   0.410    -1.23979     3.03679
------------------------------------------------------------------------------
```

## 10-4 非線性：三層次模型—血糖 (blood glucose)

Hand and Crowder(1996，118-120) 研究 7 名志願者 ( 變數 subject) 的血糖指數 (blood glucose，變數 glucose) 的升高，在第 0 時間喝酒之後，5 小時內共重複測量 14 次 (time) 血糖值。在往後重複相同的受試者，只有實驗組才吃膳食添加劑 (guar)，對照組則無膳食添加劑。變數 guar 是一個二元變數，用於識別受試者是否接受了膳食添加劑。

. webuse glucose
(Glucose levels following alcohol ingestion (Hand and Crowder, 1996))

. twoway connected glucose time if guar==0 ‖ connected glucose time if guar==1 ‖, by(subject, rows(2)) legend(order(1 " 無膳食添加劑 " 2 " 有膳食添加劑 "))

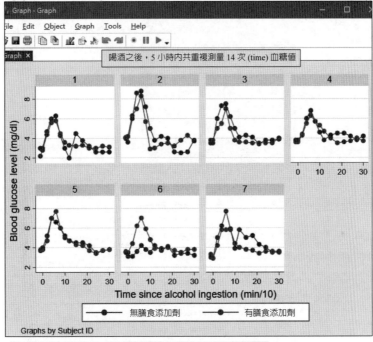

$$\text{glucose}_{ijk} = \phi_{1jk} + \phi_{2jk}\, \text{time}^3 \exp(-\phi_{3jk}\, \text{time}) + \varepsilon_{ijk}$$

$$\phi_{1jk} = \beta_1 + u_{1k}^{(3)} + u_{1j,\,k}^{(2)}$$
$$\phi_{2jk} = \beta_2 + u_{2k}^{(3)} + u_{2j,\,k}^{(2)}$$
$$\phi_{3jk} = \beta_3$$

$$\mathbf{u}_k^{(3)} = \begin{bmatrix} u_{1k}^{(3)} \\ u_{2k}^{(3)} \end{bmatrix} \sim N(0, \ \Sigma_3)$$

$$\mathbf{u}_{j,\,k}^{(2)} = \begin{bmatrix} u_{1j,\,k}^{(2)} \\ u_{2j,\,k}^{(2)} \end{bmatrix} \sim N(0, \ \Sigma_2)$$

$$\varepsilon_{ijk} \sim N(0, \ \sigma_\varepsilon^2)$$

**Stat**指令為：

```
. menl glucose = {phi1:} + {phi2:}*c.time#c.time#c.time*exp(-{phi3}*time),
define(phi1: U1[subject] UU1[subjectguar])
define(phi2: U2[subject] UU2[subjectguar])
covariance(U1 U2, unstructured) covariance(UU*, unstructured)
stddeviations iterate(3)
```

圖 10-15 指令「twoway connected glucose time if guar==0 ‖ connected glu-cose time if guar==1 ‖, by(subject…」結果

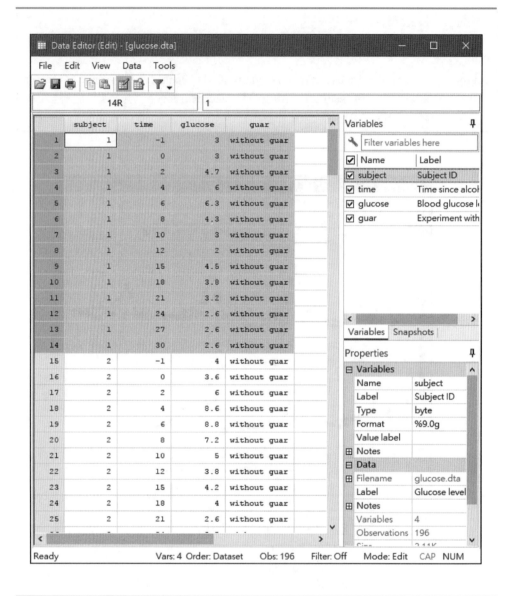

**圖 10-16** 「glucose.dta」資料檔內容 (N=196 名糖尿病人，每人重複測量追蹤 14 次)

```
. use http://www.stata-press.com/data/r15/glucose
(Glucose levels following alcohol ingestion (Hand and Crowder, 1996))
. des  guar


                 storage    display     value
```

```
variable name    type    format    label    variable label
--------------------------------------------------------------
guar             byte    %12.0g    guarlbl  Experiment with and without guar
```

\* 以下 3 行繪圖指令，要放在同一行，STaTa 才可執行
. twoway connected glucose time if guar==0 ||
 connected glucose time if guar==1 ||, by(subject, rows(2))
 legend(order(1 "without guar" 2 "with guar"))

Step-1 三層次模型

Hand and Crowder(1996) 提出了將預期葡萄糖值與時間相關聯的經驗模型：

$$\text{glucose}_{ijk} = \phi_{1jk} + \phi_{2jk}\,\text{time}^3 \exp(-\phi_{3jk}\,\text{time}) + \varepsilon_{ijk}$$

其中 $k = 1,2,\cdots,7$ 人。$j = 1\sim2$ 組。$i = 1,2,\cdots,14$ 次重複測量。Time = 0 時血糖值為 $\phi_1$，且 Time $\to\infty$。這是有意義的，所以 $\phi_1$ 可以解釋為喝酒後的血糖值。Pinheiro and Bates (2000) 認為此三層次模型之第 2 階公式為：

$$\phi_{1jk} = \beta_1 + u_{1k}^{(3)} + u_{1j,\,k}^{(2)}$$
$$\phi_{2jk} = \beta_2 + u_{2k}^{(3)} + u_{2j,\,k}^{(2)}$$
$$\phi_{3jk} = \beta_3$$

其中

$$\mathbf{u}_k^{(3)} = \begin{bmatrix} u_{1k}^{(3)} \\ u_{2k}^{(3)} \end{bmatrix} \sim N(0,\,\Sigma_3)$$

$$\mathbf{u}_{j,\,k}^{(3)} = \begin{bmatrix} u_{1j,\,k}^{(3)} \\ u_{2j,\,k}^{(3)} \end{bmatrix} \sim N(0,\,\Sigma_2)$$

$$\varepsilon_{ijk} \sim N(0,\,\sigma_\varepsilon^2)$$

其中，$\Sigma_2$、$\Sigma_3$ 是對稱式共變數距陣。

$u_{1j,k}^{(2)}$、$u_{2j,k}^{(2)}$ 是「guar-within-subject」層之隨機截距，二者的 menl 對應指令為：

```
UU1[subject>guar]  UU2[subject>guar].
```

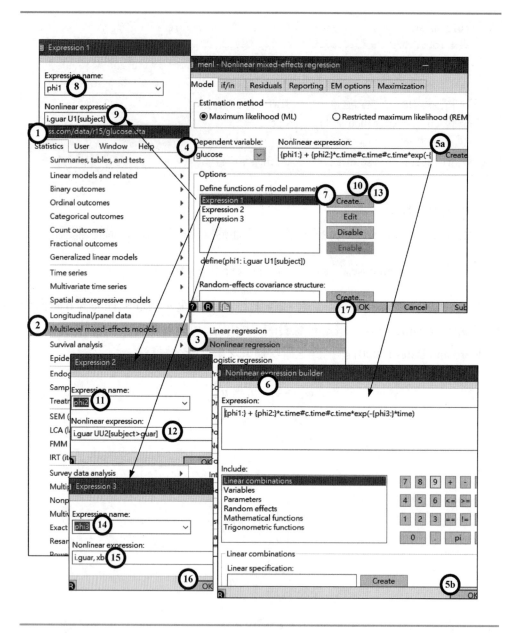

图 10-17 「**menl** glucose = {phi1：} + {phi2：} * c.time # c.time # c.time * exp(-{phi3：} * time), **define**(phi1：i.guar U1[subject])…」畫面

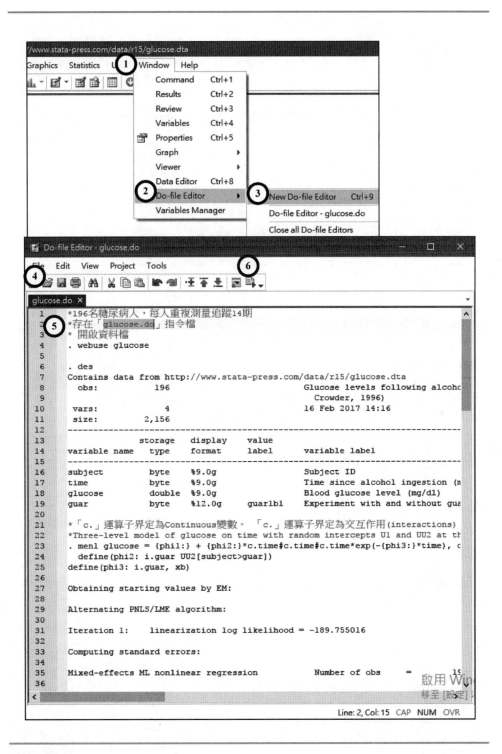

圖 10-18 「glucose.do」指令檔內容

```
*196 名糖尿病人，每人重複測量追蹤 14 期
*存在「glucose.do」指令檔
* 開啟資料檔
. webuse glucose

. des
Contains data from http://www.stata-press.com/data/r15/glucose.dta
  obs:          196                          Glucose levels following alcohol
  ingestion (Hand and
                                             Crowder, 1996)
  vars:           4                          16 Feb 2017 14:16
  size:       2,156
-------------------------------------------------------------------------------
-------------------
                storage   display    value
variable name   type      format     label      variable label
-------------------------------------------------------------------------------
-------------------
subject         byte      %9.0g                 Subject ID
time            byte      %9.0g                 Time since alcohol ingestion (min/10)
glucose         double    %9.0g                 Blood glucose level (mg/dl)
guar            byte      %12.0g     guarlbl    Experiment with and without guar
```

*第 1 模型:殘差無 AR(1)
* 「c.」運算子界定為 Continuous 變數。 「c.」運算子界定為交互作用(interactions)
*Three-level model of glucose on time with random intercepts U1 and UU2 at the subject
  and guar levels, with guar nested within subject

```
. menl glucose = {phi1:} + {phi2:}*c.time#c.time#c.time*exp(-{phi3:}*time),
  define(phi1: i.guar U1[subject])
  define(phi2: i.guar UU2[subject>guar])
  define(phi3: i.guar, xb)

Mixed-effects ML nonlinear regression          Number of obs      =        196

-------------------------------------------------------------------
              |  No. of       Observations per Group
       Path   |  Groups   Minimum    Average    Maximum
--------------+----------------------------------------------------
      subject |     7         28        28.0         28
 subject>guar |    14         14        14.0         14
-------------------------------------------------------------------


                                          Wald chi2(3)       =       1.21
Linearization log likelihood = -189.75502   Prob > chi2      =     0.7507

       phi1:  i.guar U1[subject]
       phi2:  i.guar UU2[subject>guar]
       phi3:  i.guar
```

```
------------------------------------------------------------------------------
   glucose |     Coef.    Std. Err.      z     P>|z|     [95% Conf. Interval]
-----------+------------------------------------------------------------------
phi1       |
      guar |
 with guar |  -.0781839   .1081392    -0.72   0.470    -.2901329    .1337651
     _cons |   3.698018   .1293006    28.60   0.000     3.444593    3.951442
-----------+------------------------------------------------------------------
phi2       |
      guar |
 with guar |   .0161024   .1028917     0.16   0.876    -.1855617    .2177665
     _cons |   .4159604   .0705308     5.90   0.000     .2777225    .5541982
-----------+------------------------------------------------------------------
phi3       |
      guar |
 with guar |   .0119441   .0278841     0.43   0.668    -.0427078     .066596
     _cons |   .5817953   .0182124    31.95   0.000     .5460997    .6174909
------------------------------------------------------------------------------


------------------------------------------------------------------------------
  Random-effects Parameters  |   Estimate   Std. Err.     [95% Conf. Interval]
-----------------------------+------------------------------------------------
subject: Identity            |
                    var(U1)  |   .0742442   .0483489       .020718    .2660584
-----------------------------+------------------------------------------------
subject>guar: Identity       |
                    var(UU2) |   .0196298   .0086158      .0083044    .0464004
-----------------------------+------------------------------------------------
              var(Residual)  |   .3287287   .0350897      .2666719    .4052266
------------------------------------------------------------------------------

. estat ic

Akaike's information criterion and Bayesian information criterion

------------------------------------------------------------------------------
     Model  |     Obs   ll(null)  ll(model)    df       AIC         BIC
------------+-----------------------------------------------------------------
         .  |     196        .     -189.755     9       397.51     427.0131
------------------------------------------------------------------------------
```

*第2模型:殘差有 AR(1)
```
*As above, but specify a continuous-time AR(1) correlation structure for the residuals
. menl glucose = {phi1:} + {phi2:}*c.time#c.time#c.time*exp(-{phi3:}*time),
   define(phi1: i.guar U1[subject]) define(phi2: i.guar UU2[subject>guar])
   define(phi3: i.guar) rescorrelation(ctar1, t(time))

Computing standard errors:
```

```
Mixed-effects ML nonlinear regression        Number of obs    =      196

------------------------------------------------------------------
                |  No. of        Observations per Group
        Path    |  Groups   Minimum   Average   Maximum
----------------+-------------------------------------------------
        subject |     7        28       28.0        28
   subject>guar |    14        14       14.0        14
------------------------------------------------------------------

                                     Wald chi2(3)     =       0.66
Linearization log likelihood = -181.18699    Prob > chi2     =     0.8814

        phi1:   i.guar U1[subject]
        phi2:   i.guar UU2[subject>guar]
        phi3:   i.guar

------------------------------------------------------------------------------
      glucose |     Coef.   Std. Err.      z    P>|z|    [95% Conf. Interval]
--------------+---------------------------------------------------------------
phi1          |
        guar  |
   with guar  | -.0814355   .1532735   -0.53   0.595   -.381846    .218975
        _cons |  3.685365   .1433368   25.71   0.000    3.40443     3.9663
--------------+---------------------------------------------------------------
phi2          |
        guar  |
   with guar  |  .0109469   .0883807    0.12   0.901   -.162276    .1841698
        _cons |   .344372   .0606914    5.67   0.000    .2254191   .4633248
--------------+---------------------------------------------------------------
phi3          |
        guar  |
   with guar  |  .0103743   .0330196    0.31   0.753   -.054343    .0750916
        _cons |  .5514012    .022009   25.05   0.000    .5082642   .5945381
------------------------------------------------------------------------------


------------------------------------------------------------------------------
  Random-effects Parameters  |   Estimate   Std. Err.    [95% Conf. Interval]
-----------------------------+------------------------------------------------
subject: Identity            |
                   var(U1)   |  .0602032    .049722     .0119291   .3038293
-----------------------------+------------------------------------------------
subject>guar: Identity       |
                   var(UU2)  |  .0102384   .0055939     .0035089   .0298744
-----------------------------+------------------------------------------------
Residual: CTAR1,             |
     time time               |
                   var(e)    |  .385467    .0512766         .297   .5002854
                   corr      |  .6547722   .0564848     .5440641   .7654804
------------------------------------------------------------------------------
```

```
------------------------------------------------------------------
. estat ic

Akaike's information criterion and Bayesian information criterion

------------------------------------------------------------------
     Model |     Obs   ll(null)   ll(model)     df       AIC        BIC
-----------+------------------------------------------------------
         . |     196          .   -181.187       10   382.374   415.1551
------------------------------------------------------------------
```

1. menl 指令分析：第 1 模型「殘差無 AR(1)」之 AIC=397.51。
2. menl 指令分析：第 2 模型「殘差有 AR(1)」之 AIC=**382.374**，其 AIC 比第 1 模型小，故第 2 模型「殘差有 AR(1)」較優。

## 10-5 殘差有共變數結構：藥代動力學建模 - Pharmacokinetic(PK) model

藥代動力學 ( 藥動學、藥理學 )(Pharmacokinetic)( 來自古希臘藥店「藥物」和動力學「移動，投入運動」；見化學動力學 )，有時縮寫爲 PK，是藥物學分支，致力於確定給予活體的物質的命運。感興趣的物質包括任何化學異生素，如：藥物、農藥、食品添加劑、化妝品成分等。它試圖分析化學代謝並發現一種化學品從被施用到從其完全消除的時刻到達的時刻的命運。藥物動力學是研究生物體如何影響藥物，而藥效學是研究藥物如何影響生物體。兩者一起影響劑量 (dosing)，益處和不良反應。

例如，利用族群藥動學模型來探單點血漿濃度評估酵素活性爲例，因個人化治療目的是使藥物的給藥模型能因個人而調整，使得藥物的治療能針對每個個體發揮最佳療效及最低副作用的臨床效果。現今已知個人對於藥物治療效果的差異在於基因變異所導致的藥物代謝酵素、藥物標的或接受器，及藥物輸送蛋白等層次的分子修飾所造成的。因此爲建構基因變異 (genotyping) 與所導致的酵素活性的不同表現型 (phenotyping) 之間的關聯性，就成爲個人化給藥成功與否的一個重要關鍵。

**藥物動力學研究**：藥物動力資料混合效果模型

　　林文明 (2013) 認為，在單期單序列或是多期單序列設計之下的口服藥藥物動力 ( 藥代動力學，簡稱為 PK) 研究，針對受試者的「藥物濃度─時間」側寫建立乘法混合效果 PK 統計模型，其中使用第一階段吸收與代謝的單區模型 ( 單室模型 ) 描述平均「藥物濃度─時間」側寫。另外，為考慮受試者之間的差異性，將模型中的藥物動力參數視為一個具有厚度尾的多維斜線分配隨機向量，並且引用高斯 ( 常態分布 ) 關聯結構連結 (link) 廣義伽瑪分配描述受試者重複測量的藥物濃度之聯合分配。在多期單序列設計之下，上述 PK 參數除受試者之間的變異，也包含受試者之內的變異然後本文根據估計的統計模型，建立暴露參數的信賴區間，其中暴露參數包含「藥物濃度─時間」側寫下的面積，最大藥物濃度值，達最大藥物濃度所需時間與代謝半衰期。本文進一步使用蒙地卡羅 ( 蒙特卡羅 ) 方法模擬上述信賴區間的涵蓋機率期望長度，藉以探討本文所提模型與其他模型的優劣。最後，本文使用兩筆真實資料，展示本文所提方法的應用。

　　在本例中，我們考慮了在一個週期 / 一個序列和多個週期 / 一個序列設計下在藥代動力學 (PK) 研究中獲得的口服「藥物濃度─時間」曲線的乘法非線性混合效果統計模型。在提出的模型中，平均「濃度─時間」曲線由具有一階吸收和消除的單室 PK 模型描述。為了考慮主體間變異性，提出的模型中 PK 參數變量的對數被視為多變量斜線隨機變量。此外，開發了用於從相同受試者重複測量的藥物濃度的聯合分布的多變量廣義 $\gamma$ 分布。在多個時期 / 一個序列設計下，PK 參數─變量也包括對象差異。基於擬合的 PK 統計模型，我們建構暴露參數的置信度，如「藥物濃度─時間」曲線下面積，相關最大藥物濃度，最大濃度時間和消除半衰期。還實施了一個模擬研究來調查提出的置信集的覆蓋概率和預期長度。最後，提出的統計 PK 模型和相關的推論應用於說明兩個實際的數據集。時間到最大集中和消除半衰期。還實施了一個模擬研究來調查提出的置信集的覆蓋概率和預期長度。最後，提出的統計 PK 模型和相關的推論應用於說明兩個實際的數據集。時間到最大集中和消除半衰期。還實施了一個模擬研究來調查提出的置信集的覆蓋概率和預期長度。最後，提出的統計 PK 模型和相關的推論應用於說明兩個實際的數據集。

**藥物動力學研究**：定量藥理學的模型建構與模擬之應用 ( 徐立峰，2013)

**試驗目的：**

　　以定量藥理學的研究方法，探討在臨床療效以及生體相等性試驗評估上的實際應用。第一部分的試驗將以藥物動力學 / 藥物藥效學 (pharmacokinetic/ pharmacodynamic, PK/PD) 的模型建構與模擬之方法，探討 etanercept 在治療類風濕性關節炎病患時，降低給藥劑量方案的可行性。第二部分的試驗則將會是以藥物動力學模型進行蒙地卡羅模擬 (Monte Carlo simulation)，探討在評估微脂粒藥品的生體相等性 (bioequivalence, BE) 試驗時，何種分析物 ( 總和型、包埋型或游離型 ) 較適宜作為 BE 試驗的評估指標。

**研究方法：**

　　第一部分試驗中使用的所有數據，皆收集自目前已發表的文獻當中。主要的臨床試驗指標是選擇美國風濕病學會 (American College of Rheumatology, ACR)20/50/70 反應率與 28 處關節疾病活動度 (disease activity score in 28 joints, DAS28) 積分值。試驗的步驟是先針對 etanercept 血清濃度數據進行 PK 模型的擬合，並以最後的模型參數估算不同給藥方案 etanercept 的累積曲線下面積 (area under the curve, AUC)，再藉此建立與 ACR20/50/70 反應率以及 DAS28 積分值的 PK/PD 模型。本次試驗是利用最後所建立的 PK/PD 模型，針對 10 種不同的給藥方案進行模擬評估。

　　在第二部分試驗中，我們提出了一套微脂粒分類系統，將微脂粒藥品依照網狀內皮系統 (reticuloendothelial system, RES) 的攝取程度與體內釋放速率，區分為以下四大類：class I:RES 攝取程度低、釋放速率快速；class II: RES 攝取程度低、釋放速率緩慢；class III: RES 攝取程度高、釋放速率快速；class IV: RES 攝取程度高、釋放速率緩慢。結合這樣分類系統的概念，我們模擬了各種不同微脂粒藥品的類型，並藉此評估何種分析物，在 BE 試驗的評估中具有較佳的鑑別能力。所有的藥物類型都會在單一劑量與重複劑量試驗設計下進行探索研究。最終則是依照檢定力曲線 (power curve) 的結果來判斷分析物的敏感性。

**試驗結果：**

　　第一部分的試驗結果顯示，一級吸收與排除速率的一室模型是能夠提供 etanercept 血清數據的最佳擬合結果。依據 PK/PD 模型的分析結果，分別以邏輯最大效應迴歸模型 (logistic-Emax model) 與最大抑制效應模型 (inhibitory

Emax model)，是能夠適當的描繪 etanercept 累積 AUC 與 ACR20/50/70 反應率以及 DAS28 積分值之間的關聯性。依據劑量模擬結果，本次試驗提出下列與目前 etanercept 建議劑量—25mg 每週二次，相同臨床療效的給藥方案：(1)25mg 每週一次；(2)50mg 每兩週一次；(3) 前 3 個月先給予 25mg 每週兩次，此後再給予 25mg 每兩週一次；與 (4) 前 3 個月先給予 50mg 每週一次，此後再給予 50mg 每兩週一次。

　　第二部分的模擬結果顯示，對於 RES 攝取程度低的微脂粒藥品而言 (class I 與 class II 微脂粒藥品 )，包埋型是一個較佳的 BE 試驗評估指標。對於 RES 攝取程度高的微脂粒藥品而言 (class III 與 class IV 微脂粒藥品 )，游離型則是一個較佳的 BE 試驗評估指標。唯有當微脂粒藥品屬於 RES 攝取程度低且釋放速率緩慢的情況 (class II 微脂粒藥品 )，總和型才能作為一個評估 BE 試驗的選擇。除非有其他倫理上的考量必須要針對病患執行重複劑量試驗，一般而言單一劑量試驗就足以用來證實最後 BE 的結果。

**結論：**

　　在本試驗中我們利用了藥物動力學 / 藥物藥效學模型，評估 etanercept 使用於 RA 病患時劑量降低的可能性，並且提出了四種不同的替代給藥方案。另外，針對微脂粒藥品的 BE 試驗，我們也以藥物動力學模型進行蒙地卡羅的隨機模擬，提出一個較佳的評估指標與試驗設計。本試驗說明了定量藥理學的研究在藥物治療和研發方面具有極佳的應用性。

### 範例：殘差共變數結構 (Pharmacokinetic, PK) 模型

　　藥物動力學 ( 藥理學 )(PKs) 是藥物吸收、分布、代謝和排泄的研究。它通常被稱為研究「身體對藥物的作用」。PK 建模的目標是使用將藥物輸入與藥物反應相關聯的模型來總結「濃度—時間」測量，以將該模型的參數與患者特徵相關聯，並提供單獨的「劑量—反應」預測以優化個體劑量。換句話說，通過理解藥物配置中的主體變化，我們可以根據我們的 PK 模型識別的相關生理資訊，個體化特定患者的劑量方案。

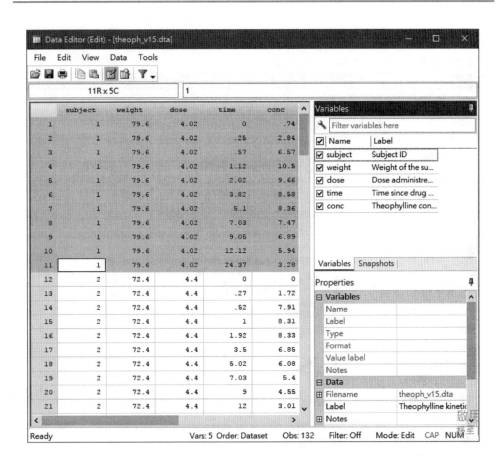

圖 10-19 「theoph.dta」資料檔內容

```
* 開啟資料檔
. use http://www.stata-press.com/data/r15/theoph.dta
(Theophylline kinetics (Boeckmann et al., [1994] 2011))

* twoway 繪圖，如下圖
. twoway connected conc time, connect(L) by(subject)
```

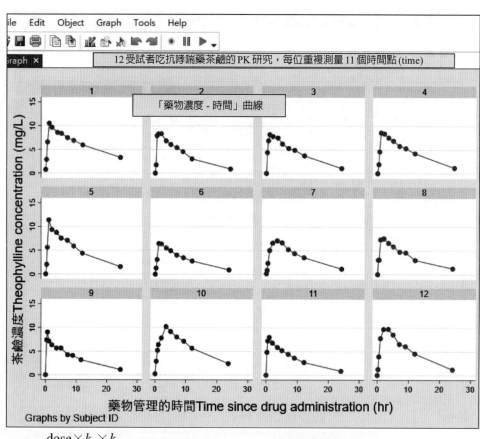

$$\text{conc} = \frac{\text{dose} \times k_e \times k_a}{Cl \times (k_a - k_e)} \{\exp(-k_e \times \text{time})\} - \exp(-k_e \times \text{time}) + \varepsilon$$

$$Cl = Cl_j = \exp(\beta_0 + U_{0j})$$

$$k_a = k_{a_j} = \exp(\beta_1 + U_{1j})$$

$$k_e = \exp(\beta_2) \qquad\qquad \text{Var}(\varepsilon_{ij}) = \sigma^2 \{(\widehat{\text{conc}}_{ij})^\delta + c\}^2$$

**Stata**指令如下：

```
. menl conc = (dose*{ke:}*{ka:}/({cl:}*({ka:}-{ke:})))*
(exp(-{ke:}*time)-exp(-{ka:}*time)), define(cl: exp({b0}+{U0[subject]}))
define(ka: exp({b1}+{U1[subject]})) define(ke: exp({b2}))
resvariance(power _yhat)
```

圖 10-20　Residual covariance structures：Pharmacokinetic(PK)

本例，係 Boeckmann，Sheiner 和 Beal(1994) 抗哮喘藥茶鹼的 PK 研究，再由 Davidian 和 Giltinan(1995) 加以分析。該抗哮喘藥物給 12 名受試者口服，其中以每人重量為基準給予劑量 dose (mg/kg) 多寡。在給藥後 25 小時內，每個受試者仍重複測量 11 個時間點 (time)。在給藥後 25 小時內，每個受試者在 11 個時間點獲得血清濃度 (Serum concentrations)(in mg/L)。

在 PK 研究中，快速上升至峰值濃度，然後是指數衰減 (exponential decay) 的模型，它可用具有一階吸收和消除之單室開放模型 (one-compartment open model with first-order absorption and elimination.) 來描述。該模型大致對應於將身體視為一個「血液隔室 (blood compartment)」，並且對於在全身分布相對較快的藥物的 PK 分析特別有用，這使得它成為口服給藥後茶鹼動力學的合理模型。關於區室建模 (compartmental modeling) 的更多內容，你可以在 Gibaldi & Perrier(1982) 中找到。本例，茶鹼動力學的單室開放模型可以表示為：

$$\text{conc} = \frac{\text{dose} \times k_e \times k_a}{\text{Cl} \times (k_a - k_e)} \{\exp(-k_e \times \text{time})\} - \exp(-k_e \times \text{time}) + \varepsilon$$

$$\text{Cl} = \text{Cl}_j = \exp(\beta_0 + U_{0j})$$

$$k_a = k_{a_j} = \exp(\beta_1 + U_{1j})$$

$$k_e = \exp(\beta_2) \qquad \text{Var}(\varepsilon_{ij}) = \sigma^2 \{(\widehat{\text{conc}}_{ij})^\delta + c\}$$

Step-1 **nonlinear mixed-effects regression**

在下面 menl 指令中，用「resvariance(power yhat)」選項來界定「constant plus power variance function」：

```
*開啟資料檔
. use http://www.stata-press.com/data/r15/theoph.dta
(Theophylline kinetics (Boeckmann et al., [1994] 2011)

. des

  obs:           132                     Theophylline kinetics (Boeckmann et
  al.,
                                         [1994] 2011)
  vars:            5                     3 Sep 2017 10:50
  size:        4,356
-------------------------------------------------------------------
          storage   display    value
variable name  type    format    label      variable label
-------------------------------------------------------------------
subject       byte     %9.0g                Subject ID
```

```
weight          double    %9.0g      受試者體重 Weight of the subject (kg)
dose            double    %9.0g      劑量管理 Dose administred (mg/kg)
time            double    %9.0g      藥物管理的時間 Time since drug administration
                                                             (hr)
conc            double    %9.0g      茶鹼濃度 Theophylline concentration (mg/L)
```
------------------------------------------------------------------------

第 1 模型

\* 下列 4 行指令，要永在同一行，Stata 才可執行
```
. menl conc = (dose*{ke:}*{ka:}/({cl:}*({ka:}-{ke:})))*
  (exp(-{ke:}*time)-exp(-{ka:}*time)), define(cl: exp({b0}+{U0[subject]}))
  define(ka: exp({b1}+{U1[subject]})) define(ke: exp({b2}))
  resvariance(power _yhat)
```

```
Mixed-effects ML nonlinear regression        Number of obs     =      132
Group variable: subject                      Number of groups  =       12

                                             Obs per group:
                                                        min =       11
                                                        avg =     11.0
                                                        max =       11

Linearization log likelihood = -167.67964

        cl:   exp({b0}+{U0[subject]})
        ka:   exp({b1}+{U1[subject]})
        ke:   exp({b2})
```

------------------------------------------------------------------------

| conc | Coef. | Std. Err. | z | P>\|z\| | [95% Conf. Interval] | |
|------|-------|-----------|-----|--------|------------|------------|
| /b0 | -3.227479 | .0598389 | -53.94 | 0.000 | -3.344761 | -3.110197 |
| /b1 | .432931 | .1980835 | 2.19 | 0.029 | .0446945 | .8211674 |
| /b2 | -2.453742 | .0514567 | -47.69 | 0.000 | -2.554595 | -2.352889 |

------------------------------------------------------------------------

| Random-effects Parameters | Estimate | Std. Err. | [95% Conf. Interval] | |
|---------------------------|----------|-----------|----------|----------|
| subject: Independent | | | | |
| var(U0) | .0288787 | .0127763 | .0121337 | .0687323 |
| var(U1) | .4075667 | .1948713 | .1596654 | 1.040367 |
| Residual variance: | | | | |
| Power _yhat | | | | |
| sigma2 | .0976905 | .0833028 | .018366 | .5196248 |
| delta | .3187133 | .2469512 | -.1653022 | .8027288 |
| _cons | .7288982 | .3822956 | .2607505 | 2.037552 |

------------------------------------------------------------------------

```
. estat ic

Akaike's information criterion and Bayesian information criterion

-------------------------------------------------------------------
      Model |      Obs   ll(null)  ll(model)     df        AIC        BIC
------------+------------------------------------------------------
          . |      132          .  -167.6796      8   351.3593   374.4217
-------------------------------------------------------------------
```

1. 第 1 模型之適配度，AIC=351.3593. 它再跟下面模型做比較，看誰的 AIC
   值小，誰就較優。

Step-2 概似法 (ML) 改成 REML 法

本例，數據中的組 12 是相當小的，所以我們現在重新使用 REML( 受限概
似法 ) 來估計模型。

```
*開啟資料檔
. use http://www.stata-press.com/data/r15/theoph.dta
(Theophylline kinetics (Boeckmann et al., [1994] 2011)

. menl conc = (dose*{ke:}*{ka:}/({cl:}*({ka:}-{ke:})))*
 (exp(-{ke:}*time)-exp(-{ka:}*time)), define(cl: exp({b0}+{U0[subject]}))
 define(ka: exp({b1}+{U1[subject]})) define(ke: exp({b2}))
 resvariance(power _yhat) reml

Mixed-effects REML nonlinear regression      Number of obs    =        132
Group variable: subject                      Number of groups =         12

                                             Obs per group:
                                                         min =         11
                                                         avg =       11.0
                                                         max =         11

Linear. log restricted-likelihood = -172.44384

        cl:  exp({b0}+{U0[subject]})
        ka:  exp({b1}+{U1[subject]})
        ke:  exp({b2})

-------------------------------------------------------------------
      conc |    Coef.   Std. Err.      z    P>|z|    [95% Conf. Interval]
-----------+-------------------------------------------------------
       /b0 | -3.227295   .0619113   -52.13  0.000   -3.348639  -3.105951
       /b1 |  .4354519   .2072387     2.10  0.036    .0292716   .8416322
```

```
       /b2 |   -2.453743    .0517991    -47.37    0.000     -2.555267   -2.352218
------------------------------------------------------------------------------


------------------------------------------------------------------------------
  Random-effects Parameters |   Estimate   Std. Err.    [95% Conf. Interval]
-----------------------------+------------------------------------------------
subject: Independent         |
                   var(U0)   |   .0316416    .014531     .0128634    .0778326
                   var(U1)   |   .4500585   .2228206     .1705476    1.187661
-----------------------------+------------------------------------------------
Residual variance:           |
  Power _yhat                |
                   sigma2    |   .1015759    .086535     .0191263    .5394485
                   delta     |   .3106636   .2466546    -.1727705    .7940977
                   _cons     |   .7150935   .3745254     .2561839    1.996061
------------------------------------------------------------------------------

. estat ic

Akaike's information criterion and Bayesian information criterion

------------------------------------------------------------------------------
    Model |     Obs    ll(null)   ll(model)     df       AIC        BIC
----------+-------------------------------------------------------------------
        . |     132        .      -172.4438      8     360.8877   383.9501
------------------------------------------------------------------------------
```

1. 第 2 模型之適配度，AIC=360.8877。

2. 第 1 模型之適配度，AIC=351.3593。它比第 2 模型的 AIC 值小，故第 1 模型較優。

Chapter

11

誤差變異 $\sigma_\varepsilon^2$ 具異質性
(xtgls 指令為主流)

對於橫斷面與時間序列資料的衡量，若以最小平方法 (OLS) 分析容易產生偏誤。如果所處理的資料之間存在異質性，則傳統 OLS 所估計出來的結果，將造成無效率的情形。

因此，利用 Panel-data 模型對於處理橫斷面異質性、時間序列自我相關問題的優點，來分析建構資料。

Panel-data 分析法，本身具有橫斷面 (cross-section) 與時間序列資料之優點。由於使用時間序列分析，只考慮到相關變數的時間序列資料，故較易產生數列相關 (serial correlation) 現象；若僅以橫斷面資料進行分析，則容易因經濟個體本身存在特殊特性，產生異質變異 $\sigma_\varepsilon^2$ (heteroscedasticity)。

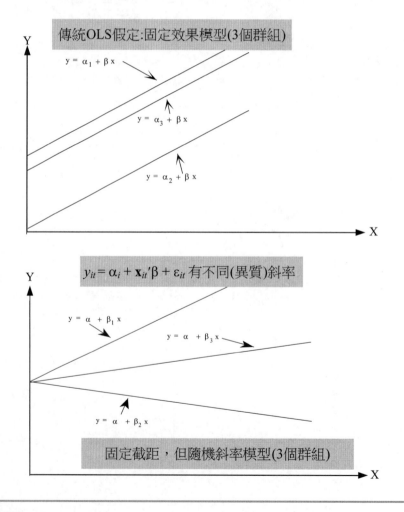

圖 11-1　異質變異 (Heteroscedasticity) 之示意圖

962

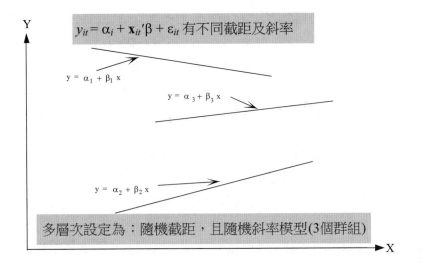

$$y_{it} = \alpha_i + \mathbf{x}_{it}'\beta + \varepsilon_{it} \text{ 有不同截距及斜率}$$

y = α₁ + β₁ x

$y = \alpha_1 + \beta_1 x$

$y = \alpha_3 + \beta_3 x$

$y = \alpha_2 + \beta_2 x$

多層次設定為：隨機截距，且隨機斜率模型(3個群組)

**圖 11-1**　異質變異 (Heteroscedasticity) 之示意圖 ( 續 )

## 11-1 殘差之變異數

### 11-1-1 誤差變異 $\sigma_{\varepsilon_{it}}^2$ 的觀念

**一、時間序列之誤差異質性**

在時間序列方面，1982 年 Engle 提出了自我迴歸異質條件變異數 (autoregressive condtional heteroskedasticity, ARCH) 模型，其放棄傳統上對於迴歸模型之變異數爲固定的假設，允許殘差項之條件變異數隨時間而改變。其後，Bollerslev(1986) 將條件變異數落遲期 (lags) 加入 Engle(1982) 發展之 ARCH 模型中，擴充成一般化自我迴歸條件異質性變異數 (Generalized ARCH，GARCH) 模型，使得結構設定更具彈性也使參數估計更加精簡。經過許多學者研究，GARCH 模型確實對於股票市場時間序列資料有很好的解釋能力，已廣泛應用於財務、金融分析上，其能描述隨時間變動之波動性，因此目前成爲用來檢視國際金融市場報酬與波動性傳遞效果之良好模型。

例如，認購權證的訂價，通常，影響權證價格因素有六項，分別是標的證

券股價、履約價格、無風險利率、波動性、存續期間及股利發放，其中除波動性外，皆可由市場資料觀察而得，故不同波動性之估計與預測能力，則成為決定權證價格時的重要因素。理論上，一般認為股票價格的過程是隨機的，通常假設其過程是對數常態分配與變異數固定，但經過早期 Fama(1965) 至近期 Hsieh(1991) 等人皆以實證推翻變異數固定的假定，並證明變異數會隨時間經過而改變，如 GARCH(Generalized Autogressive Conditional Heterscedasticity) 模型。

## 二、推估成本函數、報酬、績效時，不宜忽略可能存在的異質變異性

誤差項異質變異的文獻方面。Hadri(1999) 認為純粹誤差和無效率誤差都可能有異質變異性，因而利用雙重異質變異隨機邊界模型，以成本函數來對銀行業的資料進行分析。Christopoulous、Lolos(2002) 以邊界成本模型來估算 1993-1998 年的希臘銀行的效率，採用異質性 (heteroscedastic) 效率前緣模型去替代同質性 (homoscedastic) 單一比率來測量成本效率，並發現大型銀行的效率比小型銀行差，銀行與投資成正相關關係。後來 Hadri(2003) 再繼續將雙重異質變異隨機邊界模型用在英國的穀物生產資料上。國內鄭秀玲等 (1997) 則參考 Cornwell(1990)，認為成本無效率應會隨著時間改變，因此將成本無效率部分，設為時間的函數，用在臺灣銀行業的效率分析上。接著鄭秀玲、周群新 (1998) 又再度將成本無效率設為時間的函數，認為成本無效率的發生不但和個體銀行的表現有關，也會隨著時間而有所改變。由上述可知，在推估成本函數時，不宜忽略可能存在的異質變異性。

一般而言，金融資產的價格其報酬率是呈高狹峰與胖尾的不對稱分配，且其價格的波動具有下列三種特性：(1) 波動幅度會隨時間而改變，即條件變異數有異質性。(2) 波動有聚集性。(3) 波動有不對稱性。而匯率亦是金融資產之一，理應具有上述金融資產價格波動的特性。

以往利用隨機邊界成本函數來探討商家的效率，大都使用橫斷面資料進行實證研究。然而，Schmidt & Sickles(1984) 認為利用橫斷面資料估計效率時有三項缺點：

1. 雖然可以估計出特定個體 ( 廠商 ) 的無效率值，但不具有統計上的一致性。
2. 必須事先對迴歸式中代表無效率的誤差項作某些特定分配的假設，才能求得個體的成本效率值，因此可能因個人主觀認定不同，而得到不同結果，是故不夠客觀。
3. 必須假設迴歸式中的無效率和解釋變數間互相獨立，是不合理的。因為若廠

商瞭解本身無效率的部分，便會採取某些行動以提高效率值，因此會造成無效率和解釋變數有相關性。

## 三、金融資產價格波動相關理論

誠如傳統計量模型對於金融性資產的相關研究，通常假定 (assumption) 其報酬波動性是同質變異的，也就是說模型中誤差項的變異數不會隨時間而改變，但若以變異數固定的情況下來分析，卻發現許多難以解釋的現象。經過許多財務學者的實證發現，金融資產的波動性一般具有以下三個特性：(1) 波動幅度會隨時間經過而改變，且其變動都在固定的範圍內。(2) 波動具有聚集性。(3) 波動的不對稱性。即波動受可用訊息的影響是不相同的，好消息與壞消息對於波動的反應是不一致的。

### 1. 條件變異數異質性

金融資產價格的波動幅度會隨著時間經過而改變，即隱含了報酬率模型中誤差項的變異數是非固定的，而有異質性。學者 Merton(1980) 即建議在評估資產報酬時，必須要注意異質變異數的問題。因為發現誤差項的變異數並非是固定的，而是受到過去衝擊的影響，因此 Engle(1982) 提出了自我迴歸條件異質變異數模型 (Autoregressive Conditional Heteroskedasticity Model，簡稱 ARCH 模型 )，指出時間序列資料之條件異質變異數受到前期預測誤差項平方 ( 非預期變動 ) 的影響，故將此變數納入模型中，以表示條件變異數是具有隨著時間經過而變動的特性。

自從 ARCH 模型提出後，許多考量異質變異數的相關模型也被相繼提出，Bollerslev(1986) 將傳統時間序列模型的觀念 ( 如 ARMA) 加入 ARCH 模型中，並簡化了在處理高階 ARCH 模型時會出現參數過多的問題，提出了廣義自我迴歸條件異質變異數模型 (Generalized ARCH Model，簡稱 GARCH 模型 )，認為條件變異數不僅受前期誤差項平方的影響，也受前期條件變異數的影響。此後學者再處理金融資產價格的時間序列資料時，多利用此類相關的條件異質變異數模型，所以金融資產價格的波動會隨著時間經過而改變的特性，是獲得確定的。

### 2. 波動聚集性

學者 Mandelbrot(1963) 首先觀察出許多金融資產的報酬變化分配會呈現高狹峰 (leptokurtosis) 及厚尾 (fat tails) 的特性，且其價格波動有叢聚現象，即前期有較大變動時，就伴隨當期有較大波動；反之，前期變動較小時，當期就會產

生較小的波動。Fama(1965) 認為其現象是起因市場出現重大訊息時，金融資產價格無法做出立即反應的結果，因為市場需經過一段時間將訊息反應完畢。也就是認為波動是訊息流量的變動，除非市場上的資訊維持不變，否則波動將隨著時間變化而改變 (Ross, 1989)。

### 3. 波動不對稱性

波動不對稱性是指金融資產價格的波動，面對相同程度的好消息 ( 價格未預期上升 ) 與壞消息 ( 價格未預期下降 )，在未來的時點有不同的變化。一般而言，面對壞消息時有過度反應，導致遭遇壞消息時所產生的波動大於得到好消息時所增加的波動，所以不對稱性是指未來報酬波動對於現在報酬衝擊的不對稱反應。Black(1976) 首先發現金融資產當期未預期報酬變動與未來報酬的波動存有負向關係，即當期報酬與下一期報酬波動率為負相關，通常負報酬就有大波動率。

波動不對稱性的起因，最早 Black & Christie(1982) 將之歸因於公司當期的股價受到不利的消息衝擊時，股價大幅跌落，若公司舊有負債不能相對配合大幅減少，則公司的權益資本相對於負債資本比值下降，增加負債對股東權益比，使財務槓桿程度加大，因而使持有股票風險上升，導致未來股價波動增加，報酬變異變大，此即為槓桿效果 (leverage effect)。有學者亦指出營運槓桿亦有類似效果。

雖然 Black 與 Christie 認為財務及營運槓桿對於波動不對稱性有重大影響，但亦指出槓桿效果並不能完全解釋不對稱的現象。後來陸續有學者提出市場動態應可對於所觀察到的波動不對稱有較好的解釋，而在以消息的傳達解釋波動類聚，亦與市場的動態性有關。Engle(1982) 曾指出，市場動態的發生是因當市場對於某些訊息有異質預期時，市場須有較長的時間來消化訊息，也就是投資人對於預期的差異看法，需要時間來加以消化。因此資訊以波動的形式來傳遞的觀念，及市場動態性的角色，是傳統以外對於波動不對稱的另一解釋。

Sentana & Wadhwani(1992) 則認為在市場採追逐股價走勢，或在股價變動後才進出的正向回饋交易者 (Positive Feedback Traders)，因其容易有追高殺低的行為，所以對市場股價有很大的影響。因為套利交易者與之對作，且正向交易者通常擁有的資訊較消息靈通者少，因此容易對壞消息過度反應，導致壞消息所導致的波動大於好消息所產生的波動。

Black(1986) 另有一解釋認為，並非所有投資人在做買賣決策時，都會依循理性的行為，此種投資人為雜訊交易者 ( Noise Traders)。其在做交易的決策時，

容易受到情緒的影響,因而無法根據所蒐集的資訊,做出完全理性的判斷;雖然投資人所追逐的趨勢,是與基本原則有關的大眾模型爲基礎,但還是會對消息有過度反應,進而產生不對稱效果。

上述理論之實證分析,請見作者《STaTa 在總經與財經應用》一書。

## 11-1-2 誤差變異 $\sigma_{\varepsilon_{it}}^2$ 的偵測法

儘管發生序列相關或異質變異時,雖然係數估計值仍具有不偏性及一致性,但不具有效性,且均非最佳線性不偏估計量 (best linear unbiased estimate, BLUE),因而可能會對信賴區間與假設檢定等統計推論產生偏差。因此爲了避免時間序列或橫斷面資料分析無法同時比較時間變動及個體差異,並避免忽略某些變數而產生估計偏誤或無效,故最近流行採用 panel 資料模型來分析。

1. 誤差異質性之偵測法:殘差圖、Breusch-Pagan 檢定、White 檢定。

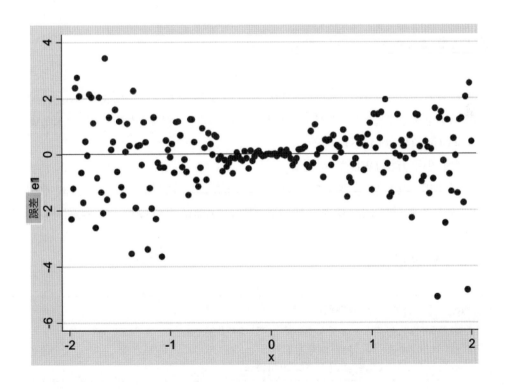

圖 11-2　誤差異質性之示意圖

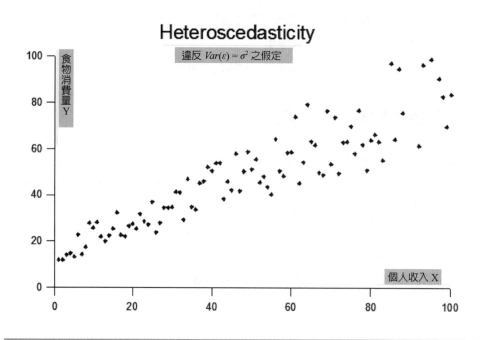

**圖 11-3** 變異數異質之另一示意圖

2. 異質性的處理方法：穩健標準誤、重新定義變數 ( 將原始的線性模型轉
   換為 log-log 模型 )、加權最小平方法 (WLS)、xtreg 指令改為「xtgls…,
   panels(hetero) corr(ar1)」…。

3. 加權最小平方法 (WLS)：

   我們使用 WLS 只是為了效率性；OLS 估計式仍然是不偏和一致的。由於
   WLS 是比較佳的估計程序，所得到的估計式標準誤會較小，信賴區間也較狹
   窄。

   STaTa WLS 指令為：

```
. anova y x1 x2 x1*x2 [fweight=pop]
. regress avgy avgx1 avgx2 [aweight=cellpop]
. regress y x1 x2 x3 [pweight=1/prob]
. scatter y x [aweight=y2], mfcolor(none)
```

4. 發現異質性應該先思考遺漏變數、模型設定錯誤的可能性；因為，這些問題

比起單純的異質性更嚴重。故我們應該先進行明確的函數形式檢定,一旦滿意了函數形式,再來檢定異質性,並考慮處理方式。

5. 穩健標準誤:

(1) 在異質性的情況下,OLS 估計式仍然具有不偏性及一致性,但 OLS 的推論將失真。我們可以改進迴歸係數 $\beta$ 的標準誤但仍保有參數的估計值。

(2) 計量經濟學者已經發現如何去調整 OLS 標準誤、t、F 以及 LM 統計量。

(3) 經過調整後,即使模型存在未知的異質性,這些工具仍然能發揮作用。

(4) 這方法稱為異質穩健 (heteroskedasticity-robust) 程序。例如,STaTa panel 指令為:「xtreg …, re vce(robust)」、「xtgls …, panels(heteroskedastic) corr(ar1)」。

6. 廣義最小平方法 (GLS):

(1) 用 OLS 法估計轉換後的方程式,也是廣義最小平方法 (GLS) 的特例。

(2) 在此情形之下,GLS 估計式符合 BLUE。

(3) 修正異質性的 GLS 估計式,即加權最小平方 (WLS) 估計式,其中,每一個殘差平方皆以 $Var(u_i|x_i)$ 的倒數為加權。

(4) STaTa 提供「xtgls…, panels(hetero) corr(ar1)」指令,專門同時處理 panel data 誤差異質性及自我相關之問題。

(5) STaTa 橫斷面 GLS 範例之 reg3 語法如下:

```
* Setup
. webuse klein

* 使用 three-stage least squares 來估計
* consump 為消費力。wagepriv 為私部門薪資。wagegovt 為公部門薪資。
* capital1 為股市總值之延遲項。govt 是政府投資。
. reg3 (consump wagepriv wagegovt) (wagepriv consump govt capital1)
```

7. 異質變異性並不會導致 OLS 估計式的偏誤或不一致。遺漏變數才有可能造成偏誤或不一致性。但異質變異會造成 $Var(\hat{\beta}_i)$ 的偏誤,因此不能有效的建構信賴區間與 t 及 F 統計量,即使大樣本也不能解決此問題。

此外,在傳統迴歸分析中,極端值的影響亦可能會讓迴歸分析模型失效,故常將極端值 (outlier) 捨棄而不考慮,以讓迴歸分析模型不受極端值的影響,但是資料的失真卻有可能為分析的問題或是決策帶來無法估計的風險。如解決誤

差之數列變異異質性，將是本章的焦點。

## 一、定義：誤差的變異數

$$\text{Var}(\varepsilon_i \mid X_t) = \sigma_t^2 = \text{Var}(Y_t \mid X_t)$$

## 二、異質性 (heteroskedasticity) 之影響

1. 根據最小平方法得到的估計參數與預測依舊是不偏性與一致性；但不再是有效的，因此無法維持 BLUE 的特性。
2. 估計係數的變異數是有偏與不一致性，因此檢定不再有效。

## 三、檢定法

1. 觀察估計殘差的圖形變化。
2. LM 檢定

    (1) 估計 $Y_t = \beta_1 + \beta_2 X_{t,2} + \cdots + \beta_k X_{t,k} + \mu_t$，取得

$$\hat{\mu}_t = \hat{\beta}_1 + \hat{\beta}_2 X_{t,2} + \cdots + \hat{\beta}_k X_{t,k}$$

    (2) 建立輔助性迴歸 (auxiliary regression)

        Breusch-Pagan 檢定：$\hat{\mu}_t^2 = \alpha_1 + \alpha_2 Z_{t,2} + \cdots + \alpha_p Z_{t,p} + e_t$；或

        Glesjer 檢定：$|\mu_t| = \alpha_1 + \alpha_2 Z_{t,2} + \cdots + \alpha_p Z_{t,p} + e_t$；或

        Harvey-Godgrey 檢定：$\ln(\hat{\mu}_t^2) = \alpha_1 + \alpha_2 Z_{t,2} + \cdots + \alpha_p Z_{t,p} + e_t$

        任取得其中一條輔助性迴歸 $R^2$，再計算 $T \cdot R^2 \sim$ 符合 $\chi^2_{(p-1)}$ 分配。

    (3) 在 Type I $= \alpha$ 顯著水準下，若 $T \cdot R^2 > \chi^2_{(p-1)\alpha}$ 則拒絕「$H_0$：不存在異質性」。

---

| 方法一 | Breusch-Pagan 檢定 |

(1) 雖然無法觀察到誤差，但你可利用 OLS 迴歸所得到的殘差來估計它。

(2) 跑完殘差平方對所有自變數的迴歸後，再利用 $R^2$ 來進一步 F 檢定或 LM 檢定。

(3) 以下 F 統計量，它是描述整體迴歸顯著性的 F 統計量：

$$F = \frac{\dfrac{R^2}{k}}{\dfrac{1-R^2}{n-k-1}} \sim \text{趨近於 } F_{k,\,n-k-1} \text{ 分配。}$$

(4) LM 統計量為 $\text{LM} = nR^2$，其漸近分配為 $\chi^2_{(k)}$。

方法二 Goldfeld-Quandt 檢定

(1) 將樣本 ($T$) 區分為兩群，一群 ( 樣本數為 $T_1$) 的誤差變異數較大，另一群 ( 樣本數為 $T_2$) 的誤差變異數較小，其中 $T > T_1 + T_2$。

(2) 針對誤差變異數較大的樣本進行迴歸，取得樣本殘差 $SSE_1$，另針對誤差變異數較小的樣本進行迴歸，取得樣本殘差 $SSE_2$。

(3) 建立 F 檢定

$$F_c = \frac{SSE_2 / (T_2 - k)}{SSE_1 / (T_1 - k)}$$

在 $\alpha$ 顯著水準下，若 $F_c > F_{T_2 - k, T_1 - k, \alpha}$ 則拒絕「$H_0$：不存在異質性」。

方法三 White 檢定 ( 假設自變數有 $k = 3$ 個 )

高斯馬可夫定理指出 OLS 是 BLUE，但是此種情形是建立在同質性的假設下。如果有異質性的現象，OLS 不再是 BLUE。估計式的標準誤會產生偏誤。在進行推論時，我們無法使用一般的 t 統計量 ( 會高估 )、F 統計量或 LM 統計量。

(1) 估計 $Y_t = \beta_1 + \beta_2 X_{t,2} + \beta_3 X_{t,3} + \mu_t$，取得

$$\hat{\mu}_t = \hat{\beta}_1 + \hat{\beta}_2 X_{t,2} + \hat{\beta}_3 X_{t,3}$$

(2) 建立輔助性迴歸 (auxiliary regression)

$$\hat{\mu}_t^2 = \alpha_1 + \alpha_2 X_{t,2} + \alpha_3 X_{t,3} + \alpha_4 X_{t,2}^2 + \alpha_5 X_{t,3}^2 + \alpha_6 X_{t,2} X_{t,3} + e_t$$

取得 $RR^2$，再計算 $T \cdot R^2 \sim$ 符合 $\chi_{p-1}^2$ 分配。

(3) 在 $\alpha$ 顯著水準下，若 $T \cdot R^2 > \chi_{(5)\alpha}^2$ 則拒絕「$H_0$：不存在異質性」。

---

**小結**

1. Breusch-Pagan 檢定能夠檢測任何線性型式的異質性。

2. White 檢定藉由加入自變數的平方項和交互項，可考慮非線性的異質性。

3. 我們仍可使用 F 或 LM 統計量來檢定是否所有的 $X_j, X_j^2, X_j X_h$ 為聯合顯著。

4. 如果自變數太多，你將很快的發現此方法使用起來並不很方便。

## 四、異質性之校正法

**1. 廣義最小平方法** (generalized least square, GLS)

(1) 估計 $Y_t = \beta_1 + \beta_2 X_{t,2} + \cdots + \beta_k X_{t,k} + \mu_t$，取得 $\varepsilon_t$ 的標準差 $\sigma_\varepsilon^2$。

(2) 建立修正後迴歸

$$\frac{Y_t}{\sigma_t} = \beta_1 \frac{1}{\sigma_t} + \beta_2 \frac{X_{t,2}}{\sigma_t} + \cdots + \beta_k \frac{X_{t,k}}{\sigma_t} + \frac{\varepsilon_t}{\sigma_t}$$

它亦可表示爲：

$$Y_t^* = \beta_1^* + \beta_2^* X_{t,2}^* + \cdots + \beta_k^* X_{t,k}^* + \varepsilon_t^*$$

(3) 此時 $\mathrm{Var}(\varepsilon_t^*) = \mathrm{Var}\left(\frac{\varepsilon_t}{\sigma_t}\right) = \frac{1}{\sigma_t^2}\mathrm{Var}(\varepsilon_t) = \frac{1}{\sigma_t^2}\sigma_t^2 = 1$，解決異質性問題。

**2. 加權最小平方法** (weighted least square, WLS)

(1) 估計 $Y_t = \beta_1 + \beta_2 X_{t,2} + \cdots + \beta_k X_{t,k} + \mu_t$，取得 $\varepsilon_t$ 的標準差 $\sigma_\varepsilon^2$。

(2) 令加權數 $w_t = \frac{1}{\sigma^2}$，建立修正後迴歸：

$$w_t Y_t = \beta_1 w_t + \beta_2 (w_t X_{t,2}) + \cdots + \beta_k (w_t X_{t,k}) + w_t \varepsilon_t$$

(3) 同 GLS 步驟，即可解決異質性問題。

## 五、進行統計分析時應注意之事項

若殘差 (residual) 符合下列假設，則 OLS 估計出的係數具有「最佳線性不偏估計量」(best linear unbiased estimator, BLUE) 的性質。

OLS 可用來估計下述複迴歸中，解釋變數 $x$ 與被解釋變數 $y$ 的關係：

$$y_i = \beta_0 + \beta_1 x_{1i} + \beta_2 x_{2i} + \cdots + \beta_k x_{ki} + \varepsilon_i$$

若殘差 $\varepsilon_i$ 符合以下假設，用 OLS 估計 $\beta_k$ 將具有 BLUE 的性質。

1. 殘差期望值爲零 (zero mean)，即 $E(\varepsilon_i) = 0$。
2. 解釋變數與殘差無相關 (orthogonality)，即 $\mathrm{Cov}(x_{ki}, \varepsilon_i) = 0$。若違反，就有內生性 (endogeneity) 問題。
3. 殘差無序列相關 (non-autocorrelation)，即 $\mathrm{Cov}(\varepsilon_i, \varepsilon_j) = 0$。
4. 殘差具同質變異 (homoskedasticity)，即 $\mathrm{Var}(\varepsilon_i) = \sigma^2$。

若殘差之變異數不爲常數，隨著 X 改變而改變，即 $\mathrm{Var}(\varepsilon_i) = \sigma_i^2$，稱爲異質性。違反同質性假設時，OLS 估計式仍具有不偏性及一致性，但標準誤有偏

誤。通常導致標準誤低估，使得 $t$ 統計量偏高，假設檢定的結果不可信。

最直觀的檢驗方法為圖示法，觀察解釋變數 $X$ 與殘差的散布圖，若發生 $X$ 增加，發生逐漸增加、減少或是不規則變化時，便可能存在異質性。另一個常用來檢定異質性的方法為 White 檢定 (White test)。White 檢定的虛無假設為不具異質性，若拒絕虛無假設表示存在異質性。

遺漏變數或模型設定錯誤時，將造成非純粹的異質性 (impure serial heteroskedasticity)，此時 OLS 估計式不僅不具有效性，甚至不具不偏性，因此發現異質性時，應先檢查是否有遺漏變數或模型設定錯誤的問題。排除遺漏變數或模型設定錯誤的可能性後，因 OLS 估計式仍具不偏性，故可採用穩健異質性 (heteroskedasticity-robust) 標準誤修正標準誤，常用的有 White 穩健標準誤或 Newey-West HAC 標準誤。亦可使用加權最小平方估計法 (weighted least squares, WLS)，其概念為將模型轉換為均質變異的模型，再加以估計。

異質變異的特徵在某些數列中非常常見且重要，例如資產報酬數列，學者以特殊模型捕捉此一特性。

## 六、建模實務

在進行實證計量時，經濟理論 ( 或是直覺上之推論 ) 僅能告訴我們經濟變數間關係之性質 ( 正向或負向關係 )；而且很多經濟理論所描述的性質是建構在其他條件不變 (ceteris paribus) 的狀況下。這表示我們在建構計量模型時一定得面對兩個問題：

1. 經濟變數間的函數關係為何？
2. 到底應該考慮哪些變數以控制其他條件不變？

通常我們一開始所選取的計量模型一定跟資料適配得不是很好，有可能是模型解釋能力不好，或是計量模型的 (7 個 ) 基本假定 (assumption) 無法滿足 ( 例如殘差不是常態分配、或是用不同子樣本所得到的參數估計值差距很大 )。

為了使計量模型得以設定正確 (correctly specified)，我們就必須對模型進行調整 (adjustment)，而這些調整必須基於模型的診斷檢定 (diagnostic testing)。

## 七、模型的診斷檢定 (diagnostic tests)

1. 函數形式的檢定 ( 納入哪些解釋變數、變數間的函數形式為何？)
2. 參數 $\beta$ 不是固定常數。
3. 干擾項 $\varepsilon$ 具異質變異 (heteroskedasticity)。它亦是本章重點。

4. 干擾項 $\varepsilon$ 具序列相關 (serial correlation)。前一章的重點。

5. 干擾項 $\varepsilon$ 不是常態分配。

6. 正交條件：檢定正交條件成立否 ( 內生性 vs. 外生性 )。

7. 另一方面，會影響到被解釋變數 y 的解釋變數有可能非常多，若將全部的變數都納入，也許會造成模型無法估計 ( 參數個數超過觀察值個數 ) 或估計值非常無效率 ( 觀察值個數相對太少以至於自由度不夠 )。現在又浮現另一問題就是，模型中應該納入多少變數？

## 八、誤差異質變異之小結

1. 異質變異性並不會導致 OLS 估計式的偏誤或不一致。遺漏變數才有可能造成偏誤或不一致性。

2. 異質變異性相對的傷害是比較輕的。

3. 但異質變異會造成 $Var(\hat{\beta_j})$ 的偏誤，因此不能有效的建構信賴區間與 t 及 F 統計量，即使大樣本也不能解決此問題。

4. 發現異質性，須先檢查模型的設定是否有誤，再來決定 FGLS 是否合適。

5. 藉由穩健標準誤，可以很容易的調整信賴區間及 $t$ 與 $F$ 統計量以得到正確的推論。

6. 處理財經資料 ( 條件 ) 異質性最普遍的模型：GARCH。

## 九、誤差的異質變異之研究主題

　　Panel 常見，誤差的異質變異之研究主題，包括：

1. 自我相關、異質性與臺灣外匯市場有效性測試。

2. 異質變異資本資產定價模型在臺灣股票市場的實證研究。

3. 具有隨時間變化相關波動性的股價指數與股價指數期貨動態關係：以臺灣加權股價指數期貨市場為例。

4. 匯率動態行為之探討：自我迴歸條件異質變異數分析法。

5. 在金融海嘯下臺指期貨指數與摩根臺指期貨指數對臺灣加權股價指數傳遞效果之分析—多變量 GARCH 之應用。

6. 大宗穀物期貨投資組合風險值研究—結合 GARCH 與極端值理論模型之應用。

7. 臺北外匯市場美元 / 新臺幣匯率波動行為之研究：以 EGARCH 模型為實證。

8. 臺灣商業銀行之業務結構及利潤效率與風險之研究。

9. 摩根臺灣股價期貨指數到期效應對股票市場的影響。

10. AIMEX 臺股指數期貨之定價、套利與預測。

11. 臺灣美元遠期外匯市場訊息效率性之研究。

12. 臺灣股票市場碎形結構之研究。

13. 抵押貸款證券評價之研究。

14. 經濟成長、收斂假說與金融發展之實證探討。

15. 金融發展與貿易開放的關係。

16. 臺灣壽險公司之成本效率與風險管理之研究－1995~2004。

17. 依結果抽樣設計於公共衛生調查研究中異質性資料之探討。

# 11-2 單層次：偵測誤差之異質性 (heteroskedasticity)

## 一、穩健 (robust) 標準誤 (standard error)

1. sTaTa 提供專門處理「具強健標準誤之 panel 迴歸 (robust standard errors for panel regressions)」的指令，包括：

| . newey 指令 | **時間序列**：帶有 Newey-West 標準誤之迴歸 |
|---|---|
| . prais 指令 | **時間序列**：Prais-Winsten 及 Cochrane-Orcutt 迴歸 |
| . ivreg2 指令 | **時間序列**：STaTa's 官方 ivregress 及 newey 擴充版迴歸。**ivreg2** 可執行二階段可行 GMM(two-step feasible GMM) 估計。 |
| . dfbeta3 指令 | 不論有否穩健標準誤迴歸，此事後指令旨在計算 DFBETAs |
| . rcheck 指令 | 檢查各種你不同界定模型之敏感度。<br>例如，你發現自變數 x7 之迴歸係數顯著大於 0，若你想檢測，是否再納入其他「控制變數的組合」之後，此 x7 之迴歸係數顯著是否仍舊大於 0，此時你就要暴力執行 1024 回合之迴歸 (2^10 including the one you started with)，並肉眼看每回合迴歸之結果，故 rcheck 就可解決這種冗長困擾。 |
| . checkrob 外掛指令 | 執行你不同界定模型之穩健性檢查。 |
| . fese 外掛指令 | 求出固定效果之標準誤。<br>fese 指令使用 areg 指令來分析固定效果，並用新變數來儲存此固定效果及標準誤。 |
| . mixlogit 外掛指令 | 使用最大模擬法 (maximum simulated) 來適配 logit 模型。 |
| . poi2hdfe 外掛指令 | 求出帶有二個高維度固定效果 (with two high-dimensional fixed effects) 之 Poisson 迴歸。 |
| . qreg2 外掛指令 | 求出帶有穩健或群集標準誤之分量迴歸 (quantile regression with robust and clustered standard errors)。 |

| .xtscc 外掛指令 | **縱橫迴歸**：穩健標準誤之 panel 迴歸。 |
|---|---|
| .xtabond2 指令 | **縱橫迴歸**：xtabond 動態 panel-data 估計的擴充版。xtabond2 可適配二個非常相近之動態 panel-data 迴歸。 |
| .xtivreg2 指令 | **縱橫迴歸**：IV/2SLS、GMM、AC/HAC、LIML 或 k-class panel regression 的擴充版。 |
| .xtpqml 指令 | **縱橫迴歸**：無穩健標準誤之固定效果 Poisson (Quasi-ML) 迴歸 |

## 二、遇到誤差異質性 (heteroskedasticity) 如何處理？

有下列二個方法可解決：

### 1. 重新設定模型 / 做變數變換 ( 如 Ln(x))

有些誤差異質性係源自：不適當模型設定、次群組本身的差異、變數的效果並非線性、你遺漏重要變數。如果是以上問題，你要人工來排除，而非急著想借用統計技術來處理 (e.g. 將 OLS( 最小平方法 ) 改成 WLS( 加權最小平方法 ))。

### 2. 改採 Robust regression

即在下表所列 STaTa 迴歸之眾多指令中，增加選項「vce(robust)」。此外，廣義線性迴歸之 reg 指令尚可加選：「vce(robust)」、「vce(cluster 某變數 )」、「vce(bootstrap, cluster( 某變數 )」、或「vce(jackknife, cluster( 某變數 ))」等選項，來強制迴歸式要以誤差異質性來修正「robust standard errors」。

| STaTa 指令 | 功能 |
|---|---|
| .regress 指令 | 線性迴歸 (Linear regression) |
| .logistic 指令 | Logistic 迴歸 , 並印出勝算比 (odds ratios) |
| .probit 指令 | Probit 迴歸 |
| .areg 指令 | 帶有很多虛擬變數們 (with a large dummy-variable set) 之線性迴歸 |
| .asmprobit 指令 | 特定之多常態機率迴歸 (Alternative-specific multinomial probit regression) |
| .ivprobit 指令 | 帶有連續型內生解釋變數們之機率迴歸 (Probit model with continuous endogenous regressors) |
| .ivtobit 指令 | 帶有連續型內生解釋變數們之 Tobit 迴歸 (Tobit model with continuous endogenous regressors) |
| .logit 指令 | logistic 迴歸，並印出迴歸係數 (coefficients) |
| .nlogit 指令 | 巢狀 (Nested)logit 迴歸 |

| .tobit 指令 | Tobit 迴歸 |
|---|---|
| .truncreg 指令 | 截斷 (Truncated) 迴歸 |
| .stcox 指令 | Cox 比例風險模型 (Cox proportional hazards model) |
| .streg 指令 | 有母數殘存模型 (Parametric survival models) |
| .newey 指令 | 帶有 Newey-West 標準誤 (standard errors) 之迴歸 |
| .xtgee 指令 | 使用 GEE 來適配樣本平均 (population-averaged) panel-data 模型 |
| .xtgls 指令 | 使用 GLS 之 panel-data 模型 |
| .xtpcse 指令 | 帶有 panel 修正標準誤之線性迴歸 (Linear regression with panel-corrected standard errors) |
| .xtpoisson 指令 | 固定效果、隨機效果、樣本平均之 Poisson 迴歸 (Fixed-, random-effects & pop.-averaged Poisson models) |
| .xtprobit 指令 | 隨機效果、樣本平均之機率迴歸 (Random-effects and population-averaged probit models) |

**3. 追蹤資料 (panel-data) 的異質變異性之 xtgls 指令**

從 **xtreg** 指令改採用「xtgls…, panels(hetero) corr(ar1)」，再搭配 lxtest 指令、mhlrxt 指令，來進行異質變異的檢定。

## 11-2-1 橫斷面 OLS 迴歸：殘差異質性診斷 (hettest 指令)

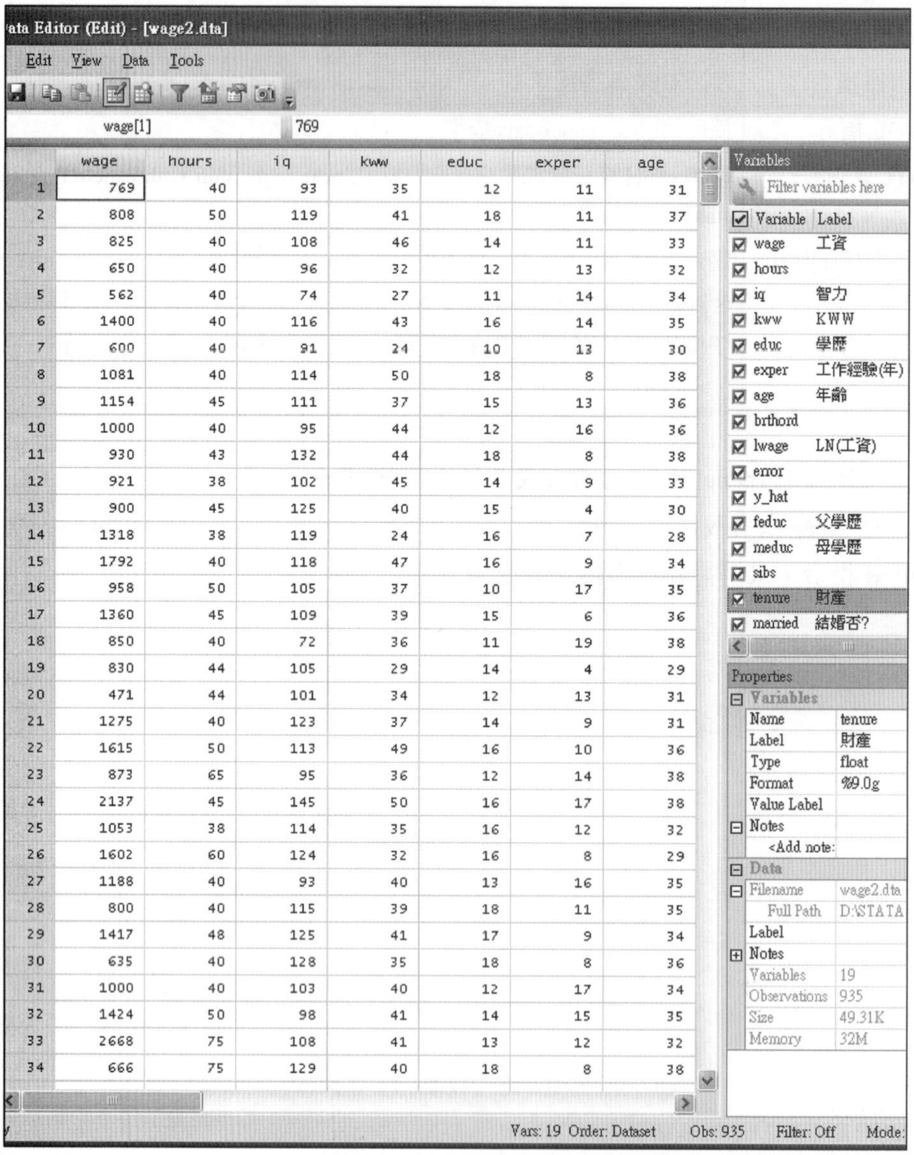

| | wage | hours | iq | kww | educ | exper | age |
|---|---|---|---|---|---|---|---|
| 1 | 769 | 40 | 93 | 35 | 12 | 11 | 31 |
| 2 | 808 | 50 | 119 | 41 | 18 | 11 | 37 |
| 3 | 825 | 40 | 108 | 46 | 14 | 11 | 33 |
| 4 | 650 | 40 | 96 | 32 | 12 | 13 | 32 |
| 5 | 562 | 40 | 74 | 27 | 11 | 14 | 34 |
| 6 | 1400 | 40 | 116 | 43 | 16 | 14 | 35 |
| 7 | 600 | 40 | 91 | 24 | 10 | 13 | 30 |
| 8 | 1081 | 40 | 114 | 50 | 18 | 8 | 38 |
| 9 | 1154 | 45 | 111 | 37 | 15 | 13 | 36 |
| 10 | 1000 | 40 | 95 | 44 | 12 | 16 | 36 |
| 11 | 930 | 43 | 132 | 44 | 18 | 8 | 38 |
| 12 | 921 | 38 | 102 | 45 | 14 | 9 | 33 |
| 13 | 900 | 45 | 125 | 40 | 15 | 4 | 30 |
| 14 | 1318 | 38 | 119 | 24 | 16 | 7 | 28 |
| 15 | 1792 | 40 | 118 | 47 | 16 | 9 | 34 |
| 16 | 958 | 50 | 105 | 37 | 10 | 17 | 35 |
| 17 | 1360 | 45 | 109 | 39 | 15 | 6 | 36 |
| 18 | 850 | 40 | 72 | 36 | 11 | 19 | 38 |
| 19 | 830 | 44 | 105 | 29 | 14 | 4 | 29 |
| 20 | 471 | 44 | 101 | 34 | 12 | 13 | 31 |
| 21 | 1275 | 40 | 123 | 37 | 14 | 9 | 31 |
| 22 | 1615 | 50 | 113 | 49 | 16 | 10 | 36 |
| 23 | 873 | 65 | 95 | 36 | 12 | 14 | 38 |
| 24 | 2137 | 45 | 145 | 50 | 16 | 17 | 38 |
| 25 | 1053 | 38 | 114 | 35 | 16 | 12 | 32 |
| 26 | 1602 | 60 | 124 | 32 | 16 | 8 | 29 |
| 27 | 1188 | 40 | 93 | 40 | 13 | 16 | 35 |
| 28 | 800 | 40 | 115 | 39 | 18 | 11 | 35 |
| 29 | 1417 | 48 | 125 | 41 | 17 | 9 | 34 |
| 30 | 635 | 40 | 128 | 35 | 18 | 8 | 36 |
| 31 | 1000 | 40 | 103 | 40 | 12 | 17 | 34 |
| 32 | 1424 | 50 | 98 | 41 | 14 | 15 | 35 |
| 33 | 2668 | 75 | 108 | 41 | 13 | 12 | 32 |
| 34 | 666 | 75 | 129 | 40 | 18 | 8 | 38 |

**圖 11-4** 「wage2.dta」資料檔內容 (n=935 人)

Step 1 繪依變數 (wage) 與自變數 (educ age iq) 之散布圖

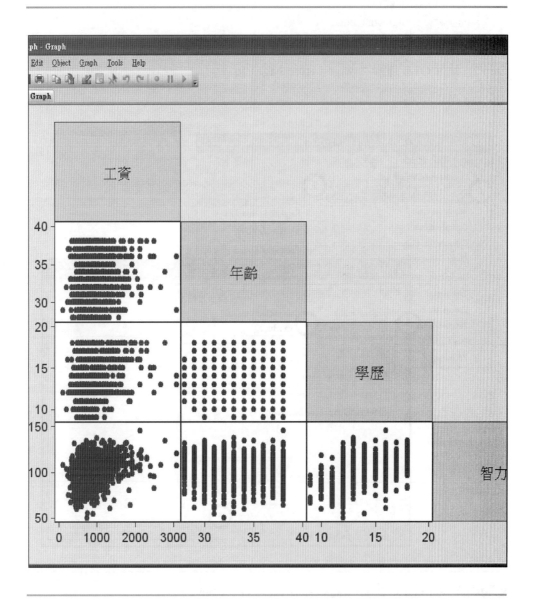

圖 11-5 依變數與自變數 (educ age iq) 之散布圖 (指令：graph matrix wage age educ iq)

註：Graphics > Scatterplot matrix

```
. use wage2 , clear
* 先看兩兩變數之間散布圖
. graph matrix wage age educ iq, half
```

Step 2 執行 **OLS** 迴歸：**wage= educ +age+ iq**

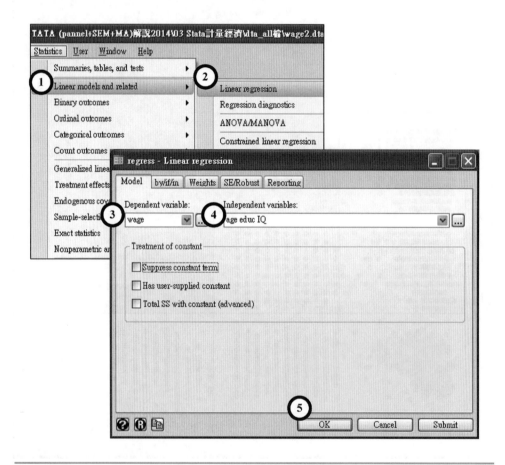

圖 **11-6** 執行 OLS 迴歸：wage= educ +age+ iq 之畫面

```
. use wage2, clear
* 執行 OLS 迴歸：wage= educ +age+ iq
. regress wage age educ iq

    Source |       SS         df        MS              Number of obs =      935
-------------+------------------------------------          F(  3,   931) =   60.03
      Model | 24753918.5       3    8251306.18          Prob > F      =   0.0000
   Residual |  127962250     931   137446.025          R-squared     =   0.1621
-------------+------------------------------------          Adj R-squared =   0.1594
      Total |  152716168     934   163507.675          Root MSE      =   370.74


-------------------------------------------------------------------------------
       wage |      Coef.   Std. Err.        t    P>|t|     [95% Conf. Interval]
-------------+-----------------------------------------------------------------
        age |   21.88653   3.907387     5.60    0.000     14.21822    29.55484
       educ |     41.623    6.44611     6.46    0.000     28.97241    54.27359
         iq |   5.368319    .941521     5.70    0.000      3.52057    7.216069
      _cons |   -870.379    160.478    -5.42    0.000     -1185.32   -555.4385
-------------------------------------------------------------------------------

* 儲存 residuals( 新變數 error) 及 fitted values( 新變數 y_hat)
predict error , residuals
predict y_hat
```

1. OLS 迴歸分析結果，因為「age、educ、iq」三個預測變數對 wage 預測之係數顯著性考驗，p 都 <0.05，故三者都有顯著預測效果。

2. 但由散布圖中，我們懷疑「age、educ、iq」與 wage 之預測模型，其殘差可能「異質性」。

Step 3 儲存 residuals( 新變數 error) 及 fitted values( 新變數 y_hat)

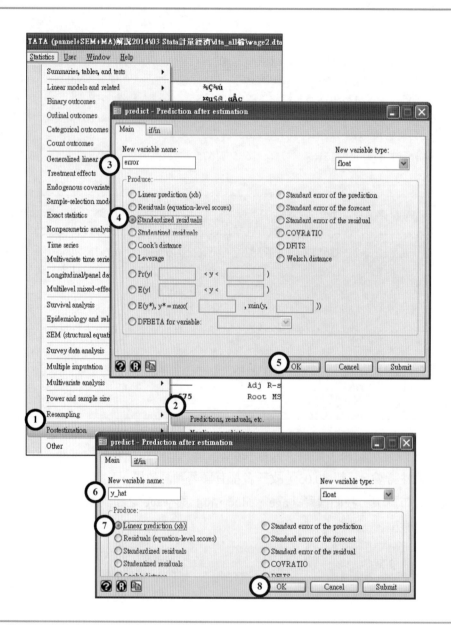

圖 11-7 儲存 residuals( 新變數 error) 及 fitted values( 新變數 y_hat) 之畫面

```
* 儲存 residuals( 新變數 error) 及 fitted values( 新變數 y_hat)
predict error, rstandard
predict y_hat
```

Step 4-1　殘差可能「異質性」檢定：繪圖法

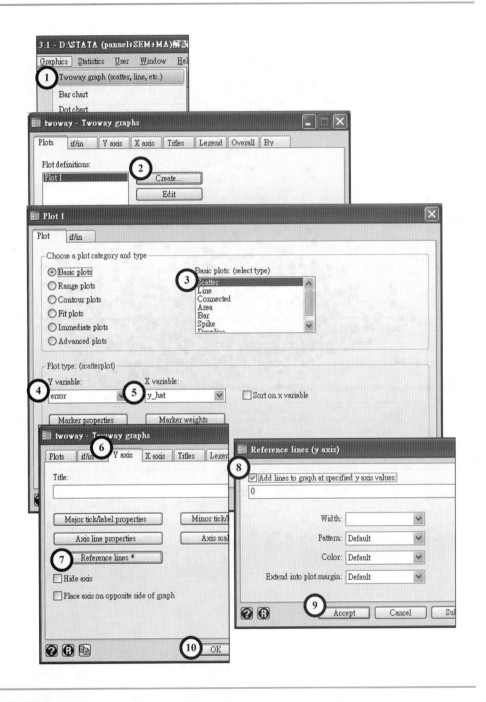

圖 11-8 圖 11-8　繪殘差「異質性」散布圖之畫面 ( 殘差 error vs. 預測值 y_hat)

```
. twoway (scatter error y_hat), yline(0)
```

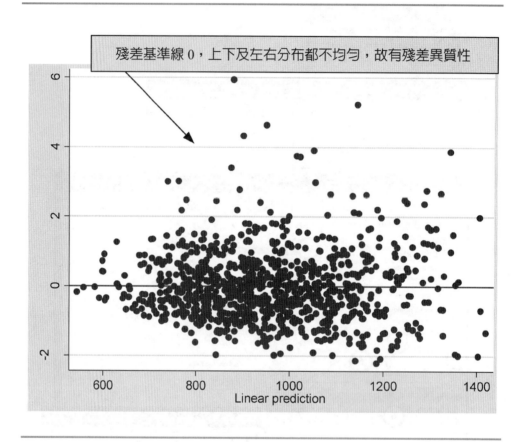

圖 11-9　殘差可能「異質性」檢定：繪圖法

Step 4-2　殘差可能「異質性」檢定：統計法

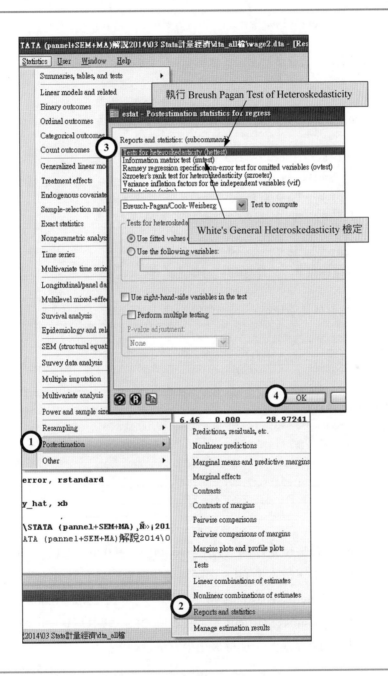

圖 11-10　hettest 指令做殘差「異質性」檢定之畫面

註：Statistics > Postestimation > Reports and statistics

```
* 執行 Breush Pagan Test of Heteroskedasticity
. estat hettest
Breusch-Pagan / Cook-Weisberg test for heteroskedasticity
        Ho: Constant variance
        Variables: fitted values of wage

        chi2(1)     =     43.44
        Prob > chi2 =    0.0000

* 執行 White's General Heteroskedasticity 檢定
. estat imtest, white
White's test for Ho: homoskedasticity
        against Ha: unrestricted heteroskedasticity

        chi2(9)     =     22.29
        Prob > chi2 =    0.0080

Cameron & Trivedi's decomposition of IM-test

---------------------------------------------------
            Source |    chi2     df       p
-------------------+-------------------------------
Heteroskedasticity |   22.29      9    0.0080
          Skewness |   14.80      3    0.0020
          Kurtosis |    5.40      1    0.0202
-------------------+-------------------------------
             Total |   42.49     13    0.0001
---------------------------------------------------
```

1. Breush Pagan 異質性檢定結果，$\chi^2_{(1)} = 43.44(p = 0.000 < 0.05)$，拒絕「$H_0$：Constant variance」，故本例 OLS 迴歸具有「誤差變異」異質性。

2. White's General Heteroskedasticity 檢定結果，$\chi^2_{(9)} = 22.29(p = 0.008 < 0.05)$，拒絕「$H_0$：同質性 homoskedasticity」，故本例 OLS 迴歸具有「誤差變異」異質性。故宜改用 Robust 迴歸、加權最小平方法迴歸。

## 11-2-2 殘差異質的改善：OLS 改成 robust 迴歸

承上例之資料檔「wage2.dta」。當 OLS 迴歸、GLS 迴歸分析、圖形法及 hettest 統計法都發現，殘差違反「同質性」假定，故你可改採 robust 迴歸、加權最小平方之迴歸。

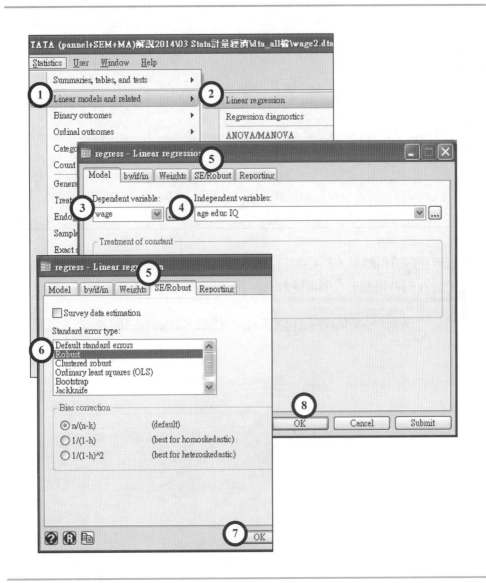

圖 11-11 工資預測 Robust 迴歸之畫面 ( 勾選 robust 選項 )

```
* 執行「with heterosk robust standard errors」OLS 迴歸：「wage= educ +age+ iq」
. regress wage age educ iq, vce(robust)

Linear regression                          Number of obs =      935
                                           F(  3,    931) =    52.00
                                           Prob > F      =   0.0000
                                           R-squared     =   0.1621
                                           Root MSE      =   370.74

                        Robust
     wage |    Coef.   Std. Err.     t    P>|t|    [95% Conf. Interval]
----------+------------------------------------------------------------
      age | 21.88653   3.981573    5.50   0.000    14.07263   29.70043
     educ |   41.623   6.610549    6.30   0.000     28.6497   54.59631
       iq | 5.368319   .8979891    5.98   0.000    3.606002   7.130637
    _cons | -870.379   167.9957   -5.18   0.000   -1200.073  -540.6849
------------------------------------------------------------------------
```

1. Robust 迴歸分析結果，$F = 52.0$，$p < 0.05$，整體模型達到顯著水準。

2. 對工資 (wage) 預測，三個自變數 (age educ iq) 都達到顯著預測效果。模型為：

$$Wage = -870.379 + 21.88 \times age + 41.62 \times educ + 5.368 \times iq$$

## 11-2-3 橫斷面之誤差異質性：需 ln() 變數變換 (先 reg 再 whitetst 指令)

範例：橫斷面誤差異質性：房價迴歸式具有異質性 (heteroscedasticity in housing price equation)

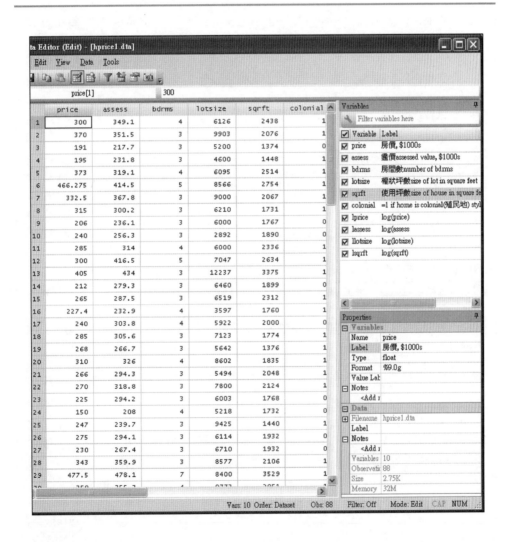

「hprice1.dta」資料檔之內容

以權狀坪數 (lotsize)、使用坪數 (sqrft)、房間數 (bdrms) 三者來預測房價 (price)。

[Step 1] 偵測殘差異質性

```
. use http://fmwww.bc.edu/ec-p/data/wooldridge/hprice1
. reg price lotsize sqrft bdrms

      Source |       SS       df       MS              Number of obs =      88
-------------+------------------------------           F(  3,    84) =   57.46
       Model |  617130.701        3  205710.234        Prob > F      =  0.0000
    Residual |  300723.805       84  3580.0453         R-squared     =  0.6724
-------------+------------------------------           Adj R-squared =  0.6607
       Total |  917854.506       87  10550.0518        Root MSE      =  59.833


       price |      Coef.   Std. Err.      t    P>|t|     [95% Conf. Interval]
-------------+----------------------------------------------------------------
     lotsize |   .0020677   .0006421     3.22   0.002     .0007908    .0033446
       sqrft |   .1227782   .0132374     9.28   0.000     .0964541    .1491022
       bdrms |   13.85252   9.010145     1.54   0.128    -4.065141    31.77018
       _cons |  -21.77031   29.47504    -0.74   0.462    -80.38466    36.84405
-----------------------------------------------------------------------------
. whitetst
White's general test statistic :  33.73166  Chi-sq( 9)  P-value = 1.0e-04
```

* 三個連續變數 ("l" 開頭)，取 Ln(x) 變數變換才符合常態性假定之後，再代入 OLS 迴歸
```
. reg lprice llotsize lsqrft bdrms
      Source |       SS       df       MS              Number of obs =      88
-------------+------------------------------           F(  3,    84) =   50.42
       Model |  5.15504028        3  1.71834676        Prob > F      =  0.0000
    Residual |  2.86256324       84  .034078134        R-squared     =  0.6430
-------------+------------------------------           Adj R-squared =  0.6302
       Total |  8.01760352       87  .092156362        Root MSE      =  .1846


      lprice |      Coef.   Std. Err.      t    P>|t|     [95% Conf. Interval]
-------------+----------------------------------------------------------------
    llotsize |   .1679667   .0382812     4.39   0.000     .0918404     .244093
      lsqrft |   .7002324   .0928652     7.54   0.000     .5155597    .8849051
       bdrms |   .0369584   .0275313     1.34   0.183    -.0177906    .0917074
```

```
       _cons |  -1.297042    .6512836     -1.99    0.050    -2.592191     -.001893
-------------------------------------------------------------------------------

. whitetst
White's general test statistic :  9.549527  Chi-sq( 9)  P-value =  .3882
```

1. 第一次 OLS 迴歸，係以 raw data 變數直接代入，**whitetst** 檢定結果顯示：$\chi^2_{(9)}$ = 33.73，$p < 0.05$，故本例橫斷面 OLS 迴歸，其殘差具有異質性。
2. 第二次 OLS 迴歸，改以 Ln(x) 變換過之變數再代入，**whitetst** 檢定結果顯示：$\chi^2_{(9)}$=9.54，$p > 0.05$，顯示本例橫斷面 OLS 迴歸，其殘差有異質性就消失了。

## 11-2-4 縱貫面之誤差異質性 ( 先 **reg** 再 **bpagan** 指令 )

通常，線性迴歸式可能存在異質變異問題，利用普通最小平方法 (OLS) 所推估之迴歸係數，雖然具不偏 (unbiased) 特性，但共變異數將呈現偏誤而造成錯誤的統計推論 ( 假設檢定與信賴區間 )。故你可先以 Breusch-Pagan-Godfrey 方法，檢定迴歸式若存在異質變異，再以 White 方法調整迴歸係數之標準誤與對應值，即採用廣義最小平方法 (GLS) 來解決變質變異問題。

若你 STaTa 使用 **reg** 指令來分析 panel data，即 Hsiao(1986, 2003) 所說之合併估計法 (pooled estimation methodology)，它有下列二項優點：首先若混和資料 OLS 估計法採用固定效果模型時，由於加入了代表橫斷面各個個體間差異的虛擬變數，所以能夠避免因為某些重要變數被遺漏所導致模型假設及估計時的錯誤。另外此法可以處理更多的有效資料，並會降低變數間的共線性，因此而增進估計的效率。因為這個方法不但可合併時間序列和橫斷面資料的優點，同時可幫忙控制各個動態變化的元素，並且可達到參數標準誤穩健性，即 White(1980) 所建議的異質一致性共變數程序的理由。

## 範例：縱貫面 (longitudinal-data) 誤差異質性 (heteroskedasticit)：有效市場假設 (heteroscedasticity and the efficient markets hypothesis)

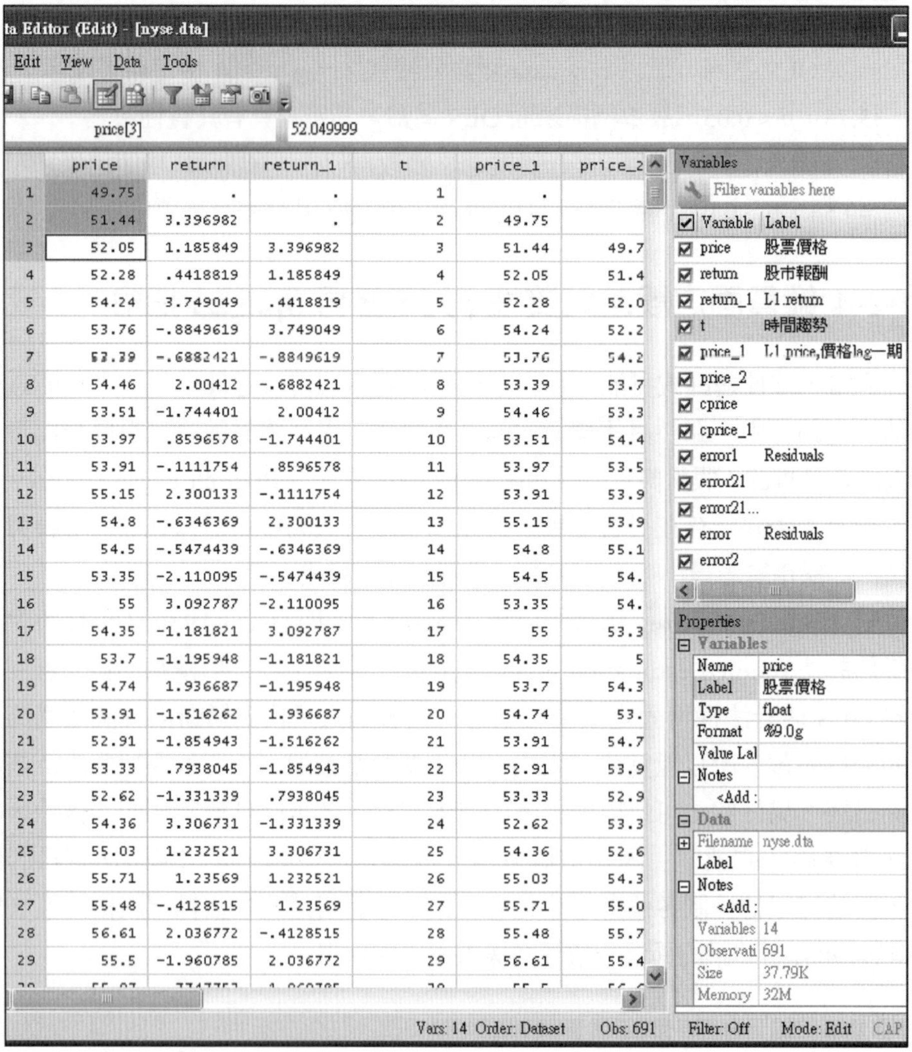


| | price | return | return_1 | t | price_1 | price_2 |
|---|---|---|---|---|---|---|
| 1 | 49.75 | . | . | 1 | . | |
| 2 | 51.44 | 3.396982 | . | 2 | 49.75 | |
| 3 | 52.05 | 1.185849 | 3.396982 | 3 | 51.44 | 49.7 |
| 4 | 52.28 | .4418819 | 1.185849 | 4 | 52.05 | 51.4 |
| 5 | 54.24 | 3.749049 | .4418819 | 5 | 52.28 | 52.0 |
| 6 | 53.76 | -.8849619 | 3.749049 | 6 | 54.24 | 52.2 |
| 7 | 53.39 | -.6882421 | -.8849619 | 7 | 53.76 | 54.2 |
| 8 | 54.46 | 2.00412 | -.6882421 | 8 | 53.39 | 53.7 |
| 9 | 53.51 | -1.744401 | 2.00412 | 9 | 54.46 | 53.3 |
| 10 | 53.97 | .8596578 | -1.744401 | 10 | 53.51 | 54.4 |
| 11 | 53.91 | -.1111754 | .8596578 | 11 | 53.97 | 53.5 |
| 12 | 55.15 | 2.300133 | -.1111754 | 12 | 53.91 | 53.9 |
| 13 | 54.8 | -.6346369 | 2.300133 | 13 | 55.15 | 53.9 |
| 14 | 54.5 | -.5474439 | -.6346369 | 14 | 54.8 | 55.1 |
| 15 | 53.35 | -2.110095 | -.5474439 | 15 | 54.5 | 54. |
| 16 | 55 | 3.092787 | -2.110095 | 16 | 53.35 | 54. |
| 17 | 54.35 | -1.181821 | 3.092787 | 17 | 55 | 53.3 |
| 18 | 53.7 | -1.195948 | -1.181821 | 18 | 54.35 | 5 |
| 19 | 54.74 | 1.936687 | -1.195948 | 19 | 53.7 | 54.3 |
| 20 | 53.91 | -1.516262 | 1.936687 | 20 | 54.74 | 53. |
| 21 | 52.91 | -1.854943 | -1.516262 | 21 | 53.91 | 54.7 |
| 22 | 53.33 | .7938045 | -1.854943 | 22 | 52.91 | 53.9 |
| 23 | 52.62 | -1.331339 | .7938045 | 23 | 53.33 | 52.9 |
| 24 | 54.36 | 3.306731 | -1.331339 | 24 | 52.62 | 53.3 |
| 25 | 55.03 | 1.232521 | 3.306731 | 25 | 54.36 | 52.6 |
| 26 | 55.71 | 1.23569 | 1.232521 | 26 | 55.03 | 54.3 |
| 27 | 55.48 | -.4128515 | 1.23569 | 27 | 55.71 | 55.0 |
| 28 | 56.61 | 2.036772 | -.4128515 | 28 | 55.48 | 55.7 |
| 29 | 55.5 | -1.960785 | 2.036772 | 29 | 56.61 | 55.4 |

**圖 11-13** 「nyse.dta」資料檔之內容 ( 個體 i=230，時間 t=691)

以後一期股票報酬 (return_1) 來預測前一期報酬 (return)。

Step 1 偵測殘差異質性

```
. use http://fmwww.bc.edu/ec-p/data/wooldridge/nyse

. reg return return_1

      Source |      SS       df       MS              Number of obs =     689
-------------+------------------------------           F(  1,    687) =    2.40
       Model | 10.6866237      1  10.6866237           Prob > F      =  0.1218
    Residual | 3059.73813    687   4.4537673           R-squared     =  0.0035
-------------+------------------------------           Adj R-squared =  0.0020
       Total | 3070.42476    688  4.46282668           Root MSE      =  2.1104

------------------------------------------------------------------------------
      return |      Coef.   Std. Err.      t    P>|t|     [95% Conf. Interval]
-------------+----------------------------------------------------------------
    return_1 |   .0588984   .0380231     1.55   0.122    -.0157569    .1335538
       _cons |    .179634   .0807419     2.22   0.026     .0211034    .3381646
------------------------------------------------------------------------------

. predict error, residual
* 殘差的平方，存到 error2 新變數
. gen error2=error^2

* 先安裝 bpagan 外掛指令
. ssc install bpagan
* 算出「Breusch-Pagan LM statistic after regress」
. bpagan return_1

Breusch-Pagan LM statistic:  795.3887 Chi-sq( 1)  P-value = 5.e-175

* 求殘差的平方 error2，它與自變數 return_1( 報酬的一階差分 ) 的相關
. reg error2 return_1

      Source |      SS       df       MS              Number of obs =     689
-------------+------------------------------           F(  1,    687) =   30.05
       Model | 3755.56757      1  3755.56757           Prob > F      =  0.0000
    Residual | 85846.3162    687  124.958248           R-squared     =  0.0419
-------------+------------------------------           Adj R-squared =  0.0405
       Total | 89601.8838    688  130.235296           Root MSE      =  11.178
```

```
---------------------------------------------------------------------
     error2 |      Coef.   Std. Err.      t    P>|t|   [95% Conf. Interval]
------------+--------------------------------------------------------
   return_1 |  -1.104132   .2014029    -5.48   0.000   -1.499572   -.7086932
      _cons |   4.656501   .4276789    10.89   0.000    3.816786    5.496216
---------------------------------------------------------------------
```

1. bpagan 指令旨在執行「Breusch-Pagan (1979) Lagrange multiplier test for heteroskedasticity in the error distribution」。Lagrange 乘數檢定結果為 $\chi^2_{(1)}$ = 795.39，$p < 0.05$，故拒絕「null hypothesis of homoskedasticity」，表示本模型之殘差是異質性。故你可改用「reg…, vce(robust)」、newey 迴歸、prais 迴歸、ivreg2 二階段迴歸，來克服殘差異質性。

2.「reg error2 return_1」求殘差的平方 error2，它與自變數 return_1( 報酬的一階差分 ) 的相關值為 −1.104，$p < 0.05$，表示每期報酬(return)的成長率 (return_1) 之殘差具有異質性。

Step 2  改用「reg …, vce(robust)」來解決殘差異質性

```
. use http://fmwww.bc.edu/ec-p/data/wooldridge/nyse

*OLS 加「vce(robust)」，則變成穩健 (Robust) 迴歸
. reg return return_1, vce(robust)

Linear regression                               Number of obs =      689
                                                F( 1,   687) =     0.72
                                                Prob > F      =   0.3950
                                                R-squared     =   0.0035
                                                Root MSE      =   2.1104

---------------------------------------------------------------------
             |              Robust
      return |     Coef.   Std. Err.      t    P>|t|   [95% Conf. Interval]
------------+--------------------------------------------------------
    return_1 |  .0588984   .0692053    0.85   0.395   -.0769809    .1947777
       _cons |   .179634   .0852916    2.11   0.036    .0121705    .3470975
---------------------------------------------------------------------
```

1. OLS 加「vce(robust)」之後，得到的係數為「Robust Std. Err.」。

## 11-3 多層次：具異質性誤差之隨機截距 / 混合模型 (xtmixed、mixed 指令 )

橫斷面資料進行分析，則容易因經濟個體本身存在特殊特性，產生異質變異 $\sigma_\varepsilon^2$ (heteroscedasticity)，多層次模型亦不例外。

通常，適配一個變數 ( 變數們 ) 對預期平均值有影響的模型。但您亦可能還需要適配變數對變異數有影響的模型，即具有異質性誤差的模型。

下面共二個誤差異質的例子，第一範例是階層模型 (hierarchical model)，其誤差的變異數在類別變數的分組中是變動的。

第二範例是縱貫面模型 (longitudinal model)，其誤差在時間軸是不穩定的分布。

### 11-3-1 範例 1：求各組之誤差異質 (heteroskedastic errors by group)

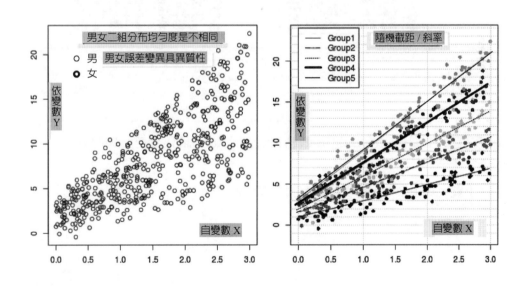

**圖 11-14** 按組別來分之誤差異質圖

Step 1 繪各小組的分布圖，可預視是否存有誤差異質性

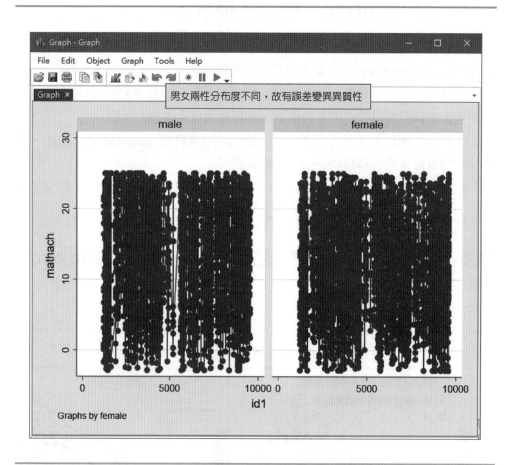

圖 11-15 「twoway (connected mathach id1, sort), by(female)」看男女兩性分布

上圖有理由懷疑，男女兩組有誤差異質性。

Step 2 分組 (by group)，進行誤差異質性分析

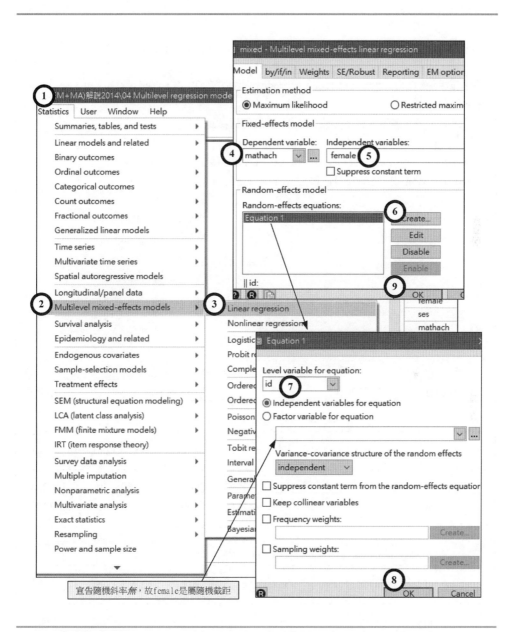

**圖 11-16** 「**mixed** mathach female **|| id:**, var mle nolog」畫面

註：「**mixed**」是 STaTa V15 版新指令，故 STaTa V12 只能改用「**xtmixed**」來替代

```
* 開啟資料檔
. use hsb, clear
* 或
. use https://stats.idre.ucla.edu/stat/stata/faq/hsb, clear

* 隨機截距模型 (random intercepts model) 也是 STaTa 之 mixed、xtmixed、men1…等
指令的內定估計法。
*「|| id:」後面無隨機斜率，故 female 是屬隨機截距
. mixed mathach female || id:, var mle nolog
*「mixed」是 STaTa V15 版新指令，故 STaTa V12 只能改用「xtmixed」來替代
. xtmixed mathach female || id:, var mle nolog
```

```
Mixed-effects ML regression                      Number of obs      =       7,185
Group variable: id                               Number of groups   =         160

                                                 Obs per group:
                                                               min =          14
                                                               avg =        44.9
                                                               max =          67

                                                 Wald chi2(1)       =       62.89
Log likelihood =  -23526.66                      Prob > chi2        =      0.0000

------------------------------------------------------------------------------
     mathach |      Coef.   Std. Err.      z    P>|z|     [95% Conf. Interval]
-------------+----------------------------------------------------------------
      female |   -1.35939   .1714111    -7.93   0.000    -1.695349    -1.02343
       _cons |   13.34526   .2539356    52.55   0.000     12.84756    13.84297
------------------------------------------------------------------------------

------------------------------------------------------------------------------
  Random-effects Parameters  |   Estimate   Std. Err.     [95% Conf. Interval]
-----------------------------+------------------------------------------------
id: Identity                 |
                  var(_cons) |   8.109025   1.018281      6.339865    10.37187
-----------------------------+------------------------------------------------
               var(Residual) |   38.84481   .6555315      37.58101    40.15111
------------------------------------------------------------------------------
LR test vs. linear model: chibar2(01) = 936.66        Prob >= chibar2 = 0.0000
```

為了求得異質性誤差之模型，必須將上式「**mixed** mathach female **|| id:**, var mle nolog」改成為：

$$mathach_{ij} = b_0 + b_1 * female_{ij} + u_i + e_{ij} \qquad (11\text{-}1)$$

上式假定

e_{ij} ～符合常態 N(0, s²)

u_i ～符合常態 N(0, t²)

其中，Level-1 之 $e_{ij}$ 是殘差；$u_i$ 是跨教室隨機截距 ( 即 Level-2 的變異數 )。我們允許男 vs. 女生的 $e_{ij}$ 變異數是不同質。故單一 $e_{ij}$ 分拆成男與女，其方程式為：

$$e\_{ij} = e(m)\_{ij} * male + e(f)\_{ij} * female \qquad (11\text{-}2)$$

其中，male 是虛擬變數 (male=1，若學生是男的；male=0，若學生是女的 )。e(m)_{ij} 是男生的誤差項；e(f)_ij 是女生的誤差項。故 e_ij 分拆成：

```
e_ij ~ N(0, s²_1)，males
      N(0, s²_2)，females
```

為了方便表達「兩組間變異數的差異」，再將男女當中一組當「比較參考組」：

$$e\_{ij} = e(m)\_{ij} + e(f)\_{ij} * female \qquad (11\text{-}3)$$

其中，e(m)_{ij} 為男生誤差項；e(f)_{ij} 為男女之間誤差的差異。因此再改成：

$$e\_{ij} \sim N(0, s^2 + s^2\_2 * female)$$

為了 STaTa 程式可表達異質性誤差，你須重新組合「誤差結構」，如下。

(11-3) 式殘差變異是性別 (gender) 的函數。所以將它改成：r_{ijk}，其中，i 是組別，j 是受訪者，k 是 gender。

$$mathach\_{ij} = b_0 + b_1 * female + u\_i + r\_{ijk} \qquad (11\text{-}4)$$

為了表達本例雙層模型具誤差異質性，你須多插入一個 Level-1「是 single case within each student」。即原先 Level-2 classrooms 視為 Level-3。即原先 Level-1 students 視為 Level-2。故 (11-4) 式再改成：

$$mathach_{ij} = b_0 + b_1*female_{ij} + u_i + e_{ij}*female + r\_ij_0$$

$$
\begin{array}{ll}
r\_ijk = & r\_ij_0 \quad male \\
 & r\_ij_1 \quad female = e_{ij} + r\_ij_0
\end{array}
$$

其中，$r\_ij_0$ 是 Level-1 的誤差。由於 males 在隨機部分是被隱藏，故男性誤差的變異爲 $r\_ij_0$ ( 即 female=0)。此概念類似固定效果模型中，$b_0$ 爲 males 截距。因此男女二組之間誤差的差異是 $e_{ij}$，故女生誤差項爲：$r\_ij + e1\_ij$。

爲了適配異質性模型，STaTa 要限制：誤差變異 >0。因此，你須用各組中最小變異者，當比較基準組 (omitted category)，以確保 group(s) 的誤差變異爲正值。爲此，須找男女兩組誰的誤差變異最小，你仍須二個新變數「male、nid」，nid 是學生的編號 ( 從 1 開始起算 )。

Step-2 產生新變數「male、nid」

```
. recode female (0=1) (1=0), gen(male)
. gen nid = _n
```

|   id | nid |
|------|-----|
| 1224 |   1 |
| 1224 |   2 |
| 1224 |   3 |
|  ⋮   |     |
| 1288 |  48 |
| 1288 |  49 |
| 1288 |  50 |
|  ⋮   |     |
| 1296 |  73 |
| 1296 |  74 |
| 1296 |  75 |

一旦產生新變數「male、nid」之後，STaTa 指令即可求得男女兩組誤差是不相同的。STaTa 指令仍 **nocons** 選項來抑制 Level-2 隨機截距，使得 Level-2 隨機效果爲 gender ( 即 male)。

Step-3 求得男女兩組誤差

```
*「 || nid: 」後面宣告 male 為隨機斜率，「 mixed… || id: 」之間宣告 female 為隨機
截距
. mixed mathach female || id: || nid: male, nocons var mle nolog

Mixed-effects ML regression                    Number of obs     =      7185

------------------------------------------------------------------------------
                  |   No. of      Observations per Group
 Group Variable   |   Groups    Minimum    Average    Maximum
------------------+-----------------------------------------------
             id   |    160        14        44.9        67
            nid   |   7185         1         1.0         1
------------------------------------------------------------------------------

                                              Wald chi2(1)      =      63.03
Log likelihood = -23522.932                   Prob > chi2       =     0.0000

------------------------------------------------------------------------------
      mathach  |    Coef.    Std. Err.      z     P>|z|   [95% Conf. Interval]
-------------+----------------------------------------------------------------
-

       female |  -1.363969  .1718025   -7.94   0.000   -1.700695   -1.027242
        _cons |   13.34707  .2548619   52.37   0.000    12.84755    13.84659
------------------------------------------------------------------------------

------------------------------------------------------------------------------
 Random-effects Parameters  |   Estimate   Std. Err.   [95% Conf. Interval]
----------------------------+-------------------------------------------------
id: Identity                |
               var(_cons)   |   8.090527   1.016457    6.324639    10.34946
----------------------------+-------------------------------------------------
nid: Identity               |
                var(male)   |   3.622413   1.333432     1.76062    7.452988
----------------------------+-------------------------------------------------
            var(Residual)   |   37.13827   .8657943    35.47953    38.87456
------------------------------------------------------------------------------
LR test vs. linear regression:      chi2(2) =   944.12  Prob > chi2 = 0.0000

Note: LR test is conservative and provided only for reference.
```

1. 女生的殘差變異「**var(Residuals) = 37.138**」。

2. 男生的殘差變異 var(Residuals) + var(male) = 37.1383 + 3.622 = 40.7607。

3. 男生 vs. 女生二組的殘差變異，其 95% 信賴區間都未含「0 值」，表示男女二組殘差變異都是異質性。

傳統 HLM 軟體，異質性誤差變異是：

$$s^2_{ij} = \exp(a_0 + a_1 * x\_{\_ij})$$

改成 STaTa 模型為：

$$s^2_{ij} = var(Residuals) + var(x_{ij}) * x_{ij}$$

其中，var(Residuals) 是 Level-1 誤差。$var(x_{ij})$ 是虛擬變數 $x_{ij}$ 的隨機效果。由於 STaTa 在求誤差項的標準差須取「自然對數 (natural log)」，故真正模型為：

$$s^2_{ij} = \exp(2*lnsd\_0) + \exp(2*lnsd\_1) * x_{ij}$$

其中，$lnsd\_0$ 是 Level-1 誤差標準差的自然對數。$lnsd\_1$ 是 Level-2 隨機效果之誤差標準差的自然對數。你可用下列指令來計「$a_0$、$a_1$」。以下公式都會出現二次，第一次是視覺上易讀，第二次才是正確模型。

```
a₀ = ln(var(Residuals))
a₀ = ln(exp(2*lnsd_0))

a₁ = ln(var(Residuals)+var(xᵢⱼ)) - ln(var(Residuals))
a₁ = ln[exp(2*lnsd_0) + exp(2*lnsd_1)] - ln[exp(2*lnsd_0)]
```

Step-4 使用 **display** 指令，印出 $a_0$、$a_1$

STaTa 會將最近一次迴歸，ln(sd) 存在 [lnsig_e]_cons。

Level-1 殘差 (residuals) ln(sd) 存在 [lnsig_e]_cons。

男生隨機效果的 ln(sd) 存在 [lns2_1_1]_cons。

以下 **display** 指令，印出 $a_0$、$a_1$。

```
. di "a_0=" ln(exp(2 * [lnsig_e]_cons))
a_0=3.6147746

.di  "a_1=" ln(exp(2*[lnsig_e]_cons)+exp(2*[lns2_1_1]_cons))-ln(exp(2*
  lnsig_e]_cons))
a_1=.09308814
```

## 11-3-2 範例 2：縱貫面之成長曲線模型 ( 重複測量 5 次 )

成長曲線模型 (a growth curve model) 是縱貫面模型 (longitudinal model)，它允許跨時間點 (across time points) 的不同誤差變異 ( 與 SEM 的增長模型相似 )，其中，除時間點之外的錯誤項外，其他所有參數都被限制爲相等。下面我們將展示，如何允許跨時間點的不同誤差變異，以及如何測試誤差變異是否明顯不同。

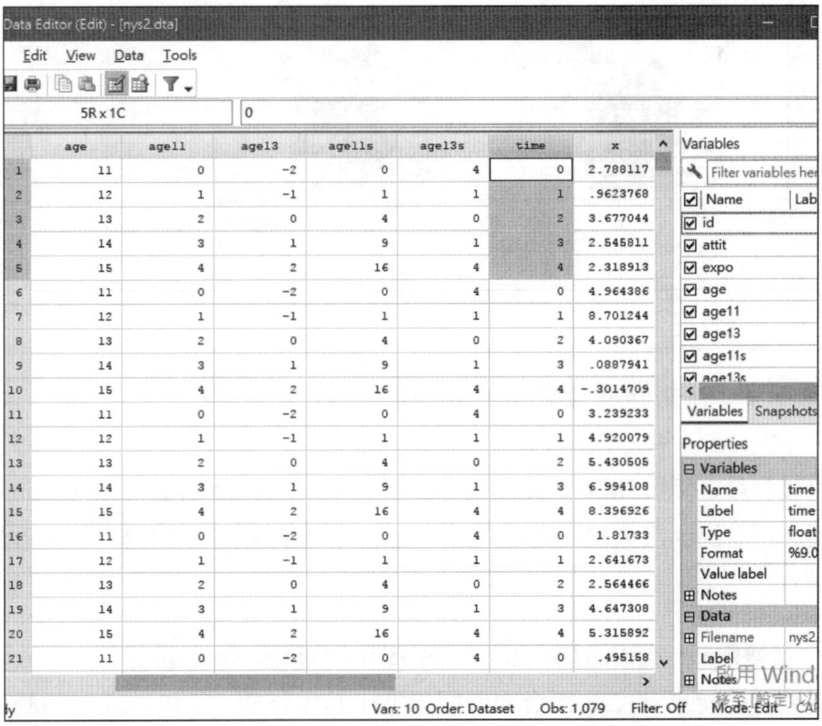

| | age | age11 | age13 | age11s | age13s | time | x |
|---|---|---|---|---|---|---|---|
| 1 | 11 | 0 | -2 | 0 | 4 | 0 | 2.788117 |
| 2 | 12 | 1 | -1 | 1 | 1 | 1 | .9623768 |
| 3 | 13 | 2 | 0 | 4 | 0 | 2 | 3.677044 |
| 4 | 14 | 3 | 1 | 9 | 1 | 3 | 2.545811 |
| 5 | 15 | 4 | 2 | 16 | 4 | 4 | 2.318913 |
| 6 | 11 | 0 | -2 | 0 | 4 | 0 | 4.964386 |
| 7 | 12 | 1 | -1 | 1 | 1 | 1 | 8.701244 |
| 8 | 13 | 2 | 0 | 4 | 0 | 2 | 4.090367 |
| 9 | 14 | 3 | 1 | 9 | 1 | 3 | .0887941 |
| 10 | 15 | 4 | 2 | 16 | 4 | 4 | -.3014709 |
| 11 | 11 | 0 | -2 | 0 | 4 | 0 | 3.239233 |
| 12 | 12 | 1 | -1 | 1 | 1 | 1 | 4.920079 |
| 13 | 13 | 2 | 0 | 4 | 0 | 2 | 5.430505 |
| 14 | 14 | 3 | 1 | 9 | 1 | 3 | 6.994108 |
| 15 | 15 | 4 | 2 | 16 | 4 | 4 | 8.396926 |
| 16 | 11 | 0 | -2 | 0 | 4 | 0 | 1.81733 |
| 17 | 12 | 1 | -1 | 1 | 1 | 1 | 2.641673 |
| 18 | 13 | 2 | 0 | 4 | 0 | 2 | 2.564466 |
| 19 | 14 | 3 | 1 | 9 | 1 | 3 | 4.647308 |
| 20 | 15 | 4 | 2 | 16 | 4 | 4 | 5.315892 |
| 21 | 11 | 0 | -2 | 0 | 4 | 0 | .495158 |



圖 11-17 「nys2.dta」資料檔內容 (N= 239 subjects，重複測量 5 次，共 1,079 observations)

變數 id 是受訪者編號，變數 time 值從 0 至 4。

Step-0 繪圖來預視「重複測量 5 次」是否有誤差異質性？

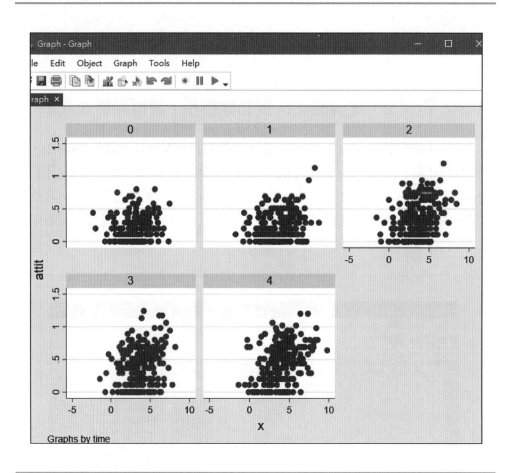

圖 11-18 指令「**twoway** (**scatter** attit x), **by**(time)」之散布圖

重複測量之變數 **time** 值從 0 至 4。由「twoway (scatter attit x), by(time)」之散布圖，可看出 5 次重複測量之「x → attti」散布形狀都不相同，故需考量誤差異質性。

Step-1 自變數 x，重複測量 time，二者來預測依變數 attit( 態度 )

下面我們使用 mixed 指令來適配模型，其中變數「x 和 time」預測依變數 attit。該模型假定時間點之間的變異是相同的。

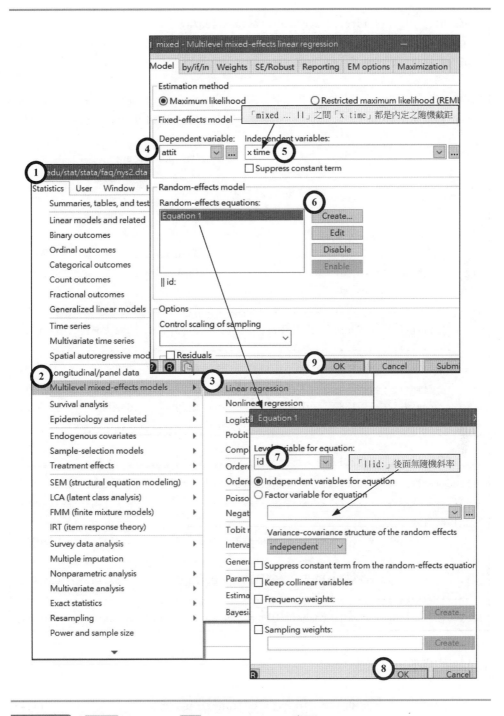

圖 11-19 「**mixed** attit x time **||id:**, var mle nolog」畫面

```
. use http://stats.idre.ucla.edu/stat/stata/faq/nys2, clear
*「||id:」後面無隨機斜率，「mixed … ||」之間「x time」都是隨機截距
. mixed attit x time ||id:, var mle nolog

Mixed-effects ML regression                    Number of obs     =      1,079
Group variable: id                             Number of groups  =        239

                                               Obs per group:
                                                             min =          1
                                                             avg =        4.5
                                                             max =          5

                                               Wald chi2(2)      =     324.65
Log likelihood =  140.31043                    Prob > chi2       =     0.0000

-------------------------------------------------------------------------------
      attit |     Coef.   Std. Err.      z    P>|z|     [95% Conf. Interval]
------------+------------------------------------------------------------------
          x |   .0241245   .0033107    7.29   0.000     .0176357    .0306134
       time |   .0600884   .0039557   15.19   0.000     .0523353    .0678415
      _cons |   .1191882   .0184893    6.45   0.000     .0829498    .1554267
-------------------------------------------------------------------------------


-------------------------------------------------------------------------------
  Random-effects Parameters  |   Estimate   Std. Err.     [95% Conf. Interval]
-----------------------------+-------------------------------------------------
id: Identity                 |
                 var(_cons)  |   .0308536    .003533      .0246511    .0386167
-----------------------------+-------------------------------------------------
               var(Residual) |   .0311131   .0015204      .0282714    .0342405
-------------------------------------------------------------------------------
LR test vs. linear model: chibar2(01) = 324.66        Prob >= chibar2 = 0.0000
```

1. 上面的模型可以寫成：

$$attit_{it} = b_0 + b_1*x_{it} + b2*time_{it} + u_i + e_{it}$$   (11-5)

上式假定 (assumed)：

$$e_{it} \sim N(0, s^2)$$
$$u_i \sim N(0, t^2)$$
其中，$u_i$ 是個體之間的隨機截距（即 level-2 變異），$e_{it}$ 表示 level-1 誤差（即殘差）。

我們希望允許每個時間點的 $e_{it}$ 的變異是不同的。考慮這一點的一個方法，就是分拆 $e_{ij}$ 為：

$$e_{it} = e_{i0}*t_0 + e_{i1}*t1 + e_{i2}*t2 + e_{i3}*t3 + e_{i4}*t4$$

其中：

$t_0$ 是虛擬變數 ($t_0 = 1$, if time = 0)。

$e_{i0}$ 是第 1 次測量之誤差 (time = 0)。

變數「t1~t4」分別是 4 個時間點的虛擬變數 (dummy variables for time points 1 to 4)。

誤差「$e_{i1}$~$e_{i4}$」是 time points 1 to 4 的誤差。

為了處理異質性誤差，你需多插入 Level-1，成為三層次模型。Level-3 個體層為原來 Level-2。Level-2 不同時段 (time points) 為原來 Level-1。Level-1 為每個時段之單一個案 (a single case within each time point)。

由於時間效果在模型 2 中，只有時間的隨機效果才包含在 Level-1。故新模型可以寫為：

$$attit_{itk} = b_0 + b_1*x_{it} + b_2*time_{it} + e_{i1}*t_1 + e_{i2}*t_2 + e_{i3}*t_3 + e_{i4}*t_4 + r_{ij0}$$

其中：

$r_{it0}$ 為 Level-1 誤差。因為「time=0」是消失類別 (omitted category)，$r_{it0}$ 是「time=0」的誤差。

隨機效應 $e_{i1}$ 至 $e_{i4}$ 表示每個時間點的誤差變異。

最後要適配模型仍考慮的是，誤差變數 (error variance) 必須正值。因此，5 次重複測量 (or other category/group) 中挑變異數最小者來當「比較參考組」，來確保各時段的誤差變異都為正值。

本例「time=0」是殘差變異最小者，故以它當消失類別 (omitted category)。

Step-2 新建虛擬變數「t1,t2,t3,t4」

為了建構模型，我們將需要每個其他時間點的虛擬變數量「t1,t2,t3,t4」。

```
. gen t1 = (time==1)
. gen t2 = (time==2)
. gen t3 = (time==3)
. gen t4 = (time==4)
```

Step-3 納入「t1,t2,t3,t4」之 mixed 模型

```
* ocons 選項抑制 level-2 隨機截距的印出
*「||time:」後面宣告「t1 t2 t3 t4」為隨機斜率。X 為內定之隨機截距
. mixed attit x time ||id: ||time: t1 t2 t3 t4, nocons var mle nolog

Mixed-effects ML regression                    Number of obs      =      1079

--------------------------------------------------------------------------------
                 |  No. of        Observations per Group
 Group Variable  |  Groups    Minimum    Average    Maximum
-----------------+--------------------------------------------
              id |     239          1        4.5          5
            time |    1079          1        1.0          1
--------------------------------------------------------------------------------

                                               Wald chi2(2)       =    319.37
Log likelihood =  143.67787                    Prob > chi2        =    0.0000

--------------------------------------------------------------------------------
       attit |      Coef.    Std. Err.      z     P>|z|    [95% Conf. Interval]
-------------+------------------------------------------------------------------
           x |   .0238029    .0033059     7.20    0.000     .0173235    .0302823
        time |   .0597567    .0039638    15.08    0.000     .0519878    .0675256
       _cons |      .1208    .0178047     6.78    0.000     .0859035    .1556965
--------------------------------------------------------------------------------

--------------------------------------------------------------------------------
  Random-effects Parameters  |   Estimate    Std. Err.    [95% Conf. Interval]
```

```
----------------------------------+--------------------------------------------------------
id: Identity                      |
                      var(_cons) |   .0280981    .0034551    .0220805    .0357557
----------------------------------+--------------------------------------------------------
time: Independent                 |
                         var(t1) |   .0027798    .0046901    .0001018    .0758888
                         var(t2) |   .0058393    .0053178    .0009799    .0347972
                         var(t3) |   .0125841    .0060606    .0048964    .0323421
                         var(t4) |     .01354    .0059784    .0056988    .0321702
----------------------------------+--------------------------------------------------------
                   var(Residual) |   .0247609    .0033388    .0190103     .032251
----------------------------------+--------------------------------------------------------
LR test vs. linear regression:          chi2(5) =    331.40    Prob > chi2 = 0.0000

Note: LR test is conservative and provided only for reference.
```

Step-4  **nlcom** 指令來檢定每個時段之「變異數 =0 嗎」?

```
. nlcom     (time0: exp(2 * [lnsig_e]_cons))
 (time1: exp(2 * [lnsig_e]_cons) + exp(2 * [lns2_1_1]_cons))
 (time2: exp(2 * [lnsig_e]_cons) + exp(2 * [lns2_1_2]_cons))
 (time3: exp(2 * [lnsig_e]_cons) + exp(2 * [lns2_1_3]_cons))
 (time4: exp(2 * [lnsig_e]_cons) + exp(2 * [lns2_1_4]_cons))

     time0:  exp(2 * [lnsig_e]_cons)
     time1:  exp(2 * [lnsig_e]_cons) + exp(2 * [lns2_1_1]_cons)
     time2:  exp(2 * [lnsig_e]_cons) + exp(2 * [lns2_1_2]_cons)
     time3:  exp(2 * [lnsig_e]_cons) + exp(2 * [lns2_1_3]_cons)
     time4:  exp(2 * [lnsig_e]_cons) + exp(2 * [lns2_1_4]_cons)

-------------------------------------------------------------------------------
    attit |     Coef.   Std. Err.      z    P>|z|     [95% Conf. Interval]
----------+--------------------------------------------------------------------
    time0 |   .0247609   .0033388    7.42   0.000      .018217    .0313048
    time1 |   .0275406   .0034705    7.94   0.000     .0207385    .0343427
    time2 |   .0306002   .0035976    8.51   0.000     .0235491    .0376513
    time3 |    .037345   .0044345    8.42   0.000     .0286536    .0460364
    time4 |   .0383009   .0044824    8.54   0.000     .0295155    .0470862
-------------------------------------------------------------------------------
```

Step-5 **nlcom** 指令來估計 (time = 1 and time = 4) 時段之間「變異數」值？

```
. nlcom (t4_t1: exp(2 * [lns2_1_4]_cons) - exp(2 * [lns2_1_1]_cons))

    t4_t1:  exp(2 * [lns2_1_4]_cons) - exp(2 * [lns2_1_1]_cons)

------------------------------------------------------------------------------
      attit |    Coef.   Std. Err.      z    P>|z|    [95% Conf. Interval]
------------+-----------------------------------------------------------------
      t4_t1 |   .0107602   .0060541    1.78   0.076   -.0011055    .0226259
------------------------------------------------------------------------------
```

## 11-3-3 範例 3：誤差變異數 $\sigma^2_{error}$ 具異質性

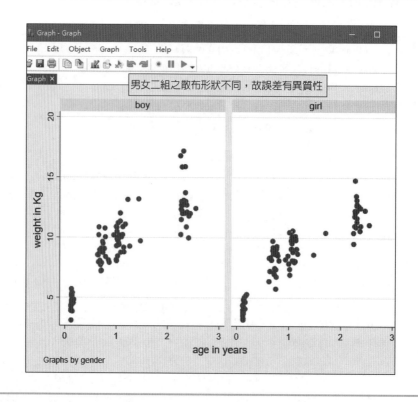

**圖 11-20** 指令「**twoway** (**scatter** weight age), **by**(girl)」之散布圖

1010

```
* 開啟資料檔
. webuse childweight

*Linear mixed model with heteroskedastic error variances
*「|| id:age」後面宣告 age 為隨機斜率。residuals 旨在處理異質性誤差
. mixed weight age || id:age, residuals(independent, by(girl))

Mixed-effects ML regression              Number of obs     =        198
Group variable: id                       Number of groups  =         68

                                         Obs per group:
                                                       min =          1
                                                       avg =        2.9
                                                       max =          5


                                         Wald chi2(1)      =     710.12
Log likelihood = -342.96155              Prob > chi2       =     0.0000

-----------------------------------------------------------------------
      weight |     Coef.   Std. Err.      z    P>|z|    [95% Conf. Interval]
-------------+---------------------------------------------------------
         age |  3.452597   .1295629    26.65   0.000    3.198658   3.706536
       _cons |  5.097696   .1559364    32.69   0.000    4.792066   5.403326
-----------------------------------------------------------------------


-----------------------------------------------------------------------
  Random-effects Parameters  |   Estimate   Std. Err.   [95% Conf. Interval]
-----------------------------+-----------------------------------------
id: Independent              |
                   var(age)  |   .2728325   .1498633    .0929699   .8006633
                 var(_cons)  |   .2497197   .2313902    .0406191   1.535239
-----------------------------+-----------------------------------------
Residual: Independent,       |
      by girl                |
              boy: var(e)    |     1.5956   .2940092    1.111936   2.289647
             girl: var(e)    |   1.105886   .2115579    .7601059   1.608966
-----------------------------------------------------------------------
LR test vs. linear model: chi2(3) = 26.89            Prob > chi2 = 0.0000

Note: LR test is conservative and provided only for reference.
```

巫博瀚、賴英娟 (2011)，性別、自我效能、工作價值、科學素養及學校層次因素
　　對臺灣青少年學習情緒之影響：個人與情境交互作用之多層次分析，教育科
　　學研究期刊第五十六卷第三期，56(3)，119-149。

林文明 (2013)，藥物動力資料混合效應模型之研究，國立中央大學統計研究所碩
　　士論文。

童作君 (2008)，住宅特徵價格模型之多層次分析，國立屏東商業技術學院不動產
　　經營系碩士論文。

Albright, Jeremy J. and Marinova, Dani M. (2010). "Estimating Multilevel Models
　　using SPSS, Stata, SAS, and R" [PDF document]. Retrieved from http://www.
　　indiana.edu/~statmath/stat/all/hlm/hlm.pdf .

Anselin, L. (1988). Spatial Econometrics: Methods and Models: Springer.

Bandura, A. (1997). *Self-efficacy: The exercise of control.* New York: Freeman.

Baron, R. M., & Kenny, D. A. (1986). The moderator-mediator variable distinction
　　in social psychological research: Conceptual, strategic, and statistical
　　considerations. *Journal of Personality and Social Psychology, 51*(6), 1173-
　　1182.

Bauer, D. J. &Preacher, K. J. and Gil, K. M. (2006). Conceptualizing and testing
　　random indirect effects and moderated mediation in multilevel models: New
　　procedures and recommendations, *Psychological Methods, 11*( 2), 142-163.

Belsley, D. A. (1984). Demeaning conditioning diagnostics through centering.
　　*American Statistician, 38*(2), 73-77.

Bitter, C., Mulligan, G. F. and Dall'erba, S. (2007). Incorporating spatial variation
　　in housing attribute prices: a comparison of geographically weighted regression
　　and the spatial expansion method. *Journal of Geographical Systems, 9*(1), 7-27.

Bollen, K. A. (1987). Total, direct and indirect effects in structural equation models, Sociological Methodology, 17, 37-69.

Brown, K. H. and Uyar, B. (2004). A Hierarchical Linear Model Approach for Assessing the Effects of House and Neighborhood Characteristics on Housing Prices. *Journal of Real Estate Practice and Education, 7*(1), 15-23.

Cheung, M. (2007). Comparison of approaches to constructing confidence intervals for mediating effects using structural equation models, Structural Equation Modeling, 14(2), 227-246.

Cohen, J. (1988). Statistical power analysis for the behavioral sciences, Mahwah, NJL Lawrence Erlbaum Associates.

Cronbach, L. J., & Webb, N. (1979). Between class and within class effects in a reported aptitude × treatment interaction: a reanalysis of a study by G. L. Anderson. *Journal of Educational Psychology, 67,* 717-724.

Davidson, R., and J. G. MacKinnon. ( 2004). *Econometric Theory and Methods*. New York: Oxford University Press.

Davidson, R., and J. G. MacKinnon. (1993). *Estimation and Inference in Econometrics*. New York: Oxford University Press.

Echambadi,R.,& Hess, J. D.(2007). Mean-Centering does not alleviate collinearity problems in moderated multiple regression models. *Marketing Science, 26*(3),438-445.

Edwards, J.R. & Lambert, L.S. (2007) Methods for integrating moderation and mediation: A general analytical framework using moderated path analysis. *Psychological Methods, 12*, 1-22.

Enders, C. K., & Tofighi, D. (2007). Centering predictor variables in cross-sectional multilevel models: A new look at an old issue. *Psychological Methods, 12*(2), 121-138.

Fairchild, A. J. and MacKinnon, D. P. (2009). A general model for testing mediation and moderation effects, Prevention Research, 10, 87-99.

Farrell, A. D. (1994). Structural equation modeling with longitudinal data: Strategies for examining group differences and reciprocal relationships, Journal of Consulting Clinical Psychology, 62(3), 477-487.

Fotheringham, S., Brunsdon, C., and Charlton, M. (1988). Geographically Weighted Regression: A Natural Evolution of the Expansion Method for Spatial Data Analysis. *Environment and Planning A, 30*, 1905-1927.

Frazier, P.A., Tix, A,P., and Barron, K.E. (2004) Testing Moderator and mediator effects in counseling psychology, Journal of Counseling Psychology, 51, 115-134.

Gatignon, H., & Vosgerau, J. (2005). Moderating effects: The myth of mean centering. Working paper. Retrieved June 1, 2011 from the World Wide Web http://www.insead.edu/facultyresearch/research/doc.cfm?did=1583

Goodman, A. C. and Thibodeau, T. G. (1998). Housing Market Segmentation. *Journal of Housing Economics, 7*(2), 121-143.

Graubard, B. I., and E. L. Korn. (1996). Modelling the sampling design in the analysis of health surveys. *Statistical Methods in Medical Research*, 5, 263-281.

Gutierrez, Roberto G. (2008). *Tricks of the Trade: Getting the most out of xtmixed.* 2008 Fall North American Stata Users Group Meeting, San Francisco, CA.

Hayes, A.F. (2013) *Introduction to Mediation, Moderation, and Conditional Process Analysis: A Regression-Based Approach.* New York, NY: Guilford Press

Heck, R. H., & Thomas, S. L. (2009). *An introduction to multilevel modeling techniques* (2nd ed.). New York: Routledge.

Hofmann, D. A. (2007). Hierarchical linear modeling. Retrieved March 12, 2011 from the World Wide Web：http://www.unc.edu/~dhofmann/academy_2007_hlm_workshop.ppt#259,1, 投影片 1

Hofmann, D. A., & Gavin, M. B. (1998). Centering decisions in hierarchical linear models: Implications for research in organization. J*ournal of Management, 24*(5), 623-641.

Holmbeck、G. N. (2002). Post-hoc probing of significant moderational and mediational effects in studies of pediatric populations. *Journal of Pediatric Psychology,27*(1), 87-96.

Hox, J. J. (2010). *Multilevel analysis: Techniques and applications* (2nd ed.). New York: Routledge.

Hox, Joop J. (2010). *Multilevel Analysis* (2nd ed.). New York: Routledge.

Hoyle, R. H. & Robinson, J. I. (2003) *Mediated and moderated effects in social psychological research: Measurement, design, and analysis issues.* In C. Sansone, C. Morf, & A.T. Panter (Eds.), Handbook of methods in social psychology. Thousand Oaks, CA: Sage.

James, L. R. and Brett, J. M. (1984). Mediators, moderators and tests for mediation, Journal of Applied Psychology, 69(2), 307-321.

Janssen, C., Soderberg, B., and Zhou, J. (2001). Robust estimation of hedonic models of price and income for investment property. *Journal of Property Investment & Finance, 19*(4), 342-360.

Jones, J. P. and Casetti, E. (1992). Applications of the Expansion Method: Routledge.

Jose, P. E. (2013). Doing statistical mediation and moderation. New York: The Guilford Press.

Kamata, A., Bauer, D. J., & Miyazaki, Y. (2008). Multilevel measurement modeling. In A. A. O'Connell & D. B. McCoach (Eds.), Multilevel modeling of educational data (pp. 345-388). Charlotte, NC: Information Age Publishing.

Kenny, D. A. Korchmaros, J. D. and Bolger, N. (2003). Lower level mediation in multilevel models, Psychological Methods, 8(2), 115-128.

Kenward, M. G., and J. H. Roger. (1997). Small sample inference for fixed effects from restricted maximum likelihood. Biometrics, 53, 983-997.

Kirk, Roger E. (1995) *Experimental Design: Procedures for the Behavioral Sciences,* Third Edition. Monterey, California: Brooks/Cole Publishing.

Kreft, I., & Leeuw, J. D. (1998). *Introducing multilevel modeling.* Thousand Oakes, CA: Sage.

Krull,J.L. & MacKinnon,D.P.(2001) Multilevel modeling of individual and group level mediated effects. *Multivariate Behavioral Research, 36*(2), 249-277.

Lance, C. E. (1988). Residual centering, exploratory and confirmatory moderator analysis, and decomposition of effects in path models containing interactions. *Applied Psychological Measurement, 12*(6),163-175.

Leckie, G. and Charlton, C. (2013). runmlwin - A Program to Run the MLwiN Multilevel Modelling Software from within Stata. *Journal of Statistical Software, 52 (11),1-40.*

Little, T. D., Bovaird, J. A., & Widaman, K. F. (2006). On the merits of the orthogonalizing powered and product terms: Implications for modeling latent variable interactions. *Structural Equation Modeling, 13,* 479-519.

Luke, D. A. (2004). Multilevel modeling. Thousand Oaks, CA: Sage.

Maas, C. J. M., & Hox, J. J. (2005). Sufficient sample sizes for multilevel modeling. Methodology: *European Journal of Research Methods for the Behavioral and Social Sciences, 1*(3), 86-92.

MacKinnon, D. P., & Dwyer, J. H. (1993). Estimating mediated effects in prevention studies. *Evaluation Review, 17,* 144-158.

MacKinnon, D. P., Warsi, G., & Dwyer, J. H. (1995). A simulation study of mediated effect measures. *Multivariate Behavioral Research, 30*(1), 41-62.

MacKinnon, D.A. ; Lockwood, C.M.; Hoffman, J.M.; West, S.G. and Sheets, V.(2002) A Comparison of Methods to Test Mediation and Other Intervening Variable Effects. *Psychological Methods,7*,1-35

Maimon, David and Danielle Kuhl (2008) Social Control and Youth Suicidality: Situating Durkheim's Ideas in A Multilevel Framework. American Sociological Review, 73, 921-943.

Marsh, H. W. Wen, Z. and Hau, K. T. (2004). Structural equation models of latent interactions: Evaluation of alternative estimation strategies and indicator construction, Psychological methods, 9(3), 275-300.

Kenny, D. A. and Judd, C. M. (1984). Estimating the nonlinear and interactive effects of latent variables, Psychological Bulletin, 96(1), 201-210.

Marsh, H. W., Seaton, M., Trautwein, U., Lüdtke, O., Hau, K.-T., & O'Mara, A. J. (2008). The big-fish-little-pond-effect stands up to critical scrutiny: Implications for theory, methodology, and future research. *Educational Psychology Review, 20*(3), 319-350.

Marsh, H. W., Wen, Z., & Hau, K.-T. (2006). Structural equation models of latent interaction and quadratic effects. In G. R. Hancock & R. O. Mueller (Eds.), Structural equation modeling: A second course (pp. 225-265). Greenwich, CT: IAP.

Matías, J. M. and Reboredo,J. C.(2012).Forecasting performance of nonlinear models for intraday stock returns, *Journal of Forecasting, 31*(2),172-188.

Maxwell, S. E. and Cole, D. A. (2007). Bias in cross-sectional analyses of longitudinal mediation, Psychological Methods, 12(1), 23-44.

McArdle, J. J., & Epstein, D. (1987). Latent growth curve within developmental structural equation models. Child Development, 58, 110-133.

McGraw, K. O. and Wong, S. P. (1996). Forming inferences about some intraclass correlation coefficients. *Psychological Methods, 1*(1), 30-46.

Morgan-Lopez, A. A.& MacKinnon, D.P. (2006) Demonstration and evaluation of a method for assessing mediated moderation. *Behavior Research Methods, 38*, 77-87.

Mortimore, P., P. Sammons, L. Stoll, D. Lewis, and R. Ecob. 1988. School Matters: The Junior Years. Wells, Somerset, UK: Open Books. (jsp2.dta 資料檔 )

Muller, D., Judd, C. M., & Yzerbyt, V. Y. (2005). When moderation is mediated and mediation is moderated. Journal of Personality and Social Psychology, 89, 852-863.

Muthen, B. O. (1994). Multilevel covariance structure analysis. Sociological Methods & Rresearch, 22, 376-398.

Orford, S. (2000). Modelling Spatial Structures in Local Housing Market Dynamics: A Multilevel Perspective. *Urban Studies, 37*(9), 1643-1671.

Pekrun, R., Elliot, A. J., & Maier, M. A. (2006). Achievement goals and discrete achievement emotions: A theoretical model and prospective test. *Journal of Educational Psychology, 98*(3),583-597.

Ping, R. A. (1996). Latent variable interaction and quadratic effect estimation: A two-step technique using structural equation analysis, Psychological Bulletin, 119, 166-175.

Plewis, I. (1997) *Statistics in Education* London: Edward Arnold

Preacher, K. J. and Hayes, A. F. (2008). Asymptotic and resampling strategies for Assessing and comparing indirect effects in multiple mediator models, Behavior Research Models, 40(3), 879-891.

Preacher, K.J., Rucker, D.D. and Hayes, A.F. (2007). Addressing moderated mediation hypotheses: Theory, methods, and prescriptions. *Multivariate Behavioral Research, 42*(1), 185-227.

Preacher, Kristopher J., and Andrew F. Hayes (2004), SPSS and SAS Procedures for Estimating Indirect Effects in Simple Mediation Models, *Behavior Research Methods, Instruments, & Computers, 36* (4), 717-731.

Rabe-Hesketh, S. and Skrondal, A. (2005). *Multilevel and Longitudinal Modeling using Stata*. College Station, TX: Stata Press.

Rabe-Hesketh, S., & Skrondal, A. (2012). Multilevel and longitudinal modeling with

Rabe-Hesketh, S., Pickles, A. and Skrondal, S. (2004). *GLLAMM Manual. U.C. Berkeley Division of Biostatistics Working Paper Series*. Working Paper 160.see http://www.bepress.com/ucbbiostat/paper160/

Rabe-Hesketh, S., Skrondal, A. and Pickles, A. (2002).*Reliable estimation of generalized linear mixed models using adaptive quadrature*. The Stata Journal 2, 1-21.

Rabe-Hesketh, S., Skrondal, A. and Pickles, A. (2004).Generalised multilevel structural equation modeling. Psychometrika 69 , 167-190.

Rabe-Hesketh, S., Skrondal, A. and Pickles, A. (2005). Maximum likelihood estimation of limited and discrete dependent variable models with nested random effects. *Journal of Econometrics 128*, 301-323.

Raudenbush, S. W. (2003). *The quantitative assessment of neighborhood social environments.* In I. Kawachi, L. Berknman, and F. Oxford (Eds.), Neighborhood and health (pp. 43-69). Oxford University Press.

Raudenbush, S. W., & Bryk, A. S. (2002). *Hierarchical linear models: Applications and data analysis methods* (2nd ed.). Thousand Oaks, CA: Sage.

Raudenbush, S.W. & Willms, J.D. (Eds.) (1991) *Schools, Classrooms and Pupils* San Diego: Academic Press.

Raudenbush, Stephen, Anthony Bryk, Yuk Fai Cheong, and Richard Congdon. (2001). *HLM 5: Hierarchical Linear and Nonlinear Modeling.* Scientific Software International. Lincolnwood, IL.

Roberts, J. K. (2002). The importance of the intraclass correlation in multilevel and hierarchical linear modeling design. *Multiple Linear Regression Viewpoints, 28*, 19-31.

Saderion, Z., Smith, B., and Smith, C. (1994). An Integrated Approach to the Evaluation of Commercial Real Estate. *Journal of Real Estate Research, 9*(2), 151-167.

Satterthwaite, F. E. (1946). An approximate distribution of estimates of variance components. *Biometrics Bulletin* ,2, 110-114.

Schaalje, G. B., J. B. McBride, and G. W. Fellingham. (2002). Adequacy of approximations to distributions of test statistics in complex mixed linear models. *Journal of Agricultural, Biological, and Environmental Statistics*, 7, 512-524.

Shrout, P. E. and Bolger, N. (2002). Mediation in experimental and nonexperimental studies: New procedures and recommendations, *Psychological methods, 7*(4), 422-445.

Shrout, P.E., & Bolger, N. (2002) Mediation in experimental and nonexperimental studies: New procedures and recommendations. *Psychological Methods, 7*, 422-445.

Singer, J. D. (1998). Using SAS PROC MIXED to fit multilevel models, hierarchical models, and individual growth models. *Journal of Educational and Behavioral Statistics, 24*(4), 323-355.

Singer, J. D., & Willett, J. B. (2003). *Applied longitudinal data analysis: Modeling change and event occurrence*. New York: Oxford University Press.

Sivo, S. A., & Willson, V. L. (2000). Modeling causal error structures in longitudinal panel data: A Monte Carlo study. *Structural Equation Modeling: A Multidisciplinary Journal, 7*, 174-205.

Skinner, C. J., Holt, D., and Smith, T. F. (1989). *Analysis of Data from Complex Surveys*: Chichester: John Wiley.

Skrondal, A., & Rabe-Hesketh, S. (2004). *Generalized latent linear and mixed models*. Boca Raton, FL: Chapman & Hall.

Snijders, T. A. B., & Bosker, R. (2012). *Multilevel models. An introduction to basic and advanced modeling* (2nd Edition). Thousand Oaks, CA: Sage.

Snijders, T. A. B., & Bosker, R. J. (1999). *Multilevel analysis: An Introduction to basic and advanced multilevel modeling*. Thousand Oaks, CA: Sage.

Stephenson, R. (2006). Contextual influences on the use of health facilities for childbirth in Africa. *American Journal of Public Health, 96*, 84-93.

Thum, Y. M. (1997). Hierarchical linear models for multivariate outcomes. Journal of Educational and Behavioral Statistics, 22(1), 77-108.

Wolverton, M. L. and Senteza, J. (2000). Hedonic Estimates of Regional Constant Quality House Prices. *Journal of Real Estate Research, 1*9(3), 235-253.

Zhang, Z. , Zyphur, M. and Preacher, K.J. (2009) Testing multilevel mediation using hierarchical liner model. *Organizational Research Methods, 12*, 695-719.

Zhao, Xinshu, John G. Lynch Jr., and Qimei Chen (2010), Reconsidering Baron and Kenny: Myths and Truths about Mediation Analysis, *Journal of Consumer Research, 37* (Aug), 197-206.

國家圖書館出版品預行編目資料

多層次模型(HLM)及重複測量：使用STaTa
／張紹勳著. －－初版. －－臺北市：五南，
2018.01
　面；　公分
ISBN 978-957-11-9506-3 (平裝)
1.統計套裝軟體　2.統計分析
512.4　　　　　　　　　　106022451

1HOP

# 多層次模型(HLM)及重複測量：
## 使用STaTa

作　　者 ― 張紹勳

發 行 人 ― 楊榮川

總 經 理 ― 楊士清

主　　編 ― 侯家嵐

責任編輯 ― 黃梓雯

文字校對 ― 鐘秀雲

封面設計 ― 盧盈良

出 版 者 ― 五南圖書出版股份有限公司

地　　址：106台北市大安區和平東路二段339號4樓

電　　話：(02)2705-5066　　傳　　真：(02)2706-6100

網　　址：http://www.wunan.com.tw

電子郵件：wunan@wunan.com.tw

劃撥帳號：01068953

戶　　名：五南圖書出版股份有限公司

法律顧問　林勝安律師事務所　林勝安律師

出版日期　2018年1月初版一刷

定　　價　新臺幣1050元